普通高等教育"十一五"国家级规划教材
21世纪高等医药院校教材

供医药经济与管理类专业用

医药国际贸易

第2版

申俊龙　徐爱军　主编

科学出版社
北　京

内 容 简 介

本书是普通高等教育“十一五”国家级规划教材，内容在第1版基础上有较大的完善。主要介绍了医药国际贸易的基本理论、医药国际贸易的发展历程、国际医药市场及其监管，分析了影响医药国际贸易的产业政策及外贸政策，探讨了WTO对医药贸易的影响、医药产业国际化、医药知识产权、医药服务贸易、医药跨国经营等问题。

本书可作为普通高等医药院校经济学、管理学专业本专科学生的教材使用，也可供相关医药实务工作者参考使用。

图书在版编目（CIP）数据

医药国际贸易／申俊龙，徐爱军主编．—2版．—北京：科学出版社，2008
普通高等教育“十一五”国家级规划教材·21世纪高等医药院校教材
ISBN 978-7-03-023449-0

Ⅰ．医…　Ⅱ．①申…　②徐…　Ⅲ．医药产品-国际贸易-医学院校-教材
Ⅳ．F746.3

中国版本图书馆CIP数据核字（2008）第183434号

责任编辑：方　霞／责任校对：张　琪
责任印制：赵　博／封面设计：黄　超

科学出版社出版
北京东黄城根北街16号
邮政编码：100717
http://www.sciencep.com

保定市中画美凯印刷有限公司印刷
科学出版社发行　各地新华书店经销

*

2005年2月第　一　版　开本：850×1168　1/16
2009年1月第　二　版　印张：16 1/2
2025年6月第十三次印刷　字数：487 000

定价：39.00元

（如有印装质量问题，我社负责调换）

21世纪高等医药院校教材
（供医药经济与管理类专业用）
编委会

《医药国际贸易》(第2版)编写人员

主　编　申俊龙　　徐爱军

副主编　佟子林　　邹延昌　　李　珑　　郑　毅
　　　　　董国俊　　任晋生　　魏鲁霞　　何春生

主　审　张二震

编　委　(按姓氏笔画排序)

于龙君	南京中医药大学
于　芳	潍坊医学院
万　莉	南京中医药大学
马　澜	南京中医药大学
王中华	南京医科大学
王玉芬	南京中医药大学
王丽君	南京中医药大学
王晓东	河南中医学院
云立新	甘肃中医学院
孔祥金	大连医科大学
申俊龙	南京中医药大学
任晋生	先声药业集团
刘莉云	浙江中医药大学
孙源源	南京中医药大学
李　化	成都中医药大学
李永强	江西中医学院
李　珑	安徽中医学院
李　洁	南京中医药大学
吴昀科	南京中医药大学
何春生	江西中医学院
佟子林	黑龙江中医药大学
邹延昌	山东中医药大学
张开翼	广州中医药大学
张荣贵	南京中医药大学
张　黎	潍坊医学院
陈丽琴	南京中医药大学
金　浪	福建中医学院
郑　毅	牡丹江医学院
段梅丽	辽宁中医药大学
徐爱军	南京中医药大学
彭　翔	南京中医药大学
董国俊	广东药学院
熊季霞	南京中医药大学
魏鲁霞	南京中医药大学

第2版总序

经过同道们几年的艰辛努力，在科学出版社的大力支持下，《21世纪高等医药院校教材（供医药经济与管理类专业用）》又跨上了一个新的台阶，一些教材被列入普通高等教育“十一五”国家级规划教材。

历史跨入21世纪，我国高等教育也从精英教育走向大众教育，从单科性院校向多科性大学发展，各高等院校不断拓展新专业，招生人数在不断扩大，出现一个规模发展的局面。医药院校也不例外，在努力加强人文素质课教育的同时，各中西医院校纷纷拓展边缘学科，增设国际经济与贸易、市场营销、公共事业管理、电子商务、信息管理与信息系统、医疗保险、卫生法学、药事管理等新专业和新专业方向。有的院校从每年招生几十人已经发展到现在的每年招生几百人。

但是各个学校的教育资源有差异，专业设置各不相同，同样专业的课程设置也不一样，相同的课程的教学计划也不相同，更没有适宜的规范的统一教材。形成医药院校的边缘学科发展的“春秋战国”格局，各个院校是“八仙过海，各显神通”。在医药院校边缘学科发展的初期这是正常现象，但长期发展下去，对于学科内涵建设和专业规范化建设不利，对于全国高等医药院校统一培养职业化的高级应用性专业人才不利。为加强专业建设，提高课程教学水平，从2003年开始全国各医药院校通力合作，协作编写了《医药国际贸易》，《医药人力资源管理》、《医药市场营销学》、《医药企业管理》、《卫生事业管理学》、《现代卫生经济学》、《医药卫生法》、《新编医院管理教程》、《医药商品学》、《医药卫生信息管理学》、《公共关系学》、《管理心理学》、《医疗保险学》、《医疗市场调查与预测》、《医药广告学》、还计划编写《医药电子商务》、《卫生事业财务管理》、《药物经济学》、《医药企业市场策划》、《医药物流管理》、《药品临床推广技巧》。合作单位有中医药院校、医科大学、医学院、药学院等三十多所医药类院校。

随着我国教育事业的发展，各医药院校的经济与管理类专业在教育实践中不断总结提高，根据各自学科发展和专业建设的需要，各院校从外延的扩张转向内涵的拓展，这对教材建设提出了新的要求。从2006年开始，系列丛书的主编在科学出版社的帮助之下，向国家教育部申报“普通高等教育‘十一五’”国家级规划教材，到目前为止，已有四本教材成功进入国家级规划教材行列，它们是：江苏大学周绿林教授主编的《医疗保险学》，南京中医药大学汤少梁副教授主编的《医药市场营销学》，申俊龙教授主编的《新编医院管理教程》和《医药国际贸易》。这标志着我们的教材建设有了质的飞跃，将更有力地提高课程建设和专业建设。

2008年，党的十七届三中全会提出：到2020年，要基本建立城乡经济社会发展一体化体制机制的目标。美国的次货危机引起了全球的金融风暴，国务院为应对世界金融危机，正采取一系列拉动内需的宏观调控政策。《关于深化医药卫生体制改革的意见（征求意见稿）》公布，都标志着国际国内形势正风云变幻激烈动荡。在这种背景下，对教育领域如何培养学生提出了新的挑战，对医疗卫生事业、医疗保障制度体系、医药制造业和流通业的发展都将产生广泛而深刻的影响，这也对我们编写教材的观念、思路、内容、方法产生重大影响，我们必须根据新的形势和要求来编写教材。

虽然我们主观上力求创新，力争上一个新台阶，但由于我们队伍还较年轻，合作时间也不是太长，学术水平还有待于继续提高，书中仍会有一些不足之处，敬请同行专家不吝指正，以利于以后更好的改进和完善。

医药管理与经济贸易类系列教材的编写必须与时代接轨。与社会主义市场经济和公共事业的发展相适应，其作为新兴的边缘学科正方兴未艾，需要我们不懈的共同努力。在此，向为本系列教材的出版付出辛勤汗水的全体编者、编辑及给予指导和帮助的专家学者表示衷心的感谢！

编委会

2008年11月14日

第 1 版总序

经过同道们几年的艰辛努力，在科学出版社的大力支持下，我们《21 世纪高等医药院校教材（供医药经济与管理类专业用）》终于问世了。

一

历史跨入 21 世纪，我国高等教育也从精英教育走向大众教育，各高等院校专业在拓展，规模在不断扩大，出现一片喜人的局面。医药院校也不例外，在努力加强人文素质课教育的同时，各中西医院校纷纷在拓展边缘学科，增设国际经济与贸易、市场营销、公共事业管理、医疗保险、卫生法学、药事管理等新专业和新专业方向。有的院校从每年招生几十人已经发展到现在的每年招生近千人。

但是各个学校的学科资源有差异，专业设置各不相同，同样专业的课程设置也不一样，相同的课程的教学计划也不相同。目前正是医药院校的边缘学科发展的“春秋战国”时期，各个院校是“八仙过海，各显神通”。在医药院校边缘学科发展的初期这是正常现象，但长期发展下去，对于学科规范化建设和专业品牌建设不利，对于全国高等医药院校统一培养职业化的高级应用型专业人才不利。

2003 年，有关中西医院校经过协商，决定组织全国部分中西医院校一起联合进行教材的编写工作。由南京中医药大学、南京医科大学等中西医院校和江苏康缘药业股份有限公司、江苏先声药业有限公司共同发起，于 2003 年 8 月在江苏省东海县召开了“第一届全国高等医药院校医药经济与管理的系列教材协编会议”，共有 16 所中西医院校参会。各院校经过开会协商讨论，决定对于会议选定的书目进行主编竞争制，最后确定：由南京中医药大学主编《医药国际贸易》、《卫生事业管理学》，广州中医药大学主编《卫生经济学》，南京医科大学主编《卫生法学》，浙江中医学院主编《医药人力资源管理》，湖北中医学院主编《医药市场营销学》，湖南中医学院主编《医药企业管理》，安徽中医学院主编《医药商品学》，黑龙江中医药大学主编《卫生信息管理》，东南大学主编《医疗保险学》。

接着，2004 年 7 月在南京中医药大学召开“第二届全国高等医药院校医药经济与管理的系列教材协编会议”，对于部分教材进行了统一校对审稿，并且议定了第二轮教材编写的主编单位以及参编单位。会议商定了今后准备继续编写的十几本医药经济与管理的系列教材，并决定以后每年召开一次关于教材的协编会议，同时进行同类学科的建设和专业建设的讨论交流。这对中西医药院校加强学术交流，统一专业规划，进行学科建设，具有重大意义。一方面，全国众多的医药院校进行资源整合，统筹分工，协作编写教材，以后统一使用新教材，这有利于各院校专业培养课程的优化设置；另一方面，许多的新教材针对性强，弥补了许多医药院校边缘专业课程的教材空白，这对于新学科建设与新专业建设都具有积极意义。

二

一套系列教材要想在同类教材中占有一席之地，必须具备自己鲜明的编著特色与特性，这套教材也不例外。这一套系列教材，与以往的医药院校同类教材相比较，具有鲜明的专业特色，主要体现在以下方面：

第一，针对性强。中西医院校作为培养医药实用人才的基地，与其他综合类大学相比较，具有自己的特点，即培养专门的医药卫生类和医药经济与管理类的人才，知识背景和行业的针对性很强，市场需求差异特别显著。而医药卫生行业的特殊性决定了医药院校的新专业教材设置的差异性，必须既注重经贸、管理类学生的相应的中西医药基础理论知识，也要注重社会工作岗位的职业性和操作能力，在教材的编写上，要求教材必须根据中西医药行业的特殊性，注重理论联系行业实际，注重与社会需求接轨。这套教材则具备了较强的针对性，针对当前医药卫生管理与医药经济贸易，编写了该系列教材。所以这套系列教材的特点是理论联系实际，内容与时代同步，针对中西医药的行业特点，更注重在本行业培养交叉学科的新专业学生的实际能力与综合素质。

第二，新体例。这套系列教材在编写的体例上、风格上也增加了许多新内容。在引用最新的参考资料、网络资源信息、在教材章节的编写等方面都有所创新。突出体现了案例教学的特点，且许多章节关键问题的思考题型、重点显示、章末小结等与同类教材相比较，均有所突破。

第三，新内容。本套系列教材的编著过程中，掌握了最新的相关资料、信息，突破了以往教材体系古板、内容陈旧的局限。教材编写过程中吸收借鉴了同行专家的最新研究成果，参考了许多专著、论文。教材编写时，注重普及性与研究性的平衡。既有一定的理论研究深度，又照顾了教材的普及性。在编写方法上，也有所突破，许多教材中增加了新的典型案例，有利于学生自习讨论，分析研究，有利于教师组织教学。

第四，新协作。这套系列教材与以往的同类医药经济与管理类教材相比较，打破了以往单纯的中医药院校或者单纯的西医药院校组织编写的惯例。全国二十余所中西医院校通力协作，经过多次讨论分工，各院校发挥自己的优势特色，各院校的专家发挥自己的特长，在全国范围内组织精干力量集中编写。既保证了教材的质量，又填补了许多教材的空白。在编写过程中，还聘请了一些大型中西医院的有关管理专家，一起参与讨论、编写、审稿，因此教材更具备实用性。

第五，新空白。这套系列教材共计 20 余本，涉及了医药管理与经济贸易专业的众多领域。其中增加编写了许多新教材，填补了许多相关领域的教材空白。如《卫生信息管理》、《医药物流》、《国际医药贸易》、《医疗服务营销》等许多教材都是紧缺教材和创新教材，对于高等中西医药院校新兴的边缘学科的建设与专业教学的完善具有积极的推进作用。

三

当然，推出这一套规模庞大的系列教材，毕竟是我们的一次新尝试。由于在编写过程中，涉及许多院校的众多教师，人员庞大，并且编写人员水平参差，加上一些学科是新兴学科，并无前例可鉴，因此教材的一些章节可能差强人意，有些结论尚待商榷，这也是本丛书的不足之处。敬请全国的同行专家不吝指正，以利于以后更好的改进和完善。

四

本套丛书在编写过程中，既参照了国内外众多的专家学者的学术成果，同时也得到了江苏康缘药业股份有限公司和江苏先声药业有限公司的大力支持和资助，在此一并致谢！对此套系列教材的付梓付出辛勤汗水的全体同仁表示衷心的感谢！医药管理与经济贸易类系列教材的编写必须与时代接轨，与社会主义市场经济相适应，其作为新兴的边缘学科正方兴未艾，需要我们不懈的共同努力。

编委会

2004 年 7 月 23 日

第 2 版序

当南京中医药大学经贸管理学院申俊龙院长和徐爱军副教授拿着《医药国际贸易》的书稿来拜访我时，我才意识到，该书已经出到第 2 版了。第 1 版的情况我还是比较熟悉的，我也担任了主审的工作。我仔细阅读了书稿，觉得第 2 版《医药国际贸易》，无论是在理论上还是在体系安排上都有创新，特此作序推荐。

南京中医药大学的同仁在医药国际贸易领域的研究已 10 年有余，在国际贸易和医药产业的结合领域辛勤探索，取得了一定的成就，推动了国内该领域的研究和学科发展。边缘学科的起步是非常艰辛的，学科定位、教学设计、研究积累、同行和社会认同都需要一个过程。但欣喜的是，以南京中医药大学为首的一些有志之士潜心于此，乐此不疲，《医药国际贸易》不仅出到第 2 版，同时也被列为“普通高等教育‘十一五’国家级规划教材”，可喜可贺！相信该书的出版不仅能为医药国际贸易的教学、研究和人才培养作出新的贡献，也能为国际贸易理论体系的完善和发展添砖加瓦。

张二震

2008 年 10 月 8 日于南京大学商学院

第 2 版前言

国际贸易是以各国经济政治利益为核心，国际分工、世界市场为条件，产业经济为基础的世界经济关系。国际贸易与医药经济的结合便产生了医药国际贸易。医药国际贸易是一门研究国际医药产品交换的理论、政策措施及发展规律的学科。作为一门学科，它随着医药国际贸易理论的发展和实践的总结而逐渐成熟。从学科体系上看，医药国际贸易学包括医药国际贸易理论基础、医药国际贸易政策措施与医药国际贸易实务。

医药国际贸易是医药经济从国内生产和流通领域向境外的延伸和发展，医药国际贸易的增长已经成为推动各国医药经济飞速发展的强大动力，因此，对医药国际贸易特点和规律的研究重要而迫切。

加入 WTO 以来，中国正成为医药生产大国，医药行业已成为国内发展速度较快的行业之一，已具备相当的国际市场参与能力。医药对外贸易的快速发展提高了中国医药产品的科技含量，优化了中国医药产业组织结构，增强了医药企业的品牌创建意识，提升了我国医药企业的国际竞争力，扩大了我国医药产品在世界市场上的份额。同时，在全球贸易一体化、医药卫生市场国际化的大环境下，我国医药对外贸易也遇到了一系列的障碍，如发达国家的技术和非技术贸易壁垒、贸易保护等。所以本书重点论述了在医药经济贸易国际化背景下，如何发展我国医药对外贸易，如何提升医药企业的自主创新能力及核心竞争力，中国医药企业跨国经营的路径如何选择，从而实现我国医药行业的可持续发展。

本书理论联系实际，科学性、实用性强，与第 1 版相比力求七个“更”：①特色更明显，突出医药国际贸易特有的行业知识和相关理论；②本书对国际贸易和医药经济进行充分和有机的融合，从医药国际贸易的基础理论、产品、国际市场、国际竞争力、贸易政策与措施到医药产业经济，体系结构更科学严密；③资料和数据更新，力求反映中国医药对外贸易的现实；④案例更精确，每章前后分别附有引导案例和分析案例，前者简洁，后者具代表性和一定的研究价值；⑤效用更实际，避免过度学院派风格，贴近现实，讲究实用；⑥形式更活泼，设立信息框和资源链接进行知识拓展；⑦文字更精炼。

本书可作为普通医药高等院校国际经济与贸易、公共事业管理、市场营销、劳动与社会保障等经济学、管理学专业的必修课教材，也可作为医药院校药学、中药学、临床医学等专业的选修课教材。当然，也可供相关医药实务工作者参考使用。

本书在编写过程中，得到了南京大学商学院党委书记张二震教授的大力支持和指导，参考了许多学者的著作，借鉴了他们的成果，在此一并致谢。

医药国际贸易学在我国尚属年轻学科，许多研究尚处于探索阶段，仍需在实践中不断完善，虽然我们做出了艰苦努力，但是难免存在不足和错误，敬请同行专家批评指正。

申俊龙　徐爱军

2008 年 10 月 6 日

第1版前言

国际贸易是世界各国经济联系的基础。国际贸易与医药经济的结合便产生了医药国际贸易。医药国际贸易是一门研究国际间医药交换的经济规律、纯粹理论、基本政策及实务操作的集理论和应用为一体的经济学科。作为一门学科，它是伴随着国际贸易理论和实践的发展而逐渐成熟起来的。从学科体系上看，医药国际贸易学包括医药国际贸易理论、医药国际贸易政策与医药国际贸易实务。

医药国际贸易是医药经济在流通领域的延伸和发展，医药国际贸易的增长已经成为推动各国医药经济飞速发展的强大动力，所以对医药国际贸易的研究是重要且迫切的。

入世以来，我国成为世界上的医药生产大国，医药行业已成为国内发展速度最快的行业之一，具有了相当的国际市场参与能力。医药国际贸易的快速发展提高了我国医药产品的科技含量，调整了医药企业的发展战略，增强了医药企业的国际品牌创建意识，加强了我国医药企业的国际竞争力，扩大了我国对外医药贸易的市场份额。但在全球医药贸易一体化、医药卫生市场国际化的大环境下，我国在医药国际贸易中也遇到了一系列障碍，如国外对我国药品进口设置限制条件或壁垒、西方及亚洲一些国家与我国争抢医药国际市场份额等。所以本书在医药贸易国际化背景下，重点论述了如何发展我国医药贸易以及如何提升医药企业的自主创新能力及核心竞争力，实现以人为本、全面、协调的可持续发展。

同时，本书进一步分析国际中医药贸易，从不同角度讨论了如何在继承和发扬中医药优势和特色的基础上，充分利用现代科学技术方法和手段，借鉴国际通行的医药标准规范，建立我国中药研究开发和生产的规范体系、研究开发能够正式进入国际医药市场的中药产品以及培育一批大型跨国中药企业集团，使中药贸易成为我国新的经济增长点，进而推动民族医药产业向我国支柱性产业的方向发展。

本书在编写过程中，着力体现基础性与专业性结合、边缘性和综合性结合、理论和实践结合、内容与形式创新结合的原则，以突出本书特点，具体归纳为：

1）基础性：从基本概念、基础知识出发，论述评价国际贸易的基本理论；介绍国际贸易政策的主要措施和手段，从最主要的方面去把握当代国际贸易的基本特征，为医药国际贸易论述的展开铺设了理论和政策基础。

2）特色性：在国际贸易基本理论中，注重国际贸易理论与国际贸易政策之间前后呼应；充分体现医药与国际贸易的结合特点，以国际贸易理论为基础分析医药国际贸易；在医药国际贸易论述中，突出医药国际贸易政策与实务的融合。

3）新颖性：一方面尽可能反映国际贸易发展的最新动态，吸收和反映本学科新的研究成果。另一方面将医药经济与国际贸易结合，着重研究医药贸易的特殊性，重点论述我国对外医药贸易的现状和发展对策。

4）适用性：理论评价难度适中，政策介绍简洁明了，行业特色充分体现。在内容选取上充分考虑教材使用者的可接受性，在对各章分析前都有明确的学习目标和引导实例，后面附有思考题，便于读者复习和掌握要点。

本书编写分工如下（按章节的顺序）：前言申俊龙、吴昀科；第一、十七章申俊龙、吴昀科；第二、十章刘克基；第三章李化；第四、五章汪筱兰；第六章黎诚、陈丽琴；第七章李珑、陈丹丹；第八章陈丽琴、佟子林；第九章邹延昌、王慧华；第十一章张文玉、万莉、于芳；第十二、十三章徐爱军、韩利文；第十四章董国俊、徐爱军；第十五章顾海、徐爱军；第十六章高美梅、徐爱军。

本书可作为普通高等院校本科生教材，也可作为大专院校教材，同时本书也可供相关医药企业及对这门学科有一定兴趣的研究者参考使用。

由于医药国际贸易是一门不断发展的学科，加之编写时间仓促，编者的学识、水平有限，本书如有不妥之处，敬请专家和读者不吝指教。

《医药国际贸易》编写小组

2004年10月

目　录

第一章　医药国际贸易导论

学习目标

通过本章的学习，理解医药国际贸易基本概念及开展医药国际贸易的重要性；熟悉医药国际贸易的特点；掌握国际贸易基本统计概念和分类；了解医药国际贸易课程的主要研究内容与研究方法。

引导实例

中药国际化任重道远

“正常情况下，华佗再造丸应该在今年内拿到白俄罗斯的药品批文”，来自白俄罗斯卫生部的官员们在考察奇星药业后对记者表示。白俄罗斯卫生部官员此番言论表明华佗再造丸在打入白俄罗斯、加拿大等27个国家和地区后，在国际药品市场再再下一隅。

10年前，华佗再造丸作为国家保密处方药，就已进入俄罗斯医药市场，并陆续以药品身份进入保加利亚、乌克兰等欧洲国家。2004年，奇星药业向白俄罗斯提交注册申请，若拿到华佗再造丸批文，将是中国首个进入该国的中成药。

我国中药产业正不断发展壮大，产值规模已突破千亿元。随着天然植物药的风生水起，中药在国际上受认可程度日益提高，传统中药在海外市场以药品身份登陆的步伐不断加快。但必须看到，中药国际化之路并不是一帆风顺的。

由于中西方文化理念、治疗体系及药物评价方法不同，中药产业的主要市场仍局限在国内。在亚洲国家之外，我国中药大多只能以保健品和食品，而非药品的身份出口。

海关统计数据显示，亚洲仍是我国中药产品进出口的主要市场，2007年，亚洲中成药贸易额达到10亿美元，占我国中药进出口总额的65%。虽然，我国中药出口总额每年增长约10%，却主要得益于价格上涨，产品出口数量并未增加，反而有时还有所下降。更为尴尬的是，我国自1998年开始出现中成药进出口逆差，这种状况已延续10年。中药非但没有大规模走出去，却不得不面对成为纯中成药进口国的现状。

（资料来源：医源世界 http://www.39kf.com/yyjj/tcm/2008-03-29-461847.shtml.）

第一节　医药国际贸易的概念及特点

国际贸易（international trade）是指世界各国或地区之间的商品和劳务的交换活动。它是在不同国家之间的分工——国际分工的基础上发展起来的，反映了世界各国之间的相互依赖关系。国际贸易也称为世界贸易（world trade）。从单个国家或地区的角度看，一国或一地区以本国、本地区为主体同世界上其他国家和地区进行商品和劳务的交换活动则称为对外贸易（foreign trade）。某些岛屿国家，如日本、英国等进行的对外贸易活动也常称为海外贸易（oversea trade）。

一、医药国际贸易的定义

从交易内容来看，医药国际贸易是世界贸易的重要组成部分。医药国际贸易专指不同国家或地区之间的医药商品和医疗服务的交换。

医药商品的概念有广义和狭义之分。按照《中国药学年鉴》对医药商品的行业属性来分，广义的医药商品主要包括：化学药品（化学原料药和化学制剂）、生物制品、中药（中药材及饮片、中成药、动植物提取物）、医疗器械、制药机械、医用材料六大类。狭义的医药商品专指药品即西药（化学原料药、化学制剂和生物制品）和中药。

医疗服务的概念也有广义和狭义之分。狭义的医疗服务是指医疗服务机构对患者进行检查、诊断、治疗、康复和提供预防保健、接生、计划生育等方面的服务，以及与这些服务有关的提供药品、医用材料器具、救护车、病房住宿和伙食的业务。广义的医疗服务还包括与医药贸易有关的投资和医药知识产权交易等。

因此，医药国际贸易的含义也有广义和狭义之分。广义的医药国际贸易是指不同国家或地区之间药品、医疗器械、制药机械、医用材料等有形商品和医疗健康服务、医药知识产权等无形商品的交换。狭义的医药国际贸易专指药品在世界各国各地区间的买卖流通。

二、医药国际贸易的特点

医药国际贸易与医药国内贸易相比，既有一致性，又有区别。其一致性表现为：两者都是商品和劳务的交换；货物都是从生产者向消费者转移；进行贸易的过程大同小异；经营的目的都是取得利润或经济利益。但是由于医药国际贸易是不同国家之间进行的商品和劳务交换，受到各国语言、文化、宗教、习俗、医疗模式、医学理论体系等方面的影响，两者又有区别，这种区别具体表现在以下几个方面。

（一）医药国际贸易的困难大于国内贸易

1. 语言不同

国际贸易买卖是不同国家之间的交易，在贸易交谈、电信联系、合同签订和单证处理上，如采用一种共同的语言，可以顺利达成交易和完成交易。现行国际贸易最通行、最基本的语言是英语，但是英语也并不能解决国家间贸易语言使用的所有问题。如东欧、北欧通常使用德语，法国及中西非国家通行的是法语，而西班牙及大部分中南美国家则普遍采用西班牙语。医药产品关系到人们的生命健康，故语言翻译的准确性是医药国际贸易达成的关键。如有人将乌鸡白凤丸直译为“Black Cock and White Phoenix Decoction”。但在英语中，cock除表示“公鸡”之外，也是俚语中对男性性器官的称呼，而乌鸡白凤丸是一种治疗妇科病的药，西方女士在看到这样的药名时一定不会购买。实践说明，语言障碍引起误解也是导致交易失败的主要因素之一。

2. 医学理论体系不同

中医理论是受中国古代哲学、心理学、天文学、气象学、逻辑学、养生学以及宗教文化的影响而形成的。中西医学的理论基础、研究对象、认识方法迥异，这使中医独特的医学哲理为西方社会所不解。西方社会对中医药的误解成为中国发展对外医药贸易必须跨越的障碍。在国际贸易中，如何有效传播中医文化，对中医药商品及服务如何准确地翻译，既反映中医的实质，又能争取外商的了解和认同，并非易事。如中医特有的术语“阴阳”、“五行”、“九宫八卦”、“灵龟八法”、“经络”、“三焦”等词在西方人看来是玄妙难解的。

3. 风俗习惯、宗教信仰和政治制度不同

这些差异常常造成交易双方的隔阂和交易范围的限制。如在我国传统文化中，龙是权力和高贵的象征，因此，不少商品以“龙(dragon)”命名；而在西方文化中“龙(dragon)”是“凶残的恶魔”，是邪恶的象征。红色在中国有喜庆、欢乐之意。在英语国家red却有流血、恐怖和战争等含义，常表示愤怒和犯罪。

4. 法律、规则不同

由于历史的、传统的、民族的、宗教的各种原因，各国的商业、贸易立法规则和医药监管制度千差万别。这些法规经过数百年的修改、补充和完善，几乎无所不包、十分繁琐。为了维护本国利益，各国政府还常常根据变化而增加、废除或调整、改变现有的贸易及医药监管政策，这使得我们研究、掌握并适应这些法律规定变得十分困难。

5. 贸易障碍多

医药国际市场上医药商品价格的变化通常影响一国医药工业的产量。医药工业是高投入、高回报、高技术的朝阳产业，关系到国民的生命健康。为了保护本国医药产业，优化产业结构，实现经济发展目标，政府通过设置关税或非关税壁垒的方式，采取各种限制进口的措施，以保护本国医药产业和医药市场免受外国同类商品竞争。

6. 市场调查困难大

为了进行医药国际贸易，在国际竞争中取胜，企业必须随时掌握医药市场动态，时时加以调查分析，交易才能顺利进行，才能取得最佳的经济效益。然而，国外医药市场情报资料收集、整理与分析比较是一项艰巨的工作，困难很大。

7. 贸易伙伴资信调查不易

交易开始前买卖双方都要调查对方资信情况，但因各种原因，这种调查十分困难。如果通过往来银行代为调查，往往过分简略；如果委托征信所调查，虽然比较详尽，但费用较大。

（二）医药国际贸易比国内贸易复杂

就操作程序、法律法规、商业习惯、货物运输以及保险等方面而言，医药国际贸易比国内贸易复杂得多。

1. 货币与度量衡制度

国际贸易双方因国度不同，所使用的货币和度量衡制度也不同。在国际贸易中应采取哪国货币作为

计价结算工具？两国货币如何兑换？在两国度量衡不一致时，究竟采取何种单位为准？各种单位如何换算？这都比国内贸易复杂。

2. 商业习惯复杂

各国市场商业习惯不同，一国之内各地市场商业习惯也不同，怎样进行沟通，国际贸易中所遵循的规约和条例的适用范围如何？解释是否一致？这些往往比国内贸易复杂，稍有不慎，就会影响交易。

3. 海关制度及其他贸易法规不同

各国都设有海关，对于货物进出口，都有准许、管制或禁止的规定。货物出口，不但要在输出国办妥出口报关手续，而且出口货物的种类、品质、规格、包装和商标也要符合输入国海关的规定。一般来说，医药商品的进出口报关手续比普通商品更为复杂。

4. 国际汇兑复杂

国际贸易货款的清偿多以外汇支付，而外汇价格(即汇率)依各国所实行的汇率制度、外汇管理制度而定。此外，外汇汇率分类很多，故计算国际汇兑的方法相当复杂。

5. 货物的运输

国际贸易的货物运输，绝大多数采取海运，也有采用陆运、空运等方式。无论采用哪种运输方式，都要考虑运输合同的条款、运费、承运人与托运人的责任，仲裁与索赔，办理装运手续，提货手续等。处理运输过程中的问题，也丨分复杂。

6. 货物的保险

为了避免国际贸易货物运输过程中受到的损失，还要对运输货物加以保险。但洽购保险、确定保险条件、签订保险合同、划分保险人与被保险人的责任、计算保险费与索赔等，均比国内贸易复杂。

(三) 医药国际贸易风险比国内贸易风险大

贸易双方在国际交易进行时通常会遭受到以下6种风险。

1. 信用风险

经营进出口贸易，自买卖双方接洽开始，经过报价、还价、确认而后订立合同，再到卖方交货，买方支付货款，要经过一段相当长的时间。在此期间，买卖双方的财务营业可能发生变化，有时危及履约。

2. 商业风险

在国际贸易中，进口商往往以各种理由拒收货物，对出口商来说这就是商业风险。拒收的理由多是由货样不符、交货期晚、单证不符等造成的。这些理由，在货物遭到拒收前是无法确定的。拒收后，虽可交涉弥补，但损失已发生。

3. 汇兑风险

在国际贸易中，交易双方必有一方要以外币计价。如果汇率不断变化，计价货币选择不好，就要承担货物本身的汇兑风险。

4. 运输风险

国际贸易货物运输里程一般比国内贸易遥远，在运输过程中发生的风险也随之增多。若货物遇到保险公司承保范围之外的风险，当事人则要自负相应的损失。

5. 价格风险

通货膨胀、有竞争力的替代品的出现、竞争对手因采用新技术而大幅度降低成本或因经济危机等原因造成的供求失衡，都会带来商品价格的波动变化，形成一定风险。所不同的是在国际贸易中，价格是依国际市场供求关系的变化而变化，决定变化的因素更多、更复杂，也更加无法预测和难以控制，因此风险也就更大。

6. 政治风险

世界各国大都实行贸易管制，这些贸易管制政策与措施受制于国内政治经济状况，常常予以修改，尤其是经济上处于困难地位的国家，具体的政策和措施往往是朝令夕改，变化很大。再加上一些国家内部的政局变动，常常使经营贸易者承担许多国内贸易无须承担的政治风险。

综上所述，经营医药国际贸易会遇到更多的困难和承担更大的风险，所以，医药国际贸易从业人员必须具备较高的从业素质，熟悉医药贸易理论的专业知识，精通外语，善于收集医药商业情报。

三、开展医药国际贸易的意义

从本质上看，医药国际贸易是一国医药生产和流通向国外的延伸，通过参与国际分工和利用国际市场，它构成了各国社会再生产过程的一个组成部分。因此，医药国际贸易不仅对一国经济而且对整个世界经济发展都有着重要的意义。

(一) 推动医药产业的发展和国民经济结构的优化

医药产品是国际贸易量较大的产品之一，积极发展医药国际贸易，参与国际医药市场竞争，可为本国医药产业提供广阔的市场空间，加速医药产品结构升级，提高医药生产技术，促进世界医疗服务，通过医药产业的前后向联系带动相关产业的发展从而加大技术密集型产业占国民经济的比重，优化国民经济结构。随着经济全球化的发展和国际竞争日趋激烈，世界多数国家把医药产业作为21世纪的战略性产业来培养和发展。参与国际医药生产分工和医药商品交换已成为各国提升国家竞争力的重要手段。

（二）节约社会劳动、提高经济效益

各国经济技术条件的不同导致医药商品生产所耗费的社会劳动也不同。一国通过对外贸易，出口国内生产条件有利、劳动耗费较少的医药商品，换取国内生产条件不利、劳动耗费较多的产品，从而获得由于产品成本不同所带来的差额利润。医药商品的国际分工和国际交换，可节约社会劳动消耗，优化资源配置和提高经济效益，这显然有利于医药产业乃至整个国民经济的发展。

（三）积聚发展资金、吸收先进技术

医药产业具有高技术、高风险、高投入、高回报的特征，这就要求企业必须积聚充足的资金，采用先进技术，培训专门人才，收集广泛的医药信息。发展医药对外贸易，加强对外交流，出口创汇，积累生产及科研资金，对引进新的医药成果、学习世界先进的医药技术和管理经验、扩大医药生产规模均有重要的意义。

（四）促进医疗卫生事业的发展，保障国民生命健康

医药生产和流通直接关系到人的生命健康和生活质量，各国政府都十分重视。通过发展医药国际贸易，尤其是医药服务贸易，可加强各国医疗卫生事业的交流与合作，推动新药的研发和生产，提高医疗服务水平，增强一国抗病救灾能力，保障人民的生命健康。

第二节　医药国际贸易的分类

作为国际贸易的一个组成部分，医药国际贸易的形式与一般国际贸易的形式基本相同。结合医药国际贸易实际工作中的惯例，主要介绍以下几种分类。

一、按商品（包括各种劳务）的移动方向划分

1. 出口贸易

将本国生产和加工的商品（包括劳务）运往国外市场销售，称为出口贸易（export trade）或输出贸易。如果商品不是因外销而输往国外，则不计入出口贸易的统计之中，如运往境外使馆、驻外机构的物品或者个人携带到境外使用的物品等。

2. 进口贸易

将外国商品（包括劳务）输入本国国内市场销售，称为进口贸易（import trade）或输入贸易。如果商品不是因购买而输入国内，则不计入进口贸易，不称为进口贸易，也不列入统计，如外国领事馆运进供自用的货物以及旅客携带个人使用物品进入国内等。

3. 过境贸易

过境贸易（transit trade）是指甲国向乙国运送商品，由于地理位置的原因，必须通过第三国，对第三国来说，虽然没有直接参与此项交易，但商品要进出该国的国境或关境，并要经过海关统计，从而构成了该国进出口贸易的一部分。

4. 转口贸易

转口贸易（entreport trade）是指国际贸易中进出口货物的买卖，不是在生产国与消费国之间直接进行，而是通过第三国转手进行的贸易。这种贸易对中转国来说就是转口贸易。交易的货物可以由出口国运往第三国，在第三国不经过加工（改换包装、分类、挑选、整理等不作为加工论）再销往消费国；也可以不通过第三国而直接由生产国运往消费国，但生产国与消费国之间并不发生交易关系，而是由中转国分别同生产国和消费国发生交易。

5. 复出口

复出口（re-export）是指进口的外国商品未经加工又输出到国外，如进口货物的退货、转口贸易等。复出口也称再出口。

6. 复进口

复进口（re-import）是指本国出口商品输出到国外后未经加工又输入国内，如出口退货、在国外未售出的寄售商品运回国内等。复进口也称再进口。

二、按国境与关境划分

1. 总贸易

总贸易（general trade）是指以国境为标准的进出口贸易。部分国家划分进出口是以国境为标准，进入本国国境的所有商品称为总进口（general import）；离开本国国境的所有商品称为总出口（general export）。

2. 专门贸易

专门贸易(special trade)是指以关境为标准划分的进出口贸易。部分国家划分进出口以关境为标准,当外国商品进入国境后,暂时存在保税仓库,不进入关境,一律不列为进口。只有进入关境的外国商品,才列为进口,称为专门进口(special import)。对于从国内运出关境的本国产品以及进口后未经加工又运出关境的商品则列为出口,称为专门出口(special export)。

三、按参与贸易国家的多少划分

1. 双边贸易

双边贸易(bilateral trade)是指由两国参加,以相互出口和相互进口为基础进行的,在双边交易基础上结算且实现外汇平衡的交易支付的贸易。这类方式多出现在外汇管制的国家。

2. 三角贸易

三角贸易(triangular trade)是双边贸易的扩大,是指在三个国家之间相互出口和相互进口,并进行合理搭配,以实现外汇平衡的一类方式。此方式往往因为双方交易时,或者出现不适销对路,或者是因进出口不能平衡造成外汇支付的困难,而把交易活动扩大到第三个国家,这类方式往往是以三国共同签订相互贸易协定来保证其顺利进行的。

3. 多边贸易

多边贸易(multilateral trade)是指三个以上国家间相互进行若干项目的商品交换和相互进行多边清算的贸易行为,称为多边贸易。此类方式,有助于若干个国家相互贸易时,用对某些国家的出超支付对另一些国家的入超,从而寻求外汇平衡。如果当贸易项目的多边结算仍然不能外汇平衡时,也可用非贸易项目的收支来进行多边结算。

四、按交易方式的性质划分

1. 商品贸易

商品贸易(goods trade)是指以商品买卖为目的的纯商业方式所进行的贸易活动。此种性质的交易方式又包含着一些具体的交易方法,即经销(总经销、独家经销、一般经销)、代理(总代理、独家代理、一般代理)、寄售、拍卖、投标及展卖等。

2. 加工贸易

加工贸易(process trade)是指利用本国的人力、物力或技术优势,从国外输入原材料、半成品、样品或图纸,在本国内加工制造或装配成成品后再向国外输出的,以生产加工性质为主的一种贸易方式。它又可分为来料加工、来样加工和来件装配。

3. 补偿贸易

补偿贸易(compensation trade)是指参与两国间贸易的双方,一方是以用对方提供的贷款购进机器、设备或其他技术,或者是以用对方提供的机器、设备或技术进行生产和加工活动,待一定时期后,该方用该项目下的产品或其他产品或者是产品销售后的收入去偿还对方的贷款或设备技术款项的一种贸易方式。此种方式对解决买方的资金暂时不足和帮助卖方推销商品均有一定的作用。

4. 租赁贸易

租赁贸易(renting trade)是在信贷基础上进行的。出租人向承租人提供所需设备,承租人则按租赁合同向出租人定期支付租金,设备的所有权属于出租人,承租人取得的是使用权。租赁期一般较长,是一种以融物的形式实现中长期资金融通的贸易方式。

五、按贸易对象的性质划分

按贸易对象的性质划分为有形贸易和无形贸易。其中,无形贸易可以分为服务贸易和技术贸易。有形贸易与无形贸易有一个鲜明的区别,即有形贸易均需办理海关手续,纳入海关的贸易统计;而无形贸易无需经过海关手续,一般不反映在海关统计上。但是,对形成国际收支来讲,这两种贸易是完全相同的。

(一)有形贸易

有形贸易(tangible goods trade)是具有物质形态的商品贸易。有形贸易的进口、出口都必须通过海关,并反映在海关的统计上。它是整个国际收支中最重要的项目。由于有形贸易的商品种类繁多,为了便于统计、贸易管理和比较分析,联合国秘书处于1950年公布了《国际贸易标准分类》(standard international trade classification,简称SITC),并于1960年、1975年、1985年,分别对《国际贸易标准分类》做过三次修订。在这个标准分类中,把有形贸易商品共分成10大类(section)、67章(division)、261组(group)、1033分组(subgroup)和3118个项目(item)。10大类商品分类如表1-1所示。

表 1-1 10 大类商品分类

大类编号	类别名称
0	食品及主要供食用的活动物
1	饮料及烟草
2	燃料以外的非食用粗原料
3	矿物燃料、润滑油及有关原料
4	动植物油油脂
5	未列名化学品及有关产品
6	主要按原料分类的制成品
7	机械及运输设备
8	杂项制品
9	没有分类的其他商品

SITC 几乎包括了所有的有形贸易商品。每种商品都有一个五位数的目录编号。第一位数表明“类”，前两位数表示“章”，前三位数表示“组”，前四位数表示“分组”，前五位数一起表示“某个商品项目”。例如，维生素 A 及其未混合的衍生物国际贸易标准分类编号为“541. 12”。其中“5”表示“类”，名称为“未列名化学品及有关产品”；“54”表示“章”，名称为“医药品”；“541”表示“组”，名称为“医药品”，第 542 组所列的药剂除外；“541. 1”表示“分组”，名称为“前维生素及维生素类”，天然品或合成的再制品（包括天然浓缩物），其主要用作维生素的衍生物，以及上述药物的混合物，不论是否加入溶剂，未配制成第 542 组所列的药物；“541.12”表示“项目”，名称为“维生素 A 及其未混合的衍生物”。

（二）无形贸易

无形贸易（intangible goods trade）是指不具有物质形态的商品贸易，如运输、保险、金融、旅游、文化娱乐、法律服务、咨询等的提供和接受。

1. 服务贸易

一般来说，服务贸易（trade in services）是指提供活劳动（非物化劳动）以满足服务接受者的需要并获取报酬的活动。为了便于统计，世界贸易组织的《服务贸易总协定》把服务贸易定义为 4 种方式：①过境交付，即从一国境内向另一国境内提供服务，如 A 国医疗机构向 B 国医疗机构提供远程会诊服务；②境外消费，即在一国境内向来自其他国家的消费者提供服务，如 A 国居民赴 B 国就医，C 国学生到 D 国医学院校学习；③自然人流动，即一国的服务提供者以自然人的方式在其他国家境内提供服务，如 A 国的医院、公司到 B 国独资或合资开办医疗服务机构；④商业存在，即一国的服务提供者在其他国家境内以各种形式的商业或专业机构提供服务，如 A 国具有执业资格的医生到 B 国通过资格考试或认证，应聘于 B 国医疗机构从事医疗服务。

2. 技术贸易

技术贸易（international technology trade）是指技术供应方通过签订技术合同或协议，将技术有偿转让给技术接受方使用。它包括技术输出和技术引进两方面，也是国际技术贸易转让的重要组成部分。国际技术转让一般分为非商业性技术转让和商业性技术转让。前者是指政府援助、交换技术情报、学术交流、技术考察等形式的技术转让，这种转让通常是无偿的或转让条件极为优惠。后者是按一般商业条件，以不同国家的企业作为交易的主体进行的技术转让，是有偿的技术转让，也称为国际技术贸易。

六、依货物运送方式划分

按照商品的运输方式不同，可划分为陆路贸易、海路贸易、空运贸易和邮购贸易。

1. 陆路贸易

陆地相邻国家间的贸易，通常采用陆路运送货物的方式，称为陆路贸易（trade by roadway）。运输工具主要有火车、卡车、管道等。如中国与蒙古、美国与加拿大等国间的贸易。陆路贸易占世界贸易总量的 15%～20%。

2. 海路贸易

海路贸易（trade by seaway）是指利用各种船舶通过海上运输商品的贸易，由于海运具有量大、运费低等特点，国际贸易的大部分货物是通过海上运送。据美国航运杂志统计，海运已占国际贸易运输总量的 75%～80%。

3. 空运贸易

空运贸易（trade by airway）是指采用飞机运送商品的贸易。贵重和数量小的货物以及某些鲜活货物，为了争取时效，往往采用航空空运的方式。空运贸易只占世界贸易总量的 3%～4%。

4. 邮购贸易

对数量不多的商品，通常也有采用邮政包裹方式寄送的贸易，即邮购贸易（trade by mail order）。这种贸易方式，比空运耗时多，速度慢，但邮费便宜。

七、按贸易关系划分

1. 直接贸易

商品生产国与商品消费国不通过第三国进行买卖商品的行为叫直接贸易（direct trade）。直接贸易的双方直接谈判，直接结算，货物直接运输。直接贸易的出口国方面称为直接出口,进口国方面称为直接进口。

2. 间接贸易

商品生产国与商品消费国通过第三个国家所进行的商品买卖行为,称为间接贸易(indirect trade)。此类贸易因为各种原因,出口国与进口国之间不能直接进行洽谈、签约和结算,必须借助于第三国的参加。间接贸易有些是出于政治方面的原因,有些是交易双方的信息不通畅而形成的。对于第三国来说,则是转口贸易。此概念也泛指一般贸易活动时,买卖双方通过中间商而进行的交易行为。

八、按清偿工具划分

1. 现汇贸易

以现汇结算方式进行结算的贸易称为现汇贸易(spot exchange trade),亦称自由结汇贸易,在当今国际贸易中,能作为支付工具的货币一般是国际货币,主要有美元、英镑、法国法郎、瑞士法郎、德国马克、日元等。其特点是通过银行逐笔支付货款,以结清债权债务。现汇在运用上灵活、广泛,可以自由地兑换为其他货币,用于支付任何国家的欠债和支出。当前,现汇贸易是最普遍的贸易形式。其结算方式以信用证为主,此外还有托收和汇付等方式。

2. 记账贸易

记账贸易(clearing account trade)实质上是一种易货贸易,根据两国政府间的贸易协定或贸易支付协定,按照记账结算方法进行结算的贸易。有时也用于民间贸易团体以进出口商间的贸易合同所进行的国际贸易。其特点是以货物经过计价作为清偿工具,双方有进有出,互换货物,品种相当,不是用现汇逐笔结算,而是通过指定的银行账户相互冲销。通过记账贸易获得的外汇称作记账外汇。记账外汇一般仅用作协定国之间的收付,不能用于同第三国的结算。

3. 易货贸易

易货贸易(barter trade)是指商品交易的双方依据相互间签订的易货协定或易货合同,以货物经过计价作为结算方式互相交换货物的一种交易行为。此种方式比较适用于那些外汇不足,或其他各种原因无法以自由结汇方式进行相互交易的商家。

第三节　国际贸易的基本统计概念

对于世界医药贸易状况及一国对外医药贸易活动,我们通常使用一些统计指标进行描述,以反映医药国际贸易的现状,了解医药国际贸易的发展趋势。

一、对外贸易值与国际贸易值

1. 对外贸易值

对外贸易值(value of foreign trade)是指一个国家或地区在一定时期内进出口商品的价值。通常用进出口总值表示,有时也只用进口值或出口值表示。进出口总值(value of exports and imports)是以货币表示的进出口贸易量,即进口贸易额加上出口贸易额。各国对外贸易额一般都以本国货币表示,对外一般用美元来表示。如2007年我国中药进出口额为15.4亿美元,其中,出口额为11.8亿美元,进口额为3.6亿美元。

各国公布的进出口贸易额通常有3种:

1)海关统计的进出口贸易额。凡列入进出口统计货物范围的,不管是否是银行办理结算,都列入海关统计。大多数国家出口按离岸价格算,进口按到岸价格计算。

2)外汇收支统计的进出口贸易额。统计范围只限于动用外汇结算的进出口贸易,故不使用外汇的进口,就不列入此项统计。

3)国际收支统计的进出口贸易额。由于该项统计范围包括本国居民与外国居民之间的一切交易,故进出境的商品都列入统计之中,进出口一律按离岸价格计算。

由于统计内涵与方法不同,以上3种进出口贸易额在同一时期的数值各异。

2. 国际贸易值

国际贸易值(value of international trade)即是用货币来表示的一定时期内世界各国的对外贸易值的总和,又称国际贸易额。各国的对外贸易值是用本国货币表示的,因此需要把各国的对外贸易值折算成相同的货币单位来表示国际贸易值。国际贸易值一般都用美元来表示,这是因为美元是现代国际贸易中的主要结算货币,也是国际储备货币。

就单个国家而言,出口值加上进口值之和就是该国的对外贸易值。但从国际范围来说,由于一国的出口就是另一国的进口。如果把世界各国的出口值和进口值加在一起作为国际贸易额,就会造成重复计算。又因为世界各国的进口值一般都是按到岸价格计算的,在商品的进口值中,通常还包括运输和保险的费用等,因而也不能把各国的进口值加起来作国际贸易值。所以一般只把世界各国的出口值相加,作为国际贸易值。

由于现实生活中物价经常变动,尤其是第二次世界大战之后，通货膨胀更是一种明显的、持续的国际经济现象，因此，国际贸易值往往不能准确地反映国际贸易的实际规模及其变化趋势。如果以国际贸易的商品实物量来表示，则能避免上述缺点。

二、对外贸易量与国际贸易量

1. 对外贸易量

对外贸易量（quantum of foreign trade）是指按一定时期不变价格为标准计算出来的一个国家或地区的对外贸易值。它是反映一个国家进出口规模的重要指标之一。在对外贸易过程中，有各种各样的进出口商品，这些商品的进口量和出口量是按不同的计量单位（如重量、容量、数量等）计算出来的，计算标准差别很大，难以汇总。因此，在实际中，用固定年份为基期的进口或出口价格指数去除当时的进口值或出口值，得出按不变价格计算的对外贸易实际规模的近似值。这个数值消除了价格变动的影响，只反映数量变化，所以称为对外贸易量。然后再以一定时期的对外贸易量为基期，同一国各个时期的对外贸易量做比较，就可以得出对外贸易实际规模变化的物量指数。如2004年我国中药出口额为7.25亿美元；2006年中药出口额为10.90亿美元，以2004年为基期，2006年中药出口价格指数为104.6%，2006年我国中药出口量为10.42亿美元，与2004年相比较，实际增长幅度为43.72%，可见，近年来，我国中药出口增长速度较快。

2. 国际贸易量

国际贸易量（quantum of international trade）是用数量、质量、长度、面积、容积等计量单位表示的国际贸易规模。衡量国际贸易量的方法与衡量对外贸易量的方法基本相同——以一定时期的不变价格来计算国际贸易量，即用出口价格指数去除各时期的出口值，得出按不变价格计算的国际贸易实际规模的近似值。这个数值消除了价格变动的影响，只反映数量变化，所以称为国际贸易量。然后再以一定时期的国际贸易量为基期，同各个时期的国际贸易量做比较，就可以得出国际贸易实际规模变化的物量指数。

国际贸易量计算过程如下：

1）先以基期的价格为基数计算出比较期的价格指数。

$$\text{比较期价格指数}=\frac{\sum P_1Q_1}{\sum P_0Q_1}\times 100\%$$

式中：P_1 为比较期价格；Q_1 为比较期数量；P_0 为基期价格。

2）再用比较期的价格指数除比较期的贸易值。从而计算出以基期的不变价格为基础的比较期贸易值，以此作为比较期的贸易量。

$$\text{比较期贸易量}=\frac{\text{比较期贸易值}}{\text{比较期价格指数}}$$

3）最后把比较期的贸易量与基期的贸易量比较。

$$\text{比较期贸易量指数}=\frac{\sum P_1Q_1}{\sum P_0Q_0}\times 100\%$$

式中：Q_0为基期数量。

例如，某国的出口值2000年为1000亿美元，2006年为1800亿美元；出口价格指数2000年为100%，2006年为200%，计算2006年的贸易量指数。

2006年贸易量＝1800/200%＝900（亿美元）

2006年贸易量指数＝900/1000×100%＝90%

通过以上计算可以看出：按贸易值计算，该国2006年的出口规模比2000年是扩大了；但按贸易量计算，该国2006年的出口规模比2000年并没有扩大，而是缩小了。

三、对外贸易和国际贸易商品结构

1. 对外贸易商品结构

对外贸易商品结构（foreign trade by commodities）是指一国进出口贸易中各种商品的构成，即某大类或某种商品进出口贸易额与整个进出口贸易额之比。通过对一国进出口商品结构的分析，可以看出这个国家的经济发展水平和在国际分工中的地位。在工业发达国家的对外贸易中，工业制成品在出口中所占的比重一般大于初级产品的比重，而初级产品在进口中所占的比重一般大于工业制成品所占的比重。在工业不发达国家的出口中，初级产品在出口中所占的比重一般大于工业制成品所占的比重，在进口中则相反。这说明工业不发达的国家是工业发达国家工业品的销售市场和农矿产原料与食品的供应基地。

以中药出口的商品结构为例，说明、分析对外贸易商品结构的意义。中药出口商品通常划分为中药材及饮片、植物提取物和中成药三大类，2007年我国中药出口总值中，三者的比重分别为40%、41%和19%，植物提取物与中药材所占比重较大，且比重几乎持平，中成药所占比重较小。分析2003~2007年的数据，中药出口商品构成有较大的变化，2003年三者的比重分别为59%、25%和16%，这说明近几年我国植物提取物的生产和出口增长迅速，中药出口的商品结构有所改善。按照出口商品形态和国际市场用途分类，中药材和植物提取物属于天然植物药原料，中成药可以归为天然植物药制品,目前我国的中药出口以天然植物药原料为绝对主导,所占比例在 80% 以上,天然植物药制品的比例较小。中成药出口比重没有显著提高,中成药出口仍未脱离徘徊不前的状态。

2. 国际贸易商品结构

国际贸易商品结构(international trade by commodities)是指贸易商品类别构成状况,一般用各类商品的贸易额在贸易总额中的比重来表示。

商品的种类十分繁多,一种常见的分类方法是根据商品的加工程度,把商品分为初级产品与工业制成品两大类。前者是指未经加工或只经简单加工的农、林、牧、副、渔和矿产品;后者是指经过机器完全加工的产品,如机器设备、化学制品和其他工业产品等。还有一种常见的分类方法是根据商品生产中所需要的某种较多的生产要素,把商品分为劳动密集型商品、资本密集型商品等。SITC 的分类方法是按照商品的加工程度由低级到高级进行编排的,同时也适当考虑商品的自然属性。SITC 的分类方法很适合经济分析之用。一般将 0~4 类商品列为初级产品,把 5~9 类商品列为制成品。国际贸易商品结构的基本意义在于:把国际贸易中现在的商品结构与过去的商品结构进行比较,以及把各国的商品结构进行比较,可以反映一国或整个世界的经济发展水平、产业结构状况和科技发展水平。

四、对外贸易与国际贸易地理方向

1. 对外贸易地理方向

对外贸易地理方向(direction of foreign trade)又称对外贸易地区分布,是指各个国家或经济集团在一国对外贸易中所占有的地位。对外贸易地理方向表明了一国同世界各国经济贸易的联系程度。一般用一国或地区与其他各国或地区的贸易额在该国或地区对外贸易总额中的比重来表示。如 2003 年我国中药出口的 10 大对象国家和地区分别是日本、中国香港、美国、欧盟、韩国、越南、中国台湾、新加坡、马来西亚和印度。对 10 大市场出口总额占整体出口的 86.58%。如将我国的香港、台湾地区以及以华人为主的新加坡和马来西亚市场剔除,剩余 6 大市场占整体出口的比例为 62.41%,即使只计算日本、美国、欧盟和韩国 4 大市场,占整体出口的比例仍达到 57.1%。我国中药出口的市场集中度是相当高的。

2. 国际贸易地理方向

国际贸易地理方向(direction of international trade)是指国际贸易额的地区分布状况,一般用一国或地区的对外贸易额在世界贸易总额中所占的比例来表示。国际贸易地理方向反映了各国或地区参加国际商品流通的水平及该国或地区在世界贸易中所占的地位。如 2005 年,中国的货物出口总额占世界货物出口总额的比重排名第 3 位。国际贸易排名前五位的是德国(12%)、美国(11%)、中国(9%)、日本(7%)、法国(6%),而 2000 年中国仅排名第 9 位。这表明我国参与国际商品市场的竞争能力提高了,在世界贸易中具有举足轻重的地位。

五、贸易差额和国际收支

1. 贸易差额

贸易差额(balance of trade)是指一国在一定时期内出口贸易额和进口贸易额的差额状况。如果出口额大于进口额,称为贸易顺差或出超(favorable balance of trade);如果进口额大于出口额,称为贸易逆差或入超(unfavorable balance of trade);如果进出口相等,则叫做贸易平衡。

贸易差额的意义在于:一是反映了一国的商品在国际市场上的竞争力状况;二是反映了一国的进出口外汇收入与支出情况,从而对该国的国际收支产生影响。

一般说来,出超或顺差反映一国在对外贸易收支上处于有利地位,表示该国有较强的生产、加工、制造能力,产品在国际市场上有较强的竞争能力,入超或逆差反映一国在对外贸易收支上处于不利地位,表示该国的加工、制造能力较弱,产品在国际市场上竞争能力较弱。

2. 国际收支

国际收支(balance of payment)是指一国在一定时期内(通常为一年)所有对外经济交易的收入总额与支出总额的对比。如果收入大于支出,称为国际收支顺差(或黑字);如果支出大于收入,则称为国际收支逆差(或赤字);如果收入等于支出,则称为国际收支平衡。但是一般很少见国际收支绝对平衡的。国际收支是由经常账户、资本账户、官方结算账户等组成的。对外贸易收支是经常账户中的主要内容,因此,贸易差额对国际收支具有重要影响。

一般来说,一国呈现贸易顺差,表明该国的对外贸易处于一个相对较有利的地位,如该国的国际竞争能力在提高,外汇储备在增加,应付国际金融问题的能力也就得到增强。一国呈现贸易逆差,则表明该国的对外贸易处于较为不利的地位。但是,这并不是绝对的,长期的贸易顺差会使国内市场可供商品与服务相对于货币购买力来说变得贫乏,它会产生一种使国内市场价格上升的压力,所以,顺差并非绝对好事;而贸易逆差若是发生于为加速经济发展而适度举借外债,引进先进技术及生产资料,也不是坏事。从长期趋势看,一国的进出口贸易应保持平衡。

六、净出口和净进口

净出口(net export)是指一国在一定时期内某一类商品的出口大于对该类商品的进口。该类商品的出口大于进口的差额称为净出口额。

净进口(net import)是指一国在一定时期内某一类商品的进口大于对该类商品的出口。该类商品的进口大于出口的差额称为净进口额。

在某一类商品上是净出口还是净进口,反映了一国对该商品的生产能力和消费能力。如果一国对某类商品的生产能力大于消费能力,则该国在该类商品的外贸中会出现净出口;反之,则出现净进口。另外,净出口或净进口也可能是由于一国的某类商品在国际竞争中的地位造成的。竞争力强,会出现净出口;竞争力弱,则会出现净进口。

七、国际贸易条件

国际贸易条件(term of trade)是指出口一单位本国商品可以换回多少单位的外国商品。换回的外国商品越多,称为贸易条件好转;换回的外国商品越少,称为贸易条件恶化。在以货币为媒介、以价格表示交换价值的条件下,贸易条件一般以一定时期内出口价格指数和进口价格指数之比来表示。其公式为

$$\text{TOT}=\frac{p_x}{p_y}$$

式中:p_x 为出口价格指数;p_y 为进口价格指数。TOT的计算有三种情况:①TOT>1,即贸易条件好转;②TOT<1,即贸易条件恶化;③TOT=1,即贸易条件不变。

一般来说,在 TOT<1 的情况下,出口越多越不利。针对这种情况,政府应积极采取措施,调整进出口商品结构,以改变对外贸易的不利状况。但是孤立地考察贸易条件并不能很好地计量福利或贸易利益变动。比如,在出口价格下降而进口价格相对不变的情况下,只有当生产出口商品的劳动生产率在没有一定程度提高的情况下才能判断出贸易对本国福利的不利影响。假设美国找到一种成本更低的种植小麦的方法则美国供给出口的小麦增多,降低了小麦价格和美国的贸易条件,这就不能认为美国的经济状况变坏了或是美国从贸易中获得的利益减少了,因为美国可以从出口成本的降低中获得更多的利益。

八、对外贸易依存度

对外贸易依存度(ratio of dependence of foreign trade)又称"外贸依存率",指的是一国的进出口总值在国民生产总值或国内生产总值中所占比重。它表明一个国家的对外贸易在国民经济中的地位或国民经济对于对外贸易的依赖程度,同时又反映出同其他国家经济联系的密切程度和该国加入世界市场参与国际分工的深度。外贸依存度分为输出依存度和输入依存度。前者又称"平均出口倾向",以一国的出口总额占国民生产总值或国民收入的比重来表示。后者则称"平均进口倾向",是一国的进口总额所占国民生产总值或国民收入的比重。两者都分为按不变价格计算的实际依存度和按现行价格计算的名义依存度。

若以 X 表示出口,M 表示进口,则外贸依存度的公式为

$$\text{外贸依存度}=\frac{X+M}{\text{GDP}}$$

外贸依存度表明一国的经济对外贸的依赖程度,也可表明一国经济全球化的程度。

由于进口值不是该国在一定时期内新创造的价值,从而使外贸依存度表现得较高,因此,很多人使用出口依存度这个概念。出口依存度是指一国在一定时期内出口值在国内生产总值中所占的比重。出口依存度的公式为

$$\text{出口依存度}=\frac{X}{\text{GDP}}$$

另外,可以把进口额占 GDP 中的比重称为进口依存度。进口依存度的公式为

$$\text{进口依存度}=\frac{M}{\text{GDP}}$$

第四节 医药国际贸易的研究内容与方法

一、医药国际贸易的研究内容

国际贸易作为一门学科,它的研究对象是不同国家或地区之间的商品和服务的交换活动。通过研究这些商品和服务交换活动的产生、发展过程,以及贸易利益的产生和分配,揭示这种交换活动的特点和规律。

医药国际贸易作为世界贸易的重要组成部分，其含义指不同国家或地区之间的医药商品和医疗服务的交换，因此，医药国际贸易的研究对象总体来说应该包括两个方面：①对国际贸易学科本身的研究；②对国际医药商品及服务的生产、交换活动的内在特征和规律进行研究。

在医药国际贸易的研究对象中世界药品贸易是医药国际贸易的重中之重，也是各国政府及医药界关注的核心。在医药无形贸易方面，虽然近年来医疗服务贸易及医药知识、产权交易呈现上升趋势，但是由于各国开放程度有限，医疗服务等无形商品的交换依然位居医药国际贸易的次要地位。因而，医药国际贸易课程的研究以有形的医药商品尤其是药品贸易为主，兼而研究国际医疗服务贸易及医药知识产权交易。

医药国际贸易的具体研究内容主要包括以下几个方面。

1）医药产业及国际贸易的关系研究。医药商品及服务的供给是医药贸易的基础，医药国际贸易的发展又推动医药生产的进步。通过对医药产业及国际贸易的历史演变、医药产业发展现状的认识及国内外产业政策的分析，以透视医药产业的发展和医药国际贸易的关系。

2）医药国际贸易产品及市场的研究。介绍医药国际贸易中产品的种类及质量特征，以及我国药品质量管理的依据、国内外医药商品进出口质量管理的相关政策法规；介绍世界医药市场的概况及国别情况，尤其是世界天然药物市场。通过对世界市场及各国的医药产品质量监管的研究进而分析我国医药产业参与医药国际市场竞争的优势。

3）医药国际贸易政策与发展策略研究。介绍我国对外医药贸易政策及具体的实施措施，WTO 相关协议中涉及医药行业的各项条款，以及我国入世议定书中在医药方面所做出的具体承诺。分析中国加入 WTO 对医药行业的机遇和冲击及全球医药产业国际化与我国医药产业国际化的状况，研究我国医药产业对外贸易发展战略以及医药企业实行跨国经营的障碍与对策。

4）医药知识产权及医药服务贸易研究。介绍医药知识产权及医药服务贸易的相关概念，以及医药知识产权及医药服务贸易的相关法律法规，研究我国在国际医药贸易中所面临的知识产权保护问题及可采取的知识产权策略，分析国际医疗服务贸易的现状和发展前景。

二、医药国际贸易的研究方法

医药国际贸易活动包含宏观和微观两个层面。随着全球贸易的发展，医药国际贸易活动的主体、内容、形式等各方面也在不断发展变化，我们对于贸易现象的认识也应不断更新发展。认识问题的根本目的是解决问题，因此，我们要在认识分析医药国际贸易活动现象的基础上把握其内在特征和规律，进而研究发展医药国际贸易。作为国际贸易学在医药领域的应用，对医药国际贸易的具体研究方法有以下几种。

1. 宏观分析与微观分析相统一的方法

医药国际贸易活动从一国来看就是医药对外贸易活动。对外贸易作为整个国民经济的一个组成部分，它也有宏观和微观两个层次的活动。这就要求我们在分析医药国际贸易活动（关系）时，一方面要从宏观经济的角度出发，重点研究一国应采用怎样的政策手段和发展战略去调整本国的对外医药贸易关系，从而促进本国医药贸易和产业的发展；同时又要对本国与他国的贸易协调进行分析，从而为医药企业从事对外贸易活动提供宏观经贸理论知识和指导。另一方面，医药国际贸易也要重视对微观贸易活动内容的分析，如医药企业跨国经营的研究等。

2. 实证研究与规范研究相统一的方法

规范研究方法是以一定的价值判断为基础，提出某些准则作为分析、处理国际贸易问题的标准，作为制定行为准则的依据，并研究如何才能符合这些标准。规范研究有很强的政策倾向。实证研究方法则排斥价值判断，通过一系列定义、假说来探索国际贸易活动中的规律，提出用于解释经济活动的理论。实证研究具有很强的“纯理论”色彩。坚持实证研究与规范研究相统一的方法是国际贸易学科特点的要求，因此，对医药国际贸易的研究是理论和对策的统一。

3. 定量分析和定性分析相统一的方法

定量分析侧重于对数量关系的变化进行考察，它是指将数学中的一些基本概念运用到医药国际贸易中，将数学中的一些算法准则和推演公理运用到医药国际贸易的研究中；运用直角坐标系下的曲线形状、区间和区域的变化来说明医药国际贸易；运用函数关系说明特定条件下的规律。定性分析则旨在提示事物和过程的质及结构性的联系。事物的发展变化是质变和量变的过程，定性分析和定量分析的运用是辩证统一的。

4. 静态分析与动态分析相统一的方法

静态分析是在特定历史条件下，研究医药国际贸易活动的特点，以及相关贸易理论的适用性。动态分析是对事物变化的过程进行分析，即要对医药国际贸易的形成和发展进行阐述，对不同历史阶段的状况特点进行比较、分析，研究相关贸易理论的发展及其进步性和局限性。

5. 历史与逻辑相统一的方法

在研究医药国际贸易活动及由此产生的各种经济关系时，要十分重视对历史材料和现实材料的收集；要注意回答医药国际贸易活动不断出现的新问题；在分析和介绍有关理论时，要注意联系特定的历史环境条件；在局部、具体内容的研究上，以历史的先后为序。历史和逻辑相统一的方法，就是要把国际贸易理论的研究与发展着的医药国际贸易历史辩证地结合起来。要从史料中和从医药国际贸易活动的现象中抽象出概念，阐述出其中的规律性。另一方面，在理论内容的研究上要以逻辑的先后为顺序。

三、学习医药国际贸易的意义

学习医药国际贸易的基本意义在于把握医药国际贸易及其趋势，理解国际医药贸易关系的基本态势与特征，明白各国制订对外经济政策的依据，并为我国的医药贸易和产业发展服务。

1. 有助于认识和把握复杂的医药国际贸易关系及其发展趋势

当今世界经济发展的总潮流和总趋势是国家和地区经济日趋国际化、一体化，国际贸易在这一过程中的基础与纽带作用越来越重要，越来越明显。进入21世纪，世界各国，尤其是经济发达国家把发展医药工业作为提升国家竞争力的一大重要战略，积极参与医药生产的国际分工和交换。这种国际分工的日益深化、强化、细化，是生产力国际化发展的必然，也是商品经济全球化的产物。从这个意义上说，只有顺应潮流，驾驭趋势，才能富民强国，走在世界经济发展的前列。

2. 有助于认识和把握国际贸易理论在医药领域的指导与实践意义

国际贸易是当今世界各国相互关系的基础与纽带，是国际经济关系的核心。国际贸易理论是对现实经济活动的概念化、抽象化。医药国际贸易的发展过程中许多现象需要借助贸易理论进行解释。如贸易目的是互通有无，通常进行的是产业间贸易，像布匹换机器等，为什么各个国家间医药产业内的贸易近几十年一直保持快速增长？发达国家在主张全球经济自由化的同时，为什么又采取诸多限制医药贸易的措施？为什么中国在医药生产的国际分工中处于制造大国而非制造强国的地位？这些问题通过医药国际贸易的学习可以得到理论说明。

3. 有助于认识和把握各国制订的与医药相关的贸易政策与措施

现代经济社会，各国参与国际贸易活动都是为了获取贸易利益，各国经济的开放程度与规模也最终都是以本国经济利益为转移的。放眼世界，没有哪一个国家的对外经济活动不受政府的干预，也没有哪一个国家的政府不干预对外经济活动。我们学习医药国际贸易，不但有助于理解各国为发展医药贸易制订的对外经济政策，而且可以把握各国制订其相关政策的依据。

4. 有助于认识和把握我国新时期的历史任务，推动我国医药对外贸易的发展

学习医药国际贸易最重要的目的还是要为我国新时期的改革开放服务。在建设有中国特色的社会主义新时期，中国可否推行贸易自由政策？中国医药产业如何实现科学发展？中华传统医药如何走向世界？如此等等的一系列重大问题，都在医药国际贸易的研究范围之内，与新时期的历史任务紧密相关。

追求真理，驾驭规律，是每一个中华民族成员力求实现自我的最高境界。为中华民族再度崛起而学习，为历史古国重振雄风而奋斗，应当是我们每个公民的抱负与事业。

本章小结

首先介绍国际贸易及医药国际贸易的基本概念，从医药国际贸易的交易困难程度、复杂程度以及风险程度，分析医药国际贸易和国内贸易的异同，并阐述了发展医药国际贸易的意义。然后，根据不同的角度——交易对象性质、货物运送方式、按清偿工具、贸易关系、交易方式的性质、参与贸易国家的多少、国境与关境、按商品（包括各种劳务）的移动方向等，具体说明了国际贸易的分类。最后，介绍医药国际贸易研究的主要内容和研究方法。再次，阐述国际贸易的基本统计概念，通过它们之间的比较，分析出这些统计概念之间的区别。

本章思考题

1. 简述医药国际贸易的基本概念。
2. 医药国际贸易的开展对我国经济发展的意义是什么？
3. 简述医药国际贸易与国内贸易的异同。
4. 简述国际贸易的分类。
5. 简述医药国际贸易课程的研究内容。

案例分析

走出我国中药占国际市场份额3%的误区

“我国中药产品产值仅占国际植物药市场份额3%”的说法在前几年流传甚广。然而按照中国科技信息研究所的专家的研究显示，3%的说法完全是误解。实际上，我国大陆中药产值占世界植物药市场份额应在20%～25%，占世界中药市场份额在50%以上。

曾参与中医药领域两项国家级软科学课题研究的中医药国际化问题专家——中国科技信息研究所贾谦研究员，就我国大陆中药占世界市场的真实份额做了深入细致的研究。他指出，这种说法最初源自几部门联合于1993年完成的一项国家级软科学课题研究——“促进中医药出口创汇的战略与政策研究”。该课题对以华裔为中心的中药传统市场（东南亚、我国港澳台以及西方国家以华裔社区为中心的中药传统市场）、日本、韩国中药传统市场、西方主要植物药市场进行了研究：1993年，这三大植物药市场规模约为140亿美元，同年我国中药出口创汇4亿美元，约占三大市场的3%。

不少人在引用“3%”时断章取义、偷换概念，将之演绎成了我国中药产值占世界市场的3%。再加上国内目前缺乏“洋中药”进口的权威数据。若将进口的西方植物药、生物制品、维生素、深海鱼油等保健品，甚至多年来我国一直进口的高丽参、乳香、没药等药材，都纳入“洋中药”的范畴，就很容易演绎出“洋中药”进口额超出同期我国中成药出口额的结论。使人产生我国中药产品进出口严重失衡，进口远大于出口的不实概念，甚至影响国家的决策层。

贾谦研究员认为，以海关统计为基础数据，进行必要的辨别、澄清，有助于实事求是地认识我国中药进出口的实际情况。

以2000年的数据为例，有的统计根据海关数据算出2000年我国进口“洋中药”5亿多美元。但是，国家药监局并未批准“洋中药”作为药品进口。卫生部也只批准了一些保健食品进口。那么，这5亿多美元的“洋中药”从何而来呢？

原来，有关部门在根据海关总署统计年报进行统计时，将进口税则“30049090未列名混合或非混合产品构成的药品”项4.165亿美元的进口额也计入了“洋中药”名下。贾谦和他的课题组调查了此项下进口额最大的前11家公司的进口情况（这11家公司在该项下共进口2.4亿美元产品，占该项总额4.165亿美元的58%），发现进口的全部是西药或西药原料。因此，可以判断，该项下进口物并非“洋中药”，而是西药。另外，进口税则“30章药品”中已有“30049059其他中成药”项，统计了该章单列统计的中药品种之外的中成药。由此可以判定，上述“30049090未列名混合或非混合产品构成的药品”项下应全为西药，因为若为中药，则与“30049059”重复统计。

根据查阅与调查，2000年我国出口中成药0.846亿美元，而同年进口中药1.06亿美元，其中，进口清凉油等和其他中式成药共2449.2万美元，其余为原产地不在我国、历年均需进口的中药材，如西洋参、高丽参，以及乳香、没药等南药和其他药材。总之，没有出现“洋中药”进口大于我国中成药出口的怪现象。

2000年，我国大陆中药产值493亿元，合60亿美元，约占世界植物药市场的20%～25%。若论我国中药产值在世界中药（而非植物药）市场的份额，则应在50%以上。

（资料来源：中国工商协会网 http://www.ica.gov.cn/new/hybd/yydl/yydl2002/06/0704.htm，2002年6月7日.）

案例讨论题

1. 试用国际贸易的相关统计概念来反映我国中药进出口现状。
2. 试分析我国中药产业的国际地位。
3. 你对“我国中药产值在世界中药（而非植物药）市场的份额，则应在50%以上。”的论断如何看待？

资源链接

1. http://www.cintcm.com/xxzz/index.asp 中国中医药信息杂志
2. http://www.yytj.org.cn/news/home.jsp 中国医药统计网
3. http://www.tdb.org.cn/index.jhtml 中国贸易促进网
4. http://www.menet.com.cn/中国医药经济信息网
5. http://www. intracen. org/tradstat/sitc3list. htm international trade centre
6. http://www.intracen.org/tradstat/sitc3list.htm：医药商品 SITC 分类情况

第二章　医药产业和中国医药对外贸易发展史

学习目标

通过本章的学习，掌握医药产业的概念和世界医药产业的发展历史，了解我国医药产业的历史变迁，熟悉我国对外医药贸易的发展历程。

引导实例

郑和原名马三保，俗称三宝，回族人。他跟随朱棣多年，深得其信任，于永乐二年被赐姓郑，这才名为郑和。郑和丰躯伟貌、博辩机敏且知兵习战、屡建奇功。郑和作为钦差总兵正使太监于永乐三年、五年、七年、十二年、十五年、十九年及明宣宗朱瞻基宣德五年，七次下西洋。每次统率官校旗军数万人，乘巨舶百余艘。据载，所历"由占城国、爪哇国、三佛齐国、暹罗国，直逾南天竺、锡兰山国、古里国、柯枝国，抵于西域忽鲁谟斯国、阿丹国、木骨国，大小凡三十余国，涉沧溟十万余里"。经南海越印度洋到达今之红海与东非。前后历时二十九年。此间，船队通过各种方式向海外传播了我国中医药知识和文化，如赠予中医药书籍、传药施医等。同时郑和对海外药用生物资源进行了长期的考察，通过多种途径将其中对我国有用的种类予以引进，扩展了我国中药材品种，并促进了我国与海外的药物贸易。可以说郑和七下西洋不但大大推动了我国和世界航海业的发展，而且大大推动了明代中医药走向世界，促进了我国中医药的大发展。

［资料来源：陈平平.2006.郑和下西洋与明代中医药学的走向世界和发展.南京晓庄学院学报，(2)］

第一节　世界医药产业发展史概述

医药产业是具有广阔市场前景和巨大增长潜力的"朝阳产业"，被世界许多国家和国内众多地区竞相列为重点扶持发展的战略产业。现代医药产业产生于19世纪后期，经历了从无到有，从实验室的简单配制到化学合成再到生物制药等阶段。20世纪70年代，医药产业从所依附的化学工业中分离，成为独立的产业体系。21世纪初，随着科学技术特别是生物技术的迅速发展，世界医药产业的发展进入了一个全新阶段。

一、医药产业的概念和主要特征

（一）医药产业的概念

"产业"是介于微观经济组织和宏观经济组织(国民经济)之间的一个"集合"概念。它既是具有某种同一属性的企业的集合，又是国民经济以某一标准划分的部门。根据产业经济学理论，我们可以以同一商品市场为单位划分产业，把所有生产同类商品或提供同种服务的企业称为某一产业；也可以以生产技术、生产工艺的相似性为依据来划分产业。因此，可将医药产业定义为：国民经济中药品的生产、流通和使用过程中形成的相互关联的各行各业，包括药用原辅料、医疗器械、卫生材料、制药机械、药用包装材料、化学药品、生物药品以及中成药、中药饮片的生产、销售和使用过程中所形成的各种行业。

（二）医药产业的主要特征

医药产业主要具有以下特征。

1. 医药市场的复杂性

虽然医疗机构属于服务业，药品生产属于制造业，但由于医疗机构是药品最主要的流通渠道和交易场所，这就决定了医药产业有着其他产业所不具备的特殊性，即药品消费的决策者和使用者相分离。因此，很多情况下医药企业不能与其他产业的企业一样运作，而要充分利用医疗机构这一"中间商"为临床研发找到基地、为产品找到销路、为患者传递信息。但是医疗机构并不像普通"中间商"一样承担风险、调节供需矛盾，这增加了医药市场的复杂性。此外，药品治病救人的特殊属性使得各国对药品实行严格的管理，药品生产需通过GMP认证，这些都提高了市场进入的门槛等，增加了医药产业的复杂性。

2. 医药产业的持续成长性

医药产业是按国际标准划分的15类国际化产业中增长最快的产业之一，远高于一般制造业。20世纪70年代世界医药经济平均递增13.8%，80年代递增13.5%，90年代世界经济发展进入低潮，经济衰退几乎遍及世界所有工业化国家,医药产业虽受到衰退的影响,但平均增长率仍接近10%;随着人口增长、老龄化、健康需求和生物医药技术的不断发展,医药产业今后仍将会保持较高的发展速度。

3. 医药产业的"三高"性

医药产业是公认的"三高"产业——高技术、高风险、高附加值,具体体现为:

1)高技术。医药产业融合了各个学科的先进技术手段,医药的研究与生产需要综合许多学科最新理论成果和手段。例如,分子生物学的快速发展催生了基因重组技术、杂交瘤技术、细胞融合技术等在医药研究与生产中的应用;新受体技术、黏附因子、糖生物学和新细胞因子研究对有关免疫系统的探索改变了人们对自身免疫性疾病的治疗方法;组合化学技术的出现带来了新药开发的革命等。

2)高风险。新药从合成、提取、生物筛选、药理与毒理试验、稳定性试验、生物利用度测试和放大实验,到进入三期临床、注册上市和售后监督等一系列过程,耗资巨大、耗时很长;此外,新药开发的成功率很低,据统计美国新药成功率大约为1/5000,日本为1/4000。

3)高投入、高附加值。药品从早期的研究直至最终的上市销售,每一环节都要投入大量的资金,尤其是研发方面的投入非常高,有资料表明世界制药巨头研发费用占销售额的10%~25%,而生物技术制药公司在研究与开发的费用则更加高昂,最高达到80%。同时,为了维护产业链的连续性,各国对新药开发普遍实行专利保护,因此,新药一旦获得上市批准,制药公司便可凭高昂售价获取高额利润。

4. 医药产业的相对垄断性

医药需求的世界性和生产的集中性,使医药产品成为世界贸易最广泛的产品之一。医药产业的规模经济性、高技术、高风险等特征使得医药产业为少数大企业垄断,使少数发达国家和部分发展中国家在全球医药市场中占据较重要的位置。自20世纪80年代以来世界医药企业并购、重组浪潮愈演愈烈,跨国企业并购、重组进一步加大了市场集中度。此外,医药产业在大多数国家都实施政府准入控制,政府的严格监管也加剧了医药产业的相对垄断。

二、世界医药产业发展史

(一)制药产业产生及初始发展阶段(1870~1930年)

早期药物治疗的供应来自于药剂师,他们在实验室生产。随着人们对药品需求量的日益扩大,Andrew Craigie在宾夕法尼亚的卡莱尔建立了实验室和仓库,开始成批生产当时常用的药品,如吗啡、奎宁、马钱子碱等。据统计,到19世纪90年代从药房成长为药品批量生产商的企业有美国的默克制药公司、德国先令制药公司、瑞士的霍夫曼-拉-罗氏制药公司、英国的威康制药公司、法国的Etienne Poulene制药公司、美国的雅培制药公司、史克制药公司、礼来制药公司、普强制药公司和派德药厂等。

1880年,染料企业和化工厂开始建立实验室研究和开发新的药物。例如,德国的阿克发公司、拜尔公司、赫斯特公司,瑞士的汽巴制药公司、嘉基制药公司和山道士制药公司,英国的卜内门公司,以及美国的辉瑞制药公司,这些制药企业过去是化工厂和染料厂,19世纪末,这些企业开始兼并成真正的制药企业,其科学基础是药物化学和药理学。合成化学和药理学的应用,特别是对化合物适应证的研究,使得制药行业得到了长足的发展。具体来讲,科学家开始研究药物的构效理论,新生制药企业研究方向是鉴别和制备合成药物,并研究其在治疗方面的作用。

此后,德国制药企业和学术界合作,开始研究染料、免疫抗体及其他生理活性物质,了解它们对于致病菌的作用。1906年Paul Ehrlich发现有的合成化合物可以选择性地杀死寄生虫、病菌和其他致病菌,从而导致了大规模的工业研究,并延续至今。20世纪初人们已可以从动物体内提取有效成分,如肾上腺素,这是第一个用于治疗目的的激素。同时,人们已学会从焦炭中提取染料,并且通过染色,杀死细菌。化学家们很快对这些染料及其副产物进行了结构改进,使新的化合物更有效果,合成化学得到了快速的发展,很多产品至今仍然得到广泛应用,如对乙酰氨基酚和阿司匹林。此间,疫苗也得到了应用,包括卡介苗疫苗和白喉疫苗。

1906年颁布了《美国食品药品法》,1909年美国化学学会成立了制药化学分会(现为制药分会),这些大大促进了制药企业更精确地分析药品。但当时美国化学家还没有自由合成新的化合物,药厂也仅仅是生产简单的化合物药品,而德国化学家处于垄断的地位。第一次世界大战后,美国开始重视自己开发生产阿司匹林等药物。

这一时期处方可以申请专利,但是实际上由于法律规定要求说明书和标签中需有处方组分说明,因此处方无法得到保护。此外法律规定药品管理部门有权要求产品退出市场和广告限制。

在1930前,大部分药品销售不需要处方,一半的药品是由药剂师配制的,有时医生自己也为病人配药,制药企业也提供医生常用的一些处方药物,处方由医生提供。由于当时在欧美医生的力量很强，药厂仅生产一些通用的药品，如治疗疼痛、感染、心脏病等的药物。虽然，用化学合成研究得到的药物治疗疾病已经很令人鼓舞，但是，当时可以使用的仅仅是维生素和胰岛素等少量化合物。

（二）制药产业的迅速发展时期（1930～1960年）

这个时期的特点是制药企业从在天然物质中发现新药，转向天然物质修饰，到化学合成全新化合物，从筛选化合物中得到新药。同时，战争加速了药物的研究开发，有些与战争相关的研发项目得到了政府的资助，如抗疟疾药物、可的松及青霉素。有11家美国药厂参与了青霉素的开发工作，这项工作由战时生产部直接领导。

由于要测定化合物、甾体激素、抗生素的化学结构，分析化学和仪器分析技术也得到了快速发展。其中包括X-衍射技术、紫外光谱技术和红外光谱技术，从使用烧瓶、试管的湿法化学时代逐步向使用微量样本和分子模型的干法化学时代发展。这些技术的发展使化学家可以更科学地解释构效理论，了解化学结构和生物活性之间的关系。这导致了新一代的抗精神病药物、催眠药物、抗抑郁药物和抗组胺药物的产生。这段时期发明的药物还包括合成维生素、磺胺类药物、抗生素、激素（甲状腺素、缩宫素、可的松类药物等）和新的疫苗等，其中有很多是全新的药物种类。

由于在药品研发、市场投资的增加，美国、欧洲、日本的制药企业得到了迅速的壮大。研究开发和学术界的合作也加强了。药物发明的方法也有很大的改变，如在抗生素开发中，制药厂筛选了成千上万的土壤样本，寻找抗菌剂。这个时期典型的化合物有：默克制药公司的链霉素、力达制药公司的金霉素、培达公司的氯霉素、雅培制药公司和礼来制药公司的红霉素、辉瑞制药公司的四环素等。这些药品丰厚的市场利润回报又促使制药企业更重视科研工作，出现了研究开发型制药企业，并开始建立专门的科研园区。

第二次世界大战后，美国成为世界制药工业的主导，到20世纪40年代末，美国生产了世界几乎一半的药品，在药品国际贸易中占1/3强。

在这期间，婴儿的死亡率下降了50%以上，儿童因为感染而死亡的病例下降了90%。很多过去无法治疗的疾病，如肺结核、白喉、肺炎都可以得到治愈。

在这个时期，药物安全性受到重视。1937年发生的磺胺药导致100多人死亡，多数是儿童。死亡事件使美国药品管理部门意识到药品安全管理在法规上的缺失。1938年美国《食品药品化妆品法》得到通过，法律强化了药品管理部门批准新药的责任，要求官员审查临床前试验数据和临床试验数据，有权要求申请者增加试验项目，有权拒绝批准上市。

美国当时在药物安全管理方面达到世界先进水平，因为德国作为战败国，在20世纪50年代仍然适用新药战时禁令，英国到1956年才有药品法（TSA），政府才开始重视药品管理，如制定测试和生产的标准。

尽管政府部门加强了药物安全性监管，但是事实上药物的临床试验责任仍然由制药企业负责，而非政府或第三方。由于制药企业的目标受众不是病人，而是医生，医生开处方，药房发药，所以不恰当使用药物的现象较很普遍。

第二次世界大战以后的一段时间，欧洲社会民主党的理念使欧洲的福利国家理念深入人心，医疗也成为一种福利，美国实施医疗保险制度，这使医生和病人对于药品价格漠不关心。

（三）对制药产业的重新评估、法规修正和制药产业增长阶段（1960～1980年）

这个时期最重要的事件之一是药品生产GMP的公布和将验证放入GMP法规的要求中，这使得药品生产更加规范。

这个时期制药工业受到科学、医学、政治、市场等多方面影响，新化合物的发现和早期试验使得一批新产品问世。而且，在科学上已经有可能选择性地阻滞生理过程，治疗疾病。心血管药物方面出现了20世纪60年代以普萘洛尔为代表的倍他阻滞剂，70～80年代以卡托普利为代表的ACE抑制剂和以硝苯吡啶为代表的钙拮抗剂，以及一些降脂药物；不良反应比较少的新安眠药、抗抑郁药物、抗组胺药物；以布洛芬为代表的非甾体解热镇痛药；口服避孕药；抗癌药物；以多巴胺为代表的治疗帕金森病药物；治疗哮喘的药物等。

美国FDA强化了对于临床试验的管理。相对美国，欧洲政府对于药物临床试验的管理比较松，仅要求医生监督病人用药后不良反应的情况，所以欧洲的新药上市速度比美国快。但欧洲药物不良反应的情况比美国严重。如1961年欧洲发生了反应停即沙利度胺（该产品由德国Gruenenthal制药厂生产）事件，包括欧洲、南美洲、亚洲有约10 000例儿童畸胎，原因是临床试验不适当及药品审查不严。由于美国FDA没有批准反应停上市，在美国就没有造成严重不良反应。美国的制药企业在这种情况下，开始多种经营，如涉足香料、化妆品及其他消费品行业。

信息框

FDA 即美国食品药品管理局(Food and Drug Administration, FDA),隶属于美国卫生教育福利部,负责全国药品、食品、生物制品、化妆品、兽药、医疗器械以及诊断用品等的管理。FDA 下设药品局、食品局、兽药局、放射卫生局、生物制品局、医疗器械及诊断用品局和国家毒理研究中心、区域工作管理机构,即 6 个局、1 个中心和 1 个区域管理机构。美国食品药品管理局共有员工约 7500 人, FDA 总部有 1143 人。

美国食品药品管理局设在华盛顿特区及马里兰州罗克威尔城,机构庞大,分支机构遍布全国各地。为了加强质量管理,FDA 将全国划分成 6 个大区,即太平洋区(旧金山、西雅图、洛杉矶)、西南区(达拉斯、丹佛、堪萨斯)、中西区(芝加哥、明尼阿波利斯、底特律)、东北区(波士顿、纽约、布法罗)、中大西洋区(费城、辛辛那提、纽瓦克、巴尔的摩)、东南区(亚特兰大、纳什维尔、新奥尔良、奥兰多、波多黎各的圣吉安)。每区设立一个大区所,大区所下又设若干个地区所。太平洋区的大区所所在地为旧金山,西南区的大区所所在地为达拉斯,中西区的大区所所在地为芝加哥,东北区的大区所所在地为波士顿,中大西洋区的大区所所在地为费城,东南区的大区所所在地为亚特兰大。区所负责对本地区的食品、药品、化妆品、器械、血库等进行监督检查工作。各地区所按工作需要又设立若干工作站,以保证工作面能覆盖本区范围,全美目前共有 143 个工作站。大区所、地区所及工作站均属 FDA 的各级直属机构。

这个时期,在科学上的理论设计(rational design)有所发展,因为和一些疾病相关的酶、激素、神经传递物质的受体和底物的知识已经成为研究人体生物化学过程和生理过程的基础知识;同时期的科学发现还涉及阻滞目标分子的功能;天然资源研究方面的进展包括发现微生物产生的具有生物化学作用的物质。分子结构改变,模仿创新(me-too)化合物的合成成为这个时期的特点。

同一时期,在仪器分析方面的突破有核磁共振谱、高效液相色谱,它们对于药物发明也有很大的贡献。计算机的发明也使复杂计算变得简单。例如,傅里叶变换的计算。数据库的建立也使生产、临床试验、分析等对照品数据便于储存,并可以进行结果比较和分析。新的仪器设备和计算机的使用也促使药品管理部门制定了相应的法规。

欧洲发生的"反应停事件"促使德国 1976 年修改了新药审批办法,对新药的安全性和有效性都加强了控制。英国为了应对类似危机,卫生部在 1963 年成立了药物安全委员会(CSD)。同时在 1968 年制定的药品法中,规定了由药品安全委员会控制新药进入市场。

在美国,尽管沙利度胺没有对美国造成伤害,但是 Kefauver 等仍然提出提案,要求国会研究通过新法规,交叉批准药品专利、药品价格限制、药品促销等,以降低药品价格;同时要求法规还应该涉及药品安全性和有效性的标准。1962 年国会通过了 FDA 食品药品化妆品法的 Kefauver-Harris 补充法规,要求用定量的方法评价药品的使用,FDA 可以用新法规延期或不批准新药申请。按新法规,试验病例数从原来的 10~100 例增加到上千例以上。为此,制药企业用于进行临床前试验和临床试验的资金投入大幅增加,大型制药企业面临新药上市数量快速减少的巨大压力。有的制药企业改变业务领域,转行到诸如医疗器械、诊断试剂、光学仪器、化妆品、食品,甚至日常用品领域。美国制药企业开始强化海外药品销售以及国际科研合作,如与欧洲、南美和亚洲合作。

(四) 市场竞争和企业兼并及生物技术等高新技术时期(1980 年至今)

此间,世界医药产业以远高于其他传统行业的速度增长,同时医药市场份额日趋集中,被少数发达国家的跨国制药企业垄断。据统计,前 20 家跨国制药企业控制了超过一半的世界市场份额,90%药品生产由美国、日本、德国、法国、英国和瑞典等 6 个国家完成。2002 年,北美医药市场份额为 1695 亿美元,占世界市场的 41.8%;欧洲医药市场份额为 1008 亿美元,占世界市场的 24.8%;日本医药市场份额为 458 亿美元,占世界市场的 11.3%。

跨国制药企业进行了高额的研发投入,并获取了高额利润回报。美国 2000 年的研发经费达 264 亿美元。因此,出现了包括中枢神经系统药物、抗病毒和逆转录病毒感染的药物(特别是治疗艾滋病的药物)和治疗癌症的药物等一系列新产品。同时,生物技术得到了很大的发展,如干扰素、白细胞介素-2、促红细胞生长素、单克隆抗体药物等,以及可以模拟或支持人体免疫系统,过去从动物身体提取的胰岛素已经可以从基因修饰的微生物中获取。同时产生了很多新的科研方法，如计算机化学、组合化学、生物技术筛选方法等，很多制药企业都建立了自己的化合物数据库。

由于新药物预测很困难，政府也通过法规控制企业进入制药行业，所以新的制药企业很少，而生物技术已经成为制药行业一个重要组成部分。人们致力于结合生物学、遗传学、基因组等新技术研发新药，如遗传工程师已经可以用 DNA 重组的方法制备目标微生物，从而产生所需要的化合物分子。根据最近的统计资料，近年上市的新药中超过 30%是生物技术产品，在开发中的新药项目有 50%是生物技术产品。生物技术企业正向目前无法治疗的诸如癌症、糖尿病、艾滋病等疾病进军。但生物技术企业淘汰率很高，到 2005 年，美国有生物技术企业 1500 家。在生物技术领域美国仍然处于领先地位，欧洲正在计划增加研究开发投资。

医疗器械方面，新产品研发主要集中在减小创伤的微创手术、心血管方面和整形植入领域。

在政策面上，1980 年美国高等法院裁定遗传技术得到的微生物可以申请专利；国会通过了 Bayh-Dole 法案，允许联邦资金资助的受益人可以得到专利保护；政府允许生物技术企业融资。在这期间，数以千计的生物技术企业获得融资，包括上市和风险基金。

2000 年起，很多药品专利到期，仿制药制药企业开始发展，其中包括跨国制药企业，如诺华制药公司，它在大规模收购仿制药企业。2005～2008 年约 350 亿美元的药品专利到期。美国 2004 年版橘皮书中收载的医药产品有 10 375 个，其中有 7602 个仿制药。

此间企业兼并重组也高潮迭起。医药行业原是一个集中度较低的行业，集中化的趋势在近几年来表现非常明显。20 世纪 80 年代后期有两个重大兼并，一是史克公司和比切姆公司的兼并；二是布迈公司和施贵宝公司的兼并。到了 90 年代，国际大型制药企业并购案更多。1994 年美国家用产品公司加入惠氏制药公司；1995 年葛兰素制药公司收购威康制药公司，法玛西亚制药公司和普强制药公司合并；1996 年诺华制药公司成立，由原来的汽巴制药公司和山道士制药公司合并组成；1999 年安万特制药公司成立，由赫斯特制药公司和罗纳普朗制药公司组成；2000 年，辉瑞制药公司收购瓦纳兰百特制药公司，2003 年又收购法玛西亚制药公司；2004 年安万特制药公司和赛诺菲制药公司合并。制药企业兼并浪潮的爆发，使世界前 10 位的制药企业市场占有率已经达到 47%，而辉瑞制药公司接近 10%。由此可以看出，基于制药行业的特点，该行业趋于垄断。

此外，在此期间，为了缩短新药上市时间，节省经费和人力，实现研究开发的专业化和资源的最优配置，由委托合同研究机构(contract research organization，CRO)开展专业的技术开发和临床试验已经成为全球制药业研究开发专业化的重要趋势。据统计，近年来，CRO 已承担了美国市场将近 1/3 的新型药物开发的组织工作，在所有Ⅱ期和Ⅲ期临床项目中有 CRO 参与的占 2/3；CRO 服务的全球市场以每年 20%～25%的速度增长，一些较大的公共 CRO 公司的增长率高达 45%。国际著名的大型生物医药公司都采用外包方式进行药物开发。CRO 以其低成本、专业化和高效率的运作方式，受到生物技术及制药公司的高度重视，成为制药企业产业链的重要一环。

第二节　中国医药产业发展史

医药产业是我国国民经济的重要组成部分，对保护和增进人民健康、提高生活质量，为计划生育、救灾防疫、军需战备以及促进经济发展和社会进步均具有十分重要的作用。我国医药产业起步于 20 世纪初期，经过多年发展，已经形成了科研、生产、流通及与相关领域相配套的完整体系，能够自主生产化学原料药及制剂、中成药、生物技术药品、医疗器械及制药机械等一系列产品。

一、我国古代及近代制药业发展史简述

我国古代较早时期医生通常采用流动行医卖药或摆摊、启肆售药等方式谋生，因此都是采用医兼营药、药店请医形式，可以说古代医药是一家。医兼营药一般品种不多，数量也较少。随着药业的发展也出现了一些从事药材贩运、批发、加工的商人，其中又有因此发展为批零兼营的大户。到两晋南北朝时期，医、药出现分工，医必兼药的情况逐渐减少，纯粹的药商则增多了。

之后，随着社会的发展，工贸结合的经营模式逐渐成为主要方式，即经营饮片和成药的铺户，在门店后设作坊，用于加工炮制合药，生产各种饮片和成药。从事药材批发的字号则建有工棚整理加工药材，提高商品的规格等级。尽管前店后坊的工贸结合模式是我国药业普遍的经营模式，但从宋代开始由于社会对药品的需求量不断增大，对质量要求日益提高，加之制药技术日趋复杂，工贸有了一定的

分工。但由于历史原因，我国古代、近代中药业的工贸分工很不彻底。

鸦片战争后，西方医药传入我国，我国形成了两种药物体系并存的格局。但由于西药市场长期由外商垄断，民国以后我国西药业才有了较快发展，我国医药产业体系也开始逐步形成，抗战时期又遭到摧残。到1949年，全国西药企业不足1万家，中药业者有10万余户。

二、我国现代医药产业发展历程

（一）起步和建立期（1949～1966年）

我国化学制药基础十分薄弱，建国前主要是沿海地区存在一些外商和私人开办的小型制剂厂，设备简陋，资金不足，所需原料药大多依赖进口。据统计，建国前我国原料药产量只有8吨，品种只有40几个；同时，医用诊断和治疗设备、器械等主要依赖进口提供。

新中国成立初期，中央人民政府卫生部和中央军委卫生部在北京召开全国卫生工作会议和全国制药工业会议，确定充分利用我国自有资源制造药品及医疗器械，制药工业以发展原料药为主和有重点、有计划对中药进行整顿的方针，重点发展一些疗效好、应用广泛的化学药品，解决各种常见病、地方病和多发病的基本用药问题。在这一方针指导下，“一五”（第一个五年计划）期间，医药制造业得到快速发展，相继建立了一批以生产抗生素、磺胺、解热镇痛药为主的骨干企业，如华北制药厂、东北制药总厂、山东新华制药厂、太原制药厂等，从而历史性地改变了我国化学药制造业的面貌。

“二五”期间，我国对60余家分散在全国大城市的老制药企业和车间进行了改扩建工程，上海成为我国最大的制药工业基地。到1957年，我国原料药产量达2196吨，是建国前的274倍多，品种也增至194种。同时，1960～1967年，我国有新建技术较先进的化学制药企业20多个。1966年，原料药产量已达约20 000吨，品种375个，我国化学原料药已基本实现自给自足。

医疗器械方面，从新中国成立初期的几乎空白，医疗卫生部门所需医疗器械几乎全部依靠进口，经过20年的发展，至1957年年底，我国已不仅能生产一般的医疗器械，还能够生产出医用X射线机、超短波电疗机和各种较精细的专科手术器械，品种共计有500多个。这样的发展速度和效率是前所未有的。

中医药行业的发展主要是从建国前的分散、无规则的经营走向了统一、规范化经营的道路。中药行业实现了统一经营和管理，通过集中、联合等方式建立了一批公有制的中成药制药厂，实现了中药饮片和中成药的工业化生产。

我国医药产业迅速发展也促使相关管理机构和管理制度逐渐建立。1964年9月中国医药工业公司成立，它负责对全国医药工业进行集中领导和专业化管理，接管了全国187个工厂（后并为176个），下辖9个分公司；同时国家于1963年和1964年相继发文对药品宣传内容和原则及毒性药品的管理进行了规定。1965年，卫生部和化工部制定了《药品新产品管理办法》，明确了新药的定义和临床、生产审批等具体要求。

（二）发展基本停滞期（1967～1977年）

在1967～1977年“文化大革命”的十年期间，由于医药行业的技术和管理骨干遭受打击，管理机构被撤销，规章制度被废止，我国医药产业基本处于停顿状态，这给我国医药产业的健康发展带来严重影响。尽管如此，医药行业职工还是克服困难，使这十年期间原料药品种从1966年的375种增加到了434种，产量增加到了30 000多吨。

（三）快速发展期（1978～1998年）

这一阶段我国医药产业进入快速发展期，医药产业以年均17%的速度增长，明显超过大多数工业行业的增长速度。1998年，我国医药产业总产值达1372.72亿元，药品生产企业也从20世纪80年代初的800余家增加至1998年的3435家。

从表2-1中可以看出，医药产业及其各子行业在该阶段都有了长足发展。1998年，我国原料药产值已达408.51亿元。到20世纪90年代末，我国已可以生产50余个剂型，4000多个品种规格。同时，生物制药开始起步，据统计，1998年生物制药企业已达200多家，产值为84.41亿元，能够生产EPO、人工胰岛素、乙肝疫苗等基因工程药。中药方面，生产技术不断提高，新工艺、新剂型、新设备得到很好运用，1998年产值为393.87亿元。到1998年年底，全国已有中药工业企业1400余家，药材生产基地600多个，常年栽培的药材有200多种。1998年医疗器械和卫生材料总产值超过100亿元，其中手术器械、齿科材料设备、心电图等还有较大数量的出口。CT机和B超诊断仪等已逐步实现国产化。制药机械和药用包装材料及容器工业也初具规模，卫生材料工业稳步增长。

表 2-1 我国医药产业总产值及各子行业产值表 (单位:亿元)

年份	医药产业总产值	各子行业				
		化学药品原料药	化学药品制剂	中药材及中成药	动物药品	生物制药
1987	171.65	67.03	56.34	41.50	2.12	4.66
1990	284.81	111.71	91.55	70.02	4.10	7.43
1995	961.26	337.37	304.38	232.06	40.73	46.72
1997	1262.24	380.85	385.98	348.21	42.56	104.64
1998	1372.72	408.51	450.53	393.87	35.40	84.41

(资料来源:王玉梅.中国医药产业发展趋势.第二军医大学出版社,2002)

这期间,我国医药产业积极利用外资加快发展。1980年天津建立了我国第一家外资医药企业——中日合资天津大冢制药有限公司。到1998年医药行业的“三资企业”已达1790家,协议投资额为55.7亿美元,其中外资金额27.5亿美元,世界医药行业排名前10位的制药公司都在中国投资建厂。三资企业的进入大大促进了国内制药企业的技术进步和管理制度、经营方式的创新,提升了我国制药企业的竞争力。

医药产业管理方面,1978年国务院将原卫生部、国家医药管理局、国家中药管理局的医药监督管理职能进行合并,批准成立了国家医药管理总局(1982年更名为国家医药管理局,后更名为国家食品药品监督管理局),实现了对中西药品、医疗器械和食品生产、供应、使用等的统一监管。各省、自治区、直辖市先后成立了药品监督管理局,地、县也成立了相应的医药管理机构。可以说,这一阶段我国的医药管理实现了从中央到地方统一管理的体制。

(四) 机遇与挑战并存的转型期(1999年至今)

这一阶段,我国医药产业加快了结构调整和产业升级步伐,发展态势总体良好,工业生产增势较为明显。据国家统计局资料显示,1999年以来,我国医药工业产值年均增长远远高于同期国民经济的增长速度,医药工业产值占GDP的比重逐年增加,已超过许多行业,在国民经济中占据了重要地位,2007年医药工业总产值达6200.11亿元,同比增长25.01%。同时我国医药产业也处于转型期,表现为由过去较单一的所有制结构向多元经济结构转化;由封闭型向开放型转变;由政策管理向法制管理转变。特别是入世对我国医药产业既带来了机遇又带来了挑战。

到这一阶段,我国已形成比较完备的医药产业体系。化学原料药方面,有能力生产维生素、抗生素、激素、解热镇痛药等24个大类化学原料药1500种,成为世界上第二大原料药生产国和出口国,每年约有50%的原料药产量用于出口,原料药贸易额占全球的25%左右。化学药品制剂方面,能够生产60个剂型4500余个品种。但存在的问题主要是制剂方面规模经济尚未形成,产业集中度不高,中小型企业是行业的主流;此外,企业技术创新能力差,总体竞争能力弱。

中药行业是我国医药工业的重要支柱产业之一,经过多年积累发展,特别是力度不断加强的技术改造和技术创新,已能够生产包括滴丸、气雾剂、注射剂等现代中药剂型60多种,2007年中药行业工业总产值达到约1761亿元,但我国中药在世界中药市场中所占份额还很低。

生物制药方面,我国能够生产疫苗、抗血清、血液制品、体内外诊断试剂等各类生物制品300余种,其中现代生物工程药品20种。生物制药行业是医药产业中规模最小的行业,但其发展潜力巨大,2007年,其资产增幅达到50%以上,明显高于其他行业。2007年,其工业总产值约达510亿元,同比增长达22.18%。

医疗器械生产方面,已能够生产包括X射线断层扫描成像装置、磁共振装置等47个大类3000多个品种的医疗器械产品,还能生产8个大类1200多个规格的制药机械产品,基本能满足国内需要,还有部分产品供给出口。

该阶段,世界制药前20强企业全部在华建厂,在我国最大的500家外资企业中,医药企业占14家,其中外方控股的有13家。

从地域集中性来看,江苏、浙江、湖北、广东、山东、上海、河南、河北、陕西、辽宁的化学制药行业企业数量约占全国总数的65%,国有大型企业基本集中在东北三省、河北和山东等地,民营中小企业主要集中于江苏、浙江和上海等地。中药行业,吉林、广东、四川、广西、贵州、湖北、湖南、陕西、河北、河南等十省及自治区企业数量约占中药行业全部企业数量的56%。我国医药产业已形成了以长三角为核心的华东医药经济圈、以泛珠三角为核心的华南医药经济圈、以东北三省为核心的东北医药经济圈和以京、津、鲁为核心的华北医药经济圈。

从管理上，我国药品监管机构进行了调整，国家药监局划归卫生部管理，行业规范政策陆续出台，整体上行业结构得到了调整和优化，监管得到了强化。同时随着GMP、GAP等规范的深入贯彻实施，医药行业低水平重复建设得到了遏制，医药产业整体实力和盈利能力有了很大提高。

我国医药产业在这一阶段发展的具体情况及各子行业的发展特点将会在以后相关章节中详细介绍。

第三节 中国医药对外贸易发展历史

中国与其他国家和地区的医药交流和医药对外贸易源远流长，较早的可以追溯到汉朝，特别是与阿拉伯国家的交流对我国的医药发展具有举足轻重的作用。下面介绍我国古代和近现代的对外医药贸易发展史。

一、古代中国对外医药贸易

下面主要介绍古代中国与阿拉伯国家、日本、朝鲜、东南亚及美国等国家的对外医药贸易交流。

（一）中国与阿拉伯国家和地区的医药贸易史

中阿医药交流最早可追溯到西汉。张骞两次出使西域加强了汉族与西域的政治经济联系，开辟了通往中亚各国的“丝绸之路”。据史料记载张骞曾到达大宛（即今中亚费尔干纳）、大月氏（即今阿富汗北部）、大夏（即今阿姆河南）、康居（即今中亚撒马尔汗一带）等国，并从大月氏经安息（即今伊朗）直抵大秦（即今罗马），经此路输入中国的物品中有不少药物，据统计：矿物药如石硫黄、密陀僧等18种，植物药如木香、豆蔻等58种，动物药如羚羊角及龙涎等16种，共计92种，其中相当一部分是阿拉伯地区的药物。同时，西域商人也将中国的大黄、肉桂、黄连、茴香、花椒等药材运至阿拉伯等地。

虽然早在西汉时期张骞、甘英先后出使西域，但阿拉伯与中国的正式友好往来始于唐代，医药贸易也兴于此时。大食人（大食是阿拉伯语，即商人，唐朝时称阿拉伯人为大食人）善经商，崇敬中国文化，通过海路、陆路与中国频繁进行贸易。波斯帝国（今伊朗）虽为大食控制，在商贸上有一定独立性，唐代时与中国贸易十分频繁。因路途遥远，大批大食、波斯商人长居中国，称为胡商、蕃客。据史料记载，在安史之乱后，长安有大量大食人，其中大部分长期居住在“西市”一带，从事“回回”奇香异药经营。盛唐五代时期，阿拉伯与中国医药贸易方面主要是香药进口，有时一处经营香药珠宝者甚至达一二十万人，单香药贸易有时竟达千斤，这丰富了中药品种。阿拉伯商人运入中国的药材除香药外，还有犀角、象牙、玳瑁、珍珠、苏木、白矾、阿魏、诃黎勒、破故纸和底野迦等。唐末五代时，著名回回医药家李珣编著了《海药本草》，该书是唐末时南方药物与海外药物的临床应用的本草学著作，载药124种，多来自海外，其中香药达50多种，有较高价值。另外还有郑虔的《胡本草》及非医药学书籍《西洋杂俎》等也记载了许多外来药物，包括阿拉伯药物。同时据依宾库达特拔《省道记》记载，中国出口大食的有戈莱伯、吉纳胶、芦荟、樟脑、肉桂、生姜等。此时中阿医药贸易已经非常繁荣。

宋代，中国与西域的海路交通比陆路发达，在东南沿海一带聚居了大量大食人，他们在中国的经商以香药为主。因此宋皇特命在广州、杭州、泉州等沿海地区设“市舶司”管理海外贸易及对外文化交流。据《宋会要稿·蕃夷七》记载宋代著名香药富商是以蒲寿庚为代表的福建蒲氏家族。蒲氏家族兴盛于宋元，衰落于明清，世袭经商大食香药。宋代的中阿医药贸易品种由唐代的珍宝、犀角、象牙等为主、香药为辅，渐变为以香药贸易为主。宋太平兴国七年，宋太祖曾下诏令对海外香药香料放行的有37种，其中销路较广的香药有丁香、木香、龙脑香、乳香、草豆蔻、沉香、檀香、龙涎香、苏合香油等。大量香药的引进，大大丰富了中医方药及治疗方法。《太平惠民和剂局方》是宋代政府和药剂局的成药配本，书中以香药配方的医方不下30余种，如苏合香丸、至宝丹、牛黄清心丸等。苏合香丸的15味药中有13味是进口药，该药对中风所致的神志不清、牙关紧闭、半身不遂等重症有明显疗效。同时，宋代经市舶司由大食商人外运的我国药材有人参、茯苓、川芎、附子、肉桂等47种植物药和朱砂、雄黄等矿物药，共计近60种。

1974年，在福建泉州湾发掘了一艘宋代海船“香舶”，船舱中有大量香药，其中有阿拉伯地区出产乳香等，总量达4700余斤。由于宋代药物特别是香药贸易在中国与阿拉伯的海运贸易中占有相当大的比重，所以有学者认为阿拉伯与宋代的商业交通路线可称为“香药之路”。宋代来自阿拉伯地区的药物不但品种繁多，进口的数量也相当巨大。《宋史·食货志下》记载“大食蕃客罗辛贩乳香直三十万缗，”这些进口香药价格极昂贵，“诸香中龙涎最贵重，广州市值每两不下百千，次等五、六十千，系番中禁榷之物，出大食国。”

元代一统天下,"回回"一名开始代替"大食人",即信仰伊斯兰教者。由于元人统一中国之后,继续奉行南宋时的海外贸易政策,推行少数民族医药共存的方针,这一方针直接带来了与阿拉伯、东南亚等地的药材贸易的兴旺。元代的医药对外贸易分陆路和海路,在南宋灭亡以前,陆路贸易是主要的。回回商人是当时对外贸易领域中最活跃的势力,回回药物是他们经营的主要货物之一。元代统治者对回回药物很感兴趣,如自波斯等地运入的橄榄油,他们"皆以重金收买之,宝藏之,视若无上之药物",同时在《回回药方》中也可看到不少方剂运用此药。回回药物输入的另一途径是经海路。据元人汪大渊《岛夷志略》记载,当时中国商船在同波斯湾地区的贸易中,运回不少药材,如甘埋里(今伊朗哲朗岛)的丁香、豆蔻、苏木、麝香;挞吉那(今伊朗塔黑里一带)的水银、硫黄,加里那(今伊朗西南沿岸)的水银、苏木;波斯离(今伊拉克巴士拉)的大风子、肉桂等。元代大量回回药物的输入,及一些回回药物在实际中的应用日益广泛,促进了当时人们对回回药物的认识和研究,某些回回药物为中国本草学所吸收。如《饮膳正要》在药物方面"本草有未收者,今即采摭附写",收载了马思答吉、必思答等一些回回药物。

元世祖效法汉制在建立太医院之后,于至元七年(1273年)改回回爱薛所立京师医药院为广惠司。据《元史·百官志》记载:"广惠司秩正三品,掌修制御用回回药物及和剂,以疗诸宿卫士及在京孤寒者"。至元二十九年(1291年)先后在大都、上都建立"回回药物院"。这些都大大促进了中阿医药贸易的发展。

(二)我国与朝鲜医药贸易史

朝鲜西汉时半岛的北部归汉管辖,南部为马韩、弁韩、辰韩割据,接受中国文化,使用汉字,中医药也随之传入。两晋南北朝时期,朝鲜医药迅速发展,有不少药材传入中国。据《本草经集注》记载有人参、金屑、细辛、五味子、款冬花、昆布、辛夷、菟丝子、白附子等。

唐代中朝两国医药交流非常频繁。因新罗等国不断派遣子弟来中国求学,朝鲜医学也传入中国。公元723年,唐政府颁行的《广济方》中强调应用高丽昆布治膀胱结气者,反映了唐代医家对朝鲜药材的重视和信任。朝鲜从边境贸易获得中国药材,朝鲜特产药材也通过朝贡和直接贸易方式进入中国。此时,输入我国的药材主要有人参、牛黄、昆布、芝草等。我国输入的朝鲜药材较多见载于本草著作,如《本草拾遗》载有新罗产药材蓝藤根、大叶藻和昆布;《海东绎史》卷26载有新罗产药材土瓜、海石榴、海红花、茄子、石发、海松子、桃、榛子、腽肭脐等。

宋代,中朝医药交流达到一个新的高峰。中国向朝鲜赠送的药材品种很多,数量较大。南方热带产药材如天竺黄、安息香等亦经宋商人传入高丽,朝鲜药材也大量输入中国。据宋代《证类本草》里收载的高丽产药材有10余种。中朝此间最重要的一次医药交流是1079年,宋朝派医官到高丽为文帝治疗中风,带去100种大批量药材。由于中朝医药交流较广泛,朝鲜所收藏的中国医书善本较多。高丽宣宗帝于宋哲宗元祐八年(1093年)遣黄宗慤来中国呈送《黄帝针经》善本9卷。当时,中国《针经》已亡佚,宋朝以此《黄帝针经》为底本重新颁行。这是朝鲜对中国医学的一大贡献。

元代两国之间的药材交流比较频繁。据《高丽史》载,元世祖至元年间,成宗贞元、大德年间以及顺帝至正年间,高丽忠烈王和恭愍王先后八次遣使来中国向元朝廷献人参、松子、木果、榧实等药物,元朝廷先后九次向高丽王惠赠葡萄酒和香药等药物。元世祖中统八年(1267年)九月,元世祖患脚肿病,闻见阿吉儿合蒙皮(一种鱼皮)做的鞋能治此病,故派必暗赤廉字鲁等9名使者去高丽求此物,高丽元宗王将17个阿吉儿合蒙皮赠送元使。在元代,高丽通过中国输入沉香等南国产药物。据《高丽史》载,元惠宗年间,浙江、江苏一带的地方官张士诚、张国珍、王晟等人经常向高丽赠送沉香等南国药物。

明代时期中朝医药交流十分活跃,呈现出中朝医学融和景象并向更深层次发展。朝鲜医家整理15世纪前传入的中国医籍,编成大型医学丛书《医方类聚》和《东医宝鉴》。朝鲜李朝政府鼓励输入中国药材,允许民间生药铺进口中国药材。朝鲜世亲王就指出:"药材等物,须赖中国而备之,贸易不可断绝"。此间,朝鲜多次遣使到中国求取人参、松子、五味子、葫芦、虎骨、鹿角、鹿脯等药。正统三年(1438年)和弘治二年(1489年),中国应朝鲜请求,将麻黄、甘草等药种子赠给朝鲜,使之引种栽培。此时,朝鲜输入中国的药材则仍以人参最为著名。

(三)我国与日本的医药贸易史

早在南北朝时期,朝医就将中国医学传到日本,带去中国医书二十余种。陈文帝天嘉二年(561年),吴人(今苏州)知聪赴日传授医药,被日本赐姓"和药使者"。

唐朝,唐高僧鉴真东渡将唐文化和中医药传入日本,日本把鉴真奉为日本医药界的始祖。日本天平胜宝八年(756年),光明皇太后在圣武天皇七十七岁诞辰之际令将麝香、犀角、朴硝等60种中国药物装入漆柜21箱,纳藏于奈良东大寺正仓院皇家御库,这成为中国药材输入日本的见证。

宋与日本的医药交流大为衰落,但民间医药贸易并未中断。北宋时期互航70余次,运去的药材中香药比例较大,如麝香、丁香、沉香、熏陆香、珂黎勒、石金青、光明朱砂等药品。南宋时期,输日药材以常用大宗为主,如甘草、当归、川芎、巴豆、大黄等。日本输入中国可为药用的货品主要是硫黄和珍珠。医事的往来记载不多。康定二年(1041年),宋惠清到日本镇西行医;同年奉藤原清贤奉命至宋求治眼方。宋代印行医籍甚众,日人来华携去医籍亦不少。但整个两宋时期,中日医药交流的成绩不是很大。

元朝我国对日本的海禁不严,日本商人来华较多,其中多为无名僧人,都是搭乘商船到华,由政府派遣的不多。输入药材以硫黄为大宗。

与医药相关而影响最大者,当推茶种引入日本。这是丹波家族荣西的功劳。早在奈良朝时,中国茶传入日本,并专供药用。

值得一提的是,在日本医界产生了一部极为重要的著作《医心方》。作者丹波康赖(911—995),其先祖传为汉灵帝五世孙阿留王。抵日后封为大和国桧隈郡使主。《医心方》计本草及用药各1卷、俞穴及针灸疗法1卷、内科9卷、外科及皮肤病6卷、五官科1卷、妇产科4卷、小儿科1卷、服石2卷、养生3卷、食疗2卷,引用晋唐医书约150种,共7000余条,尤以《诸病源候论》、《千金方》、《葛氏方》等为大宗,是中日医药交流的伟大结晶。

明朝,朱元璋称帝后就派使节赴日本。以后互有往来,不断通商交易,虽倭寇之患明代未断,并有两次海禁,长达170余年,但医药交流始终没有断绝。

(四)我国与东南亚国家的医药贸易史

越南在西汉时,南部称林邑国,北部和中部归汉管辖。汉武帝元鼎六年(公元前111年),中医药传入越南,并逐步形成越南医学北方派(中国派)。

隋唐时期,中越之间的医药贸易频繁,通过朝贡和一般贸易输入中国的越南药材有沉香、琥珀、珍珠、犀角、丁香、詹糖香、诃黎勒、苏方木、白花藤、奄摩勒、白茅香等十几种,这些药物在唐代的一些本草著作如《新修本草》、《本草拾遗》等书中都有记载。越南的成药也有传入,如《太平广记》引《宣室志》记载:安南有玉龙膏,能化银液,唐韩约携以入中国。《玉堂闲话》记载,当时有中国人申光逊者,曾治愈一越南人之脑痛症,唐代名医孙思邈在越南被当作医神塑于先医庙中供奉。

两宋时期,东南亚许多国家仍保持着与中国进行医药交流的传统。交趾国(越南北部)输入中国的药物有犀角、玳瑁、乳香、沉香、龙脑、檀香、胡椒等。占城(越南南部)也有豆蔻等多种香药输入中国。南宋时,安南国(越南一带)一方面献苏合香、朱砂、沉香、檀香等,另一方面选送医生来华学习,从中国引进制药技术。此外,还出现交趾药商到临安大量采购土茯苓(此药是当时最有效的治疗梅毒的药物)。1001年,丹眉流国(今泰国,丹眉流一说为马来半岛)遣使臣打吉马等入贡木香千斤、苏木万斤,还有紫草、象牙、胡黄连等。前面曾提到的福建泉州湾发掘的宋代船舶"香舶"中,也装运有印度尼西亚的降真香,南海各国的槟榔、柬埔寨的沉香等。

地处今加里曼丹、爪哇岛、苏门答腊岛、马来西亚半岛等地的渤呢国于977年遣使施努等进贡大片龙脑、二等龙脑、三等龙脑、苍龙脑、田香等。992年,阇婆国(印尼苏门答腊岛和爪哇岛)进贡槟榔、珍珠、檀香、玳瑁、龙脑、红花、苏木、硫黄、丁香藤等。980年三佛齐国(印尼苏门答腊岛巨港附近)商人李甫海载香药、犀角等至海南,后至广州进行贸易。此外,从中国泉州港出口的大宗川芎,运往盛产胡椒的东南亚国家,对防治那里采椒人的头痛病起到良好的作用。

据《大越史记》所载,元代针灸医生邹庚到越南行医,治病神验,被誉为"邹神医"。官至宣徽院大使兼太医使,元世祖也曾数次赠医药于安南国,《新元史》记载占城输入中国的药物有犀角、龙脑、沉香、乳香、豆蔻等,1291年罗斛国(今缅甸)遣使入贡犀角、龙脑等。

元朝时周达观于元贞元年(1295年)随使赴真腊(今柬埔寨)访问,在其著《真腊风土记》中记载了中国的麝香、檀香、草芎、白芷、焰硝、硫黄、水银、银珠、桐油等深受真腊人欢迎和喜爱。由此可见,当时中国与真腊也存在着医药贸易。

1405~1433年,明朝派郑和率船队七下西洋,每次随行医官医士180多人,还有善辨药材的药工,对各国贸易的药材进行鉴定。他们带去的中药有人参、麝香等,受到沿途各国的欢迎;同时带回的有犀角、羚羊角、阿魏、没药、丁香、木香、芦荟、乳香、木鳖子等药。婆罗、渤泥国通过贸易将龙脑、梅花脑、降真香、沉香、速香、檀香、丁香、肉豆蔻、犀角等输入中国。

洪武年间(1370~1378),三佛齐国王马哈剌札八剌卜、怛麻沙阿等先后六次遣使并送肉豆蔻、丁香、米脑以及其他许多香药。永乐七年(1409年)苏门答腊国王锁丹难阿必镇率使臣来中国。此后该国不断遣使入明,带来的药物有苏木、丁香、木香、降香、沉香、龙涎香等。《大明会典》记载了爪哇输入中国的药材有犀角、肉豆蔻、白豆蔻等数十种。明代,广东、福建一带有不少人侨居印度尼西亚,带去了中国医药文化。

此外,在张燮《东西洋考》卷七《饷税考·饷条》中,载有万历十七年(1589年)提督军门周详允陆饷货物抽税则例,记有对各种药物的抽税金额。其中胡椒、象牙、苏木、檀香、没药、玳瑁、燕窝、荜茇、大风子、槟榔、乌木、紫檀、珠母壳、降香、白豆蔻、血竭、乳香、木香、丁香、阿魏、芦荟、马钱、没石子、龟筒、安息香、鹿角等是按百斤为单位抽税;犀角、沉香、冰片、苏合油等按十斤为单位抽税;奇楠香则按斤抽税。万历四十三年(1615年),又恩诏对上述药物减少抽税。可以看出此时国内对进口药物有了一定需求,进口品种已比较繁多了。

(五)我国与美国的医药交流史

中国与美国的医药交流最早可以追溯到18世纪的中期。据美国哥伦比亚大学教授霍夫施塔特(R. Hofstadter)等所著的《美利坚合众国》一书描述,公元1603年苏格兰商人在美建立弗吉尼亚公司的三项主要目的中的第一项就是从美国西部寻找道路与中国贸易。1784年,中国的肉桂、桂皮、茶叶等已经通过中美贸易开始直接运抵美国。19世纪初,欧洲医学家应用针灸术于临床取得良好疗效,并出版了一些有关著作。随后中国的针灸术也通过欧洲的医学文献传入美国。1820年后,美国医学杂志开始选载欧洲应用针刺术的经验和学术报告记录,引起了美国医学界的兴趣。1825年著名化学家、医生Franklin B. Bache翻译出版了Morand的法文《针刺术研究报告》一书,并在临床上试用于治疗。然而针刺术在19世纪对美国医学界并无多少影响。

19世纪40年代末中医药作为一门学科随着大批华人的移居逐渐系统地传入美国。1848年1月美国西部发现黄金后,赴美华人逐渐增多。其中有不少中医药从业者。在早期抵美的中医药人员中,有姓氏可查的名医如广东顺德县籍的黎普泰,以其医术精湛而名噪一时,每日门诊量数以百计;在加利福尼亚州的费度尔镇有亲自经营“陈记生草药店”的余风庄;还有1866年在美国爱达荷州波义西市行医并取得“合格药师”证书的卓亚方;1887年随父到俄勒冈州的约翰德市购买下金华春草药店经营中药,并有“神医”之誉的伍于念等。在旧金山等华人集居地区,未出现较现代化的西医西药以前用中草药治病也非常普遍。

由于中医药在美一直未取得合法地位,加上近代西方现代医学发展,各国传统医学出现低谷趋势,美国出现对中医药的排斥态度,中医被美国人视为“巫医”不科学而遭到否定。故中医药虽然传入美国已有100多年历史,但并没有真正被美国公众所接受,长期以来中医药的使用者,几乎只限于在美的华人。

二、近现代中国对外医药贸易

我国近现代对外医药贸易有了较大发展,特别是改革开放以后,无论是规模还是结构,我国对外医药贸易得到了空前的发展。

(一)鸦片战争后至抗日战争爆发前的中国对外医药贸易

鸦片战争以后,太平天国定都天京不久,就对对外医药贸易非常重视。从1855年开始,取消了对医药商业的禁令,对政府的医药商业体制进行了改革,即把中医中药改为自由贸易,同时宣布对外开放。这一时期,正值西欧的文艺复兴时期,美洲航行和地理发现,欧洲的传教士陆续来华,从而使很多西方的新药进入了中国医药市场,由于是用船运到中国的,因此把这种西药称作“舶来品”。

由于太平天国十分重视当时的对外医药商品贸易往来非常频繁,大量的西药逐渐流入中国。同时,中国几千年传统的中医中药不仅受到东南亚各国和阿拉伯人的喜爱,而且也进入了西欧各国的医药市场。但是,后来中国的医药贸易几乎全部掌握在世界几个主要帝国主义列强手中,而列强在中国对外医药贸易中所占份额的变化与它们在华势力有着密切联系。一直到19世纪末,英国及其属地(不包括香港)一直支配着中国的对外医药贸易,特别是医药进口贸易。

“中日甲午战争”后,外国取得在中国开设工厂的特权,纷纷在我国开办药厂。特别是1905年日本继承了俄国在中国东北的特权以后,对华医药贸易急剧上升。在第一次世界大战期间,日本趁欧洲列强无暇东顾而大力扩展对华医药贸易。战后,日本便逐步取代英国占据了首要地位,并控制中国的医药市场。但是,自1931年“九一八”事变后,日本对中国(东三省除外)的医药贸易急剧下降,其首要地位让位于美国。除了美国、日本和英国以外,德国、法国也是中国的医药贸易对象。

(二)抗日战争时期和解放战争时期的对外医药贸易

抗日战争爆发以后,为适应战时环境,国民党政府实行了一系列对外医药贸易措施。其中最主要的是管制进出口医药贸易和国营医药贸易,其目的是控制外汇的使用,保证战时急需。同时,为使外汇不至落入日本人手中,国民党政府对外汇交易也实行了严格的管理。1941 年太平洋战争爆发后,中国与外界的商务联系被切断,医药商品的进出口额大幅度下降,民族医药工业受到严重摧残,小厂纷纷倒闭。

抗战胜利后,国民党政府立即接管了上海海关,并且恢复了除解放区以外的全国所有对外医药贸易的管理。同时放松了战时对外医药贸易管制措施。这样,对外医药贸易逐渐得到恢复。但是,国民党政府在抗日战争胜利后不久,就发动了全面内战,使战后几年间中国经济陷入了恶性通货膨胀之中,对外医药贸易也陷入了混乱。通货膨胀不仅造成国内经济和金融的混乱,而且物价的狂涨严重地阻碍了中国医药商品的出口。

从鸦片战争到 1949 年为止的百余年时间内,中国对外医药贸易的发展状况可以划分为两个具有不同特点时期:第一个时期,从鸦片战争之后至 1937 年抗日战争爆发时止,这是一个中国被迫开埠通商的消极、被动发展时期。列强通过许多不平等条约,从政治、经济上控制了中国;第二个时期,从 1937 年至 1949 年为止,这是一个整个世界和中国都经历了剧烈动荡、战争和巨大变化的时期。由于受战争的影响,中国的医药经济不仅没有得到复苏,反而更加处于一片混乱之中,通货膨胀惊人,财政赤字巨大,中国对外医药贸易不但急剧萎缩,而且整个医药体系趋于瓦解。

(三) 中华人民共和国成立后的对外医药贸易

1949 年以后,中国社会制度发生了根本变化,废除了旧政府同帝国主义国家签订的一系列不平等条约和帝国主义在中国的各种特权,建立了国家对外医药贸易管理机构和对外医药贸易企业。这样,中国社会主义对外医药贸易便在全国范围内开展起来。然而,这种对外医药贸易体制是国家统治,即国家垄断,也即对外医药贸易的领导权和经营管理权必须由国家统一控制。其主要内容有:

1) 政府委托外贸部门对医药贸易进行集中领导和统一管理。

2) 对外医药贸易在中央统一政策指导下有计划地进行。一切对外医药贸易活动,必须根据国家统一计划来进行。国家设立了对外医药贸易机构,对医药商品资源组织进出口计划、经营分工、价格制定、外汇管理及使用、对外贸易运输、医药商品检验、海关监督及对外联系等都有明确规定。从而保证了对外医药贸易的统一性和计划性。

3) 实行严格的进出口许可证制度。在第一个五年计划期间,我国开始致力于建立较为完备的医药工业体系,引进成套制药机器设备,其中大部分来自前苏联。华北制药厂和东北制药总厂就是两个典型的例子。

1958 年开始的“大跃进”,使我国的工农业遭到了严重的破坏,而且在 20 世纪 60 年代初,苏联停止对我国的经济援助,使得我国的对外医药贸易受到了极大的影响。

1966 年开始的“文化大革命”再一次使我国的对外医药贸易陷入了徘徊不前的境地。

(四) 改革开放以后我国对外医药贸易的发展

1978 年,党中央召开了第十一届三中全会。会议做出了全党、全国工作重心转移,集中精力发展国民经济的决定。同时,决定实行经济体制改革和对外开放,为促进我国对外医药贸易的发展指明了方向。

我国医药对外贸易自 1978 年以来到现在,取得了巨大的、突破性的发展,并已经与世界上多个国家和地区建立了医药对外贸易关系。与我国有医药贸易往来的国家和地区已达 211 个,我国医药产品已出口到 208 个国家和地区。亚洲、欧洲、北美洲成为我国医药对外贸易的前三大市场。美国、日本、德国、印度、韩国是我前五大医药贸易伙伴。我国前五大医药商品出口目的国为美国、日本、印度、德国和荷兰。美国、日本、德国、法国和瑞士则是我国前五大医药商品进口国。

经过三十多年的发展,我国已能提供 1400 余种的原料药产品,成为原料药出口大国。我国所生产的青霉素、维生素 C、四环素、林可霉素、庆大霉素、扑热息痛、阿司匹林等几种产品甚至可以左右国际医药市场上同类产品的价格。中国医药保健品进出口商会统计数据显示,近年我国原料药出口一直保持高速增长。2007 年出口额达 135 亿美元,约占全部医药产品出口的 55.4%,同比数据为 2005 年原料药全年出口额 79 亿美元,2006 年为 106 亿美元。可以说我国已成为欧美发达国家某些原料药的加工基地。

我国中药出口方面经历了 20 世纪 90 年代初期的一个较快发展时期,1995 年之后较长时间处于低速增长甚至徘徊不前的状况,出口结构一直以原料性药材和植物提取物等初级产品为主。虽然我国中药类产品进口贸易国达到 95 个,但主要还是与周边国家地区和华裔社会的贸易。近几年我国中药类产品出口开始明显增加,2007 年,进出口总额达 15.35 亿美元,同比增长 10.49 %。其中,出口创历史新高,总额达 11.78 亿美元，同比增长 8.1%，中药产品贸易顺差 8.22 亿美元。

机构调整方面，原对外经济贸易部遵照《国务院批转对外经济贸易部 1988 年外贸体制改革方案的通知》于 1989 年 5 月 22 日组织成立中国医药保健品进出口商会。目的是建立由政府的行政管理、企业的业务经营、商会的协调服务三部分组成的外贸新体制。经过近 20 年的发展，商会随医药保健品对外贸易的发展而壮大。现有会员企业 1600 多家，国内大部分有影响的医药保健品生产和进出口贸易企业都已加入商会。商会在推动我国医药对外贸易发展方面起到了极为重要的作用。

从医药贸易管理方面，这一时期，我国制定了一系列促进医药对外贸易的政策。出口方面，为鼓励医药商品出口，我国制定了一系列促进医药商品出口的行政措施和鼓励医药商品出口的金融政策，并实行出口退税，扶持和鼓励医药出口企业。此外对特殊医药商品的出口制定了相应管制措施，例如，对麻醉药品、精神药品的出口管理措施；对经济、药用野生动植物及其产品的出口管理措施和麻黄素出口管理措施等。进口方面，为规范药品进口备案、报关和口岸检验工作，保证进口药品的质量，制定了《药品进口管理办法》和《进口药材管理办法(试行)》。我国还实施了《药用植物及制剂进出口绿色行业标准》等标准。

但是，从中国在整个世界医药贸易中所占的比重来看，其规模还是相当小的，产品结构也较单一，产品附加值低，总体与发达国家相比还存在较大差距。因此，要使我国的医药对外贸易取得较大的发展和突破，任务还很艰巨。

本章小结

医药产业是高技术、高风险、高投入、高回报的产业。医药产业产生于 19 世纪 70 年代，经过 100 多年的发展，世界医药产业已远高于其他传统产业的速度增长。世界医药产业呈现出市场迅速扩张、传统医药产品占据市场主导、生物医药技术产业化进程明显加快、企业兼并重组高潮迭起、研发投入力度不断增强等发展特点。同时医药市场份额日趋集中，被少数发达国家的跨国制药企业垄断。我国医药产业起步于 20 世纪初期，经过快速发展，已形成了以化学药品工业、中药产业和生物制药工业为主导的产业格局，但与发达国家相比差距很大。

国际贸易与医药经济结合，产生了医药国际贸易。医药国际贸易是在国际分工的基础上发展起来的，是各国医药生产在流通领域的延伸和发展的结果。我国对外医药交流和医药贸易源远流长，经历了长期的发展，对世界医药事业的发展起到了重要作用，这也为我国医药对外贸易的发展奠定了坚实的基础。

本章思考题

1. 简述医药产业的概念和基本特征。
2. 世界医药产业的发展有哪些阶段和特点？
3. 我国医药产业发展的过程是怎样的？
4. 我国对外医药贸易发展过程中，各个时期的发展状况如何？

案例分析

广州静修堂的发展历史

广州静修堂创办于 1790 年(清乾隆五十四年)，其创办人钱树田是儒商，经营丝绸，浙江慈溪人。创办静修堂之前，他经常从杭州贩运丝绸到广州，沿途常向百姓施医赠药，治愈了很多疑难杂症，并因此声名远扬。有一次广州一富商的儿子身患重病，历访名医不效，于是富商请钱树田前去广州诊治。钱树田对患者外施刮痧，内服自制药剂回春丹，最终治愈了富商儿子的病患。富商以重金酬谢钱树田，但他执意不肯收下。后来，富商得知钱树田想自办药肆行医售药，但却苦于资金不足，于是就出资帮他实现了这个愿望。钱树田将药肆取名为静修堂，意为“敬业者，专心致志以事其业也；修明者，积极进取以精于其业也”。静修堂以德高药良为经营方针，经过数年经营，成为清代至民国时期广州著名的药店之一。而静修堂所制售的回春丹、追风透骨丸等也成为成药中的名牌产品，这些成药还远销到了港澳和东南亚地区。

新中国成立后，静修堂扩大了成药生产规模，建立了静修堂药厂，主要制售中成药。但改革开放前，其发展较为缓慢，固定资产仅 38 万元，实际上还是作坊式的小药厂。改革开放以后，静修堂建立了现代企业制度，走技术进步的道路，抓住国内外市场，发展成为了现代化的大型制药企业。1989 年静修堂药厂成为国家二级企业，1993 年药厂进入全国 100 家大型制药企业，并位居最佳经济效益企业第 11 位，1994 年升至第 10 位。1996 年静修堂药厂通过了澳大利亚 TGA 认证。1998 年药厂成为广东省第一家通过 GMP 认证的中成药生产企业。静修堂也被当时的国内贸易部授予中华老字号证书和铜牌。国有企业转制后，静修堂药厂更名为广州静修堂(药业)股份有限公司。产品畅销国内市场和欧、美、亚、澳洲的 20 多个国家。企业拥有各类中成药、化学药、保健滋补品 140 多个品种，其中以中风回春丹、追风透骨丸、化痔栓、跌打万花油、养血生发胶囊、清热消炎宁胶囊等最为著名，并被列入了国家中药保护品种。同时，新药清热消炎宁胶囊在 2001 年的第一季度广州地区中成药销售居第13位。目前,公司全体员工继承老字号“敬业修明、广施妙药”的传统经营宗旨,共同努力,不断将企业推向前进。

(资料来源:唐廷猷.2001.中国药业史.北京:中国医药科技出版社.)

案例讨论题

1. 根据此案例,分析老字号中药企业静修堂发展各阶段特征及其与相应历史背景的关系。

2. 讨论老字号中药企业静修堂发展历史有何特点。

资源链接

1. http://www.nicpd.com.cn 全国医药设计信息中心站

2. http://www.ccper.org/ 中国医药经济研究中心

3. http://www.gltcm.cn/14781 环球中医网-岐黄学子

4. http://www.cccmhpie.org.cn 中国医药保健品进出口商会信息网

5. http://www.gddoftec.gov.cn 广东省对外贸易经济合作厅《商务部牵头成立“扩大中医药出口部际联合工作机制”》

6. http://www.fmprc.gov.cn 中华人民共和国外交部《中国政府积极支持企业“走出去”》

7. http://news3.xinhuanet.com《国家食品药品监督管理局令》2003.8.18

8. http://www.cmcig.com.cn 中华药都信息网《药用植物及制剂进出口绿色行业标准》

9. http://www.jinhf.com/indexA.htm 北京金翰方医药研究中心

第三章 医药国际贸易的理论基础

学习目标

通过本章的学习，了解国际贸易理论的发展过程，熟悉国际贸易理论主线——自由贸易理论的理论框架；掌握比较成本理论、生产要素禀赋理论等主要自由贸易理论的观点及其简要评价；掌握国际贸易理论在医药贸易领域的一般应用和特殊性，学会用基本理论分析医药贸易领域的现实经济问题。

引导实例

一个有关比较优势的小故事。麦克尔·金的隔壁住着一个女孩玛丽。麦克尔·金是个篮球明星。如果金是一名除草工的话，他一小时可以挣15美元，而玛丽每小时只能挣8美元。论打篮球的话，金一小时可以挣1000美元，玛丽一小时只能挣5美元。金在除草和打篮球方面都远胜于玛丽，然而金却愿意将除草的活交给玛丽去做，而自己去打篮球挣钱，每小时付给玛丽8美元的除草费，因为这样对金来说，他的利益最大。

作为国际贸易的重要组成部分，医药国际贸易的理论基础仍然从属于一般的国际贸易理论。本章以国际贸易理论发展的主线——自由贸易来介绍医药国际贸易的理论基础。自由贸易中的传统理论解释了国际贸易发生的基础，说明了国际贸易发生的原因、数量、构成、方向等贸易模式，充分阐述了贸易利益这一自由贸易理论的基石。第二次世界大战后国际贸易理论的发展对传统理论无法解释的经济现象，如产业内贸易和公司内贸易进行了解释，使国际贸易理论发展到了一个新的阶段。

第一节 比较成本理论

比较成本理论自创立以来一直被西方经济学界奉为经典，并成为资本主义国际贸易理论发展的主线。即使在当代，它也是研究国际贸易理论的逻辑起点，李嘉图的比较成本理论是从亚当·斯密的绝对成本理论发展起来的。

一、绝对成本理论

（一）绝对成本理论的基本思想和主要内容

古典经济学的奠基人亚当·斯密（Adam Smith，1723—1790）在其代表作《国民财富的性质和原因的研究》（简称《国富论》）一书中，创立了主张在国内实行自由放任经济政策的经济自由主义。在国际贸易方面，他批判了重商主义的经济学说，提出了以国际分工为基础的自由贸易理论——绝对成本理论。

斯密认为，社会生产力的提高都是由于社会分工的结果。每个人只从事一种物品的生产，然后彼此进行交换，所有人都能获得更大的利益。“如果一件物品的购买费用小于自己生产的成本，那么就不应该自己生产，这是每一个精明的家长都知道的格言。裁缝不想自己制作鞋子，而向鞋匠购买。如果每一个私人家庭的行为是理性的，那么整个国家的行为就很难是荒唐的。如果一个国家能以比我们低的成本提供商品，那么我们最好用自己有优势的商品同他们交换。”他认为适用于一国内部不同个人或家庭之间的分工原则也同样适用于各国之间。国际贸易应该遵循国际分工的原则，使各国都能从中获得更大的好处。

那么，国际分工如何进行呢？他指出，国际分工的基础是各国所拥有的自然优势或获得性优势。前者是指自然赋予的气候、土壤、矿产、地理环境等方面的有利条件，后者是指一个国家通过自身努力而掌握的特殊技艺。当一个国家在一种商品的生产上比另一个国家更有效率（或具有绝对优势），而在另一种商品的生产上效率低（或具有绝对劣势），那么这个国家应该专门生产它具有绝对优势（absolute advantage）的产品，然后用它来交换别的国家具有绝对优势的产品。在这个过程中各国的资源都得到了最有效的利用，两国的产品产量都会提高。这样，两个国家都能在分工和贸易中获得利益。

可见，当一国生产一种商品所用的资源比另一国少，我们就说该国在生产这种商品上具有绝对优势。例如，中国生产水稻所用的资源比美国少，而美国生产小麦所用的资源比中国少，则中国在生产水稻上具有绝对优势，而美国在生产小麦上具有绝对优势。如果每个国家都专门生产其具有绝对优势的商品，再进行交易，则水稻和小麦的产量能实现最大化。这两个国家都能从中获利。

（二）绝对成本理论模型

1. 基本假设

绝对成本理论模型的基本假设如下：

（1）世界上只有两个国家，它们分别生产两种产品。

（2）两种产品的生产都只有一种要素投入即劳动。

（3）两国两种产品的生产技术不同，存在着劳动生产率上的绝对差异。

（4）生产要素（劳动）可以在国内不同部门之间流动，但不能在国家之间流动。

（5）处于完全竞争市场。各国生产的产品价格都等于产品的平均生产成本，无经济利润。

（6）无运输成本。

（7）两国之间的贸易是平衡的，无顺差或逆差。

2. 绝对成本理论的具体说明

表 3-1 显示，法国每人每小时生产 6 单位葡萄酒，英国每人每小时只能生产 1 单位葡萄酒；法国每人每小时生产 3 单位杜松子酒，英国每人每小时却能生产 5 单位杜松子酒。这样，在生产葡萄酒上，法国比英国更有效率或更具有绝对优势，而英国生产杜松子酒比法国具有绝对优势。按照绝对优势法则，英国将专门生产杜松子酒并将部分杜松子酒与法国生产的葡萄酒相交换；而法国将专门生产葡萄酒并用部分葡萄酒与英国生产的杜松子酒相交换。

表 3-1 绝对优势

劳动生产率	法国	英国
葡萄酒/[单位/(人・小时)]	6	1
杜松子酒/[单位/(人・小时)]	3	5

假定交换比率为 1∶1，即用 1 单位葡萄酒可交换 1 单位杜松子酒。那么，两国进行交换后的贸易利益如下：法国用 6 单位葡萄酒与英国交换 6 单位杜松子酒，法国将获得 3 单位的杜松子酒贸易利益，或节约了劳动 1 小时。同样，英国用 6 单位杜松子酒与法国换得 6 单位葡萄酒，而生产这 6 单位葡萄酒的时间在英国可以生产 30 单位的杜松子酒，因而英国获得了 24 单位杜松子酒的贸易利益，或者说节约了 24/5 小时的劳动。在假定的交换比率下，英国得到了比法国更多的贸易利益。

上述内容也可用图 3-1 和图 3-2 来表示。对法国来说，在交换前，工人每小时要么生产 6 单位的葡萄酒，要么生产 3 单位的杜松子酒；而对英国来说，交换前，工人每小时或者生产 1 单位的葡萄酒，或者生产 5 单位的杜松子酒。分别连接这四点，得到两条线段。可以看出在交换前，两条线段并不平行，说明两国间在生产葡萄酒和杜松子酒的劳动生产率上存在着差异。法国和英国进行贸易后，这两条线段平行了，并且两国从贸易中得到了实惠，只是英国得到了更多的益处。

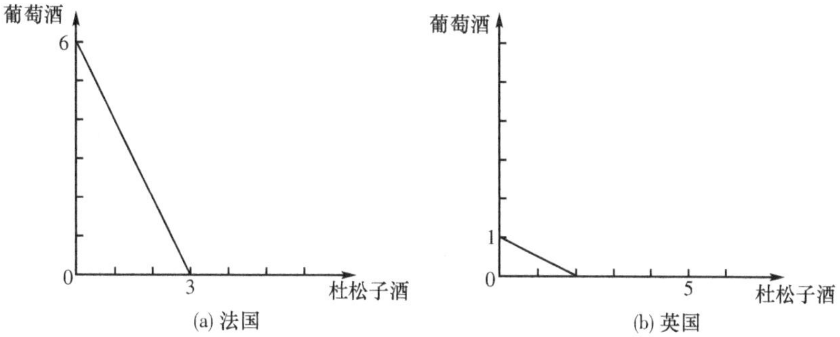

图 3-1 两国无贸易时的消费可能曲线

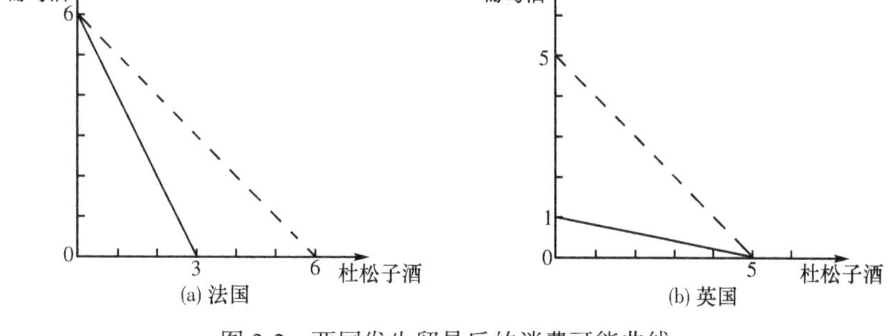

图 3-2 两国发生贸易后的消费可能曲线

绝对成本理论是经典贸易理论的发展,但也存在明显的缺陷。按照绝对利益法则,只有在某种产品的生产上具有绝对优势的国家才有参与国际贸易的可能性和必要性。如果一国生产所有的产品都处于劣势状态,那么它能否进行国际贸易?如果进行国际贸易,它又能否从贸易中获得利益呢?对这个问题,比较成本理论做出了回答。

二、比较成本理论

大卫·李嘉图(David Ricardo,1772—1823)是古典经济学的集大成者。在《政治经济学及赋税原理》(1817年)一书中,他进一步发展了斯密的绝对优势论,提出了著名的比较成本理论。比较成本理论以其无可比拟的逻辑力量,论证了发展程度不同的国家,无论本国商品都处于劣势或优势,都可以参与国际贸易,并都能在贸易中获益,把自由贸易理论推到了划时代的阶段。

(一)比较成本理论的基本思想和主要内容

作为古典政治经济学的重要人物,李嘉图与斯密一样主张自由贸易,认为每个个人在自由追求个人利益的同时会自然而然地有利于整个社会。与重商主义不同,李嘉图认为国际贸易给社会带来利益并非因为一国商品价值总额的增加,而是因为一国商品总量的增长。国际贸易之所以对国家极为有利,是因为"它增加了用收入购买的物品的数量和种类,并且由于商品丰富和价格低廉而为节约和资本积累提供刺激"。同斯密一样,李嘉图强调了进口带来的利益。不过,李嘉图并非只是重复斯密关于自由贸易的好处,而是提出了更加系统的自由贸易理论,他从资源的最有效配置(使用)角度来论证自由贸易与专业分工的必要性。

在斯密的理论中,鞋匠有制鞋的绝对优势,裁缝有做衣服的绝对优势,两者的分工比较明确。但假如两个人都能制鞋和做衣服,而其中一个在两种职业上都比另一个人强,那么应该怎样分工呢?或者说,怎样的分工(资源配置)是最有效的呢?根据李嘉图的理论,这要看两人在两种职业上的劳动生产率相差多少。如果一个人比另一个人在制鞋上强三分之一,而在做衣服上只强五分之一,那么这个较强的人应该制鞋而那个较差的人应该去做衣服。这样的分工对双方都有利,也是资源的最佳配置。

李嘉图用"比较成本"的概念来分析国际贸易的基础,认为国际贸易的基础并不限于劳动生产率上的绝对差别。只要各国之间存在着劳动生产率上的相对差别,就会出现生产成本和产品价格的相对差别,从而使各国在不同的产品上具有比较优势,使国际分工和国际贸易成为可能。根据李嘉图的比较成本理论,每个国家都应集中生产并出口其具有"比较优势"的产品,进口其具有"比较劣势"的产品。比较成本理论也常被称为比较优势理论。

(二)比较成本理论的说明

表3-2表明,英国与法国相比,在生产葡萄酒和杜松子酒上都处于绝对劣势。但是法国生产葡萄酒的劳动效率是英国的6倍,而生产杜松子酒的劳动效率只有英国的2倍,因此英国在生产杜松子酒上具有比较优势。另外,与英国相比,法国在葡萄酒和杜松子酒的生产上都具有绝对优势,但生产葡萄酒的绝对优势比生产杜松子酒的绝对优势更大。按照比较优势法则,法国应专门生产葡萄酒,英国应专门生产杜松子酒,两国用一部分产品进行相互交换。

表3-2 比较优势

劳动生产率	法国	英国
葡萄酒/[单位/(人·小时)]	6	1
杜松子酒/[单位/(人·小时)]	4	2

再次假定交换比率为1∶1。如果法国用6单位葡萄酒交换英国6单位的杜松子酒,比在法国国内交换多得2个单位杜松子酒的利益,因为在国内单位只能交换4单位杜松子酒。英国从法国换到的6单位葡萄酒,在英国国内要用12个单位的杜松子酒才能换到,现在它只需要拿出6单位杜松子酒来交换法国的葡萄酒6单位。这样,英国将获得6个单位的利益。可以看出,即使其中一个国家两种产品的生产效率都比另一国低,两个国家仍能通过分工和贸易使彼此都获得利益,同时都不同程度地节约了社会劳动。

上述内容也可用图3-3表示。其原理与绝对成本理论中的图3-1和图3-2相同。

李嘉图的比较成本理论不仅论述了国际贸易能够互惠互利,而且阐明了这种国际贸易利益具有适用于所有国家的普遍意义。更重要的是,他指明了取得国际贸易利益的关键所在,那就是在自由贸易条件下,无论处于优势还是劣势的国家都可以扬长避短,发挥自己的相对优势。比较成本理论被公认为国际贸易不可动摇的基础,是一百多年来国际贸易理论的核心。其后一个多世纪的有关研究和所提出的理论,在很大程度上是对它的补充、发展和修正。

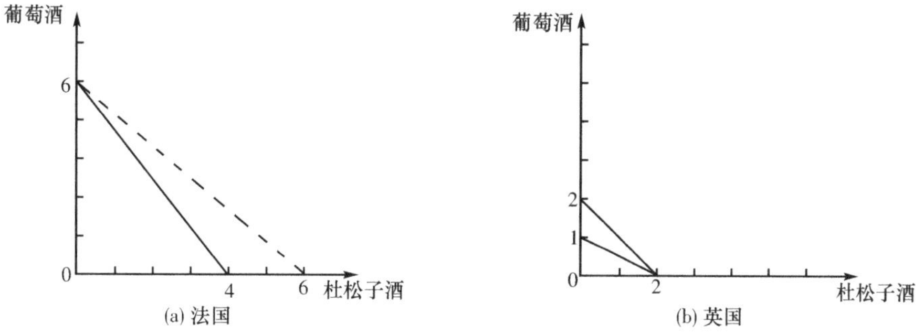

图 3-3　两国贸易前后的消费可能曲线

但是比较成本理论也有其局限性。它所揭示的比较利益是一种静态的短期利益。有许多事例表明，当前生产或出口某种产品所处的比较劣势不是一成不变的。随着自身的努力和环境条件的改变，其将来可能会处于比较优势。所以在制定对外经济发展的长期战略时应动态灵活地运用比较成本论。和绝对成本理论一样，比较成本理论也未能解决国际贸易的交换价格是如何确定的问题。把劳动作为惟一的生产要素也过于简化。

信息框

人们有时对从工人工资低廉的国家购买商品是否道德提出质疑。他们常问这样的问题：我们制造出一个使工人受到如此剥削的制度是正确的吗？这种观点和感情问题一样，有时是正确的，有时是一种误解。

首先看正确的地方。如果像英国这样一个文明的国家，与另一个没有人权的、虐待工人的国家进行贸易，那么我们是在帮助维持一个腐败的制度，我们也可被看成给了其道德支持。从这个意义上说，贸易对这些国家的工人不利。这一观点常用来支持种族隔离时代对南非的贸易制裁。

再来看误解的地方。如果我们从工资低廉的国家购买商品，这并不会对低工资问题产生不利影响。恰恰相反，如果像印度这样的国家向西方出口纺织品，这将有利于提高其本国工人的工资。如果印度在劳动密集型商品的生产上具有比较优势，则将这些商品卖到国外比只在本国销售会卖出更好价钱。只要一部分额外收入分配给工人，工人就会从贸易中获益。

问题：在什么情况下，出口企业的收入增加不会导致工资率的提高？

（资料来源：经济学・下卷．郭庆旺译．经济科学出版社，第 472 页）

第二节　生产要素禀赋理论

20 世纪 30 年代由瑞典经济学家赫克歇尔和俄林在李嘉图的比较成本理论的基础上提出的要素禀赋论（factor endowment theory）是现代国际贸易理论的新开端，被誉为国际贸易理论的柱石，在国际贸易理论的发展中具有里程碑意义。

一、生产要素禀赋理论

1919 年，瑞典经济学家厄里・赫克歇尔（Eli F. Heckscher，1879—1952）发表了论文《对外贸易对收入分配的影响》，第一次提出两个国家生产要素比例的差别是引起贸易的决定要素。后来他的学生，著名的瑞典经济学家伯尔蒂尔・俄林（Bertil G.Ohlin，1899—1979）接受了他的基本论点和大致思路，继承了瑞典学派一般均衡分析的传统，于 1933 年出版了被认为是现代国际贸易理论最重要的著作《地区间贸易与国际贸易》。在该书中，俄林系统地阐述了生产要素禀赋理论，用以说明国际贸易的起因和影响，形成了后人所称的赫克歇尔-俄林理论（简称 H-O 理论或 H-O 模型）。该理论则成为现代国际贸易理论的开端和基石。由于其杰出的贡献，俄林荣获 1977 年诺贝尔经济学奖。

（一）基本概念

要理解要素禀赋理论，必须首先理解这个理论中引用的一些重要概念。

1. 生产要素和要素价格

生产要素（factor of production）是指生产活动必须具备的主要因素或在生产中必须投入或使用的主要手段。通常指土地、劳动力和资本这三个要素，也可以把技术知识、经济信息当做生产要素。要素价格（factor price）是指生产要素的使用费用，如土地的租金、劳动力的工资、资本的利息等。

2. 要素密集度和要素密集型产品

要素密集度(factor intensity)是指商品生产中所需要的各种要素之间的投入比例。各种商品由于属性不同,生产中要求的要素比例也不同,如农产品要求较多的土地,纺织品则要求较多的劳动力。如果某种要素在某种商品生产中投入的比例最大,则该种商品为该要素密集型产品(factor intensive commodity)。

3. 要素禀赋和要素丰裕度

要素禀赋(factor endowment)是指一国所拥有的可用于生产商品和劳务的各种生产要素的总量。它既包括自然存在的资源,也包括技术和资本等获得性资源,这是一个绝对量的概念。要素丰裕度(factor abundance)是指一国的生产要素禀赋中某要素供给所占的比例大于别国同种要素的供给比例而相对价格低于别国同种要素的价格。要素丰裕度既可以用生产要素供给总量也可以用要素相对价格来衡量。

(二) H-O 理论的假设

1) 假定只有两个国家、两种商品、两种生产要素(劳动力和资本)。

2) 假定两国技术水平相同,生产函数相同。

3) 假定两国两种产品生产的规模报酬不变。

4) 一国内部,生产诸要素是完全自由流动的,但在区域和国家之间,它们是不能自由流动的。

5) 假定货物流通中的一切限制都不存在。

6) 假定只有商品贸易,贸易是平衡的。

(三) H-O 理论的主要内容

概括起来,H-O 理论可表述为:“不同的商品生产需要不同的生产要素比例,而不同的国家拥有不同的生产要素。因此,各国在生产那些能较密集地利用其比较充裕的生产要素的商品时,必然会有比较利益产生。因此,每个国家最终将出口能利用其充裕的生产要素生产的那些商品,以换取那些需要较密集地使用其稀缺的生产要素的进口商品”。简而言之,就是劳动力相对丰富的国家应出口劳动密集型商品,进口资本密集型商品;而资本充裕的国家应出口资本密集型商品,进口劳动密集型商品,各国比较利益的地位是由各国所拥有的生产要素的丰裕程度来决定的。

由于 H-O 理论假定不同国家间消费偏好、收入分配和生产技术相同,这就在所有造成国家间商品相对价格和比较利益差异的可能原因中,将要素禀赋(供给)的差异独立出来,作为国家间比较利益和国际贸易的基本原因或决定因素。

信息框

“贸易的首要条件是某些商品在某一地区生产要比在别一地区便宜。在每一个地区,出口品中包含着该地区拥有的比其他地区较便宜的、相对大量的生产要素,而进口别的地区能较便宜地生产的商品。简而言之,进口那些含有较大比例生产要素昂贵的商品,而出口那些含有较大比例生产要素便宜的商品。”

(资料来源:伯尔蒂尔·俄林.地区间贸易和国际贸易.商务印书馆,1986 年)

(四) H-O 理论的图解

中国劳动力丰富,简单的手术器械(X)是劳动密集型产品;而美国资本充裕,牙科治疗设备(Y)是资本密集型产品。由于假定两国消费者偏好相同,所以可以用一组无差异曲线来表示它们的消费偏好。

图 3-4 表示在没有贸易的情况下,无差异曲线 Ⅰ 与中国的生产可能性曲线相切于 A_1点,与美国的生产可能性曲线相切于 A_2点。A_1点和 A_2点是它们在无贸易时的生产和消费均衡点。无差异曲线与两国生产可能性曲线分别相切的切线斜率分别表示中国和美国在封闭条件下的均衡商品相对价格,这两条切线的斜率分别为 P_{A_1} 和 P_{A_2}。因为,$P_{A_1}<P_{A_2}$,所以中国在生产 X 上具有比较优势,而美国在商品 Y 的生产上具有比较优势。

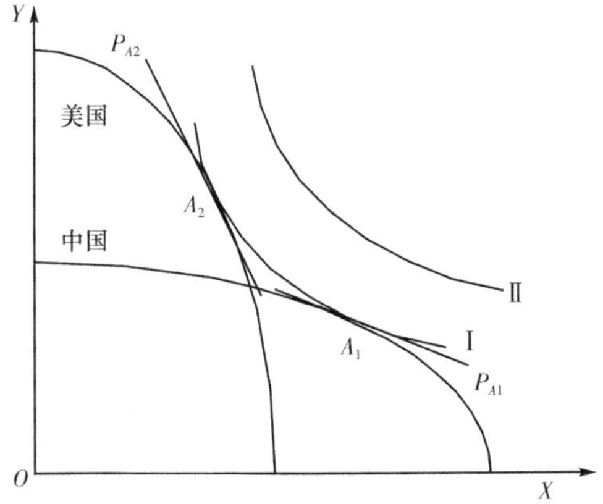

图 3-4 两国未开展贸易前

图 3-5 表示随着贸易的开展,中国专业化生产商品 X,美国专业化生产商品 Y。这种专业化过程一直持续到中国达到点 B_1,美国达到点 B_2为止,此时两国的生产可能性曲线与无差异曲线 Ⅱ 相切于共同的价格线 P_B。两国的生产点分别为 B_1和 B_2,但在消费点

上，两国重合($D_1=D_2$)。由此，中国将出口 B_1C_1 数量的商品 X，进口 C_1D_1 数量的商品 Y；而美国将出口 B_2C_2 数量的商品 Y，进口 C_2D_1 数量的商品 X。并且中国出口的商品 X 等于美国进口的商品 X，即 $B_1C_1=C_2D_1$；美国出口的商品 Y 等于中国进口的商品 Y，即 $C_1D_1=B_2C_2$。由于两国现在的消费点均处于更高的无差异曲线上，表明两国均取得了贸易利益，从而使福利水平提高。

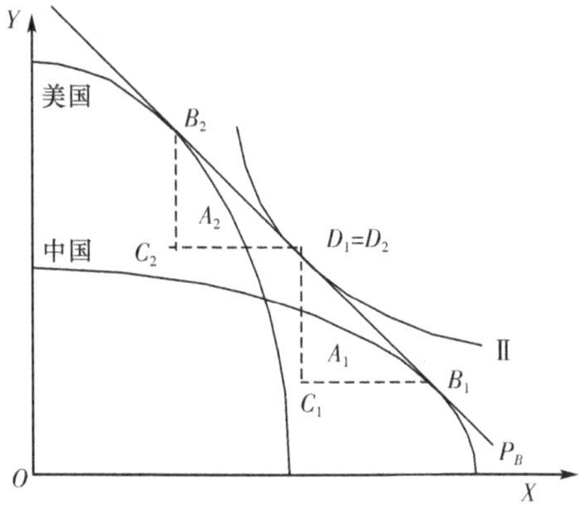

图 3-5　两国开展贸易后

二、要素禀赋理论的扩展

赫克歇尔和俄林认为，国际贸易不仅会使商品价格均等化，而且会使生产要素价格均等化。这就是所谓的要素均等化定理(factor-Price equalization theorem)。美国经济学家萨缪尔森(Paul Anthony Samuelson)在1949年发表的《再论国际要素价格均等》严格证明了这一定理。由于这一定理是建立在赫克歇尔-俄林模型基础上，并由萨缪尔森发展的，因此，生产要素价格均等化的定理又被称为赫克歇尔-俄林-萨缪尔森定理(简称 H-O-S 定理)。

H-O-S 定理可简要表述为：在 H-O 理论中给出的假设条件下，国际贸易将导致各国间同质的生产要素获得相同的相对的和绝对的收益(价格)。所以，国际贸易实际上是要素流动的替代物。

三、里昂惕夫之谜及其解释

(一) 里昂惕夫之谜

瓦西里·里昂惕夫(Vassily W. Leontif)是当代美国著名的经济学家，投入产出法的奠基人，并因此获得了诺贝尔经济学奖。他的代表作为《投入产出经济学》，该书收录了他从1947~1965年公开发表的11篇论文，其中有两篇是研究国际贸易的。

里昂惕夫的初衷是为了验证赫克歇尔-俄林理论的正确性。美国被公认为是世界上资本最丰富的国家，因此里昂惕夫期望得到美国出口资本密集型产品而进口劳动密集型产品的结论。里昂惕夫于1953年发表的《国内生产与国际贸易：美国资本地位的重新考察》一文中，使用涉及200个行业的投入产出表，计算了1947年美国每100万美元的出口商品和进口替代商品所使用的资本和劳动数量，得到了美国出口商品和进口替代商品的要素密集度(即资本-劳动比率 K/L)，其结果见表 3-3。

表 3-3　美国生产出口品和进口竞争品所使用的资本和劳动量比较

投入产出和贸易结构	每百万美元产品生产要素需要量	出口商品	进口竞争商品	(资本/劳动)$_{出口商品}$ / (资本/劳动)$_{进口商品}$
1947年投入产出和贸易结构	资本/美元	2 550 780	3 091 339	0.771
	劳动/人年	182	170	
	(资本/劳动)/[美元/(人·年)]	14 010	18 180	
1947年投入产出和1951年贸易结构	资本/美元	2 256 800	2 303 400	0.945
	劳动/人年	174	168	
	(资本/劳动)/[美元/(人·年)]	12 977	13 726	
1958年投入产出和1962年贸易结构(鲍德温)	资本/美元	1 876 000	2 132 000	0.79
	劳动/人年	131	119	
	(资本/劳动)/[美元/(人·年)]	14 200	18 000	

(资料来源：查德利主编.国际贸易原理政策与实务.重庆：重庆大学出版社，第45页)

值得注意的是，里昂惕夫在计算中用的是进口替代商品而不是进口商品。这是因为从国外进口商品所包含的资本和劳动的数据无法得到。他正确地推断，即使美国进口替代商品的资本密集度比实际进口商品的高，但如果 H-O 模型成立的话，美国进口替代商品的资本密集度仍应比其出口商品低。

里昂惕夫的结果令他本人和世人大吃一惊：美国出口商品的资本/劳动比率(K/L)只是进口替代商品的77%。这说明美国出口的是劳动密集型商品，进口的是资本密集型商品，结论与理论判断完全相反。这一检验结果与赫-俄理论的推论矛盾被称为“里昂惕夫之谜”(Leontif paradox)。里昂惕夫指出:“美国参与国际分工是建立在劳动密集型生产专业化基础上的,而不是建立在资本密集型生产专业化基础上的。换言之,这个国家是利用对外贸易来节约资本和安排剩余劳动力,而不是相反。”

或许1947年太接近第二次世界大战而使结果发生偏差,里昂惕夫又在1956年使用1947年的美国经济投入产出表和1951年的贸易数据重新进行了验证,发现美国出口商品的资本/劳动比率(K/L)仍较进口替代商品低,虽然程度有所减小。鲍德温在1971年使用美国1958年投入产出表和1962年贸易数据所得到的结果与里昂惕夫的最初结论相差无几。其他学者用该方法对日本、加拿大、印度及东欧国家检验后发现,除个别情况,里昂惕夫之谜是普遍存在的。

(二)对里昂惕夫之谜的解释

里昂惕夫的验证结果一经发表,即在西方经济学家中引起了强烈反响。自20世纪50年代起,许多经济学家围绕里昂惕夫之谜进行了广泛的研究。一些学者开始寻找解释这一矛盾的方法,试图弥补H-O理论。

1. 贸易壁垒说

H-O理论是建立在完全自由贸易的假设之上的,而现实中完全的自由贸易是不存在的,在国际贸易中总是充满了各种关税和非关税壁垒。

有研究表明,关税结构对贸易形式的扭曲是造成里昂惕夫之谜的原因之一。美国劳动密集型商品的进口要比非劳动密集型商品的进口受到更多的限制,特别受到保护的是本国非熟练和熟练的劳工集团,这造成了美国进口商品的劳动密集度减小。如果国外采取相应措施,对资本密集型产品的进口征收高关税,美国的资本密集型产品就会难以进入国外市场。加上美国限制资本密集型的高技术产品的出口,增加了美国出口产品的劳动密集程度。如果是自由贸易,美国将会进口比现在更多的劳动密集型产品,出口比现在更多的资本密集型产品。

2. 自然资源论

H-O理论和里昂惕夫的计算使用的是两要素模型(劳动和资本),而忽略了土地、矿藏、森林等自然资源要素。各国自然资源天赋的种类和数量有很大不同。如挪威和日本的渔业极其发达,北欧有大量的天然森林,阿拉伯半岛石油储量丰富等。

引入自然资源要素,有助于解释与H-O理论相悖的现象。美国是大宗矿产和木材的进口国,这些产品在美国国内生产需要较多的资本,这是美国的进口竞争产品之所以是资本密集型的原因之一。在出口方面,美国出口的农产品相对来说是大量使用劳动力和土地的,即农产品相对美国而言是劳动密集型的。要计量美国的出口行业和进口竞争行业的生产要素含量,有必要评价自然资源对这些行业的作用。

自然资源的作用也有助于解释其他令人困惑的结果。加拿大向美国出口资本密集型产品,主要是由于它出口的是在美国生产时资本劳动比率较高的矿产;日本出口产品的资本密集程度较其进口产品高,这主要是因为它进口大米,而大米在日本是以劳动密集型方式生产的;印度看来是向美国出口资本密集型产品以换取劳动密集型产品,主要也是由于它大多从美国进口粮食。

3. 技能和人力资本说

H-O理论假定各国之间同一生产要素(资本或劳动)是同质的,里昂惕夫在计算中对资本的测度只包含了机器设备、厂房等物质资本,并未包含人力资本。这也是造成里昂惕夫之谜的重要原因。

所谓人力资本(human capital)是指在劳动者教育、职业培训、健康保健等提高劳动生产率的方面所进行的投资。劳动技能正是人力资本支出的结果。由于不同国家之间人力资本投入的差异,其劳动熟练程度和生产效率是不同的。

里昂惕夫认为,美国的劳动力比国外的劳动力具有较高的效率。因此,在美国生产进口替代品的资本/劳动比率(K/L)转换成国外商品的资本/劳动比率(K/L)时,应将美国的劳动力数量乘上一个效率系数。如在某种进口替代品的生产中,美国的劳动生产率是国外的2倍,则美国该产品中所含的劳动数量应乘以2,这样,其资本/劳动比率就不再是资本密集型产品,而是劳动密集型产品了。

在1966年的一项研究中,基辛对1957年美国与其他9个国家进出口产品上所包含的劳动熟练程度做了统计分析,其中5个国家的情况见表3-4所示。

表3-4　若干国家进出口产品中所包含的劳动熟练程度

国家	出口		进口	
	熟练劳动	非熟练劳动	熟练劳动	非熟练劳动
美国	54.6	45.4	42.6	57.4
瑞典	54.0	46.0	47.9	52.1
德国	52.2	47.8	44.8	55.2
意大利	41.1	58.9	52.3	47.7
印度	27.9	72.1	53.3	46.7

从表3-4中可以看出美国出口产品所使用的熟练劳动比例较高,而进口产品所使用的非熟练劳动比例较高。在所有国家中,美国出口产品所使用的熟练劳动比例最高,而印度最低。这反映了美国等发达国家具有劳动技能上的优势,出口的是技能密集型的产品,而不发达国家出口的则是非熟练劳动密集型产品。因此,有些学者将劳动技能或人力资本作为一种新的生产要素加以考虑,认为美国真正充裕的生产要素并非资本而是熟练劳动力,这样,里昂惕夫的结果就不会和H-O理论相悖了。

有些学者则从另一个角度考虑问题。他们将熟练劳动的工资收入高于非熟练劳动的那一部分资本化,作为对人力资本的估价,再加上物质资本,得到所使用的总资本,进而计算出生产某产品的资本/劳动比率(*K/L*)。如肯林在1966年的一项研究中,实际估算出包含在美国出口产品和进口替代品中的人力资本,再加上所用的物质资本,重新计算了美国1947年出口产品和进口替代品中的*K/L*,发现美国出口的仍是资本密集型产品,进口的依然是劳动密集型产品,从而使里昂惕夫之谜消失。

但其后的一些研究发现,将人力资本和物质资本结合成单一的测度还存在着困难和问题,而对多个国家多种要素的更全面的研究表明,仍然存在着许多与H-O模型相矛盾的结果。里昂惕夫之谜并未完全解开。

第三节　当代国际贸易理论的新发展

第二次世界大战后,国际贸易的商品结构和地区分布与战前相比发生了很大的变化。这主要表现在:一是发达国家之间的贸易成为占主体的国际贸易类型,且工业化国家传统的"进口初级产品——出口工业产品"的模式逐渐改变,出现了许多同一产业既出口又进口的"双向贸易"(two-way trade)或"产业内贸易"(intra-industry trade);二是跨国公司成为世界经济舞台上的重要角色,对国际贸易产生了重要影响,跨国公司的母公司和子公司之间或子公司之间的公司内贸易成为国际贸易发展的一大特色。

国际贸易发展的这种现实对传统的国际贸易理论提出了严峻的挑战,这些新的贸易倾向显然难以用要素禀赋差异来解释。因为产业内贸易大多发生在发达国家之间,其要素禀赋十分相似,都属于资本相对充裕的国家。这种贸易发生在同类产品之间,其生产所需的要素比例或其要素密集度是十分相似的。传统国际贸易理论以国家为基本分析单位,没有公司作用的分析,也无从解释公司内贸易产生的基础。所以,当代经济学家对产业内贸易、公司内贸易进行深入研究,发展了国际贸易理论。

一、产业内贸易的理论解释

(一)同类产品的差异性

对产业内贸易基础的一个直观解释是产品差异。产品差异是指产品在品质、性能、造型设计、规格、商标、包装、服务等方面的差异。具有这种差异的产品(即差异产品),是指本质上属于同一类产品但存在可以辨识的各种差异的产品。受资源、市场等因素的制约,任何一个国家都不可能在具有比较优势的部门生产所有的差异化产品,而只能对于某些差异化产品进行专业化生产,获取规模经济的利益。因此,每一产业内部的系列产品往往产自不同国家。同时,各国消费者对差异产品的追求或偏好导致了产业内贸易的形成。

(二)规模经济理论

规模经济理论的创始人是美国经济学家保罗·克鲁格曼(Paul Krugman,1953~)(因在"贸易格局分析与经济活动区位"所做出的贡献获2008年诺贝尔经济学奖。)和以色列经济学家埃尔赫南·赫尔普曼(Elhanan Helllpman,1946~)。他们将规模经济原理引入国际贸易理论分析,建立了一个新的分析框架。他们合作写出的《市场结构和对外贸易:报酬递增、不完全竞争和国际贸易》在1985年出版后即受到西方经济学界的重视,被誉为是国际贸易理论方面的重大突破。

传统的国际贸易理论(从比较优势论到H-O理论)都是建立在完全竞争和规模报酬不变的假定之上的。克鲁格曼和赫尔普曼认为这两个假定在现实中都是不完全的。首先,各国生产的产品并非都是同质同样的,许多工业品类似但不同样。各种产品类似并有一定的替代性,存在产品差异,具有一定的垄断性。因此,大多数工业产品的市场是垄断竞争或是不完全竞争的。另外,在现代化社会大生产中许多产品的生产具有规模报酬递增的特点,规模经济是普遍存在的。

但是,克鲁格曼和赫尔普曼并不认为传统的国际贸易理论已经失去生命力。在完全竞争和规模报酬不变的情况下,传统的国际贸易理论完全适用。即使在某些产业具有递增性规模报酬以及市场结构是不完全竞争的情况下,只要做出一些必要的假定就可以看到,贸易商品所体现的要素净含量流动仍反映了国家间的相对要素禀赋差异。正是在这种情况下，规模经济可能取代要素禀赋的差异成为国际贸易的主要动因。简而言之，技术或要素禀赋差异确定了产业间贸易的模式，而差异产品的规模经济将引起产业内贸易的上升。国家间的差异越大，产业间的贸易量越大；国家间的差异越小，产业内贸易的量就越小。

（三）偏好相似理论

瑞典经济学家斯戴芬·伯伦斯坦·林德（Staffan Burenstam Linder）在1961年出版的《论贸易和转变》一书中提出了偏好相似理论（preference similarity theory），从需求的角度对发达国家之间的贸易和产业内贸易做出了理论解释。他指出在H-O理论中，要素禀赋差别的重要性被夸大了，这一差别只是形成产品价格不同的一种原因，不是惟一原因。它只适用于说明初级产品的贸易，而加工产品的贸易应由偏好相似理论说明。偏好相似理论的内容大致如下：

（1）一国的潜在出口范围由国内的典型需求决定。这是因为：从发明的角度看，其最初的动因往往是国内的需求；从生产的角度看，根据企业家自身感受到的国内需求做出决策是企业行为的基础，只有当国内市场显得很不够时，出口才会逐渐发展起来；从比较优势的角度看，只有存在国内市场，才能建立生产与消费的联系，便于产品的改进，商品的出口才较易获得比较优势。

（2）影响一国需求结构的决定性因素是平均收入水平。传统偏好、商品价格、气候条件等对需求结构都有影响，但决定因素是平均收入水平。平均收入水平类似的国家，有相似的需求结构，这是由于一方面在人均收入较高的国家，高档耐用品较多地进入家庭，在人均收入较低的国家，消费品的品质显著下降；另一方面，由于收入分配不均，富国的低收入层与穷国的高收入层有着类似的需求。因此，无论从国家还是从家庭的角度看，收入水平和消费结构都有一个很强的相关关系。资本品的需求也大体类似。

由于出口范围由需求决定，需求结构又由人均收入水平决定，因此，两国的经济发展程度越相近，人均收入水平越接近，两国的需求结构就越类似，两国相互满足对方需求的能力就越强，两国间的贸易可能性就越大。

二、技术差距论

技术差距论（technological gap theory）又称创新与模仿理论（innovation and imitation theory），由波斯纳（M. A. Posner）首创。技术差距论把国家间的贸易与技术差距的存在联系起来，认为随着时间的推移，新技术最终将被技术模仿国掌握，使技术差距消失，贸易即持续到技术模仿国能够生产出满足其对该产品的全部需求为止。但在动态的经济社会，科技发达的国家是不断会有再创新、再出口出现的。

波斯纳的技术差距论认为，技术进步也是国家间产生贸易的重要原因。技术进步或技术创新意味着一定的要素投入量可以生产出更多的产品，技术进步对各国要素禀赋的比率产生影响，从而影响各国产品的比较优势，对贸易格局产生影响。一国的技术优势使其在获得出口市场方面占有优势，当一国创新某种产品后，在国外掌握该项技术之前产生了技术领先差距，可出口技术领先产品。但技术会随着专利权转让、技术合作、对外投资、国际贸易等途径流传到国外，当一国创新技术为外国模仿时，外国即可自行生产而减少进口，创新就渐渐失去了该产品的出口市场，因技术差距而产生的国际贸易逐渐缩小。随着时间的推移，新技术最终将被技术模仿国所掌握，使技术差距消失，贸易即持续到技术模仿国能够生产出满足其对该产品的全部需求为止。

波斯纳把技术差距产生到技术差距引起的贸易终止之间的时间称为模仿滞后（imitating lag）时期，模仿滞后时期又分为反应滞后（reacting lag）和掌握滞后（mastery lag）两个阶段，反应滞后的初期为需求滞后（demand lag）（图3-6）。反应滞后是指技术创新国开始生产新产品到其他国家模仿其技术开始生产新产品的时间；掌握滞后是其他国家开始生产新产品到新产品进口为零的时间。需求滞后是指技术创新国开始生产新产品到开始出口新产品之间的时间间隔。反应滞后阶段的长短主要取决于企业家的决策意识和规模效益、关税、运输成本、国外市场容量及居民收入水平高低等因素。掌握滞后阶段的长短主要取决于技术模仿国吸收新技术能力的大小，吸收新技术能力强的掌握滞后阶段较短。需求滞后阶段的长短则取决于两国的收入水平和市场容量的差距，差距越小，时间越短。

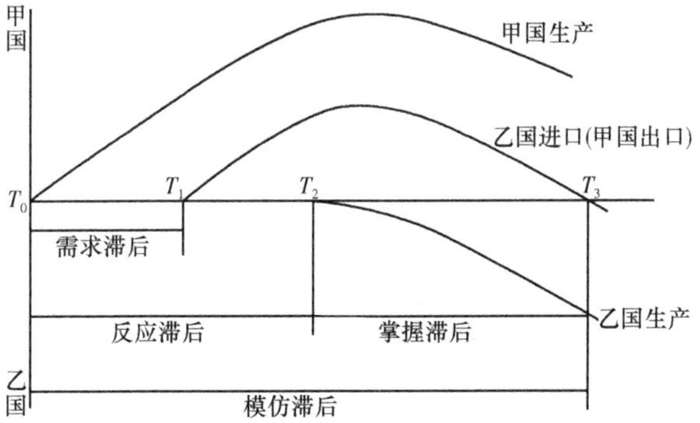

图3-6　技术差距论

技术创新论从技术创新出发,论述了产品贸易优势在创新国和模仿国之间的动态转移,解释了贸易差距消失的原因,为产品生命周期理论奠定了基础。

三、产品生命周期理论

美国经济学家雷蒙德·弗农(Raymond Vemon)于1966年在《生命中的国际投资和国际贸易》一文中提出了产品生命周期理论(product life cycle theory),对工业制成品的国际贸易的流向进行了有效的解释,试图使国际贸易理论与实际相一致。

产品生命周期理论限于分析工业产品,它有4项假设:信息在国内国际的传播需要花一定费用;各国消费结构是收入水平的函数;生产函数是随时间变化的;允许贸易壁垒和运费存在。弗农认为,产品是有生命的,从新产品出现到被替代和完全取代是一个生命周期。他以美国为例,把产品生命周期划分为三个阶段。

1. 创新时期

由于信息不能自由跨越国界,发明或加工过程的改进首先会在需求最旺的地方发生,美国的人均收入是西欧的2倍,所以,新产品的研制首先在美国进行,新产品的生产也会最先在美国进行。这是由于在创新时期,产品尚未定型,常常修改设计,调整要素投入,变动产品规格等,需要投入较多的技术劳动力,宜于在发明地进行生产。产品在美国投产后,人均收入水平接近美国的西欧、加拿大会较早地产生对新产品的需要,新产品开始由美国出口到这些国家。

2. 成熟时期

这一时期,产品逐渐定型,对调整投入的关注下降,不确定因素减少,对成本的考虑加强,产品技术密集程度降低,开始产生规模经济。于是,新产品的产地开始发生第一次变化:只要美国的生产成本、运费和关税之和大于在欧洲的生产成本,欧洲就会开设厂家生产。随着欧洲工厂的建立,美国向西欧出口逐渐减少。其他国家先是从美国,以后从西欧工厂获得成熟产品。

3. 标准产品时期

这个时期的产品完全定型,只有价格竞争,因而成本成为生产地选择的主要原因。由于标准品贸易的扩大,发展中国家开始具备这种产品的生产条件,美国也可以通过投资建厂来利用发展中国家低廉的劳动力。于是产品贸易发生逆向变化:发展中国家成为出口者,最初发明国成为进口者,直到该产品被更新的发明完全取代。

根据产品的生命周期理论,国际贸易将呈现出如图3-7的阶段式模式。

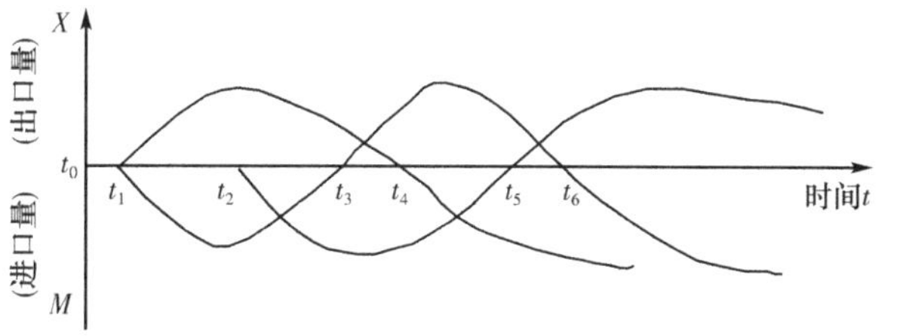

图3-7　产品生命周期和技术差距

图3-7中,t_0至t_1阶段为新产品阶段。在这一阶段,创新国(如美国)主要针对本国需求进行生产,基本上没有出口。从t_1开始,美国将一部分新产品出口到收入水平和消费偏好相似的其他发达国家,如加拿大、欧洲和日本。过了一段时间,逐渐成熟的技术随着产品的出口而转移出去。在潜在的强劲需求刺激下,这些国家的厂商开始模仿或引进技术发展自己生产该产品的能力。由于它们无需支付关税和国际运输费用,也不需花费大量的研究开发费用,美国的技术优势受到侵蚀,它们能够在本国市场上与美国进口产品竞争,然后也开始向世界其他国家(主要是发展中国家)出口,至t_3,这些国家已经成为净出口国。与此同时,随着产品由成熟走向标准化,研究与开发的优势日益为成本与价格的优势所取代,美国的相对优势逐渐消失,至t_4成为该产品的进口国。从t_2开始,美国和其他发达国家纷纷开拓发展中国家市场,强劲的市场需求也刺激发展中国家的厂商模仿或引进国外先进技术进行该产品生产。在t_5,该产品及其生产技术已进入完全标准化阶段,非熟练劳动力成本高低成为产品价格竞争的重要因素,于是该产品的生产地点逐渐全部转移到工资率较低的发展中国家,并使之成为该产品的净出口国。至t_6,美国和其他发达国家都将成为该产品的净进口国。至此,对贸易而言,产品生命周期进入了它的最后阶段。

新产品的国际贸易模式之所以发生上述的有规律的变化,是因为不同类型的国家在产品生命周期的各个阶段的比较优势不同,而比较优势不同又和产品生命周期不同阶段产品的要素密集度相联系。该理论运用了比较成本理论的动态分析方法,扩展了俄林的要素禀赋理论,考察了随着产品生命周期的变化,比较利益如何从一种类型的国家转向另一种类型的国家,较传统国际贸易理论又前进了一步。

四、公司内贸易和内部化理论

第二次世界大战后国际贸易格局发生了根本性

变化,这主要表现在以下两个方面:一是发达国家之间相互贸易比重迅速上升,其中产业内贸易越来越成为主要的贸易形式;二是公司内贸易迅速发展,跨国公司已成为国际贸易和世界经济舞台上的重要角色。

公司内贸易属于国际贸易,因为在跨国公司内贸易中,商品的运动超出了国界,贸易的结果对各子公司所在国的国际收支均产生影响,但是,公司内贸易与一般意义上的国际贸易又有很大区别:公司内贸易的双方处于同一所有权控制之下,进行交换的市场是跨国公司的内部市场,价格是跨国公司的调拨价格。从交易内容来看,公司内贸易的商品大多为具有特殊意义的中间产品,这反映了同一生产部门内专业化分工的深化。

内部化理论对跨国公司的内部贸易进行了理论解释。内部化理论以科斯的交易费用理论为基础,由英国经济学家巴克利(P.J.Buckley)和卡森(M.C.Casson)于 1976 年提出并加以系统阐述的。该理论认为,跨国公司之所以要进行国际直接投资,建立海外生产经营实体,并在此基础上开展公司内贸易,主要是由于市场的不完全性。市场的不完全性表现在:政府对贸易的干预和限制,跨国公司拥有的知识资本和技术缺乏合理的定价机理,市场信息的不完全导致的市场联系的时滞,以及中间产品供应的不稳定等方面。这样,在公司外部市场上进行的贸易会导致许多附加的成本,如寻找合适价格的成本,讨价还价的签约成本,与接受合同有关的风险成本,以及由对方违约造成的损失成本等。跨国公司进行公司内贸易,正是为了试图绕过成本过高的外部市场而让交易在公司内部进行,这就是所谓的“内部化”,即变外部市场上的买卖关系为公司内部的供需关系。跨国公司实行市场的内部化在一定程度上克服了市场的不完全性和交易成本过高的消极影响,这是跨国公司进行公司内贸易的基本动机。当然,内部化过程也会带来某些成本,如管理协调成本加大等。不过,在适当的范围内利将大于弊。

本章小结

亚当·斯密的绝对成本理论认为国际贸易的原因和基础是各国间存在的劳动生产率和生产成本的绝对差异,按照绝对成本的原则进行分工贸易国就可以获得绝对利益,第一次论述了贸易的互利性原理。大卫·李嘉图进一步发展了绝对成本理论,认为贸易的基础是生产成本的相对差别以及由此产生的相对成本的不同,论述了贸易利益是普遍存在的,即发展程度不同的国家都可以通过参与分工和贸易获得贸易利益。H-O 理论指出生产要素禀赋比率的不同是产生国际贸易的最重要的基础。一个国家应出口在生产上大量使用该国比较充裕的生产要素的商品,而进口在生产上大量使用该国比较稀缺的生产要素的商品。为了验证 H-O 理论,里昂惕夫测定了 1947 年美国的出口商品和进口商品的要素密集度,却得出了与 H-O 理论相反的结论。一些经济学家开始寻找解决这一矛盾的方法,认为存在关税和其他贸易壁垒、自然资源的差异、技能和人力资本等的差异是造成里昂惕夫之谜的原因。在当代国际贸易理论中有代表性的包括:技术差距论、产品生命周期理论以及解释产业内贸易和公司内贸易的理论,如偏好相似理论、规模报酬递增理论和内部化理论,这些理论丰富和完善了传统国际贸易理论。

本章思考题

1. 简述绝对成本理论。
2. 简述比较成本理论。
3. 简述要素禀赋论。
4. 什么是里昂惕夫之谜?分析“谜”产生的原因。
5. 什么是规模经济?经济规模与产品差异性有什么关系?分析我国制药业与发达国家相比竞争力较差的原因。
6. 综述第二次世界大战后国际贸易理论的发展。

案例分析

分工被大多数经济学家视为经济效率的源泉。在著名的斯密定理里,现代经济学之父亚当·斯密指出,分工可以提高劳动生产率;分工可以从一国之内扩展到一国之外,使得各国能够充分发挥本国的比较优势,获得贸易利益。然而,国际分工格局给我们的究竟是双赢的局面还是设置了陷阱?

在美国市场,中国出口玩具“芭比娃娃”的零售价为 9.99 美元,它在美国海关的进口价仅为 2 美元,两者相差的 8 美元作为“智力附加值”被美方拿走。在剩下的 2 美元中,1 美元是运输和管理费,65 美分为支付原材料进口的成本,中方只得到区区 35 美分的加工费。由此可见,包括中国在内的发展中国家在国际分工链条中处于明显的劣势和低端,而发达国家则成为最大的赢家。事实上,国际分工的收益在发达国家和发展中国家之间的分配是严重不对称的。发达国家拥有先进的技术、充足的资金和高素质的技术管理人员;而发展中国家只有大量闲置的低素质、低技能的劳动力。发展中国家能够从事的生产经营活动,发达国家都能够从事。发达国家的跨国公司在全球范围内投资是为了扩大市场以获得更多的利润,但这不意味着发达国家不能够在国内生产。发达国家完全可以不与某个发展中国家交易，但发展中国家要实现本国经济发展却不能不与发达国家交往。

对于发展中国家来说，他们与发达国家虽然都可能从全球化的产业链条中获得收益，但是它们获得的收益数量却大不相同。国际分工收益的绝大部分由发达国家获得，发展中国家只能获得其中的一小部分。为了这一小部分收益，发展中国家还会进行激烈的争夺。他们竞相开出各种优惠条件，如税收优惠，允诺最大限度地开放国内市场，承诺遵守发达国家制定的严厉的经济规则，甚至做出政治上的让步。

在经济学中，选择往往不是在“好”与“坏”之间，而是在“坏”与“更坏”之间做选择。发展中国家做出的选择不是“两利相权取其重”，而是“两害相权取其轻”。一国经济在世界上的地位，在一定程度上取决于该国在全球分工链条中的位置，取决于其产品中所含智力附加值的高低。智力附加值，主要体现为研发、设计、融资、管理、营销、服务等方面的价值。在整个国际分工链条中，发达国家凭借资本、科技、人才、营销和消费方式上的优势或先机，占据了高附加值、高技术含量的产品和服务市场，而大多数发展中国家则处于国际分工链条的末端，成为全球市场上劳动密集型、低附加值、低技术含量的产品与服务的提供者。

随着信息和通信技术的迅猛进步，不同国家或经济体之间，在获得接入信息和通信技术的机会与利用因特网进行各种业务活动方面，出现了明显的“数字鸿沟”。这类现象一旦被固定化和普遍化，那么，发展中国家的产业结构就有可能永远地被锁定在国际分工链条的末端，进而掉入“国际分工陷阱”。

在这种情况下，发展中国家面临两难抉择。一方面，加入到全球资本主义体系中，被迫或自愿地接受发达国家制定的于己不利的规则，必将不可避免地付出惨痛的代价。另一方面，如果拒绝接受现行的国际经济规则似乎没有其他出路。即使闭门造车成为可能，其结果往往也是事倍功半。因为各国的比较优势必须在国际分工中才能得以实现。发展中国家要跳出“国际分工陷阱”，可能需要做出痛苦的抉择，“两害相权取其轻”。

（资料来源：管清友，程陈.发展中国家深陷国际分工陷阱.中国经营报，2004 年 6 月 11 日.）

案例讨论题

1. 比较成本理论是如何论述贸易利益的？
2. 结合我国医药产业的实际，分析发展中国家片面强调比较优势的困境。
3. 你认为发展中国家要跳出“国际分工陷阱”应采取什么样的对策。

资源链接

1. http://www.gjmy.com/list.asp? articleid=862&classid=7
2. http://www.gjmy.com/list.asp? articleid=243
3. http://www.jjxj.com.cn/news_detail.jsp? keyno=2721
4. http://www.iwep.org.cn/chinese/mingzhu/jjx/013.html
5. http://gaoleyong.vip.sina.com/economist/teach/tong2.html
6. http://book.ayinfo.ha.cn/jjyj/bb/blg/jjff/MethofEcoch11.html
7. http://www.obv.cn/jycc/lunwen/list/1804.htm

第四章　医药国际贸易产品及质量管理

学习目标

通过本章的学习，了解医药国际贸易中产品的类型及质量特征，明确医药产品质量管理在医药国际贸易中的重要性，掌握我国药品质量管理的依据以及我国进出口质量管理的相关规定，熟悉发达国家(美国、日本、欧盟诸国)对药品实施质量管理的相关法律法规及质量标准。

引导实例

假劣药引发药企信任危机

2006年5月，我国食品药品监督管理局(SFDA)发出紧急通知，要求在全国范围内查封、扣压齐齐哈尔第二制药有限公司生产的全部药品。原因是65位患者使用了该公司生产的“亮菌甲素注射液”，出现了严重的不良反应(导致肾功能衰竭)，并导致13人死亡，成为震惊全国的“齐二药事件”。由于该药品在生产时使用了存在严重质量问题的丙二醇作为药用辅料，并在多个生产环节上存在明显的漏洞，而令这种“毒”药流通于市。8月3日，卫生部又叫停了由安徽华源生物药业有限公司(简称“安徽华源”)生产的克林霉素磷酸酯葡萄糖注射液(又称“欣弗”)，而这与造成多人死亡的“齐二药事件”仅仅相隔三个月。

自卫生部连夜发布紧急停用“欣弗”的通知始，截止到8月15日，有关“欣弗”的不良反应事件已经涉及全国15个省，造成10多人死亡。令人困惑的是，无论是亮菌甲素注射液还是欣弗，都并非由生产假冒药品的小作坊生产，而是由通过国家GMP认证的大型正规企业生产；销售的也并非偷偷摸摸上市的“三无”产品，而是通过合法渠道光明正大流通的“国药准字”号药品。

我国所有药品制剂和原料药自2004年7月1日起，均实现了在药品GMP条件下生产。但一些药品生产企业在通过药品GMP认证后便将其束之高阁，并未严格按照药品GMP认证标准进行生产，而只是把通过药品GMP认证作为进入该行业的一道门槛。结果导致药品质量下降，个别企业甚至生产假劣药品，危害人民群众的身体健康和生命安全。生产不合格的药品，在危害人民群众的身体健康的同时，对相关企业也可能造成毁灭性的打击。齐二药也好，安徽华源也罢，都因假劣药事件受到了沉重打击。安徽华源总经理更因“欣弗”事件自杀身亡。这两次恶性事件足以令我国制药行业警钟长鸣，如果不严格按照GMP标准组织生产，确保药品质量，到头来只能害人害己。

(资料来源：2006医药行业10大事件.中国医院院长，2007年第Z1期)

第一节　医药国际贸易产品概述

医药产品是防病治病、医疗保健、抗灾防疫、提高人们健康水平和生活质量的特殊商品，在增进人类健康、促进经济发展和社会进步方面，发挥着十分重要的作用。医药国际贸易产品即世界各国或地区之间相互交换的医药产品。

一、相关概念

1. 医药产品

医药产品是由“医”、“药”和“产品”三个词构成的。其中，“医”有医药、医学、医治之意，“药”是指防治疾病的物品或有化学作用的物质，“医药”即指医疗用品或医疗药品；“产品”在本章中与“商品”同义，是指为交换而产生的劳动产品，具有价值和使用价值二重性。因此，我们这里讨论的医药产品也就是“医药商品”，是指作为医药用品的商品，它包括药品、医疗器械、制药机械及医用材料等产品。其中，药品是医药产品的主要组成部分，在医药商业中占有非常重要的地位。鉴于药品在医药产品中的重要性，本章仅研究和讨论狭义的医药产品，即药品。

2. 药品

凡能防治疾病、诊断疾病、计划生育的物质都可被称为药物，这些物质可来源于植物、动物、矿物或人工合成品，广义的药物还包括与人们日常生活密切相关的多种食物，如米、面、糖、茶等。药品一般是指由各国政府药政管理部门认可的商品药物,它们具有法定意义,而且使用上更科学、更严谨、更安全。

《中华人民共和国药品管理法》(以下简称《药品管理法》)对药品的含义做了法定的解释:“药品是指用于预防、治疗、诊断人的疾病及有目的地调节人体的生理机能并规定有适应证、用法和用量的物质,包括中药材、中药饮片、中成药、化学原料药及其制剂、抗生素、生化药品、放射性药品、血清疫苗、血液制品和诊断药品等”。药品定义中主要包含两层含义:其一,药品专指用于预防、治疗、诊断人的疾病,而不是植物和动物的疾病,因此不包括农药和兽药;其二,药品是规定有适应证或者功能主治、用法和用量的物质,并且其作用是有目的地调节人的生理功能,这就与保健品和化妆品区分开来。

二、药品的类型

药品的分类方法很多,可以从剂型、使用目的、原料来源、临床用途等多方面进行划分。现从我国药品管理的角度,介绍一些与药品管理有关的药品类型。

(一) 现代药与传统药

1. 现代药

现代药(modern drugs)一般是指通过化学合成、生物发酵、分离提取以及生物或者基因工程等现代科学技术手段获得的药品。它是19世纪以来由近、现代医学推动现代药学发展起来的,包括化学原料药及其制剂、抗生素、牛化药品、放射性药品、血清、疫苗、血液制品等物质。

随着现代科技成果日新月异,现代药不断取得令人瞩目的进步和发展。1935年磺胺药的问世和1941年青霉素用于临床,以两者为代表的现代药,在治疗和预防疾病方面产生了划时代的作用,开创了现代药的新纪元。20世纪后半期,新的化学合成药物、抗生素、生化药物以及生物工程和基因工程在内的高科技手段制成的新药不断问世,在治疗和预防人的疾病、增强人的健康方面发挥着非常关键和重要的作用。

2. 传统药

传统药(traditional drugs)一般是指历史上各国、各民族传统医学或民间医学使用而流传下来的药物,主要是来自天然的植物药、动物药和矿物药,又称天然药物。例如,日本的汉方药、韩国的韩医药等。我国的传统药历史上称为“本草”,近代称为中药(Chinese materia medica)。中药一般包括中药材、中药饮片、中成药等三大类,广义的中药还包括我国的民族药(如蒙药、藏药等)和民间习用药等。我国中药历史悠久,疗效确切,沿袭至今,长盛不衰,对中华民族的繁衍昌盛,起到了重大作用,至今仍在我国人民的医疗保健中占有重要的地位。

(二) 处方药与非处方药

1. 处方药

处方药(prescription drugs)是指必须凭执业医师或执业助理医师处方才可调配、购买和使用的药品。现在各国多以“R”(拉丁文recipe“请取”的缩写)表示处方药,在处方的左上角常写有“R”或“RX”,表示医生需取用此药。

处方药根据零售、使用上的限制不同,可分为以下三类:其一,患者不可自行用药,必须由医师使用或在医院由医师监控使用,且社会药店不可零售的处方药,如一类精神药品、麻醉药品、放射性药品等。其二,患者不可自行用药,必须由医师、医疗技术人员使用,社会药店可零售的处方药,如注射给药的处方药。注射给药的处方药由于使用过程中涉及诸如无菌设施,及输液配制、输液速度、输液反应等问题,故此类药不能随便购买和使用。其三,患者可按处方或医嘱自行用药,社会药店可零售的处方药,如口服抗生素。

2. 非处方药

非处方药(nonprescription drugs)是指不需要凭执业医师或执业助理医师处方即可自行判断、购买及使用的药品。国外常用的术语有:over thc counter drugs(柜台销售药)、home remedies(家庭用药)、proprietary nonprescription drugs(商品名非处方药),日本常称作“一般用医药品”或“大众药”,也有称《一般药》的。其中over the counter drugs,简称OTC,已成为国际上通用的非处方药简称。非处方药无需医师处方,消费者可根据对疾病的自我认识来合理选择药品,直接从药房或药店等处购买,并按照药品说明书、标签使用。

目前我国OTC按照中成药和化学药品两类进行分类。中成药参考《中医病证诊断疗效标准》划分为7个治疗科,化学药品参照《国家基本药物目录》划分23类。此外,为了方便群众用药,根据药品的安全性,非处方药可分为甲、乙两类。其中乙类药品安全性更高,除可在药店出售外,还可在超市、宾馆、百货商店等处销售。

处方药和非处方药不是药品本质的属性,而是管理上的界定。无论是处方药,还是非处方药都是经过国家药品监督管理部门(简称药监部门)批准的,其安全性和有效性是有保障的。其中非处方药主要是用于治疗消费者容易自我诊断、自我治疗的各种常见轻微疾病。

(三) 新药、仿制药品与进口药品

在我国,即将上市销售的药品(新药、仿制药以及进口药品)必须依照法定程序向国家食品药品监督管理局(State Food and Drug Administration, SFDA)提出药品注册申请,由 SFDA 对药品的安全性、有效性、质量可控性等进行审查,并决定是否同意其申请。

1. 新药

为了对新药进行管理,许多国家都对其含义和范畴做出明确的法律规定。虽然各国表述不尽相同,但具有共同点,即国家药典未予收载的以及未被国家药品管理部门批准使用的品种。概括地讲,对“新药”的界定大致分两种类型:一是从未在该国批准生产的药品;二是未被批准在本国上市的药品。

根据我国《药品管理法实施条例》对“新药”的定义,新药(new drugs)是指未曾在中国境内上市销售的药品。《药品注册管理办法》进一步明确规定:已上市药品改变剂型、改变给药途径或制成新的复方制剂,按新药管理。目前我国将新药分成中药及天然药物、化学药品、生物制品三大部分。

2. 仿制药品

在我国,仿制药品(generic drugs)是指仿制国家已批准上市、收载于国家药品标准的品种。《药品注册管理办法》将“仿制药申请”定义为“生产国家食品药品监督管理局已批准上市的已有国家标准的药品的注册申请;但是生物制品按照新药申请的程序申报”,并提高了对仿制药的技术要求,要求“仿制药应当与被仿制药具有同样的活性成分、给药途径、剂型、规格和相同的治疗作用”。

3. 进口药品

进口药品(imported drugs)是指由境外生产并在中国境内上市销售的药品。根据《药品注册管理办法》中的定义:“进口药品申请,是指境外生产的药品在中国境内上市销售的注册申请”。境外申请人申请进口药品注册按照进口药品申请的程序和要求办理,而境内申请人申请药品注册按照新药申请、仿制药申请的程序和要求办理。

(四) 特殊管理及严格管理的药品

1. 特殊管理的药品

我国《药品管理法》明确规定:“国家对麻醉药品、精神药品、医疗用毒性药品、放射性药品,实行特殊管理,管理办法由国务院制定。”

麻醉药品是指连续使用后易产生身体依赖性,能成瘾癖的药品。包括阿片类、可卡因类、大麻类、人工合成麻醉药类及国家药品主管部门指定的其他易成瘾癖的药品、药用植物及其制剂。滥用麻醉药品的问题已在多数国家泛滥成灾,成为一种世界范围的公害,引起了世界各国的关注。精神药品是指直接作用于中枢神经系统,能使之兴奋或抑制,连续使用能产生精神依赖性的药品。精神药品可使人产生精神依赖性,有一种连续使用某种药物,追求服药带来的舒适感的要求,形成所谓的“药瘾”。长期使用精神药品,既会导致慢性中毒,损害人体健康,也会导致部分服药者人格改变,对社会、家庭责任感消失,产生一系列家庭及社会问题。毒性药品是指毒性剧烈,治疗量与最小中毒剂量非常接近,使用不当会致人中毒或死亡的药品。特殊管理的毒性药品分为中、西药品两大类,其中,西药品种是指原料药,中药品种是指中药材及饮片,如砒石、生马前子、生川乌、蟾酥、洋金花等。放射性药品是指用于临床诊断或者治疗的放射性核素制剂或者其标记物,包括裂变制品、堆照制品、加速器制品、放射性同位素发生器及其配套药盒、放射免疫分析药盒等。

国务院制定了上述四个特殊药品各自单行的管理办法:《麻醉药品管理办法》(1987 年 11 月)、《精神药品管理办法》(1988 年 12 月)、《医疗用毒性药品管理办法》(1988 年 12 月)和《放射性药品管理办法》(1989 年 2 月)。从其定义、品种范围、研制、生产、经营、使用运输、保管储藏等各方面制定了具体的特殊管理的要求,以保障人们使用此类药品时的安全、有效。

2. 严格管理的药品

根据《药品管理法》和全国人大常委会《关于禁毒的决定》,国务院药监部门制定了《戒毒药品管理办法》,并于 1999 年 8 月 1 日起执行。该办法明确:“国家严格管理戒毒药品的研究、生产、供应和使用”。戒毒药品是指控制并消除滥用阿片类药物成瘾者的急剧戒断症状与体征的戒毒治疗品和能减轻消除稽延性症状的戒毒治疗辅助药品。

(五) 强制检验的药品

《药品管理法》第 41 条规定:“国务院药品监督管理部门对下列药品在销售前或者进口时,指定药品检验机构进行检验;检验不合格的,不得销售或进口。”执行强制性检验的药品包括如下。

1. 国务院药监部门规定的生物制品

由于各种生物制品的制备工艺、应用目的、对象、

途径的不同，对人类健康安全潜在的影响不同，因而对其管理的严格程度也因不同制品而有所差别。国际上对用于健康人群防病的疫苗、有传播血源性疾病（艾滋病、肝炎等）危险的血液制品以及血源性疾病检查用的诊断试剂实行上市前检查制度。目前，我国已经开始对部分血液制品、体外诊断试剂实行强制性批批检验，由国务院药监部门根据实际情况适时公布强制性检验的药品类别、品种。通过对生物制品从申报新药到生产过程的监督检查，确认其没有危险性才允许其上市，以保障人民用药安全。

2. 首次在中国销售的药品

“首次在中国销售的药品”是指从未在中国上市的新药和进口药品，包括国内药品检验和进口药品检验两方面，其中国内药品检验是在药品上市销售前进行的，检验不合格，不得上市销售，而进口药品检验是进口药品在办理进口手续（即尚未取得《进口药品通关单》）时进行的。如果检验不合格，该批药品不得进口。这与进口药品取得《进口药品通关单》后上市时接受的抽查检验有所不同，取得通关单后的检验不影响该批药品的上市，对检验不合格的药品可以采取查封扣押、销毁等处理措施。

3. 国务院规定的其他药品

这一规定是为了适应今后药品监督管理工作的需要，对企业经营权设置的一种限制。

三、药品的特殊性

药品是社会发展和人类预防、诊治疾病不可缺少的重要物质资源。药品作为商品在市场上流通，具有商品的一般属性。但同时药品又是极为特殊的商品，人们不能完全按照商品的经济规律来对待药品。药品的特殊性表现在以下几个方面。

1. 药品的专属性

药品的专属性表现为对症治疗，即患什么病用什么药。药品不像一般商品，彼此之间可以互相替代，同时也不存在包治百病的良药。药品的标签和说明书都明确标明适应证或功能主治，以便医生或患者根据病情，合理选择药品。

2. 药品的两重性

药品的两重性是指药品有防病治病的一面，也具有不良反应的另一面。如果药品管理有方，用之得当，可以治病救人，造福人类；若失之管理，使用不当，则可致病，危害人民健康，甚至危及生命。

3. 药品质量的重要性

药品质量直接关系到人们的生命健康。只有符合法定质量标准的合格药品才能保证疗效。否则，疗效不能保证。因此，药品只能是合格品，不能像其他商品一样可分为一级品、二级品、等外品和次品。药品的真伪必须由专业人员依照法定的药品标准和测试方法进行鉴别。一般说来，患者不具备鉴定药品的能力。因此，国家对药品的质量应该实行严格的监管，确保药品疗效、保证人民的用药安全。

4. 药品的限时性

人们只有防病治病时才需用药，但药品生产、经营部门平时就应有适当储备。只能药等病，不能病等药。有些药品虽然需用量少、有效期短，宁可到期报废，也要有所储备；有些药品即使无利可图，也必须保证生产和供应。

第二节　医药国际贸易产品的质量管理

药品质量的优劣不仅关系到药品的使用价值和价格的高低，影响产品的销路和信誉，而且直接关系到消费者用药的安全与有效。若一国药品标准低下、药品质量管理不力、假劣药充斥市场，轻则药品丧失国际竞争力，企业利益受损，重则延误疾病，引致药害事故，给社会带来难以估量的损失。

一、药品的质量

（一）药品质量的定义

1. 药品质量

质量（quality），也称品质，是产品内在素质和外在形态的综合表现，具有能够满足规定要求或需要的特征，包括适用性、安全性、可用性、可靠性和经济性等方面。

药品质量是指药品内在素质和外在形态两者综合表现出的、能满足规定标准要求与医疗、病患需要的特征总和。其中，内在素质是指药品的物理性能（气味、滋味）、化学成分和生物活性等自然属性；外在形态是指药品的外观形态、颜色、光泽、透明度等外在因素。广义的药品质量还包括药品的工作质量。

2. 药品工作质量

药品工作质量是指药事单位（如药品生产经营企业、医院药房）的经营管理工作、技术工作、组织工作等为达到和提高药品质量的保证程度。药品工作质量的好坏最终对药品质量产生直接或间接影响。其实，药品质量和药品工作质量是两个既有联系又有区别的概念。药品质量是药事单位各项工作的综合反映，药品质量的好坏取决于工作质量水平的高低；工作质量是药品质量的基础和保证。

要保证药品质量，就必须保证研制、生产、经营和使用全过程的质量。从这个角度来看，药品质量可以从它的研制质量、生产质量、销售质量、使用质量等方面来考核。这几个方面的质量，应该完全统一、前后一致，但由于技术上、管理上的种种原因，经常会发生矛盾。如研制的新药质量符合了要求，而生产出的药品质量未达到该新药质量标准，检验质量又难以真正反映出生产质量，或销售没有保持药品质量，或使用不合理，而最终影响使用质量。因此，为了保证药品质量就必须在研制、生产、销售、使用质量上努力，统一地贯彻和达到药品质量特征的要求。

（二）药品的质量特征

药品质量的高低主要是由药品本身性质决定的，这些性质即药品的质量特征，主要包括有效性、安全性、稳定性、均一性和经济性等五个方面。其中，有效性和安全性是药品质量的集中表现，是药品的基本特征，也是世界各国药品监督管理的核心。

1. 有效性

有效性是指在规定的适应证、用法和用量条件下，能满足预防、治疗、诊断人的疾病，有目的地调节人的生理机能的要求。药品有效程度的表示方法，在国外采用"完全缓解"、"部分缓解"、"稳定"等来区别，国内则采用"痊愈"、"显效"、"有效"来区别。药品的有效性是发挥治疗效果的必要条件，若某药品对防治疾病无效，则丧失了作为药品的根本条件，不能成为药品。

2. 安全性

安全性是指药品在按规定的适应证、用法和用量使用的情况下，对服药者生命安全的影响程度。大多数药品均有不同程度的不良反应。药品只有在有效性大于不良反应的情况下才能使用，如果说有效性是用药的依据，那么安全性则是用药的前提。假如某药品对防治、诊断疾病有效，但对人体有致癌、致畸、致突变的严重损害，甚至致人死亡，则不能作为药品。

3. 稳定性

稳定性是药品的重要特征，它是指药品在规定的条件下保持其有效性和安全性的能力。规定的条件包括药品的有效期限以及药品生产、储存、运输和使用的要求。假如某药品不稳定，极易变质，虽然具有防治、诊断疾病的有效性和安全性，但也不能作为商品药。如青霉素钾由于在胃中遇酸易被破坏，在水溶液中稳定性差，所以其口服液制剂显然不能成为商品药进入流通，而应该采用青霉素钾注射用粉末，用于注射给药，才能确保稳定和有效。

4. 均一性

均一性是指药品的每一单位产品（制剂的单位产品，如一片药、一支注射剂等；原料药的单位产品，如一箱药、一袋药等）都符合有效性、安全性的规定要求。由于人们用药剂量一般与药品的单位产品有密切关系，特别是有效成分在单位产品中含量很少的药品，若不均一，则可能因用量过小而无效，或因用量过大而中毒甚至致死。因此，均一性是药品的重要特征。

5. 经济性

药品的经济性是指获得单位用药效果（或效益）所投入的成本应尽可能低。并非单纯的低价格、用药量少就是具有经济性，而应该考虑药品的产出与投入两方面，来综合衡量药品的经济性。药品的经济性是消费者合理用药、社会有效配置药物资源的重要依据。

药品的这些质量特征寓于每种药品之中，形成了各种药品的质量标准。药品质量是一个动态概念，随着社会经济、文化、科技的发展，人们对药品质量有不同的认识和要求，药品质量标准也不断修订，药品质量特征的范围也随之不断扩大。

二、药品的质量管理

药品质量管理是药品研制、生产、经营、使用企业和单位对确定或达到质量所必需的全部职能和活动的管理，其主要内容包括：提高药品质量的规划能力；建立、健全有关药品质量管理的各项制度、程序和检验机构；实行全面质量管理，做好药品质量管理的各项基础工作；围绕药品质量管理开展技术创新、科研和培训活动。这是医药企事业单位微观层面的质量管理。从宏观层面来看，药品质量管理还离不开政府及主管部门的监督，有赖于政府通过出台相关政策和法规对影响药品质量的产、销、用等各环节进行规范，有赖于医药主管部门对医药产品质量进行严格的监管，即对药品质量实施监督管理。

药品质量监督管理是指国家药品监督管理主管部门根据法律授予的权力以及法定的药品标准、法规、制度、政策，对本国研制、生产、经营、使用的药品质量（包括进出口药品质量），以及影响药品质量的工作质量进行的监督管理。药品质量监督管理是国家监督管理职能的体现，是国家通过对医药企事业单位药品质量管理的监督,保证和控制药品质量的强制性活动。质量监督管理有利于增进药品疗效,保障人民用药安全。

三、医药国际贸易中药品质量管理的重要作用

质量是产品的生命,加强药品质量管理,提升质量水平,是促进医药贸易发展的桥梁和阶梯。药品质量管理,不论是基于企业微观层面,还是政府宏观层面,是出口药品管理还是进口药品管理,对保证消费者的用药安全与有效、促进医药国际贸易的持续开展均具有极其重要的作用和意义。

(一)确保进出口国消费者用药的安全与有效

在进口贸易中,加强药品的质量管理是确保进口国国内消费者用药安全与有效的重要举措。目前世界各国均对药品进口采取了比其他产品更为严格的管理措施,建立了相应的进口药品管理制度,从严把守药品进口的质量关。这既为国内消费者用药提供了切实的安全保障,也尽可能地避免了因进口药品质量问题而引发的药害事故,防止假劣药流入本国。例如,1961 年联邦德国生产的药品——沙利度胺(Thalidomide,俗称“反应停”),先后导致欧洲、南美及亚洲等 30 多个国家大约 7000 名胎儿死亡,12 000 多名“海豹畸形儿”降生,给无数家庭带来了巨大灾难。当时一些药品管理制度比较严格的国家,如美国、法国、前捷克和民主德国等国,由于沙利度胺缺乏足够的临床实验数据而没有批准在本国销售,从而避免了这一药害事故在本国发生。

在出口贸易中,加强药品的质量管理能够确保产品质量达到合同要求,以优质药品满足国外进口商的需求,同时,也能够起到保障国外消费者用药安全、有效的重要作用。

(二)有利于增强出口国药品的国际竞争力

随着科技迅猛发展和药品种类日益繁多,国际医药市场已由卖方市场转变为买方市场,产品出口竞争日趋激烈,各国消费者对药品质量要求也越来越高。国际竞争的手段也由原来的数量扩张和价格竞争,越来越转向质量和标准的竞争。在这一背景下,提高出口商品的质量已成为对外竞争的重要手段。以质量求生存、以品种求发展已成为国际贸易中的一条客观规律。对于出口国而言,加强药品质量管理,提升自身药品质量标准,有利于拓宽产品销路,增强产品在国际市场上的竞争力。

(三)帮助出口国跨越医药国际贸易中的技术性壁垒

各国为了保证用药的安全有效,对药品质量制定了一系列法律法规和质量标准,并对进口药品质量提出了相应的要求。进口药品质量必须符合相应的规定和标准才准许进口。由于这些规定和标准是各国根据自身实际情况制定的,因此,各国的规定存在差异,标准也有所不同。尤其是发达国家,由于技术上的优势,其法令规定和质量标准往往高于发展中国家的质量要求,使发展中国家难以符合其要求,这便成为阻碍发展中国家药品出口的技术性壁垒。特别是在贸易摩擦不断加剧的当今社会,一些国家对药品质量标准妄加利用,使之成为贸易保护的一种手段。对于药品出口国而言,加强药品质量管理,提高药品质量,是打破质量壁垒、扩大出口的有效途径和方法。

(四)提高药品出口的经济效益

药品的质量是医药国际贸易中的主要交易条件,也是买卖双方进行贸易磋商的首要条件。质量的优劣直接影响药品的使用价值和价值的实现,尤其对于药品这一特殊商品,如果企业产品质量达不到进口国的特定要求,就无法进入该国市场,也就无法开展出口贸易,获取经济效益。药品质量是效益的根本保证,没有质量就没有效益可言。此外,质量的优劣是决定和影响药品价格的重要因素。根据按质论价的原则,质高价高,质次价低。只有安全性高、疗效好的高质量药品才适宜定高价,才能够为出口商和出口国创造高额利润,带来良好的经济效益。因此,药品质量是开拓市场、赢得市场、获取经济效益的重要支柱,而高质量的产品来源于高水平的质量管理。药品的出口应该以管理求质量、以质量求效益,坚持走质量效益型的发展道路。

(五)提升出口国药品在国际市场上的信誉

医药国际贸易中的药品质量,不仅直接关系到药品使用价值、销售价格以及贸易双方的经济利益,还关系到出口国产品在国际市场上的信誉,影响出口国的国家形象。产品信誉是企业产品具备的一种独特的竞争优势和巨大的无形资产,能为企业带来巨大的经济效益和永恒的生命力。国际市场上的产品信誉,在一定程度上还代表着出口国的国家形象,影响一国的国际声誉和国际竞争力。因此,加强质量管理,提高出口药品质量,是各国政府以及各医药企业的一项重要工作,对政府和企业来说至关重要。

第三节　我国药品的质量管理

一、我国药品质量管理的依据

我国对药品质量进行管理的依据，从现行情况看，有如下几个方面。

（一）管理立法

药品是受法律控制最严格的商品，世界各国政府都非常重视药品的管理立法，积极采用法律、法规的手段对药品的研制、生产、经营、使用、检验、进出口进行管理。药品管理立法是国家药监部门实施药品监督管理的依据，也是相关医药企事业单位、个人都必须严格遵守和认真执行的行为规范。从新中国成立到目前为止，我国在药品管理方面的立法已有法律1部、行政法规近10部、行政规章30余部、规范性文件200多项，加上地方性法规、规章，共同构成了我国药品监督管理的法律体系。药品管理立法使我国药品管理的各项工作以法律、法规的形式固定下来，药品监督管理工作有法可依，是我国药品管理工作从"缺乏规范"到"向国际规范靠拢"迈出的重要一步，对规范药品的生产、经营、使用，保证药品质量起到了关键性的作用。同时各项立法也在随着国际国内实际情况的变化不断地修订和完善，这对提升我国药品质量，增强我国药品的国际竞争力，促进我国药品管理工作与国际接轨发挥了重要作用。我国现行与药品质量管理有关的立法如表4-1所示。

表4-1　我国现行与药品质量管理有关的立法

立法名称	颁布机构	颁布日期	施行日期
中华人民共和国药品管理法	全国人大常委会	2001-02-28	2001-12-01
中华人民共和国药品管理法实施条例	国务院	2002-08-04	2002-09-15
药品进口管理办法	SFDA	2003-08-18	2004-01-01
进口药材管理办法（试行）	SFDA	2005-11-24	2006-02-01
药品注册管理办法	SFDA	2007-07-10	2007-10-01
药物非临床研究质量管理规范（GLP）	SFDA	2003-08-06	2003-09-01
药物临床试验质量管理规范（GCP）	SFDA	2003-08-06	2003-09-01
药品生产质量管理规范（1998年修订）（GMP）	原SDA*	1999-06-18	1999-08-01
药品经营质量管理规范（GSP）	原SDA	2000-04-13	2000-07-01
医疗机构制剂配制质量管理规范（试行）（GPP）	原SDA	2001-03-13	2001-03-13
中药材生产质量管理规范（试行）（GAP）	原SDA	2002-04-17	2002-06-01

* 原SDA即原国家食品监督管理局（2003年更名为SFDA）。

（资料来源：国家食品药品监督管理局网站 http://www.sda.gov.cn）

在我国药品质量管理立法体系中，《药品管理法》是新中国成立后我国颁布的管理药品的第一部法律，由全国人大常委会于1984年通过。我国其他的药品管理法规、规章或规范性文件都是以《药品管理法》为依据，根据其精神制定和颁布的。现行《药品管理法》是2001年新修订的版本，于2001年12月1日正式施行。《药品管理法》在打击制售假劣药品行为、保证我国药品质量、保障人民用药安全有效、促进我国与国际药品管理工作接轨等方面发挥了重要作用，使我国的药品监督管理工作有法可依。

（二）质量标准

药品质量标准是国家对药品的质量、规格和检验方法所做的技术规定，它是保证药品质量，以及进行药品生产、经营、使用、管理及监督检验的法定依据。我国药品质量标准在1998年原SDA组建之前，分为国家标准和地方标准。当时药品监督管理工作的主管部门是卫生部，国家标准主要由药典和部颁标准组成，地方标准仍然保留。1998年原SDA组建以来，决定把符合规定条件的地方标准上升为局颁标准，逐步取消地方标准。根据我国现行的《药品管理法》规定"药品必须符合国家药品标准"、"国务院药品监督部门颁布的《中华人民共和国药典》和药品标准为国家药品标准"。所以，我国现行药品质量标准就是国家药品标准，包括《中华人民共和国药典》（简称《中国药典》）（*Chinese Pharmacopoeia*, Ch.P）、SFDA颁布的《药品标准》（简称局颁标准），两者具有等同的法律效力。在我国只有符合国家药品标准的药品才是合格药品，才可以生产、销售和使用，国家药品标准是药品生产、供应、使用、检验和管理部门共同遵循的惟一法定依据。我国药品的生产一律以药典为准，未收入药典的药品以局颁标准为准。

1.《中国药典》

药典(pharmacopoeia)是一个国家记载药品标准、规格的法典,一般由国家卫生行政部门主持编纂、颁布实施,国际性药典则由公认的国际组织或有关国家协商编订。目前世界上大多数国家都有药典,如《英国药典》、《日本药局方》、《美国药典》等;世界卫生组织(WHO)编印了《国际药典》;区域性药典有《北欧药典》、《欧洲药典》等。药典在一定程度上反应了一个国家(或地区)药品生产、医疗及科技的发展水平,同时对保证用药安全有效、促进药品质量的提升有很大作用。

《中国药典》是由国家药典委员会负责编制和修订的,收载了我国临床使用疗效确切、质量稳定的药品。1949 年后,我国共编订 8 个版次(1953 年、1963 年、1977 年、1985 年、1990 年、1995 年、2000 年及 2005 年版)。新版药典常常淘汰一些过时药品,增加一些新品种,有时根据需要出版增补本,使每版药典内容和水平都有新的变化和提高。改革开放以来,我国药典更注重与国际药品标准接轨,药品质量控制指标更高,精密仪器应用更广泛。现行 2005 年版《中国药典》以美、日、英三国现行药典为参考,积极采用国际标准中的先进方法,注重新技术和新方法的应用,为我国药典的国际化奠定了坚实的基础。2005 年版《中国药典》共分为三部:一部收载中药,包括药材及饮片、植物油脂和提取物、成方制剂和单味制剂等,共 1146 个品种;二部主要收载化学药,包括化学药品、抗生素、生化药品、放射性药品以及药用辅料等,共 1967 个品种;新增加的药典三部收载生物制品,共 101 个品种,并首次将《中国生物制品规程》并入药典。此外,《中国药典》自 1988 年以来还编译有英文版。《中国药典》英文版在国际的影响逐步扩大,对我国中西药品出口发挥了重要的促进作用,尤其是其中的中药标准,现已成为欧美等发达国家的重要参考。

2. 局颁标准

随着科技的飞速发展,新药及其制剂不断涌现,国家药品监督部门为了促进药品生产、提高药品质量与保证人民用药安全有效,将药典收载品种以外的药品及其制剂标准修订增补,汇编成册并正式出版发行,作为对药典的有力补充,这一标准即为局颁标准。局颁标准也具药典性质,有法律约束力,可作为全国药品生产、供应、使用和检验部门检查和监督质量的依据。目前,我国局颁标准涵盖了原卫生部部颁标准、新药转正标准、地方标准上升为局颁标准等内容,有时也称为部局颁标准。

1998 年以前,原 SDA 尚未成立,由卫生部颁布的药品标准称为部颁标准,如《卫生部药品标准》中药成方制剂 1~20 册、《卫生部药品标准》化学药品及制剂第 1 册、《卫生部药品标准》新药转正标准 1~15 册等。1998 年以后,对于未列入《中国药典》,由原 SDA 或 SFDA 颁布的药品标准,称为局颁标准,如《卫生部药品标准》新药转正标准 16~45 册、《国家中成药标准汇编》中成药地方标准上升国家标准共 13 册、《国家药品标准》化学药品地方标准上升为国家标准 1~16 册等。

(三)管理制度

药品是防治疾病的重要武器,是一种特殊商品。各医药企事业单位均以国家颁布的药政管理法规和质量标准为依据,坚持“质量第一”的原则,在企业所涉及的药品产、销、用等环节建立一整套行之有效的质量管理制度,进行严格的自律性质量控制与管理,在各环节上把好药品质量关。例如,实施岗位质量责任制度、进货检查验收制度等。

除各医药企事业单位内部建立的质量管理制度外,国家政府及医药主管部门也设有监管药品质量的相关管理制度。例如,为保证药品安全有效和质量可控,规范药品注册行为的药品注册管理制度;核准药品生产经营者从业资格的许可证管理制度、GMP 和 GSP 认证制度;确保进口药品质量的进口药品监督检验制度;要求各企事业单位经常考察药品质量、疗效和反应的不良反应报告制度等。

二、药品质量的全过程管理

在药品研制、生产、经营、使用的全过程中,由于内外因素的影响,任何一个环节随时都有可能发生质量问题,从而影响药品的最终质量。因此,必须运用科学、合理的管理规范对与药品质量有关的各个环节实行全过程的质量控制,才能从根本上保证药品的安全性和有效性。我国药品质量的全过程管理及现行的质量管理规范如图 4-1 所示。

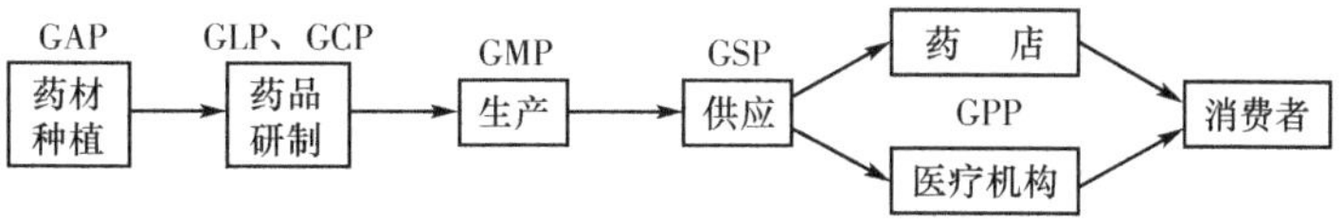

图 4-1 我国药品质量的全过程管理

(一)《中药材生产质量管理规范》

《中药材生产质量管理规范》的英文为 *Good Agricultural Practice*，简称 GAP。它是从保证中药材质量出发，控制影响药材生产质量的各种因素，规范药材各生产环节乃至全过程的一种基本准则和技术性规范，目的是保证药材"真实、优质、稳定、可控"。GAP 对药材生产的环境生态、种质与繁殖材料、栽培与饲养管理、采收与产地加工等各方面提出了基本要求，具有国家有关部门的强制执行性。

我国《中药材生产质量管理规范(试行)》于 2002 年经原 SDA 通过，并于 2002 年 6 月 1 日起施行。其内容有 10 章 57 条，包括从产前(如种子品质标准化)、产中(如生产技术管理各个环节标准化)到产后(如加工、储运等标准化)的全过程，都要遵循规范，从而形成一套完整而科学的管理体系。为了规范 GAP 的认证工作，保证 GAP 认证工作顺利进行，2003 年 SFDA 发布了《中药材生产质量管理规范认证管理办法(试行)》及《中药材 GAP 认证检查评定标准(试行)》的通知，自 2003 年 11 月 1 日起 SFDA 正式受理 GAP 认证申请，并组织认证试点工作。截至 2007 年底，国内已有 48 家中药材生产企业通过中药材 GAP 认证。GAP 是控制中药质量的主要源头，是生产安全有效、稳定可控的现代中药的有利保证，同时也是中药走向世界的重要前提。我国中药产品要想顺利进入国际市场，必须首先提高中药材质量，从药材的生产加工的源头——"栽培种植"环节开始抓起，切实地加强中药材的生产质量管理。

(二)《药品非临床研究质量管理规范》

《药品非临床研究质量管理规范》的英文为 *Good Laboratory Practice for Non-clinical Laboratory Studies*，简称 GLP。它是关于药品非临床研究中试验设计、操作、记录、报告、监督等一系列行为和实验室条件的规范。申请注册药品的非临床研究工作及研究机构必须遵循 GLP。实施 GLP 的目的是为了提高药物非临床研究的质量，保障人民用药安全。

美国是最早对药物的非临床安全性研究进行立法的国家，1976 年美国食品药品管理局(FDA)颁布了 GLP 法规草案。根据草案规定，由 FDA 负责对新药临床前安全性评价的实验机构进行 GLP 认证，新药的临床前安全性评价必须在经过 GLP 认证的实验机构进行，否则 FDA 对于申报新药的资料不予受理。美国 GLP 颁布后，引起了许多国家的高度重视。为了确保新药安全，增强本国新药在医药国际贸易中的竞争力，加强新药研发方面的国际合作，20 世纪 80 年代以来，日本、英国、法国、德国等 20 多个国家相继实施 GLP。尽管各国间 GLP 有些差异，但基本内容一致，从而使 GLP 逐渐成为国际上各国新药开发过程中非临床安全性研究共同遵守的管理规范。1990 年美、日、欧三方共同发起国际协调会议(International Conference on Harmonization, ICH)，对 GLP 的适用范围和药品非临床安全性研究的技术要求进行了协调，为国家间药品注册数据的互认奠定了基础，使 GLP 逐渐成为世界各国间相互承认新药的重要基础。

为确保新药的安全性，并与国际新药管理接轨，我国原国家科委于 1993 年制定并发布了《药品非临床研究质量管理规定(试行)》，对我国 GLP 的早期推广和普及起到了十分重要的推动作用。1999 年原 SDA 在原规定基础上制定了《药品非临床研究质量管理规范(试行)》。2003 年 SFDA 再次修订并颁布了《药物非临床研究质量管理规范》，该规范自 2003 年 9 月 1 日起正式实施。2003 年 8 月 SFDA 又印发了《药物非临床研究质量管理规范检查办法(试行)》，并正式开始对实施非临床研究的实验室进行 GLP 检查。截至 2007 年底，国内已有 28 个实验室通过了检查，获得了 GLP 认证。

信息柜

国际协调会议(ICH)简介

各国为了严格管理药品，对药品的研制、开发、生产、销售、进口等进行审批，形成了药品的注册制度。但是不同国家对药品注册要求各不相同，这不仅不利于保证病人用药的安全和有效，不利于国际技术和贸易交流，同时也造成制药工业和科研、生产部门人力、物力的浪费，不利于人类医药事业的发展。因此，1990 年由美国、日本、欧盟三方成员国发起"国际协调会议"(即 ICH)，ICH 英文全称为"The International Conference on Harmonization of Technical Requirements for Registration of Pharmaceuticals for Human Use"，中文为：人用药品注册技术要求国际协调会议，简称国际协调会议。ICH 是以三方成员国的药品管理当局与三方成员国的制药企业管理机构为主要成员。成立该组织的目的是：①通过国际协调使三方成员国间的人用药物注册技术要求取得一致；②对新药研发技术标准进行改进与革新，以期提高研究质量；③节约人力、动物、物资等资源，缩短研发周期，节约经费开支；④提高新药研发、注册、上市的效率，为控制疾病提供更多更好的新药。

目前，ICH 已逐渐被全球主要国家所接受，我国也把 ICH 文件作为注册的参考标准之一。ICH 协调的专题及制定的文件共分为质量、安全性、有效性和综合学科 4 个类别，分别用下列字母表示：Q(quality)、S(safety)、E(efficacy)和 M(multidisciplinary)。现已公布的 ICH 文件多达几十种，如 ICH-E6(即 ICH-GCP，是三方共同制定认可的药物临床试验质量管理规范，现已在美国、日本和欧盟公布实施)、ICH-Q7A(原料药的 GMP 标准)、ICH-Q9(质量风险管理)等。自 1990 年召开第一次会议之后，ICH 已经在很多方面达成一致并进入具体实施阶段，例如，注册文件的统一格式(CTD 格式)、原料药的 GMP 标准以及质量控制实验的具体指导原则等。

随着美国、日本和欧盟三方在药品注册程序和法规上的不断协调，今后有望出现一种三方共同认可的注册办法，产品只要获得一方注册批准后，在另外两方没有异议的情况下，就可以同时取得三方市场的准入许可。这无疑将为通过国际注册的优质产品提供巨大的商机。

(三)《药品临床试验质量管理规范》

《药品临床试验质量管理规范》的英文为 *Good Clinical Practice of Drugs*，简称 GCP。它是药物临床试验全过程的标准规定，包括方案设计、组织实施、监察、稽查、记录、分析总结和报告等。药品临床试验是指任何在人体(病人或健康志愿者)进行的药品系统性研究，以证实或揭示试验用药品的作用及不良反应等，目的是确定试验用药品的疗效与安全性。对药品临床试验过程进行管理和规范，有助于保证药物临床试验结果的真实可靠，保护受试者权益并保障其在试验中的安全，对确保新药质量起着无可替代的作用。GCP 是整个临床试验过程中必须严格执行的一项管理规范，是新药研发中所推行的一系列标准化管理规范之一，也是国际公认的临床试验标准。

20 世纪 60 年代的“反应停”事件后，各国政府开始重视对新药临床试验的法规管理。1964 年第 18 届世界医学大会(Word Medical Assemble，WMA)通过了对医生和医学研究的指导性建议“赫尔辛基宣言”，其中详细规定了涉及人体试验必须遵循的原则。这些原则构成了现今药品临床试验管理规范核心内容的基础，即必须把受试者或患者利益放在首位，对药品临床试验的全过程进行严格的质量控制，确保受试者或患者的权益受到保护。美国最先把该原则列入国家药品管理法规中，1981 年首先实施了临床研究者指导原则，后来经多次修改，逐渐形成了美国的 GCP。随后，其他国家如日本、澳大利亚、法国、加拿大、韩国等也纷纷制定和颁布 GCP。

为了确保药品安全有效，积极参与国际协作，提高我国新药的国际竞争力，我国卫生部根据我国国情并参照国际标准，于 1998 年颁布了我国的《药品临床试验管理规范(试行)》。1998 年原 SDA 成立后重新修订了《药品临床试验管理规范》，2003 年 SFDA 再次对其进行修订，并正式更名为《药品临床试验质量管理规范》，定于 2003 年 9 月 1 日开始实施。新修订的 GCP 从条款设置到内容调整基本上与国际接轨。GCP 的实施标志着我国药品临床试验进一步走向法制化和规范化。根据《药品管理法》及其实施条例规定，我国药物临床试验必须执行 GCP，且应当由经依法认定的药物临床试验机构承担。2004 年我国开始启动药物临床试验机构资格认证(即 GCP 认证)。截至 2007 年底，全国已有 178 家临床研究机构通过了 GCP 认证。GCP 认证推动了我国药物临床试验质量的提高，使得越来越多的国际多中心临床试验在中国开展。

(四)《药品生产质量管理规范》

《药品生产质量管理规范》英文为 *Good Manufacturing Practice of Drugs*，简称 GMP。它是指在药品生产全过程中，用科学、合理、规范化的条件和方法来保证生产优良药品的一整套系统的、科学的管理规范，是药品生产和质量管理的基本准则。GMP 是 20 世纪 50~60 年代，美国率先研究和提出的。1963 年美国国会正式颁布了 GMP，要求本国所有药品生产企业按 GMP 的规定规范化地对药品的生产过程进行控制，否则，就认为该药品为劣药。截至目前，世界上已有 100 多个国家和地区制定和实施了 GMP。随着不断修改和完善，GMP 在药品生产过程中的质量保证作用日益增强，其重要性得到了世界各国的普遍认同。现在 GMP 已成为判断药品质量有无保证的先决条件，成为药品进入国际医药市场的“通行证”。早在 1972 年，美国就声明不按照 GMP 生产的药品不准进入美国市场，其后，世界卫生组织(WHO)在“国际贸易中药品质量签证体制”中明确规定，进口药品生产企业必须按 GMP 规定进行生产，并接受出口国药政管理部门的监督。

我国 GMP 制定和实施起步较晚，1982 年由原中国医药工业公司制定了 GMP 试行本，在全行业试行；经修订后，1985 年作为行业 GMP 正式颁布并执行。1988 年在多次修改后，由卫生部正式颁布国家

GMP。颁布后,1992年、1998年和1999年分别进行了三次修订,形成了我国现行版的GMP。为促进国内生产企业实施GMP,保证药品质量,提升我国药品在国际贸易中的竞争力,我国自1995年起对药品实行GMP认证制度,先后制定了《药品管理法》、《药品管理法实施条例》、《药品生产质量管理规范》、《药品生产质量管理规范认证管理办法》等法律、法规,规范药品GMP认证工作。2001年原SDA规定:粉针剂、大容量注射剂生产企业须于2001年12月31日前取得"药品GMP证书";生产其他剂型、类别药品的企业,于2004年6月30日以前符合GMP要求,并取得"药品GMP证书",否则一律不得生产该剂型或类别药品。其后,2003年和2004年SFDA又分别对小容量注射剂及中药饮片作出规定,小容量注射剂生产企业通过认证的截止日期为2003年1月1日,中药饮片生产企业通过认证的截止日期为2008年1月1日。药品GMP认证的全面实施,淘汰了国内不达标企业,促进了企业质量管理水平的提升和医药产业结构的调整。

(五)《药品经营质量管理规范》

《药品经营质量管理规范》的英文为*Good Supply Practice of Drugs*,简称GSP,是通过控制药品在流通环节中所有可能发生质量事故的因素,从而保证药品质量的一整套管理程序。GSP是国际通用的一个概念,推行GSP的目的是为了保证在流通(包括计划、采购、检验、储运、销售等)全过程中的药品质量。

日本是实施GSP较早的国家,20世纪70年代日本就制定了《医药品供应管理规范》。1982年日本的GSP引入我国,1992年国家医药管理局正式颁布《医药商品质量管理规范》,标志着我国GSP已成为政府规章。2000年,随着我国医药体制的改革变化,原SDA总结了过去药品经营质量管理的经验,发布我国现行版的GSP,并更名为《药品经营质量管理规范》,定于2000年7月1日起施行。同年,原SDA还发布了GMP实施细则和GMP认证管理办法。这些法规的建立标志着我国实施GSP的工作开始步入正轨。根据我国《药品管理法》规定,药品经营企业必须按照GSP经营药品,由药监部门对药品经营企业是否符合GSP进行认证,合格的发给认证证书。为了加快GSP认证步伐,推进GSP工作的实施进程,2001年10月原SDA发出相关通知,要求国内所有药品经营企业在3年内(2004年底前)分三个阶段全面完成GSP改造、通过GSP认证,否则将取消其药品经营资格。我国GSP认证工作在经过了2001年认证试点、2002年正式受理、2003年各省(自治区、直辖市)药品监管部门组织辖区内药品经营企业认证等三个阶段后,逐步淘汰了一批不规范经营的企业,使我国药品经营企业的整体水平得到提高,确保了药品的经营质量。

(六)《医疗机构制剂配制质量管理规范》

《医疗机构制剂配制质量管理规范》的英文为*Good Prepartion Practice*,简称GPP。它是在医疗机构制剂配制的全过程为保证制剂质量而制定并实施的管理规范。其目的是要求医疗机构建立制剂配制的质量管理体系,以规范制剂配制管理,确保制剂质量。医疗机构制剂是指医疗机构根据本单位临床需要经批准而配制、自用的固定处方制剂。配制本医疗机构临床需要,且市场上没有供应的制剂品种及一些稳定性差、使用周期短、需新鲜配制的品种是医院制剂的主要任务。GPP正是适应保障制剂配制质量这一需要而产生的,它能把发生的人为差错事故、混药及各类污染的可能性降到最低程度,适用于制剂配制的全过程。

为加强对医疗机构制剂的监督管理,确保其使用安全有效,原SDA根据《药品管理法》的规定,并参照GMP的基本原则,于2001年3月颁布实施《医疗机构制剂配制质量管理规范(试行)》。GPP是针对医疗机构制剂配制和质量管理而制定的一部重要的质量管理法规,是医院制剂管理工作中必须贯彻落实的基本准则。现行GPP共11章68条,除了对硬件设施的改造做了规定外,还对软件管理提出了要求,如物料管理、配制管理、质量管理、使用管理和文件管理等。其中,最重要的是用书面程序进行管理,这是实施GPP管理的一个重要特征。具体书面程序包括各种管理制度、各类操作规程、质量检验标准、配制记录、检验记录、各项岗位责任制等一系列管理文件。GPP的实施使医疗机构制剂室的任何一项工作都有章可循、有法可依。

三、我国进口药品的质量管理

为了加强进口药品管理,保证进口药品的安全和有效,促进医药国际贸易的发展,我国对进口药品制定和颁布了一系列的质量管理政策和法规,对进口药品的注册审批、质量标准、进口检验、处罚等相关方面做了具体规定。

(一)《药品管理法》中关于进口药品的相关规定

1. 对禁止进口药品的原则性规定

为保证进口药品的安全性,防止危害人体健康的药品进入我国,维护国民防病治病的正当需求,《药品管理法》对禁止进口的药品做出了原则性的规定,即禁止进口疗效不确切、不良反应大或者其他原因危害人体健康的药品。

2. 进口药品审查、注册制度的确立

对国外已上市的药品进入我国市场前,由国务院药监部门进行审查、注册,经审查确认符合质量标准、安全有效的,方可批准进口,并核发《进口药品注册证》。《进口药品注册证》是国外药品进入中国市场合法销售的证明文件,没有《进口药品注册证》而在中国销售的国外药品将被作为假药论处。

3. 实行进口药品在指定口岸的审查备案制度

1)药品必须从允许药品进口的口岸进口。

2)进口企业须向口岸所在地药监部门登记备案。每批进口药品均须接受我国药监部门的监督,监督的方式即为登记备案。登记备案并不只是简单的程序性告知,口岸药监部门必须要审查以下项目:①申请备案的进口药品是否具有《进口药品注册证》;②进口药品的标签、说明书等是否符合我国有关规定;③有数量限制的进口药品是否在规定的数量限制内等。对于符合规定的进口药品,药监部门出具《进口药品通关单》,海关凭《进口药品通关单》放行。

3)口岸所在地药监部门应当通知药品检验机构按照规定对进口药品进行抽查检验,并按照规定收取检验费用。

4. 对三类药品在上市前或者进口时实施强制性检验的规定

对一些可能存在安全性隐患和需要加强管理的品种,在销售前或进口时,由指定的药品检验机构实施强制性检验。检验不合格的,不得销售或者进口。包括:①国务院药监部门规定的生物制品;②首次在中国销售的药品;③国务院规定的其他药品。

5. 对已批准上市的药品进行再评价的规定

国务院药品监督管理部门对已经批准生产或者进口的药品,应当组织调查;对疗效不确切、不良反应大或者其他原因危害人体健康的药品,应当撤销批准文号或者进口药品注册证书,停止其生产或进口、销售、使用。已经生产或者进口的,由当地药监部门监督销毁或者处理。

6. 麻醉药品和精神药品领取进出口《准许证》的规定

进口、出口麻醉药品和国家规定范围内的精神药品,必须持有国务院药监部门发给的《进口准许证》、《出口准许证》。

(二)《药品注册管理办法》中关于进口药品的注册管理规定

我国为确保进口药品的安全性和有效性,对进口药品实行严格的注册管理。境外制药厂商生产的药品要在中国境内销售,必须办理进口药品注册。申请人须报送有关资料和样品,提供相关证明文件,并向主管部门提出申请,接受主管部门的检验与审核,在通过审批后,方可取得《进口药品注册证》。2007 年 7 月我国新修订的《药品注册管理办法》中“第六章进口药品的申报与审批”对进口药品的注册管理做出了明确而又具体的规定。

1. 对进口药品的要求

申请进口的药品,应当获得境外制药厂商所在生产国家或者地区的上市许可;未在生产国家或者地区获得上市许可,但经 SFDA 确认该药品安全、有效而且临床需要的,可以批准进口。申请进口的药品,其生产应当符合所在国家或者地区药品生产质量管理规范及中国《药品生产质量管理规范》的要求。

2. 进口药品临床研究的申请

1)提出申请。申请人应当填写《药品注册申请表》,报送有关资料和样品,提供相关证明文件,向 SFDA 提出申请。

2)SFDA 对申报资料进行形式审查。符合要求的,出具受理通知书,并通知中国药品生物制品检定所(简称中检所)组织注册检验;不符合要求的,不予受理。SFDA 可以组织对其研制和生产情况进行现场检查,并抽取样品。

3)中检所进行质量复核,送交检验报告。承担进口药品注册检验的药品检验所完成注册检验并将检验报告报送中检所。中检所接到注册检验报告和已经复核的进口药品标准后,组织专家进行技术审查,必要时根据审查意见进行再复核,并将复核的药品标准、注册检验报告和复核意见送交 SFDA 药品审评中心。

4)SFDA 药品审评中心对资料进行技术审评,必要时可以要求申请人补充资料。药品审评中心依据技术审评意见和样品检验结果等,形成综合意见,连同相关资料报送 SFDA。

5)SFDA 做出审批决定。符合规定的,发给《药物临床试验批件》;不符合规定的,发给《审批意见通知件》。

6)开展临床试验。临床试验获得批准后,申请人应当按照有关要求进行试验。

进口药品临床研究的申请流程如图 4-2 所示。

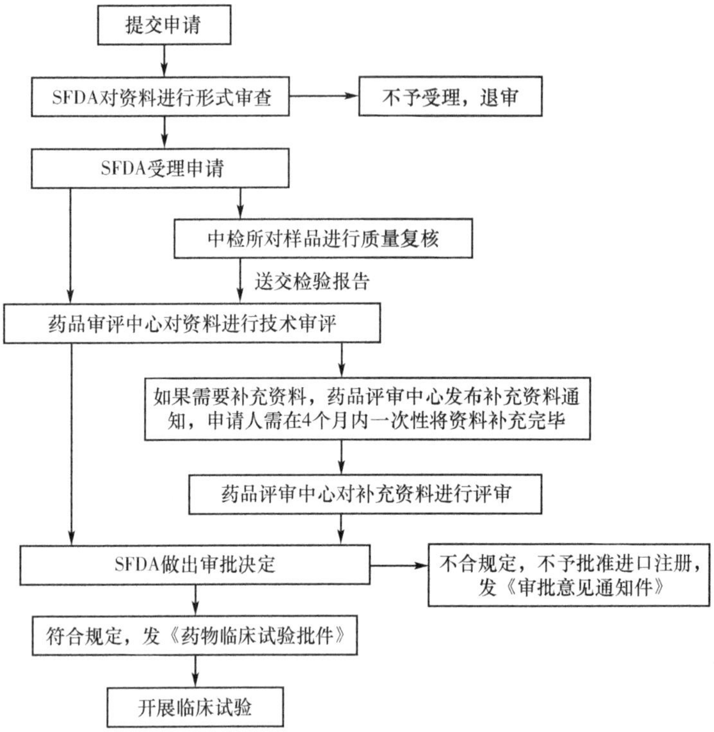

图 4-2　进口药品临床研究的申办流程

3. 进口药品注册证的申请

1）提出申请。临床试验结束后，申请人应当填写《药品注册申请表》，按照规定报送临床试验资料及其他变更和补充的资料，并详细说明依据和理由，提供相关证明文件。

2）SFDA 药品审评中心对资料进行技术审评，必要时要求申请人补充资料。

3）SFDA 做出审批决定。符合规定的，发给《进口药品注册证》；不符合规定的，发给《审批意见通知件》。中国港、澳、台地区制药厂商的药品注册申请，参照进口药品程序办理，符合规定的发《医药产品注册证》。

其具体申办流程如图 4-3 所示。

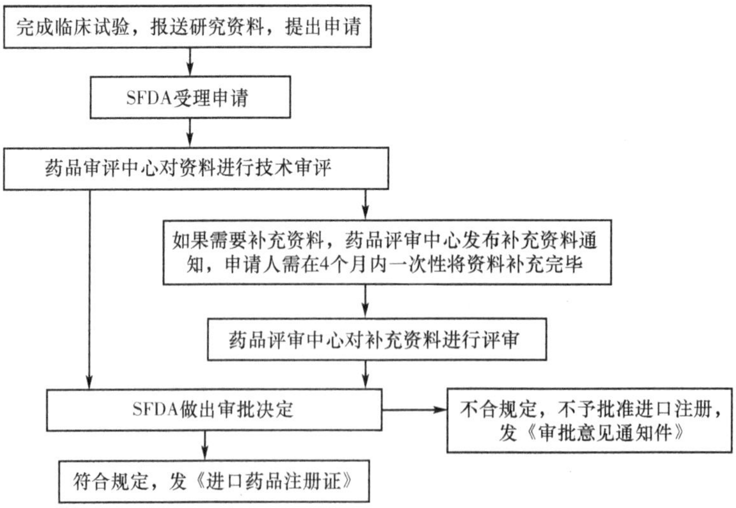

图 4-3　进口药品注册证的申办流程

（三）《进口药材管理办法》的主要内容

为加强进口药材监督管理，保证进口药材质量，SFDA 于 2005 年颁布了《进口药材管理办法（试行）》，并定于 2006 年 2 月 1 日起施行。其主要内容共 6 章 49 条，对进口药材申请与审批、登记备案、口岸检验及监督管理做出了相关规定。

1. 进口药材的申请与审批

1）药材进口申请分为首次进口药材申请和非首次进口药材申请。首次进口药材申请包括已有法定标准药材首次进口申请和无法定标准药材首次进口申请。

2）《进口药材批件》的申办。①提出申请：申请人填写《进口药材申请表》，并向 SFDA 报送有关资料；②SFDA 对申报资料进行形式审查：审查申报资料的规范性及完整性，发出受理或者不予受理通知书；③首次进口药材：SFDA 申请受理后，申请人将检验样品和相关资料报送中检所，中检所对药材进行样品检验或质量标准复核，并将检验报告和复核意见报送 SFDA。SFDA 对中检所报告和复核意见进行技术审评和行政审查。对符合要求的，颁发《进口药材批件》，对不符合要求的，发给《审查意见通知件》；④非首次进口药材：SFDA 受理申请后，对资料进行技术审评和行政审查。对符合要求的，颁发《进口药材批件》，对不符合要求的，发给《审查意见通知件》。

3）SFDA 根据需要，可以对进口药材的生产现场进行考察。

4）《进口药材批件》分为一次性有效批件（有效期 1 年）和多次使用批件（有效期 2 年），SFDA 对濒危物种药材或者首次进口药材的进口申请，颁发一次性有效批件。

2. 进口药材登记备案

1）申请人取得《进口药材批件》后，根据批件上注明的到货口岸组织药材进口，并向口岸或者边境口岸食品药品监督管理局登记备案，填写《进口药材报验单》，报送有关资料。

2）由口岸或者边境口岸食品药品监督管理局负责对登记备案资料的完整性、规范性和真实性进行审查，并于当日做出审查决定。对符合要求的，发给《进口药品通关单》，收回一次性有效批件；同时向 SFDA 确定的药品检验机构发出《进口药材口岸检验通知书》，并附登记备案资料一份。对不符合要求的，不予登记备案。

3）对不予办理登记备案的进口药材，申请人应当予以退运。无法退运的，由口岸或者边境口岸食品药品监督管理局按照有关规定监督处理。

3. 进口药材的口岸检验与监督管理

1）现场抽样。药品检验机构收到口岸检验通知后，到规定的存货地点进行现场抽样。现场抽样时，申请人应提供药材原产地证明原件。药品检验机构根据登记备案资料对药材原产地证明原件和药材实际到货情况进行核查。对符合要求的予以抽样，在《进口药品通关单》上注明“已抽样”，并加盖公章；对不符合要求的，不予抽样，并报送所在地口岸或者边境口岸食品药品监督管理局。由口岸或者边境口岸食品药品监督管理局对已进口的全部药材采取查封、扣押的行政强制措施，做出处理决定。

2）抽样检验。药品检验机构对抽样进行检验，出具《进口药材检验报告书》，报送所在地口岸或者边境口岸（食品）药品监督管理局，并通知申请人。对检验不符合标准规定的进口药材，口岸或者边境口岸（食品）药品监督管理局应当在收到检验报告书后立即采取查封、扣押的行政强制措施，并做出行政处理决定。若进口药材已流通到口岸或者边境口岸所在地药品监督管理局管辖区域外，药品监督管理局应将有关情况及时通报药材流入区域的药品监督管理局，由流入区域的药品监督管理局依法采取相应的措施。申请人对检验结果有异议的，可以申请复验。若复验符合标准，口岸或者边境口岸食品药品监督管理局将立即解除查封、扣押的行政强制措施。若未在规定时间内申请复验或者复验仍不合标准，口岸或者边境口岸（食品）药品监督管理局应当依法做出行政处理决定，采取相应措施。

3）首次进口药材在销售使用前，必须经国家食品药品监督管理局确定的药品检验机构抽样检验，检验合格后方可销售使用。

4）进口药材的包装必须适合进口药材的质量要求，方便储存、运输及进口检验。

（四）《药品进口管理办法》主要内容

为规范药品进口备案、报关和口岸检验工作，保证进口药品的质量，2003 年 8 月 SFDA 与海关总署共同签署了《药品进口管理办法》。其主要内容共计 5 章 45 条，对进口药品的备案、口岸检验和监督管理三方面做出了具体的规定。

四、我国出口药品的质量管理

为了鼓励和促进国内药品的出口，我国对出口药品没有设置过多的特殊规定。通常情况下，药品只要符合国内以及进口国的相关规定和要求，并且在国内自给有余的情况下，都可以顺利出口。

一方面，出口药品与国内“自产自销”的药品一样，其质量管理在国内主要是依据我国普遍适用的药品管理立法和质量标准。例如，遵循《药品管理法》，严格按照 GLP、GCP、GMP 等规范要求进行研制和生产，药品质量符合国家药品标准（《中国药典》、局颁标准等)。关于特定药品或特殊贸易形式的药品出口,我国还制定有一些专门性的管理规定,也作为药品出口管理的重要依据。如《麻黄素管理办法(试行)》、《药用植物及其制剂进出口绿色标准》、《药品加工出口管理规定(试行)》等。

另一方面,出口药品除了应满足我国的质量管理要求外,还应符合进口国的相关法律法规和质量标准。如果达不到进口国要求,出口药品仍将被拒之于进口国的国门之外。长期以来,由于我国的药品标准相对落后于发达国家,生产出的药品往往达不到进口国(特别是发达国家)的质量要求,药品进入国外市场面临很大的困境,成为一直困扰我国药品出口的一大障碍。目前,药品质量标准问题已引起我国政府的高度重视。

2007年4月,国务院颁布了《国家食品药品"十一五"规划》,提出要提高国家药品标准行动计划,以全面提升药品质量控制水平。在"十一五"期间要完成中成药部颁标准4000个品种、化学药部颁标准500个品种,早期新药转正标准300个品种的标准提高,制定常用药用辅料标准223种,完成1000种中药材和500种中药饮片的国家标准制订修订。药品标准的提高,不仅能进一步确保消费者用药的安全、有效和质量可控,同时,也将加速我国标准与国际标准的接轨,保证我国药品顺利走向国际市场。

第四节　发达国家对药品的质量管理

美、日、欧等发达国家是我国药品出口的主要市场,我国药品要想顺利进入这些国家,必须符合进口国的相关法律、法规和质量标准。因此,了解发达国家药品管理的法律、法规,熟悉这些国家的药品质量标准,对于促进我国药品出口至关重要。

一、美国对药品的质量管理

1. 美国《联邦食品、药品、化妆品法》

在美国,药品进出口是由美国食品药品管理局(FDA)全权负责管理的,而美国《联邦食品、药品、化妆品法》(*United States Federal Food, Drug and Cosmetic Act*, FDCA)是FDA对药品进行监督管理所依据的基本法律。该法律管理范围除了药品之外,还包括食品、化妆品及医疗用品。FDCA通过多次的修订和长期的实践,无论是所涉及的内容还是立法技术都日臻完善和成熟,已成为世界同类法中最全面的一部法律,不仅为FDA行使权力和保障人民用药安全、有效提供了严谨而又切实可行的法律依据,同时也对其他国家药品管理法案的制定和实施具有一定的参考价值和借鉴意义。美国现行的FDCA是2004年修订的,共9章910条。为确保进出口药品的质量,FDCA中做出了如下规定:

1) 进口药品时,所有参与该药品的生产、准备、运输、合成、加工的外国公司都必须向FDA注册登记其公司的地址、名称及在美机构的名称。药物的生产制造、加工包装和保存必须符合FDA所规定的现行生产质量管理规范(CGMP),只有安全、有效和标签正确的药物方可进入各州之间的贸易渠道。

2) 所有进口药品必须符合与美国国内药品相同的标准,即一方面这些药品必须安全、有效,另一方面标签信息应该以英文的形式标注,并且要求做到完整、真实。

3) FDA需要对药品进行生产现场的检查和验收,并获得国家药品登记号(NDC)后,进口才可进行。这些在美国销售的药品必须是经FDA批准的生产商生产的、经过批准的产品,且这些产品必须符合纯度和浓度的要求。

药品在样品检验中不得出现以下情况:①药品是在不卫生的条件下生产、加工和包装的;②除麻醉药品外,药品在其生产国或出口国是被禁止或限制销售的;③该药品是掺假、冒牌的或违反有关法律规定的。若出现这些情况,药品将被拒绝进口。

4) 进入美国市场的产品(包括食品、药品、添加剂、化妆品、洗涤用品和医疗设备)必须从原材料采购到生产、包装、销售、运输各个环节都保证不受污染,不发生霉变,不掺有任何违反FDA规定的成分,保证人类健康、卫生与安全。如果FDA抽样检测结果不符合标准,该产品将不准入境。若进口商预先获得FDA认证,则在出具认可证后即可放行。

5) 美国的药品在以下几种情况下不得出口:①药品不是在CGMP要求下进行生产、加工、包装和储存的,或不符合相关认证的国际标准;②根据有关法律规定认为药品是掺假的;③无法证明药品不是冒牌或掺假;④为防止出口药品的再进口对美国公众安全健康造成严重危害而必须禁止出口的,以及药品对其进口国的公众健康有严重危害;⑤药品的标签不符合销售国和进口国的要求和条件,或没有运用进口国本国的或其规定的语言和计量单位;⑥药品销售时没有根据符合法律要求的标签进行宣传。出现上述情形的药品,美国当局不允许把药品出口到国外。

2. 美国的GMP

美国是世界上最早实施GMP的国家,美国的药品生产管理规范(Current Good Manufacturing Practice, CGMP)首次颁布于1963年。在其实施过程中,经过FDA数次修订,成为现今较为完善、内容较详细、标准最高的GMP。在CGMP中,质量的概念是贯穿整个生产过程的一种行为规范。一个质量完全合格的药品未必是符合CGMP要求的,因为它的过程存在有出现偏差的可能,如果不是对全过程有严格的规范要求,潜在的危险是不能被质量报告所发现的。CGMP要求在产品生产和物流的全过程都必须验证。

美国政府要求,凡是向美国出口药品的制药企业以及在美国境内生产药品的制药企业,都要符合美国CGMP要求。FDA也明确规定CGMP是生产企业生产药品所要遵循的最低现行标准。在美国,药品的CGMP监督实施工作是由FDA负责的,其中FDA总部的条例管理办公室负责CGMP的解释、修订及颁布工作,分布在美国各地的FDA分支机构负责药品CGMP的监督检查。根据FDCA要求,FDA应至少每隔2年对从事药品生产、检验、包装和贴签的生产加工企业进行一次CGMP检查。此外,FDA还要对一定数量的外国药品生产企业进行定期CGMP检查。

FDA认为法规是动态的,随技术、概念的不断变化而变化,所以通过起草指导、指南或其他文件的形式不断地补充CGMP,将最新的思想提供给企业学习和参照之用。如政策指南(Compliance Policy Guide, CPG)和检查操作手册(the Inspection on Operations Manual, IOM)等。所以,CGMP伴随着每个企业的生产质量改进而不断得到完善。

3.《美国药典》(USP)

《美国药典》(*US Pharmacopeia*, USP)是美国政府对药品质量标准和检定方法做出的技术规定,也是药品生产、使用、管理、检验的法律依据。它是目前世界上惟一一部由非政府机构(美国药典委员会)出版的法定药品汇编,现已在100多个国家销售,一些没有法定药典的国家通常都采用USP作为本国的药品法定标准。USP中的检验标准及检验方法是我国原料药及各种制剂出口美国市场时进行检验的重要依据。

USP创始于1820年,根据美国药典委员会1975年第3号决议,凡已被批准投放市场的药物均应载入药典。随着新药品、新处方、新检测方法的发明和更新,USP修订频繁,迄今已有30个版本。该药典自1980年版起与《国家处方集》(*National Formulary*, NF)合并,制成合订单行本出版,称为《美国药典/国家处方集》(USP/NF)。其中,USP收载原料药品及其制剂,而NF收载各类辅料和一些非处方药。现行版《美国药典》(USP30/NF25)于2007年起开始生效,收载各类药品约4100种、药典附录约200条,收载药品涵盖原料药、制剂、医疗设备和营养补充剂,是目前世界上规模最大的一部药典。

此外,USP还与国际上另外两部主要药典《欧洲药典》和《日本药典》(即《日本药局方》)进行了质量标准的协调。对于一些标准不统一的问题,由国际协调大会(ICH)开展药典间的协调工作,目的是通过协调达成药品标准的美、日、欧三方统一化。

二、日本对药品的质量管理

1. 日本《药事法》

《药事法》(*Pharmaceutical Affairs Law*, PAL)是日本药事管理中地位最高的法律,管理范围主要是药品、类药品、化妆品和医疗器械。其目的是管理药品、类药品、化妆品和医疗器械的有关事项,以保证质量、疗效、安全性。该法起源于昭和18年(1943年),昭和23年(1948年)与化妆品等法规合并,经过多次修订后形成现行的最新《药事法》(日本国内也称《改正药事法》),并于平成17年(2005年)起正式实施。同时生效的相关配套法律法规主要有《药事法实施令》(政令第232号)及《药事法实施规则》(厚令第101号)。2005年4月实施的新《药事法》主要内容包括以下几方面:

1) 生产(进口)药品等必须获得生产(进口)许可,以及该物品的生产商(进口商)执照。人用药品等的生产(进口)许可及执照向厚生省申请,而动物用的相应物品的生产(进口)许可及执照则需向日本农林渔业部申请。新药在被批准生产、进口6年后,生产商、进口商应申请对新药进行重新审查;其他药品应申请对疗效进行再评价。

2) 药品销售业申请必须获取所在地政府颁发的许可证。药品销售业许可的种类分:一般销售业、药材销售业、特例销售业、赊账销售业四类。

3) 制定《日本药局方》以及相关标准(如生物制品的最低要求),规定类药品、化妆品、医疗用具的标准问题,规定检定人和检定记录的填写,禁止销售掺假药、冒牌药、未批准药、未分析的药,以及禁止夸张宣传药品。

4) 药品等的安全供应是通过以下做法达到的:厚生省指定对某些药的全国分析,现场视察,命令测试,命令销毁、撤回,命令改进、改正,取消许可及许可证,严格执行处罚条款。

5) 制定有关临床试验条例,包括对临床试验负责人的要求。

6）制定对罕见疾病药品的研究开发条例。

日本新《药事法》对前一版做了大幅度调整，其中最重要的修改是将药品的生产和销售分离，首次许可医药品生产企业与销售企业可以不是同一实体，从而为药品的委托加工提供了条件。前版《药事法》规定，药品销售企业必须拥有符合 GMP 规定的工厂才可以从事医药的销售工作，而新《药事法》中则对上述规定予以修正，将生产符合 GMP 要求与药品上市审批分离，并同时引进 MF 注册（即制造贩卖核准申请书）制度。也就是日本的制药企业或研发单位可将所研制的新药全部委托给境内、境外其他企业生产，但条件是企业都须进行 MF 注册。MF 注册相当于日本政府对国外生产企业资质的一种官方认可。企业通过 MF 认证后，可获得一个永久性的认证号码。目前，可以在日本进行 MF 注册的品种包括原料药、中间体和特殊制剂原料、添加剂（仅限于新产品）、专业医疗器具的原料和容器及包装材料等。此外，由于生产与销售的分离，新《药事法》要求同一医药品的生产与销售双方须建立更完善的药品售后安全管理体系，企业将承担更大的市场责任。

信息柜

日本医药品与医疗器械局（PMDA）的组建

日本的药品和医疗器械管理由厚生省总负责。厚生省药品与食品安全局负责制订药品和医疗器械的管理政策。医疗器械的安全性和有效性评估由厚生省下属的两个中心负责：药品和医疗器械审评中心（PMDEC）、日本医疗器械促进协会（JAAME）。PMDEC 于 1997 年 7 月建立，隶属于国家健康科学研究所。PMDEC 负责审查药品、类药品、化妆品及医疗器械的制造及进口审批。PMDEC 有四个分部，第 1、2、3 分部与药品安全性与研究组织（OPSR）共同负责审查药品的安全性及有效性，第 4 分部负责评估所有新医疗器械产品及改进的医疗器械产品的批准申请及临床试验申请。JAAME 作为一个指定机构，负责所有未注册或仿造医疗器械产品申请中的等效性审查。

为实施 2005 年的《药事法》修订，2004 年 4 月 1 日，在厚生省下面建立了统一管理药品、生物制品及医疗器械的独立管理机构——医药品与医疗器械局（Pharmaceuticals and Medical Devices Agency，PMDA），该局是由 PMDEC、JAAME 以及 OPSR 合并而成，如图 4-4 所示。具有以下三大职能：一是救济职能，包括对药品不良反应受害者的救济工作、因生物制品感染疾病患者的救济工作、SMON 病患者的救济和艾滋病病毒携带者与艾滋病患者的救济；二是审查职能，即为保证药物和医疗器械的质量以及它们的有效性和安全性，特在非临床试验阶段到报批期间，进行相应的指导与审查；三是保证药品上市后安全性的职能，例如收集、分析并公布关于药品与医疗器械上市后安全性的信息，提供咨询服务等。

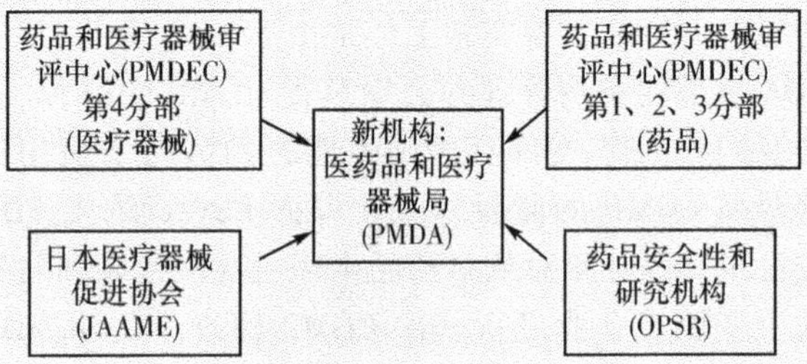

图 4-4　日本医药品和医疗器械局（PMDA）的组建图

2. 日本的 GMP

日本的 GMP，即日本医药品制造管理规范，简称为 JGMP，是日本医药品制造过程中实施质量管理时所采取的基准。早在 1973 年，日本制药工业协会就提出了自己的 GMP。1974 年日本厚生劳动省正式颁布 GMP，并规定自 1980 年正式实施，各药厂必须遵照执行。1988 年日本还制定了原料药 GMP，并于 1990 年正式实施。目前厚生省颁布的 GMP 几经修改，已经成为国际社会公认的基准之一。

日本 GMP 的特点是：①GMP 条款的书写与其他国家有所不同。厚生省分别根据《药事法》的不同条款颁布了《关于药厂建筑物及设施条例》和《关于药品生产及质量管理条例》，分别构成了 GMP 的硬件条例和 GMP 的软件条例，将 GMP 内容分为硬件、软件两大部分；②各药厂均根据 GMP 要求，制定了本厂的质量管理、生产管理和卫生管理文件，对生产管理给予高度重视；③厚生省药务局每年都出版 GMP 解说，进行具体指导。1987 年，还颁布了《医疗用汉方制剂制造管理和品质管理标准》（自主标准）。

此外，在日本 GMP 中还对进口商药品、准药品、化妆品或医疗器械进口处理的建筑物和设施提出了要求：

1）有足够的设备保证进口物品的存放安全和卫生的设施。

2）有足够的对进口物品进行分析检验的设施和设备。当分析检验是由生产商运用其他的对合适的分析检验不引起妨碍的设备或机构独力承担时，此规定不适用。

3.《日本药局方》（JP）

日本的药典称为《日本药局方》（*Japanese Pharmacopeia*，JP），是由日本药局方编集委员会编纂，由厚生省颁布执行。自1886年初版迄今已有15个版本。现行版为2006年发表的第15改正版，自2006年4月1日开始实施。《日本药局方》规定了医疗上起重要作用的医药品的性状和质量标准，共分两部出版。第一部收载原料药及其基础制剂，第二部主要收载生药、家庭药制剂和制剂原料。

现行版《日本药局方》收载药品1483种，其中244种为生药，是除《中国药典》之外收载各类生药品种较多的药典之一。该版药典修订时的主要方针包括：

1）增加医疗中重要医药品专论，通过扩大重要医药品的收载使保健医疗更加充实。该版药典新增医药品专论102种，其中化学药品55种，生物制品6种，抗生素27种，辅料3种，草药11种。

2）通过药典讨论小组与欧洲药典、美国药典合作，推动国际协调的进程。

3）通过公开日本药局方修订方案确保其透明性。药典的英文与日文版在网站上予以公布，全球均可免费访问，确保药典修订过程的透明度，使药典面向公众。

4）引入最新分析方法和确立参考标准中的统一系统。

《日本药局方》不仅规定了所收载医药品的质量标准，更反映了所有医药品的质量水平和试验方法的标准，同时，对于医药品质量的国家间的一致性也做出了保证。

三、欧盟对药品的质量管理

1. 欧盟的药品管理立法

1965年，原欧共体通过第一部有关欧洲药品管理的法令（65/65EEC），该法令主要是为了阻止“反应停”这一悲剧事件在欧洲重现。自此之后，欧盟制定、颁布并实施了一系列药品管理的法规及指导性文件，并有一套专门著作《欧盟药品管理法》。法规（regulation）是由欧洲委员会、欧洲议会及成员国部长委员会制定并通过的，具有法律效力，颁布后各成员国必须遵循。指令（directive）是欧盟药品管理法规的主体，集中体现了欧盟对药品管理的主要原则和要求，指令颁布后，被各国陆续纳入该国的法律。仅至1995年，欧盟就已颁布了约30个指令，如75/319/EEC、75/319/EEC、92/25/EEC等。法规法令主要涉及药品的上市许可、质量标准、销售、广告和标签等多个方面。

1995年，欧盟委员会根据2309/93 EEC号法规建立了专门的药品评价机构——欧盟药品管理局（European Medicines Agency，EMEA）。EMEA是欧盟药品管理的最高权威机构，由各个成员国代表组成，主要负责整个欧盟范围内药物及相关医用产品的技术审查和批准上市工作，并全面负责评价药品的科学性，监测药品在欧盟范围内的安全性、有效性。经该机构审批上市的药品有权在欧盟所有市场上市销售。EMEA将欧盟的上市核准（marketing authoriation）程序分为两种，即“集中申请”和“互认申请”。这两种申请方式都是为消除成员国之间的上市核准结果互不承认现象，减少有关当局和生产企业的重复性工作，并消除成员国之间的药品贸易障碍，促进市场的一体化。一种药品无论通过哪一个申请程序获得批准，将自动或通过一定程序在欧盟所有的成员国上市。

2. 欧盟GMP

欧盟于1972年制定《GMP总则》，1975年对制剂产品建立了GMP要求。根据欧盟人用药品第2001/83/EC号法令，欧盟GMP认证由欧洲GMP审计署完成。通过认证的产品，可以在欧盟各成员国内流通。2005年11月生效的GMP指南开始将原料药GMP要求列入基本要求，由推荐执行改为强制执行。目前，欧盟的GMP是在《欧盟药品管理法》第四卷中加以规定的。现行的GMP指南（2008年7月1日正式实施）对前一版GMP（2005年）做出了重大修订。其中，最显著的变化就是在质量管理中引入了质量风险管理的要求。

现行欧盟GMP的主要原则是：制造许可的持有人必须制造确保适合预期用途、符合上市许可要求的药品，不能由于安全性、质量或有效性不足等问题而将患者置于风险之中。要达到这一目标，必须有一个综合设计和正确实施的系统，要整合药品生产质量管理规范、质量控制、质量保证体系以及质量风险管理系统。从以上原则可以看出，“质量风险管理系统”被放置在与“生产质量管理规范”、“质量控制”等同等重要的位置。新版GMP指南中强调，质量风险管理是一个用于药品质量风险评估、控制、交流与审核的系统过程，具有前瞻性或回顾性。此外，GMP 指南还新增加了一个质量风险管理的附录（附录 20），全面引用了 ICH-Q9（2005 版）。

欧盟的 GMP 较侧重质量保证体系、风险控制和硬件，与美国、日本的 GMP 相比，欧盟的 GMP 有一些独特的规定：

1）企业要设置授权放行人员，这些人员经政府资格认定，并负有法律责任。他们的职责是对产品质量进行把关，不但要检查产品是否经检验合格，还要监督生产过程是否符合 GMP 条件。如果放行人员没有履行职责，放行了违规产品，政府可能对放行人员依法进行处罚。

2）企业需要取得生产许可证才能生产，在生产中不但要符合 GMP 的要求，还需遵守生产许可的相关规定。

除了授权上游企业监管下游企业（授权批发商监管生产商、制剂生产企业监管原料药企业）和要求生产企业设置授权放行人员，欧盟药品监管部门同样也要根据计划每 2～3 年对企业进行例行检查，如果发现有违规的线索或者有举报，也可能进行抽查或者飞行检查。

3.《欧洲药典》（EP）

1964 年欧洲药典委员会成立，秘书处设在欧洲药品质量管理局（European Directorate for the Quality of Medicines，EDQM），并由 EDQM 负责《欧洲药典》的出版和发行工作。经过原欧共体各国共同商定，1969 年第一版《欧洲药典》（*European Pharmacopeia*，EP）开始分 3 卷陆续出版，其法文和英文版为法定版本。随着欧洲一体化及国际药品标准协调工作不断发展，欧洲药典委员会成员国以及 EP 的增修订内容也显著增多。至今欧洲药典委员会已有英、法、德等 30 多个成员国，并在世界各地有 20 多个观察员国。中国药典委员会在 1994 年成为欧洲药典委员会的观察员之一。目前，EP 第六版（EP6.0）已于 2007 年出版，并于 2008 年 1 月开始生效，其增补版 EP6.1、EP6.2 等也陆续出版。EP 已成为欧洲各国药品质量标准统一的来源，是欧洲药品质量检测的惟一指导文献，对各欧洲药典委员会的成员国具有强制作用。所有药品和药用底物生产厂家在欧洲范围内推销和使用的过程中，必须遵循 EP 的质量标准。

根据 1999 年 12 月生效的欧洲议会公共健康委员会（Public Health Committee）的决议，由当时欧洲药典委员会的 27 个成员国正式启动了一个新的证书程序，即“欧洲药典适用性证书”（Certificate of Suitability to Monographs of the European Pharmacopoeia，COS 或 CEP），并被欧盟各成员国认同。根据这一程序，原料药的生产商（或供应商）应该就所提供的原料药的化学纯度和微生物质量方面做适用性评估。COS 的目的是为了方便和简化各国之间的交流，保证原料药质量符合最新的欧洲药典要求。申请人只要获得了 COS 证书，原料药生产商就只需向欧洲客户出示并提供证书复印件，欧洲客户凭此 COS 证书复印件即可向欧洲药管当局申请上市，并可在 30 多个成员国中的任一国上市。

信息框

欧洲药典适用性证书（COS）的申请程序

申请 COS 的程序主要包括下列步骤：

1）提交申请材料。COS 可以由生产商或生产商的指定代理人向 EDQM 认证秘书处提出申请。申请材料应该一式两份，用英文或法文书写，提供有关原料药的理化性质、微生物性质评估。

2）申请材料接收确认。EDQM 认证秘书处收到厂商的 COS 申请材料后，对申请材料形式的完整性进行核实，并寄出已经收到的确认函。这意味着申请者 COS 申请已经正式备案。

3）指定专家审查。EDQM 认证秘书处根据专家库中专家的专长和所检查的文件指定报告人和合作报告人，对申请材料进行审查。

4）申请材料的评估。报告人和合作报告人对申请的材料做出审评报告，如果有必要，报告人或者相关技术顾问委员会可以要求 EDQM 实验室对申请者提供的样品进行实验室检测评估。

5）做出结论，颁发证书。EDQM 认证秘书处根据报告人、合作报告人以及技术顾问委员会的审评报告，做出结论，决定是否给予颁发证书的决定。如果通过，则颁发 COS 证书。COS 证书有效期 5 年，在期满前 6 个月应该进行更新。

本章小结

本章对医药国际贸易中医药产品的类型、特殊性、质量特征等进行了阐述，分析了药品质量管理在医药国际贸易中的重要作用，重点介绍了我国对药品进行质量管理的法律法规和药品标准，以及我国药品进出口质量管理方面的相关规定。最后，对美、日、欧等发达国家药品质量管理的相关法律法规及质量标准进行了概括性介绍。

本章思考题

1. 狭义的医药产品是指什么？从管理角度来看，它有哪些类型？

2. 药品的质量特征包括哪几方面？哪些是药品质量的基本特征？

3. 试述药品质量管理在医药国际贸易中的重要作用。

4. 我国药品质量管理的依据有哪些？

5. 试述我国药品质量全过程管理的主要内容。

6. 我国涉及进口药品质量管理的政策法规有哪些？

7. 为确保进出口药品质量，美国FDCA中做出了哪些具体规定？

案例分析

近年来，中国出口的食品、药品和日用品遭遇了不少纠纷，如"巴拿马毒糖浆事件"、"输美肝素钠不良反应事件"、"出口牙膏含二甘醇事件"等。这些纠纷使得部分国外消费者对"中国制造"的产品质量产生了怀疑，一些国家甚至认为中国在质量监督和卫生检定上存在着巨大的漏洞。这些出口产品(尤其是药品)的质量问题，不仅严重影响了我国产品的信誉，损坏了我国的国际形象和国际声誉，更重要的是给广大消费者带来了健康和安全上的隐患，造成不可估量的损失。下面以"巴拿马毒糖浆事件"为例，请仔细阅读相关材料，思考相应问题。

毒糖浆事件调查

2006年夏天，巴拿马多人突发因肾功能衰竭、身体瘫痪或其他症状最终导致死亡的事件。经巴拿马调查机构确认，死亡原因是服用了含有二甘醇成分的有毒止咳糖浆。截至2007年5月，巴拿马已有100人因服用该有毒止咳糖浆而死亡。调查表明，毒糖浆的问题出在制药原料甘油上，而这批制药原料来自中国。

1. 源头厂家——像个手工作坊

泰兴市甘油厂位于江苏泰兴黄桥镇横巷村，是一家成立于1991年的私人化工企业。巴拿马毒糖浆的原料正是源自这家工厂。经过记者实地调查发现，该工厂并不像其网页上所宣传的"泰兴市百强企业、重合同守信用企业"，拥有一座十几层的大厦，而更像个手工作坊。工厂一共仅拥有一间仓库、一间红砖砌成的大棚式厂房和一个办公场所。网上资料表明，泰兴市甘油厂生产的"泰鑫"牌TD甘油，几乎是该厂独一无二的主打产品。当地居民证实，泰兴甘油厂一向以销定产，一个月最多开工三四次。生意最好时，雇工也不超过20人。当地药监局也表示，该厂没有药监部门发给的药品生产许可证，不具备生产医药用料的资格。因此，他们生产的TD甘油是化工原料，不是药品生产原料。

2. 甘油之辨——"TD甘油"是什么东西

按照泰兴市甘油厂的宣传，该厂主要的业务是"专业生产TD甘油、水性油墨、净洗剂"等产品。其中的"TD甘油"，可适用于化妆品、牙膏、印染纺织、化工涂料、造纸等诸多用途。甘油可按纯度不同分工业甘油、食用甘油和药用甘油三种，国家标准根本就没有TD甘油。经检验，它与药用甘油的主要成分大相径庭。究竟什么是"TD甘油"？就连业内人士都从未听过，对其成分也知之不详。终于，"TD甘油"的谜团通过多年前涉及泰兴市甘油厂的一场诉讼被揭开。当时甘油厂方在庭上的解释是，"TD"就是"替代"的意思，TD甘油即为甘油的代用品。原来TD甘油并非医药用品，而是装潢用油漆、防冻剂等的添加剂，其价格仅是真正甘油的一半都不到，主要原料为山梨醇、二甘醇等。其中，二甘醇对肾脏及中枢神经系统危害巨大，多数中毒者只能坐以待毙。在2006年我国发生的"齐二药事件"中，就有13名病人因为注射含有二甘醇成分的药品不治身亡。

3. 跨国链条——是哪个环节出了问题

产自中国江苏省泰兴市甘油厂的40桶二甘醇，是以纯度99.5%甘油的名义，辗转三大洲的3个贸易公司，最终被巴拿马社保局下属制药厂当作药用甘油，掺入26万瓶止咳糖浆。悲剧被扩大的那一环，是由被巴拿马官方调查的当地Medicom公司开始的。

2003年巴拿马社会保险局发布公告，申请招标一批9000升的"纯甘油"，以用于制造祛痰糖浆。6月25日Medicom公司提供证明参与竞标，并最终夺标。但Medicom公司并没有能力提供产品，悲剧由此开始。

巴拿马Medicom公司在中标后，委托西班牙巴塞罗那的Rasfer国际商贸公司采购，该公司专门从事化学产品和药品的贸易，在印度和中国都设有办事处。同样因为没有生产能力，Rasfer转而通过北京的中服嘉远贸易公司，以每吨1600美元的价格购买了这批货物。而泰兴甘油厂以每吨6900元人民币的价格(工业甘油的价格)将这批TD甘油直接发往中服嘉远公司指定的交货地点。随后，这批货物从上海启运，最终到达了西班牙的巴塞罗那。与西班牙公司签署了购销合同的巴拿马Medicom公司，通过一家国际货运公司从巴塞罗那发了货，货物最终到达巴拿马某港口。但是这一次，根据Rasfer公司的发票，中间人Aduanas Javier de Gracia却以9000升"纯甘油"的名义报了关。Rasfer公司在接受采访时声称，中方的货物运到西班牙时，货运文件上标的都是TD甘油，他们一直没有修改。但不知道为何到了巴拿马以后变成了"纯甘油"使用。

4. 关键疑点——TD甘油咋成了纯甘油

根据有关资料显示，所有的运输文件中，都很清楚地写着货物是"TD甘油"。这也成为有关国家追踪货品来源的重要线索。遗憾的是，这个发现问题以及质疑真实成分的机会，并没有在交易过程中被把握住。

巴拿马药品污染事件发生后，中国政府对泰兴市甘油厂进行了调查。根据《大公报》的报道：工厂经理袁春宏说，有关外包装喷涂是根据中服嘉远公司的要求制作的。根据袁的说法，购销合同中与包装标签有关的内容约定为：标签按需方传真内容喷涂，需方承担由此引起的一些法律责任，除需方指定的唛头外，桶身不得出现任何其他中英文标示，如卖方未能达到买方要求，只要买方遭受索赔，卖方承担全部责任。厂方强调说，全厂人不懂英文，外包装制作完全是严格按照合同办事

（资料来源：新文化网新闻中心.http://www.xwhb.com/new/system/2007/05/18/000038844.shtml，2007 年 5 月 18 日）

案例讨论题

1. 工业用"TD 甘油"为何会在跨国贸易中变成药用的"纯甘油"，问题究竟出在哪一方，哪一环节上？

2. 我国苏北的甘油小厂为什么会卷入到这场国际纠纷中？我方存在哪些问题？

3. 我国应从这一事件中吸取哪些教训？如何才能避免类似的出口质量纠纷事件再度发生？

资源链接

1. http://www.sda.gov.cn/WS01/CL0006/国家食品药品监督管理局法规文件

2. http://news.sohu.com/20050406/n225039958.shtml 回顾"反应停"事件：全世界诞生约 1.2 万畸形儿

3. http://www.chinanews.com.cn/jk/aqjs/news/2008/02-01/1153392.shtml 国家药监局：今年计划修订 2000 个药品质量标准

4. http://www.niwota.com/riji/19560.html 人用药品注册技术规定国际协调会议（ICH）

5. http://news.pharmnet.com.cn/news/2008/06/10/231116.html 美国 FDA 将采取五项新举措保证进口药品安全

6. http://www.gjmedicine.com/ViewBusi.asp/ItemID=1 注册与报批——欧盟 COS 注册

7. http://www.ycwb.com/myjjb/2008-04/02/content_1849148.htm 欧盟发布新 GMP 指南 引入质量风险管理系统

8. http://info.pharmacy.hc360.com/2006/10/08140542863.shtml 药企需过出口第一关：了解欧盟 GMP 要求

第五章　世界医药市场

学习目标

通过本章的学习，了解世界医药市场的规模、地区分布、世界医药产品、世界主要医药生产企业、医药市场未来发展趋势以及美国、欧盟、日本和其他亚洲国家的医药市场情况。

引导实例

泰诺投毒案

“泰诺”是美国强生公司生产的治疗头痛的止痛胶囊，在美国销路很广，1981年占美国非处方止痛药35.3%的市场份额，1982年泰诺销售额达3.5亿美元，为强生公司贡献了占17%的利润。

1982年秋天，不知名的凶徒出于不可知的目的，将剧毒物质氰化钾注入数瓶美国人最常服用的镇痛药物——泰诺速效胶囊，在短短两天内造成七人死亡。随着新闻媒介的传播，传说在美国各地有25人因氰化物中毒死亡或致病。后来，这一数字增至2000人（实际死亡人数为7人）。无名的恐慌席卷全美，后来有人将此次事件称为美国遭受到的首次生化恐怖袭击。由于泰诺销售网络过于广泛，美国警方一直没有抓到真正的凶手。但泰诺案并未就此完结，围绕着它，一场场人生悲喜剧不断上演：趁机勒索，借祸发财，最令人瞠目结舌的是一幕幕向“泰诺杀人案”学习的投毒模仿秀。

泰诺投毒案之后，食品和药物污染成了最常见也最令美国人头疼的犯罪行为之一。“泰诺”事件后，美国政府和芝加哥地方当局发布了新的药品安全包装规定。早在1983年5月，美国国会通过了新的“泰诺”法案，规定恶意污染公共消费品被视为危害国家安全；美国食品药品管理局也加大了对此类行为的处罚力度，但一切似乎都阻挡不住罪恶的脚步。20年过去，泰诺案仍未告破，强生公司的1000美元奖金仍悬在那里。但人们已不再关心它的结局，更值得关心的是在恐怖袭击成为家常便饭的今天，如何照亮那一颗颗黑暗的人心。

药品是特殊的商品，它关系到千千万万大众的生命和健康，如何保证药品的安全有效，如何监管医药市场的运行，是各国药品管理部门的“终极使命”。

（资料来源：华夏经纬 http://www.huaxia.com/200373/00035834.html，2003年6月16日）

第一节　世界医药市场综述

医药行业与大众的生命和健康息息相关，是世界各国重点发展的行业，同时也是世界经济中增长最快的行业之一。药品巨大的社会效益和经济效益，刺激了制药工业从20世纪下半叶开始快速发展。

一、世界医药市场及地区分布

世界药品生产与药品消费于20世纪50年代开始加速发展，原因是各个治疗领域的新药源源不断地涌现及世界市场的形成与发育。1951～1980年的30年间，世界药品产值由29亿美元增加至790.3亿美元，增长27.25倍，比发展较快的化学工业还要快（同期世界化学工业总产值增长20.3倍）。进入21世纪后，世界医药市场依然保持较高的增长速度，2000年世界药品市场销售规模达3560亿美元，2005年高达6020亿美元（表5-1）。尽管各国政府均在控制医药费用的增长，但由于新药开发、人口结构变化及人们对健康预期的提高，药品市场的增长仍快于经济增长的速度。

表5-1　1998～2005年世界医药市场销售额

指标	1998年	1999年	2000年	2001年	2002年	2003年	2004年	2005年
世界医药市场销售额/亿美元	2980	3310	3560	3900	4270	4970	5590	6020
与前一年相比的增长/%	7	11	11	13	9	10	8	7

（资料来源：中国医药技术与市场，2006-05-15 Vol. 6 No. 3）

根据美国权威信息机构IMS药品监测报告,2006年全球10大医药市场分别为美国、日本、法国、德国、意大利、英国、西班牙、加拿大、中国、巴西。这10个国家是世界药品消费的主要市场,其药物消费情况基本可以反映世界医药市场的状况(表5-2)。

表5-2　2006年全球10大医药市场一览表

国家	销售额/亿美元	增长率/%	占全球销售额比例/%
美国	2614	6	45
日本	577	3	9.9
法国	323	5	5.6
德国	314	6	5.4
意大利	199	8	3.4
英国	194	0	3.3
西班牙	152	7	2.6
加拿大	146	7	2.5
中国	100	14	1.7
巴西	82	14	1.4
小计	4701	—	80.8

(资料来源:2006~2007年的世界医药市场,维普资讯 http://www.cqvip.com)

由此可见,美国是世界药品消费的最大市场,消费额占了世界药品消费的近半壁江山,增长速度(6%)高于世界平均增长率。占世界人口不到15%的美、日、欧三个地区消费的药品就占了这10大市场总额的75.2%,发达国家是医药商品消费的主要市场。在发展中国家,中国和巴西的医药销售增长快速,达到14%,远高于发达国家的增长率,因而跻身于世界医药市场的第9和第10位。

目前,世界药品消费仍然主要集中在发达国家。发达国家之间在医药市场的竞争日益激烈,但美国一直保持着在世界医药市场上的绝对优势。1991~2005年,美国所占的医药市场份额从30%增加到2005年的45%;而欧洲却从34%下降到30%;日本从1991年的16.9%下降到10.7%;亚洲、非洲、大洋洲及中东地区从11.1%上升到12.4%。

在世界医药消费市场中,发达国家消费了80%的药品,而占世界人口85%的发展中国家仅消费全球药品的20%。发达国家与发展中国家相比,人均药品消费水平平均相差12倍以上。中国和美国的人均用药水平相差悬殊,约40倍以上。部分国家和地区的人均药品消费金额如表5-3所示。

表5-3　部分国家地区人均用药水平　　(单位:美元)

国别	美国	加拿大	日本	法国	德国	意大利	英国	匈牙利	波兰	阿根廷
人均药品消费金额	303	205	447	322	256	210	138	32	16	84
国别	巴西	墨西哥	南非	韩国	中国台湾	中国香港	新加坡	马来西亚	泰国	中国内地
人均药品消费金额	24	38	19	118	58	51	47	21	23	7

(资料来源:www.gzii.gov.cn/世界医药市场构成及预测)

二、世界主要医药产品销售情况

在世界范围内,各个治疗领域药品表现各有千秋。按治疗类别划分,2005年销售额位于前10位的产品中有3类(细胞生长抑制剂、血管紧张素II抑制剂、抗精神病药)的增长率超过10%。降胆固醇和甘油三酯药品以324亿美元的销售额稳居第一位(表5-4)。在10类排行榜适应证药物中,只有抗抑郁药销售额有所下降,这主要是因为该类药物中一些品种的专利即将到期。

表5-4　2005年世界医药市场销售额领先的10大治疗品种

类　别	销售额/亿美元	占全球销售份额/%	比上年增长/%
降胆固醇和三酰甘油药品	324	5.8	6.8
细胞生长抑制剂	285	5.1	18.6
抗溃疡药	267	4.8	3.8
抗抑郁药和情绪稳定剂	198	3.5	-3.9
抗精神病药	162	2.9	10.7
血管紧张素Ⅱ抑制剂	142	2.5	18.1
红细胞生成素产品	123	2.2	6.3
钙拮抗药	119	2.1	2.2
抗癫痫药	116	2.1	0.9
口服抗糖尿病药	107	1.9	6.9
领先的治疗品种总计	1843	32.9	7.1

(资料来源:IMS MIDAS, MAT Dec 2005)

从单品种来看,2005 年销售额最高的产品为降血脂药 Lipitor(阿伐他汀),达到 129 亿美元,比上年增长 6.4%。2005 年销售额增长最快的产品是用于治疗哮喘的 Seretide/Advair(沙美特罗/丙酸氟替卡松),其销售额达到 56 亿美元,比 2004 年增长 19%(表 5-5)。

表 5-5 2005 年世界医药市场销售额领先的十大药品

类　别	销售额/亿美元	占全球销售份额/%	与上年相比增长/%
Lipitor(atorvastatin)阿伐他汀	129	2.3	6.4
Plavix(clopidogrel)氯吡格雷	59	1.0	16.0
Nexium(esomeprazole)艾美拉唑	57	1.0	16.7
Seretide/Advair(fluticasone + salmeterol 沙美特罗/丙酸氟替卡松	56	1.0	19.0
Zocor(simvastatin)辛伐他汀	53	0.9	-10.7
Norvasc(amlodipine)氨氯地平	50	0.9	2.5
Zyprexa(olanzapine)奥氮平	47	0.8	-6.8
Risperdal(risperidone)利培酮	40	0.7	12.6
Ogastro/Prevacid(lansoprazole)兰索拉唑	40	0.7	0.9
Effexor(venlafaxine)文拉法辛	38	0.7	1.2
领先的十大品牌药品总计	569	10.1	5.5

(资料来源:IMS MIDAS, MAT Dec 2005)

三、世界制药企业

医药产业是按国际标准划分的 15 类国际化产业之一,被称为"永不衰落的朝阳产业",是个高增长、高投入、高产出、高科技、高竞争、高风险的产业。因此,该产业拥有众多世界闻名的生产企业。

20 世纪末制药界并购浪潮风起云涌,本已十分集中的世界医药工业更加集中到部分跨国医药企业,使得世界制药产业相对垄断的特点显得越加明显。1996 年世界前 10 位的制药企业销售额占全球总额的 34%,前 20 位的企业占 52%。2000 年,前 10 位的制药企业的全球市场占有率达到了 44.2%,前 20 位的制药企业的全球市场占有率达到了 65.1%,集中程度进一步加深。

在美国《财富》杂志对全球企业的排名中,跻身 2004 年世界企业 500 强的制药企业有辉瑞、强生、葛兰素史克等 13 家(表 5-6)。13 家制药企业中有 7 家为美国企业,6 家属欧洲地区,制药业在亚洲首屈一指的日本却榜上无名,可见欧美制药企业,尤其是美国制药企业在世界医药市场上的竞争实力。

表 5-6 2004 年世界 500 强名单中的制药企业(按营业收入)

序号	500 强排名	公司名称	总部	主要业务	营业收入/百万美元
1	77	辉瑞	美国	制药	45 950.0
2	92	强生	美国	制药	41 862.0
3	114	葛兰素史克	英国	制药	35 050.9
4	129	拜耳	德国	化学品	32 331.1
5	193	诺华	瑞士	制药	24 864.0
6	205	罗氏	瑞士	制药	23 212.9
7	222	默克	美国	制药	22 485.9
8	239	百美施贵宝	美国	制药	20 894.0
9	248	安万特	法国	制药	20 162.4
10	254	雅培	美国	制药	19 680.6
11	269	阿斯利康	英国	制药	18 849.0
12	330	惠氏	美国	制药	15 850.6
13	433	礼来	美国	制药	12 582.5

(资料来源:IMS MIDAS Quantum,截至 2004 年 12 月的统计)

2005 年,辉瑞制药继续保持其在全球医药制造业排行榜的龙头地位,由于其部分专利药的陆续到期,其镇痛药物 Bextra(中文名“伐地考昔”)的撤回以及公众对用于治疗关节炎的西乐葆的安全性置疑,辉瑞制药全年销售下降了7%。英国的葛兰素史克销售增加了5%,位居第二(表5-7)。以销售额为统计口径排名的全球10大医药制造企业,均属欧美国家,再次印证了欧美制药企业在世界医药市场的垄断统治地位。

表5-7　2005年全球主要医药制造企业销售统计

排名	列入统计的制造商	所属国家	销售额/10亿美元	增长率/%
1	辉瑞	美国	47.7	-7
2	葛兰素史克	英国	34.9	5
3	赛诺菲-安万特	法国	30.5	8
4	诺华	瑞士	28.7	11
5	强生	美国	25.4	0
6	阿斯利康	英国	24.2	9
7	默沙东	美国	23.6	-3
8	罗氏	瑞士	19.9	17
9	雅培	美国	15.7	9
10	百美施贵宝	美国	14.8	-6

(资料来源:IMS MIDAS Quantum,截至2005年12月的统计)

四、研发和上市新药

制药行业内已形成一个共识,即新产品的上市对于制药企业是至关重要的,可以说研发这个环节造成了世界制药企业的核心竞争力的差异。有鉴于此,制药企业每年的研发费用节节攀升。1980年全球制药企业用于研发的费用仅为2亿美元,占销售收入的比例为11.9%,至2000年,全球研发费用已升至260亿美元,占销售收入的比例升至20.3%。随着制药企业兼并风愈演愈烈,制药企业的规模也越来越大,研发的投入也创出新高。2004年全球新药研发资金居于首位的是辉瑞公司,研发投入76.8亿美元,占销售收入的15%;排在第2位的是葛兰素史克公司,研发资金投入52亿美元。全球前300家R&D投资公司中有39家制药公司,其中15家在美国,12家在日本,4家在德国,3家在英国,3家在瑞士,另外2家是丹麦的诺和诺德公司和爱尔兰Elan公司。

从上市新药的地域分布上看,美国居于新药研发地和上市所在地排序中的首位,英国、法国、德国、瑞士等欧洲国家以及亚洲的日本处于第二集团的位置(表5-8)。2004年上市的新药中有66.7%是由美国公司研制的;2005年在美国上市的新药数量占所有上市新药的50%。英国及其他主要欧盟国家每年上市新药的数量则呈现下滑的态势。但随着近年来国际制药企业间兼并与重组局势风起云涌,新药研发和上市地点的国家界限已经越来越模糊。

表5-8　部分国家上市新药数量比较　(单位:个)

年份	美国	英国	法国	德国	瑞典	瑞士	日本
1996	18	3	3	4	2	1	5
1998	22	3	2	5	0	5	4
2000	16	4	2	2	2	3	4
2003	20	4	1	1	1	5	2
2005	10	1	1	0	1	2	5

(资料来源:1996~2005年全球上市新药研发趋势及分析,药学进展,2007年第31卷第5期,第228页)

新药研发的方向与人类疾病谱的改变和临床治疗的需求密不可分。现代社会紧张的生活节奏和激烈的工作竞争,增加了精神疾病的发病率,心脑血管病、阿尔茨海默病(俗称老年痴呆)和帕金森病的发病率也日益增多;新的传染病如AIDS和新型肝炎病毒感染所造成的疾病不断出现;而肿瘤已经成为当今公众健康、人类生命的头号杀手,每年罹患癌症的人数不断增加,且目前还未找到真正安全、有效的治疗方法。因此,治疗这些疾病的药物成为近10年来新药研究的热点。表5-9列出了1996~2005年世界市场上市的新药情况。

表 5-9　1996~2005 年全球上市的各类新药数量　（单位：个）

年份	抗感染药	抗肿瘤药	神经精神药物	心血管药	消化系统药物
1996	10	8	11	2	0
1997	13	4	10	9	4
1998	11	2	2	6	6
1999	9	5	0	5	4
2000	12	6	9	0	7
2001	8	6	3	2	0
2002	8	6	5	6	0
2003	7	7	0	3	0
2004	1	8	2	1	3
2005	4	3	1	0	0
小计	83	55	43	34	24

（资料来源：1996~2005 年全球上市新药研发趋势及分析，药学进展，2007 年第 31 卷第 5 期，第 228 页）

从 1996 年至 2005 年，上市品种最多的药物类别依次为抗感染药物、抗肿瘤药物、神经与精神系统用药、心血管系统用药和消化系统用药。作用于神经与精神系统、心血管系统、消化系统的新药每年上市的数量基本持平。伴随着人们健康意识的增强和用药观念的更新，当今在研发新药时更为关注的是用药者的“生活质量”，因此研发重点已从“治疗型”药物逐渐向能改善病人生活质量的“改善型”药物转移。

五、世界医药市场发展趋势分析

（一）全球医药市场仍持续稳定增长，在全球贸易中的地位日益突出

进入 21 世纪，全球药品市场约以世界经济发展速度的两倍稳步增长。20 世纪 70 年代，世界医药产业产值年均增长 13%，80 年代为 8.5%，90 年代为 7.5%，预计 2001~2010 年仍会维持在 7%左右。

全球制药行业分工日益细化、产业转移和外包快速发展、到期专利药市场庞大，由此推动了药品贸易的快速发展。根据世界贸易组织的统计数据，2000 年以来全球年均贸易增长率在 9.1%左右，而同期药品的年均贸易增长速度是 22.7%左右，高于前者约 13 个百分点，也大大高于同期的纺织品（5.9%）和服装（6.9%）的全球年均贸易增速。从贸易量来看，2004 年全球药品贸易达到 2468.48 亿美元，超过纺织品的贸易量（1947.32 亿美元），接近服装（2580.97 亿美元）和钢铁（2658.63 亿美元）的贸易量。2005 年全球药品贸易突破 3000 亿美元。医药贸易增长势头强劲，在全球贸易中的地位日益突出。

（二）医药经济发展全球化

随着经济全球化的发展，国际竞争日趋激烈。跨国公司为了增强国际竞争力，通过大规模的联合与兼并等资本运作，建立全球性的生产与销售网络，扩大市场份额。一是表现在生产的全球化，各大制药企业通过兼并、合作以及在世界各地开办全资及合资企业，将生产网点扩展到世界各地，尤其是在对中国等新兴市场的开发上，开办独资、合资公司的方式得到了广泛的采用；在对成熟市场的进入上，如欧洲制药公司进入日本市场，则更多地采用对当地企业收购兼并、或与之合作的方式。生产全球化也表现为制药行业全球分工和地区日益变得专业化上，如中国和印度逐渐成为世界原料生产基地，而一大批新兴的生物技术公司将新药开发作为己任。二是表现在销售上，建立全球性的生产与销售网络，扩大市场份额，尤其表现在新药的全球推广上，各大制药企业为了能在专利期内最大限度地谋取利润，无不在新药一上市即向全球推广。互联网技术的兴起也为全球销售提供了便利。

（三）兼并使制药企业行业集中度进一步提高

由于制药业具有高投入、高技术、高风险的特征，世界医药市场一直被少数发达国家和跨国制药企业所垄断，前 100 家世界性医药企业供应着全球药品的 80%，前 25 家企业控制着 50%的市场。近年来风起云涌的兼并、重组浪潮使制药企业的规模进一步扩大。比如，通过与华纳-兰伯特的合并，辉瑞制药公司在全球企业中的排位由 1999 年的 37 位上升到 2000 年的第 4 位，市值猛增到 2639.96 亿美元；GSK 从 500

强外升至19位，市值达1604.06亿美元；美国家用产品公司由1999年的103位上升到2000年的63位，市值升至734.97亿美元。

21世纪之初，医药行业的兼并浪潮虽有趋缓，但医药行业的集中程度仍在加大。这种趋势同医药行业的高投入、高风险的特性密切相关，因此也是行业发展的必然规律。

（四）药品消费结构不断变化

20世纪80年代以后，由于世界各国工业化进程的加快和国民生活水平的普遍提高，以及饮食的改善和人的寿命的延长，许多疾病如高血脂、肥胖病、心血管疾病、糖尿病、抑郁症等疾病日益突出。这些疾病使得药品消费结构逐渐发生了变化。

未来药品消费有以下发展趋势：一是心血管药物所占比重逐年增加，而抗感染药物有下降的趋势；二是老年疾病及妇女儿童用药的市场发展速度在增加；三是预防药物、保健食品（也称功能性食品）的发展持续升温；四是天然药物（主要指植物药）发展潜力大，使得我国的中药前景更为广阔；五是精神、心理疾病治疗药物需求有增长趋势；六是为了减少住院的病人数，缓解住院病床的负担，同时节约病人和政府对医疗费用的支出，将住院治疗改为门诊治疗的新药有着潜在的市场前景；七是随着一大批专利药品专利到期，通用名药消费市场将有所扩大。

（五）生物技术制药和天然药物前景广阔

由于生物技术的迅猛发展、医药消费结构的变化以及药物本身的安全性能要求，化学药品在药物市场中的统治地位正受到严重挑战，生物类新兴药物将在药品市场中迅速崛起，生物药物已成为药物研发的重中之重。同时，越来越多的高新技术和生物技术将应用于天然药材的种质改良当中，天然药物将获得更为快速的增长。预计到2010年，生物药物的份额将提高到18%以上，天然药物的市场份额将增加到7%左右。

（六）通用名药市场巨大

随着一大批畅销药物专利保护的到期，通用名药市场呈现出前所未有的繁荣景象。由于通用名药品是专利期已过的药品，它将以大众化的价格来满足广大居民的医疗需要。

全世界现在都把发展通用名药作为解决不断增加的医疗费用问题的一种手段。欧美诸国在通用名药物的生产、销售的相关法律程序上也出现了松动的迹象。这对于今后的通用名药品市场来讲无疑拥有巨大的市场潜力。

信息柜

TEVA是世界上最大的仿制药企业集团，世界制药企业20强之一，2004年全球销售收入47.99亿美元，利润9.65亿美元。TEVA核心业务主要集中在非专利药品（即仿制药）和活性药物成分（原料药）领域，该公司总部设在以色列，在北美、欧洲和以色列分别设有生产及销售公司，在世界生物医药界声名显赫。自2005年以来，TEVA制药集团为了开发中国市场，注资近7000万元控股天津华立达生物工程有限公司。TEVA制药集团利用华立达作为其开发中国及国际市场窗口，对于华立达的发展无疑是一个巨大的契机，同时对我国仿制药进入国际主流市场将产生深远的影响，并且也将带动滨海新区及环渤海区域生物医药协调发展。

（资料来源：http://www.enorth.com.cn 北方网 2005-03-05）

第二节　美国医药市场

美国经济高度发达，多种工农业产品居世界前列，生产的现代化程度高，国民生产总值居世界第一位。虽然近年国际竞争激烈，地位有所下降，但仍然是世界头号经济大国。谈到医药市场，毫无疑问，美国是当今世界上最大的药品消费市场。

21世纪初美国上市的新药较少，没有再现1998年的Viagra和1999年的Celebrex等药物的辉煌，但美国医药市场仍保持旺盛的景象，2000年总额约为1400亿美元，开具的处方张数为28.5亿张；2001年医药市场零售额达到了1545亿美元，同比增长17.1%，美国处方药零售市场连续4年增幅超过了17%。从1997年到2001年这短短的5年中，美国处方药零售几乎增加了1倍（表5-10）。

表5-10　美国1997~2001年处方药零售额

（单位：亿美元）

时间	1997年	1998年	1999年	2000年	2001年
处方药零售额	789	934	1111	1319	1545

（资料来源：黄东临．2001年.美国处方药市场迅速增长又一年.国外医药——合成药、生化药、制剂分册）

近期美国医药市场继续增长主要是由以下因素造成的：

1）美国宏观经济继续保持良好态势，全美人口老龄化问题日益突出，亚健康和许多慢性病的发病率和影响范围也在增加，而这些慢性病的治疗药物必须长期服用，甚至终身用药。

2）医生治疗慢性病的用药范围越来越大。1999年，每100个病人的处方中共包括了146种药物，高于1985年的109种，这为医药品销售的增长打下了坚实的基础。

3）美国的医疗保险制度覆盖了更多的处方药费用，这大大地降低了病人购买处方药的财务负担，提高了处方药的需求。

4）新批准的高价药品对医生和消费者的影响力越来越大，它们纷纷替代了原来的廉价常用药，导致处方药销售增长。2000年美国平均每张药品处方金额为45.27美元，而2001年涨至49.84美元。

5）制药企业营销模式的改变导致药物销售量的增加。如许多制药企业将一些老产品通过重新申请新适应证或新剂型，再次推向市场，收到了非常好的效果。另外，正在全美风行的DTC（direct-to-consumer）营销模式，也为消费者提供了更为便捷的购药途径。

从直接原因分析，处方总量增加、药价上涨和高价药替代廉价药是美国医药市场保持持续增加的主要因素。

2001年美国最畅销的药品是Lipitor（阿伐他汀），年度总销售额为45亿美元，比2000年的37亿美元增长了22%。阿斯特拉/捷利康的Prilosec（奥美拉唑）由于在美国的专利期满，销量下挫，达39.99亿美元。

信息框

DTC（direct-to-consumer）是指直接面对消费者的营销模式，它包括任何以终端消费者为目标而进行的传播活动。对医药市场而言，终端消费者有可能是患者本人、患者的朋友和亲属，也可能是医疗服务人员或者公众。

在美国，几乎所有的大型制药公司都不同程度地采用这种新型的营销模式。DTC营销日渐盛行的主要原因有：

1）患者主动地参与到自身的医疗保健中来。他们积极搜寻与病症相关的治疗信息和药品，并向医生询问病情和治疗方案。

2）Internet的持续发展为消费者教育提供可能。成千上万的患者通过网络就能快速、方便地找到大量丰富的医疗信息。

其他表现出色的产品还有TAP（日本武田与雅培的合资企业）的质子泵抑制Prevacid（兰索拉唑），31.96亿美元。最畅销的前10位药品还包括Zocor（辛伐他汀）、Celebrex（西乐葆）、Zoloft（舍曲林）、Paxil（盐酸帕罗西汀）、Vioxx（罗非考昔）、Prozac（氟西汀）、Augmentin（阿莫西林-克拉维酸钾）（表5-11）。

表5-11　2001年美国医药市场零售额领先的前20位药品　（单位：千美元）

排名	1	2	3	4	5	6	7	8	9	10
产品名称	阿伐他汀 Lipitor	奥美拉唑 Prilosec	兰索拉唑 Prevacid	辛伐他汀 Zocor	西乐葆 Celebrex	舍曲林 Zoloft	盐酸帕罗西汀 Paxil	罗非考昔 Vioxx	氟西汀 Prozac	阿莫西林-克拉维酸钾 Augmentin
总零售额	4 517 478	3 999 001	3 195 795	2 739 193	2 387 217	2 152 547	2 124 120	2 026 156	1 993 826	1 873 078
排名	11	12	13	14	15	16	17	18	19	20
产品名称	氯雷他定 Claritin	奥氮平 Zyprexa	络活喜 Norvasc	格华止 Glucophage	奥施康定 OxyContin	加巴喷丁 Neurontin	普拉固 Pravachol	共轭雌激素 Premarin Tabs	维思适 Risperdal	安非他酮 Wellbutrin SR
总零售额	1 869 702	1 823 417	1 766 534	1 734 449	1 485 974	1 485 674	1 420 135	1 240 435	1 188 260	1 185 924

（资料来源：中国药网 > 市场快讯 > 2001年美国医药市场零售额领先的前200位药品）

非专利药成为美国医药市场的另一个亮点。2001年最畅销的非专利药物前5位分别为氢可酮-对乙酰氨基酚、盐酸氟西汀、盐酸雷尼替丁、沙丁胺醇气雾剂、阿普唑仑。它们的销售总额为39亿美元，增长率达到了50%。此外，在被统计的各类药物中，4个药物类别的最畅销药品均为非专利药，分别是β-阻滞剂阿替洛尔、支气管扩张药沙丁醇胺、抗焦虑药阿普唑仑和细胞生长抑制剂他莫昔芬。

第三节 欧盟医药市场

欧洲医药市场是最不容忽视的国际医药市场之一。欧盟共有27个成员国。欧洲药典委员会有30余个成员国并在世界各地有16个观察员国,基本涵盖了世界主要医药产品市场。欧洲有大约5亿人的直接消费人口,是世界上向外输出药品制剂最大的地区和最大的原料药进口市场之一。

一、欧洲医药市场概况

欧洲制药工业发达且历史悠久,集中了很多世界主要跨国制药企业,成为世界上向外输出药品制剂最多的地区。随着欧洲逐渐一体化,欧盟版图不断扩大,作为一个整体,它正成为世界上最大的原料药进口市场之一,也是我国众多原料药生产厂家的重要目标市场。

欧洲国家一般较小,经济市场一体化一直是大势所趋,进程在不断加速。早在1964年,欧共体成立了统一的公共卫生委员会(Public Health Committee)和欧洲药典委员会(Committee of European Pharmacopoeia),颁布了在所有成员国内都具有法律效力的《欧洲药典》。欧洲药典委员会也由最初的8个成员国发展到现在30余个成员国,基本上涵盖了欧洲的主要国家。在公共卫生委员会和欧洲药典委员会的协调和规范下,近几年欧洲的医药管理体制和法规发生了明显的变化。对成员国以外的医药产品进入成员国市场的管制政策做出了相应的调整。

欧洲市场1998年人均用药水平较高的为:法国340欧元,瑞士330欧元,德国280欧元,瑞典270欧元,比利时270欧元,意大利235欧元,英国215欧元,奥地利215欧元,芬兰210欧元,荷兰195欧元,葡萄牙190欧元,西班牙185欧元,丹麦180欧元。

二、欧盟主要成员国医药市场介绍

(一)法国的医药市场

根据法国国家统计局以及法国制药工业协会2002年4月公布的统计资料,法国药品生产仍是欧盟第一位,世界第三位。该行业当时相关统计信息如下:

2001年制药企业数量(指生产和销售至少1种人用药品的企业)减少至300家,生物制药企业数量为250家。2000年该行业从业人员共计95300人,其中,生产人员占35.8%,销售人员占31.3%,管理人员占17.8%,研发人员占15.1%。

2001年该行业共实现营业额315.36亿欧元,其中法国国内186.75亿欧元,出口128.61亿欧元。营业额的74.2%由批发商实现,9.3%由药店实现,16.5%由医院实现。

2001年,全法国共计有4340种成品药以7650种包装形式在市场上销售。1999年,制药企业的研发费用上升到总营业额的14.6%,即35亿欧元。

2001年法国药品出口金额128.61亿欧元,进口73.08亿欧元。

2000年全法国医疗费用达1206亿欧元,其中,药品消费占全部医疗开支的20.8%,医院和诊室费用占45.8%,医生和牙医费用占18%,辅助诊疗费占8.4%,眼科配镜费占5.4%,病人运输费占1.6%。2000年,平均每人每年消费药品414欧元。

(二)英国的医药市场

英国1998~2002年药品市场销售额约增长23%,2002年达99亿英镑(约合161.1亿美元)。据报道,尽管近年来经济增长缓慢,加之受1999年底政府修订药价调整方案和2001年废除维持再售价格(RPM)法规的影响,2000年和2001年英国药市受到冲击,增长率轻微下降至5%,但就总体而言5年中升势稳定,平均年增幅达6%。

在1998~2002年,英国内服非处方药销售额增长17%,2002年达18.6亿英镑,约占英国总内服药市场的20%,其中止痛药份额最大,约占总OTC市场的15%。同期内服处方药销售额增长24%,2002年达80亿英镑,其中国家健康服务体系(NHS)处方数超过上年。

1998~2001年英格兰地区处方数增长1%,达5.87亿张,威尔士增长18%,达4600万张,苏格兰增长15%,达6300万张,北爱尔兰自治区增长最慢,2001年处方数仅2400万张。

值得关注的是,在英国通用药名的处方比例非常高。政府的意图是将这一比例提得更高,并设定了72%的通用名药物处方目标。

(三)荷兰的医药市场

2000年,荷兰全国健康护理费用为340亿美元,占国民生产总值的8.9%,药品费用为31.50亿美元,医疗费用占社会消费品零售总额的0.82%。

荷兰现有社会零售药店约1600家,其中连锁药店200余家,加盟连锁店630余家,独立药房800余家,另有非处方药药房5000家。

2000年荷兰的药品批发市场规模为32.4亿荷兰盾。三大药品批发商占了70%的市场份额,按规模排依次为 OPS、Interpharm、BroCACEF；小的药品批发商占 20%的市场份额；药厂直销约占市场的 10%。荷兰共有较大的药厂 60 家，其中 10 家为进口药品分装厂。

（四）丹麦的医药市场

2001 年，丹麦医药工业总产值为 315 亿丹麦克朗，其中 90%的医药产品被出口到 179 个国家和地区。丹麦主要出口的医药产品是胰岛素、其他荷尔蒙制品、抗生素、制剂等。2001 年，丹麦医药进口 91 亿丹麦克朗，比上年下降 24%。主要进口产品有维生素及其制剂、抗生素、荷尔蒙和胰岛素等。

2001 年，丹麦市场人体用药的供应主要来自 107 家制药公司，其中 8 家为平行进口商。除此之外，私人药房和医院的附属药房也可销售自产药品。丹麦医药分销体系是十分严谨、可靠的。丹麦的三家批发商向各医院、药房及 AMGROS（专门为哥本哈根和 9 家县医院采购药品的机构）提供药品。丹麦药品批发商的利润在欧洲是很低的，只有 7%左右。直接面向普通销售者和医生的药品只能由遍布全国的 288 家药房以及 17 家医院附属药房提供。药房的设置须得到丹麦卫生部的批准。

丹麦医药领域业务集中现象十分明显。2001 年，营业额排在前五名的公司销售额占市场份额的 32%，前 25 名公司销售额占市场份额达 79%。

2000 年，丹麦大众消费的药品主要种类分布是：治疗中枢神经系统疾病药物占销售总量的 25%，心血管疾病用药占 14%，消化系统疾病用药占 11%，呼吸道疾病用药占 11%，抗感染药物占 9%，血液及造血器官用药占 6%左右。

在处方药中，消化系统药物占 21%，中枢神经系统药物占 34%，呼吸系统药物占 19%。从整个欧洲人均药品消费量来看，丹麦略低于平均水平。消费量最高的是法国、瑞士，较低的是希腊和爱尔兰。

第四节　日本医药市场

日本是仅次于美国、欧洲的世界第三大医药市场。

一、日本医药市场概况

尽管是世界上的第三大市场，在最近几年中，日本医药市场经历了一定的动荡。一方面随着日本经济的衰退，保健系统的改革导致药品价格和处方的下降；另一方面，西方制药巨头在全球的扩张导致竞争加剧，日本在全球范围内合同的丧失和市场份额的缩减，使得在 1997 年到 2000 年期间，增长幅度持续下降。

日本医药市场在 2000 年增长了 3.9%，价值达 480 亿美元。最强劲的增长是在 1998 年，当时该市场增长了 4.8%。

进入 21 世纪，日本医药市场又经历了一次严峻的考验。日本厚生劳动省决定，为了抑制医疗费膨胀，从 2002 年 4 月 1 日起，政府规定的医药价格平均下调 6.3%。据估算，2002 年的这次降价将使日本国内医疗费总额减少 1.3%。日本国内医药品市场规模为 6 万亿日元，调价后将减少 4000 亿日元。

日本通用名药物市场在 2000 年增长了 3.9%，价值达 58.37 亿美元。日本通用名药物市场一直是由日本国内公司所把持，外国公司在这个市场中的存在是微不足道的。在日本，尽管厚生劳动省近年来也鼓励临床上广泛应用通用名药物，但是，通用名药物对专利品种的竞争远不如其他一些国家那么严重。目前，通用名药物只占据了日本药品市场大约 7%的市场份额。

日本非处方药（OTC）市场在 2000 年增长了 1.4%，达 174.72 亿美元。

二、日本的制药企业

日本排名前 10 位的制药公司分别是武田、卫材、三共、盐野义、山之内、藤泽、第一制药、大初、三菱制药和中外制药。2005 年 4 月，销售额在日本排名第 3 的制药企业的山之内制药（东京）和位居第 5 的藤泽药品工业（大阪）宣布两家公司已达成合并协议。合并后新公司的研发预算高达 1400 亿日元，年销售额超过 8000 亿日元，仅次于排名第一的武田工业株式会社，合并后的新公司规模在全球排名第 17。日本行业专家认为：山之内收购藤泽是制药业界的重大交易，预计以后还有更多的收购兼并。

信息框

日本主要制药企业介绍

1. 武田制药（Takeda）

武田制药是一家以研发为基础的制药公司，也是日本最大的制药公司。2000 财政年公司销售额为 87.09 亿美元，增长 9.3%：其中药品销售额（含 OTC）64.13 亿美元，增长 13.8%；纯收益 11.29 亿美元，增长 30.4%；每股收益 1.28 美元，增长 30.9%；研发费用 7.29 亿美元，与去年同期相比下降了 3.5%。公司的主要产品有：兰索拉唑（lansooprazole，Prevacid）、亮丙瑞林（leuprorelin，Leuplin）、伏格列波糖（voglibose，Basen）和头孢替安(cefotiam,Pansporin)。口服抗糖尿病药吡格拉酮(pioglitaznone,Actos)自从1999年12月在日本上市以来销售额的强势增长,帮助抵消了武田公司因卷入北美维生素协议丑闻而受罚逾亿美元的额外损失,而自1999年6月上市以来的血管紧张素Ⅱ拮抗剂坎地沙坦(candesartan),则获得了近亿美元的国内销售额。武田制药在中国同天津力生制药厂合资成立了天津武田药品有限公司,并得到GMP认证。

2. 三共株式会社(Sankyo)

三共株式会社是一家专业从事各种药品、医疗器具及相关产品研究、开发、生产和经营的综合性制药企业,有一百余年生产药品的历史,1949年在东京证券交易所上市。在日本医药行业位居第2位,总部的从业人员约7000名,三共集团包括海外分、子公司共有74家,从业人员总数约达15 000人。由于药品市场的销售不力,加之日元的疲软和降血糖药曲格列酮(troglitazone,Noscal)停止销售造成的损失,2000财政年公司的销售额下降了4.2%,为55.63亿美元;其中药品销售额下降4.5%,为43.04亿美元;纯收益下降了35.9%,为4.04亿美元;每股收益0.88美元,下降了35.9%;研发费用达6.08亿美元,增长2.9%。公司的主要产品有:日本第一畅销药之称的普伐他汀(pravastatin,Mevalotin)、非甾体抗炎药氯索洛芬(loxoprofen,Loxonin)和替莫普利(temocapril,Acecol)。

三共株式会社和上海张江高科技园区开发股份有限公司合资成立了上海三共制药有限公司,投资总额2950万美元,注册资本2500万美元,占地面积50 000平方米,合作期限30年。公司将以日本三共最先进的平琢制剂工厂为样板,引进高度自动化的生产设备、品质试验设备、包装设备和仓库设备,按照中国的GMP要求和WHO以及日本的GMP标准,建设世界一流水平的制剂工厂。公司的经营范围是:研究、开发、生产心脑血管、呼吸系统、消炎镇痛、头孢类抗生素和肝功能改善类药品,销售自产的产品,提供技术咨询及售后服务。本公司首期预定生产的三共自主开发的药品有:具有国际先进水平的高血脂症治疗剂美百乐镇,非甾体类解热、消炎、镇痛剂乐松,口服第三代头孢类抗生素搏拿,安全有效的止咳平喘复方制剂阿斯美,肝功能改善剂理倍奥,目前正在日本、欧美进行Ⅲ期临床试验的新药,血管紧张素Ⅱ抑制剂(降压药)CS-866。

3. 日本盐野义制药株式会社

日本盐野义制药株式会社,1878年创立于日本大阪,目前设有中央研究所、神崎川研究所、医学科学研究所、油日实验农场及杭濑、摄津、赤穗、金崎等四个工厂。2000财政年公司的销售收入37.71亿美元,增长7.6%;其中药品销售额34.84亿美元,增长7.7%;纯收益1.21亿美元,增长31.2%;每股收益0.35美元,增长32.7%;研发费用2.55亿美元,增长2.48%。公司的主要产品有:头孢卡品(cefcapene,Flomox)、万古霉素(vancomycin)和氟氧头孢钠(flomoxef,Flumarin)。

三、日本医药市场的对外开放

日本医药市场长期以来一直是一个相对封闭的市场。在过去几十年里,日本总是顽固地拒绝向西方开放其医药市场,西方跨国制药公司虽然一直觊觎日本的医药市场,但面对日本政府的新"闭关锁国"政策也只能徒呼奈何。究其原因,是日本的医药工业起点与欧美发达国家相比较低,以及在西药(化学合成药)研制方面与西方大公司有较大差距。一旦放开市场,西方的畅销专利药物将如潮水般涌入日本市场,对日本本土医药工业冲击较大。日本医药工业惟一的优势是其发酵工业。日本拥有全球第一位的谷氨酸(味精)发酵能力。日本协和发酵株式会社能生产几乎所有的氨基酸产品。但与产销量极大的处方药相比,氨基酸产品在国际市场上毕竟属于"小品种",难以将市场"做大"。

日本政府的保护政策直接导致日本在国际医药市场上所占份额不断萎缩。1999年,日本医药工业总产值约占国际医药工业的17.3%,而2001年已下降至13%,2002年为12%。日本10大制药公司2001年用于科研开发的经费合计仅8.25亿美元,只及美国辉瑞公司同年新药开发经费(44.35亿美元)的1/5。投入的不足导致日本制药工业在新化学药物的研制方面大大落后于美国和欧洲的大公司。

由于日本制药公司的经济效益每况愈下以及产品在国际市场上缺乏竞争力,日本政府有关部门终于痛下决心要改变日本医药工业的"自闭性"现状,向西方资本打开大门。据日本通商产业省公布的《日本制药工业展望》书中透露,日本政府建议本国的制药公司与西方公司合并,放开国内的市场,以此换取西方制药工业的新技术与新产品进入日本。

日本政府的上述报告公布后引起西方跨国制药公司的强烈反响。2001年年底，瑞士罗氏公司宣布，其在日本的子公司——日本罗氏将与日本中外制药公司合并，共同组成一个以研究为导向的全功能跨国制药公司。在这家新公司中，罗氏因拥有50.1%的股份而取得控股权。这种由国外公司掌握合资企业控股权的情况在日本制药行业还是第一次出现。新公司仍然以中外制药公司命名，并将继续在东京股票交易所上市。据统计，新成立的中外制药公司的销售总额约为2530亿日元(34亿瑞士法郎)，位列当时日本药品市场第4位。同时，罗氏公司也借此兼并行动重新进入世界10大制药企业排行榜。

在2004年早期，日本市场中5大国外制药公司的销售人员总数已经达到9030名，而相对应的日本国内厂商的销售代表人数则只有6500名。而且，国外制药公司在日本药品市场的份额同时也取得了一定的增长，2002年，美国和欧洲制药厂商取得了日本药品市场38%的份额，较2000年的32%有所提高。

不过，在日本，跨国制药公司依然会遇到许多挑战。例如，日本的企业文化与西方国家大相径庭。在日本，股东对企业运作的决定权很小(这也是日本本土公司之间很少合并的其中一个重要原因)。另外，日本公司常常会制定长远目标，其计划甚至会考虑到30年后发生的事情，而西方企业通常只制定为期3~5年的中期计划。从销售代表的工作效率这方面来比较，外国公司的销售代表似乎比日本本土公司的同行们略逊一筹。

第五节　亚洲其他医药市场

亚洲是世界第一大洲，有近50个国家与地区以及34亿多人口，占全球人口的一半左右。第二次世界大战结束后，其经济已发生了天翻地覆的变化，大部分国家均已建立起本国的医药工业体系。就目前亚洲各国医药工业发展水平而言，大体上它们可划分为“三个世界”。

日本：“第一世界”当然是日本的制药工业。早在20世纪90年代初，日本医药工业总产值已突破10万亿日元。除极少数品种外，日本几乎能生产所有国际市场上销售的药物。此外，日本在抗生素与氨基酸发酵技术方面长期以来居世界领先地位。日本医药市场排名仅次于美国、欧洲，居全球第3位。

亚洲医药工业中的“第二世界”为中国、印度、韩国、新加坡、泰国、马来西亚与菲律宾。这些国家与地区的医药工业虽较为发达，但医药工业总量相差悬殊。其共同特点是，医药工业发展速度迅猛，出口药品均占本国医药工业产值较大的份额。

中国(内地)、印度：目前中印已成为世界公认的原料药生产与输出大国。中国已能提供1400种以上的原料药产品，其中青霉素、维生素C、四环素、林可霉素、庆大霉素、扑热息痛、阿司匹林以及印度生产的布洛芬等几种产品甚至可以左右国际医药市场上同类产品的价格。中、印两国已成为欧美发达国家某些原料药的加工基地。

20世纪80年代以来，“亚洲四小龙”(韩国、新加坡和中国台湾、香港)的医药工业的超高速发展同样令全世界感到惊异。

韩国：在20世纪90年代之初国内医药工业总产值约为7.08亿美元，而10年之后韩国医药工业总产值已翻了一番，达到25亿美元。韩国制药业在半合成头孢菌素生产技术与成本方面在亚洲可谓是一枝独秀，韩国至今仍为我国头孢菌素及其原料7-ACA最大的国际供货商。

新加坡：现已建立起独立的医药工业体系。新加坡生产的药品不仅供本国居民消费，还大量出口至其他东南亚(东盟)国家以及中东和西亚地区。新加坡只有200多万人口，其医药市场销售额只有8000多万新加坡元，但医药工业总产值估计在2亿~3亿美元。

中国台湾：中国台湾省的医药工业从20世纪50年代开始起步，至90年代末其医药工业总产值已接近约25亿美元。考虑到岛上人口仅2000多万，这已是相当了不起的成就，中国内地医药工业总产值不过在200亿~300亿美元。有关统计资料表明，台湾生产的原料药与制剂约有4成左右出口至包括美国、欧洲以及与台湾保持经济往来的部分中南美国家、沙特阿拉伯、南非共和国和东南亚地区。可以认为，中国台湾的医药工业与台湾其他产业一样属于外向型经济。鉴于岛上资源的匮乏以及人力费用的高昂，台湾企业界已从2000年开始逐步将部分制剂工厂西迁至大陆生产以期降低生产成本。

中国香港：香港的制药业基本上是制剂加工业，本港几乎不生产任何抗生素原料药或其他西药原料药。全港药业所需原料药基本上仰仗海外进口。香港居民普遍相信中医药，故中成药生产为香港药业一大特色，其品种繁多。

菲律宾：菲律宾堪称东南亚地区新兴医药工业的发展典范。1990年其医药工业总产值约为6.08亿美元，至2000年医药工业总产值已逾15亿美元，年增长率达10%以上，这在东南亚国家已属相当高的发展速度。据菲律宾工商产业部统计，该国约有1000多家注册医药公司，其中只有300多家为制药企业，其余均为从事医药批发或零售的商业企业。截止 2000 年底,菲律宾已能生产 3678 种药品,7000~8000 种医药制剂。菲律宾规模最大的 20 家制药公司生产的药品约占本国医药市场的 35%左右。毫无疑问,其医药工业规模与发达程度排名已在越南、泰国、新加坡之上,仅次于中国台湾。

印度尼西亚:印度尼西亚有近 1.5 亿人。至今印尼已能生产 3000 多种药品,但大部分为合资企业所生产。印尼医药工业产值仅次于菲律宾,在东南亚地区居第 3 位。印尼医药工业不像新加坡、中国台湾和菲律宾的医药工业那样属于外向型医药工业,可以认为印尼制药业是属于自给自足的内向型医药工业。

海湾 6 国:海湾 6 国(沙特阿拉伯、阿联酋、约旦、卡塔尔、巴林和阿曼)除沙特拥有几家制药公司可以生产一些制剂外,其余 5 国均为纯药品输入国。海湾地区尚未建立起完善的医药工业体系。

1999 年海湾 6 国从西方进口的药品总价值高达 20 亿美元以上。中国和印度虽为亚洲制药工业强国,但仅有少量原料药能打入富裕的海湾国家医药市场。可以肯定,海湾医药市场对我国来说应是努力争取的对象之一。据推测:目前伊朗国内医药市场规模大致在 3 亿~5 亿美元。该国仍需从海外进口部分药品以满足国内医疗事业的需求。

"第三世界"为尼泊尔、不丹、阿富汗、蒙古、孟加拉国和柬埔寨,这些国家一直在接受西方国家的药品援助。

本章小结

本章介绍了世界医药市场发展情况及地区分布、世界医药产品、世界制药企业及研发情况,并分析了未来世界医药市场的 7 大发展趋势;并分别介绍了美国、欧盟、日本和其他亚洲国家医药市场的具体情况。

本章思考题

1. 未来医药市场会呈现什么样的发展趋势?

2. 分析世界各大医药企业的研发经费投入情况,并指出是什么原因导致制药行业居高不下的研发投入。

3. 试介绍亚洲各国医药市场发展情况。

案例分析

诺华缘何争当"世界头号"

2005 年 2 月 21 日,总部在瑞士巴塞尔的全球制药业巨擘诺华集团传出了一个令业内外震惊的消息:集团麾下的山德士公司将以 56.5 亿欧元现金收购德国排名第二的赫素制药公司全部股份和美国 EONLABS 公司 66.7%的股份。此外,诺华集团还准备斥资 7.8 亿欧元,以每股 31 美元的价格收购 EONLABS 公司其余所有股份。一旦诺华集团完成对两家公司的兼并重组,将超过以色列的 TEVA 制药公司,成为全球最大的非专利药生产商。

收购两家外国公司使人想起 1996 年巴塞尔两大化学公司汽巴-嘉基和山德士兼并重组,组建诺华的历史。当时,诺华的诞生被称为世界化工史上最大的优势企业组合。一般来说,企业兼并往往是强的一方兼并弱小的一方,而当时两家化工企业都处于发展的巅峰阶段,年增长率达到 12%。然而,两家公司的决策者们没有被眼前的效益所迷惑,而是将目光投向更远。时任山德士管理委员会主席的莫雷曾表示,一个企业要发展,必须具有超前战略,以应对全球医药企业的强烈竞争。合并前的 1988 年,全球 25%的市场掌握在 10 家大企业手中,汽巴-嘉基排名第 3,山德士排第 10。到了 1994 年,汽巴-嘉基仍保留在前 10 位行列中,而山德士则被挤出前 10 名,列第 14 位。同在一座城市,两强相争必有一伤,不仅会造成科研力量和财政的巨大浪费,而且对双方长远发展都不利,而强强联手,则有利于减少资金重叠和更加合理而有效地使用科研力量,进行技术革新和开发,增强企业竞争力。根据当时的产值和利润计算,新组建的诺华是继雀巢和 ABB 之后瑞士第三大跨国公司,也是全球第二大医药化学公司。

此次收购是自诺华成立以来金额最大的一笔投资。诺华高层秉承传统,一直在密切关注世界医药市场走向。他们发现,近年来,全球非专利药物以每年 10%的速度增长,尽管非专利药物赚头较小,但快速的发展弥补了非专利药物售价较低带来的损失。诺华集团总裁魏思乐预测,随着今后一些药物取消专利保护,非专利药品市场还将进一步拓宽,尤其是在发展中国家市场更为广阔。诺华的战略构想是在 5 年后,占据全球非专利药品 10%的市场份额。

分析家们对诺华收购外国公司褒贬不一,有人认为诺华为此投入过高,回收时间过长,能否就此稳坐世界非专利药的头把交椅,至少需要 3 年的"内部磨合期"。此外,每次大规模的企业重组都会造成裁员,增加失业率。不过,业界对诺华此举整体评价还是积极的。瑞士股票市场也随消息的传出上扬,当天诺华股票每股收盘时上涨 1.5 瑞郎,上涨幅度为 2.71%。分析人士指出,从 1996 年组建诺华到 2005 年诺华塑造世界非专利药物旗舰,突显出当代大型企业的发展趋势,即企业在共同利益驱动下逐步从竞争走向联合,从分散经营、各自为政向集约化经营、强强联手的方向发展。

(资料来源:刘军.诺华缘何争当"世界头号".光明日报,2005-02-24)

案例讨论题

1. 试分析跨国医药企业兼并的目的和意义。

2. 试分析我国医药企业应如何发展以适应国际医药市场上跨国企业兼并联盟的趋势。

资源链接

1. http://www. 39. net/三九健康网/药品世界/药闻新知/世界医药市场概述

2. http://www. chinamv. com/中国药谷网/医药(市场)情报/医药市场/2003 年日本药品市场综述

3. http://www. china-pharm. com/不容忽视的欧洲医药市场

4. http://www. cpha. Org. cn/欧盟医药市场状况及药品监管体制一瞥

5. http://www Classic. 511511. com/世界医药产业之未来

6. http://www. gzii. gov. cn/世界医药市场构成及预测

7. http://www . aftc. 51. net/美国食品药品管理局通讯

8. http://www. panstom. com/inttrading/shic/shir. htm/如何进军美国医药保健市场

9. http://www. meinet. com. cn/gsyj/japan/jp2000. htm/近期日本制药企业信息

10. http://www. chinapharm. com. cn/html/scfx/200112149552. html/日本医药市场综观

11. http://www. syhao. com/yxdt/info/216-5. htm/从国内外医药市场发展看中国加入 WTO 的前景

第六章　世界天然药物市场

学习目标

通过本章的学习，了解世界天然药物市场和我国中药对外出口的基本情况；了解美国、欧盟、日本、中国香港等国家或地区的天然药物市场情况；熟悉世界各国对天然药物市场的监管情况。

引导实例

FDA"刮痧"中医药

2001年5月，广东、北京及其他地方媒体陆续报道国内中药企业通过美国中皇集团及其咨询机构申办FDA认证的新闻内幕后，中国医药业再一次成为国内大众瞩目的焦点。

2001年5月15日，《中国改革报·时代周刊》在头版以半版篇幅，推出《FDA认证诱惑下惊天大骗局》一文，称"美国中皇国际开发管理集团及其北京查尔斯·巴特商务咨询服务有限公司利用'FDA认证'的概念，演绎了数百起惊天大骗局"；5月16日，《中国青年报》刊出《墙上画了个美国馅饼?》，对中国中药企业在申办FDA认证过程中的动作提出疑问；5月19日，《北京晚报》则在《今日关注》版以整版篇幅质问：谁在拿"FDA"挣钱?

事情的起因是美国中皇国际开发管理集团北京查尔斯·巴特商务咨询有限公司在多家媒体上宣传从事代办FDA认证业务，根据他们提供的资料，他们已为400多家企业500多个品种办理了FDA认证。如以该公司报价的最低价1万美金来计算，几年来，他们共计收取了500多万美金。

当时的美国FDA制造司司长约翰·斯蒂吉先生和美国驻华大使馆商务参赞庞韬文先生及我国SDA相关官员都表示，中国任何一种药品，不论是中药、西药，想出口进入国际市场，都必须通过FDA的认证，否则就无法通关。就目前而言，中国没有一种药品通过了FDA的认证，而保健食品进入美国市场前，不需要经FDA预先认证或审核。

这个事件反映了我国中药产业在面临国际化挑战时的困境。在长期的政策保护和缺乏标准的生存与发展中，许多中药企业还根本没有经历过真正的市场考验。在这种借"洋标准"的心理需求下，中皇集团为了自己的商业利益在某种程度上利用和误导了这种需要，对此，它当然应该负相应的责任。但对于某些"上当受骗"的企业而言，长期在一个缺乏标准的市场里生存已经使它们失去了对质量和标准的控制能力，更习惯于把标准和认证当作一种促销和宣传的手段，面对着国外医药企业的大举进入，面对着国内节节失守的市场，这种近乎"自欺欺人"的失常心态才是国内中药产业真正的危机所在。

正如新浪网所说的那样：FDA"刮痧"中医药。

（资料来源：新浪网）

第一节　世界天然药物市场和我国中药对外贸易简述

天然药物，一般认为是指可用于预防、治疗和辅助治疗及缓解一些疾病症状，或者通过激活身体机能，从而改善生活质量的植物制品或营养制剂。大部分的天然药物在法律上属于"食用辅助品"，它涵盖了维生素、矿物质、植物制剂和其他营养品。目前国外天然药物产品来源主要是植物及其提取物，其产品形式包括植物药粉末和提取物制剂等，因此，也常被称为植物药。

中药在国外已有百余年的应用历史，尤以当地华裔和亚洲国家民众应用为主，因此，中药在不同国家有不同的归类和习称，如在欧洲归为植物药，在美国习称为草药，在日本习称"汉方药"，在韩国称为"韩药"等。中药在国外各类产品的内涵与中药类产品内涵相似，包括草药药品、草药原料、草药制品（调味品、草药化妆品、洗涤用品、药酒、药茶）以及营养保健品等。但中药与国外植物药在应用历史、指导理论等方面均存在明显区别，如表6-1所示。

表 6-1 中药与西方植物药比较

项　　目	中　　药	西方植物药
系统理论	有;强调辨证施治	虽然有一定的用药经验,但未形成较系统的理论
来源	植物、动物、矿物	以植物为主
方剂	强调配伍组方用药,多为复方	大多为单方,少数为组合用药
炮制加工	有系统和经过数千年实践的炮制经验和工艺	无系统、无专门的炮制要求
临床前期慢毒、急毒及三致试验	常缺乏 GLP 实验室水准的实验数据	部分具有
临床试验	常缺乏双盲目法等临床数据	现代研究强调用双盲目法
发现新药	因为有规律及丰富经验积累,是开发新药重要途径	有生命力,但无法与中药相比

一、世界天然药物市场基本情况

随着国际社会对植物药的认同,植物药市场也在迅速扩大。目前,全球植物药年贸易额为 160 亿美元,近几年年均增长 12.9%。药用植物及其制品、保健品、化妆品、香料等的年贸易额达到 400 亿美元左右。

欧洲是最大的植物药消费市场,市场占有率达到 44.8%,其中德国和法国的消费量最高。北美地区占 10.3%,其余被日本、韩国及东南亚等国家占有。从全球药品市场发展趋势看,植物药市场的增长速度明显高于世界药品市场的增长速度。世界植物药市场发展速度为 10%~20%,欧洲为 10%~15%,美国为 20%~50%,日本为 15%,韩国以高丽参为拳头产品,近年来出口增长迅速。中东及非洲地区植物药市场发展也很快,如沙特及也门年均增长 14.6%,阿联酋年均增长 12.1%,非洲为 12% 左右。植物药市场的扩大为中国中药产品出口提供了广阔的空间。

二、我国中药出口的目标市场

中医药是中华民族文化的瑰宝,是数千年来中国人民防病、治病经验的结晶。随着我国改革开放的深入和中医药整体竞争优势的增强,一些国家对中医药的认识不断提高;同时,随着天然药物和非药物疗法的兴起以及现代医学发展所面临的问题,使用中药的国家和人口与日俱增。

我国中药出口主要面向以下三个市场:以华裔和华裔社区为中心的市场、日韩市场和西方植物药市场。

1. 以华裔和华裔社区为中心的市场

以华裔为中心的市场是我国中药的主要出口市场。每年出口到这个市场的中药占我国出口总量的比例都在 70% 上下。这个市场可分为三部分:中国港、澳、台市场;东南亚各国市场;北美、西欧各国以华裔社区为中心的市场。

中国香港、澳门、台湾居民绝大多数是华人,这三个地区每年都需要从大陆购进大量中成药和中药材。香港历来是我国中药的重要转口基地,香港转口的中药材,近一半转口到台湾,其次是韩国、日本、美国及东南亚各国,而中成药主要转口到新加坡、印度尼西亚等东南亚国家。中国台湾中药材 80%购自中国内地,是中国内地中药材最大的用户。

东南亚国家的中医没有法定地位,不能给患者开疾病诊断证明,药费多由患者自负,但各国对中药进口限制不大。

北美、西欧的华裔社区也是我国中药传统出口市场。目前,中医药在北美、西欧绝大多数地区依然不被承认,中药材作为单一的天然药物原料,不作为药品,进入这些国家比较容易;中成药进入比较困难。由于北美、西欧各国药物法规较严,我国中成药一般以食品、保健食品及食品补充剂的名义出口。

2. 日本、韩国市场

日韩文化深受我国的影响,中医学在日本称为汉医学,韩国则为韩医学。日本的汉方制剂和韩国的韩药均应用中医古方,主要使用中药材为原料。

在日本,有 40% 的医师开汉方药和天然药物,35%的病人接受天然药物治疗,特别是天然药物制成的保健品。其天然产品年销售额稳定在 60 亿~80 亿美元,被日本政府批准适用"国民健康保险制度(可报销)"的中药品种约有 140 种。目前列入该国医疗保险药价目录的汉方制剂有 233 种。日本汉方制剂药厂有津村株式会社、小太郎制药等 200 余家,其生产所需药材 85%依赖进口,主要来自于中国。市场上见到的由中国生产或经日方重新包装销售的产品约有 100 多种,大致可分为补益性药物、治疗常见病药物、有特色无同类品种的药物等。

韩国在 20 世纪 70 年代初才建立中成药工业,但发展迅速,现有中药厂 80 家,中药市场的规模约为 10 亿美元。韩国药材资源匮乏,大多从我国及其他国家进口。韩国对中成药的管理比较严格,进口手续繁杂。

3. 西方植物药市场

在西方植物药市场中,欧盟植物药市场比较发达,美国、加拿大植物药市场规模较小。植物药销售额在1亿美元以上的国家有德国、法国、意大利、英国和美国,其中德国植物药市场规模最大。

尽管不少中药及制剂如人参、大蒜素、银杏制剂等已在西方上市多年,销售额很大,但我国在这一市场上的占有率很小。我国出口到西方各国的中药,主要应用于华裔社区,几乎没有挤进华裔社区之外的西方植物药市场。

三、2007年我国中药对外贸易情况

(一) 2007年中药对外贸易情况

据海关统计数据显示,2007年度,全球与我国开展中药贸易的国家达163个。其中,亚洲仍是中药产品进出口的主要市场,贸易额达到10亿美元,同比上升11.23%。我国与亚洲各国中药贸易额占我国中药进出口总额的65.76%。

在亚洲市场,中国香港特区和日本是我国中药产品的主要贸易伙伴,2007年中药贸易额分别达到3.41亿美元和2.25亿美元。位列其后的分别是韩国(进出口额为1.03亿美元)、印度尼西亚(进出口额6290万美元)、越南(进出口额5178万美元)、马来西亚(进出口额4026万美元)、新加坡(进出口额4009万美元)。

2007年,欧洲与我国的中药进出口贸易额为2.25亿美元。德国、法国、西班牙、英国、荷兰、瑞士与我国中药贸易额均在千万美元以上,上述6国贸易额占我国对全欧洲中药贸易总额的75%,其中德国为5636万美元,法国为3695万美元,西班牙为2535万美元,英国为2193万美元,荷兰为1699万美元,瑞士为1129万美元。

由于汇率等因素的影响,2007年我国中药产品对美国贸易额与上年相比微量增长,达到1.66亿美元,平均价较上年下降6.16%;对加拿大进出口总额为1414万美元,数量、金额、平均价均呈下降趋势。

(二) 2007年中药出口情况

从出口市场来看,2007年我国中药全球合作伙伴达到154个国家和地区,全年对亚洲市场的出口额达7.69亿美元,所占比重达到65.25%。其中,对中国香港地区、日本、韩国的出口额分别为2.21亿美元、2.1亿美元、1亿美元。出口额在千万美元以上的有4个国家(地区),即越南(出口额4785万美元)、马来西亚(出口额3656万美元)、我国的台湾省(出口额3379万美元)、新加坡(出口额2871万美元)。我国对亚洲出口的中药产品以药用植物、植物提取物、中成药为主,金额分别为1.72亿美元、1.11亿美元、0.866亿美元。

2007年我国对欧洲出口中药产品1.81亿美元,比重达到15.38%。其中对德国出口额最高,达到3878万美元,出口的产品主要是植物提取物、用作香料的植物、杀菌杀虫用植物等,出口平均价增幅明显;对法国出口额位居第二,达到2739万美元;对西班牙出口额达2494万美元,增幅位居欧洲国家第一。

信息框

2007年我国中成药出口前20名企业

(依照海关数据以出口金额排序)

序号	企业名称
1	北京同仁堂股份有限公司
2	漳州片仔癀药业股份有限公司
3	广州市医药进出口公司
4	上海医药(集团)有限公司
5	灵宝市豫西药业有限责任公司
6	天津天士力进出口贸易有限公司
7	天津中新药业集团股份有限公司
8	北京同仁堂科技发展股份有限公司
9	厦门虎标医药有限公司
10	兰州佛慈制药股份有限公司
11	北京荣祥再生医学研究所有限公司
12	云南白药集团股份有限公司
13	天津田边制药有限公司
14	深圳中外运物流有限公司
15	四川省医药保健品进出口公司
16	广西伟健药业有限公司
17	培力(南宁)药业有限公司
18	深圳拉丰药业有限公司
19	英吉利制药(珠海西区)有限公司
20	汕头经济特区仙乐制药有限公司

(资料来源:中国医药保健品进出口商会)

(三) 2007年中药进口情况

2007年我国中药类产品进口贸易国达到95个。在中药类进口市场中,除亚、欧传统地区外,拉丁美洲

远超北美洲，紧随欧洲之后位居第三。

2007年我国从亚洲国家进口中药类产品2.4亿美元。自中国香港、印尼、印度、日本、新加坡的进口额均超过千万美元，其中自香港地区进口达1.19亿美元。中式成药、海草海藻、薄荷油、药用干鲜植物是自亚洲国家进口的主要产品类别，其中中式成药进口占绝对优势。

2007年我国从欧洲进口中药类产品4407万美元。主要进口产品为中式成药、阿拉伯胶和植物液汁及浸膏，进口额分别为1447万美元、659万美元、608万美元。

从拉丁美洲进口中药类产品3696万美元。主要进口产品为海草海藻类商品，进口额为1818万美元；另一种为鱼油、脂及其分离品，进口额为1747万美元。此两类商品占据自拉丁美洲进口额的96%。

第二节　美国天然药物市场

对中药来讲，全球化亦即意味着进入美国市场，这一方面是因为美国独一无二的巨大市场容量，更重要的是美国的食品药物管理是世界上最严格的，美国食品药品管理局（FDA）在国际上有较高的权威。一种药物或食品，如获得FDA的批准或认可，几乎等于取得了在世界各国的通行证。因此，研究美国的天然药物市场对中药走向世界有极其重要的意义。

一、美国天然药物市场基本情况

美国使用植物药的历史可以追溯到18世纪中叶，以西洋参的大量栽培、采集和出口到中国及东南亚地区为其标志。1806年吗啡的提取与纯化是植物药应用的一个转折点。由于单个活性成分可以准确控制剂量及疗效，以及随后有机合成得到很大发展，植物药的使用逐渐萎缩。1906年通过的《食品和药品法案》规定，药品在上市前其疗效和成分必须完全清楚，特别是1938年《食品、药品和化妆品法案》出台以后，植物药作为“药物”几乎完全消失。直到第二次世界大战以后，人们对环境污染的关注日甚，流行病学及预防医学的研究成果也向人们提出疾病的预防胜于治疗，加之“西药”挥之不去的毒副作用，人们热衷和崇尚“天然”的潮流开始形成，久被冷落的植物药又重新回到货柜上。出于对天然药物的疗效及安全性的关注，1993年FDA考虑全面禁止天然药物的销售。此举引起广大消费者的强烈不满，并展开了密集的国会游说，最终导致国会通过了《食品补充剂健康与教育法案》，刺激了天然药物市场的迅速发展。

美国植物药市场的销售额1985年为4.74亿美元，1992年达到9.82亿美元，1998年为42.8亿美元。2003年，美国草药市场达到了前所未有的规模，总值达到了50亿美元，发展态势良好。

美国所销售的药材、饮片和成药多来自中国内地和台湾、香港以及韩国。在美国从事经营中草药及其保健品的零售商不直接经营进口业务，一般采取直接从当地批发、进货的方式。美国的批发市场大都集中在华人较多的地区，如加州、纽约、波士顿、芝加哥、休斯敦、西雅图等地。目前欧洲植物药公司也进入了美国，年销售额在200万～1200万美元不等，如法国的阿科菲阿麦公司、瑞士的生物力公司等，成为美国植物药市场的后起之秀。

美国约有200家植物药公司，其中销售额高于2000万美元的占3%，销售额在500万～2000万美元的占7%，少于2000万美元的公司约占90%。在美国，主要的植物药公司有：天然草药公司（美国公司）、自然之路产品公司（德国马道斯和施瓦贝公司为主要股东）、美国韦坎加有限公司及绿色食品公司（两者皆为日本公司的子公司），还有瑞士制药有限公司的经销商金参娜公司等。其中以天然草药公司的销售额最高。

美国的植物药市场以当地的传统草药为主，同时包括了其他许多国家和地区的传统草药，如印度草药、拉丁美洲草药以及中草药等。美国市场上的草药大致可分为三种类型：①处方草药。处方草药以与合成药同样的要求进行注册，只有凭医生的处方才能获得，主要在药店销售，药费可在不同程度上由国家和保险公司偿付；②非处方草药（OTC草药）。这类药经过一定的注册手续，可标明并宣传其医疗功效，因而经销途径广泛，可在健康食品店销售，也可在卫生用品商店销售；③作为食品添加剂和食品补充剂的草药。这类草药占大多数，多通过健康食品店销售。对这一类草药没有安全性限制，或对其进行安全性评审，但也不能标明或宣传其功效。

二、美国植物药市场的管理

美国药品市场的管理机构是美国食品药品管理局（FDA）。植物药也是属于FDA的管理范围。

根据1994年12月美国国会通过的《食品补充剂健康与教育法案》（DSHEA）的规定，大部分的天然药物在法律上属于“食品补充剂”，它涵盖了维生素、矿物质、植物制剂和其他营养品。

DSHEA规定这类产品可以不经FDA的批准直接标注营养功能，并规定了四类营养功能：①防止和改善某种营养缺乏症及由此所引发的流行性疾病，如碘、硒可改善和预防甲状腺肿大和克山病等；②描述某些成分可能改善人体的结构和功能,如补充钙可以改善人体骨骼组成,增加其强度;③标注某类成分对维持人体的结构和功能的作用和机理,如卵磷脂是大脑记忆物质的前体,大豆类制品含有大量卵磷脂,因此可以增强记忆;④某些成分可以给人以总体上的舒适,如人参、刺五加等。

但是在产品的标识上必须附有一个黑体字提示:"这些功能未经 FDA 的评估"。由于这类产品并不需要 FDA 的药品审查程序,因此在产品的包装和介绍上标注疗效是非法的,甚至还被要求在每个产品介绍的最后要附上"本品不能用于诊断、治疗和预防任何疾病"的字样。

特别关键的是,根据该法律,FDA 如若取消某一产品的销售,必须提供该产品不安全的临床研究资料。这实际上等于将 FDA 监控权完全摒弃在这类产品以外。因为在技术上,要证明一个产品不安全与证明一个产品是安全的同样困难。

在美国,对天然药物最有发言权的要数 DSHEA 授权克林顿总统任命组成的"食用辅助品标签委员会"(俗称"7 人委员会")。它由营养学家、天然药物学家和专业律师组成,负责对天然药物的产品介绍、说明以及规范管理和向政府提出建议。鉴于大多数消费者使用天然药物是出于保健和治病的目的,委员会于 1997 年 8 月向总统提交了最后报告,建议 FDA 设立一个专门的 OTC 审查委员会来具体评估天然药物,对那些已有充分科学证据说明其安全性的产品,建议归类为 OTC 管理,而对那些尚无足够证据的天然药物仍作为"食品补充剂"销售。

委员会对天然药物的标签和广告做了技术上的规定。如"抗氧化性维生素(维生素 E、维生素 C 等)可以预防癌症"则可能被认为是欺骗性宣传,但宣传"抗氧化剂可以减轻氧化所致的细胞损伤"则是允许的。因为研究资料尚无"确切"证据证明抗氧化剂对每个人都有预防癌症的作用,为此,联邦贸易委员会(FTC)和 FDA 要求厂家在介绍产品和广告宣传时,必须要有"充分、客观、公正和可靠的科学证据"。1997 年 FTC 以"虚假广告"的指控处罚了 35 家厂商,其中天然草药公司(General Nutrition Corporation)向 FTC 支付了 240 万美元的罚款。为此,产业联合会要求 FTC 提供有关产品介绍和广告管理条例。FTC 则强调商家在介绍产品和打广告时的自我约束。根据 FTC 和 FDA 的分工协议,FTC 主要负责检查产品的广告,而 FDA 则负责检查产品说明书。

尽管中草药在美国有一定的市场,但其使用受到极大的限制。中药作为食品补充剂不能标明主治功效,不能在药店出售,保险公司对费用不予补偿。FDA 对食品补充剂的重金属含量、农药残留量、卫生学检查等方面有严格的限制。美国还禁止进口含有汞、砷、铅等成分的产品;禁止进口和销售含有丁香、大黄、甘草、天仙子等成分提取物以及涉及世界野生动物保护管理物种成分的天然药物。此外,含有毒性成分的中成药在美国的某些州也被禁止出售,如北京同仁堂的牛黄解毒片、大活络丹,广州佛慈药厂的牛黄清心丸、润肠丸等。

三、我国中药对美出口情况

(一) 我国中药对美出口情况

美国历来对药品进口和销售管制很严,一直禁止将中药列为药品销售,但这并没影响中药产品在美国市场的销售,各种药材、中成药以食品、保健品或医疗辅助品的名义源源不断地进入美国,并在美国各个中药店、副食品店、保健品店销售。一些中药材如人参、枸杞子、黄芪以及一些中成药如人参茶、蜂皇浆、花粉制品、片仔癀、云南白药、万金油、牛黄清心丸等,都有很好的市场,尤其是西洋参产品销路更是看好。此外,台湾生产的成药,在美国市场占有相当的份额,其中台湾明通大药厂占最大份额。该厂生产的中成药有 224 种,国内中医院校五版教材《方剂学》所列方剂基本上予以覆盖。该厂还将中药饮片分别制成浓缩水解颗粒,用户可直接用浓缩颗粒配方,产品很受美国用户欢迎。

目前在美国中药市场,以下几类中药产品较受欢迎:常见轻浅病症如咳嗽、便秘、失眠、紧张等的自我治疗药物;对疑难病如癌症、艾滋病的中药辅助治疗药物;各种中药保健品如中药茶、中药浴液、清凉饮料、美容、减肥、戒烟、戒毒中药。在剂型上有茶剂、片剂和胶囊剂等,多为复方草药制成,使用方便。片剂和胶囊剂多为粗加工品或提取物制成,均为单味药制成。此外,还可见到提取液、散剂、糖剂、膏剂、锭剂、油剂、喷雾剂和吸入剂等。在包装上美国人并非十分苛刻,重视的是药物的质量和安全,认为过分地强调包装是浪费自然资源。在价格方面,只要药物质量好,功效高,无毒副作用,则消费者愿意出高价购买。

1986 年美国进口中药的总额是 442.8 万美元,1995 年递增到 4048.9 万美元,增长了 9.1 倍,年均增长率为 28%。2007 年美国与我国中药产品贸易额已达到 1.66 亿美元,进口中成药 888 吨,金额为 1001 万美元。近几年来,中国已成为美国的主要原料供应国(表 6-2)。因此可以说,中药对美国的出口已初具规模,而且仍在迅速发展。

表 6-2 1996~2000 年美国植物药原料主要进口国

国家	进口额/万美元					2000 年比重/%
	1996 年	1997 年	1998 年	1999 年	2000 年	
中国	2 348	2 874	3 699	3 709	3 536	31
印度	2 374	4 007	3 469	2 027	2 864	25
德国	787	683	973	958	632	6
埃及	533	336	381	429	446	4
意大利	147	48	54	278	408	4

（资料来源：冯国忠，唐慧鑫，马爱霞．我国中药出口形势及对策分析中国中医药信息杂志，2006 年第 11 期。）

尽管如此，美国 FDA 的有些动向还是值得注意的。2003 年 12 月 30 日，美国 FDA 发布禁令，禁止销售所有麻黄类减肥产品，据悉，美国 FDA 还在继续对枳实类减肥产品进行安全调查。美国的一些业内人士反映，这些调查带有很深的产业背景，主要是冲着传统药与植物药的产业来的。显然禁令对美国的植物药市场和我国中药对美国的出口产生十分不利的影响。

（二）我国中药对美出口的方式选择

进入到美国的中药有 5 种形式：食品类、健康食品、食品补充剂、国家药品验证号和国家新药。其中国家新药因费用大、周期长，我国相关企业实施难度较大外，其他 4 项都是中国企业可以据以进入美国市场的途径。目前美国市场的中成药主要是以食品补充剂与健康食品的名义进口。

1. 食品类

食品类（food）指的是普通食品。FDA 需对申报进口的食品进行成分分析，对农药残留量、微生物、杂质和毒素等进行监测，在外包装和文字印刷上也有严格要求，如需制作营养标签，需标明热量、碳水化合物、含糖量、蛋白质、脂肪、胆固醇、含盐量、维生素等。对于罐头食品、碳酸饮料等还有特殊要求，如需办理 FCE（工厂注册）、SID（产品注册）等。中国的保健品口服液、保健茶等也可按食品类报批 FDA。

2. 健康食品

健康食品（health food）又称功效食品。FDA 除要求达到普通食品的进口标准外，还强调健康食品具有改善人体机能、预防疾病的功能。同时在外包装及文字说明方面应符合 FDA 的法规，如产品说明只能表明成分的结构与功能，不能提及防病治病等疗效。中国的蜂蜜类、花粉类和人参精等绿色食品均属此类，比普通食品价格高一些。

3. 食品补充剂

食品补充剂（dietary supplement）主要包括氨基酸、微量元素、维生素、矿物质及草药类产品。在产品说明中应该说明产品防止疾病和改善人体机能的作用，强调机理而非功效。此类产品可以以不同的剂型在保健品商店中购买。中药以此类产品报批 FDA 较为容易，而且也能体现中草药治本的实际功能和价值。这是中药进入美国的主要突破口。

4. 国家药品验证号

国家药品验证号（NDC）是一种国家药典中已有的药，不需做新药论证，只需提供必要的成分、验证的依据，即可进行申请。但要求较严，需达到美国 FDA 的各项法规，包括印刷文字说明、包装等。

5. 国家新药

以国家新药（NDA）在美国上市，需执行一系列申请手续，对新药的药理、毒理及安全性等做严格的技术检测，包括 23 项试验。总之，NDA 申请是程序最复杂、时间最长、成本最高、利润最大的一种。

由于 FDA 对药品的审批规定仅适用于化学合成药，而不适合成分复杂的中药，所以中药还很难作为药品进入美国市场。目前美国市场上的中成药几乎都是以食品补充剂的形式出现的。

中药进入美国市场，营销渠道的正确选择也是至关重要的。目前美国医药市场上，无论是批发商还是零售商，对于从事多国多类商品经营的跨国公司的依赖日益增加。该类公司经营的产品品种多，能给不同的消费者提供广泛的选择余地。如总部设在旧金山的美威进出口贸易公司（Mayway Trading Corporation）在伦敦、巴黎、温哥华、香港、纽约、洛杉矶都有分公司。该公司经营的中成药有 189 种，其中包括了经方、验方以及最近中国内地开发的新中成药。中药饮片有 890 种。这些药物的价格在国内价格的 5~10 倍。跨国集团或公司仍是中药产品进入国际市场的主要渠道。

（三）中药产品通关问题

一般来说能在美国上市的中药及保健产品，其销售量都很大。因此产品能否顺利通关非常重要。

美国食品药品管理局有一套完整、快速、相对有效的进口入关管理体系。任何其他国家的食品及药品到达美国口岸后,进口商必须立即向当地 FDA 审核进口文件,并根据食品药品性质和电脑查询以往记录,决定是否进行现场调查和检验。正常情况下,视口岸的繁忙程度而定,当地 FDA 一般对已具有美国 FDA 认证的产品都签发“可处理通知”交付海关与进口商,做出放行处理规定。

如果未经美国 FDA 认证的食品及药品违法入关,一旦被海关查处,生产厂家及进口商将面临产品被截留、销毁、退回或被罚款等一系列严厉制裁。以往大陆销往美国的中药因种种原因被查封或禁止销售的事时有发生,如 1990 年加利福尼亚州卫生药政管理部门以“40 种中国成药有碍健康”为理由,禁止相关成药进口和销售,原因是一部分药品中含有毒成分,如牛黄解毒丸、牛黄消炎丸;一部分药品中含有特殊管制成分,如润肠丸;有 29 种药品被认为能导致延误患者治疗,如知柏八味丸、中国追风透骨丸、回春丹、鸡骨草丸等。拥有不良记录的产品今后再入关将不可避免地被“自动截留”,永远丧失进入美国市场的机会。

第三节　欧盟天然药物市场

欧盟各国的医药工业非常发达,拥有世界闻名的制药企业,其中法国和德国的药品销售额分别居世界第 3、4 位,仅次于美国和日本。在欧洲,近几年植物药发展很快,已成为全世界最大的植物药市场,但总体规模仍无法与现代化学药相比,产业发展中还有许多问题需要解决。中医药在这些地区虽然有广泛的影响,但争议很大,中医药要进入主流市场仍然有很长的路要走。

一、欧盟天然药物市场概况

欧洲为世界上最大的植物药市场,据统计,1999 年全球植物药的年销售额为 145 亿美元左右,其中欧洲约占一半,为 60 亿,人均 17.4 美元。德国和法国植物药消费最高,共占欧洲市场总额的 72%,其中德国占 50%,法国为 22%,接下来为意大利、英国、西班牙、荷兰和比利时。按适应证来分,心血管类药占 27.2%,呼吸道药占 15.3%,消化道药占 14.4%,降压药和镇静药占 9.3%,局部用药占 7.4%,其他用药占 12.0%。在欧洲最成功的单一制剂为银杏制剂,它在德国和法国用于改善脑供血,其在德国的销售额为 6 亿马克。占第 2、第 3 位的为人参和大蒜制剂。用于治疗抑郁症的金丝桃制剂也取得令人瞩目的销售额增长。

在欧洲植物药分为三类:第一类为处方药,用于治疗危重病症的植物药针剂也包括在这一类中;第二类为非处方植物药,即在药房里销售的,不一定要处方的制剂;第三类为保健制剂,通常它们没有经过任何临床试验研究,但经过长期应用没有出现有害作用而被认为是安全的。这类制剂通常可以在保健食品商店买到。

欧洲的植物药公司有 2000 多家,销售额在 500 万英镑以上的公司约有 30 家,主要的有英国的波特斯公司(Potters)、莱恩斯公司(Lanes)、英国谷物公司(English Grains),法国的阿科菲阿麦公司(Arkopharma),德国的施瓦贝公司(Schwabe)、马道斯公司(Madans),西班牙的迭蒂莎公司(Dietisa),荷兰的生物荷马公司(Biohorma),意大利的阿布卡公司(Aboca)和丹麦的天然药物公司(Natur Drogeriet)。

目前在大多数欧盟成员国中,植物药主要在健康食品店出售,在植物药市场较发达的国家,主要通过药店销售,如德国和法国。但在希腊,法规禁止在健康食品店出售植物药。在意大利,草药店是受消费者欢迎的植物药销售渠道,而在丹麦,拥有 273 家零售商店的马塔斯药品商店是植物药的主要销售渠道。

二、部分欧盟国家的植物药市场

(一)德国的植物药市场

德国为欧洲最大的天然药品市场,德国传统疗法(或称自然疗法)长盛不衰,民间常以之治疗细微疾病,往往不看医生。德国市场有 12.6 万种药剂,其中植物药 7 万种(包括茶剂 4 万种),植物药的销售额占总销售额的 20%以上,人均销售额为 14.4 英镑。植物药大部分已获得许可证,可在药店销售。法律上许可植物药标明药物功效。在西欧,植物药销售额在 500 万英镑以上的公司约有 32 家,其中 11 家是德国的公司,主要植物药公司有施瓦贝、马道斯、纳特曼。市场上销售最好的是银杏制剂。

德国还没有为中医大开方便之门,中药没有进入公立医院,市场上也没有专门的中药店,针灸医生诊治疾病只好以针刺为主,偶尔开个中药方,也多以饮品为主,如菊花茶、薄荷茶、姜枣茶等。正规一些的中药方只有在部分私人诊所内才能抓到,他们的进货渠道多是从第三国进口,数量有限,且多以中成药为主。

尽管德国大量使用植物药,但中草药尚未真正打入德国市场,尤其是中成药,往往通过非常规途径输入,如转口中国港台地区和日本或欧洲的法国、荷兰、比利时等国入德,甚至也有转口美国而进口者。进口中药材的德国公司主要有五六家,另有十来家进口中成药,这些公司规模很小,雇员数人,经营范围常为数十种中草药或中成药。中药制剂往往层层加价,市场价较中国高出10倍以上。

德国植物药的审批和一般化学合成药的审批程序一样,对药物的安全性、疗效以及质量都有相应的要求。

(二) 法国的植物药市场

法国是欧盟的第二大植物药市场,人均植物药销售额为1.56英镑,年增长率为10%。最大的草药制造商是阿科菲阿麦公司,其在草药胶囊营业额中占60%,占法国草药茶营业额的10%。

在法国草药市场上有印度、中国、非洲、德国和本国的草药。最受欢迎的是用于减肥、催眠和治疗紧张、循环及消化系统疾病以及疼痛、便秘和治疗风湿病的草药制剂。一些药师认为,植物疗法一般对慢性病最有用,特别是在病人使用西药无效的情况下更受欢迎。

在法国植物药市场上,营养品和化妆品公司提供的植物提取液占有很大的比例。市场上草药的主要剂型有胶囊、茶剂、瓶装粉末。目前在市场上出现的新剂型有精细微胶囊(将极小油滴包入小珠内再放进胶囊中)、纯新鲜植物悬浮液等。

目前,中药的销售与使用尚未得到法国卫生部门的正式批准,政府不准中药以药品名义通过海关进口,所以法国药店常无中成药,而在草药店或华人开的百货商店中往往有售。巴黎一家草药店经销300~600种中草药,勒阿弗尔、波尔多等城市也有经销中药材与中成药的药店,经营规模在数百种,货源多从荷兰、比利时或香港转口进入法国。单味草药常制成粉剂、提取液、茶剂,中成药则以特殊食品、食品补充剂、保健品或饮料名义进口销售。

目前,法国对中草药研究的力度还不如日、美、德等国,也没有像美国草药研究基金会(AHRF)、草药产品协会(AHPA)那样的组织和经济投入,但中草药受到法国医学界的支持,政府也无意阻止其研究与使用。1996年,法国卫生部已同意在法中合办的中医院使用中药制剂,法国医学会也承认传统中医是合法医疗实践的组成部分,一些社会健康保险机构已同意支付中医治疗费。

(三) 英国的植物药市场

英国植物药市场值估计为6500万英镑,是欧盟第三大市场,整个市场值可达2.25亿英镑(包括人参、大蒜、食品添加剂和其他传统疗法药物)。英国人口约5710万,人均草药销售为1.14英镑,居欧盟第5位。

主要厂商波特斯公司,在英国享有很高的市场声誉,其已有175年历史,产品多达150种,大都已获得产品许可证。英国有药店1200家,以布茨药店影响最大,是中药销售的主渠道。

英国草药市场的产品中,以大蒜市场的增长较快,估计市场规模已达600万英镑,几乎占草药市场总值的1/10,并以每年20%的速度增长。在英国增长最快的是保护心脏健康的鱼油,其增长率为33%。其他增长较快的产品有月见草油、止痛药、止咳制剂、治疗风湿痛及皮肤病的药物。目前生产厂家正在开发的新产品有:降胆固醇的替代性药物、免疫促进剂、银杏提取液。

在英国,华人约占总人口的1%以上,在华人居住集中的城市,如伦敦、曼彻斯特等城市,都有中医日夜开诊。由于中医药在英国的正面影响,也由于西医本身在理论上和临床上的某些弱点与局限性,促使中医药在英国发展迅速,仅在伦敦地区就有私人中医诊所数百家。

除了少量中医诊所自进所需药材以外,大部分中医诊所在当地中药批发公司买药。中药批发公司约有十几家,他们一般由中国内地人、香港人和西方人分别经营,各有长处,也各有服务范围。中国内地人经营的中药批发公司以价格优势取胜,大路货草药居多,大陆人经营的诊所多是他们的固定客户。中国港台人经营的公司中成药品种相对较多,货源充足。西方人经营的公司中成药大部分是当地产品,包装较好,剂量较轻,价格较高。

三、欧盟植物药市场管理

(一) 欧盟的植物药市场管理

欧盟于2002年1月对外公布《欧洲传统植物药注册程序指令(草案)》,为中药以药品身份进入欧洲市场提供了可能,但同时又规定了一系列很苛刻的条件。

2004年4月30日,欧盟在官方网站公布了《欧洲传统植物药注册程序指令》,并宣布自公布之日起生效。与两年前“指令(草案)”的内容相比,该“指令”大幅降低了植物药市场准入条件，体现在：扩展了注册程序的适用范围，将适用注册程序的传统植物药的成分，从单纯植物药活性成分扩展到也可以含有维生素、矿物质和其他非生物成分；放宽了植物药注册的传统应用年限；修改了标志上的歧视性文字，将原来必须在药品标签、说明书和广告上注明的“该植物药的效力未经临床证明”，改为“产品的安全性和功效仅依赖于长期的应用和经验所获得的信息”等较为客观的说明。该“指令”还规定：传统植物药不能含有非植物药成分；传统植物药必须在欧盟境内应用 30 年，或者在欧盟内应用 15 年但须在欧盟以外国家应用 30 年等。此外，由于欧盟不承认中药作为药品的地位，因此没有单独的中药进口程序以及检疫注册要求，而以西药的实验标准、注册要求、进口程序等对待中药制品。

（二）欧盟各国的植物药立法

欧盟各国对植物药的立法管理各不相同，这使得各国植物药市场规模和发展情况存在很大差异。同一种植物药，如银杏制剂在德国、法国作为药物；在英国、荷兰却作为营养补充剂。还有如大蒜制剂在德国用于降低胆固醇，只在药店作为非处方药品销售；在法国大蒜没有被列为传统药；在荷兰大蒜制剂为营养补充剂。

目前，欧盟各国对植物药的立法情况大致可分为以下三种：

第一种，对植物药实行立法，而且立法有利于植物药市场的发展，如德国、法国和比利时。在德国和法国，植物药已有许可证，并可在药店以药物或 OTC 药物销售。法律允许植物药标明药物功效，植物药可直接与合成药物相竞争。

比利时在新药审批的法规和操作上与欧盟和德国比较，有些特殊的做法，主要表现在比利时的植物药品注册可分为两类：①普通注册。类同化学药品，按卫生部规定的要求、格式递交申请；②简易注册。只有采用国家已收载入册的植物目录为原料的，才可进行简易注册。凡能进入简易注册的必须是历史较长、作用确切而理论分析难的品种，简易注册的药品在使用说明上，不能扩大使用范围。所有植物药的简易申请，其组成不能超过三种植物。

第二种，立法限制了植物药工业的发展，如英国。

在英国市场上的植物药产品可分为三类：有许可证的植物药、免除许可证的植物药和以食品添加剂销售的植物药。

任何植物药在其标签、包装或其他促销材料上标明治疗功效的将被认为是一种医药产品，那就需要持有产品许可证。英国是申请新产品许可证最难、费用最高的国家之一。申请过程与合成产品相同，但要经过药品管理机构同意的功效标明却比合成产品严格得多。

免除许可证的产品只限于少数植物药，根据《药物法》第 12 条可豁免许可证，这包括仅由干燥、压碎或制成粉状的植物材料所组成的植物药，并且在标签上只简单地对其内容物进行了描述，如干燥甘草粉，而没有对其用途进行任何推荐。

以食品添加剂销售的那些植物药制品，不能标明医药用途，属食品法的管理范畴，并在农业与食品部的管辖范围之内。

第三种，没有建立与植物药有关的立法，或虽有立法，但没有达到欧盟的标准。这一类的国家如意大利、葡萄牙、荷兰等国。

意大利的植物药市场较乱，最新的植物药法规是在 1931 年颁发的。在意大利，几乎所有的植物药都是作为食品添加剂出售的，因此不能在包装上标明任何功效，只能说明产品的成分和剂量，也不能在广告上宣传功效。

在荷兰，政府的法规分辨不清顺势疗法和植物药疗法之间的区别，即植物药是根据以植物为其共同基本特点作为顺势疗法制剂来颁发许可证的，而且最近已采用了根据处方出售的顺势疗法药品可获得保险补偿的新法规，这对植物药市场产生了积极影响。

四、欧盟植物药进口情况

（一）原料植物的进口

欧盟原料植物的主要供应国为德国、美国、法国、中国、波兰、爱尔兰、印度、比利时、摩洛哥、比利时和保加利亚。占总进口值约 2/3 的原料植物需从欧盟外进口，其中 60%来自发展中国家。

（二）植物提取物进口情况

欧盟植物提取物的主要供应地为欧盟内成员国，来自欧盟内的植物提取物共占欧盟进口总值的 80%，其余 20%由欧盟外国家提供，其中约 17%来自发展中国家。主要供应国为意大利、法国、西班牙、爱尔兰、瑞士和德国。

2003 年发展中国家产品占欧盟植物提取物进口总值的 4%左右，其中来自中国和马达加斯加的产品占 2/3。其他比较重要的发展中国家供应国为印度（12%）、墨西哥（6%）、巴西（6%）、乌兹别克斯坦（3%）和摩洛哥（2%）。

表 6-3 是 2001～2003 年欧盟原料植物和植物提取物进口情况汇总。

表 6-3 2001~2003 年欧盟原料植物和植物提取物进口情况

项目	2001 年		2002 年		2003 年	
	进口值/10^3欧元	进口量/吨	进口值/10^3欧元	进口量/吨	进口值/10^3欧元	进口量/吨
原料植物	349 953	137 488	341 803	130 947	348 838	137 484
欧盟内	116 998	35 960	113 679	29 275	111 672	30 467
欧盟外	232 955	101 528	228 125	101 667	237 166	107 17
植物提取物	121 179	3 298	116 017	3 149	117 531	3 570
欧盟内	89 586	2 265	83 772	2 239	89 274	2 744
欧盟外	31 593	1 033	32 244	911	28 257	826

（数据来源：马爱霞、朱娅莉、陈巧等.欧盟植物药及中药进口与我国出口现状分析.中国天然药物，2007 年第 6 期）

五、我国中药对欧盟出口情况

近年来，欧洲对中药的需求呈上升趋势。在 1989 年，欧盟各国的植物药销售额已达到 21.7 亿美元，同年中国出口到欧盟各国的中药总金额为 1626.8 万美元。2003 年我国中药对欧出口 9270 万美元，占当年我国中药对外出口总额的 13%，同比增长 12.58%。2007 年我国对欧洲出口中药产品 1.81 亿美元，其中对德国出口额最高，达到 3878 万美元，出口的产品主要是植物提取物、用作香料的植物、杀菌杀虫用植物等，出口平均价增幅明显；对法国出口额位居第二，达到 2739 万美元；对西班牙出口额达 2494 万美元，同比增长 31.22%，增幅位居欧洲国家第一。

和西药相比，中药对欧盟出口规模依然偏小（表 6-4），在中药产品中，植物提取物出口增长迅速，已成为 2005 年中药对欧出口的主要产品。

表 6-4 2004~2005 年中国中药出口欧盟金额

分类	2004 年金额/美元	2005 年金额/美元	金额同比增减/%	相对比重/%
中药类	86 544 548	108 016 953	24.81	3.23
中药材	37 382 462	40 933 471	9.50	1.22
中成药	5 458 144	8 083 208	48.09	0.24
提取物	43 703 942	59 000 274	35.00	1.76
西药类	2 499 005 363	3 241 146 919	29.70	96.77
合计	2 585 549 911	3 349 163 872	29.53	100.00

（数据来源：中国医药保健品进出口商会）

2003 年中国共向欧盟出口了价值 2410 万欧元的植物原料，在发展中国家中位列第一。2003 年其他向欧盟出口较多的发展中国家依次为印度（1420 万欧元）、摩洛哥（1180 万欧元）、埃及（1060 万欧元）、肯尼亚（810 万欧元）、土耳其（800 万欧元）、智利（680 万欧元）、阿尔巴尼亚（460 万欧元）、苏丹（370 万欧元）、巴西（330 万欧元）。

表 6-5 2003~2005 年中国植物提取物出口国家及地区出口值 （单位：万美元）

时间	德国	法国	意大利	西班牙	美国	北美洲	欧洲	亚洲	南美洲	大洋洲	非洲
2003 年 1~6 月	300	343	141	214	2 774	2 857	1 708	2 530	152	158	80
2004 年 1~6 月	504	375	333	290	3 306	3 413	2 326	3 794	395	231	110
2005 年 1~12 月	1 215	1 335	708	956	6 834	7 534	—	13 800	—	—	—

（数据来源：马爱霞、朱娅莉、陈巧等.欧盟植物药及中药进口与我国出口现状分析.中国天然药物，2007 年第 6 期）

从金额上看，德国、法国、意大利、西班牙仍然是我国植物提取物在欧盟市场的主要的出口国（表 6-5）。这 4 个国家 2003 年 1~6 月份和 2004 年 1~6 月份的出口总额分别占到了整个欧洲出口额的 58.43%和 51.68%。

值得注意的是，从 2001 年至 2005 年上半年，我国植物提取物对欧洲市场的出口持续下降,2001 年占中国出口总额的 35.4%,到了 2005 年上半年,只占 21.02%(表 6-6)。同时,欧盟内部市场的德国、法国的出口所占比重也呈下降趋势。亚洲市场的出口比重一路攀升,由 2001 年的 34.55%,增长至 2005 年上半年的 47.56%,已经超过了欧洲和北美市场的总和。分析其原因,这一方面是由于受到中国业界广泛关注的欧盟传统药品法已于 4 月 30 日生效,提高了对欧洲出口药品的质量标准,也降低了中国植物提取物生产企业对欧盟市场出口增长的预期,而转而寻求其他快速增长地区。拉动亚洲出口市场增长的主要因素是《内地与香港关于建立更紧密经贸关系的安排(CEPA)》之后,香港地区的出口增长迅猛,由 2003 年 3.37%,增长到 2005 年的 13.31%,金额高达 1936 万美元。

表 6-6　2001~2005 年中国植物提取物出口国家及地区所占份额情况　(单位:%)

国家和地区	2001 年	2002 年	2003 年	2004 年	2005 年 1~6 月
北美洲	34.90	38.88	35.47	31.94	25.47
亚洲	34.55	33.32	38.01	39.73	47.56
欧洲	35.4	21.05	19.96	21.72	21.02
法国	4.59	3.28	—	—	4.11
德国	5.29	5.02	5.05	4.90	4.22
美国	33.54	37.99	34.47	30.86	23.50
日本	12.26	13.40	19.80	18.57	20.73
印度	—	3.19	4.55	3.66	—
中国香港	—	—	3.37	3.82	13.31

(资料来源:同表 6-5)

2005 年,我国中成药出口金额为 1.53 亿美元,同比增长 10.27%。其中出口到欧盟的中成药金额为 808.32 万美元,与 2004 年同期同比,增长 48.09%。中成药在欧盟的主要市场目前集中在德国、法国、荷兰、英国、比利时、意大利和匈牙利这 7 个国家。

2005~2007 年 1~8 月份我国中成药出口的主要的国家及地区如表 6-7 所示。2005 年、2006 年中成药出口与植物提取物出口相比,东南亚等传统市场萎缩。过去主要出口的中国香港、新加坡、马来西亚等地,2006 年的出口额分别下降了 0.83%、10.9% 和 24.8%,主要原因是这些国家加强了中药的监管,中药需要以传统药物的身份注册,同时东南亚某些国家的企业自己纷纷转行通过 GMP 认证开始生产成药。

表 6-7　2005~2007 年中成药出口前 6 位的国家和地区

(单位:万美元)

排序	国家和地区	2005 年	2006 年	2007 年
1	中国香港	5438	5393	6272
2	日本	2715	1408	1298
3	美国	1040	949	1001
4	新加坡	931	829	704
5	马来西亚	786	591	660
6	英国	380	445	516

注:2007 年英国排我国中成药出口第 7 位。
(数据来源:中国医药保健品进出口商会)

与此相比,英国等欧盟国家的中成药出口比例有所上升。据多方资料显示,欧盟《欧洲传统植物药注册程序指令》的出台,对近期中国中成药在欧盟国家销量的大幅增长起到了强劲的推动作用。从长期来看,中成药欲走向欧洲,达到《欧洲传统植物药注册程序指令》规定的条件,依然困难重重。

第四节　其他地区的天然药物市场

本节主要介绍日本、韩国、中国香港、新加坡和非洲等国家或地区的天然药物市场。

一、日本汉方药物市场

(一) 日本汉方药物市场的基本情况

日本进口中药材有很长的历史,但随着西洋文化的渗入,西医逐渐在日本现代医学中占据了主导地位。日本汉方药企业约 50 家,生产的汉方药原料 85%从中国进口,日本厚生省批准用于医疗的汉方药处方共 210 种,自 1976 年日本政府承认汉方药可作为医药用处方以来,20 多年来没有再批准过汉方药的处方,原因是日本厚生省模仿美国食品药品管理局的管理模式,按照西药管理方式对中药进行管理,致使汉方药的开发难度增大。

（二）日本的汉方药管理

在日本，汉方药的药政管理与西药品的药政管理原则上是一致的，所有药品管理法规，汉方药也被要求实施。但由于汉方药有其自身的特点，必须针对这些特点制定一些与之相关的法规以利于管理。日本也先后制定、颁布、实施了《关于如何对待医疗用汉方浸膏制剂的问题》、《医疗用汉方制剂管理的通知》、《汉方浸膏制剂的生产管理和质量管理的自定标准（草案）》等，有效地提高了日本汉方制剂的管理水平。日本政府将药品分为医疗用药品（PD）和一般用医药品（OTC），所以汉方制剂也相应分为医疗用汉方制剂和一般用汉方制剂。一般用汉方制剂均经长期临床使用，认为安全有效，所使用的生药作用相对缓和，其流通基本由制药厂家直接或中介批发商再卖到药局或药店；医疗用汉方制剂主要指所使用的生药作用较强，不便于患者直接使用，须由医生监督指导的制剂，其流通基本由制药厂家直接或中介批发商卖给医院和个体开业医生。此外，还有由制药厂直接或中介一定的服务机构以药箱形式分发给各家庭，定期由专业人员检查使用情况，称为配制用汉方制剂。1976年厚生省正式通过了汉方列入健康保险，并把主要的210个有效方剂及140种生药列为医疗用药在全国通过。凡纳入保险的制剂及饮片在使用时，需要医师处方。这些纳入保险的汉方制剂，仅限于日本厂家的产品。从中国进口的中成药属一般用药类，药品可以出售，但为自费。

由于日本对药品有一套严格的管理办法，如对于进口中药饮片（生药）大多进行以下项目的试验：①对外观性状纯度按生药规格通则进行鉴别；②化验检查项目有灰分、酸不溶灰分、水分、含菌量等；③浸膏量的测定，如水浸膏、醇浸膏、醚浸膏等；④精油含量测定。对于中成药的质量要求及主要检查项目有：①外在质量如色泽、颗粒大小是否均匀、有无霉变及沉淀等；②重量偏差；③崩解时限；④灰分、酸不溶成分；⑤重金属、砷盐及其他有机毒性成分；⑥干燥失重；⑦浸出物含量；⑧显微鉴定指标，如主要组成成分不全或超出等；⑨有效成分含量，含菌量。以上检查结果如与日本制定的标准对比，不符合者即判定为不合格。因此，在日本输入中国中成药之前，首先要向厚生省提出申请，将药品的技术指标、质量标准及检测方法一一列出，药品如在“210处方”之内的则易批准，如属新增的品种还要进行药理、临床复核实验，审查期少则10个月，多则要几年，费用上千万日元。如经获准，质量方面则要按申报标准严格把关执行。因此，目前我国许多名声很大的中成药如片仔癀等均因种种原因，仍限于“个人输入”阶段。由合法途径输入的中成药仅几十种。当然造成这种局面的主要原因还是中成药在日本需自费。

（三）中药对日本的出口情况

近年来由于汉方制剂生产发展迅速，使中药材及其制剂消耗呈数十倍地增长，并有继续上升之势，日本已成为我国中药出口的第一大市场。2003年中药对日本的出口出现强劲增长，总值达1.72亿美元，同比增长24.18%。中药材如地黄丸的主要成分地黄、山药、牡丹皮、泽泻等年需求量均超过100吨。2007年中药对日本出口达2.1亿美元，其中中成药出口458吨，金额为1298万美元。

目前在日本市场上由我国直接生产、输入或经日方重新包装销售的中药产品有近100多种，大致分为：补益性药物，如三鞭丸、人参鹿茸丸、海马补肾丸、十全大补丸、首乌延寿片等；治疗常见病药物，如华佗膏、天津感冒片、鼻渊丸、槐角丸、麻杏止咳片等；特色强、无同类商品的药物，如冠元颗粒、舒筋丸等。但缺少对疑难病症有效的中成药。

日本现有药店约6万家，经营我国中成药的药店则不过千余家。此外，以民间贸易方式输入及合资生产中成药的株式会社，大大小小约有10来家，其中以星火、松蒲会社为代表，如星火药业株式会社从我国进口中成药品种约40种，在中成药贸易方面首屈一指，该会社是日本第一家经厚生省允许，由合法途径从我国输入中成药的会社。

二、韩国的韩医韩药市场

（一）韩国韩医药市场基本情况

中医药于公元4世纪传入朝鲜半岛，与当地文化结合，成为今天的韩医药。在韩国，既有西医医院，又有韩医医院。前者由西医师用现代医药为病人诊治，后者由韩医师用韩医韩药为病人服务。韩国的西医师和韩医师，均需经过正规大学教育。

韩医源于中医，所以韩药与中药基本相同。韩国各种药典共记载506种药材，仅62种与中药材同名异物，其余皆相同。韩国卫生部1969年规定11种古典文献上的处方可由药厂生产而无需做临床等各种试验，其中4种即我国古典文献。韩国盛产高丽参，但其他中药材资源严重不足，主要依靠从我国进口，是世界上中药材的主要消费国之一。

影响中成药在韩国国内市场销售的主要因素是

医疗保险制度。《药事法》、《国民健康保险法》等法律法规虽没有禁止把中成药列入保险药品的条款，但在韩国近2万种医疗保险药品中，只有68种中药单味提取散剂和56种中药混合提取散剂被列入医疗保险药品的范围，所占品种比率仅1%，且均为普通中药散剂。因此，普通人很少服用中成药。中成药在韩国民间长久以来更多地被视为滋补保健品。

在药材出口方面，韩国实施名牌战略。例如，韩国对高丽参实行国家专营，严格控制种植质量，根据国际市场调节供货量；向国际著名医药研究专家赠送研究样品，以高规格邀请他们参加一年一度的“国际人参学术研讨会”。目前高丽参已成为韩国拳头出口产品。

（二）韩国对韩医韩药的管理

长期以来韩国政府在医疗卫生管理方面一直采用西方医学和韩医并存的政策。1951年10月韩国政府颁布国民医药法令，该法令规定了韩医的合法权利和地位，韩医和西医的地位是相同的，享受同等待遇。

1952年9月政府又规定和颁布了全国医疗保健法。该法规定，韩医师必须是高中毕业、经6年韩医学习后，通过全国韩医医师资格考试，再由卫生社会事务部发给韩医师执照。

虽然韩医为法律所承认，但其实际活动及地位仍受限制，如在公立医疗机构中的工作者主要是西医，韩医只在非政府医疗机构或私人诊所供职，韩医必须经过考试才能担任卫生管理工作。

中药的鉴定、生产、进口、销售及监督与其他药品一样，由韩国食品医药品安全厅统一管理，部分进口职能委托韩国医药品进出口协会负责具体执行。

韩国很重视韩药的规范化和国家标准，相关标准主要有《韩国药典》（KPA）及《天然药物标准》（NDS）。草药的国家标准有10个方面的内容，包括来源及名称、性状、成分鉴定、纯度、总灰分、酸不溶灰分、干燥失重、挥发油含量、提取物含量、药品质量等级等。

此外，为了使中药材商品更加规范化，韩国政府颁布法令：从1996年7月1日起，海关将对药材进口采取更严格的检查措施，提高药品检测指标，增加抽查比例。共有36种中药材必须按规定包装，且必须由有资格的韩国制药公司对中药材进行包装，包装上要标明药名、产地、重量、生产厂家等才可上市销售。这36种中药材中有22种是韩国产量很少甚至没有的，必须进口，这些药材是葛根、菊花、甘草、桂枝、桂皮、藿香、鹿角、鹿茸、茯苓、附子、酸枣仁、桃仁、麻黄、半夏、牛黄、肉桂、猪苓、秦皮、杏仁、黄连、黄柏、厚朴。另有14种药材是韩国自产品种，很少进口，这些药材是干姜、枸杞、桔梗、当归、山茱萸、山药、熟地黄、柴胡、神曲、芍药、川芎、香附子、黄芩、黄芪。韩国还规定了包括《景岳全书》、《医学入门》等11种古典医书里的处方，无须做临床等各种试验，即可由药厂生产。

依据《药事法》和《进口医药品管理规定》，韩国对中成药在内的各类成药进口实施严格的许可证管理。截至目前，除少数含中药成分的成药有进口外，韩国尚没建立中成药进口的正常渠道。

韩国中成药主要进口程序包括：

1）进口资格认证。所有中成药进口均须首先取得韩国医药品进出口协会会员企业资格。

2）提交生产及销售证明书。该证明书必须为药品制造国政府签发的官方文件，包括药品详细的原材料与成分的构成和规格说明、在本国制造许可证、临床药效情况、病理表和销售量等。

3）安全性鉴定。由韩国食品医药品安全厅对拟进口药品进行安全测试，签发药用安全证书。

4）临床实验。按照韩国食品医药品安全厅指定的方式和标准对药品进行临床测试，确定药用效果。

5）申领进口许可证。完成上述步骤后，向韩国食品医药品安全厅申请进口许可证。新药进口时，安全性认定和临床疗效试验需145天，交付检验结果报告书及完成各种进口文件资料需115天。

6）取得进口许可证的中成药进口时，首先以EDI（电子数据）方式向韩国医药品进出口协会提交“标准通关预定报告”及进口许可证同等进口通关所需的文件。“标准通关预定报告”主要包括产品名称、原料药构成定量说明、包装单位、病理疗效说明等。

7）通关及保税仓库保管。

8）质量确认。通关后3天内向所在地保健环境研究院提交鉴定确认申请，合格后方可提货进行销售。

（三）中药对韩国的出口情况

我国是韩国进口中药材的主要国家，多年来特别是中韩建交以后，在韩国中药材市场上一直占据比较重要的地位，韩国每年进口我国中药材占其中药材总进口量的近一半，目前比重仍在提高。

我国对韩国出口药材品种中，甘草、桂皮、茯苓、黄芪、红花等出口金额较大。韩国对进口中药材所征收的关税不高，一般为8%左右，但其质检标准十分严格。在检验过程中，韩方根据国内对某一中药材的需求情况，适当放宽或收紧掌握标准的尺度，从而给我国中药材出口韩国通过检验带来了不确定因素。只有经检验合格的中药材才能进入市场或用于制药，不合格的中药材将被勒令退货或就地销毁。我国中成药很少进入韩国市场。

2002年,我国对韩国的中药出口出现了历史上少有的高增长。全年出口接近6000万美元,同比增长43.8%。出口最大的仍然是药材,约占出口总值的78.7%,同比增长12%。由于韩国的产业转移,我国对韩国植物提取物出口超过了1000万美元,占到出口总值18%,同比增长1.6倍。中成药突破了韩国药品注册的层层困难,出口200万美元,同比增长57.8%。从出口的品种看,出口值在50万美元以上的共有22个品种,黄芪、甘草、茯苓、白术、沙参、半夏等都超过了100万美元。经营出口中药材的公司达到了456家,超过100万美元的有8家公司,超过50万美元的有25家公司,20万美元以上的有66家公司。

2007年,我国中药产品对韩国的出口额为1亿美元,植物提取物对韩国出口在所有国家(地区)位居第3,对韩国中成药出口未进入前10位。

三、中国香港中医药市场

(一)中国香港中药市场的情况

中国香港的中药市场与我国内地的政治、经济发展密切相关,因此近几年来的发展速度相当快,但香港地区市场在我国中药对外贸易中的重要性更体现在转口贸易上。2007年我国中药产品对香港地区的出口额为2.21亿美元,其中中成药出口337吨,金额为6272万美元,继续维持我国中药对外出口第一大市场的地位。

中国香港中医药行业从业人员约1.2万,有中成药厂60家,中药饮片厂30家,100多个药材饮片批发商,300多个批发点和1600多个零售药店。

香港地区市场经营的中成药主要来自我国内地、本港药厂、日本和新加坡等地,欧美也有以药用植物为原料的成药输入。市面出售的品种约3300种,其中本地生产的约500种,进口的约2800种,而从中国内地进口的约占2600种。近年来,香港输入内地的中成药约为4亿港元,而从内地输入的约为3亿港元,占输入中成药值的75%左右。

中成药在香港地区的销售主要靠零售店,一般西医和医院都不用中成药。主要销售渠道有国货公司、药行、超级市场、免税店等。香港现约有国货公司30家,品种较齐全,流通较快。药行约有1500家,规模有大有小,药行不销售中药材,只销售中西成药及化妆品、清洁用品等。超级市场销售的中成药多为鸡精类保健饮料及伤风、咳嗽、胃药、药油、跌打药膏等。

中国内地生产的中成药,独家经销的经营格局已基本解体,以前只能通过专业进出口公司进口,现在可通过多渠道,尤其是从深圳特区进货。内地产的中成药老产品,由于多渠道出口,竞争激烈,价格显著下降,同时由于"水货"的影响,有些品种的销售额大幅度下降,利润也显著下降;而新产品的批零价格大多比老产品高出很多。港产、日产成药价格逐年上升,与伤湿止痛膏同类的日本产膏布药,零售价10年来上升了200%~300%。内地产中成药的品种数量近年来显著增加,但产品质量有所下降,由港商提供包装或自行在港易名换装的药品也大量增加,约占中成药的40%以上。

目前在中国香港在药材铺出售的药材约有900种,其中常用的约有400种,药材市场年贸易额约18亿港元。进口药材主要品种中,居前10位的药材品种为:人工培植人参、野山参、甘草、当归、党参、黄芪、淮山药、生地黄、菊花、枸杞子,其中人工培植人参主要从美国和内地进口,野山参主要从韩国进口,其他90%的药材和饮片由内地供应。

经营内地药材的进口商,20世纪70年代末约有20余家,规模均较大,80年代末约有近百家,规模均较小。由内地进口药材的进口值,每年均有所递增,平均值约为10亿港元,其中专业医药保健品进出口公司约占30%,特区及内贸公司占70%左右。

(二)中国香港中医药的相关法律及法规

目前,中国香港对于中医药虽然没有直接的法律和法规,但现行的药物管理法例及牵涉到保健品及含酒精品种的相关法规,有部分内容涉及中医药。

1.《药剂及毒药条例》

由1978年7月1日始,在香港销售的药物,必须根据香港的《药剂及毒药条例》,经登记注册批准后,才能在香港销售。药品生产厂家也需要依照该条例经注册后,才能生产制造药物。但考虑历史因素及使用中药的习俗惯例,在香港销售及制造中药则不受上述法例所限制。接受药物注册的标准是按照该药物的安全性、功效及质量来决定的。

2. 香港法例中关于中成药进出口的相关规定

根据香港法例第60章,规定所有药物进出口香港,包括中成药在内,必须具备贸易署签发的进出口证。因此,在每一次药物进出口时,必须填写进出口证,申请应附上该药物样品送交药剂及毒药管理处药物进出口管理组审批,再由贸易署批准签发该药的进出口证。

由于中药不需在本港注册就可销售,因此在申请中药进口证时,需要提供生产药厂所签发的该中成药的详细处方，经确认为中药或经化验证实不含西药成分后，才会批准签发该药的进口证。

3.《公众卫生及文化健康市政条例》

此条例规定任何销售或藏有不宜供人类使用的药物作为商业用途者均属违法。例如，某中成药经化验后证实含有过量的重金属可导致危害人体健康的，便属不适宜供人使用的药物，可遭控诉。本条例也禁止任何人在出售药物的同时，展示内容失实的标签，这些规定也适用于中成药。因此在申请中药进口证时所抽取的样本或在市面上购买中药送往化验时，也会分析检定该中药是否含有重金属成分。

4.《不良医药广告条例》

药物的广告，包括药物的外包装皆受香港《不良医药广告条例》所限制。本条例的附表中还列明了哪些疾病或病理情况是不能刊登广告的，基本上几乎所有疾病均被列入禁止刊登广告之列，只有一般伤风、感冒、上呼吸道感染、鼻炎、一般消化不良、口臭、头痛、肌肉痛、湿疹、脚癣等少数病症允许做广告。另外，医疗文献、专业文章等只供医药界专业人士阅读参考使用，则不受此限制。

四、新加坡中医药市场

（一）新加坡中医药市场基本情况

新加坡现有华人200多万，因此，具有稳定的国内中药市场。又因其地处世界商贸中心，国际交流频繁，而成为活跃的中药转口贸易中心。新加坡各大、中城市均有数十家中药店以及数家中药批发贸易公司，由此可见中药贸易的兴旺发达。

新加坡有中医药店、诊所1000余家，建有多家社团、研究机构，如“新加坡中医中药联合会”、“中药工会”、“中药出入口商公会”、“新加坡中医师工会”、“中华医药”、“针灸研究院”等。但中医师、中药师在新加坡无法定地位，只可进行商业注册开私人诊所。值得重视的是，新加坡是东南亚第一个向中国出口中成药的国家。

目前新加坡有数十家小的中药加工厂，但多数中药饮片与中成药来源于中国内地和香港、台湾。

（二）新加坡对中医药的管理

新加坡卫生部药物行政处和药品部管理该国的药品生产经营活动。1975年出台中医药法令；1992年又颁布一套传统药物管理方案，其中包括中草药、日本汉方药、印度传统药、阿拉伯药品，均要求办理药学检验、申请登记注册手续。中药饮片不必进行药物检验和临床实验，而注重传统应用资料和药典记录。对中药加工的药品制剂强调重金属及其他有毒物质的含量检测，严格规定砷含量不得超过5ppm（每百万分之一），汞不超过0.5ppm，铅不超过20ppm，铜不超过150ppm。新加坡还有特殊规定：禁止经营、销售犀牛角及其相关制剂，并且禁止销售黄连、黄柏、玄胡索、附子、川乌等有毒药品。

目前，新加坡政府尚不承认中医，中药往往作为食品补充剂或保健品，而不作为药品管理，因此市场管理不严，只要无毒便可经销，故而从各种途径进口的中药制剂甚多，伪劣假冒或仿制的中药充斥市场，甚至影响正品货销售。

新加坡从1999年9月1日起分三阶段对进口中药实施新的管理规定。规定指出，为确保进口中药的质量以及使用的安全性、可靠性，将采取以下管理措施：①所有中药进口商、批发商、制造商和包装商都必须在其产品进入新加坡市场前先向新加坡的卫生部门提出申请并在获得进口许可证的情况下方能进口；②中药进口商或代理商在申请进口许可证时必须出示有效证件，证明进口中药的标签，内容应包括药物成分说明、生产日期、有效日期以及制造商或批发商的名称、地址，以供审核检查；③代理商必须确保中药标签不标示能治疗新加坡医药法禁止宣称可以医治的一些病症（如癌症等），以及所有中药的重金属（如砷、铜、铅、水银等）含量和微生物含量没有超过本国卫生部门规定的限量标准。

上述规定依次于1999年9月1日、2000年9月1日、2001年9月1日分三阶段分别对中药药丸、液体类中药和所有中药逐步实施进口许可证制度，规定还指出凡违反上述条款而进行进口、销售或供应中药者，将被罚款或监禁。

（三）中药对新加坡出口情况

中国与新加坡正规中药贸易始于1956年，1957年新加坡中医师公会开办“中国提炼药业有限公司”，直接承办中成药进口业务。近年新加坡药材商明显增多，他们尤其欢迎中国产名牌中成药，如乌鸡白凤丸、牛黄清心丸、蜂王精、人参制剂等。中药材价格不断上扬，每年涨幅在20%～40%，有些品种如通草等涨幅更大。新加坡1996年、1997两年从中国进口中药材年均20 000吨，年进口额为6000万美元（包括从香港的转口贸易），占中国中药材出口量的12%，占东南亚地区进口中国药材总量的65%。2003年我国中药对新加坡出口1970万美元。2007年对新加坡出口额2871万美元，比上年增加4.69%，其中中成药出口1061吨、704万美元。

（四）我国中药产品对新加坡出口应注意的问题

1）产品种类选择。由于新加坡温湿多雨，好发感冒、风湿痹痛、脾胃不调诸证，故而畅销清热解毒、疏风解表、润肺止咳、祛风除湿、调和脾胃、润肠通便等6类中成药。多用片剂、胶囊剂，其次是浓缩口服液或粉剂，也用糖浆、冲剂、外用药膏。内服药多要求口感较好，常加入香精，加入矫味剂，略甜无妨。

2）产品包装。该国崇尚名牌，重视包装档次，往往偏爱港台再加工产品。公众对中药包装的起码要求包括：勿破损、潮解、渗漏，要求包装能够防震、防潮、密封；易于携带，偏爱小包装，以免浪费。应有不同包装规格以满足不同层次的需要。

五、非洲的天然药物市场

（一）非洲天然药物市场的基本情况

在多数非洲国家，医疗卫生事业较为落后。往往是传统草药医师、巫医与现代医疗手段并存，而以现代医学为主导。城市医院多聘用外籍医师负责治疗，而乡间、林牧与矿区主要靠巫医从事诊治，当地传统草药也较普遍，但无系统医学知识，实际医疗水平较低。许多国家实行公费医疗制度，但医疗卫生设施不全，缺医少药状况较为严重。1960年以来，中国援非医疗队活跃在非洲许多国家，这在一定程度上改善了当地的医疗条件，也为他们培养了一批医疗卫生人员。不少非洲人了解中医、中药与针灸，为中医药在非洲的发展打下了基础。

非洲人民最喜欢清凉油，仅这一个品种就占2001年我国出口非洲中成药总额的八成以上。另外像仁丹、风油精、红花油、花露水、六神丸等疗效好、价格低的中国传统中药产品，在非洲也非常走俏。这些品种大部分是从20世纪70年代开始，作为中国对非洲的援助物资进入，现在已经成为当地民众喜爱的日常用药。

例如，由于近年陆续有我国医生到加纳以中医诊所名义注册行医，并获得一定权利进口诊所所需中药。这样，中药在加纳越来越受人们认同和接受，人们对植物药的观念也在慢慢改变。现有6家中国医药公司在加纳注册经销中草药等品种，中国药品进入加纳主要通过欧洲代理转口。2001年加纳从中国进口药品120万美金，已占加纳医药市场的6%，其中草药23个品种、传统成药17个品种、医疗器械7个品种及若干化学原料。现已通过注册登记的中成药主要有：片仔癀、脑力宝、寒痛乐、金龙减肥茶、至宝三鞭酒、狗皮膏、华佗再造丸；化学药物有：青蒿琥酯片、奎宁、双氢青蒿素等。

目前非洲正成为新兴的中草药国际市场，年增长率12%左右。近10年来，我国的普通药品、保健品在马里、坦桑尼亚、加纳、尼日尔、赞比亚等国畅销。这包括苏州产六神丸、牛黄消炎丸、金银花露水、沪产神效红花油、龙虎牌清凉油、华东地区的风油精、花粉制剂，还有减肥茶、十滴水、冰硼散、风湿镇痛膏药。有些中成药如六味地黄丸、藿香正气丸和柴胡制剂类等的市场需求量也较大。

非洲医药市场也有一些不利中药出口的因素，例如，非洲国家多实行政府管理的医疗制度，临床上常用欧美化学药品；非洲总体经济形势欠佳，人们对植物药的认识不深，大都认为植物药只能具有保健作用，而没有治病功能，因此植物药只在边远地区使用，没有成规模的草药培植、收割、原料的制作和成品的包装；管理法规不健全，这为中药贸易的具体运作带来一定困难；非洲一些城市的中药小贩或店铺泛滥，假冒伪劣产品屡见不鲜。

信息框

乌干达传统医药发展情况

乌干达传统医药以草药为主，有较长的历史，因其随处可见、易于得到、毒副作用小、价格低廉，在民间广受欢迎。根据世界卫生组织2002年的统计，乌干达2470万人口中约有1500万人把传统医药作为治疗一般疾病的首选药物。

乌干达对传统医药的使用虽然很早，但研究开发却起步较晚，始于1999年，目前仍处在较低的水平，研究机构和科研人员严重缺乏。乌干达目前惟一专门从事传统医药研究和工业化生产的机构为乌干达国家健康研究组织（UNHRO）。

为发掘传统医药的潜力，进一步发挥其在疾病防治方面的积极作用，乌干达卫生部制订了“行业发展战略规划”，把传统医药从业者作为私人合作伙伴，并且建议有关机构加强同他们的合作，以提高医疗服务水平；国际发展研究中心（IDRC）资助乌干达实施了以草药的长期培植、保存及安全使用为目的及草药品种和生物多样性为主要内容的项目。与此同时有关部门和机构正着手制订和出台相应的法规、政策和规范，加强对这一行业的管理。乌干达议会正着手出台规范传统医药从业人员资格的法规，以规范和加强对从业人员的管理；乌干达卫生部同世界卫生组织合作，制定和颁布了相关的政策和措施，对传统医药行业的发展进行正确引导，鼓励私营部门同国有医疗机构联合开发利用；乌干达科技理事会制订了生物技术及安全方面的规范，统一草药标准。

在卫生部门的不断努力和有关国际组织的大力帮助下，乌干达近年来在传统医药研究、开发方面虽然取得了一定的进步，但目前尚无专门从事传统医药生产的企业，在草药配制、加工、使用和管理等方面仍存在很多问题有待解决。此外在使用过程中，有些传统药物的副作用没有得到足够重视，巫医巫术及非法行医的情况也掺杂其中，从业人员鱼龙混杂、良莠不齐；绝大多数城市人口对传统医药的使用持怀疑态度。这些因素严重阻碍了乌干达传统医药的健康发展和推广普及。

（二）非洲中医药的管理及我国中药出口情况

非洲大陆现有人口10亿，药品主要依靠进口，据中国医疗队在非洲多年的经验表明，中国的药品价格与当地从西方进口的药品价格要差10倍以上，因此，凭其疗效确切、价格低廉的优势以及中国医疗队在非洲长久以来建立的良好声誉，我国中药应该能够在较短的时间内打开市场。

非洲国家对中医药的管理尚缺乏成套法规条例，对于中医药贸易多无成文法规限制。摩洛哥等国家对原料药实施免税制度，这也包括中药饮片。

非洲的医疗体系基本采用西医药学理论，多数医生接受的是西医理论的教育，非洲缺乏使用中医药的客观环境。有些国家对我国中药缺乏足够的了解和认识，抱着一种怀疑态度。对中医中药的不了解是最大的拦路虎。一些知名企业在和非洲相关人士的接触中，感觉到他们对中药的认识度目前还很有限，对中医理论不了解，因此给中药的推广带来难度。

体系的不同又带来药品注册标准问题。非洲国家依照西药检验标准和程序检验中药，严重制约了中药进入非洲市场。我国出口的中药产品有些没有经过正规注册，大多以食品或保健品名义，通过非正规渠道进入非洲市场，无法在正规药店销售。注册标准不同，是中药进入其非洲主流医药市场的最大障碍。观念上的不同，也导致部分非洲国家对植物药的进口征收高关税。此外，西方发达国家对医药市场的垄断也有一定影响。

中药出口企业自身存在的一些问题也不能忽视，如在非洲市场上销售的中药产品说明书过于简单或不符合要求，产品剂型也不符合国际植物药的惯例等。路途遥远，信息不是很畅通，开拓非洲市场的直接成本是比较高的。

另外，根据不同国家的情况，中药可以多种形式，如健康食品、草药补充剂、食品补充剂、非处方药和处方药等进入国际市场，其中，前3种类似于我国的保健食品，中药易达到有关标准，在短期内可以大批量出口，是目前中药进入国际市场的一条捷径；并可借此扩大中药的影响，使医生及患者逐渐熟悉并接受中药，为将来进行药品申请打好基础，因为我们的最终目的是让中药以药品的形式，享受一定的法律保护，走向国际市场。

本章小结

本章介绍了世界天然药物市场的基本情况以及我国中药出口的三个主要目标市场：以华裔和华裔社区为中心的市场、日韩市场和西方植物药市场。并分析了2007年我国中药的出口的总体概况。同时，本章介绍了美国、欧盟、日本、中国香港、新加坡等国家或地区的天然药物情况、这些国家对天然药物的监督管理以及我国中药对其出口情况。

本章思考题

1. 如何看待引导实例中中皇集团帮助国内中药企业通过FDA认证而收取高额费用的做法？
2. 针对美国市场，我国中药可以有哪些形式出口？
3. 分析我国中药出口的地理方向。
4. 试介绍欧盟各国对植物药的立法情况。
5. 韩国对中成药的进口程序是怎样规定的？

案例分析

虎标万金油的品牌推广

就销售和品牌营销方面，最成功的草药产品之一就是“虎标万金油”。

虎标万金油是一种作为外用非处方药销售的局部镇痛药，它用于治疗一系列轻度疼痛，如头痛、风湿痛、关节痛和肌肉扭伤等。根据其推广资料所称，它同样可以减轻蚊虫叮咬甚至胃肠胀气等。对于诸多疾患都有疗效的“万金油”，虎标万金油是大多数亚洲人家庭药箱的必备药品，并且已经享有全球的声誉。

虎标万金油由虎豹医药保健有限公司(Haw Par Healthcare)生产,它的销售点在地理上的分布令人印象非常深刻。它在8个国家生产,其销售遍布五大洲的100多个国家。虽然它充分利用了亚洲的传统,但是它已经成功突破了文化的界限而成为真正的国际品牌。

虎标万金油品牌的历史已得到清晰的定位。它并不主张它是"古老的中华医药",而是主张它是吸收了古老中华传统的高效的现代药物。它的组成成分由胡子钦(Aw Chu Kin)确定,他是中国客家的草药家,于19世纪后期移居仰光。他当时注意到当地需要一种易储存、携带和使用的膏剂以处理一些当地的病症,于是就发明了虎标万金油。其中最主要的活性成分是薄荷、樟脑、白干层、丁香和肉桂油。

虎标万金油通过强调该品牌中具有普遍意义的因素而赢得国际声誉。首先,它强调植根于中国和仰光的文化,因此它不只是中华的,而是亚洲的。这使得北亚和东南亚的几乎每个国家都将其视为"当地品牌"。同时,它对于除亚洲以外的其他市场也保持了激发好奇的异国情调;其次,强调了发明该产品是出于无私的目的。这一品牌的历史强调了胡子钦是为了"以最好的方式救治病人"而受到启发,从而发明了这个产品。咄咄逼人地在全球范围内推广虎标万金油的是胡子钦具有生意头脑的儿子,而不是他自己。这一品牌起源的人文关爱情怀与现代制药业的形象形成鲜明的对比;第三,品牌名称和其跳跃的老虎的标志提示了其源自亚洲的传统及其效能。老虎的优雅和猛力形成了一个强有力的品牌形象,这一形象在广告和包装中得到反复应用。

与此同时,虎豹医疗保健公司以远见卓识完善了其品牌发展策略,并且兢兢业业地对其品牌个性的各个方面加以保护。除了在每个有其产品上市的国家均拥有"虎标"的商标,它在每个国家均不遗余力地保护其形象名称和与"虎"的关系。这就意味着虎标的品牌已经断绝了竞争公司利用生动的老虎的形象做文章的企图。这样,这个品牌的公共形象不会引起公众误解。

虎标品牌通过保护其核心价值观成功地保持了其多侧面的个性:在免受疼痛影响方面,这个品牌是广受信赖的疗法。更为值得注意的是,虎豹医疗保健公司不断地提升其核心价值观,并不断地实现本地化。虎标万金油通过赞助武术运动会,与其亚洲的(非中国的)武术传统紧紧地联系在一起。它也将其具有公共精神的肇始转变为一种符合伦理的产品概念。如今,虎标万金油已经成为全球诸多自然保护项目的赞助人,例如,英国的沃本·莎发利公园、新加坡的莎发利夜景公园、澳大利亚的墨尔本动物园和美国的拯救濒危物种项目中的拯救老虎计划。

与此同时,虎标万金油也在积极地拓展该品牌的形象、销售渠道和产品线。虎标万金油对体育项目的赞助已经超越了武术领域,得到如美式橄榄球明星乔·蒙他纳和网球明星张德培的支持。张德培是虎标万金油最得意的人选。他在整个亚洲都广受欢迎,他在ATP巡回赛上的成功加强了虎标万金油独特的、具有全球影响的亚洲品牌的形象。由张德培为主角的广告在中国香港、中国台湾以及泰国和德国进行播出。

虎标万金油通过精心选择分销渠道而塑造其多侧面的形象。作为一个无处不用的日常生活用品,虎标万金油可以在超市和便利店中买到。作为一个特殊的运动用品,它也可以在专业运动商品店、健身俱乐部里买到。最后,作为一个富有异国情调的亚洲传统的产品,它也可以在亚洲的免税商店里买到。一些亚洲的航空公司也常备这一产品。

虎标万金油的例子说明了品牌本身可以存在巨大的商业价值。除了虎标万金油的基础产品之外,作为品牌延伸已经成功开发了至少5种相关产品。虎标液体万金油广受老年人的好评,它是一种液体剂型,因而可以覆盖更大的面积。运动员可以使用虎标肌肉摩擦膏,在运动前的热身时使用,使肌肉准备好进行长时间的锻炼。虎标加强型镇痛贴膏是一种含有虎标万金油的皮肤贴膏。它镇痛效果持久而且不会弄脏衣物。武术界人士更倾心于虎标红油,其额外加强的配方更适合其使用者的强悍的形象。与此相对的是,柔和型虎标万金油则作用柔和。重要的是要确保这些延伸品牌不会削减原始品牌的市场份额。每一种都针对虎标万金油的一个特定的细分市场,针对的是特定的用途。作为用途广泛的局部镇痛药,原始的虎标万金油仍然是这个大家族中的娇子。

(资料来源:汤姆·布莱克特,里贝卡·罗宾斯.2003.品牌药品——品牌管理在制药行业中的作用.赵鲁勇,闵熙译.上海:复旦大学出版社)

案例讨论题

1. 试分析虎标万金油的成功推广经验及对我国中药跨国经营的启示。

2. 如何认识品牌在中药对外出口中的作用?

资源链接

1. www.4bcbc.com/news/n18.htm/论中草药进入美国的合法途径

2. cul.sina.com.cn/focus/sanlian22/FDA"刮痧"中医

3. www.ccus.tv/cn/fdaxw12.htm

4. www.cec.globalsources.com/HOTTOPIC/TPC_DETAIL.HTM/FDA认证大曝光

5. www.cintcm.com/lanmu/zhongyi_gedi/index.htm/中医药在世界各地

6. www.satcm.gov.cn/lanmu/zhongyao/tcm040408 zhanwang.htm/我国2004年中药出口展望

第七章　我国医药产业的国际竞争力

学习目标

通过本章的学习，掌握国家竞争优势理论以及国际竞争力的定量评价指标；熟悉影响全球医药产业国际竞争力的因素，了解我国医药产业在全球竞争中的优势和劣势，尤其是中药行业的国际竞争力所在。

引导实例

原产地域产品保护制度是一项与国际接轨的知识产权保护制度，是民族经济文化遗产保护制度，也是国家名优特产品质量与信誉保护制度，目前已被世界上许多国家采用。原产地域产品保护制度对于增强我国传统中药在国际市场上的竞争力将起到很大的作用。

赶黄草为四川乌蒙山原始森林道地药材，是民间习用药材，最早载于《救荒本草》，现已载入《卫生部药品标准中药成方第十三册》，归肝胆、脾和膀胱经，性平，味苦微辛。单用具有清热除湿、利胆退黄、健脾利尿消肿之功效。苗族民间有上千年的用药史。“古蔺肝苏”是以“赶黄草”为主要原料，引用苗族传统验方，采用先进的提取设备精制而成的单方中药制剂，具有保肝护肝、抑制肝纤维化和降酶退黄等功能。2006 年，“古蔺肝苏”成为第一个获中国原产地域产品保护的中成药，目前“古蔺肝苏”已出口到日本、新加坡、沙特阿拉伯、马来西亚等国家。

当今世界医药市场蓬勃发展，尤其是各国对天然药物的需求发展迅速，作为拥有悠久的中医药优势的中国，我们不得不重新审视我国医药作为一个产业在全球竞争中的地位，特别是我国的中药行业，在这样的国际国内环境中，拥有怎样的国际竞争力？还有百尺竿头，更进一步的发展潜力吗？我们应该怎样发展自身的竞争力呢？

（资料来源：古蔺肝苏开创原产地域保护里程碑. 四川日报，2006 年 11 月 07 日）

第一节　国际竞争力概述

国际竞争力是个古老而又崭新的概念，虽然传统的经济理论很少直接论及国际竞争力问题，但很多经典的思想早已包含对这一问题的研究。传统或古典经济学的观点认为一国经济的相对优势取决于劳动力、资金与自然禀赋等生产要素，主要代表有亚当·斯密、大卫·李嘉图、俄林，这些思想已表明了竞争力的基本构成。制度经济学的观点认为，有利的制度是推动国家经济的动力，从而也必然促进其国际竞争力的提高，因此一国或地区要使竞争力得以充分发挥，首要的因素是缔造现代社会经济体制。增长经济学认为，人力资本更能决定一国或地区的竞争力，据此，竞争力最终取决于教育和技术水平。

一、国际竞争力的定义

“国际竞争力”并没有一个确切的定义。有些观点认为国际竞争力是一个宏观经济现象，是由诸如销售额、利润和政府财政政策等变量决定的，而另一些观点则认为竞争力是充裕的廉价劳动力作用的结果之一。还有一个对于国际竞争力比较热门的说法认为是管理上的差异化，包括对劳动力资源的管理。迈克尔·波特认为，国家生产力是一个国家国际竞争力的主要决定因素。

国际竞争力缺乏确切的定义，主要原因是，竞争力是一个多维的概念，并不能简化为单一的变量或定量。另外，不考虑潜在的因变量而仅单独定量地考虑竞争力是很困难的。

对于必须在国际市场中竞争的产业或单个企业而言，它的发展程度与所处国家的优劣势息息相关，其竞争力依赖的是国际环境中合适的政府政策，国家也是企业在国际间创造和保持竞争优势的决定因素；同时，国家经济若要繁荣，产业以及企业是不可缺少的关键因素，国家的竞争力依赖的正是产业或单个企业在某个方面的发展以及竞争程度。因此，企业的生产力决定了国家的生活水平，同时也形成了企业改善效益与提高效率的能力，而国家的政策则可以为企业提供合适的环境。因此国际竞争力的概念可分为两类：

第一类立足于国际市场。把国际竞争视同为直接的国际市场竞争，认为“国际竞争力是指一国在国际市场上出售其产品的能力”，即保持贸易顺差或贸易平衡的能力。

第二类立足于国内经济。哈佛商学院的 Bruce Scott 教授是这样定义的：“一个国家在国际经济环境中生产、分配商品以及售后服务，同其他国家的产品和服务进行竞争，并在某种程度上获得一个较高的生活水平。”这个定义有三个主要的方面。第一，它是建立在贸易的基础上的，一个国家的出口与其他国家是高度相关的；第二，它是实际发生的概念，一个国家是通过产品和营销手段获得较高生活水平的，而不是由国际借贷决定的；第三，它是动态的概念，因为评价一个国家寻求增长和分配福利的方式是由国际和国内机构随着时间的变化而决定的。

二、国际竞争力的理论基础——国家竞争优势理论

国际竞争力的理论基础有很多，主要来源是比较成本理论、技术差距理论以及国家竞争优势理论。比较成本理论和技术差距理论在本书第三章已经有所介绍，而国家竞争优势理论作为国际竞争力的主要理论来源将在本章进行阐述。

美国哈佛商学院教授迈克尔·波特在他的三部曲《竞争战略》、《竞争优势》、《国家竞争优势》中完整地阐述了竞争优势理论。出版于 1990 年的《国家竞争优势》是迈克尔·波特及其同事在调研了 10 个国家 100 家大企业的基础上发表的，探究为什么在国际竞争中，一些国家的某些工业取得成就，而另一些却失败了。《国家竞争优势》中关于一个国家如何在国际市场上获得竞争优势的理论，对建立一个统一的、现代的国际贸易理论体系，将起到奠基性作用。

波特的国家竞争优势是指一个国家使其公司或产业在一定的领域创造和保持竞争优势的能力。波特认为，一个国家的产业能否在国际上具有竞争力，取决于该国的国家竞争优势，而国家竞争优势又是由以下四组因素决定的：要素禀赋、国内需求、支持性产业与相关产业、公司的战略、结构和竞争。这四组因素的每一组都可单独发生作用，但又同时对其他因素产生影响。这四组因素有机地联系起来而形成一个钻石圈表，即著名的钻石理论（图 7-1）。

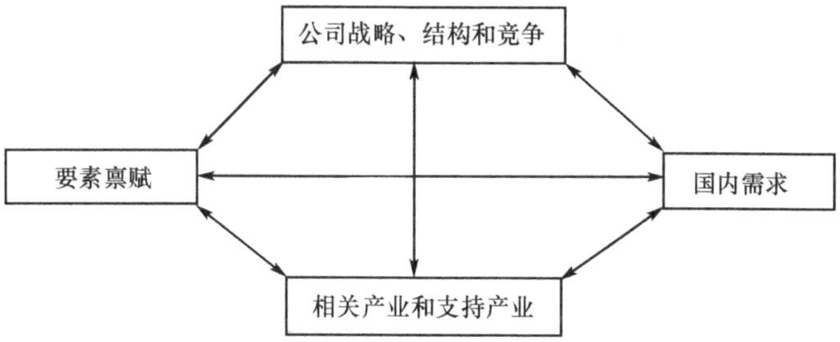

图 7-1　国家竞争优势的决定因素

（一）要素禀赋

要素禀赋是指一国拥有的生产要素。它们包括劳动力、可耕地、自然资源、资本和基础设施。这些要素可以归为下列几大类：

（1）人力资源。即人员（包括管理人员）的成本、技能和数量，人力资源又可以进一步划分成无数小类，如电气工程师、软件运用人员、工具生产工人等。

（2）物资资料。即一个国家有多少土地、水资源、矿藏、森林、渔场，它们的质量如何？成本有多高？其气候条件、区位、地理规模怎么样？

（3）知识资源。它包括一个国家的科学知识、技术知识、市场知识。知识资源存在于大学、研究机构、政府统计部门、工商文献、科学文献、市场调查报告等机构和资料之中。

（4）资本资源。支持产业的资本数量有多大？成本有多高？资本不是同质的，而是以不同的形式出现，如无担保借债、“垃圾”债券、风险资金等。每一种资本的使用条件都是不同的。一国的资本总量及利用方式取决于一个国家的储蓄率和资本市场结构。

（5）基础设施。它包括运输系统、通信系统、保健系统等。这些实施质量如何？成本如何？

一个国家如果拥有对某一产业十分重要的某类低成本要素禀赋或独特的高质量要素禀赋，该国的公司就有可能在该产业中获得竞争优势。比如，新加坡处于日本和中东之间的重要贸易航线上，从而使它成为轮船修理中心；瑞士在不同的语言和文化方面的优势，从而使它在国际金融、贸易等方面十分成功。

要素又可分成初级要素和高级要素、专门要素和一般要素。初级要素指一国先天拥有或不需要太大代价便能得到的要素，如自然资源、气候、地理位置、非熟练劳动力等。高级要素则指必须要通过长期投资和培育才能创造出来的要素，如高质量人力资本、高精尖技术等。初级要素是被动继承的，它对于竞争

优势的作用不能过分夸大。一方面由于科学技术的发展,对初级要素的需求将会减少;另一方面初级要素的来源广泛,靠初级要素获得的竞争优势难以持久。在特定条件下,一国某些基本要素上的劣势反而有可能刺激创新,典型的例子是日本,其企业具有强烈的危机意识,在强大的竞争压力下,企业非常重视研究开发和组织管理的效率,从而使整个国家在高级要素上更具竞争力。

同样,专业要素比一般要素更重要。一般要素是一些适用范围广泛的要素,如公路系统、受过大学教育的雇员等。专业要素则是指专门领域的专业人才、特殊的基础设施、特定领域的专门知识,如掌握光学技术的研究所、专门处理化学药品的港口等。越是高级的要素越可能是专门要素。专门要素比一般要素更能为国家提供持久的竞争优势,因为一般要素提供的仅是基本类型的竞争优势,它们的供给在许多国家都能得到,容易被取代、被绕开或失去作用,而专门要素不但需要更专一的、更具风险性的投资才能得到,而且往往还需要有广大的一般要素作为其基础,它在更复杂或更具专有性质的生产中必不可缺,尤其在高精尖的竞争领域。

(二)国内需求

国内需求对竞争优势最重要的影响是通过国内买主的结构和买主的性质实现的。不同的国内需求使公司对买方需求产生不同的看法和理解,并做出不同的反应。在国内需求给当地公司及早提供需求信号或给当地公司施加压力要它们比国外竞争者更快创新、提供更先进产品的产业或产业部门,国家最可能获得竞争优势。国内市场有三个特征对国家竞争优势有十分重要的影响:

(1)分隔的需求结构。在大多数产业,需求都是分隔的。比如,在商用飞机市场上,不同的航线对不同大小、不同档次的飞机的需求就不一样。一部分市场比其他部分更具全球性。如果全球性部分代表了国内需求很大的部分,但在其他国家却占它们需求的较小部分,那么这个国家的公司就有可能在这部分市场获得竞争优势,因为它们往往最先引起公司的注意,公司最早针对它们确定发展目标。

(2)老练的、挑剔的买主。比分隔的需求更重要的是国内买主的特征。如果国内买主是世界上对产品和服务最老练、最挑剔的买主,那么一个国家的公司便可能获得竞争优势。由于国内买主同公司在地理、文化上的接近,他们最容易使公司看到最新的、最高层次的买方需求。如果买方是公司,则可能与生产公司合作开发新产品。此外,讲究、挑剔的买主往往会给国内公司施加压力,使它们在产品质量、性能和服务方面都建立起高标准。

(3)前瞻性的买方需求。如果一国的买方需求比其他国家领先,则一国的公司也能获得竞争优势,因为国内领先需求使公司意识到国际需求的到来。国内领先的需求不仅对新产品重要,而且对公司自身不断升级换代也很重要。国内领先的需求还往往使公司的新产品更容易在国际上找到市场,从而使公司的新产品得到发展的机会。最突出的例子是日本的节能型汽车,由于日本是能源缺乏的国家,因此,对节能型汽车的需求比世界其他国家领先,这使得日本汽车在能源危机发生后能迅速占领美国市场。

国内独立的买主数量、需求的增长速度、需求的规模以及市场饱和的时间也会对一国公司的竞争优势产生影响。国内众多的独立买主可以为公司提供更多的需求信息,减少公司的风险;国内市场的迅速增长可以鼓励公司更快采用新技术,更大规模地对设备进行投资;国内需求规模大则可能使公司获得规模效益;而国内市场的早期饱和则会迫使公司提前向海外扩散,占领国际市场。

国内需求的重要性是外国的需求取代不了的,因为产品的开发、试验和批准的人员基本上都在国内。因此公司对国内需求的压力比对国外需求的压力感觉更强烈。公司经理们的自尊心、荣誉感也更容易迫使他们满足国内需求。因此,来自国内市场的需求信息常在公司的决策中占支配地位。

(三)支持性产业和相关产业

一个国家的产业要想获得持久的竞争优势,就必须在国内具有在国际上有竞争力的供应商和相关产业。日本的机床生产商是世界第一流的,它们的成功靠的是日本国内第一流的数控系统、马达和其他部件供应商。瑞典的轴承、切割工具等钢制品在世界领先,靠的是本国特殊钢的优势。支持性产业以下列几种方法为下游产业创造竞争优势:以最有效的方式及早地、迅速地为国内公司提供最低成本的投入;不断地与下游产业合作;促进下游产业的创新。世界第一流的供应商往往帮助公司看到利用新技术的新方法、新机会,让公司最快地得到新信息、新见解以及供应商的新创产品。有竞争力的供应商还充当把信息和创新从一个公司传递到另一公司的渠道,从而使整个行业的创新速度加快。

相关产业是指因共用某些技术、共享同样的营销渠道或服务而联系在一起的产业或具有互补性的产业。一个国家如果有许多相互联系的、有竞争力的产业,该国便很容易产生新的有竞争力的产业。因此,有竞争力的几种相关产业往往同时在一国产生。比如,美国的电子检测设备和病人监测器;丹麦的奶制品、酿制品和工业酶;韩国的录像机和录像带等。

相关产业对各有关产业的促进表现在以下几个方面:首先,它们最可能促进产业创新。相关产业往往是某一产业新进入者的源泉,它往往带来新的资源、新的技术、新的竞争方法,从而能促进产业的创新和升级。如日本的传真机产业,其相关产业如复印机业、照相器材业、通信业等在日本都十分强劲,当这些产业的公司大举入侵传真机业时,各自带来的新技术、新方法使传真机业迅速发展,在很短的时间里便成为世界领先的产业;其次,相关产业的国际成功也带动了有关产业成功。如计算机在国外的大量销售使美国计算机辅助设备、软件、数据服务等产业也在国外得到了很大的市场。

信息框

10国具有国际竞争力的某一产业及其相关性产业

国家	产　业	相关性产业
丹麦	酪品、酿酒	工业用酵素
德国	化学制品	印刷油墨
意大利	照明设备	家具
日本	照相机	影印机
韩国	录放影机	录影带
新加坡	港口服务	修船
瑞典	汽车	卡车
瑞士	药品	香料
英国	引擎	润滑油、减振器
美国	电子测试和测量器材	病人看护设备

(四)公司战略、结构和竞争

公司战略、结构和竞争包括公司建立、组织和管理的环境以及国内竞争的性质。不同国家的公司在目标、战略和组织方式上都大不相同。国家优势来自于对它们的选择和搭配。

1.各个国家由于环境的不同,需要采用的管理体系也不同

适合国家环境、适合产业的管理方式能提高国家竞争优势。比如,意大利,它在舞厅照明、家具、鞋、羊毛织品和打包机这些方面具有竞争优势。这些行业的规模经济不十分明显,或者可以通过松散的附属公司之间的合作来克服,因此意大利成功的公司的组织形式是以中、小企业为主,采取的战略是集中突破战略,即避开标准化产品,集中力量生产有独特风格或按顾客要求定做的小批量产品。这种组织形式和战略使意大利企业在开发新产品、适应市场变化等方面特别具有灵活性。

2.不同国家的不同公司也都有不同的目标,对经理和雇员有不同的激励机制

在许多产业,获得竞争优势并保持这种优势的方法之一是持续地投资,或换言之,一个国家只有在存在不同寻常的投入和努力的产业才能成功,而要做到这一点,需要公司有正确和恰当的目标,对经理、雇员有正确的激励机制。

公司的目标深受所有权结构、债权债务人的目标、公司管理的性质和对高级管理人员的激励机制的影响。不同国家的资本市场在股东的构成、税收体系、收益率标准等方面都大不相同,股东和债权人对公司管理的影响也不同。比如,德国和瑞士,大多数股票都是机构持有,很少交易,长期资本收益免税,股东持股时间长,管理阶层对股价的变动并不十分在意,一般都报告较低的利润率;而在美国,虽然大部分股东也是机构投机者,但这些机构的业绩按季度或年度的股价涨幅来评价,投资者强调的是季度收益增长,机构为使资本增值经常买卖股份。投资者的长期投资收益按平常的收益一样收税,因此投资者持股的时间都比较短。经理的收入常与当年的利润挂钩,而一般经理的平均任期都短,因此经理们考虑较多的是企业的短期利益。因此美国评价投资收益率的标准比其他许多发达国家都高。

3.国内竞争

国家竞争优势的获得还取决于国内的竞争程度。激烈的国内竞争是创造和保持竞争优势最有力的刺激因素。其作用机制在于:①减少外国竞争者的渗透。一群国内竞争者使用不同的竞争战略竞争,从而覆盖许多细分部门的产品和服务。很宽的产品线和服务系列使外国竞争者渗透困难,从而使国家的产业竞争优势更能持久。②模仿效应和人员交流效应。有许多竞争者存在,为相互模仿和人员交流创造了条件。在竞争状态下的互相模仿和人员交流能使整个国家产业的知识存量增加,从而提高整个产业的创新速度。③促使竞争升级。国内的竞争是在各公司都处于同等条件下进行的,如相同的要素成本、消费者偏好、当地供应商的条件、进口成本等。因此同在一国的公司竞争就不能只靠大家都能得到的优势,而必须寻找更高级、更能持久的竞争优势源泉,如专有技术、规模经济、国际销售网络等,这使产业的竞争优势向高层次发展。④强化竞争程度。同本国竞争对手的竞争不像同外国竞争对手的竞争那么遥远,那么难以捉摸。地理的接近和文化的一致使竞争对手彼此十分了解,从而使竞争更加直接,更加具体。国内竞争有时超出了纯经济的范围,常常带上感情色彩和个人因素。自尊心使经理和工人对国内其他公司的发展十分敏感。国内的报纸和投资分析也常把一家公司同另一家公司比较。因此,国内竞争对手不仅要争夺市场份额、争夺人才和技术突破,还要争夺炫耀的权力。⑤迫使企业走向海外。在存在规模经济的情况下,激烈的国内竞争往往迫使国内公司向海外发展来获取更高的效率和更高的利润。经过国内激烈竞争锻炼的公司往往更成熟,更有竞争力,从而更容易在国际市场上取胜。

上述四种因素是国家竞争优势的决定因素,它们的情况如何直接引起国家竞争地位的变化。但除了上述四种因素以外,还有两个重要变量对国家的竞争优势产生重要影响,这就是机遇和政府。在国际上成功的产业大多从机遇中得到过好处。比如,微电子时代的到来使美国和德国失去了在众多的以机电为基础的产业的支配地位,为日本公司的崛起提供了机会;西方国家对来自中国香港和日本的服装进口施加限制,使新加坡的服装业发展起来。

机遇包括重要的新发明、重大技术变化、投入成本的巨变(如石油危机时)、外汇汇率的重要变化、突然出现的世界或地区需求、战争等。机遇的重要性在于它可能打断事物的发展过程,使原来处于领先地位的公司的竞争优势无效,落后国家的公司如果能顺应局势的变化,利用新机会便可能获得竞争优势。但机遇对竞争优势的影响不是决定性的。同样的机遇可能给不同的公司带来不同的结果。能否利用机遇以及如何利用,还是取决于四种决定因素。

政府对国家竞争优势的作用主要在于对四种决定因素的影响。政府可以通过补贴、对资本市场加以干预、制定教育政策等影响要素条件,通过确定地方产品标准、制定规划等影响需求(政府本身也是某些产品和服务的大买主)。政府也能以各种方式决定相关产业和支持产业的环境,影响企业的竞争战略、结构、竞争状况等,因此,政府的作用十分重要。但由于政府的影响主要是通过对四种决定因素的影响实现的,所以它也没有被归入决定因素。

三、国际竞争力的定量评价指标

国家竞争力通过哪些指标来反映?定量分析能直观地从数字直接看出结果,易于理解,并且因其有力的数据支持,得到广泛运用。本书主要介绍了国际出口市场占有率、净出口比率指数和显示性比较优势指数三个定量指标模型。

(一)国际出口市场占有率

无论是从盈利能力角度还是从抢占市场的角度来看,出口情况是反映一国国际竞争力非常重要的指标。因为,出口可以带来外汇收入,提高本国居民的支出能力,形成新的国际竞争优势,为今后持续取得收入提供了可能。国际出口市场占有率即是以出口数据反映国际竞争力的指数。

出口市场占有率是一国出口总额占世界出口总额的比例,反映一国出口的整体竞争力或竞争地位变化。通常情况下用一国特定产业出口总额与世界同类产业出口总额的比值来表示它,用来反映一国某一产业的国际竞争力或国际地位。

用公式表示为

$$R_{ak}=\frac{X_{ak}}{X_{wk}}$$

式中:R_{ak}为 a 国 k 商品的出口市场占有率;X_{ak}为 a 国 k 商品的出口额;X_{wk}为全世界 k 商品的出口额。该指标反映该国该产业或产品在世界市场上所占的份额,份额提高说明出口竞争力增强。

出口市场占有率反映了一国某产业或产品国际竞争力或竞争地位的变化。但有时某一产业或产品国际市场占有率下降并不意味着国家竞争力的下降,它可能反映的是国家产业结构或产品结构的调整,例如,随着一国科技水平的不断提高,其以前出口的初级品或原料必定被高级品或制成品替代,这样它的初级品或原料的世界出口市场占有率必定下降。

国际出口市场占有率指数存在一定的缺陷,它在运用于同类国家的某一产业产品或服务时,虽然具有较强的适用性,但是一旦运用不同类国家尤其是大国和小国时就会失效,即这个指数受国家大小影响非常明显。

(二)净出口比率指数

净出口比率指数(net trade ratio,NTR),也称为贸易竞争力指数,表示一国进出口贸易差额占进出口总额的比重,是行业结构国际竞争力分析的一种有力工具,总体上能够反映出计算对象的比较优势状况。因为它剔除了各国通货膨胀等宏观总量方面波动的影响,也排除了因国家大小不同而使得国际间数据的不可比性,因此在不同时期、不同国家之间 NTR 指数具有相当的可比性。

其计算公式为

$$NTR_{ak}=(X_{ak}-M_{ak})/(X_{ak}+M_{ak})$$

式中：NTR_{ak}额为净出口比率指数；X_{ak}为 a 国 k 商品的出口额；M_{ak}为 a 国 k 商品的进口额。

从净出口比率指数的计算公式容易看出其取值范围为[-1,1]，一般认为如果 $NTR_{ak}>0$ 则说明该类产品具有竞争力或比较优势；$NTR_{ak}<0$ 则说明该类产品缺乏竞争力或比较劣势；$NTR_{ak}=0$ 则说明该类产品具中等竞争力或中等比较优势。

该指数用一国出口和进口的差额作为分子，该产业产品的顺差越大则国际竞争力就越大。在用净出口比率指数判断一国某产业或产品的国际竞争力大小时，简单地认为指标大于 0 国际竞争力就强，或者指标小于 0 国际竞争力就弱，并不一定正确。因为一些国家某产业的进口和出口都很大，出口和进口的差额却很小，这样就会出现该国对世界市场影响巨大，但却显示出没有竞争力的局面。需要注意的是：

第一，在国家层次上，只出口或只进口常常是难以长期维持下去的，只能是短期的或不正常时期的贸易情况。

第二，在产业或产品层次上，按照市场交易理论，一国的某产业或产品只出口不进口表示该产业或产品在生产效率或成本方面存在比较优势，可以认为该产业或产品的国际竞争力较强。但前面我们已经述及，进口和出口情况也可能只是国家之间在产业或产品层次进行专业化分工与协作的反映，即有的国家可能专业化生产某几种产品，而其他国家只生产另外一种或几种产品，只要在一个国家范围内进口和出口相互平衡，不出现支付危机，就不会产生问题。

第三，产业之间或产品之间的贸易，实际上是按照比较优势原则在国家之间所进行的分工，因此该指数也称为“贸易专业化指数”或“贸易分工指数”。

（三）显示性比较优势指数

显示性比较优势指数(revealed comparative advantage index, RCA)是美国经济学家巴拉萨(Bela Balassa)于1965年提出的一个可用来衡量一国某类产品的出口量占世界该类产品出口量的比重的竞争力测度指标。其公式为

$$RCA_{ak}=(X_{ak}/X_{a})/(X_{wk}/X_{w})$$

式中：X_{ak}为 a 国 k 类产品出口额；X_{a}为 a 国全部产品出口额(即包括商品出口额和服务贸易出口额)；X_{wk}为世界 k 类产品出口额；X_{w}为世界全部产品出口额。

这一指标反映了一个国家某一产品的出口与世界平均出口水平比较来看的相对优势，它剔除了国家总量波动和世界总量波动的影响，较好地反映了该产品的相对优势，因此自 20 世纪 80 年代开始进行国际竞争力比较以来被广泛采用。如果 $RCA>1$，那么这个国家该产品具有优势，该产品在该国的地位势必比世界的重要；反之，若 $RCA<1$，那么这个国家该产品没有优势，该产品在该国的地位势必低于其在世界上的地位。

一个产业可能既有出口又有进口，而显示性比较优势指数只考虑一个产业或产品的出口所占的相对比例，并没有考虑该产业或产品的进口的影响，当国与国之间存在产业之间的贸易或产业内部也存在进出口贸易时，这种不考虑进出口情况的比较优势计算公式，可能会得出并不准确的结论。

显示性比较优势指数的分子式使用的是同一个国家的出口数据的比值，因此可以排除通货和汇率因素影响的情况。因为显示性比较优势指数使用的是出口数据，同样会产生和国际出口市场一样的例外，如像香港这样的转口发达地区，容易产生其竞争力极强的错觉。

第二节　影响医药产业国际竞争力的因素

大多数对于全球制药产业竞争力的实证分析，主要集中在药品创新、管理方法和政府政策等方面上。本书主要从管理、研发、创新，药品扩散以及医药行业供求因素几方面对影响制药产业竞争力的因素进行阐述。

一、管理、研发和创新因素

研发是现代制药企业竞争力的基础。对于大多数制药公司来说，销售额和利润的增长来源于通过产业努力带来的成功的新药研发。新药研发可以分为以下四步。

(1) 基础研发。基础药理知识的进步。

(2) 药学研究。有效物质的合成以及生物效应的确定。

(3) 应用研究。大量的动物试验和临床试验，用来确定药理学原理和药品的副作用。

(4) 研究开发。确定用药量、制备工艺以及药品的生产。

因为在制药产业，研发的投资是成功的最重要的标准，因此多数实证研究集中在研发管理上。

美国国际贸易委员会(International Trade Commission)对美国制药产业在全球经济中的竞争力进行过评估，其主要发现有以下几点：

1) 国民经济的增长为医药产业提供了一个重要

的根基。国民收入的增长、国内生产总值的增长以及较高的人均寿命可以作为经济增长的指示剂。

2）国家的研发投入鼓励了新药的发现，产生了相对较高的药品价格，部分地解释了大量的新药产生在一个国家的原因。

3）高水平的研发支出和研发人员对于全球市场份额和国家生产力是至关重要的。

美国国家工程研究院通过6个指标：研发投资、创新产出、产品、销售额、市场结构以及国际贸易对竞争力进行了测量。发现了以下的影响因素：外国的关税障碍、美国FDA的管理、专利权法、产品责任法、反托拉斯政策以及研发的税收鼓励。

美国经济学家Thomsa运用10个国家的样本对制药业竞争力进行了分析。他提出，公司在国内市场上的竞争能力是影响其在国际竞争中取得成功的一个重要因素。归因于国内市场竞争的三个因素是：市场准入方面严格的质量限制、高水平的医学研发上的公共投入以及无限制的国内价格。

也有学者强调，诸如社会教育、研发投资以及相对自由的定价政策对于维系制药业的持续竞争力是非常重要的。表7-1给出的是关于国际制药业竞争力的部分研究结果。

表7-1　制药业竞争力的研究

研究机构/者	(1)研究因素；(2)国家/地区	-竞争力的决定因素
United States International Trade Commission	(1)经济、人口统计以及社会因素；研发投资、公司规模、销售额；(2)法国、德国、意大利、日本、西班牙、英国以及美国	创新、经济增长、研发激励、价格控制、研发投资
Grabowski	(1)待开发的新药数量、全球已开发的新药数量、全球销售额；(2)美国、日本、德国、法国、意大利、瑞士、英国	创新、研发投资、新药商业潜力的大小
National Academy of Engineering	(1)研发投资、创新产出、产品、销售、市场结构、贸易平衡；(2)美国、日本、西欧	管理条件、FDA规定、专利法、产品责任法、反托拉斯政策、鼓励研发的税收
International Trade Administration	(1)销售、产品、研究人员、生产力水平、研发活动、收益率；(2)发达国家	创新、研发生产力、规定的新药审批时限、新药质量
Thomas	(1)差异化的管理因素和市场因素；(2)发达国家	创新、市场竞争、严格的管理制度、高额的研发投入、自由定价
Council on Competitiveness	(1)差异化的管理因素和经济因素；(2)发达国家	教育、研发投资、自由定价

二、药品扩散因素

因为药品创新和上市的能力对于一国国际竞争力来讲是至关重要的，所以要研究一个国家的制药产业的竞争力，就必须对影响新药在国家间扩散的因素进行研究。

美国经济学家Lafrancis-Popper和Nason研究了1970~1989年的20年间，关于新药上市的多种管理条件的影响。搜集有法国、德国、英国、意大利、日本以及美国的相关的数据。得出影响新药引进的空间和时间的管理条件有：同类产品的替代、国家健康保险计划、国家处方目录、国外临床试验实施、专利保护、出口配额制以及可以鼓励研发的定价。同类产品替代的政策和国家健康保险计划的存在都加大了扩散的滞后。出口配额制似乎没有影响新药产生的数量，但是它在很大程度上延迟了新药上市的时间。国外临床试验实施和鼓励研发的定价也对新药的产生有相对小的延迟作用。可以肯定，市场规模能够影响新药产生的数量，但是不影响新药产生的时间。

最全面的关于国际间药品扩散的研究是由美国经济学家Parker进行的。他运用了18个国家的样本，包括9个发达国家和9个发展中国家，共192个品牌的药物进行了分析。时间是从1954年到1978年。将扩散滞后的时间作为因变量，也就是药物首次在一个国家上市和后来在其他国家上市的时间间隔。自变量包括国家管理的严密度、药物疗效的重要性、市场吸引力和国家类型。

研究发现，管理最严密的国家有最小的滞后时间。Parker将这归因于市场规模和管理环境。同样管理环境下，拥有较大市场规模的国家能更早地吸引新药；药品疗效重要性越高，药物扩散的滞后时间就越短，但是两者这种关系并不是很明显；同时，越发达的国家，药品的滞后时间越短。表7-2给出的是关于全球药物扩散的研究结果。

表 7-2　全球药物扩散的研究

研究机构/者	(1) 研究因素;(2) 国家/地区	结论
Grabowski 和 Vernon	(1) 规定的新药审批时限;(2) 美国、英国	规定的新药审批时限较长是导致扩散滞后的原因
Grabowski	(1) 规定的新药审批时限、新药疗效的重要性;(2) 美国、欧洲	规定的新药审批时限较长是导致扩散滞后的原因
LaFrancis-Popper 和 Nason	(1) 管理严密度、市场规模;(2) 法国、德国、英国、意大利、日本、美国	管理的严密度影响了新药扩散的速度和程度
Parker	(1) 管理严密度,新药疗效的重要性、市场规模、国家性质;(2) 9 个发达国家、9 个发展中国家	管理的严密度和市场规模对新药扩散有重要影响;疗效重要的新药扩散较快;发展中国家的滞后时间较长

三、医药行业供求因素

药品需求和供给是由众多社会、人文等因素决定的,如人的寿命、疾病或卫生保健的使用等。政府的政策和措施如成本控制政策、卫生保健筹资的多少以及与健康相关的教育支持也直接或间接地影响药物的供求。下面讨论的是人口统计、社会、经济、政治、法律以及医药市场结构等对药品供求因素的影响。这些因素通过对药品供求产生作用,从而对整个制药产业的竞争力产生影响。

1. 人口统计

各个国家在人口密度、平均寿命、出生率、死亡率、人口组成、地理分布等方面的差异,产生了市场条件上机遇和威胁的差异,它们也同样影响了供求。一个国家的药品市场潜力越大,企业在这个国家创新和生产新药的动机就越高。

一个影响药品市场潜力的、关键的人口统计因素是中老年人占总人口的比例。统计表明,在很多发达国家这一年龄的人口比例是迅速增长的。药品消费的次数在人口老龄化的市场上是增加最快的。例如,德国的数据显示,年龄在 44 岁以上的大概有 55%的人,至少每周买一次药,但是在 14~44 岁年龄段的只有 15%的人每周买一次药。此外,年龄在 45 岁上下的人,他们需要的药品种类是不同的。45 岁以下的人需要的主要是止痛药、预防咳嗽和感冒的药品以及有助消化的药品。这些药品都是极普通的,也是相对较便宜的。45 岁以上的人购买的则多是治疗糖尿病、高血压等慢性疾病的药品。

2. 社会环境

这方面的因素包括国家的公立或私立保健系统、医生的收入情况、消费者需要的药品种类等因素。发达国家与发展中国家的卫生保健系统的类型有很大的不同,它们影响药品消费的模式也是大不相同的。

大多数发达国家的公共部门支付了药品费用的一半以上,而发展中国家公共卫生保健系统在药品消费支出上起的作用相对较小。在大多数发展中国家,卫生保健上的公共支出只占 GDP 的 1%~2%,而在发达国家这个指数是很高的,一般为 6%~8%。在贫穷的以及中等收入的发展中国家中药品支出的 2/3 以上是由病人自己支付的。

3. 经济环境

经济环境方面的因素包括一个国家的整体发展水平、人均分配、可支配收入、药品费用构成等。制药产业是一个新药研发投资相当大的行业,通常只有发达国家的企业才能负担得起如此高昂的投资。

超过 70%的药品上市发生在发达国家的市场上,发展中国家的比例不到 1/5。事实上,在很多比较贫穷的国家,花费在药品上的人均 GDP 比例是越来越少的。

4. 政治环境

这方面的因素有政策稳定性和连贯性、意识形态的定位、政府对商业的投资、对待跨国公司的态度、国家政策等,这些因素都会影响企业投资研发的能力和积极性,从而影响新药的研发。无论国内的还是国际上的政府政策,都对一个国家的产业创新速度和程度有重要的影响。

政治因素对于一个国家制药产业的影响是非常大的。高度的政治不稳定,政府高度的商业化,对外国企业或跨国公司高度的敌意,以及不同意识形态的国家的数量越多,越不利于产品全球传播的广度和速度。例如,1985 年前苏联的药品市场国产药占了 100%,进口药所占比率为零;相反,同年加拿大的国产药品市场份额仅为 18%,外资企业在加拿大的投资程度是非常高的。

5. 医药法律环境

法律方面的政策包括新药审批程序的管理、定价政策、成本限制的政策、专利权法、产品责任法以及一些税收相关的事项,如免税新药从技术研究到上市再到专利期满最后到研发再投资的整个发展过程中，很多阶段都受到政府政策和法规的影响。定价和社会保障补贴是受法律影响最大的阶段。

就像前面讲到的那样，管理条例，特别是美国对新药上市审批的管理程序对于全球制药产业都有着深远的影响。一种新药只有取得 FDA 的安全和疗效认证，才能在美国上市。

近年来，在认证程序的国际一致性问题上已经做了很多努力。1991 年，药品注册的国际技术要求协调会(ICH 指导委员会)在布鲁塞尔成立。委员会的宗旨是寻求当前药品管理方法的一致性，并使将来可能出现的新的申报条件的分歧最小化。

6. 医药市场结构

医药市场结构能够影响创新药品的供求。该因素包括国内以及国际市场的竞争水平、工业增长等，这些都对新药的供给和扩散有影响，从而对制药产业的国际竞争力产生影响。

综观全球的制药产业，是由一部分跨国公司占支配地位的。国际市场是高度集中的，2007 年世界上销售额排名前十的制药企业中有 6 家属于美国。大多数跨国公司也从事制药相关的活动。少数公司作为领导者在国际市场中占主导地位。

单个市场上的产品竞争并不是长久的，这是因为一些市场是由少数相对有效的、受专利保护的药品主导的，而在其他一些市场，领导品牌的专利已经过期，但是产品仍然处在领导地位，这归因于品牌忠诚。品牌忠诚是一种比专利本身更有效的保证高利润的方法。

由此可见，影响医药行业供求的很多因素都对制药产业的国际竞争力有着重要的影响，表 7-3 给出了影响制药产业国际竞争力的环境因素，即包括人口统计因素、社会因素、经济因素、政治因素、医药法律因素、医药市场结构因素。

表 7-3　影响制药产业竞争力的环境因素

环　境	影响因素
人口统计	人口密度、期望寿命、出生率、人口的分布等
社会	卫生保健系统、医生的处方行为、消费者需求类型等
经济	国民生产总值、人均收入、卫生保健的支出等
政治	政府对商业的投资、优先发展政策意识形态等
医药法律环境	法定的新药审批时限、专利法、定价政策、产品责任法、研发税收方面的法律等
医药市场结构	市场集中度、产业增长、市场规模、配送体系等

第三节　我国医药产业的国际竞争力

改革开放以来，我国制药工业面对国内国际两个市场，扩大药品出口，成为制药工业发展的一个新增长点。但我国西药出口以原料药为主，在出口的原料药中，又以中低档品种为主，技术含量高的制剂和原料药新品种出口很少。造成这种状况的原因是我国目前西药行业的发展处在低级阶段，西药在国际市场上凭借的是成本优势，尚不具备更高层次的竞争优势。医药行业的另一块——中药一直是我国传统的出口创汇产品，在国际上享有较高的声誉。医药行业的生物制药、医疗器械在国际市场上竞争力较弱。

一、化学原料药仍是我国医药行业的优势品种

自 20 世纪 90 年代以来，制药业就在全球范围进行产业结构大调整，“产业转移生产”的趋势使中国成为世界上第二大原料药生产国和主要出口国。截至 2006 年，我国可生产的化学原料药近 1500 种，总产量 42 万吨，约占世界原料药市场份额的 22%，年平均出口额达 22 亿美元，位居世界第 2，仅次于美国。化学原料药已经成为我国医药工业的支柱，产值约占整个医药工业的 1/3，近 10 年产量年均增长 11%。

原料药行业可以说是医药产业的基础，目前全球原料药约有 2000 多种，市场规模由 1996 年的 100 亿美元上升到 2007 年的约 230 亿美元，每年以 13% 的速度递增。从世界范围分析，在世界主要原料药生产区域如西欧、北美、日本、中国、印度等国家和地区中，西欧是原料药的主要出口地区，占世界总量的 50%，在附加值高的专利药物的原料药定制生产领域中占据了主导地位；北美是原料药的主要进口地区，其药物生产量占世界总量的 18%；日本的原料药基本自给自足，但有预测认为，随着人力成本的上升和环境问题的凸显，日本将会向原料药纯进口国转变；而中国和印度则集中于通用名药物生产领域，并且随着全球化的发展，由于成本、环境等因素的影响，世界原料药产业正在向亚洲迁移，中国和印度这两个发展中国家将成为原料药生产的中心，并展开激烈的竞争。西欧国家制药工业起步早、规模大、技术先进，瑞士、英国、意大利、西班牙、比利时、瑞典、芬兰等均为世界制药强国，堪称全球最大的原料药生产基地，而出口量占其总产量的 80% 以上，遍及欧盟以外的广大地区，为原料药纯出口国；另外，包括前苏联加盟共和国、东

盟、拉美、非洲等在内的世界其他地区，目前原料药的产销量均很低，市场潜力不小。由此可见，虽然发达国家原料药市场已步入成熟期，但广大发展中国家的市场需求还有较大的空间，总体上世界原料药市场仍处于稳定增长期；同时，由于许多重要原料药专利保护即将到期、竞争趋于激烈、生产成本提高、利润下降和环境问题，世界原料药的生产呈现逐渐向发展中国家转移的趋势。

另外，从品种上看，除青霉素、扑热息痛、阿司匹林、维生素C、维生素E、乙酰水杨酸、布洛芬等几十种原料药外，绝大部分为年交易量不超过100吨、交易额在100万美元以下的小品种。世界原料药市场还表现出了明显的分化特征：全球市场对专利药物原料药的需求比较旺盛，总额达60亿美元，对OTC制剂原料药需求在20亿美元左右；在美国、西欧、日本等发达国家的原料药市场上，廉价药份额极小，而在广大发展中国家特别是第三世界国家则恰好相反。

从原料药市场的发展趋势看，竞争力主要表现在产品质量和生产成本上，可以说生产环节上的低成本和高效率是塑造原料药企业核心竞争力的关键一环。我国生产化学药的原材料资源丰富，并且经过近几年迅猛发展，工业配套相对完善，技术水平已逐渐接近世界先进水平，部分技术甚至处于领先地位，且劳动成本比发达国家要低得多。目前我国有60多种质优价廉的化学原料药及医药中间体在国际上具有较强的竞争力，辛伐他汀就是其中一种。抗生素、维生素等仍是出口的主要大宗品种。单个品种出口金额最大的是维生素C，2005年出口总值达3.14亿美元，占化学原料药出口总额的5.06%。这一切均表明中国化学原料药生产正日益成为世界制药产业链中的新轴心。

从上面的分析可以看出，我国化学原料药在生产环节上还有许多未被发掘的潜在优势：首先，中国已是世界上第二大原料生产国和出口国，世界制药中心正向亚洲转移，印度和中国在这方面颇具优势；其次，我国的劳动力成本比起发达国家要低得多；再次，我国的药品生产能力严重过剩，许多设备闲置；最后，我国医药企业生产成本仍然存在下降的可能。据估计，跨国公司的生产成本只占其总成本的25%，而中国企业一般都高于50%。因此，在药品的生产环节上，中国化学原料药企业还有许多潜力可挖。

二、中药有望成为未来持续的投资热点

近年来基于对化学药品毒副作用的认识和保健养生之需求，人们纷纷青睐天然药物、天然保健品和传统药物、传统疗法，历经数千年实践的中药因此显现出广阔的市场前景。

我国中药的竞争优势体现在：悠久的中医药理论与文化优势；丰富的中药材资源；大量的人才资源；强劲的国内市场需求；强有力的政策支持；成熟的相关性产业和支持性产业。再加上国际市场对植物药需求踊跃的良好机遇，使得我国中药产业前途一片光明。2005年我国中药类出口共计约8.3亿美元，约占医药类产品出口总额的6%。从2002年到2005年，我国中药出口逐年增长，中药提取物增长最快。近年来，我国中成药工业得到了较快的发展，工业总产值、产品销售收入、利润总额等主要经济指标都出现了较大幅度的增长。中成药工业无论从企业数目、工业总产值、销售收入、利润总额来衡量，都取得了很大的进步。

2002年11月1日，科技部等8部门共同编制了《中药现代化发展纲要》，希望到2010年达到如下目标：构筑国家现代中药创新体系，制订和完善现代中药标准和规范，开发一批疗效确切的中药创新产品，突破一批中药研发和产业关键技术，形成具有市场竞争优势的现代中药产业，保持我国中医药科技的优势地位，实现传统中药产业向现代中药产业的跨越，为国民经济和社会发展及人类健康做出贡献。可以预见，随着国家中药现代化的不断推进和深化，该领域将成为未来持续的投资热点。

三、化学制剂：总体落后，普药有优势

化学制剂品种，我国和发达国家各有竞争优势。国外在新药、专利药、技术、剂型上有优势，我国在普药、仿制药上有优势。

总体上，我国制剂工业落后于原料药工业，与国际水平的差距较大，因而医药行业普遍认为，加入WTO之后制剂工业会受到较大冲击。但是，由于制剂行业对外开放推进较快，尤其是外商投资企业迅速发展，其在国内市场的销售比重不断提高，国产制剂药品一直经受着国际竞争的较强压力，已经在某种程度上形成了“抗体”。

20世纪90年代以后，尤其是近几年来，国产化学制剂药面对着这样的竞争格局：一是进口药和合资药在国内市场中已占有很大份额；二是非正常渠道进口药的比重较高；三是外商投资企业占很大比重。我国40%左右的制药企业有合资项目，特别是在2001年加入世贸组织后世界上大多数跨国制药企业都在中国建立了分部。在外资制药企业中，有不少已形成了较大规模，并且大多数大型外资制药企业都为外方控

股。这些外资企业基本上都以国内市场为目标，出口数量不多，而它们影响最大的就是化学制剂药品市场。以上竞争格局使国内制剂药工业面对着很大的生存和发展压力，同时也使大多数内资企业经受了竞争的锻炼，已经在一定程度上形成了适应竞争的能力和增强竞争力的基础。

加入 WTO 后，我国执行 TRIPS 协定，对所有成员方的专利药品实施知识产权的法律保护。同时，政府部门有责任对药品知识产权保护加以全面的监督和管理。在这种条件下，长期以来主要依靠仿制过日子的化学药品生产企业面临着严峻的挑战。对于大型制药企业来说，即使买得起专利新药的生产许可证，也要为此支付巨额的费用，大幅度增加药品生产成本，从而大大降低了价格竞争力；而对于大量的中小制药企业来说，根本买不起专利许可证，更承担不了巨额的赔偿责任，只能仿制国外已过了 20 年或 25 年专利保护期的药品，这将进一步拉大国产药与进口药或外资药的质量差距，完全丧失在药品质量上的竞争力。从这个角度看，加强药品知识产权保护的结果，可能是对化学药品制剂工业一种最为严重的冲击。

在普药（非专利药）生产上，由于其竞争优势主要体现在生产成本的控制这一环节上，因此我国在该类产品上的优势较为明显。

四、生物制药工业尚处在起步阶段

由于生物制药企业的经济规模普遍较小，加上产品售价较高，我国生物药品的市场销售额还较小。企业规模小、数量多，资金缺乏，经营分散，缺乏整体竞争力。我国现有生物制药企业约 500 家，具备基因工程药物生产能力的企业有 114 家，大多数规模较小，市场占有率低。由于产业结构不合理、经营分散，导致单位成本高、规模效益差，缺乏整体竞争力。但是，生物制药是制药工业中高新技术含量最高的产业，也代表着医药工业发展的方向和趋势，这些年我国生物制药工业一直保持着年平均 15%以上的增幅，而且销售增长速度有所加快，2005 年生物制药工业完成现价总产值 353.7 亿元；产品销售收入 2001~2005 年递增 31.2%，是医药行业增长最为迅速的领域之一；2001~2005 年生物制药工业固定资产净值年递增达 28.8%，是医药行业投资的重点。

与发达国家相比，我国的生物制药只是处于起步阶段。国内已上市的基因工程药品中，除了 alb 型干扰素（IFN-alb）为国内首创之外，其他的均为仿制或跟踪产品。企业缺乏创新，产品没有国际竞争力。多年来，我国生物制药一直采取跟踪与模仿的策略。国外研究一个新药要花费 8~10 年的时间，平均花费几亿美元，创新难度大、周期长、投资高、风险大。我国仿制一个新药仅需要几百万人民币，2~5 年的时间，仿制药品投入低、风险小、周期短、收益高，企业没有创新的压力和动力，缺乏国际竞争力。近年来，对生物制药高额利润的期望使国内生物工程产业投资过热，导致生物药品品种少而生产企业多，一个产品往往有 5~30 个厂家在生产。目前不少生物制药企业每年只能开工数月，大量的设备和人员处于闲置状态。由于企业经济规模小，产业集中度低，研究与开发投入不足，加上生物技术产业化的设备和技术落后，生物技术开发中研产脱节，“上游开发”与“下游工程”不协调，使我国生物制药工业与国际水平的差距不能有效缩小。据有关方面估计，在生物技术产品研究开发领域中，我国的“上游开发”或许只比国际水平落后 3~5 年，而“下游工程”却至少相差 15 年以上。

生物制药作为典型的高新技术产业，其保护过渡期已过，加快对外开放是大势所趋。与化学药品相比，开发新的生物药品所需投入的费用更大、时间更长。我国企业的经济规模决定了对新的生物药品的研究开发难以有较大的进展。尽管现阶段我国在有些生物技术领域，如克隆技术、转基因技术、蛋白质工程技术等的研究开发已达到世界先进水平，以这些技术为基础研制出来的新产品将会给生物制药行业的发展带来较大的契机，但与发达国家尤其是美国相比，我国生物制药中的新产品仍然是很有限的，所占的比例是很低的。如果对受到知识产权保护的大量国外生物新药不能仿制或支付不起专利许可证费用，我国生物制药的范围将被迫缩小到为数不多的品种上，国外生物药品的新品种将大量进入乃至占领国内市场，在这种条件下，我国生物制药企业的生产和销售会受到很大的影响，整个生物制药工业的发展前景也会受到很大的制约。

不过，外资企业的发展会对国外生物药品的进口产生一定的缓冲作用。对于国外大型生物制药公司控股或独资的外资企业来说，其生物药品的新品种可以在符合知识产权保护协定的某种形式下继续生产和销售，并部分替代同类生物药品的进口。

五、医疗器械工业：低端市场有优势

我国医疗器械行业经过 30 年的努力，建立了较为完善的科研开发、工业生产和质量管理体系。医疗器械行业已成为我国高科技领域颇具发展前景的生力军。我国医疗器械市场的规模容量由 2000 年的

450亿元人民币增加到2005年的860亿元人民币。中国医疗器械市场的销售额每年保持在14%左右的增速。2005年,国内共有7952家企业经营97类医疗器械及设备,出口到205个国家和地区,出口中排名前50位企业的出口额占该类产品总出口的42%,集中度较高,出口已成为我国医疗器械行业持续增长的重要动力。在国内市场上,一般、常用和低值易耗的医疗器械国内企业有一定优势;而高档的仪器、器械国外公司有优势。

目前全球的医疗器械市场规模约为2300亿美元,世界上最大的市场是美国、欧盟和日本,其中美国是世界上最大的医疗器械生产国和消费国,它供应了世界市场40%以上的医疗器械,同时消费了世界市场37%的医疗器械。美国、日本、德国是我国医疗器械出口的前三大市场。2005年,我国出口到美国市场的医疗器械及设备金额为9.09亿美元,同比增长27%,出口金额排在前三位的产品主要是:按摩器具,未列名矫正视力、护目等用途的眼科用品和血压测量仪器及器具,所占比重达35%。2005年我国出口到美国市场的高科技医疗设备有:X射线断层检查仪24台、磁共振成像装置49台、B型超声波诊断仪883台、彩色超声波诊断仪969台、病员监护仪91台、心电图记录仪4031台,合计所占比重为4.38%。

总的说来,我国的卫生材料和中低档医疗器械已具有较强的价格竞争力。加入WTO之后的多边贸易开放有利于我国的卫生材料和中、低档医疗器械发挥比较优势,进一步扩大出口。我国包括卫生材料在内的整个医疗器械类产品近两年出口增长很快,出口的主要商品类别有按摩器具、血压测量仪器及量具、其他针导管插管及类似品、其他医疗外科或兽医用仪器及器具、助听器(不包括零件和附件)、X射线断层检查仪等。但是,整个医疗器械类产品的出口仍然没有摆脱以卫生材料、中低档和小型医疗器械产品为主的结构。

第四节　我国中药产业的国际竞争力分析

我国加入世贸组织后,由于化学制剂知识产权保护的进一步加强,仿制更加困难,而在进口药品和购买国外药品生产专利价格相当昂贵的情况下,发挥我国中药的独特优势,就成为我国医药行业发展战略的必然选择之一。

然而,担负如此重任的我国中药产业,问题多多,国际竞争力严重不足,因此,正确分析我国中药产业在国际竞争中的优势、劣势和面临的威胁,对我国中药产业扩大世界市场份额具有重要的意义。

一、我国中药产业的竞争优势

1. 悠久的中医药理论与文化优势

中医药是我国优秀的文化遗产。中医药理论在我国经历了几千年的不断发展、演化,融合了我国古代天文、哲学等文化精髓,受到古代唯物论和辩证法思想的影响,中医药学把中华民族的优秀传统文化应用到医学,总结临床经验,形成了完整的中医理论体系,保存了多达30余万个的秘方、验方。中医药理论适应了世界开始兴起的个性化与多元化的要求,显示出了强大生命力。悠久的中医药理论与文化优势为我国中药产业的发展和走向世界奠定了坚实的基础。

2. 丰富的中药材资源

我国多种多样的自然条件,孕育了丰富的中药材资源,使我国培育、发展中药产业具有得天独厚的资源优势。据最新的官修本草——《中华本草》记载有8980种中草药,而据全国中药资源普查统计,我国有记载的药用资源多达12 807种。按来源分,药用植物11 146种,药用动物1581种,药用矿物80种;按使用情况分,经营中药材1200多种,民族药4000多种,民间药7000多种。在600种常用药材中,栽培药材200多种,栽培面积40万公顷,年产量30万吨,约占常用药材品种的30%,栽培年产量占年收购总量的近50%;野生药材收购品种400种,年收购量40万吨,品种约占常用药材的70%,年收购量占收购总量的50%~60%。

全国有中药材生产基地600多个,每年约有500万亩土地种植中药材(不包括木本药材面积),产量约40万吨。全国经营的药材品种1200多种,中药材年收购总值160亿元左右。

3. 大量的人才资源

我国拥有一支具有现代医学科学知识和技术的中药科研队伍。其中,全国中医院有3072所,中医药院校有30所,独立的医药科研机构有77所,以及上百个中药新产品开发机构。这些研究机构和技术人员是我国中医药发展的基础,同时,每年还有几万名高等中医药人才踏向社会和科研机构。近年还欢迎、鼓励非中医类大学本科生报考中医院校的研究生,目的在于培养一批能运用其他院校所学的计算机、生物、化学等知识来发展中医药的复合型人才,为中医药的现代化、高科技化注入新的力量。

4. 强劲的市场需求

近年全球兴起回归自然的潮流,带动了中药产品市场需求的持续增长。有关统计显示,国际植物药市场销售额从1994年的124亿美元增至现在的每年300亿美元,并且正以20%的速度增长。2003年欧洲天然植物药补品的市场规模已超过110亿美元。制药工业发达的意大利,以天然植物药为原料的药物制剂品种达200余种,每年消耗的植物药占药品总额的23%;法国、德国、瑞士的植物药比例占到24%~38%。

在我国,对中医药的需求也在不断增长。截止到2008年初,全国已有3072所中医医院,床位数达33万多张。除专门的中医医院外,综合医院大多也设有中医药科室,还有72%的乡镇卫生院、92%的社区卫生服务中心和54.7%的社区卫生服务站也能为群众提供中医药服务。除了医院市场外,据有关方面的调查,目前市场对含中草药化妆品、中成药、治疗性中药的需求在逐渐增大,中药在农村市场前景广阔,这就使我国存在着一个很有潜力的OTC中成药市场。

我国中药有市场大、需求增长迅速、需求层次差距大等优势,而且中医药伴随中华民族几千年,已形成一大批讲究、挑剔的买主,给中药生产企业形成了强大的创新压力。

5. 良好的新药开发基础

中医中药有几千年的历史,有世界其他任何国家无法比拟的浩瀚的珍贵文献典籍,这是研究开发中药新品种的宝库和源泉,是取之不尽的。

我国中药的现代化研究已经取得了令人瞩目的进展:中药的基本理论得到了系统、全面整理,在中药鉴定方面除一般来源、性状鉴定外,普遍采用显微、理化、甚至指纹图谱等较为先进的手段;通过中药炮制技术与原理的现代研究,中药炮制学得到了较大的发展,对许多中药的炮制做了改进和规范,并采用了许多先进的设备与技术,提高了饮片质量;对中药的化学成分进行了广泛的研究,多数常用中药明确了主要有效成分,部分弄清了化学结构;抗菌、抗病毒、抗肿瘤等方面进行了大量药物筛选,药物中的多糖类、鞣质、氨基酸、多肽等已发现有多种生物活性,在阐明中药功效方面发挥了重要作用。

更重要的是,我国还有以中医基本理论为指导的独特的组方规律和传统的制药技术,这是世界上其他任何国家所没有的。随着科学技术的发展,这种独特的制药技术与现代科技成果相结合,使我国中药工业已具备相当的技术水平和生产规模。

这些研究成果为我国中药新药的开发和拥有完整的知识产权奠定了良好的基础,而拥有完整的知识产权是中国中药和医药产业参与国际竞争的最大优势。

6. 强有力的政策支持

我国政府一直高度重视中医药产业的发展,给予了强有力的政策支持。1997年,国务院要求各方面要积极发展中药产业,推进中药生产现代化。1999年,科技部等部委经过长期调研,确立了"中药现代化"和"中药更广泛地走向世界"的战略目标,选择"中药科技产业"作为切入点,全面推动我国中药产业的发展。2000年4月在上海成立了中药创新中心,并拟定把香港发展成为国际中医药中心,让中医药通过上海和香港更快、更好地走出国门。2001年12月1日生效的新《药品管理法》第三条明确规定"国家发展现代药和传统药,充分发挥其在预防、医疗和保健中作用。国家保护野生药材资源,鼓励培育中药材"。

2002年11月1日,国务院办公厅转发了科技部等八个部委联合制定的《中药现代化发展纲要》,提出了2002年至2010年我国中药现代化的指导思想、基本原则和战略目标、重点任务和主要措施,这将对推动我国中药现代化产生极大的作用。

7. 成熟的产业集群

我国中药行业的发展,离不开庞大的支持性产业和相关产业组成的产业集群的支持。建国后50多年的发展,中药材、药械、辅料等产业都具备了一定的规模和技术水平。这些产业的发展,加快了我国中药现代化的步伐,促进了中药的研究开发,充分支持了中药产业的发展。

中药行业是由中药材生产、中药工业(含中药饮片加工、中成药生产、中药机械制造)和中药商业组成,是集农、工、商于一体,产、供、销相结合的产业。目前以中药材生产为基础,中药工业为主体,中药商业为纽带的中药生产流通体系基本形成。

中药材生产是中药行业发展的基础。按照合理布局、重点建设的原则,一批优质道地药材生产基地基本形成。目前,全国有中药材生产基地600多个,中药材种植面积达500万亩,产量40万吨,达到历史最高水平,并基本保持了供需平衡。过去每年国家花大量外汇进口南药,进口品种多达近百种。随着部分中药材品种的引种成功,中药野生资源和生态环境得到保护,依赖进口的品种逐步减少。以往主要依靠进口的珍珠、牛黄、云木香、豆蔻等品种自产有余,并大量出口。

中药工业发展成就更是令人瞩目。建国初期,专业中成药厂是前店后场的形式,条件简陋,技术落后。在各级政府和有关部门的大力支持下,先后建成一批中成药厂,并通过加强技术改造,改善生产条件,提高企业素质,强化质量管理,加上中药生产企业已经完成GMP改造，使我国中药生产水平达到一个新的高度。中药工业基本改变传统的生产方式，管理水平有较大提高，企业现代化步伐加快。中药产品结构得到调整，一批优质名牌产品、著名商标和企业相继涌现。到2007年底，全国拥有中药工业企业1781家，规模以上的中药生产企业比2003年增长62家，产品已出口到130个国家和地区，这种趋势还将继续。

中药商业是联结生产与消费的重要环节，我国已经形成了比较系统的经营供销渠道。中药批发企业的硬件设施和基层网点的条件有了较大改善，一批老字号药店得以恢复和发扬其特色。

二、我国中药产业的劣势

1. 国际化经营程度低

中医药目前还没有应有的国际地位，中医医疗在世界许多国家仍以民间自发应用为主，中医中药在多数国家尚未完全合法化和纳入医疗保险范畴。迄今为止，整体的中医药只有被韩国、东南亚等个别国家或地区承认。在欧美市场上，我国的中药只能以保健食品的名义进入，而非药品准入，因而市场销售额有限且价格极低。

随着我国中药现代化的实施，一部分中药生产企业将产品定位在国际市场上，加大了对国际市场的研究与开发力度，复方丹参滴丸、杏灵颗粒等产品已开始做这方面的尝试。但从全行业的情况来看，对国际投入与开发的力度远远不够。目前，我国开展国际化经营的制药企业绝大多数还处于初级阶段，即医药产品的贸易出口，但出口的产品主要是不涉及知识产权、附加值低的化学原料药、中成药、中药材和低端医疗器械，而中成药、中药材的出口不仅地区狭窄，且受到了日本汉方药、韩药、欧美植物药的冲击。从行业整体来看，国际化经营程度较低。

2. 中药资源生产与开发利用效率低，产品质量不能满足需求

由于我国丰富的中药材资源没有得到很好的综合开发和利用，天然资源消耗较大，使得一些名贵的中药材资源几乎枯竭，大宗中药材的栽培技术研究推广不够，中药材生产管理粗放，单产低、质量差的现象较为普遍；中药材病虫害的防治和农药残留的污染问题还比较严重。在中药饮片加工方面，由于中药材质量不稳定，品种混乱，生产水平低等因素，造成了产品质量不稳定、炮制规范不统一等问题，因而很难满足国外用户的需求，大大削弱了中药的市场竞争力。

3. 企业规模较小、产业集中度较低、技术水平不高

截至2007年底，我国中药制造企业约有1781家，能生产8000余个中药品种。企业数目虽多，但绝大多数属于中小型制药企业，占75%以上，规模偏小，工艺落后，设备陈旧，管理水平差。对于一些技术成熟的品种，许多企业争相生产，造成了资源的严重浪费和不良市场竞争。众多中药企业仍沿袭几十年前的工艺技术，极少采用高科技成果，大部分企业产品技术含量低，新药研究开发能力低，管理能力及经济效益低。中药产业整体的制剂设备落后，品种规格少，系统化、标准化、配套能力差，自动化水平低，质量检测装备滞后，缺乏现代企业的经营管理体系，基本上不具备技术开发创新能力。

4. 产品生产和出口结构存在缺陷

我国中药产业在产品生产方面的缺陷，突出表现在拳头产品老化，技术含量低，单品种生产规模小，主要产品基本都是三类中药，剂型、工艺落后，质量标准水平较低，高质量的一、二类新药少见，新剂型如注射剂、滴丸、气雾剂等发展缓慢等。

在出口结构方面，国际市场每年植物药销售额高达300多亿美元，而且仍以每年10%以上的速度递增，而我国中药在其中仅占不足5%的份额，且主要品种都是低加工、低附加值的中药材。2005年，我国中药出口总值达到了8.3亿美元，其中，中药材出口3.84亿美元，占出口总值的比例仍然很大。

三、我国中药产业面临的威胁

1. 日韩在世界天然药物市场已经形成一定优势

受天然药物发展前景的吸引，各国尤其是东南亚、韩国、日本等竞相采用现代技术研究中药，抢占国际中草药市场。日本的汉方药年生产总值已超过1000亿日元，其中药制剂，如救心丸、津村柴苓汤等成功打开并占领了国际市场，同时，日本也在大建中草药基地，并制订了庞大的中药材发展计划。目前韩国市场常用的100多种药材，绝大部分已经可以国内自给，且有不少供给出口。韩国仅高丽参一项年均创汇就达1.75亿美元，已高出我国圆参的十几倍。

日、韩等国的中成药一方面会随着我国关税的降低加大对我国市场的冲击，另一方面会与中国一起争夺国际市场。他们完善的市场运行机制、营销策略、管理经验和先进技术，会给我国中药企业带来很大的威胁。

2. 许多国家和地区开始重视天然药物的发展，世界植物药公司大量涌现

目前,天然药物的发展已日益受到世界各国的重视。全世界已有 124 个国家与地区建立了各种类型的中医药机构,欧美一些国家也在逐步改善对中医药的限制,部分国家已将中医药纳入医疗保险范畴,并在法律上予以认可。

同时世界植物药公司大量涌现,美国目前已建成了数十个规模较大的植物药生产企业,这些企业都是既有生产与开发能力,又有销售网络的大型植物药集团公司。另外德、法等西欧国家的植物药公司具备雄厚的资金、开发能力和先进的生产技术设备,在生产技术、基础研究和质量控制等方面都优于中国,使其在国际草药市场上很有竞争力。

目前,世界上有 170 多家公司,40 余个研究团体致力于天然药物的研究开发,每年研究费用达 110 亿美元。并且已有一定数量的国外公司在中国抢先申请的中草药专利已有 1000 件,对我国中药专利的保护形成了一定的威胁。

3. 国内中药市场面临“洋中药”的威胁

随着我国医药市场逐步开放,国外医药企业大量涌入,其中尤为突出的是现在已有 10 多个国家和地区的 40 多种天然药物已在我国注册,“洋中药”与我国中药同台竞争的场面已形成。进入我国市场的国外制药企业,由于拥有雄厚的资金、先进的科技能力和管理经验,对国内企业将形成巨大的压力。

4. 技术贸易壁垒限制严重

由于中药材在国际上尚未形成统一的检测标准,国产中药缺乏与国际接轨的质量标准,这是中药进入国际市场的最大障碍。中成药多为复方制剂,稳定性难以控制;还有重金属超标、农药残留量等问题,远远达不到欧美有关药品甚至食品的基本要求。这些技术贸易壁垒,限制了我国中药充分参与国际市场竞争。

四、我国中药产业的竞争力评价

中国科学院《1999 年高技术发展报告》认为产业的竞争实力主要体现在资源转化能力、市场化能力和技术能力等三方面。根据该报告中提出的中国高技术产业国际竞争力评价方法,对中国中药材及中成药加工业的竞争力进行评价,其结果如下:

(1) 资源转化能力。主要体现在全员劳动生产率、增加值率、资金利税率和产值利税率等 4 个指标。根据这些指标的综合评定,中药材及中成药加工业的综合经济效益仅次于生物制品业在医药制造业中名列第二,高于医药制造业平均水平。但同国外相比，差距仍然较大。

(2) 市场化能力。体现在产品目标市场份额、贸易竞争指数、价格指数等 3 项指标。由于中成药尚未以药品形式进入国际主流市场,因此,用贸易竞争指数及价格指数计算有一定困难,仅从市场份额看,作为中药大国在国际市场上仅占有不足 5% 的市场份额,说明中国中药产业的国际竞争力较弱,市场化能力尚待进一步提高。

(3) 技术能力。根据该报告,技术能力主要体现在产业装备水平、新产品销售率、新产品出口销售率等指标。统计数据显示,在医药制药业中,中药材及中成药加工业的上述指标落后于同行业平均水平。

近年来,中国中药产业的技术水平和创新能力都有一定的发展。已经拥有了一批适用于中药研究和生产的高新技术,如超微粉碎、超微临界萃取技术、吸附分离纯化新技术等。中药剂型也有较大改善,已开发出 40 余种新剂型满足国内外市场的需要。从技术投入方面看,中国中药产业的技术投入水平接近于全行业平均水平,但同国外医药业相比仍然差距很大(跨国医药公司每年的研发投入一般为销售额的 10% ~15%)。随着医药产业国际竞争的日趋激烈,技术实力将成为决胜的关键。只有不断提高中药产业的技术创新能力,才能使中国中药产业的竞争优势真正显现出来。

从上述分析可以看出,中国中药产业发展的基础比较好,而且是中国为数不多的在国际上具有领先潜力的行业。随着国际环境日益宽松,中药产业的竞争优势将逐步显现。中国中药企业应该利用这一大好时机,开拓国际市场,在医药市场竞争中抢占主动权和制高点。

本章小结

本章首先介绍了国家竞争优势理论的内容,包括一国或一个产业竞争优势的四个决定性因素:要素禀赋、国内需求、支持性产业与相关产业及公司的战略、结构和竞争,以及两个辅助因素:机遇和政府,并指出只有不断地创新才能使得一国的竞争优势长久不衰。然后分析了影响全球医药产业竞争优势的决定性因素:管理、研发、创新和药物扩散等。在此基础上,阐述了我国医药各个子行业不同的竞争优势来源,全面分析了我国中药行业在全球竞争中的优势、劣势以及来自日韩等国的威胁。

本章思考题

1.据迈克尔·波特的理论,哪些因素决定了一个国家在世界竞争中能获得竞争优势?

2.影响医药企业全球竞争力的因素有哪些?

3.我国中药在世界医药市场中的竞争优势、劣势和威胁分别有哪些?

4. 阐述人才在医药行业竞争中的作用。

案例分析

中药一类新药"虎杖苷注射液"

2005年,"虎杖苷注射液"受到科技部的关注,成为当年全国获得"863引导项目"支持的6个新药项目当中惟一一个中药一类新药。在申报国家一类新药半年后,虎杖苷新药项目在国家药监局进行了最严格的新药评审答辩,顺利通过评审。"虎杖苷注射液"在2006年2月获得新药临床研究的批件,目前已经完成一期试验。

2006年底,海王虎杖苷注射液项目在由广东省人民政府和香港特别行政区政府联合发起组织实施,旨在重点扶持产业发展中重大关键、共性和前瞻技术问题的《2006年粤港关键领域重点突破项目》中中标,成为广东省生物医药与健康领域惟一中标的中药一类新药,获得立项资助200万元。与此同时,海王虎杖苷注射液项目被深圳市科技局正式列入深港创新圈计划,是此项计划中惟一的中药一类新药,获得深圳市政府不低于100万元的立项资助。"虎杖苷注射液"的研发成功,是心脑血管疾病治疗领域中的一次重大突破,已引起全球学术界广泛关注。正如海王集团董事长张思民所说:"'虎杖苷注射液'的研究成功,说明海王有能力、中国的医药企业有能力研发出一类新药和世界一流企业进行面对面的竞争和较量。"

1998年,海王集团成立了技术中心。1999年,海王集团启动自主创新工程。海王集团技术中心经过近十年的发展,在国家级企业技术中心综合考核中从创建初期的医药行业排名第16位上升至2005年的第3名,发展成为一个包含新药药学研究、药理药效筛选、分析测试、中试放大、临床研究、药事报批、医药技术贸易等功能的专业化、规范化企业技术创新体系,形成了一个专业、高效的新产品产业化开发和成果转化系统。近年来,海王技术中心开发新产品80余个,其中一类新药2个,二类新药10余个,20项发明专利获得授权,其中获得1项新加坡专利。进入实质审查的国内外发明专利共45项,其中有4项国际专利申请已被美国、新加坡等国家受理。

海王集团的技术创新机制,是发挥市场需求对技术进步的导向作用和推动作用的机制,即由市场来决定研究开发的方向、课题的选定和回报的机制。如海王博士后科研工作站石忠峰博士后的"甘蔗醇课题",是鉴于甘蔗烷醇的生理活性特点、对同类药物的比较优势以及降脂药物极大的市场需求,将其开发成具有降血脂作用的天然药物有效部位国家5类新药,其市场前景远大;鉴于真核细胞代替原核细胞表达蛋白质药物具有高质量、高疗效和低副作用,以及能够有效减少患者的注射次数,降低注射刺激和副作用等优点,同时为了达到国际标准的要求,打入国际市场,高仁钧博士后展开了"真核细胞表达干扰素项目"的课题研究,该项目所涉及的真核细胞表达蛋白质类药物是生物医药行业发展的方向,特别是在人源蛋白质药物的生产方面具有不可替代的地位。

一类新药的研发,被公认为是医药企业自主创新能力最高水平的体现。"评价一个医药企业的标准,就是要衡量这个企业的自主创新能力,看它拥有的专利技术,拥有的自主知识产权,而一类新药的研发,是医药企业自主创新能力的最高标志。医药企业的长远发展,必须也只能靠自主创新。"这是海王集团董事长张思民始终坚持的一个理念,也是医药企业界公认的事实。

(资料来源:徐恬. 海王中药,成就产品创新摇篮. http://news. hexun. com/2007-08-21/100230748. html,2007年08月21日)

案例讨论题

1.海王集团"虎杖苷注射液"的研发成功依靠的是哪两个因素?

2.你认为医药企业发展面临的主要问题是什么?海王是怎样解决问题的?

3.你认为政府应该为医药企业提高国际竞争力提供哪些条件?

资源链接

1. caitec. mofcom. gov. cn/article/200309/20030900129480_1. xml/促进中药产品出口的政策措施研究之采取有效措施促进中药产品出口

2. www. chinapharm. com. cn/html/scfx/2002126113841. html/加入WTO对医药行业的影响

3.home. jsinfo. net/kexie/2003/0102/283. htm/我国中药产业的优势、劣势和面临的威胁

4.http://www. mofcom. gov. cn/中药产品出口的发展前景

5. http://baike.baidu.com/view/138861.htm/古蔺肝苏

6. http://www.zhong-yao.net/articel/50471.html/海王中药产品创新摇篮

7. http://news. qq. com/a/20060426/000511. htm/古蔺肝苏:培育中药国际竞争力

第八章 医药对外贸易政策

学习目标

通过本章的学习，了解对外贸易政策的目的、构成、制定和执行，熟悉对外贸易政策的演变，掌握对外贸易政策的类型；掌握各国实施保护贸易政策的理论依据；了解关税和关税壁垒的概念，熟悉关税制度，掌握关税的种类和各种非关税壁垒措施；掌握我国医药对外贸易中各种鼓励出口的措施，了解我国医药出口的管制措施和药品进口的管理措施。

引导实例

中药准入欧盟“门槛”大幅度降低

据新华社电，针对近日欧盟放宽了植物药市场准入条件，中药进入欧盟“门槛”大幅度降低。中国商务部科技司官员表示，此举意味着欧盟对中药进口的政策出现了重大变化。首度承认符合条件的中药可获得药品的合法“身份”，这将对中国的中药出口产生积极影响。

据《经济参考报》报道，多年来，中国中草药制成品只能以食品和医药原料的名义进入欧盟市场，一直未在欧盟市场获得药品的合法“身份”。这不仅使中药难以进入欧盟市场，也使不少欧洲患者失去了有效治愈病痛的机会。

2004年4月30日，欧盟在官方网站公布了《欧洲传统植物药注册程序指令》(以下简称“指令”)，并宣布自公布之日起生效。据了解，与两年前《指令(草案)》的内容相比，该“指令”大幅降低了植物药市场准入条件。

有关专家分析认为，中药如果能在欧盟取得药品“身份”，从长期看将有很大好处。首先，一旦有中药在欧盟成功注册为“传统植物药”，它在欧盟市场的价格将大幅上升，与原先作为食品和医药原料相比，价格“可成倍增加”；中药在欧盟市场获得药品“身份”，其要满足的农药残留、重金属含量等检验检疫标准也将有所放宽，这就有效降低了技术壁垒；而且如果一种中药能成功注册成为“传统植物药”，将有资格进入欧盟各国的医疗保险体系，由此带来的商机，要比作为食品和医药原料等大得多。专家还指出，欧盟承认中药的药品“身份”，将对美国等其他尚未承认中药药品“身份”的国家产生示范效应，有利于今后有效降低中药出口所遭遇壁垒中的不合理部分。

(资料来源：中华人民共和国国家中医药管理局网站 http://www.satcm.gov.cn/zwxx/hykx/gjzx/20060831/100060.shtml.，2004年5月20日)

第一节 对外贸易政策概述

一、对外贸易政策的目的与构成

对外贸易政策(foreign trade policy)是指一国政府在一定时期内为实现一定的政策目标对进出口贸易进行管理的原则、方针和措施的总称。

对外贸易政策的内涵有5个方面：①政策主体。即政策的制定者和实施者，一般来说各国政府是对外贸易政策的实施者；②政策客体。是指对外贸易政策规范、指导、调整的对象，主要是从事国际贸易活动的企业、机构和个人；③政策目标。即制定贸易政策所要达到的目的，是确定政策内容的依据；④政策内容。即贸易政策所涵盖的方面；⑤政策手段。即为实现政策目标所采取的对外贸易管理措施。

(一) 各国制定对外贸易政策的目的

尽管各国国情不同，所实行的对外贸易政策也不尽相同，但各国制定对外贸易政策的目的主要包括以下几个方面：

1.保护本国的市场

通过关税和各种非关税壁垒措施，限制外国商品和服务对本国市场的冲击，使本国商品和服务的生产经营者免受外国的竞争。

2.扩大本国产品的出口

通过各种鼓励出口的措施来促进本国出口厂商增加商品出口，不断扩大本国的出口市场。

3.增加财政收入

关税政策是一国对外贸易政策的重要组成部分，而关税是国家财政收入的一项重要来源。虽然大多数国家征收关税的目的主要是为了保护国内市场，但其对一国财政收入的增加是不容忽视的。关税在财政收入中所占的比重，发达国家一般为3%，发展中国家一般为10%以上。

4.实现国民经济平衡发展

由于种种原因，有些部门所生产的产品出现供大于求，有些部门的产品可能出现短缺，在国民经济发展过程中出现了不平衡。国家可以通过具体的对外贸易政策来调剂余缺，实现国民经济的平衡。

5.获得良好的国际经济政治环境

国际贸易是各国之间联系的经济纽带，也是各国之间政治交往的基础和桥梁。国家通过制定相应的对外贸易政策，增进各国之间的贸易关系，促进了解，减少矛盾，达成共识。

（二）对外贸易政策的构成

对外贸易政策一般由对外贸易总政策、进出口商品和服务政策、国别或地区对外贸易政策构成。

1.对外贸易总政策

对外贸易总政策即一国根据本国国民经济的整体状况、发展战略及其在世界经济总体格局中所处的地位而制定的对外贸易政策。它是在一个较长时期内实行的基本政策，是一国对外贸易活动的立足点。

2.进出口贸易政策

它是根据对外贸易总政策结合本国经济结构和国内外市场状况而制定的商品和服务的结构政策。它包括使用关税或非关税壁垒来限制某些商品的进口，有意识地扶植某些商品的出口等。

3.对外贸易国别或地区政策

对外贸易国别或地区政策即区别对待政策，是根据对外贸易总政策，结合对外政治经济关系对不同的国家或地区制定的不同贸易政策。

二、对外贸易政策的类型与演变

（一）对外贸易政策的类型

对外贸易政策基本上有两种类型，即自由贸易政策和保护贸易政策，并在此基础上产生了管理贸易政策。

1）自由贸易政策是指国家对国际贸易活动不加直接干预，即不鼓励出口，也不限制进口，商品和生产要素在国家之间自由流动，在国内外市场上自由竞争。

2）保护贸易政策是指国家广泛利用各种限制进口的措施保护本国商品、服务免受外国的竞争，并对本国出口商品和服务给予优待和补贴以鼓励商品出口。

3）管理贸易政策是指以协调国家经济利益为中心，以政府干预贸易环境为主导，以磋商谈判为手段，对本国进出口贸易和全球贸易关系进行全面干预、协调和管理的贸易政策。管理贸易政策介于自由贸易政策与保护贸易政策之间。它与自由贸易政策的区别是：管理贸易政策在一定程度上限制了自由竞争，国与国之间的贸易活动夹杂了许多人为干预的因素；它与保护贸易政策的区别是：保护贸易政策只关心本国的经济利益，而管理贸易政策则是在寻求整体利益平衡的前提下，在兼顾贸易伙伴经济利益的同时，追求本国利益最大化。

（二）对外贸易政策的演变

各国对外贸易政策总是以资本主义经济体系中的相互贸易关系为准则而不断演变的，演变过程体现了自由贸易政策和保护贸易政策的相互交替。随着生产社会化程度的提高，国际经济联系的日益密切，对外贸易政策也越来越从早期的各自为政的贸易政策，向逐渐形成国际贸易体系的方向发展，出现了对外贸易政策相互制约的发展趋势。

1.资本主义生产方式准备时期的贸易政策

16~18世纪是资本主义生产方式的准备时期。为了促进资本原始积累，西欧各国广泛实行重商主义下强制性的保护贸易政策，通过限制货币（贵金属）出口和扩大贸易顺差的办法扩大货币的积累，其中以英国实行得最为彻底。重商主义思想是当时保护贸易的理论基础。

2.资本主义自由竞争时期的贸易政策

18世纪末19世纪初，资本主义生产方式占据统治地位，资本主义进入自由竞争时期。1820年英国工业生产在全球工业生产中所占的比重为50%，产业革命在世界范围内的进展使世界市场上的商品大量增加，对外贸易不断扩大，新兴的工业资产阶级需要更广阔的世界市场以销售工业品，而重商主义的保护贸易政策阻碍了国际贸易的发展，阻止了资本的自由竞争，因此，工业资产阶级强烈要求实行自由贸易政策。在这种历史背景下，古典经济学派的自由贸易理论取代了重商主义的保护贸易理论。自由贸易理论因顺应了当时社会经济发展的趋势而取得了统治地位。因此，这个时期对外贸易政策的基调是自由贸易，英国是率先实行自由贸易政策的国家。但由于各国工业发展水平不同，一些经济发展起步较晚的国家如美国、德国则采取了保护贸易政策。

3.资本主义垄断前期的超保护贸易政策

19世纪70年代到第二次世界大战前，垄断的加强使资本输出占统治地位，资本主义进入垄断时期。

这一时期,各国普遍完成了产业革命,工业得到迅速发展,世界市场的竞争开始变得激烈,特别是1929~1933年资本主义经济大危机,使市场矛盾进一步激化。各主要资本主义国家为了垄断国内市场和争夺国外市场,纷纷采取了干预对外贸易,不同程度地提高关税,实行外汇限制,鼓励出口的超保护贸易政策。

4.第二次世界大战后世界贸易自由化倾向时期

20世纪50年代至70年代中期,各主要资本主义国家掀起了一股贸易自由化的浪潮。随着生产国际化和资本国际化的发展,出现了世界范围内的贸易自由化趋势。国家之间通过双边和多边的贸易条约与协定、削减关税壁垒、抑制非关税壁垒等措施,来促进世界贸易的发展。如关贸总协定缔约方通过多边贸易谈判,大幅度地降低了进口关税率;经济集团内部逐渐取消关税;发达国家对发展中国家实行普遍优惠制等。获得独立的发展中国家则大多实行贸易保护主义,社会主义国家实行国家统治下的贸易保护政策。

5.新贸易保护主义的崛起时期

20世纪70年代中后期至90年代,西欧、日本与美国展开了强有力的竞争,发达国家之间的经济发展格局发生了变化。尤其是随着美国贸易逆差的不断加大,国内贸易保护的呼声渐起,以美国为代表的新贸易保护主义开始兴起。新贸易保护主义与传统的贸易保护主义相比,被保护的商品范围不断加大,贸易保护的措施更加多样化,贸易政策措施向制度化、系统化和综合化的方向发展,贸易活动在政府的干预下,借助立法、磋商、双边和多边协调等手段,实行区域内的共同开放和区域外的共同保护。

6.管理贸易政策为主导的时期

20世纪90年代以后,西方发达国家的经济逐渐走出低谷,在美国的示范和推动下,管理贸易政策逐渐成为西方发达国家基本的对外贸易政策。这些国家对内制定各种对外经济贸易法规和条例,加强对本国进出口贸易的有序管理;对外通过协商,签订各种对外经济贸易协定,以协调和发展缔约国之间的经济贸易关系。

三、对外贸易政策的制定和执行

(一)对外贸易政策的制定

各国对外贸易政策的制定与修改由最高立法机构进行。立法机构在制定和修改对外贸易政策时,要事先征询各个经济集团的意见,如发达国家一般都要征询大企业集团的意见。各企业集团通过企业联合会、商会等各种机构的协调,确定共同立场,向政府提出各项建议,甚至派人参与制定或修改有关对外贸易政策的法律草案。

最高立法机构所颁布的对外贸易各项政策,既包括一国较长时期内对外贸易的总方针和基本原则,又包括规定某些重要措施以及行政机关的特定权限。

(二)对外贸易政策的执行方式

(1)通过海关对进出口贸易进行管理。海关是国家的行政机关,它通过货运监管、稽征关税、代征法定的其他税费、查禁走私等职能来贯彻执行对外贸易政策。

(2)国家设立的其他各种机构,负责促进出口和管理进口。各国都设有各种机构负责促进出口管理和进口贸易工作。如美国的商务部、美国贸易代表办公室、中华人民共和国商务部等。

(3)国家政府出面参与各种国际经济贸易等国际机构与组织,进行国际贸易有关方面的谈判,使本国的对外贸易政策得以贯彻落实。

(三)影响对外贸易政策的因素

对外贸易政策属于上层建筑,它既反映本国的经济基础,反过来又维护和促进经济基础的发展。各国对外贸政策的制定受以下因素的影响:

(1)本国的整体经济实力。一般来说,经济实力强、有竞争力的国家倾向于自由贸易政策;反之,经济实力较弱的国家,倾向于保护贸易政策。

(2)国内利益集团的影响。贸易政策对不同的利益集团产生的利益影响不尽相同。实施自由贸易政策有利于有竞争优势的产业和消费者,会给无竞争优势的产业带来竞争的压力和利益的损害。因此,某一利益集团在国内政治和经济方面占上风时,就会制定出有利于该集团利益的对外贸易政策。

(3)本国在世界经济、贸易组织或协定中所享受的权利和承担的义务。享受的权利越多,相应承担的义务也越多,此时的贸易政策往往偏重于自由贸易政策或管理贸易政策;反之,如果享受的权利较少,承担的义务也较少,此时的贸易政策则偏重于保护贸易政策。

(4)本国领导人的经济思想和贸易理念。在一个民主化程度较高的国家,领导人的经济思想和贸易理念对一国的对外贸易政策影响小些;而在一个集权制的国家,领导人个人的好恶、经济思想和贸易理念则对该国的贸易政策有较大的影响。

第二节 保护贸易政策的理论分析

保护贸易理论和自由贸易理论是国际贸易整个发

展史中始终相伴的一对孪生兄弟，两者既作为对立面，又相互依存、相互补充，并在某种共同利益的基础上得到某种协调和统一。可以认为，保护贸易理论是对自由贸易理论的修正和完善。自由贸易政策的理论基础是国际分工理论，对此已在第三章做了分析。本章对国际贸易政策的理论分析实则为对保护贸易政策理论的研究。

保护贸易理论原本产生并适用于经济发展水平较低阶段的国家，但即使是最发达的国家也会有薄弱的产业部门和行业缺乏国际竞争力而需要保护，因此保护贸易理论具有普遍意义。在贸易自由化和国际化程度较高的当代世界，保护贸易以新的内涵、新的形式出现，如各种非关税壁垒、管理贸易和区域经济一体化等。这些组织方式和政策措施的背后就有某种保护贸易理论的支持。

信息框

产业调控引发国际贸易冲突

2004年5月7日，欧盟向中国发出“最后通牒”，要求中国在一个星期内取消对焦炭出口的限制，否则将把问题诉诸WTO，焦炭可能成为首例因限制出口被申请WTO仲裁的中国产品。一年以前，欧盟还把来自中国的进口焦炭列为反倾销产品之列，征收每吨32.6欧元的反倾销税。时过境迁，如今我国限制焦炭的出口，却招致欧盟更强烈的反应。

就欧盟而言，其焦煤资源本身就一直短缺，特别是近年来迫于环保压力，欧洲国家关闭了大量技术落后的焦煤生产厂，当地焦炭产能进一步萎缩，其钢铁产业发展所必需的焦炭资源严重依赖中国的出口。2003年，欧盟从中国进口焦煤约440万吨，占欧盟钢铁焦煤年消耗量的31%。中国是世界焦炭第一生产大国和出口大国。2003年中国焦炭产量约占世界焦炭总产量的45%，中国焦炭出口1475万吨，占到了世界总出口量的近60%。2004年年初，国家有关部门提出，2004年焦煤出口配额将减少300万吨，从2003年的1200万吨削减到900万吨。这是因为国家为保证国内焦煤供应和钢铁企业的正常发展，缓解过度投资造成的通货膨胀压力，对于焦炭行业发出的又一调控举措。此次中国大幅度减少焦炭出口配额，直接造成国际焦炭市场供求关系进一步失衡，难免要触动欧洲钢铁厂商的神经。

（资料来源：《中国经营报》，2004年5月17日）

一、重商主义学说

一般认为，传统的贸易保护理论当推重商主义保护贸易理论。重商主义产生于15世纪，16世纪和17世纪达到鼎盛时期，18世纪后走向衰落。它是资本原始积累时期西欧商业资产阶级所普遍推崇的一种经济学说。

重商主义把货币和社会财富混为一谈，认为财富的惟一形态就是金银货币，一个国家拥有的黄金白银越多，也就越富有。一切经济活动的直接目的就是为了获得金银，除了开采金银矿和对外掠夺以外，只有对外贸易顺差才能增加一国所拥有的金银总量。因此重商主义又称为“贸易差额论”。为此，重商主义主张国家干预，奖出限入，是一种典型的保护贸易理论。

以斯塔福为主要代表的早期重商主义认为，对外贸易顺差是积累社会财富的主要途径，因此应保持每笔交易和对每个国家的贸易顺差，使金银流入本国，通过窖藏方式积聚金银以增加国家实力。为了不使金银外流而减少财富，他们主张采取严厉的行政立法手段，禁止金银输出。

以托马斯为代表的晚期重商主义在批判和揭露早期重商主义理论和政策上的缺陷后，提出了不同的理论主张。他们认为不能把金银储藏起来，应投入流通，最好的办法是在保持国内适度货币量的基础上，把多余货币输往国外，在国际间贱买贵卖，让“货币产生贸易，贸易增加货币”。因此，一个国家不必追求每笔交易或对每个国家的贸易顺差，而只要保持全国对外贸易总量上的顺差就行了。

重商主义加速了当时西欧各国资本的原始积累，促进了资本主义生产方式的建立和发展，在一定历史时期起到了进步作用。但是，重商主义在理论上只探索了流通领域，而没有深入到生产领域，它最大的弊端在于将金银财宝同真实财富混淆在一起了。其实一国真实财富不是以金银财宝而是以生产的商品和劳务数量来衡量。一个真正繁荣昌盛的国家是通过贸易扩大生产的国家，而不是仅仅为了获得金银财宝而通过禁令限制贸易的国家。片面强调贸易顺差是失之偏颇的，贸易顺差毕竟意味着本国将直接可用的经济资源让给了别国使用，而手里留下的不过是不能用于生产和消费的货币。再者，重商主义把个别商人的贱买贵卖推及到一个国家的对外贸易，认为一国所得就是另一国的所失，这种损人利己的做法，使国际贸易缺乏牢固的基础，不能揭示国际贸易的真正原因。

二、汉密尔顿的幼稚产业理论

1791年，美国独立后的第一任财政部长——亚历山大·汉密尔顿（Alexander Hamilton，1757~1804），在其著名的《关于制造业的报告》中提出了有名的“保护幼稚产业理论”。从那以后，这一理论就一直流行于发展中国家。“保护幼稚产业理论”认为，一个国家的某种商品可能具有潜在的比较优势，但是由于初期缺乏专业技术和更多的投入，该产业难以建立；或者虽已启动，也难与成熟的外国公司抗衡。对幼稚产业进行暂时的保护，直至它发展壮大具有经济规模，形成长期的竞争优势而能与外国公司竞争时，就可以取消保护了。该理论一个重要的特点就是动态性，主张只是暂时予以保护，它以发展本国生产为最终目标，反对李嘉图忽视各国历史和经济不同特点的“泛世界自由贸易”，其观点是正确的，但也有其重要的限制前提：

1）所保护的幼稚产业成熟后的回报足够高，能够抵消其幼稚期间国内消费者为这一产品支付的高价格。

2）发展中国家不缺乏该产业后续发展需要投入的熟练劳动力、专有技术等。

3）发展中国家对该产业的发展有长远的眼光和打算，在投资重点、教育培训等上有比较持续的偏向。

4）提出了关税保护的主张。与重商主义不同，汉密尔顿讲关税保护，目的是要扶持国内的“幼稚产业”。当时，美国的工业，还没有长大成人，无法与英、法等重量级的选手相抗衡。为了给这些“幼稚产业”一个生存的空间，汉密尔顿建议美国实行保护关税。汉密尔顿的政策主张，代表了当时不发达国家的利益。

三、李斯特的保护贸易理论

弗里德里希·李斯特（Friedrich List，1789~1846），德国经济学家，全面发展并深化了汉密尔顿的幼稚产业保护理论。19世纪20年代的德国，还是一个分散落后的封建农业国。1848年革命后才完成政治的统一，但此时尚未进行机器大工业革命，工场手工业仍占主导地位，比起已完成或正在进行工业革命的英法等国相差尚远。后者大量廉价工业商品猛烈冲击着德国市场。德国工业资产阶级强烈要求实行贸易保护，但掌握政治领导权的地主阶级和从事农产品输出的商业资产阶级则主张实行自由贸易，李斯特代表德国新兴工业资产阶级的利益，从德国当时实际情况出发，补充了汉密尔顿的保护贸易理论。

李斯特的保护贸易理论包括生产力论和经济发展阶段论。

（一）生产力论

生产力是李斯特保护贸易理论的基础。他认为生产力就是创造财富的能力。生产力是决定一个国家兴衰成败的关键。一个国家强盛与否并不取决于财富的积累，而取决于生产力发展水平。

要发展生产力，就必须依靠国家的支持和保护，不能听信古典学派鼓吹的自由放任。他用培养森林是用自然风力还是人力来比喻，如果静等风力的作用，要若干世纪才有可能完成，而用人力，只要几十年就能造出森林。他认为要使自由竞争对双方共同有利，只有在双方的工业发展水平处于相等地位时才能实现。如果任何一个国家，在工业、商业上落后于别的国家，“就必须首先加强它自己的力量，然后才能使它具备条件与比较先进的各国进行自由竞争。”

（二）经济发展阶段论

由于各国的经济发展所处的历史阶段不同，宜制定相应的适合本国经济发展阶段的对外贸易政策。李斯特从历史演进的角度出发，以部门阶级作为划分标准，把国民经济发展分为原始未开化时期、畜牧时期、农业时期、农工业时期和农工商时期五个阶段。在他看来，前三个时期均可进行自由贸易，因为这样可以通过自由贸易为自己的农场、牧场、森林以及农产品和其他原料找到出路，并换回衣料、用具和机器，以及贵金属货币等。但当经济发展处于第四个时期时，为了保护国内工业的大力发展，避免国外竞争的猛烈冲击，就必须实行坚决的保护贸易制度。一旦它强盛到进入了第五个历史阶段，足以同世界上的先进国家进行商品竞争时，保护贸易政策则应取消。

李斯特主张在国家干预下实行保护贸易政策，其中最关键的问题是保护关税。

实行保护关税的目的是通过国家干预，促进和保护国内工业生产的发展。这就是说，保护贸易并不是保护所有产业，对农产品就不限制进口，否则不能从外国取得廉价的粮食和原材料；对本国发展所需要的技术和机器也不限制进口，这有利于国内工业的发展。

保护的重点，主要是保护那些对国家独立自主和经济发展有重要意义的幼稚工业，如纺织业等。被保护的产业还必须是处于经济发展第四阶段的幼稚工业，即面临其他国家强有力的竞争而又无法相抗衡的新兴工业。

保护的程度，对不同的国家设置不同的关税率，对不同类型的产品也实行不同的关税率。如对国内能生产的生活必需品，征收较高的保护关税率；对国内生产比较困难、制作精细、价格昂贵又易于走私的奢侈品征收较低的保护关税率；对复杂的机器设备的进口，实行免税或低税，以有利于国内工业发展；为促进国产化率的提高，对半成品的进口征收较高的关税；对自然资源产品的进口只征收财政关税。另外，保护时间有长有短，一般不宜太长，最多30年，若过期仍无法独立发展，则表明它们不适宜成为保护对象。

李斯特以后，幼稚产业保护理论的研究重点集中在如何确定受保护的幼稚产业的标准方面。约翰·穆勒、巴斯塔布尔、肯普分别从产业的成长潜力和企业的成本收益比较的角度提出了幼稚产业的选择标准。

李斯特所提出的幼稚产业保护理论一直是世界保护贸易理论的重要内容，也给当今发展中国家如何在不合理的国际经济秩序中发展自己提供了很有益的借鉴。诚然自由贸易是我们应不懈追求的目标，但自由贸易是基于一种静态的分析方法和一种世界主义的立场，与现实世界不尽相宜。因为，即使在世界经济高度融合的今天，各民族的利益仍高于一切。由此可见，幼稚产业保护理论具有深远的现实意义，它一直是落后国家推动产业升级，实行工业化和发展经济不可缺少的手段。

四、对保护贸易论的评述

从市场经济运行的角度来考虑，自由贸易和保护贸易的最大区别在于自由竞争的度的问题。保护贸易是在特定时期内的一种有效手段。从近代社会的发展来看，各国的经济发展过程中普遍都有一个如何从保护贸易转向自由贸易的问题。没有一个国家在一开始就实行自由贸易，也没有一个国家通过长期的保护贸易措施而进入发达国家的行列。

保护贸易可能给一国经济发展带来的利益主要有两个方面：①从静态的角度讲，通过关税和非关税的限制措施阻碍外国商品的流入，使国内商品能在国内市场上占有较大的份额，从而能获得较大的利润，拥有较大的发展空间。面对激烈的国际竞争，发展中国家在工业发展的早期阶段如果没有适当的贸易保护，本国的工业很难发展起来。②从动态的角度来看，贸易保护会导致一国的生产资源从传统的经济部门（如农业生产领域）转移到工业部门，同时对新生产业的保护还会出现技术转移和产业关联等外部经济效益，从而使一国内在的生产资源禀赋状况发生根本性的转变。对于发展中国家来说，贸易保护是启动工业化进程的必要措施，是民族工业早期发展阶段的明智选择。

实行保护贸易所必然要付出的代价主要包括：一是消费者福利的损失。因为贸易保护不仅意味着强迫本国消费者购买本国企业生产的价格相对高的商品，还常常使消费者的需求得不到应有的满足，造成消费的推迟甚至转移。二是生产效率的降低。受到保护的企业往往缺乏充分竞争条件下那种改进技术和降低成本的内在强大动力，并对其他相关的产业形成示范效应。三是利益分配的扭曲。贸易保护总是只能局限在一部分产业之中，而且受到保护的程度总是不一样的。因此，一国总是有某些没有受到保护的产业成为利益上的纯粹牺牲者，而一些保护程度较低的产业则可能得不偿失。

随着时间的推移，保护贸易必然会出现边际效益显著下降而边际成本持续上升的趋势，因而最终要被自由贸易所取代。

第三节　对外贸易政策措施

目前，世界多数国家都会采取一定的措施限制商品的进口。这些措施主要表现为关税和非关税壁垒。关税（tariff barriers，TBs）是国家专门以进出关境的货物和物品为对象而向进出口商征收的一种间接税。根据原关贸总协定的规定，允许缔约国对本国工业实行保护，但保护手段仅限于关税手段，这在原关贸总协定中又称为关税壁垒。非关税壁垒（non-tariff barriers，NTBs）是国家对进出口贸易进行管理所使用的除关税手段以外的各种限制进口的措施。“非关税壁垒”这个概念是在原关贸总协定之后逐渐形成的，其措施种类繁多。

一、关税壁垒

关税壁垒作为国际贸易政策中的保护贸易措施，具有财政性、强制性、透明性和预定性等特点。关税征收的对象是经过一国关境的进出口货物，其执行机构是海关，海关征税的依据是关税税则。

（一）关税概述

关税（customs duties/tariff）是由一国海关对进出口的货物和物品向进出口商征收的一种税收。关税的纳税主体是进出口商人，客体是出入关境的货物和物品，或简称货品（goods）。进出境货物和物品，指的是有形的货品(近年来,电力作为一种特殊商品被列为征税商品)。无形商品,如科学技术、文艺美术、专利发明等虽然具有价值,也是国际间的交易对象,但是海关不能对这些无形商品征收关税。只有在无形商品的价值体现在某种有形商品(如书刊、文物、录像带、磁带、软盘等)中出入境时,有关的载体才成为关税的课税对象。

另外,由海关征收的税不一定都是关税。这是因为一些货品在进入进口国国内流通时,还应当征收消费税等与国内商品相同的税费。一般来说,这些国内税费由海关在进口环节与关税一起征收。

海关(customs)是设在关境上的国家行政管理机构,它对进出口货品执行监督管理和稽征关税职能。因此,海关是贯彻执行本国有关进出口政策、法令和规章的重要工具。

海关的主要作用是征收税费、保护本国市场和促进经济发展。海关根据国家的法律、法规,征收税款及其他税费。海关作用的发挥,是以其履行国家法律法规所赋予的职能为前提的。一般来说,海关主要有4大职能:①监管进出境运输工具、货物、行李物品、邮递物品和其他物品;②征收关税和其他规费;③查缉走私;④编制海关统计和办理其他海关业务等。

(二)关税的种类

1.一般关税

一般关税又称正常关税,简称正税,是指通常情况下海关按关税税则征收的关税。一般关税按征收对象的流向又可以分为进口税、出口税和过境税。

(1)进口关税(import duties)。是进口国海关针对输入关境的商品征收的一种税收。这种税一般在国外商品直接进入国境前由海关征收。有时是在外国商品从自由港、自由贸易区或者海关保税仓库等提出,运往本国市场销售时才征收。进口税可分为最惠国税和普通税两种,前者适用于与本国签订有最惠国待遇条款贸易协定的国家或地区间的进出口贸易,后者适用于没有同本国签订有最惠国待遇条款贸易协定的国家或地区间的进出口贸易。最惠国税率比普通税率低,且相差幅度很大。由于目前世界大多数国家相互提供最惠国待遇,享受最惠国税率,所以最惠国税又被称为正常关税。

(2)出口关税(export duties)。是出口国的海关针对本国商品输往国外时,对出口商品征收的一种税收。目前大多数国家一般不征收出口税,因为征收出口税必然要提高本国商品的出口成本,加大出口难度,削弱出口商品在国外市场的竞争力,不利于扩大本国产品的出口。第二次世界大战后发达国家都相继废除了出口关税,以适应世界经济迅速发展的需要。目前,许多发展中国家已将出口关税压缩到最小范围。少数发展中国家,为了保障国内供应或增加财政收入而征收出口关税。

(3)过境关税(transit duties)。又称通过关税,是一国对于通过本国关境的外国商品所征收的关税。其特点是征税国不是贸易的当事人,而是独立于进出口之外的第三国。在资本主义发展初期,过境税曾被欧洲各国普遍采用过,征收的目的主要是为了增加财政收入。后来随着产业革命的进行以及交通运输业的激烈竞争,同时,由于过境商品对本国生产和市场没有什么影响,1850年以后,许多国家相继取消了过境税。1921年国际联盟在巴塞罗那签订的自由过境公约上便包括有废除一切过境税的条款。原关税及贸易总协定的第五条也明文规定:“缔约方对通过其领土的过境运输……免征关税、过境税或者有关过境的其他费用。”这项规定在世界贸易组织建立后继续有效,目前大多数国家在外国商品通过其领土时,都只是征收少量的准许费、印花费、登记费和统计费等。

2.特别关税

在国际贸易中,有些国家对进口商品,除了征收正常的进口关税以外,还往往根据某些需要或者为了特殊的目的设置专门的关税。这类关税与一般的正常关税有所不同,所以又被称为特别关税,主要包括进口附加税、差价税和报复关税等。

(1)进口附加税(import surtaxes)。是指进口国家对进口商品除征收一般关税以外,再加征额外的关税。征收附加税通常是作为限制进口的一种临时性的措施来实施的,当征税的目的达到或其他原因消除后,将取消这种关税。征收进口附加税的目的主要有:①应付国际收支危机,维持进出口平衡;②防止外国商品低价倾销;③对某个国家实行贸易歧视或报复等。

进口附加税主要有反补贴税和反倾销税两种:

1)反补贴税(anti-subsidy duties)又称反贴补税、抵消税或补偿税,是对直接或间接地接受出口补贴的外国商品进口所征收的一种进口附加税。征收反补贴税的目的在于增加进口商品的成本,抵消进口商品所享受的补贴金额,削弱其竞争能力,使进口国家的同类产品能与之在市场上公平地竞争,从而保护进口国的国内生产和市场。反补贴税的税额一般应按接受补贴的水平征收。

征收反补贴税的依据是世界贸易组织成员签署的《补贴与反补贴措施协议》。该协议认为,补贴是指“在一成员国领土内由一国政府或任一公共机构所提供的财政援助。它包括政府的资金转移(即赠予、贷款和资产投入)、潜在的资金债务的直接转移;政府预定收入的扣除或不征收;政府对非一般基础设施提供货物或服务,或者购买货物;政府向基金组织或信托机构支付或指示某个私人机构执行上述所列举的、一般由政府承担的行为”。

反补贴措施是指进口方主管机关应国内相关产业的申请,对受补贴的进口产品进行反补贴调查,并采取征收反补贴税或价格承诺等方式,抵消进口商品所得到的补贴,恢复公平竞争,保护国内产业。《补贴与反补贴措施协议》规定了三类反补贴措施:第一类是临时措施。如果反补贴调查机关初步确认存在补贴,且对进口国国内产业已造成实质性损害或严重威胁,为防止调查期间继续造成损害,可采取征收临时反补贴税的形式。临时措施不得早于自调查之日以后的60天,临时措施的实施应不超过4个月;第二类是承诺。如果在反补贴调查期间收到以下承诺,可以中止或终止调查程序,而不采取临时措施或征收反补贴税。第一是出口成员方政府同意取消或限制补贴,或采取其他有关减少补贴的措施,第二是出口商同意修正其价格并使调查当局满意地认为补贴所造成的损害作用已消除,即达成了“补救承诺”;第三类是反补贴措施,即征收反补贴税。如果反补贴调查最终裁定存在补贴并对进口方某项产业造成了损害,进口方主管机关可决定对受补贴的进口产品无歧视地征收不超过补贴额的反补贴税。但对于已撤回的补贴或做出承诺的进口商品除外。

2) 反倾销税(anti-dumping duties)是指进口商品以低于正常价值的价格进行销售,并对进口国的同类产业造成实质损害或重大损害威胁时,按其倾销差额所征收的进口附加税。其目的在于抵制商品倾销,保护本国国内同类产业。

为了阻止倾销这种不正当的国际竞争行为,1947年《关税与贸易总协定》在第6条“倾销与反倾销税”中对倾销进行了界定,后经过多次修改完善,成为目前各国所依据的《反倾销协议》,即1994年乌拉圭回合谈判中所达成的《反倾销协议》。该协议专门对“倾销”进行了法律上的界定,并成为《关税与贸易总协定》以及现在的成员国共同遵守的准则。

《反倾销协议》对实施反倾销措施的条件做了具体规定,即实施反倾销措施要有以下三个构成要件,分别是倾销、损害、倾销与损害之间的因果关系。

第一个要件:产品以低于正常价值的价格销售。这里的“正常价值”是判断倾销是否存在的重要依据。确定“正常价值”的方法通常有三种:①出口国国内销售价格,它是指相同产品在出口国用于国内销售时在正常情况下的可比价格;②出口国向第三国的出口价格;③结构价格,即产品的原产国的生产成本加合理的管理、销售和一般费用以及利润。一般来说,应优先采用第一种方法。只有在不能采用第一种方法时,才能采用第二或第三种方法。

美国、欧盟等国将商品出口国家分成两种类型:市场经济国家和非市场经济国家。市场经济国家出口商品的“正常价值”的确定方法采用上述三种方法;非市场经济国家出口商品的“正常价值”则采用替代国价格来确定。即由对外贸易管理部门(如美国商务部)选定一个与该非市场经济国家在经济发展水平上相似的市场经济国家作为替代国,以该替代国的国内市场价格作为确定“正常价值”的标准。

第二个要件:这种低价销售的行为给进口国产业造成了实质性损害或实质性损害的威胁,以及进口方建立生产同类产品的产业受到实质性的阻碍。实质性损害是指对进口国相同产业的产品销售产生了实质性影响(如销售量下降),从而严重地损害了进口国相同产业的发展。需要注意的是,实质性损害的产业必须是进口国已经建立起来的产业,该产业受到的损害是一个已经实际发生了的事实,并且所造成的损害必须是对进口国整个产业,而不是指对进口国的某个或某几个生产厂商的不利影响。

第三个要件:损害与倾销之间存在着因果关系。现实经济生活是复杂的,影响进口国经济发展的因素是多方面的。例如,进口国经济处于衰退的调整周期,国内需求萎缩,相同产品生产企业技术进步滞后和管理不善等,这都会对进口国相关产业造成程度不同的损害。在这种情况下,将进口国产业的不景气归咎于外国产品的进入是不公平的。因此,必须有证据证明损害是由于低价销售造成的。如果这一损害是由于其他原因造成的,两者之间就不存在因果关系,这一要件就不成立。

只要具备以上三个要件,一般来说就可以采取反倾销措施。反倾销措施包括临时反倾销措施、价格承诺和最终反倾销措施。

临时反倾销措施是指进口方主管机关经过调查,初步确定被指控产品存在倾销,并对国内同类产业造成损害,据此可以在全部调查结束之前,采取临时性的反倾销措施。临时反倾销措施有两种形式:一是征收临时反倾销税;二是要求进口商自裁决之日起,提供与临时反倾销税数额相等的现金保证金或保函。采取临时反倾销措施应在进口方主管机关正式立案反倾销案件调查之日起60天后,而且实施的时间应尽可能短,一般不超过4个月,特定情况可延长到6~9个月。

价格承诺是指被控倾销产品的生产商和出口商与进口方主管机关达成协议，出口商提高价格以消除产业损害，进口方相应地中止或终止案件调查。在这里，初步裁定是进口方调查机关提出和接受价格承诺的前提。为了避免价格承诺在倾销不成立的情况下被滥用，世界贸易组织《反倾销协议》规定，只有在肯定性的初裁之后，调查机关才可以提出承诺的建议或做出是否接受出口成员方政府与出口经营者提出承诺的建议。

最终反倾销措施采取征收反倾销税的形式，是在调查机关最终确认进口产品倾销并造成损害，并且确认倾销和损害之间存在因果关系后，对征收反倾销税做出的最终裁决。最终裁定应从开始立案调查之日起一年内做出，特殊情况可以延长180天。反倾销税的纳税义务人是倾销产品的进口商，出口商不得直接或间接替进口商承担反倾销税。初裁时的反倾销税率与终裁的税率不同时，其不足部分不再补交，多交部分应该退还。一般来说，反倾销税征收期限应为决定征收之日起的5年以内，除非进口方主管机关以复审方式决定继续维持反倾销税。

（2）特定优惠关税（preferential duties）。又称特惠关税，是指对从特定国家或地区进口的全部或部分商品，给予特别优惠的低关税或免税待遇。特惠关税有的是互惠的，有的是非互惠的。这种优惠只适用于特定的国家或地区，非受惠国家不能援引最惠国待遇来要求享受这种优惠关税待遇。

特惠关税主要有以下几种：

1）宗主国与殖民地之间的特惠关税。这是历史上殖民主义的产物。英国、法国、葡萄牙、荷兰、比利时和美国等都与其殖民地之间实行过这种关税。目的在于保证宗主国在殖民地附属国的市场优势。最有名的特惠关税是英联邦特惠关税，它是英国确保获取原料、食品和销售其工业品，垄断其殖民地市场的强有力工具。1973年英国正式加入厚欧洲共同体后，由于欧共体关税同盟的要求，到1977年这种特惠关税被逐步取消了。

2）《洛美协定》国家间的特惠关税。《洛美协定》（Lome Convention）是1975年2月28日，欧共体9国与46个非洲、加勒比和太平洋地区发展中国家在多哥首都洛美签订的贸易和经济协定。这些发展中国家在第二次世界大战以前都是欧共体国家的殖民地和附属国。第二次世界大战后，这些殖民地国家取得政治上的独立，成为发展中国家，但与欧洲原宗主国在经济上有密切的联系，欧共体国家为保持势力范围，通过《洛美协定》给予这些国家一定的经济援助和关税特惠。

《洛美协定》特惠关税的规定主要有以下四点：第一，欧共体国家将免税、不限量地接受缔约的发展中国家的全部工业品和96%的农产品进入西欧市场，而且不需要这些发展中国家给予反向优惠；第二，欧共体对于从这些国家进口的牛肉、甜酒和香蕉等则每年给予一定数量的进口配额，超过配额的交易便不能享受优惠待遇；第三，享受特惠关税的商品要符合原产地规定的“充分累积”制度，即来源于这些受惠国家的商品在别的国家内进一步制作或加工时，仍将看作为原产国的商品享受特惠关税的待遇；第四，如果大量进口在欧共体的某个经济区域或某个成员国内引起其市场严重紊乱，欧共体盟保留采取保障措施的权利。

2000年6月23日，非加太集团（非洲、加勒比和太平洋地区国家集团）与欧盟在贝宁经济首都科托努签署了新的经济贸易合作和援助协定——《科托努协定》，从而结束了已实施了长达25年的《洛美协定》的历史使命。新协定把反腐败作为一个援助条件，规定如果接受援助的发展中国家腐败现象严重，欧盟可停止这种援助关系。

（3）普遍优惠制下的普遍优惠关税。普遍优惠制（generalized system of preference，GSP）简称普惠制，是发达国家给予发展中国家贸易优惠的一种形式，是发展中国家进行长期斗争后于1968年建立起来的一项制度。其目的是增加发展中国家或地区的外汇收入，加速发展中国家的经济增长。

普惠制的主要原则是发达国家承诺对从发展中国家或地区输入的商品（特别是制成品和半制成品），给予普遍的、非歧视的、非互惠的优惠关税待遇，即发展中国家享受普遍优惠税。“普遍的”是指主要发达国家应对发展中国家或地区出口的制成品和半制成品给予普遍的优惠待遇；“非歧视的”是指应使所有发展中国家或地区享受这种优惠待遇；“非互惠的”是指发达国家单向提供这项优惠待遇而不得要求发展中国家提供反向优惠来回报。

1971年7月1日，欧共体公布其实施普惠制方案，此后，其他发达国家或国家集团相继开始实施普惠制。到2007年底，全球共有40个给惠国，其中对我国出口的制成品、半制成品给予普惠制关税待遇的给惠国有39个，它们分别为欧盟27国（英国、法国、爱尔兰、德国、丹麦、意大利、比利时、荷兰、卢森堡、希腊、西班牙、葡萄牙、奥地利、瑞典、芬兰、捷克、塞浦路斯、爱沙尼亚、匈牙利、拉脱维亚、立陶宛、马耳他、波兰、斯洛伐克、斯洛文尼亚、罗马尼亚和保加利亚）、瑞士、挪威、日本、新西兰、澳大利亚、加拿大、俄罗斯、白俄罗斯、乌克兰、哈萨克斯坦、土耳其和列支敦士登。这些国家在实行普惠制时制定了不同的方案，但就其

基本构成要素来说,主要包括以下内容:

第一,对受惠国家和地区的规定。普惠制在原则上应对所有发展中国家或地区都一视同仁,无一例外地提供关税优惠待遇。但给惠国从各自的对外政策和政治经济利益出发,对受惠国家或地区进行限定。受惠国的名单主要是根据发展中国家的经济和政治发展状况由给惠国单方面决定。

第二,对受惠商品的规定。普惠制原则上应对受惠国家或地区的制成品和半制品普遍实行关税优惠,而实际上在许多给惠国公布的受惠商品名单中农产品受惠较少,工业品受惠虽然较多但是许多敏感性的商品如纺织品、鞋类和某些皮革制品都排除在受惠商品之外。

第三,对受惠商品优惠幅度的规定。受惠商品的减税幅度是以其最惠国税率和普惠制关税率的差额为标准的,最惠国税率越高,普惠制税率越低,减税幅度越大。给惠国按照一定的标准对不同的给惠商品给予不同的减税幅度。一般说来,农产品的优惠幅度较小,而工业品的优惠幅度较大。

第四,给惠国的保护措施。为了保障给惠国的利益,各给惠国制定的给惠方案中均订有保护措施。这些保护措施有:①免责条款(escape clause),又称例外条款。即指如果从受惠国进口的受惠产品的数量,增加到对本国同类产品或有直接竞争产品已造成或即将造成重大损害时,给惠国可以部分或全部取消其所承担的提供关税优惠待遇的责任。②预定限额(prior limitation)。给惠国事先订出某项产品在某个时期的优惠进口限额,达到限额以后达成的交易按规定征收最惠国税。③竞争需要标准(competitive need criterion)。即来自受惠国(或地区)的某项受惠产品,如果超过预先确定的竞争需要限额时,则取消下年度的关税优惠待遇。④毕业条款(graduation clause)。即当某一受惠国的某项受惠产品或其经济发展到较高的程度,则取消该项受惠产品或全部受惠产品的享受普惠制待遇的资格。取消某项产品或部分产品的享受普惠制待遇的资格称为"产品毕业",取消全部产品的受惠资格称为"国家毕业"。国家毕业的标准主要是根据国民收入指标来制定的。

第五,原产地规则(rules of origin)。原产地规则是各受惠国享受普惠制待遇所必须遵守的规则,目的是防止非受惠国利用普惠制扩大出口。原产地规则有三部分内容:原产地标准、直接运输规则和普惠制原产地证书。

原产地标准把原产地产品分为两大类,即完全原产地和部分原产地产品。部分原产地产品,是指产品所使用的原料或零部件经过受惠国或地区充分加工或制成后,其性质和特征发生了"实质性变化",变成了另外一种完全不同的产品,才可享受关税优惠待遇。

直接运输原则(rule of direct consignment),是指受惠国产品必须从该受惠国直接运输到给惠国。由于地理原因或运输需要,受惠产品也可以通过第三国或地区的领土运往进口给惠国,但必须置于过境国的海关监管之下,并向进口给惠国海关提交过境提单、过境海关签发的过境证明书等,才能享受普惠制待遇。

凡要享受给惠国的普惠制关税优惠待遇的国家,还必须持有普惠制原产地证书(Form A),作为享受普惠制待遇的有效凭证。普惠制原产地证书由受惠国官方签发。

(4) 报复关税(retaliatory tariff)。是指贸易对方对本国产品或本国船舶运输的商品实施歧视待遇,或违背贸易法规或拒绝接受世界贸易组织裁决后,为报复贸易对方的这种行为而征收的额外关税。报复关税税率可临时制定,但税率很高。多数国家在关税法中特别规定了报复关税条款。如中国 1999 年颁布的《中华人民共和国进出口关税条例》第 6 条规定:"任何国家或者地区对其进口的原产于中华人民共和国的货物征收歧视性关税或者给予其他歧视性待遇的海关对于原产于该国家或者地区的进口货物,可以征收特别关税。征收特别关税的货物品种、税率和起征、停征时间,由国务院关税税则委员会决定,并公布实施。"当然,如果贸易对方取消了不公正待遇、歧视性待遇或者接受裁决后,也就取消这种报复性关税。

(三) 关税制度

关税制度是一个国家征收关税的准则和规范。它主要由征税标准和海关税则两方面的内容组成。

1.征税标准

关税的征税标准又称征税方法。主要方法有从量税、从价税两种。在这两种基本征税标准的基础上,又派生出混合税和选择税两种标准。

(1) 从量税(specific duties)。是按照商品的重量、数量、容量、长度、面积计量单位为标准计征的关税。从量税的征收对象通常是大宗初级产品和标准产品。

从量税的优点是:①税额便于计算。以货物的计量单位为征税标准,不必考虑价格、品质、规格等问题。②对低档低价的进口商品限制作用强。从量税不因商品价格低廉而少征关税,削弱了低档低价产品的竞争力。③税额固定。当进口产品价格变动时,税额不变,财政收入不受影响。从量税的缺点是:①税率不太公平。同一税目,不论质量好坏价格高低,均按同一标准收税。②对高档高价进口品的限制作用不大。③税额不能因价格上升而提高。

（2）从价税（advalorem duties）。是以商品的价格为标准计征一定比率关税。其税率表现为货物价格的百分率。从价税的税额为商品总值乘以从价税率。在征收从价税时，必须确定完税价格。其确定方法大体可分为三种：①以装运港船上交货价格（FOB）作为征税价格标；②以成本、保险费加运费价格（CIF）作为征税价格标准；③以法定价格作征税价格标准。

从价税的优点是：①征收手续简单，对于同种商品不必因品质不同而详加分类；②税率明确，便于比较各国税率；③税收负担较为公平，其税额随商品价格与品质高低而增减，比较符合税收公平原则；④当税率不变时，税额随商品价格上涨而增加，既可增加财政收入，又可起到关税保护的作用。其缺点是确定进口商品的完税价格较为复杂。

（3）混合税（mixed/compound duties）。又称复合税。它是对某种进出口商品同时征收从量税和从价税的一种方法。其计算方法是，混合税额等于从量税税额加从价税税额。混合税在具体应用时有两种情况：一种是以从量税为主加征从价税；另一种是以从价税为主加征从量税。

（4）选择税（alternative duties）。是对一种进口商品同时制定有从量税和从价税两种税率，具体征收时，选择其中一种。一般是选择其中税额较高的一种，但有时为了鼓励某种商品的进口，也可能选择其中税额较低的一种税率征收。

2.海关税则

海关税则（customs tariff），又称关税税则。它是一国对进出口商品计征关税的规章和进出口应税或免税商品加以系统分类的一览表。海关税则一般包括两个部分内容，一部分是海关课征关税的规章条例及说明，另一部分是关税税率表。关税税率表包括商品分类目录、税号和税率三部分。

（1）商品分类目录（nomenclature of goods）。是以商品的不同性质、用途、功能或加工程度等为依据，对各种商品进行系统分类和编排的完整、准确的商品分类体系。为了方便使用，该标准体系中每一商品名称或规格（description of goods）之前冠以编码，每一商品名称或规格及其编码为一个项目。商品分类目录用于海关税则时称为税则分类目录。其编号称为税则号列（税号），商品名称或规格及其编码又称为税目或称为目。

但是，各国海关税则的商品分类方法不尽相同。有的按商品的自然属性分类，如动物、植物、矿物等；有的按商品的加工程度分类，如原料、半制成品和制成品等；也有的按商品的自然属性分成大类，再按加工程度分成小类。最初各国根据自身需要和习惯编制商品分类目录。由于分类方法不同，各国海关的统计资料缺乏可比性，也给多边贸易谈判带来不便。为此，一些国际组织开始制定国际通用的商品分类目录。其中影响较大的有《布鲁塞尔税则目录》、《国际贸易标准分类》和《商品名称和编码协调制度》：

1）《布鲁塞尔税则目录》（Brussels Tariff Nomenclature，BTN）。欧洲关税同盟小组于1952年12月拟订了《关税税则商品分类公约》，并设立了海关合作理事会。该理事会制定了《关税合作理事会税则目录》。因该税则目录是在布鲁塞尔制定的，故又称《布鲁塞尔税则目录》。该税则目录是以商品的自然属性为主，结合加工程度等对商品进行分类。它把全部商品分为21类、99章、1011个税目号。第1~24章为农畜产品，第25~99章为工业制成品。该税则目录曾被一百多个国家采用。

2）《国际贸易标准分类》目录。1938年，国际贸易联盟为满足国际贸易统计的需要，在1937年修订的《日内瓦商品分类目录》的基础上，制定了《国际贸易统计基本商品名称表》。1950年，联合国秘书处在专家协助下出版了《国际贸易标准分类》。该目录的商品分类原则是按照商品的加工程度由低到高进行编排，同时适当考虑商品的自然属性（详见第一章），也曾有一百多个国家采用。它与《布鲁塞尔税则目录》成为国际贸易中较有权威、应用最广泛的两个商品分类目录。为此，联合国和海关合作理事会一致建议各国采用这两种体系的分类方法：《布鲁塞尔税则目录》用于海关管理，《国际贸易标准分类》用于贸易统计。为了方便使用，专家们还制定了这两个商品分类目录的相互对照表。

3）《商品名称和编码协调制度》（Harmonized System，HS）。尽管有相互对照表，但以上两种商品分类目录在国际上的同时并存还是给很多工作带来了不便。为了使这两种国际贸易商品分类体系进一步协调和统一，兼顾海关税则、贸易统计与运输等方面的共同需要，1983年6月海关合作理事会协调制度委员会主持制定了《商品名称和编码协调制度》，简称《协调制度》。《协调制度》将国际贸易商品分为21类、97章、5019个子目。从1988年起，各国相继采用《协调制度》作为商品分类目录。到1992年包括我国在内已有83个国家和地区采用协调制度。原关贸总协定的关税减让谈判也以协调制度为基础来进行。

（2）税号（tariff No.）。是货物的编号代码。不同的货物分类目录有不同的编号方法。在BTN分类目录中一个税号有四位数字，中间用圆点隔开，前两位数字表示该商品在分类目录中所属的章次，后两位数字表示每章里的项数，又称子目号。例如，男式外衣的税号为 60 · 01。61 表示男式外衣在 BTN 的 61 章，01 表示它是本章中的第 1 项商品。目前各国采用的 HS 目录中，税号用六位数表示，前两位数字表示章，中间两位数字表示项，最后两位数字表示项中的子目。

(3) 税率(rate of duty)。是根据商品分类目录逐项制定出来的。税率栏目中每一税目项下的商品最初只有一个税率。后来，由于国际政治、经济关系日益复杂，为区别不同国家不同的国际贸易政策，适用不同的关税税率，税率栏目开始细分。

各国税则按关税栏目分为单式税则和复式税则。

单式税则(single tariff)，又称一栏税则，一个税目只有一个税率，适用来自于任何国家的商品，没有差别待遇。复式税则(complex tariff)，又称多栏税则，在一个税目下订有两个或两个以上的税率，分别适用于不同的国家或地区。现在只有少数发展中国家如委内瑞拉、巴拿马、冈比亚等仍实行单式税则。

在单式税则或复式税则中，根据制定税率的权限，又有自主税则和协定税则之分。自主税则(autonomous tariff)，又称国定税则，是指一国立法机构根据关税自主原则制定税率，不受对外签订的贸易条约或协定约束。自主税则可以是一栏的，也可以是多栏的。协定税则(conventional tariff)是指一国与其他国家或地区通过贸易与关税谈判，以贸易条约或协定的方式确定的关税税率。这种税则是在本国原有的国定税则以外另行规定的。它是通过关税减让谈判的结果，因此要比国定税率低。协定税率只适用于该条约的签字国，对于不是该条约签字国的国家一般无权享有此待遇。

(四) 关税水平及关税的保护率

1.关税水平

关税水平(tariff level)是指一个国家进口关税的平均税率。对进口商品征收关税会使其税后价格提高，从而降低其在进口国国内市场的竞争能力，使国内同类商品的生产受到保护。

关税水平的统计分析方法有两种：简单算术平均法和加权算术平均法。

(1) 用简单算术平均法计算关税水平。简单算术平均法是以一个国家的税则中全部税目的税率之和除以税目总数的方法，得到关税税率的简单算术平均数。其计算公式为

$$关税水平=\frac{税则中所有税目的税率之和}{税则中所有税目之和}\times 100\%$$

简单算术平均法的最大优点是计算简单。只要有一个国家的税则就可以计算出该国的关税水平。其缺点：一是该方法没有考虑各种商品进口总值不同等因素对关税水平的影响，二是以该方法计算出的关税水平会受税则中税目设置的影响。例如，把税率低的税目细分为几个税目，把税率高的税目尽可能合并，虽然实际上并没有改变对这些货物适用的税率，但却降低了该国的关税水平。

(2) 用加权算术平均法计算关税水平。加权算术平均法是以一国各种进口商品的价值在进口总值的比重作为权数，计算得到关税税率的平均数的一种方法，具体方法有三种：

1) 全部商品加权平均法。这种方法是以一定时期内，一国进口关税总税额除以进口商品总价值得到的加权算术平均数为关税水平。其公式为

$$关税水平=\frac{进口关税总额}{进口商品总值}\times 100\%$$

加权算术平均法把各种商品的进口值在进口总值的比重作为权数，进口值高的商品在计算中予以较多的份额，克服了简单算术平均法的弊端，使计算结果能比较真实地反映一国的关税水平。但该方法仍有不足之处，主要是如果一国税则中税率为零的税目较多，则计算出的结果数值偏低；反之，则偏高，而在各国税则中零税率的商品一般都是该国无需保护的商品。因此，这种方法仍没有把一国对国内经济的保护程度真实地反映出来，而有税商品加权平均法则是一种较完善的方法。

2) 有税商品加权平均法。这种方法是把税则中税率为零的商品的进口值从进口商品总值中扣除，仅以有税税目项下商品进口值相加作为除数的加权平均法。其计算公式为

$$关税水平=\frac{进口关税总额}{有税进口商品总值}\times 100\%$$

3) 在进行国际间关税比较时，有时还采用选择性商品加权平均法。其计算公式为

$$关税水平=\frac{有代表性商品进口关税总额}{有代表性商品进口总值}\times 100\%$$

上式可以看出，选择的商品不同，会影响关税水平的高低。因此，为了具有可比性，在选择代表性商品方面需要协商一致。关税与贸易总协定在进行第六轮的关税减让谈判时，为比较各国减让前的关税水平，采用了联合国贸易和发展会议选取的 504 项商品作为代表性商品。

2.关税的保护率

关税保护率是判断一个国家实施关税措施对国

民经济保护作用的重要指标。关税的保护率是指关税对一国经济贸易的保护程度。它分为关税名义保护率和有效保护率。

(1) 关税名义保护率(nominal rate of protection)。是指海关税则中注明的对进口商品应征收的关税税率。世界银行在研究各国保护结构时对名义保护率所下的定义是:对一商品的名义保护率是由于实行保护而引起的国内市场价格超过国际市场价格的部分与国际市场价格的百分比。其计算公式为

$$名义保护率=\frac{进口商品国内市场价格-该进口商品国际市场价格}{该进口商品的国际市场价格}\times100\%$$

例如,某商品的国际市场价格为1000美元,某进口国国内市场相同商品的价格为1200美元。该商品的保护率为

$$(1200-1000)\div1000\times100\%=20\%$$

在现实经济中,影响进口商品国内外价格差异的因素很多,除关税外,还有进口许可证、配额等非关税壁垒措施,以及外汇汇率和外汇管制,进出口价格补贴、生产补贴,国内外消费者的消费结构,消费心理及文化差异,都可能使同一商品在国内外市场形成不同的价格。因此,名义保护率是这些保护措施或影响因素共同形成的对国内生产的保护率。如果仅考虑关税这一保护措施,一国进口税则中的某一商品的法定税率就是该国的关税名义保护率。

孤立地看,就某一商品而言,名义关税税率越高,对进口商品的限制就越大,对本国同类商品的保护程度就越高;反之,则相反。若某一商品本身就是初级产品,如农、矿产品,情况的确如此。若某一商品是工业制成品,特别是当其生产需要进口原料时,情况就复杂了。只用关税名义保护率来说明问题就不确切了,用关税有效保护率这一概念就可比较清楚地说明这一问题。

(2) 关税有效保护率。这里把关税作为保护本国产业的惟一手段,并假设该产业所发生的一切变化都是由征收关税引起的,那么关税有效保护率(effective rate of protection)则是指一个国家征收关税后,单位产品增加值与在自由贸易条件下单位产品增加值相比增加的比率。它代表着关税对本国同类产品生产的真正有效保护程度。其计算公式为

$$ERP=(V'-V)/V\times100\%$$

式中:ERP 为有效保护率;V 为在自由贸易条件下的增值额,数额为征税前的商品价格减去原材料价格;V'为在征收关税条件下的增值额,数额为征税后的商品价格减去原材料价格。

例如,某国产商品价格为100元,其中50元为进口原料价(不征收关税),50元为新增价值,如果对进口同类商品征收值20%的从价税,商品价格上涨为120元,求该进口关税的有效保护率。

$$V'=120-50=70$$

$$ERP=(70-50)/50=40\%$$

如果某商品的生产用的是进口原料,且对原料征收进口关税,根据上述公式,可以推导出在原材料也征税情况下的有效保护率的计算公式。其推导过程为

$$ERP=[商品价格\times(1+最终税率)-原材料价格\times(1+原材料税率)-(商品价格-原材料价格)]\div(商品价格-原材料价格)$$

经整理并分子分母同除"商品价格"得

$$ERP=\frac{最终税率-(原材料价格/商品价格)\times原材料税率}{1-原材料价格/商品价格}\times100\%$$

上式可表示为下列公式:

$$ERP=\frac{T-P\cdot t}{1-P}\times100\%$$

式中:T 为进口产品的最终税率;P 为原材料价格在进口商品价格中所占的比重;t 为原材料税率。

仍以上例为例。假如对进口原料分别征收10%、20%、30%的进口关税,则该产品的有效保护率分别为30%、20%、10%。

根据上述公式可以看出关税的有效保护率有以下几种变化:当进口商品的名义关税率高于所用的进口原材料的名义进口关税率时,即当 $T>t$ 时,该商品的有效保护率大于名义保护率,即 $ERP>T$;当进口商品的名义关税率等于所用进口原材料的名义保护率时,该商品的有效保护率等于名义保护率时,即 $ERP=T$;当进口商品的名义关税率小于所用原材料的名义关税率时,即当 $T<t$ 时,该商品的有效保护率小于名义保护率,即 $ERP<T$。有时甚至会出现负有效保护率,即 $ERP<0$ 的现象。此时关税不仅不保护该商品的生产,反而妨碍该工业的发展。

可见,有效保护率受到进口国进口商品的名义关税率、进口原材料的名义关税率和所用原材料在商品生产中所占比重的影响。

(3) 关税有效保护率的政策含义。关税有效保护率隐含着重要的政策含义。它对于不同国家,尤其是发展中国家在选择对外贸易政策时具有重要的意义。

在对最终产品征收进口关税的名义税率不变时,对进口原料和中间产品征收的关税率越低,该名义税率的有效保护作用越大,因此,在国际贸易的实践中,税率高低与进口产品加工程度呈相同方向变动。一国如果用进口原料作加工出口,对原料征税,其结果

是降低产品竞争力，因此，大多数国家在政策上采取了出口退税的做法，以增强出口商品的竞争力。

有效保护对于发展中国家存在两难境地。本国若对原料不征进口税，对最终产品征税，形成国内市场高保护，国内会出现大量的装配线，而不去发展中间产品或资本品的生产，从而丧失了保护的意义；如对原料和中间产品征收进口税，则产品在市场上无竞争力，无法与进口商品竞争，也无法转换成出口型产业。这表明，发展中国家在选择本国的关税结构时，空间要小于发达国家。

二、非关税壁垒措施

非关税壁垒措施是指除关税以外一切限制进口的各种措施。随着关税总体水平的大幅度下降，关税的保护作用减弱，使得非关税壁垒措施的运用越来越广泛。据统计，非关税壁垒措施到目前已有2500多种，并仍有增加的趋势。总体来说，非关税壁垒措施总体可分为两类：直接限制商品进口的措施和间接限制商品进口的措施。

（一）直接限制商品进口的措施

直接限制商品进口的措施是指进口国直接对进口商品的数量或金额加以限制，或迫使出口国直接限制商品出口。这些措施主要有以下几方面。

1.进口配额制

进口配额制（import quotas system），又称进口限额制，指一国政府在一定时期内，对于某些商品的进口数量或金额加以直接限制。在规定的期限内，配额以内的货物可以进口，超过配额不准进口，或者征收更高的关税或罚款后才能进口。进口配额制主要有绝对配额和关税配额两种。

（1）绝对配额（absolute quotas）。是指在一定时期内，对某些商品的进口数量或金额规定一个最高额数，达到这个额数后，便不准进口。这种配额按分配情况和运用范围又可分为全球配额和国别配额两种。

1）全球配额（global quotas）是指一国在实施进口配额时，在一定时期内，事先规定出一个全球性的总配额。此配额适用于来自任何国家或地区的商品，并且不限定进口国家的来源。政府主管部门根据进口商提出申请的先后顺序或过去某一时期的实际进口额，批给一定额度，直到总配额批完为止。超过总配额后，不管商品属于哪个国家一律不准进口。

2）国别配额（country quotas）是指一国在实施进口配额制时，在总配额内按国别或地区分配给固定配额，超过固定配额便不准进口。根据分配的方法，国别配额又可以分为自主配额和协议配额：①自主配额（autonomous quotas）又称单边配额，是指在一定时期以内，由进口国家完全自主地、单方面强制规定从某个国家或地区进口某种商品的配额，而不需征得出口国的同意；②协议配额（agreement quotas）又称双边配额，是由进口国和出口国政府或民间团体之间，通过谈判协商所确定的配额。

（2）关税配额（tariff quotas）。是指在一定时期内，对商品进口的绝对数额不加限制，但对配额以内的进口商品，给予低税、减税或免税待遇，对超过配额的进口商品，则征收较高的关税或征收附加税或罚款。

绝对配额与关税配额的区别是对于超过配额额度商品进口的处理方法不同。绝对配额在配额用完后，则不允许进口；关税配额的配额用完后，仍可以进口，只是要征收较高的关税、附加税或罚款。

2."自动"出口配额制

"自动"出口配额制（"voluntary" export quotas），又称为"自动"出口限制（"voluntary" restriction of export）。它是指出口国在进口国的要求或压力下，"自动"规定某一时期内（一般是3~5年）某些商品对该国的出口实行限制，在限定的配额内由出口国自行控制出口，超过配额即禁止出口。"自动"出口配额制与进口配额制中的绝对配额在配额的使用上均规定，在一定时期内配额用完后，即禁止出口。所不同的是，前者由出口国控制，后者则由进口国控制。但无论是哪种配额，对进口国家而言，均起到了限制商品进口的作用。

3.进口许可证制

进口许可证制（import license system）是政府为了加强对进出口的管理，规定某些商品的进口必须领取许可证。因此进口许可证是政府有关部门颁发的批准某种商品进口的证书。没有获得许可证的受限制商品，一律不准进口。进口许可证必须注明有效期与进口商品名称、来源、数量及金额等。进口许可证从不同的角度可以分为不同种类。

1）从进口许可证与进口配额的关系看，进口许可证可以分为有定额的进口许可证和无定额的进口许可证。有定额的进口许可证是指政府有关机构预先规定有关商品的进口配额，然后在配额的限度内，根据进口商的申请，对每一笔进口商品发给进口商一定数量或金额的进口许可证。一般来说，进口许可证是由进口国有关当局向提出申请的进口商颁发的，但也有将这种权限交给出口国自行分配使用的。无定额的进口许可证是指不与进口配额相结合的进口许可证，即政府机构事先不公开进口配额，只是在个别考虑的基础上，向进口商颁发有关商品的进口许可证。

2）从进口商品的许可程度上看，进口许可证又可分为公开一般许可证和特种进口许可证。公开一般许可证又称为公开进口许可证，或一般许可证或自动进口许可证。此类许可证对进口实际上没有任何限制。凡列明属于公开一般进口许可证范围内的商品，无论进口商品属于哪个国家和地区，只要进口商填写公开一般许可证后，便可获准进口。因此从本质上讲，属于这类许可证的商品实际上属于"自由进口"的商品。特种进口许可证又称为非自动进口许可证。凡列明属于特种进口许可证范围内的商品，进口商在进口此类商品时，必须向政府有关当局提出申请，经政府有关当局逐笔审查批准后才能进口。

4.外汇管制

外汇管制（foreign exchange control）是指一国政府通过法令对国际结算和外汇买卖实行限制，以平衡国际收支和维持本国货币汇率的一种制度。

在外汇管制下，出口商出口所得的外汇收入及有其他外汇来源的单位或个人都必须将其所得外汇按官定汇率卖给外汇管制机关或存入国家指定的金融机构。与此同时，进口商及个人所需外汇也必须在外汇管制机关按官定汇率申请购买。本国货币的携出入国境也受到严格的限制。这样，国家有关机关通过确定官定汇价、集中买卖外汇的办法，以控制外汇供应数量并由此限制进口商品品种、数量和进口国别。

（二）间接限制商品进口的措施

间接限制商品进口的措施是指进口国对进口商品制定严格的条件和标准，间接地限制商品进口。这些措施主要有以下几种。

1.歧视性政府采购政策

歧视性政府采购政策（discriminatory government procurement policy）是指一国政府通过制定法令和政策，规定其各级政府机构在采购时必须优先购买本国产品的做法，由此导致对外国产品的歧视和进口限制。

世界上许多国家都在采用歧视性的采购政策，如美国于1933年开始实行，并于1954年和1962年两次修改的《购买美国货法案》规定：凡是美国联邦政府所采购的货物，应该是由美国制造的，或是用美国原料制造的，只有在美国本国生产数量不足，或者国内价格过高，或者不买外国货就会损害美国利益的情况下，才可以购买外国货。英国、日本、意大利也有过类似的制度。

2.进出口国家垄断

进出口国家垄断（state monopoly of import and export）是指在对外贸易中，对某些或全部商品的进出口由政府机构直接经营，或者是把某些商品的进出口垄断权授予某些垄断组织，从而有效地控制商品进出口的数量、种类和进出口国别或地区。

绝大多数国家的进口和出口的国家垄断并非针对全部商品，而只是垄断几种有关国计民生的大宗的、特殊的商品。国家垄断分为直接垄断和间接垄断两类，并主要集中在烟酒、农产品、武器和其他战略物资、尖端高科技产品等几个方面。直接垄断是指某类商品的进出口业务由国家机关直接经营，如烟酒专卖制。间接垄断是指某类商品的进出口业务由国家授权的较大的进出口贸易集团或垄断公司经营。

3.歧视性的国内税

国内税（internal taxes）是一国国内在商品生产、销售、使用或消费等各环节中所征收的税收。国内税的制定和执行属于本国政府机构的权限，有的属于地方政府机构的权限。由于国内税不受贸易条约和贸易协定的限制，因此采用国内税限制进口比关税更具有灵活性、隐蔽性和歧视性。如法国曾对进口汽车征收高于国产汽车1.5倍的养路税；美国、瑞士和日本等国进口酒精饮料的消费税都大于本国产品。这样，既提高了本国产品的竞争力，又有效地限制了外国产品的进入。

4.进口最低限价

进口最低限价（minimum price）是指一国政府规定某种进口商品的最低价格。凡进口货物价格低于规定的最低价格时，则征收进口附加税或禁止进口，以达到限制低价商品进口的目的。如1985年智利对绸坯布进口规定每千克的最低限价为52美元，低于此限价，将征收进口附加税。

5.进口押金制

进口押金制（advanced deposit）又称进口存款制，是指政府为了控制某些商品的进口，或为了在一段时期内控制进口商品的数量，规定进口商在进口商品以前，必须预先按进口金额的一定比率，在规定的时间内到指定的银行无息存放一笔现金的制度。进口押金制的实行，增加了进口商的资金负担，影响了资金周转，或由此造成进口成本过高，从而起到限制进口的作用。例如，第二次世界大战后意大利政府就曾对400多种商品实行进口押金制。它规定某些进口商品无论从哪个国家进口，必须先向中央银行交纳相当于进口货值半数的现款押金，无息冻结6个月。按当时的利率计算，这项措施相当于征收5%以上的进口附加税。

6.专断的海关估价

海关估价(customs valuation)是海关按照国家有关规定,对申报进口货物的价格进行审核,确定或估定其完税价格。完税价格是海关征收关税的依据,并以此计算应缴关税税额。专断的海关估价是进口国根据某些特殊的规定,故意提高某些进口商品的海关估价以增加进口商的关税负担,阻碍商品的进口。用专断的海关估价来限制商品的进口,以美国最为突出。为了防止外国商品与美国同类产品竞争,美国海关长期以来按照进口商品的外国价格或出口价格两者中较高的一种进行征税,称之为"美国售价制"。后由于其他国家的强烈反对,"东京回合"签订了《海关估价守则》以后,美国不得不废除了"美国售价制"。

为使海关估价不成为国际贸易发展的障碍,并为所有关贸总协定签字国的海关提供一个公正、统一、中性的货物估价制度,乌拉圭回合修改了《海关估价守则》,达成了新的《海关估价协议》。该协议正式名称为《关于实施关税与贸易总协定第七条的协议》,协议共分四个部分,共31条。它规定了主要以商品的成交价格为海关完税价格的新估价制度。这个协议规定应以进口商品或相同商品的实际价格作为计征关税的依据,不能采取武断的或虚构的估价以提高计征从价税。

7.技术性贸易壁垒

技术性贸易壁垒(technical barriers to trade)是指进口国以维护国家安全、保护人类或动植物生命、保护环境、保护产品质量为目的,或以贸易保护为目的所采取的复杂苛刻的技术标准、卫生检疫规定、安全规定、商品包装和标签规定等以限制进口的一种措施。

由于各国经济发展水平不同,技术法规和标准差别很大。随着关税水平的逐渐下降,技术性贸易壁垒作为非关税壁垒的重要手段,越来越多地被一些国家所采用。因此,也受到了世界各国的重视。关贸总协定乌拉圭回合谈判中就此达成了协议,即《技术性贸易壁垒协议》。该协议由15个条款和3个附件构成。其主要内容包括:制定、采用和实施技术性措施应遵循的规则;技术法规、标准合格评定程序;通报、评议、咨询和审议制度等。世界贸易组织设立技术性贸易壁垒委员会,负责管理《技术性贸易壁垒协议》的执行。自1995年起,技术性贸易壁垒委员会对《技术性贸易壁垒协议》的运行和实施情况每三年进行一次审议。

8.环境贸易壁垒

环境贸易壁垒(environmental trade barrier)又称绿色贸易壁垒,是指国际贸易中各国借口保护环境,对进口商品制定带有歧视性、针对性的技术、安全和卫生标准,如果达不到这些标准,进口国有权扣留、退回、销毁、索赔等,或不规范地使用国际公认的标准。

环境贸易壁垒是某些发达国家用来对从发展中国家进口的商品加以限制的一种手段。但是对于保护资源、环境和人类健康而言,它值得人们高度重视并应逐步适应。因此,一些国际组织主持制定了国际环境贸易壁垒的规范。如1985年在联合国环境规划署的主持下,签署了《保护臭氧层维也纳公约》,各国达成了共识,决定采取措施保护臭氧层;目前已签署的保护野生动植物的国际公约和协议已有20多个,其中很多含有贸易条款,如1973年签订的《濒危野生动植物物种国际贸易公约》,规定了每类野生动植物进行国际贸易时应遵循的基本原则;1989年,117个国家和34个国际组织通过了《控制危险废物越境转移及其处置巴塞尔公约》,要求缔约国"禁止向……法律上完全禁止危险废物和其他废物进口的国家,特别是向发展中国家出口此类废物"。诸如此类的国际环境贸易壁垒规范在一定程度上抑制了环境贸易壁垒的泛滥,但因一些国家对这些规范的滥用,使其容易成为环境贸易壁垒,给国际贸易产生不利的影响。

三、出口鼓励和出口管制

许多国家在利用关税和非关税壁垒措施限制进口的同时,还采取各种措施对本国的商品出口给予鼓励,以促进经济和对外贸易的发展,或者出于政治、军事、经济或履行协议的目的,对某些商品实行出口管制、限制或禁止出口。

(一)出口鼓励措施

1. 出口信贷

出口信贷(export credit)是指一国政府为了鼓励商品出口,增强商品的竞争能力,通过银行对本国出口厂商或国外进口厂商提供的贷款。它是一国的出口厂商利用本国银行的贷款扩大商品出口,特别是金额较大,期限较长的商品(如成套设备、船舶等)出口的一种重要手段。出口信贷按借贷关系可分为卖方信贷和买方信贷。

(1)卖方信贷(supplier's credit)。是指出口方银行向本国出口厂商(卖方)提供的贷款。这种贷款协议由出口厂商与银行之间签订。卖方信贷通常用于成套设备和船舶等运输工具的出口。由于这类商品交易金额较大,占用时间长,进口厂商一般都要求采用延期付款的办法。因此,卖方信贷实际上是出口厂商从供款银行取得贷款,再向进口厂商提供延期付款,以促进商品出口的一种方式。

发放卖方信贷的基本程序是:首先买卖双方以延期

付款的方式签订合同后，进口商先支付10%~15%的现汇订金，其余货款在全部交货后若干年内分期支付，并支付延期付款期间的利息。最后出口厂商把所得的款项按贷款协议的规定偿还给本国的供款银行。

（2）买方信贷(buyer's credit)。是指出口方银行直接向外国进口厂商(即买方)或进口方的银行提供的贷款，以资助进口方购买本国的出口商品。这种贷款是一种约束性贷款(tied loan)，其约束条件是贷款必须用于购买债权国的商品。买方信贷将贷款的提供与商品的出口直接联系起来，可以起到促进商品出口的作用。

在采用买方信贷的条件下，当出口方供款银行直接贷款给外国进口商时，进口厂商必须先用本身的资金，以即期付款方式向出口厂商交纳买卖合同金额15%~20%的现汇订金，其余贷款以即期付款的方式将银行提供的贷款付给出口厂商，然后按贷款协议所规定的条件，向供款银行还本付息；当出口方供款银行贷款给进口方银行时，进口方银行也以即期付款的方式代进口厂商支付应付的货款，并按贷款协议规定的条件向供款银行归还贷款和利息等。至于进口厂商与本国银行的债务关系，则按双方商定的办法在国内结算清偿。多数买方信贷是出口国银行贷款给进口国银行，然后再贷给进口商。

另外，一些发达国家还使用"福费廷"来鼓励大型生产设备等的出口。所谓"福费廷"是指在延期付款的大型生产设备贸易中，出口商把经进口商承兑的、期限在半年以上至五、六年的远期汇票，无追索权地售予出口商所在地的银行或大金融公司，提前取得资金的融通形式。由于采用这种业务的出口商将进口商拒付风险完全转嫁给了银行，并加速了进口商的资金周转，满足了进出口双方的需要，因此，在国际贸易中这种方式也日益流行。

2. 出口信贷国家担保制

出口信贷国家担保制(export credit guarantee system)也称"出口信贷担保制"，是指国家对于本国出口厂商或商业银行向外国进口厂商或商业银行提供的信贷，由国家设立的专门机构出面担保，当外国债务人拒绝付款时，国家担保机构按照承保的数额给予补偿。出口信贷国家担保制主要内容如下。

（1）担保的项目与金额。通常商业保险公司不承保的出口风险的项目，都可向担保机构进行投保。一般可分为两类：

1）政治风险。是指进口国由于政治方面的原因而发生的政变、革命、暴乱、战争以及政府实行禁运、冻结资金或限制对外支付等所造成的损失，可给予补偿。这种风险的承保金额一般为合同金额的85%~95%。

2）经济风险。是指因经济原因如进口厂商或借款银行因破产倒闭无力偿付，货币贬值或通货膨胀等所造成的损失，可给予补偿。担保金额一般为合同金额的70%~80%。为了扩大出口，有时对于某些项目的担保金额可达100%。

（2）担保对象

1）对出口厂商的担保。担保机构对出口厂商的担保主要有两种形式：一种是担保机构对本国出口厂商向外国进口厂商提供的信贷直接提供担保；另一种是允许出口厂商以担保金额向银行抵押取得信贷。

2）对银行的直接担保。通常银行所提供的出口信贷均可申请担保，这种担保是担保机构直接对供款银行承担的一种责任。有些国家为了鼓励出口信贷业务的开展和提供贷款安全保障，往往给银行更为优厚的待遇。这种办法有利于银行扩大出口信贷业务，从而促进商品出口。

（3）担保期限与费用。担保期限通常可分为短期与中、长期。短期信贷担保为6个月左右，承保范围往往包括出口厂商所有海外的短期信贷交易。为了简化手续，有的国家对短期信贷采用综合担保(comprehensive guarantee)的方式。出口厂商只要一年办理一次投保，就可以承保在这期间对海外的一切短期信贷交易。一旦外国债务人拒付时，即可得到补偿。中、长期信贷担保由于金额大，时间长，因而采用逐笔审批的特殊担保(specific guarantee)方式。中、长期担保时间通常为2~15年。承保时间可从出口合同成立日起至最后一笔款项付清为止，也可以从货物装运出口直至最后一次付款为止。

3. 出口补贴

出口补贴(export subsidies)又称"出口津贴"或"出口奖励金"(export bounty)，是国家为鼓励出口，在出口商品时给予本国出口厂商以现金津贴或财政上的优惠，以降低出口商品的价格，提高出口商品的国际竞争力。

出口补贴有两种方式：一种是直接补贴(direct subsidies)，即政府在出口厂商出口商品时直接给予现金补贴；另一种是间接补贴(indirect subsidies)，即政府给予出口商其他优惠待遇，如运输、财政上的优惠等，以加强产品在国际市场上的竞争力。

4.促进出口的各种服务措施

（1）设立专门机构研究与制定出口战略。我国设立或批准成立的民间性对外贸易促进组织主要有进出口商会、中国国际贸易促进委员会等，这些机构为研究和制定出口战略做了大量的工作。

（2）建立商业情报网。为加强商业情报的服务工作,许多国家都设立了官方的商业情报机构,在海外设立商情网,负责向出口厂商提供所需的情报,供有关出口厂商使用,以促进商品出口。

(3) 组织贸易中心和贸易展览会。一般来说,贸易中心是永久性的设施,贸易中心内将提供陈列展览场所、办公地点和咨询服务等;而贸易展览会是流动性的展出,许多国家都十分重视这项工作。有的国家一年组织多次国外展出,费用由政府补贴。

(4) 组织贸易代表团出访和接待来访。许多国家为了发展对外贸易,经常组织贸易代表团出访,其出国费用大部分由政府补贴。一些国家还设立专门机构接待来访团体,专门接待官方代表团和协助公司、社会团体接待来访的工商界人士,从事贸易活动。

(5) 建立自由经济区。许多国家和地区为了促进经济和对外贸易的发展,采取了建立自由经济区的措施。自由经济区(或称经济特区)是指一个国家或地区在其关境以外所划出的一定范围内,建筑或扩建码头、仓库、厂房等基础设施和实行免除关税等优惠待遇,以吸引外国企业从事贸易与出口加工工业等业务活动的区域。

目前世界各国设置的自由经济区名目繁多,规模不一,基本上可分为四种类型,即贸易型自由经济区、工贸型自由经济区、科技型自由经济区和综合型自由经济区。

1) 贸易型自由经济区是指以发展转口贸易为主要目的的自由经济区,包括自由港、自由贸易区、对外贸易区和保税区等。

2) 工贸型自由经济区是指以优惠条件吸引外国直接投资、生产以出口为主的制成品的自由经济区,主要有出口加工区和自由边境区等。

3) 科技型自由经济区即科学工业园区(science-based industrial park),也称工业科学园、科研工业区、新产业开发区、高技术园区、科学公园、科学城等。科技型自由经济区是以科技为先导、以生产技术密集型和知识密集型的出口产品为主的自由经济区。

4) 综合型自由经济区是在贸易型和工贸型两种形式的自由经济区基础上发展起来,兼有两种职能,既提供了自由贸易区的某些优惠待遇,又提供了发展工业生产时必需的基础设施,是两者的结合体。在这种区域中还可以发展商业、金融、旅游等各种事业。我国设立的经济特区即属此类。

(二) 出口管制措施

出口管制(export control)是指国家通过法令和行政措施对本国出口贸易实行管理和控制。一般而言,各国都会努力扩大商品出口,积极参与国际贸易活动,但出于一些政治、军事和经济上的考虑,有些国家有可能限制和禁止某些战略性商品和其他重要商品输往国外,实行一些出口管制措施。

1. 出口管制的商品

通常一国的出口管制商品为以下种类:

1) 国内生产所需的原料、半制成品及国内供应不足的商品。

2) 先进技术设备、武器、尖端技术等战略物资及先进产品。

3) 在外国压力下,实行"自动"出口限制的商品。

4) 某些重要文物、艺术品、黄金、白金等特殊商品,大多数国家都规定须得到特许方能出口。

5) 为了采取经济制裁而对某国限制甚至禁止出口的商品。

2. 出口管制形式

(1) 单方面出口管制(unilateral export control)。是一国根据本国出口管制法案,设立专门的执行机构对本国某些商品出口进行审批和颁发许可证,实行出口管制,以达到控制商品的品种、数量和金额之目的。国家可以通过直接控制、调节、分配出口商品甚至禁止出口的措施,如出口许可证、出口配额、出口结汇等进行商品出口管制。例如,美国早在1917年就由国会通过了《1917年与敌对国家贸易法案》。为了对当时的社会主义阵营实行"禁运",1949年通过了《出口管制法案》。

(2) 多边出口管制(multi-lateral export control)。即几个国家政府,通过一定方式建立国际性的多边出口管制机构,商讨和编制多边出口管制货单和出口管制国别,规定出口管制的办法等,以协调彼此的出口管制政策和措施,达到共同的政治和经济目的。如1949年11月在美国提议下成立的"输出管制统筹委员会",即巴黎统筹委员会(简称"巴统"),就是一个国际性的多边出口管制机构,总部设在巴黎。

第四节 我国医药对外贸易政策措施

为了鼓励和支持医药企业"走出去",发展我国医药对外贸易,我国政府制定了一系列支持和促进我国医药对外贸易发展的进出口政策措施。

一、我国鼓励医药出口的政策措施

鼓励医药商品出口的贸易政策是国家根据对外医药贸易发展的需要,通过经济、行政和组织等方面的政策、措施,来促进本国医药商品的出口,开拓和扩大国外市场。目前被广泛使用的主要有以下几种。

(一)我国鼓励医药出口的行政措施

1.设立中国医药保健品进出口商会

中国医药保健品进出口商会(China Chamber of Commerce of Medicine & Health Products Importers & Exporters,CCCMHPIE)是商务部下属的6大进出口商会之一,由原对外经济贸易部遵照《国务院批转对外经济贸易部1988年外贸体制改革方案的通知》于1989年5月22日组织成立。其目的是建立由政府的行政管理、企业的业务经营、商会的协调服务三部分组成的外贸新体制。

近二十年以来,商会随着社会主义市场经济体制的逐步建立和医药保健品对外贸易的发展而壮大。现有会员企业1600多家,遍布全国各地,国内大部分有影响的医药保健品生产和进出口贸易企业都已加入商会。根据《中华人民共和国对外经济贸易法》和国务院相关文件规定,商会的业务协调范围涵盖中药、西药原料和制剂、医疗器械、保健器材、医用敷料、生物药、保健品、功能性化妆品等行业企业和产品。同时,商会的主要职能规定为:

1)对会员的对外贸易经营活动进行协调、指导,提供咨询服务。

2)加强与政府有关部门的联系,推动政府宏观目标的实现;代表行业和会员企业的共同利益,向政府反映会员企业的要求和意见,对政府制定政策提供咨询和建议。

3)加强与科研、生产、国内流通领域的同行业组织的联系、交流和合作,促进科工贸结合和优化出口商品结构,共同维护进出口经营秩序;根据政府授权或会员企业的共同要求和同行协议,对医药保健品进出口价格、市场、客户等进行协调。

4)宣传国家对外经济贸易法律、法规和政策,宣传世界贸易组织规则,协助国务院主管部门指导、监督会员企业依法经营。

5)建立和发展互联网站、商情资料库,收集、研究和交流商情资料,出版刊物,对医药保健品进出口市场、行情、国际贸易有关法规、协定、有关国家贸易限制措施等进行调查研究,为会员企业提供信息和咨询服务。

6)组织会员企业就国外对我国医药保健品的反倾销、反补贴投诉进行应诉工作;对外国医药保健品在我国的倾销或其他不正当竞争行为进行调查,并向政府报告。

7)组织国内、国际研讨会,开展国内外业务培训。

8)组织医药保健品进出口商品交易会、博览会;协调会员参加国内外各种交易会、展销会、博览会;组织会员出国考察、推销、订货和进行技术交流;协助会员对进出口商品进行宣传介绍等,帮助企业开拓国际市场,促进对外经济贸易发展。

9)代表本行业参加国际同行业组织;出席有关国际性专业会议,加强与国外同行业组织的联系、合作与交流。

10)公正地协调解决会员企业之间的贸易纠纷,促进行业自律和企业自律、互律,维护正常的进出口经营秩序和会员企业的共同利益。

11)履行国务院主管部门授权或根据会员企业共同要求及同行协议赋予的其他职责。

2.建立扩大中医药出口部际联合工作机制

当前,在我国加入世贸组织以及世界回归自然潮流兴起的条件下,我国的中医药出口既面临着难得的机遇也面临巨大的挑战,为有效地扩大中医药出口,需要继续加强各有关部门的协调配合,提高工作效率,更好地应对国际上阻碍中医药出口的一些突发事件,为此,商务部会同卫生部、食品药品监督局、中医药局、医保商会成立了“扩大中医药出口部际联合工作机制”。

联合工作机制的主要职责是:贯彻党中央、国务院关于扩大中医药出口的方针、政策,制定与实施鼓励中医药出口的政策与措施;加强与国外的交流与谈判,推动世界对中医药的承认,为企业出口创造良好的环境,更快更好地解决中药出口中遇到的问题。联合工作机制办公室设在商务部科技司,组长由商务部领导同志担任,成员为各部门主管司局领导,原则上每半年召开一次例会。

(二)鼓励医药商品出口的金融政策

为了支持和鼓励本国医药商品的出口,加强本国医药商品的国际竞争能力,我国政府制定了如对外承包工程项目贷款贴息、出口信贷及出口信用险、中小企业国际市场开拓基金等,有关部门也出台了一批财税、信贷、保险、外汇、通关、出入境及领事保护等政策措施,缓和、减轻了我国医药企业对外出口的资金压力和后顾之忧,以便于顺利履行出口合同,有效地推进和保障了我国对外医药贸易的发展。

(三)实行出口退税,扶持医药出口企业

出口退税是指国家对出口商品在国内所征的各环节累计间接税(增值税、销售税、赢利税和消费税)实行退还的政策。出口退税制度作为一项财政激励机制已被世贸组织诸多成员国广泛应用,以增强该国家和地区对外出口商品的竞争力。作为一种国际惯例,同时根据WTO规则,各成员国可以对本国出口产品实行退税,但

退税的最大限度不能超过出口产品在国内已征的税款。在此范围内，各成员国可以根据自身的经济发展需要和国家财政承受能力，确定恰当的出口退税水平。

我国从1985年开始实施出口退税政策，很大程度上刺激了国内出口企业的积极性和对外贸易额的增长。1994年，国家税务总局颁布了《出口货物退（免）税管理办法》，此后又多次对出口退税率、管理办法进行补充、修改、调整。

近年来，国家在给予医药出口企业出口退税政策扶持的同时，更加重视医药产品出口结构的调整，频繁地出台政策调整医药产品的出口退税率。通过调整，提高生物医药产品等高科技含量产品的出口退税率，鼓励其出口；降低原料药的出口退税率，限制其出口。

信息框

国家退税新政对医药行业的影响

根据2006年已公布的退税率出口清单，对于重大技术装备、部分IT产品和生物医药产品以及部分国家产业政策鼓励出口的高科技产品等，出口退税率由13%提高到17%。此次出口退税调整涉及部分生物医药类产品，其中维生素A、维生素E、其他维生素及其衍生物、含有青蒿素的中成药等四类医药产品的出口退税率均由原来的13%上调为17%。

从整体来看，出口退税率调整涉及的品种几乎涵盖了除维生素C以及维生素B族外的所有种类维生素产品，这对于新和成和浙江医药这两家国内最主要的维生素A系列产品以及维生素E生产企业构成了较大的利好。昆药及复星等拥有青蒿素出口业务的上市公司同样可能因此增利。

业内分析员初步匡算后认为，受正面影响最大的上市公司为新和成。他预计，今年四季度，仅出口退税率调整这一因素，将导致新和成维生素E毛利率提高2.96%，维生素A提高2.62%左右，新和成将因此获利500万以上。浙江医药的主打产品辅酶Q10同样在税率调整的范围内，出口退税率整将导致浙江医药四季度FED毛利率提高1.94%，维生素B毛利率提高2.36%，合成维生素E系列毛利率提高3.29%，天然维生素E系列毛利率提高1.74%，公司将因此增利600万元以上。

（资料来源：人民网，http://finance.people.com.cn/GB/70392/4845194.html）

二、我国医药出口的管制措施

大力发展医药对外贸易，维护国家整体利益和出口经营秩序，我国的医药商品出口管理经过不断的调整和改革，基本上形成了一整套比较适合我国国情的对外医药贸易管理规章制度。

（一）麻醉药品、精神药品的出口管理

为进一步加强对麻醉药品、精神药品进出口的管理，充分满足医疗、教学和科研的合法需求，防止流入非法渠道，维护和促进正常贸易，根据《中华人民共和国药品管理法》和国务院《麻醉药品管理办法》、《精神药品管理办法》的有关规定，自2002年1月1日起我国对麻醉药品、精神药品的进（出）口实行进（出）口准许证管理制度。

1）任何单位以任何贸易方式进（出）口麻醉药品、精神药品，包括麻醉药品、精神药品标准品及对照品，不论用于何种用途，均需取得国家食品药品监督管理局核发的《麻醉药品进（出）口准许证》或《精神药品进（出）口准许证》，方可向海关办理进（出）口手续。

2）携带医疗机构自用的少量麻醉药品、精神药品出境的，需到国家食品药品监督管理局办理《携带麻醉药品、精神药品证明》。

3）麻醉药品、精神药品的进（出）口，海关凭国家药品监督管理局核发的《麻醉药品进（出）口准许证》、《精神药品进（出）口准许证》或《携带麻醉药品、精神药品证明》办理报关验放手续。麻醉药品、精神药品的进（出）口准许证仅限在该证注明的口岸海关使用，并实行一批一证制度，证面内容不得自行更改。如需更改，应到国家食品药品监督管理局办理换证手续。

4）海关验放麻醉药品、精神药品时，应在相应进（出）口准许证的指定位置签注盖章。进（出）口单位应于药品进（出）口完成后1个月内，将海关签注的进（出）口准许证第一联交国家药品监督管理局备案。因故未能在准许证有效期内完成进（出）口的，须在有效期满后1个月内将原证退回国家食品药品监督管理局。

（二）经济、药用野生动植物及其产品的出口管理

我国是《濒危野生动植物种国际贸易公约》（以下简称《公约》）成员国。执行《公约》和国家规定，做好野生动植物及其产品的出口管理工作是我们的共同任务。为维护我国声誉，根据《中华人民共和国野生动物保护法》和《公约》有关规定，进一步加强对经

济、药用野生动植物及其产品，如鹿茸、熊胆、天麻、石斛、云木香、兰花、珊瑚及含虎骨、豹骨、麝香、犀牛角的药品等的出口管理工作，要严格出口审批制度。凡经营出口经济、药用野生动植物及其产品的，需向中华人民共和国濒危物种进出口管理办公室申报，凭濒管办批准件或允许出口证明书，再予办理检疫、检验、放行。

（三）麻黄素的出口管理

我国是天然麻黄素的主要生产国和出口国之一。麻黄素既是制药原料，又是制造甲基苯丙胺（冰毒）的前体。为加强对麻黄素类易制毒化学品的出口管理，规范麻黄素类易制毒化学品出口经营秩序，防止其流入非法制毒渠道，根据《易制毒化学品管理条例》，《麻黄素类易制毒化学品出口企业核定暂行办法》于2006年5月17日商务部第5次部务会议审议通过，并经公安部、海关总署、国家食品药品监督管理局同意，2006年11月10日施行，《关于加强麻黄素类产品出口管理有关问题的通知》（〔1998〕外经贸管发第573号）同时废止。该办法规定：

1）该本办法所称麻黄素类易制毒化学品，是指列入《易制毒化学品管理条例》附表中的麻黄素、伪麻黄素、消旋麻黄素、去甲麻黄素、甲基麻黄素、麻黄浸膏、麻黄浸膏粉等麻黄素类物质及其盐类，包括原料药及其单方制剂。

2）麻黄素类易制毒化学品出口由商务部会同国家食品药品监督管理局依据该办法核定的企业经营。

3）麻黄素类易制毒化学品出口经营企业名单每两年核定一次，由商务部以公告的形式公布。

4）商务部负责全国麻黄素类易制毒化学品出口企业核定管理工作。各省、自治区、直辖市及计划单列市商务主管部门（以下简称省级商务主管部门）受商务部委托负责本地区麻黄素类易制毒化学品出口企业核定管理有关工作。

5）麻黄素类易制毒化学品出口限定在北京、天津、上海、深圳口岸报关并于同口岸实际离境。其他海关一律不予受理此类产品的出口报关业务。

6）申请麻黄素类易制毒化学品出口核定经营资格的企业应具备以下基本条件：①依法办理对外贸易经营者备案登记手续，或者为依法批准设立的外商投资企业。②近3年内未受过刑事处罚，或因进行非法经营活动受过有关部门行政处罚。③已建立、健全专门的麻黄素类易制毒化学品出口管理机制并配备专门管理人员。④企业法定代表人及管理人员须具备相关易制毒化学品知识及管理经验。⑤有相对固定的原料供应渠道。

7）核定期限届满前三个月，商务部发出资格核定通知，企业应在通知规定时限内提交符合第六条规定的证明文件报省级商务主管部门。申请企业为外商投资企业的，还应提交加盖联合年检通过标识的外商投资企业批准证书（副本影印件）及企业合营合同或章程、验资报告、营业执照（副本影印件）。省级商务主管部门应自收到企业提交的符合规定的有关材料之日起20日内完成初审工作，经初审合格后将初审意见及有关材料报商务部审定。商务部自收到初审意见及有关材料之日起20日内会同国家食品药品监督管理局和有关专家根据企业基本情况、国内外禁毒形势、市场状况及外贸秩序等进行综合评定，必要时可进行实地考察，核定出口经营企业并公布名单。

8）经核定取得麻黄素类易制毒化学品出口经营资格的企业（以下简称核定企业）申请麻黄素类易制毒化学品出口许可应按照《易制毒化学品管理条例》和《易制毒化学品进出口管理规定》有关规定办理。

9）核定企业中的生产企业只能出口自产麻黄素类易制毒化学品；核定企业中的流通企业只能收购具有麻黄素类易制毒化学品生产、经营许可企业的麻黄素类易制毒化学品用于出口。

10）核定企业须建立专门的麻黄素类易制毒化学品出口台账，详细记录有关出口经营活动，并保留相关记录两年备查。

11）核定企业应当于每年3月31日前向省级商务主管部门及公安部门、食品药品监管部门报告上年度麻黄素类易制毒化学品出口情况。

12）核定企业应接受商务主管部门及食品药品监管部门监督管理。

13）为保护麻黄草资源，保护自然环境，国家禁止出口天然麻黄草。

14）以欺骗或者其他不正当手段获取核定企业资格的，商务部依法撤销其核定企业资格，并可给予警告，或处3万元以下罚款；违法企业在三年内不得再次申请核定企业资格。

15）违反该办法第九至十二条的，商务部责令限期改正，并可处警告或3万元以下罚款；逾期拒不改正的，商务部可撤销核定企业资格。

16）违反《易制毒化学品管理条例》、《易制毒化学品进出口管理规定》和本办法出口易制毒化学品的，依据《易制毒化学品管理条例》和《易制毒化学品进出口管理规定》的有关规定予以处理；商务部可视情节轻重，撤销违法企业的核定企业资格。

17）自该办法施行之日起60日内，原核定麻黄素类易制毒化学品出口经营企业应按照本规定重新进行资格核定。在规定期限内未履行相关手续的，取消原核定资格。

（四）实施《药用植物及制剂进出口绿色行业标准》

我国从 2001 年 7 月 1 日起实施《药用植物及制剂进出口绿色行业标准》（以下称《标准》），《标准》对进出口药用植物和直接的范围、术语、引用标准、限量指标、监测方法、检测规则、包装、标志、运输及储存做了详细的规定。

《药用植物及制剂进出口绿色行业标准》是中华人民共和国对外经济贸易活动中，药用植物及其制剂进出口的重要质量标准之一，适用于药用植物原料及制剂的进出口品质检验。建立药用植物及制剂绿色标准对于保护我国市场、促进植物类中药的出口、提高我国出口产品的质量、推进中药现代化、提高商会对产品的协调水平具有重要的意义。

三、我国药品进口管理措施

为规范进口药品的管理，保证国内人民安全用药，我国还颁布了一系列药品进口管理办法。

（一）《药品进口管理办法》

为规范药品进口备案、报关和口岸检验工作，保证进口药品的质量，根据《中华人民共和国药品管理法》、《中华人民共和国海关法》、《中华人民共和国药品管理法实施条例》（以下简称《药品管理法》、《海关法》、《药品管理法实施条例》）及相关法律法规的规定，国家食品药品监督管理局、中华人民共和国海关总署审议并颁布了《药品进口管理办法》（以下称《办法》），《办法》自 2004 年 1 月 1 日起实施。

《办法》对药品的进口备案、报关、口岸检验以及监督管理做了严格规定。进口备案，是指进口单位向允许药品进口的口岸所在地药品监督管理部门（以下称口岸药品监督管理局）申请办理《进口药品通关单》的过程。麻醉药品、精神药品进口备案，是指进口单位向口岸药品监督管理局申请办理《进口药品口岸检验通知书》的过程。口岸检验，是指国家食品药品监督管理局确定的药品检验机构（以下称口岸药品检验所）对抵达口岸的进口药品依法实施的检验工作。

《办法》规定：

1）药品必须经由国务院批准的允许药品进口的口岸进口。

2）进口药品必须取得国家食品药品监督管理局核发的《进口药品注册证》（或者《医药产品注册证》），或者《进口药品批件》后，方可办理进口备案和口岸检验手续。

进口麻醉药品、精神药品，还必须取得国家食品药品监督管理局核发的麻醉药品、精神药品《进口准许证》。

3）进口单位持《进口药品通关单》向海关申报，海关凭口岸药品监督管理局出具的《进口药品通关单》，办理进口药品的报关验放手续。

进口麻醉药品、精神药品，海关凭国家食品药品监督管理局核发的麻醉药品、精神药品《进口准许证》办理报关验放手续。

4）国家食品药品监督管理局会同海关总署制定、修订、公布进口药品目录。

5）口岸药品监督管理局负责药品的进口备案工作。口岸药品监督管理局承担的进口备案工作受国家食品药品监督管理局的领导，其具体职责包括：①受理进口备案申请，审查进口备案资料。②办理进口备案或者不予进口备案的有关事项。③联系海关办理与进口备案有关的事项。④通知口岸药品检验所对进口药品实施口岸检验。⑤对进口备案和口岸检验中发现的问题进行监督处理。⑥国家食品药品监督管理局规定的其他事项。

6）报验单位应当是持有《药品经营许可证》的独立法人。药品生产企业进口本企业所需原料药和制剂中间体（包括境内分包装用制剂），应当持有《药品生产许可证》。

7）下列情形的进口药品，必须经口岸药品检验所检验符合标准规定后，方可办理进口备案手续。检验不符合标准规定的，口岸药品监督管理局不予进口备案。①国家食品药品监督管理局规定的生物制品。②首次在中国境内销售的药品。③国务院规定的其他药品。

8）进口单位签订购货合同时，货物到岸地应当从允许药品进口的口岸选择。其中本办法第十条规定情形的药品，必须经由国家特别批准的允许药品进口的口岸进口。

9）进口备案，应当向货物到岸地口岸药品监督管理局提出申请，并由负责本口岸药品检验的口岸药品检验所进行检验。

10）中国药品生物制品检定所负责进口药品口岸检验工作的指导和协调。口岸检验所需标准品、对照品由中国药品生物制品检定所负责审核、标定。

《办法》规定口岸药检所专司技术检验，有利于促进技术的严格把关。根据新的药品通关程序，除有特殊规定的进口药品外，其他药品的进口只需向口岸药品监督管理局进行药品进口备案，在获得进口药品通关单并由药检所抽样后，就可直接上市，检验过程则将在其销售期间同时进行。这样既取消了对进口药品的一些不必要限制，给进口药品“国民待遇”，又视国情真正强化了对进口药品的管理，使药品的进口程序进一步与国际接轨。

（二）《进口药材管理办法（试行）》

为进一步加强进口药材监督管理，保证进口药材质量，参照《中华人民共和国药品管理法》、《中华人民共和国药品管理法实施条例》及相关法律法规的规定，《进口药材管理办法（试行）》于 2005 年 10 月 21 日经国家食品药品监督管理局局务会审议通过，自 2006 年 2 月 1 日起施行。

《进口药材管理办法（试行）》对进口药材申请与审批、登记备案、口岸检验及监督管理进行了严格的规定。

进口药材申请与审批，是指国家食品药品监督管理局根据申请人的申请，依照法定程序和要求，对境外生产拟在中国境内销售使用的药材进行技术审评和行政审查，并做出是否同意其进口的决定。

进口药材申请人，应当是中国境内取得《药品生产许可证》或者《药品经营许可证》的药品生产企业或者药品经营企业。

国家食品药品监督管理局负责药材进口的审批，并对登记备案、口岸检验等工作进行监督管理。省、自治区、直辖市（食品）药品监督管理局依法对进口药材进行监督管理。允许药品进口的口岸或者允许药材进口的边境口岸所在地（食品）药品监督管理局（以下简称口岸或者边境口岸（食品）药品监督管理局）负责进口药材的登记备案，组织口岸检验并进行监督管理。中国药品生物制品检定所负责首次进口药材的样品检验、质量标准复核等工作。国家食品药品监督管理局确定的药品检验机构负责进口药材的口岸检验工作。药材必须从国务院批准的允许药品进口的口岸或者允许药材进口的边境口岸进口。允许药材进口的边境口岸，只能进口该口岸周边国家或者地区所产药材。

本章小结

本章首先介绍了对外贸易政策的目的、构成、类型和演变及其执行。同时介绍了各国实施保护贸易政策的理论依据。对外贸易政策的实践包括关税、非关税壁垒以及出口鼓励和出口管制措施。关税分为一般关税和特别关税。一般关税按征收对象的流向又可以分为进口税、出口税和过境税。特别关税主要包括进口附加税、差价税和报复关税等。关税制度是指一个国家征收关税的准则和规范，它主要由征税标准和海关税则两方面组成。关税水平是指一个国家进口关税的平均税率。非关税壁垒措施是指除关税以外的一切限制进口的各种措施。非关税壁垒措施总体可分为两类：直接限制商品进口的措施和间接限制商品进口的措施。许多国家在利用关税和非关税壁垒措施限制进口的同时，还采取出口鼓励措施和出口管制措施对本国的商品出口给予鼓励或限制。我国医药对外贸易政策包括三部分：医药出口鼓励措施、医药出口的管制措施和医药商品进口管理措施。

本章思考题

1. 什么是对外贸易政策？它有哪几种主要类型？
2. 重商主义早期与晚期的主张有什么不同？
3. 李斯特保护贸易理论的主要内容是什么？
4. 常用的非关税壁垒主要包括哪些措施？
5. 我国有哪些医药出口的鼓励措施，具体包括哪些内容？

案例分析

2006 年 2 月 8 日，青霉素工业盐最大的消费市场——印度已正式对我国出口的青霉素工业盐提起了反倾销调查。全国最大的青霉素工业盐生产企业、出口量位居国内同行之首、占全国出口总量 31.87% 的河南华星药厂，由此被推到了“风口浪尖”。

中国作为全球最大的青霉素工业盐供应国，占全球约 60% 的市场份额，年销售额约为 1.6 亿美元。我国青霉素工业盐对印度市场依存度非常高，出口总量的 70% 以上销往印度。正是基于这样的高度集中，印度“打个喷嚏”，国内青霉素工业盐立马“感冒”。印度是对中国提出医药反倾销最多的国家。根据中国医药保健品进出口商会的资料，一直以来，印度对我国医药产品立案最多。从 1990 年至今，在我国医药类产品遭受的 43 起国外反倾销案件中有 22 起由印度提起，占 51%，涉案产品均为化学原料。2004 年 7 月 22 日和 7 月 29 日，印度对外贸易机构两次下发通知，暂停青霉素类和 6-A-PA 进口许可审批 1 个月，还要求已经取得青霉素工业盐进口许可证的企业必须在第一批货物清关之后，3 个月内出口完毕，不再延长出口期限。这一举措致使 7 月、8 月、9 月三个月中国青霉素出口处于两年来的最低谷，也使中国企业再次认识到印度市场的威胁，认识到必须做好转移风险的准备和提高抵御风险的能力。

河南新乡华星药厂是目前国内最大的青霉素工业盐生产企业，以每年 12 000 吨的产能傲视国内原料药“群雄”，其青霉素工业盐出口量居全国首位，占我国出口总量的

31.87%,青霉素工业盐出口的另外三强华北制药、哈药、石家庄制药的总和才和其相当。另据海关统计,青霉素工业盐是我国出口额超亿元的两大支柱类西药原料药药之一,如果反倾销诉讼成立,不仅对国内的相关企业,对整个中国医药出口行业都将造成重大损失。

(资料来源:中国青霉素工业盐出口遇阻.河南工业经济网 http://www.hngyjj.gov.cn/newsl.aspx? hyid=7313&id=05,2006年2月8日.)

案例讨论题

1.试分析案例中反映的我国原料药出口面临的问题。

2.结合案例谈谈我国在遭遇到药品出口反倾销诉讼时应该采取的措施。

资源链接

1.http://www.cccmhpie.org.cn/mid/news_SH_detail.aspx? ID=200862410381762

2.http://www.cccmhpie.org.cn 中国医药保健品进出口商会信息网

3.http://www.cccmhpie.mofcom.gov.cn

4. http: www.cccmhpie.org.cn/mid/news_SH_detail.aspx? ID=2007420145647531

5.国家食品药品监督管理局

6.中国医药网

第九章　医药产业政策与国际贸易

学 习 目 标

通过本章的学习，帮助学生了解产业政策及医药产业政策的相关概念和内容，熟悉国外发达国家的医药产业政策；掌握我国“十一五”期间医药产业发展的政策措施及现行产业政策对我国医药国际贸易的影响。

引 导 实 例

坚守中医药产业，莫让其成为第二个景泰蓝

近年来，不少外商纷纷涉足中药饮片生产，并通过各种途径掌握了核心炮制技术。一些业内人士相当担忧，如果跨国企业进一步通过购并国内企业来获取我国中药相关技术，将使中药产业成为第二个景泰蓝行业，其核心技术将为他人所掌握。

为使外商投资方向与我国国民经济和社会发展规划相适应，日前国家食品药品监督管理局要求各省(区、市)食品药品监督管理部门严格执行国家产业政策，严把准入关。对已经批准的外商投资企业，省级食品药品监督管理部门在对中药饮片生产企业换发《药品生产许可证》时应明确生产范围，标注“净、切、制”。

而在2月初，中国传统医药申报世界文化遗产委员会专家组在北京召开首次会议，确定将中医理论、养生、诊法、疗法、方剂、中药、针灸和民族医药(含藏医药和蒙医药)等8项内容列入中国传统医药申报国家非物质文化遗产第一批名录。这标志着中医药申遗正式激活，进入工作程序。此次中医药申遗是整体申报，包括汉民族传统医药和各少数民族传统医药，也包括各种与医药相关的理论知识、实践技能及实物资源等。显然，中药炮制工艺也在此行列当中。

一方面是政府在监管方面的措施加强，另一方面是中医药申遗正式启动，两者的相继进行，使得中药饮片核心技术的保护及其价值的体现再次成为焦点。事实上，国家食品药品监督管理局此次“严把准入关”的要求，并非是对中药饮片炮制技术保护的开始，而是对此前的相关政策的重申以及监督的加强。

(资料来源：医药经济报，2006年3月2日)

第一节　产业政策概述

产业政策是国家对产业发展实施干预的主要手段，其目的是促进产业的健康发展，其原因是存在市场失效，其手段是通过行政的、法律的、经济的措施纠正产业发展中的偏差，其效果取决于产业政策制定的科学性和实施的有效性。

一、产业政策的概念和特点

(一) 产业政策的概念

产业政策(industrial policy)是一种公共政策，指国家(政府)为了实现一定的经济和社会目标而对产业活动进行干预的各种政策的总和。对产业政策概念的理解，需把握以下要点：

1) 产业政策调节的对象是产业主体。这是产业政策与其他经济政策的主要区别，也是产业政策能够比其他经济政策更加深入社会经济运行的内部结构，直接干预产业间和产业内部资源配置的原因。

2) 产业政策解决的核心问题是推动经济结构转换，特别是产业结构高度化问题。通过对产业结构自觉地设计和调整，实现社会经济快速、高效、协调发展。

3) 产业政策制定的依据是存在市场失效。要通过国家(政府)介入资源分配，来弥补市场机制的不足，实施某种程度的计划化。但这种计划化的措施不排斥市场机制，而是以市场机制为基础发挥其作用。

4) 产业政策的效果往往是中长期的。产业政策的目标是产业发展的合理化，即产业结构合理化、高度化以及产业内部组织结构的优化。因而，它对短期经济活动的影响比较有限。

5) 产业政策实施的手段是多元的。产业政策不是一项或几项经济政策，而是一组具有相互关联的经济政策的总和，需要综合运用法律、经济、行政等各种手段才能得到实现。

（二）产业政策的特点

1.目标的多重性

产业政策包括经济目标和社会目标，一方面它要保证克服资源配置的市场缺陷，加快资源配置的优化过程，增强产业的整体素质和核心竞争力；另一方面它也要保证社会稳定、环境保护、充分就业和经济公平，从而促进整个社会经济持续、稳定和健康发展。

2.作用范围的广泛性

产业政策的本质是国家对产业经济活动的主动干预。产业政策虽然不一定以产业为直接对象，但却直接或间接地与产业有关。一方面通过实施产业政策，可以比单纯依靠市场调节能更有效地配置资源；另一方面产业政策也可以发挥对政府所采取的无效干预或不相配套的政策的一种协调功能。

3.实施手段的多样性

产业政策是引导性政策，它强调尽可能避免国家直接介入资源的分配。所以，产业政策的实施手段是多样的，主要包括非指令性的经济计划、经济措施和经济立法等，同时也不排除必要的行政指导。

4.运行的有序性和动态性

由于社会经济的运行呈现出由低水平向高水平逐步发展的有序变动性，产业发展呈现出新兴产业逐渐取代传统产业的有序变动性，因此产业结构也呈现出不断优化和随时间的有序变动性，即产业政策的内容会随着产业结构的变动而发生变化，政策目标会越来越高，政策内容会越来越完善，政策手段会不断调整更新。

5.体系的完整性

产业之间、产业内部企业之间存在错综复杂的经济技术联系，只有这些关系互相协调时，社会经济才能顺利发展。作为协调产业活动的产业政策，是由多种相关政策构成的政策体系，这个体系既要完整又要协调。

二、产业政策的作用和局限性

产业政策具有鲜明的时效性，需依据产业发展和国家的需要不断地进行动态调整。同时，产业政策的实施效果并非总是与政策制定者的愿望一致，因而产业政策与市场机制的有机结合是产业政策有效发挥作用的关键。

（一）产业政策的作用

1.弥补“市场失灵”

历史经验表明，各国产业政策的最普遍作用，就是弥补市场失灵的缺陷。通过推行产业组织政策和产业结构政策，政府可以限制垄断的蔓延，促进有效竞争的形成，加速产业基础设施的建设，治理环境污染与生态平衡，加速教育与科技发展。

信息框

市场失灵的含义及原因

“市场失灵”与“市场成功”相对，“市场成功”即聚集理想化的竞争市场使资源均衡配置达到帕累托最优状态的能力。这个由亚当·斯密粗略地推测的市场特点，在现代福利经济学中得到最明确的表达：①假如有足够的市场；②假如所有的消费者和生产者都按竞争规则行事；③假如存在均衡状态，那么在这种均衡状态下的资源配置就达到帕累托最优状态。当情况不符合此项定律的结论时，即市场在资源配置方面是低效率的时候，就出现了市场失灵。

根据施蒂格里茨的观点，导致市场失灵的原因主要有：①个人自由和社会原则的矛盾；②现实中的经济运行不能满足完全竞争假定。如市场存在着的独占、垄断、过度竞争等，都会引起社会效率的损伤；③某些领域不适用一般竞争均衡分析，尤其是那些体现效率递增的经济活动，如研究与开发等；④完全市场假定不成立。如完全的风险保障市场是不存在的；⑤信息不完备或信息无关性的存在；⑥存在不完全均衡，资源不能被充分利用，如失业等；⑦存在外部效应；⑧公共物品是市场无法自行保证供给的。

2.促进超常规发展

产业政策是贯彻国家经济发展战略的有效工具，是后发国家促进超常规发展，实现赶超目标的重要工具。

3.增强本国产业的国际竞争力

产业的国际竞争力是建立在本国资源的国际比较优势、骨干企业的生产力水平、技术创新能力和国际市场的开拓能力基础之上的，产业政策对促进企业创新和开拓国际市场等都有重要作用。

4.实现资源优化配置

产业政策的根本任务和最主要的作用是尽可能地实现资源的优化配置。资源的优化配置，包括资源在产业之间的合理分配和有效利用、资源在产业内部企业之间的合理分配和有效利用,这两方面分别是产业结构政策和产业组织政策的根本任务和作用。产业结构政策促进产业结构优化升级,能够减少或避免资源的闲置和浪费;产业组织政策促进产业组织完善化,能够提高企业资源使用的效率。

(二) 产业政策的局限性

1.产业政策并非对任何产业都具有同等的作用

产业的发展最终取决于产业本身的素质和发展潜力,而不是产业政策。产业政策只有对产业内部的技术、资金、人才等生产要素的投入和运作发生积极影响时,才能促进产业更好地发展。

2.产业政策的作用不是万能的

产业政策本身并非万能。经验表明,产业政策的成功需要有高素质的公务员和企业家队伍、完备的法律体系,以及健全的企业制度等相关条件。国内外激烈的竞争,才是真正使产业获得成功的原因。

3.产业政策的实施需要一定的成本和代价

通常产业政策的力度越大,越需要有相应的政策投入做保障。实施产业政策时,应对产业政策所涉及的各种“成本”和“收益”进行全面的综合性比较,最后,以政策成本和政策总收益的比率,来判别实施产业政策的效果。

4.产业政策存在失败的可能性

导致产业政策失败的主要因素包括政策目标违背经济规律、产业界的愿望与政策要求不一致、政策措施与政策目标不配套、政策手段不合理、政策执行不力、政策内容脱离具体情况、政策实施机构和人员失职、政策环境发生不可预见的较大变化等。

三、产业政策的实施措施

产业政策实施过程是一个复杂的系统工程,正确的产业政策得不到科学的贯彻实施也会失灵。因此产业政策的实施过程就是用有效的方式使产业主体行为按政策目标得到规范,经济手段、法律手段、行政手段是其常用的措施。

1. 组织措施

组织措施是指要有专门的组织机构来进行产业政策的研究、制定和执行。这是实现政策目标的组织保证,只有建立有效的管理和监控机关,产业政策的实施才能得到有效保障。如法国有工业战略开发部,英国有全国经济发展委员会。在我国,产业政策的制定和执行权则集中在国务院。

2. 行政措施

行政措施是由政府机构以行政命令的方式,对产业发展给予影响。由于政府具有较大的权威,行政措施仍是各国政府运用起来最方便和最频繁的手段。由于发展中国家政府在推动工业化进程中的特殊作用,因此,发展中国家政府机构更是比较多地运用行政手段来推行产业政策。

3. 财政税收措施

财政税收措施即运用财政手段来实现产业政策目标,具体措施主要包括财政拨款、投资补贴、加速折旧、减免税或增税等几个方面。运用这些措施可以加快发展产业的薄弱环节,扶持新兴产业,补贴亏损企业,促进企业的设备投资,调整产业结构的组织结构,促进产业结构、产业布局和组织的合理化。

4. 金融措施

在产业政策手段中,金融政策是得到最广泛应用的、效果也非常明显的手段。它主要体现在对政策上需要支持的产业采用规定较优惠的国有银行贷款利率,以相当长的贷款期限提供政府贷款,建立专门的产业发展银行和基金等方法给予资金支持。

5. 外贸措施

外贸措施就是通过鼓励、保护、限制进出口贸易的方法实现产业政策目标。在国内产业尚处于未成熟阶段,需要采取限制进口、鼓励出口的措施,以保护和扶持本国产业的发展。主要手段有进口许可和进口数量限制,以及作为间接控制手段的进口关税和出口退税、减税等。

6. 法律措施

法律措施是指运用法律手段,保证产业政策目标的实现、政策措施的落实。法律措施较行政措施具有更大的权威性和稳定性,适应于比较长期的产业政策的制定与实施。各国普遍推选的反垄断法、反不正当竞争法等实际上都起着规范产业活动、引导产业发展的作用。

第二节　医药产业政策体系及国内外政策比较

一、产业政策体系

由于产业的复杂性和产业政策目标的多元性,产业政策是一个复杂的政策体系。为了便于对其进行研究和管理,学者们对产业政策进行了各种分类。依据不同的分类标准,产业政策可以分为不同的类型。

（一）产业政策的类型

依据功能定位的不同，产业政策分为产业组织政策、产业结构政策、产业布局政策和产业技术政策；依据产业政策调节的对象不同，产业政策分为农业、能源、工业、中小企业、对外贸易、金融、环保等政策；依据目标不同可分为赶超政策、调整政策、扶持政策等。

根据国务院颁布的《90年代国家产业政策纲要》，本节讨论的产业政策主要从产业组织政策、产业结构政策、产业布局政策和产业技术政策进行论述。

（二）产业政策的内容

1.产业组织政策

（1）概念。产业组织政策是产业政策中的重要组成部分，我国著名产业组织研究学者刘志彪教授对产业组织政策做了如下定义：产业组织政策是指政府为优化产业内部资源的合理配置和处理产业内部企业间的关系而制定和采用的调整市场结构、规范市场行为的产业政策，其实质是协调竞争与规模经济间的矛盾，以维持正常的市场秩序，促进有效竞争态势的形成。

（2）内容。从产业组织政策的概念可知，产业组织政策包括产业组织政策的主体、客体和产业组织政策运行的环境三个要素。在政策科学中，一般将那些参与政策的制定、执行、评估与监控的人、团体或组织称为政策主体，而将政策所处理的社会问题、所作用的社会成员或目标团体称为政策客体，影响政策产生、存在和发展的一切因素的综合称为运行的环境。在我国，产业组织政策的主体主要有立法机关、司法机关、行政机关和政党四个方面组成，客体则主要是产业内部企业间的关系，政策环境涉及诸多因素，其中社会经济状况、体制和制度条件对产业组织政策的影响比较大。

一般来说，产业组织政策主要包括：促进有效竞争和抑制垄断的政策、企业并购政策、利用规模经济政策、中小企业政策等。

1）反垄断和不正当竞争政策。反垄断和不正当竞争政策可以维护市场的正常秩序，保证有效竞争，提高产业资源配置的效率。反垄断和不正当竞争政策包括禁止私人垄断和卡特尔协议、禁止市场过度集中、禁止滥用市场势力以及禁止不正当竞争等。

2）直接规制政策。直接规制政策是指在反垄断法适用除外的一些特殊产业，为防止资源的低效配置和确保消费者的公共利益，政府对这类产业的企业进入、退出、投资以及产品或服务的价格、数量、质量直接加以控制的政策。直接规制政策的内容主要有准入规制、数量规制、质量规制、设备规制、价格规制、退出规制等。

3）企业并购政策。企业发展规模经济除了通过自身成长外，另外一个主要途径就是兼并重组。影响企业的兼并重组行为的核心要素之一就是企业间的“适配性”，也就是要在联盟行为发生后能够产生协同、互补效应；再者就是要有实施兼并重组的平台，换句话讲就是要有一个相对完善的产权交易市场。企业规模经济的发展很大程度上依赖于产权交易市场的健全发展，只有通过对交易主体、交易流程、交易监管等方面的不断完善，企业发展规模经济才能如虎添翼。有效解决上述矛盾的政策之一，就是企业并购政策。企业并购政策可通过经济诱导手段、立法、行政指导等多种手段促进并购。

4）中小企业发展政策。面对日趋激烈的竞争，在资金、技术、管理、人才、政策等方面均处于相对劣势的中小企业，不仅没有萎缩的迹象，反而表现出了顽强的生命力，中小企业在促进产业发展、解决就业、推动技术创新、培养熟练劳动力、增强经济活力等方面功不可没。因此，在产业内产业结构调整的过程中，应该充分认识中小企业的作用和存在的必然性。中小企业发展政策可分为以所有中小企业为对象的一般政策和以特定中小企业为对象的特定政策两类。一般政策包括劳动政策、金融政策、交易公开化政策、诊断和指导政策；特定政策包括转包制政策等。

2.产业结构政策

（1）概念。产业结构政策是指政府依据本国的产业结构演变趋势，为推进产业结构优化升级而制定的产业政策。产业结构政策的实质在于通过推动产业结构的合理演进，实现经济增长和资源配置效率的改善。

（2）内容。产业结构政策包括主导产业选择政策、弱小产业扶植政策、衰退产业调整政策等内容。

1）主导产业的选择政策。主导产业的选择政策是产业结构政策中的主要方面和关键部分。它的特点是着眼于未来产业的优势，直接服务于产业结构的高度化。常用的战略产业选择措施包括资金援助政策、税制优惠、财政补贴、外部保护政策、促进集中的产业政策等。

2）弱小产业扶植政策。弱小产业是指具有生命力的幼小产业和发展滞后的“瓶颈”产业。弱小产业扶植政策是指政府支持和帮助幼小而有发展前途、短缺而又重要的产业发展壮大的政策。

3）衰退产业调整政策。产业结构政策不仅要正确选择和支持主导产业，保护和扶植弱小产业，而且要对陷入衰退的产业实行"关、停、并、转"。衰退产业调整政策就是收缩、转移、改造、淘汰衰退产业的政策。其措施有促进转产、技术与经营支持、加速设备折旧、市场保护和援助、劳动力援助及体制改革等。

3.产业布局政策

(1) 概念。产业布局政策是指政府为实现产业空间分布和组合合理化而制定的政策。产业布局的合理化,实质上是地区分工协作的合理化、资源地区配置和利用的合理化。产业布局政策既是产业政策体系中的重要内容,同时又是区域政策体系中的重要组成部分。

(2) 内容。产业布局政策一般包括区域产业扶持政策、区域产业调整政策、区域产业保护政策等。

1) 区域产业扶持政策。在区域经济发展的各个阶段,一个地区总是存在着一个或者若干个具有比较优势的产业部门。对区域拥有相对优势的产业实施产业扶持政策,促进区域重点产业的倾斜发展,能充分发挥各地区的比较优势,增强地区经济实力。区域产业扶持政策主要包括创造良好的投资和发展环境、直接投资和给予各种优惠等措施。

2) 区域产业调整政策。区域经济发展到一定阶段,会出现产业结构不合理问题,这时就需要实施产业调整政策。如对衰退产业进行区域转移和行业转移、对污染环境的产业予以限制、对资源消耗过多的产业实行改造等,以优化区域资源配置,推动地区产业结构合理化。

3) 区域产业保护政策。在区域经济发展过程中,有些产业在发展初始阶段缺乏应有的竞争力,但从长远来看,这些产业具有发展前途。若不保护其发展,将不利于地区经济的持续发展,从而削弱地区经济对经济波动或其他不利影响的抗干扰能力。区域产业保护政策一般采取设置壁垒、排除竞争的措施,保护本地区的幼小产业。但保护政策必须适度,否则会形成地方保护主义,引起地区产业结构趋同化,不利于整个国民经济的协调、高效发展。

4.产业技术政策

(1) 概念。产业技术政策是指政府对产业的技术进步、技术结构选择和技术开发进行的预测、决策、规划、协调、推动、监督和服务等方面的综合体现。产业技术政策在我国也越来越受到政府决策部门的重视,是保障产业技术适度和有效发展的重要手段。

(2) 内容。产业技术政策包括技术发展规划、技术引进政策、技术开发政策及技术结构政策等。

1) 技术发展规划。政府根据国内外产业技术的发展趋势、经济及社会的发展状况和现实条件,提出恰当的科技奋斗目标,列出重点发展的技术领域,规定具体实施的步骤和时间安排,明确实现目标的方针和措施。

2) 技术引进政策。技术引进的全过程包括引进、消化、吸收、扩散,技术引进政策必须鼓励适当引进,强调消化吸收,提倡改造创新。相应的配套政策措施有:加强政府在产业技术引进方面的指导作用,以税收、外贸、外汇等优惠政策支持多种方式的引进,用经济、法规和必要的行政手段鼓励引进关键技术,做好引进技术的消化吸收工作。

3) 技术开发政策。技术开发主要是指依靠本国自己的科技队伍,进行新技术、新工艺的研究、应用和推广。技术开发政策包括技术开发的鼓励和保护政策,如知识产权保护政策、鼓励新技术的发明和创造政策、专利政策等;促进新技术传播和扩散政策及促进高新技术开发的政策;协调基础研究、应用研究和发展研究的政策;提高新技术、新工艺、新产品普及率的政策。

4) 技术结构政策。为了安排好各种技术类型和技术层次之间的相互联系和数量比例,实现技术结构的合理化,必须综合考虑一定时期本国的具体国情、资源状况和技术发展规律等各方面因素,它们均隶属于技术结构政策的范围。

二、医药产业政策体系

医药产业政策是指国家或地区政府为了实现一定的经济目的,以医药产业为对象所实施的、能够影响产业发展进程的一整套政策的总称,它包括医药产业组织政策、医药产业结构政策、医药产业技术政策和医药产业布局政策等。

(一) 医药产业组织政策

药品的属性决定了药品市场具有不同于一般商品市场的许多特征,包括消费的间接性、买卖双方信息的严重不对称、医疗保险的第三方付费制度以及药品市场的不完全竞争性。因此医药产业组织政策中既涉及一般产业组织政策的内容同时也具有明显的行业特点。其内容包括以下几方面。

1.反垄断政策

对于医药产业的反垄断问题和其他产业一样,规制的工作主要由一系列的法律和规章制度来体现。如1993年9月颁布的《中华人民共和国反不正当竞争法》、1997年12月颁布的《中华人民共和国价格法》、1999年8月通过的《中华人民共和国招标投标法》、2001年发布的《整顿和规范市场经济秩序的决定》、2007年8月颁布的《反垄断法》等都有涉及反垄断政策的相关规定。

2.发挥规模经济的政策

国家目前出台的促进医药产业发展规模经济的有关宏观导向性的政策有《医药行业"十一五"规划》。此外,国家还对医药企业的准入进行了硬性限制,例如,为了保证药品质量,生产企业要通过GMP认证,药品经营企业要通过GSP认证;国务院还授权相关部门陆续公布了规模效益显著产品的经济规模标准,另外在研发、投产品种方面国家也出台了《当前国家重点鼓励发展的产业、产品和技术目录》,其中涉及医药产业鼓励发展的产品、技术有34类。

3.中小企业发展政策

在医药产业内产业结构调整的过程中,应该充分认识到小企业的作用和存在的必然性。

与中小企业发展相关的政策有:1999年,科学技术部、财政部颁布了《关于科技型中小企业技术创新基金的暂行规定》;第九届全国人民代表大会常务委员会第二十八次会议在2002年6月29日通过了《中华人民共和国中小企业促进法》等。它们为我国中小企业的良性运行和健康发展创造了有利的法律环境,为中小企业的发展提供了一个新的契机。

4.医药企业市场行为的规制

1)药品价格规制。如《价格法》、《药品管理法》、《关于改革药品价格管理的意见》、《医疗机构药品集中招标采购试点工作若干规定》、《药品招标代理机构资格认定及监督管理办法》、《国家计委关于集中招标采购药品有关价格政策问题的通知》、《医疗机构药品集中招标采购工作规范(试行)》、《关于进一步规范医疗机构药品集中招标采购的若干规定》等。

2)医药企业进入规制。如《公司法》、《药品管理法》、《药品生产监督管理办法》、《关于加强新开办药品生产企业审批管理工作的通知》、《指导外商投资方向规定》(国务院令第346号)等。

3)产品准入规制。如《药品管理法》、《药品注册管理办法》等。

4)药品广告规制。如《药品管理法》、《广告法》、《药品广告管理办法》、《药品广告审查标准》等。

(二)医药产业结构政策

医药产业是关系到人们生命健康的、具有独特性质的国际竞争型产业,产业政策应该促进医药企业有效竞争。改革开放以来,在产业结构政策推动下,医药企业的组织结构与竞争格局正在逐步发生变化,但是在日趋激烈的国际竞争中,我国医药企业的组织结构难以适应形势需要,突出表现为产业集中度低、缺乏规模效应、低水平竞争等。

今后我国医药市场结构的变化取决于产业政策导向和企业市场行为,特别是加入世贸组织后,医药产业政策很大程度上推动了企业向规模化、集约化方向发展,但产业政策的实施效果最终有赖于企业自身的经营管理以及在市场中的竞争能力,只有在正确的产业政策指导下,我国的医药产业才能逐步强大和健康发展。

(三)医药产业布局政策

我国医药产业布局属于经济指向型,即我国医药工业发达地区基本上都是经济发达地区,是资金集中和投资渠道较为通畅的地区,而不一定是自然资源丰富的地区,也不一定是科技发达的地区。医药工业对整体经济环境有较强的依赖性,医药产业布局应参考国家的整体经济布局。

政府应当积极制定医药产业政策,以促进医药产业集群创新能力的提升;营造良好的软件环境,为中小企业疏通融资渠道,使医药企业和本地机构(包括金融机构、基金组织或其他团体)共同分担高风险、高收益的医药产业投资。政府应促进医药企业间的网络合作,当集群内的医药企业遇到相同或类似的问题,可制定中小企业间横向合作协议,共同研究解决。政府还应该促进医药产业链上、下游企业参与集群的建设,以形成"产、学、研"一体的医药产业网络。

(四)医药产业技术政策

医药产业是高技术产业,具有投入高、风险大、周期长的特点,研究开发能力越来越成为医药产业持续发展的决定因素。长期以来,国家全面实施科技兴药战略,多途径促进医药产业的技术创新和产品开发。一是推进新药开发与技术创新体系的建设,以大企业为龙头、科研院所为主体,组建了多个国家级工程技术、研究中心和局级工程技术研究(推广)中心。二是实施开发与研究计划,从新产品开发和技术创新两方面入手,实施代号为"1035、双五、双六"医药科技发展计划,推进加快技术改造步伐、加大投资力度的医药"双加工程",启动中药科技行动计划,设置、扩充新药研究开发基金以推动药品开发等。三是形成一批加速医药科技进步的指导意见,制定了《国家级化学医药新产品开发指南》、《国家级药物制剂新产品开发指南》、《制药企业科技进步评价指标体系》等。这一系列政策措施对促进医药产业的发展发挥了积极作用，许多新产品、新剂型陆续问世，新技术、新工艺、新设备的应用使一批重大医药产品技术水平明显提高。

三、国内外医药产业政策比较

（一）发达国家的医药产业政策

1.美国的医药产业政策

美国是市场经济比较发达的国家，政府对各个产业（尤其是民用经济产业）的发展干涉很少，但由于医药产业直接关系人民的身体健康，尤其是生物医药产业，具有资金占用大、回收慢、风险高等特性，所以美国政府对医药产业的发展也出台了一些政策和措施。如：

（1）《生物技术未来投资和扩展法案》。该法案主要考虑到生物医药产业有其特殊性，过去《内税法典》中关于净运营损失（NOL）的规定对生物医药产业非常不公平，于是政府修改了赋税制度，从而极大地刺激了研究和投资生物医药的积极性。

（2）《州政府生物技术议案》。该议案囊括了美国所有州政府的生物技术工业发展战略，其目的是为生物技术公司营造良好的政策环境，促进生物技术工业的发展。值得一提的是，美国各州对生物技术工业的定义不一，但其中有 22 个州政府将医药工业纳入生物技术工业的范围。所以，该议案是美国比较系统的“医药产业政策”。

（3）美国食品药品管理局的产业政策。众所周知，FDA 是美国药品的主管部门。FDA 为了促进医药工业的发展，也会制订大量的医药产业政策，它们大都属于产业扶持政策，如中小型医药企业扶持政策、药品专利期延长法案、加速药品审批法案和药品研发促进政策等。

美国医药产业政策有如下特点：

（1）法制化程度高。美国有许多成熟的医药产业政策已上升到法律的高度，成为“产业政策法”，这大大加强了政策的推行力度。

（2）偏重于生物医药产业的发展。美国政府采用了战略规划、资金支持、商业化推广、税收减免、人才培养和构建组织等措施，大力推进生物医药产业的发展。比较成功的是，美国将烟草基金用于生物技术工业，成为生命科学研究的一个基金来源，这在很大程度上解决了产业发展中资金匮乏的难题。

（3）关注中小型制药企业。美国政府擅长于产业组织政策的制订。中小型企业在保证竞争活力、促进研究开发转化和提供大型企业外围配套资源等方面有其独特的优势，因此，美国制订了大量的中小型制药企业扶持政策，如减免处方药使用者费用、提供人员培训和资金支持等。

（4）注重人力资源。美国政府将专业人员的教育与培训作为产业政策的重要内容，如《田纳西州生物技术发展战略计划》就专门规定了生物技术专业人员的教育计划。

2.日本的医药产业政策

日本是“产业政策”的发源地，曾经制订过一系列特殊行业的“产业政策”，比如，《机械工业振兴临时措施法》、《石油工业法》、《振兴电子工业临时措施法》和《振兴航空机械工业法》等。日本对医药产业虽然没有特殊立法，但在政府制订的综合产业政策中，都无一例外地包括了医药产业。1997 年 5 月，日本政府发表了《经济结构的变革和促进创造行动计划》，提出了要重点发展的 15 个新兴、成长领域，其中就包括了医药产业。

考虑到与美国的巨大差距，日本对其医药产业政策不再采取全方位发展战略，而是集中资源，以发展“基因新药”为目标来推动日本的生物技术产业，即以单一核苷酸变异（SNP）和蛋白质等尖端研究的现有成果为基础，重点推动生物资讯及纳米生物技术等的基础研究，展开疾病相关遗传基因及其产生蛋白质的结构研究，以“基因新药”为目标来发展生物技术产业。日本政府还出台了《日本高技术工业密集区开发促进法及其政令、施行令》，对生物开发项目提供优惠信贷（一般贷款利息较低，贷款年限可达 25 年），尤其是对中小型生物技术企业提供年利率 2.7%的特别贷款。

3.欧洲的医药产业政策

欧盟企业主管部门在 2000 年曾做了《欧盟医药工业的全球竞争力分析》的报告，该报告比较了欧盟、美国和日本的医药工业，指出欧盟医药工业与美国相比正在逐渐失去其战略地位。鉴于此种情况，欧盟加紧了“医药产业政策”的制订，以图扭转目前的竞争劣势，包括《G10 药品报告》、《促进欧洲药品市场创新与竞争报告》、《生物技术发明的法律保护指令》（DIRECTIVE 98/44/EC）、《欧洲生命科学与生物技术战略》和《欧盟医药工业政策实施大纲》等，主要内容如下：

（1）促进创新药物研发的政策。欧盟政府注意到，创新药物的研发是将来医药产业发展的关键，故采取了减免税收、建立研发基金和风险投资基金等措施，其中欧洲投资银行（EIB）和欧洲投资基金（EIF）给创新药物的研发提供了强大的资金支持。

（2）加强创新药物专利保护的政策。欧盟颁布了 98/44/EC 指令，给予创新药物更强的专利保护，如果欧盟各国《专利法》与该指令相左，均应修改。

（3）欧洲一体化促进政策。欧盟鼓励超国家水平上的科研交流、临床实验、药品注册，以增强欧盟医药工业的竞争力。除此之外，欧盟还制订了中小型医药企业促进政策、技术转移促进政策、仿制药物促进政策等。除了欧盟统一制订的政策外，欧洲各国也都有自己的“医药产业政策”。如英国制订了《2003～2008年生命科学战略计划》、《医药工业综合实施报告》；德国制订了《生物2000年研究纲领》；波兰制订了《医药工业法》；葡萄牙也针对医药工业制订了免税、知识产权保护和中小企业促进政策等。

（二）我国的医药产业政策

产业政策理论基础之“后发优势论”认为，合理的产业政策有利于发挥后发优势，特别适用于国家赶超战略的实施。中国医药工业与西方发达国家相比处于弱势，但中国医药产业政策具有后发优势，这些政策体现在国家《国民经济和社会发展第十一个五年计划》、《“十一五”计划高技术产业专项规划》、《医药行业“十一五”规划》、《中医药事业“十一五”计划》及《中华人民共和国中医药条例》、《中药现代化发展纲要》、《现代中药产业化专项实施方案》、《医药科学技术政策(2002～2010年)》等中，主要内容有：①重点发展现代生物技术药物、现代中药和优势原料药；②通过股票上市、兼并、联合、重组等方式，培育大型医药企业集团，提高医药工业的生产集中度；③东部沿海地区重点发展医药高新技术产品，中西部地区发展具有鲜明地区特色的医药经济，尤其发展优质中药材的种植与开发；④加强创新，推进产业化，科研重点是中药现代化和生物制药产业化。

（三）发达国家的医药产业政策对我国的启示和借鉴

通过美国、日本、欧盟和中国医药产业政策的比较，不难看出，各国虽然社会制度和经济背景不同，但医药产业政策已逐步成为政府宏观调控国家医药产业的一种重要手段，且各国都采取了税收减免、资金支持、知识产权保护等手段扶持医药产业的发展，但各自的医药产业政策又各具特色。相比之下，美国医药产业政策比较注重教育与人才问题，日本医药产业政策强调官、产、学三方的联合，欧盟医药产业政策注重产业竞争性与健康目标间的平衡和国家间的合作，我国医药产业政策则擅长于以行政区划为单位制订发展计划。

上述发达国家的医药产业政策对我国的启示和借鉴意义表现在：

（1）中外医药产业组织政策的方向不同。产业组织政策是在规模经济与竞争活力间寻求平衡。西方发达国家医药产业生产集中度高，因此，政策倾向于促进中小企业保持竞争活力。中国医药产业生产集中度低，因此政策倾向于促进获得规模经济的企业重组和兼并。

（2）中外医药产业布局政策的目标不同。从理论上说，西方发达国家的医药产业成熟，政策应倾向于产业布局的均衡性，我国医药产业相对落后，政策应倾向于产业布局的非均衡性，以培养产业的增长极。但从实践来看，中国地方医药产业政策中，把医药产业列为战略产业、重点产业甚至主导产业的地区非常之多。据统计，“十五”期间，有87%的省份将生物医药列为重点发展的产业。无疑，地方政策的重复将导致各地生物医药产业的重复建设，不利于培养产业增长极，不利于我国生物医药产业的整体发展。

（3）中国应加强医药教育与人才战略。人才是将来产业发展的核心，医药教育与人才战略是医药产业技术政策的重要内容，国外尤其是美国对此非常重视，而在我国的医药产业政策中不能很好体现这点。因此，我国应制订科学的医药专业人才教育培训计划，根据国家医药产业发展的重点进行人才的教育与培训。

（4）我国医药产业政策的法制化程度较低。国外的很多医药产业政策本身就是法律，而我国更多的是政府的“红头文件”。这无疑削减了政策的执行力度，导致了政策在具体实施过程中出现诸多变数，不易达到预期效果。

综上所述，我国应借鉴发达国家医药产业政策的成功经验，从产业组织、产业结构、产业技术和产业布局四个方面着手，制定一部综合的医药产业政策法，这对我国未来医药产业的发展将有举足轻重的作用。

第三节 “十一五”期间我国医药产业发展的政策措施及其对国际贸易的影响

一、“十一五”期间我国医药产业发展的政策措施

医药产业是国民经济的重要组成部分，与人民群众的生命健康和生活质量等切身利益密切相关，是全社会关注的热点，同时也是构建社会主义和谐社会的重要内容。

（一）我国医药产业发展存在的主要问题

改革开放以来，我国医药产业一直保持较快的增长速度，1978～2005年，医药工业产值年均递增

16.1%，经济运行质量与效益不断提高。然而，我国医药产业在快速发展的同时，长期积累的结构性不合理、创新能力弱、环保治理不善、资源浪费严重等问题日益突出。

1.结构不合理

（1）企业结构不合理。虽然全面实施GMP和GSP认证，淘汰了一批落后企业，但医药企业多、小、散、乱的问题仍未根本解决，具有国际竞争能力的龙头企业仍然十分缺乏。2004年全国医药工业企业4738家，其中小型企业占83.4%。从人均产值衡量，我国大型制药企业人均产值不足30万元，远低于先进国家水平。据中国医药商业协会统计，我国3152家医药商业企业中，年销售额5000万元及以上的重点企业仅500余家，而亏损企业数高达1482家。目前我国医药龙头企业年销售额维持在百亿元左右，与全球医药巨头400亿~500亿美元的业绩相比，差距甚远。

（2）产品、技术结构不合理。国内厂家仍集中生产一些比较成熟、技术要求相对较低的仿制药品或传统医疗器械产品，同品种生产企业数量众多，产能过剩，重复生产严重，缺乏品种创新与技术创新，专业化程度低，协作性差，市场同质化竞争加剧。以市场销售额最高的抗感染药为例，注册生产阿莫西林的企业多达300余家，注册生产头孢他啶、头孢曲松等产品的企业超百家。截至2005年12月26日，注册生产一类新药加替沙星的企业已达77家。维生素C等老产品也出现盲目扩大生产规模的问题，产品价格一降再降，甚至处于亏损边缘。

（3）产业结构不合理。存在重原料、轻制剂；重工艺、轻装备；重生产、轻配套；重整机、轻部件；重工业、轻流通等问题。

（4）进出口结构不合理。长期以来，我国对外医药贸易没有摆脱以附加值较低、环境污染严重、能源消耗大的化学原料药及常规医疗器械、卫生材料、中药材为主的传统出口模式，高技术含量、高附加值的产品和技术出口所占比重仍然较低，制剂品种偏少。

2.创新能力弱

企业研发投入少、创新能力弱，一直是困扰我国医药产业深层次发展的关键问题。

2005年我国整体医药行业研发投入占销售收入比重平均仅为1.02%，除个别企业在5%以上外，大部分企业的研发投入比重处于非常低水平。同时，国内风险投资市场尚未建立，整个技术创新体系中间环节出现严重断裂。

目前，我国医药研发的主体仍是科研院所和高等院校，大中型企业内部设置科研机构的比重仅为50%。同时，在以市场为导向的制药企业中，科研人员主要从事的是技术改造工作，由于人才评价机制和激励机制不健全，在经济利益的驱使下，还存在科研人才向经营领域分流的现象，使精心培养的科研人员未能成为新药开发和技术创新的中坚力量。

由于缺乏专业技术人才和科研配套条件，大部分企业无法成为医药研发的主体，使一些关键性产业化技术长期没有突破，制约了产业向高技术、高附加值下游深加工产品领域延伸；产品更新换代缓慢，无法及时跟上和满足市场需求。由此造成我国的医药产品在国际医药分工中处于低端领域，国内市场的高端领域也主要被进口或合资产品占据。

3.医疗卫生体制改革滞后

目前我国的基本医疗保险制度改革、医疗体制改革和药品流通体制改革尚未形成可操作的协调与持续发展机制，医保无法对医院用药发挥制约作用，致使用药不合理，市场竞争无序；同时，在目前医药不分家、处方外放难的情况下，医院药房仍然绝对占据药品消费市场的垄断地位。

4.缺乏国际认证的产品和国际市场运作的经验

医药是特殊的产品，各国政府对此类产品的市场准入都有非常严格的规定和管理，我国的大部分化学原料药产品没有取得国际市场进入许可证。在药品生产过程管理和质量保证体系方面，我国与国际发达国家仍有一定的差距，通过国际认证的厂家和产品寥寥无几。国内医药企业普遍缺乏国际药品市场运作经验的专业人才，国际化能力薄弱。

虽然我国化学原料药的出口额较大，但是通过国际市场注册和认证的产品却不多，2004年底我国取得欧洲COS和美国DMF注册认证的产品仅为60个和192个，约占全球总量的3.6%和4.3%，绝大部分产品仍以化工产品形式进入国际市场。如我国大量出口到印度的青霉素工业盐，是经过印度进一步深加工后，才以药品身份进入欧美市场的。

由于东西方文化背景、中西医理论体系的差异，中药产品缺乏国际通行标准，尚未建立起一整套符合中药特色、符合国际规则的质量检测方法和质量控制体系，中药资源没有充分发挥。

5.能耗大、污染重以及资源浪费等问题突出

医药行业是环保治理的12个重点行业之一，三废处理、环境保护的压力不断加大。我国大部分化学原料药生产能耗较大、环境污染严重、附加值较低。中药资源保护相关法规建设滞后，中药材的种植及生产方式较落后，缺乏必要的组织，没有形成一定的规模，生产种植过程中缺乏必要的市场信息引导，致使中药材的开发利用处于无序状态。一方面野生药材资源的过度开采，导致部分品种达到濒危的程度，甚至将要灭绝；另一方面因为盲目种植，导致大量积压，造成巨大的资源浪费。大量的中药材以初级产品形式、极低的价格出口，损害了国家利益，不利于中药材行业的健康发展。

（二）“十一五”期间我国医药产业发展的目标

“十一五”期间我国医药产业的总体目标是：建立具有较强国际竞争能力的医药产业，部分领域进入世界领先行列，为向医药强国转变打下坚实基础。具体包括以下方面。

1.产品发展目标

在化学原料药领域，通过工艺、技术和装备创新，实现20个市场增长潜力较大、附加值较高的产品产业化，形成新的国际市场竞争优势；一批产品通过国际注册，真正进入国际市场。

在化学药物制剂领域，争取有5个制剂产品取得美国或欧盟国家的上市资格，真正进入国际主流医药市场。

在中药产品领域，开发上市20～30个质量标准完善，药效机理清楚，安全、高效、稳定、可控的现代中药产品。

在重大、急性传染性疾病和慢性严重疾病领域，争取有10～15个拥有我国自主知识产权的创新药物和新型疫苗实现产业化，投放市场。

新增10～20种数字化、无创或微创的诊疗设备和医用材料进入产业化，国产医疗器械产品的技术性能和质量水平有较大幅度的提高，能够较好地满足以基本医疗服务为主体的多层次的临床需求。

2.创新体系建设目标

有效整合科研院所、工程和医学临床机构等资源，建立以企业为主体、市场为导向、产品为核心、产学研相结合的较为完善的医药创新体系，全面提高行业原始创新能力、集成创新能力和引进消化吸收再创新能力，具备较强的工程化、产业化能力。医疗器械和重点医药企业研发投入占销售收入的比重达到5%以上，医药行业企业的研发投入达到销售收入的3%。

3.技术发展目标

坚持自主创新、重点跨越，攻克酶法合成、手性技术、结晶技术以及三废处理技术、清洁生产技术及工艺、高效节能环保设备等一批核心技术、共性技术及装备；提高中药质量控制技术、中西药缓释/控释/靶向给药制剂技术，以及药品中相关物质与残留的检测技术，完善中药质量标准及规范等；扩大数字化技术在医疗器械中的应用。

4.企业发展目标

充分发挥市场竞争的优胜劣汰机制，形成一批具有自主知识产权和知名品牌、国际竞争力较强的优势企业。培育5个销售额在50亿元以上的大型医药集团，10个销售额在30亿元以上的医药商业企业，并争取有5家左右的本土企业初步发展成为国际化医药企业。

（三）“十一五”期间医药产业发展的政策措施

1.推进医药自主创新体系的建设，提高持续创新能力

制定积极的财政、税收和政府采购政策，加大对医药科技创新方面的投入，推进建立以企业为主体、科研院所为支撑、市场为导向、产品为核心的产学研相结合的医药科技创新体系。扶持优势企业的创新能力建设，引导并支持企业建立技术中心，建设技术交易平台，加速科技成果的转化。鼓励企业引进消化吸收再创新，鼓励科技人员创新，实现新药研制从仿制为主向创新为主、仿创结合发展。加快科技支撑体系建设，为原始创新提供重要支撑，打破部门、地区封闭，建立科技资源共享、共用、共建体制，建设一批具有国际先进水平的专业化的研究开发基地，以及与国际标准接轨的新药安全评价、药物制剂技术等研究开发中心。加强国际间的合作与交流，建立国际水准的信息科技平台。完善知识产权保护，以及符合中医药特点的药品评价体系。

2.优化产业结构与布局，促进各地区医药经济协调发展

抓住国家实施西部大开发、振兴东北老工业基地、促进中部地区崛起等发展战略的契机，根据各地区生态资源环境状况，按照“突出特点、特色发展”的方针，优化医药产业在全国的总体布局，形成长江三角洲、珠江三角洲和京津冀地区三个综合性生产基地和东北地区、中西部地区若干个专业性生产基地。形成区域相互促进、优势互补的互动机制，促进各地区医药经济协调发展。

3.鼓励医药产品出口及实施“走出去”的国际发展战略

加强国际合作，研究国外市场需求，建立医药产品出口信息平台。加强医药行业标准与国际标准的对接，指导医药企业境外注册和相关认证。适时调整医药产品的出口退税率。妥善应对国际间的贸易摩擦，建立反倾销预警机制。在“十一五”期间，设立医药制剂产品出口专项，鼓励拥有自主知识产权、疗效确切、国际市场需求量较大的产品出口，提高医药产品的国际竞争力。

鼓励有条件的医药企业以参股控股、并购、租赁、境外上市、设立研发中心或在外在设厂等方式进入国际市场，建立完善的境外投资管理监督机制，简化审批程序，主动为企业"走出去"搭建平台，对重点企业在对外投资信贷、海外投资所得税、信息服务等方面给予扶持。

4.创造良好的医药产业发展环境

(1) 推进医药卫生等领域的体制改革。坚持政府主导和市场机制相结合的原则，积极稳步推进医疗卫生体制改革，加大政府卫生投入，解决医疗机构的收入补偿问题，根本改变"以药养医"的局面。

加快城镇职工基本医疗保险制度改革和农村新型合作医疗试点，进一步扩大社会医疗保险的覆盖面。

(2) 加快医药流通体制改革。进一步规范药品名称管理，实施药品通用名处方制度，建立向社会药店开放的处方管理制度，加大"医药分开核算、分开管理"、药品分类管理的实施和改革力度。

完善药品定价管理，为企业生存发展(科研开发、环保投入等)保留必要的价格空间，按公平竞争、质价相符原则，缩小国产药与合资药、进口药的价差，提高医疗必需且因价格过低而停产的药品的价格。

规范药品招标采购行为，对药品集中招标采购实施过程中不执行招标合同、不使用中标药品、收受回扣、提成、对竞标企业乱收费以及不按规定按时交货或付款等问题，加大查处力度。

(3) 继续加大淘汰力度，制止低水平重复建设。严格把好 GMP 认证关，对在规定期限内未通过 GMP 认证的企业坚决依法关停并转。加强环保监督，对污染严重、治理不力的药品生产企业加大查处力度。

加强宏观调控，根据经济发展要求，制定医药产业发展政策，修订和更新工商、信贷投资领域制止重复建设目录以及《外商投资产业指导目录》等，引导行业发展。根据产品和技术发展要求，定期修订产品质量和技术标准，提高技术门槛，淘汰落后的生产工艺、技术产品和装备。逐步建立以技术、经济手段为主，行政手段为辅的适应市场经济发展的行业管理机制。

(4) 加大对医药科技研发及产业化项目的支持力度。加强金融创新，加快投融资体系建设，推动资本市场的改革开放和稳定发展，发挥风险投资在科技创业和高新医药技术产品产业化、市场化中的作用。

对国家确定的重大医药科技项目以及产业化项目继续给予财政支持和税收支持；对涉及重大卫生安全的医药研发、工业投资项目给予重点支持。对医疗器械国产化、中药材资源开发利用、重大疾病药物产业化以及现代中药等专项给予一定的财政支持。

5.充分发挥行业协会的自律和服务作用

积极探索行业协会发展模式，充分发挥行业协会在企业和政府之间的桥梁作用，维护企业合法权益职能，制定行规行约，规范行业行为，维护公平有序的竞争环境。积极开展行业的研究与调查，促进企业国际交流与合作。

二、我国现行医药产业政策对国际贸易的影响

党的"十七大"明确提出医疗卫生体制改革的总体目标，将带动国内居民的医药消费需求大幅增长，为我国医药产业的发展创造了一个空前的大好环境。近年来，国家相继出台了一系列旨在推动医药产业科技进步的相关政策，加之各部委还要继续出台具体措施，从技术、法规层面进行系统推进，这将有力推动医药企业提高核心竞争力，进一步加快走向世界的步伐。

总的来看，医药产业政策对当前国际贸易的影响表现在以下方面。

(一) 新的产业政策因素将对我国医药外贸结构产生重大影响

长期以来，医药产业一直是受政策面影响较大的产业之一，而自 2007 年初开始，针对医药产业的政策、措施之多，密度之大，影响之深也是多年来罕见，这些政策因素势必延续并凸现明显的政策效应。其中，新实施的《药品注册管理办法》将会促使企业特别是有实力的企业加大自主研发投入，提高创新能力，更多地从内部挖潜企业发展的动力源或通过对外技术合作寻找新的突破口。国家出台《产业结构调整指导目录(2007 年本)》，限制生产维生素 C、青霉素等"两高一资"产品，特别是已经实施的《制药工业污染排放标准》，将增加大宗原料药企业的环保成本，而水、煤、电、油等价格的上涨以及劳动、安全等法律、法规和标准的严格执行等，将大大增加企业生产的综合成本，加之国家药监部门正在酝酿出台药品出口管理办法和医疗器械进出口管理办法，不断增大对进出口市场秩序的规范力度等，都将导致部分弱小或不具备经营资质的企业被淘汰出局，广大药企将在新的政策监管环境下经历一次范围更广的洗牌。自主创新、瞄准高端产品与市场、创造更高的附加值无疑将是新胜出企业的首要选择，粗放型的外贸增长方式有望因产业内部的调整而出现新的变化。

（二）我国企业将抓住新的机遇期加快开拓国际市场的步伐，推动国际贸易迅猛发展

全球医药市场2008年将实现5%~6%的增长，市场销售规模有望将达到7350亿~7450亿美元，全球将有年销售额约200亿美元的药品面临专利过期，数额相当于前两年的总和。其中，Risperdal、Fosamax、Topomax、Lamictal和Depakote等产品将在多个世界主流市场结束市场独占期，这将促使仿制药市场以14%~15%的速度增长，达到700多亿美元。2008年美国处方药的2/3以上为仿制药。德国新实施的政府合同计划以及日本、西班牙和意大利进行的教育项目，将促使仿制药在上述市场得到更广泛的使用。此外，葛兰素史克、阿斯利康等跨国公司已开始将生产基地向我国转移，不少跨国公司已经并将继续在华设立更多的研发中心。

在全球医药制造中心向亚洲转移的趋势带动下，我国将会有越来越多的企业仿制到期的专利产品，更多地承接原料药、制剂等产品的国际生产、研发外包，开展药品委托临床试验，更广泛地参与国际分工，协作更加细化。

（三）我国医药企业在开展国际贸易过程中将面临新的挑战

近年来，针对“中国制造”产品的指责声在世界范围鹊起，医药产品因巴拿马假药事件也被推至风顶浪尖，成为关注的焦点，国际医药贸易中于我国不利的负面因素较前明显增加。同时，政府旨在优化进出口结构的努力会继续体现在退税率的进一步下调、人民币升值等方面，这些将会对我国医药产品在国际市场上的竞争力带来影响。此外，国际医药市场中的贸易摩擦也不会偃旗息鼓，并呈现多样化趋势，新贸易保护主义实施的手段、方式及其既定目标也会与以往有所不同，诉诸人权、社会责任、环保等非关税壁垒对我国医药产品发难将会增多。此外，随着欧美陆续出台新的规范法令，我国医药产品出口当中的不确定因素必将增多，企业开展国际医药贸易的难度将会加大。

总之，医药产业是推动国民经济增长和促进社会发展的重要力量，医药产业政策和措施的制定是否切合产业实际、符合中国国情，是否具有科学性、可操作性，必将直接关系到医药产业和对外贸易的可持续与健康发展。

本章小结

本章简要介绍了产业政策的相关概念和医药产业政策体系的基本内容；剖析了发达国家与我国医药产业政策的异同之处及对我国的启示和借鉴作用；继而分析我国“十一五”期间医药产业发展的政策措施，并指出现行医药产业政策对国际贸易的影响。

本章思考题

1. 什么是产业政策？
2. 产业政策有哪些作用和局限性？
3. 什么是医药产业政策？
4. 试述我国“十一五”期间医药产业发展的政策措施。
5. 试述我国医药产业政策对国际贸易的影响。

案例分析

请仔细阅读下列材料并完成思考题。

PPA风波

PPA，盐酸苯丙醇胺的英文缩写，一种拟交感神经药物，主要引发去甲肾上腺素释放起作用，对交感神经受体也有直接的促进作用。PPA类药物历史颇久，应用广泛，既有处方药，也有非处方药，最常见的用途是治疗感冒，也用于减肥，此外还用于治疗心血管疾病等。大家熟悉的康泰克即为PPA类药物，在全球已经销售了50年，并被美国和英国收入了药典，目前在世界37个国家作为非处方药销售。美国批准的惟一一种非处方类减肥药也是PPA类药物。

1. 耶鲁大学引爆重磅炸弹

“药者，毒也”，药物通常都有毒副作用，但如果毒副作用超过一定限度，该药就可能被暂停或禁用。PPA类药物的隐患在于人们怀疑它是否会引起中风，自20世纪80年代中期，这个问题就不断有人提出。2000年冬季，这颗定时炸弹终于引爆了。

20世纪90年代美国“消费者保健品协会”请美国耶鲁大学医学院的一个实验室帮助他们做一个有关PPA能否引起脑中风的流行病学调查，试图进一步澄清此悬疑问题。然而当简称为“HSP”、中文名称意为“脑出血中风研究项目”的报告终于诞生的时候，消费者保健品协会极度失望，有关当局迅速反应，医药业界陡生大波，消费者一片恐慌。

美国耶鲁大学医学院的拉尔夫·霍尔维兹博士及同事在其撰写的此项报告中指出：“有病例显示，服用含有PPA药物的病人容易发生脑中风。”霍尔维兹及同事通过对2000个年龄介于18~49岁的成年人，包括702个因脑中风而住院的病人，进行了长达5年的跟踪研究，终于得出了上述结论。

研究结果表明，在研究期内，服用含有PPA药品的病人比不服用PPA的病人患脑中风的机会高出50%，而服用含有PPA的感冒、咳嗽类药物的病人比服用其他药物的病人患脑中风的机会高出23%。更可怕的是，服用含有PPA

的控制食欲类药物(即某些减肥药)的妇女患脑中风的机会增加了16倍!

2. PPA震荡全球,各国反应不一

(1) 美国:PPA被叫停　鉴于耶鲁大学医学院拉尔夫·霍尔维兹博士及同事撰写的"脑出血中风研究项目"报告,美国食品药品管理局修订了PPA类药品管理规定。2000年10月19日,美国食品药品管理局的一个顾问委员会紧急建议:应把PPA列为"不安全"类药物,严禁使用。11月6日,美国食品药品管理局发布了停用含有PPA成分的感冒药的通知,这一决定迅速波及全球。

(2) 英国:为PPA亮绿灯　美国停用PPA通知发布后,英国下令紧急调查这种在大多数感冒药中都含有的PPA,并责成药物控制机构对使用PPA的安全性进行研究。不过,英国并未对此种药品发出禁令。

英国的调查结果认为把PPA与脑溢血联系起来证据不充分。随后英国卫生部声称美国妇女服用的含有PPA的减肥药,在英国并未出售。虽然英国药店里治疗感冒和咳嗽的药品含有PPA,但患者每天的最大服用量只有100毫克,而美国是150毫克。所以,英国患者面临的风险几乎可以忽略不计。11月23日,英国药物安全委员会(CSM)得出结论:药物与出血性中风之间的关系的证据是薄弱的。CSM仅建议一点,药物管理局应紧密与制造商合作,增加含PPA的药物包装说明和病人使用说明书中的内容。

CSM强调,在英国,PPA的用法不同于美国。在英国没有与中风有关的食欲抑制剂,而且含PPA治疗感冒与流感的非处方药每日剂量也相对较低。

(3) 日本:暂不回收PPA药品　目前日本市场上销售的感冒药、鼻炎药和止咳药中,有65种含有PPA。日本媒体已迅速向社会公布这些药物的名称。日本厚生省表示,日本暂时不准备采取回收药品的行动,原因是在美国PPA被广泛用于减肥药物,在日本只被许可用于感冒药物。日本因服用含PPA成分的感冒药而引起脑溢血的概率非常低,目前仅有一例。

(4) 新加坡:停用、回收PPA药品　新加坡卫生部发表文告,要求所有的药品公司停止批发并收回所有含PPA成分的药品,并要求医生不再给病人开含PPA的药品,手中有含PPA成分药品的人要立即停止服用并将药品退给药房或医生。不过,新加坡卫生部表示,感冒药和减肥药中的PPA成分很快就会被排出体外,不会对人体造成长期危害。

(5) 墨西哥:忍痛严禁PPA药品　墨西哥有关当局11月10日宣布,禁售53种与PPA有关的药品,墨西哥人开始对含有PPA的抗感冒药"敬而远之"。墨西哥的不少感冒患者宁愿忍受高烧不退或咳嗽不止的痛苦,也不敢使用任何一种抗感冒药品。因为墨西哥药品市场上的抗感冒药有很大一部分是从美国进口或从中美洲国家走私而来的。

3. 中国PPA风波

2000年11月16日,中国国家食品药品监督管理局负责人紧急召开记者会,告诫患者立即停止服用所有含PPA的药品制剂,一时间,包括"康泰克"在内的15种"禁药"顷刻从药店货架上消失。2000年11月16日傍晚,中央电视台播发了政府的禁药令,各大媒体也开始了广泛宣传,大多数公众知道了"禁止PPA的政府令","抵制PPA"的公众舆论开始形成并产生影响。席卷世界的全球禁药多米诺骨牌终于推到中国。

为保证人民用药安全有效,国家食品药品监督管理局要求立即暂停使用和销售所有含PPA的药品制剂,同时暂停国内含PPA的新药、仿制药、进口药的审批工作,同时,各大媒体公布了国内含PPA的药品制剂品种名单。在名单里,"康泰克"是最负盛名的感冒药品牌,其生产厂家中美史克一下成为媒体关注的焦点。

国家药检部门禁令的最大受害者——康泰克被醒目地绑上媒体的绞刑架上,在很多媒体上都可以看到PPA等于康泰克或者将两者相提并论的现象。市场环境愈发恶劣,一场关系康泰克生产厂家中美史克企业形象及其他产品市场命运的危机来临了。

(资料来源:深圳沃兰德药业公司网站 http://www.szoriental.com/show_news.asp? id=267&tid=1,2007年12月4日.)

案例讨论题

1.各国药品监督管理部门对于PPA事件采取的政策措施有何差异?其原因何在?

2.我国药品监督管理部门对PPA类药物的紧急叫停是否得当?为什么?

3.PPA事件在今后的产业政策制定上给予我们怎样的启示?

资源链接

1. http://news.pharmnet.com.cn/news/2007/07/06/200527.html 出口退税调整引导医药产业结构的变革

2. http://www.dss.gov.cn/Article_Print.asp? ArticleID=202396 国家加强中医药产业政策,严把准入关

3. http://www.chinairn.com/doc/70270/294063.html 政策对医药行业的影响

4. http://www.4a98.com/marketing/medicine/119264067730419.html 中国医药产业如何发展

5. http://www.istis.sh.cn/hykjqb/wenzhang/list_n.asp? id=2212&sid=2 医药产业政策研究

6. http://scholar.ilib.cn/A-zgyy200405005.html 国内外医药产业政策比较

7. http://www.chinaherb.org.cn/Article_Print.asp? ArticleID=15350 08年我国医药保健品对外贸易形势展望

8. http://www.szoriental.com/show_news.asp? id=267&tid=1PPA风波

第十章　世界贸易组织与我国医药产业

学习目标

通过本章的学习，了解WTO相关协议中涉及医药行业的各项条款，以及我国入世议定书中在医药方面所做出的具体承诺；了解中国加入WTO对医药行业的机遇和冲击，明确在未来几年中我国政府和医药企业的发展策略及如何应对跨国医药公司的竞争。

引导实例

中国医药商业引资风暴

2008年2月26日，广州药业股份有限公司控股子公司广州医药有限公司与欧洲最大的医药保健和美容集团联合博姿有限公司属下的联合美华有限公司在穗宣布双方合资项目成功。双方合资成功，意味着目前中国医药流通领域最大的中外合资企业诞生。

对此，中国医药商业协会常务副会长朱长浩表示，自2004年中国正式向外资开放医药流通领域以来，尽管先后有多家国内流通企业与外资"牵手"，但广州医药和联合美华的合资堪称真正的强强联合，对中国医药流通领域影响深远。

广药集团董事长杨荣明向记者透露，为完成合资，中外双方都付出了很大努力，前后历时长达3年之久。

2007年1月底，合资双方正式签订合同：联合美华通过受让股权及增资的方式取得合资公司50%的股权，交易价格为5.45亿元人民币；当年12月初，合资项目正式获得相关部门批准；12月底，合资公司获颁中外合资企业工商营业执照。据悉，目前出资款全部到账。

有业内专家分析认为，此次合资之所以意义重大，是因为联合美华的东家联合博姿是欧洲最大的流通企业。

另有资料显示，联合博姿由联合医药和博姿公司于2006年7月合并成立，拥有10余万名雇员。批发分销网络遍布15个国家，通过近400个仓库为全球超过12万家药店、医院和保健中心提供产品和服务。截至2007年3月31日，该集团销售收入达287亿美元。

本次合资将给转型中的中国医药流通产业带来何种影响，是众多业内人士关注的焦点。朱长浩表示，影响主要体现在三个方面：第一，推动了医药流通领域的购并和重组。今后，这些企业肯定还会兼并国内其他流通企业，布局整个国内市场。第二，有利于推动流通企业的规模化、集约化经营，加速产业集中度提高的步伐，使规模企业在流通领域的地位更加突出，保障药品供应，同时推动流通领域的优胜劣汰。第三，合并不仅仅是资本层面的合并，还有利于引进国外流通领域先进的生产经营理念，提高行业素质（如供应链概念的引进，有利于推动国内对供应链的应用从概念阶段向实施阶段飞跃）。

正如上述分析，广州医药有限公司总裁冯赞胜在接受媒体采访时也暗示了新公司今后的一系列大动作。

冯赞胜透露，合资公司将首先实施内部增长和外部扩张组合发展战略，力争在5年内由一个地区性公司成长为全国性公司。他还表示，新公司将借助联合博姿与世界大型制药企业的良好合作关系，主动与世界各大药企进行沟通，取得更多国际性品牌品种的经销代理权，进而引入中国销售。据了解，目前合资公司已与3家大型跨国药企展开了具体商谈。

而记者也留意到，在2月26日的合资公司庆典活动现场，出现了15家跨国药企总部负责人的身影。

分析人士指出，目前国内主流医院市场基本上被上海医药、南京医药、北京医药以及广州医药几大势力板块分割，这些传统"诸侯"除了依靠个别总代理品种涉足全国市场外，最主要的业务集中在各区域的主流医院配送上，广州医药率先借合资提出图霸全国市场，必将冲击整个流通板块的现有格局。

朱长浩表示，尽管国家2004年底已全面向外资开放中国医药分销业，先后涌现出北京新兴与海王星辰等一批试水者，但由于合资双方实力所限，并未真正给医药流通领域带来实质性影响，但本次合资将预示着主流医药商业引入外资的时代真正到来。

据记者了解，目前中国医药商业排名前5强的引资行动正在火热进行中。去年9月,九州通从海外引资6000万美元,由原先的民营企业摇身一变成为合资企业,此举被业内看成是九州通在为接下来的海外上市铺路。

紧接着,上海医药(600849)发布公告称,拟将重组后的上海沪中药有限公司作为基础,以股权转让方式与日本铃谦株式会社合资设立上海铃谦沪中医药有限公司。其中,上药股份和日本铃谦各持有50%的股权。有知情人士透露,现阶段,上述合资项目已瓜熟蒂落,商务部不久前召开了专家委员会讨论并批准,目前只等最后的通知。

据悉,其他几大流通巨头如南京医药、北京医药等也在秘密与欧美医药巨头接洽。

尽管业界对于外资的大量进入多持乐观和肯定态度,但也有一些资深医药行业研究员指出,外资涉水国内医药流通领域不深,缺少销售网络,行业的发展还较为混乱。外资的进入虽说正确把握了战略方向,但在短期内,他们并没有特别大的竞争优势。更何况,国内数家医药商业公司均有自身的特点和优势,如国药股份在麻醉药销售领域具有优势地位、南京医药整合产业链以及上海医药进行委托加工等。

以最早的合资案为例,2003年国内第一家外资医药物流企业永裕新兴医药公司成立时,中国医药企业纷纷惊呼"狼来了",仿佛大战将至。然而,两三年过去了,原先想象中外资蜂拥而入的景象并未出现,尤其在药品批发环节,至今仍由内资完全掌控,外资在中国也会水土不服。

(资料来源:医药经济报,2008年2月29日)

第一节　世界贸易组织涉及医药行业的相关条款

WTO是世界贸易组织的简称,成立于1995年1月1日,其前身是1947年创立的《关税与贸易总协定》,是一个致力于监督世界贸易和促进世界贸易自由化的国际组织。中国作为目前世界第3大贸易国(2007年),加入WTO是我国深化改革,扩大开放和建立社会主义市场经济体制的内在要求,是我国经济发展的需要,也是世界经济发展的需要。毫无疑问,加入WTO,对我国政治、经济等各个方面都将产生极其深远的影响。

世界贸易组织协议主要由协议本身16条案文和4个附件组成,共包括9个独立的法律文件。案文内容就世贸组织结构、决策过程、成员资格、接受、加入和生效等程序性问题做了原则性规定;4个附件包括多边贸易协议及协定与诸边协议。多边协议与协定要求成员"一揽子"接受。附件1包括:货物贸易总协定13项;服务贸易总协定3项;与贸易有关的知识产权协定;附件2是关于争端解决规定与程序的谅解;附件3是贸易政策审议机制;附件4是诸边贸易协议,共4项。

其中与医药卫生部分相关的协定有:①与贸易有关的知识产权协定(TRIPS);②关税与贸易总协定(GATT);③服务贸易总协定(GATS);④贸易的技术性壁垒协定(TBT);⑤卫生和检疫标准措施应用协定(SPS)。上述协定中TRIPS对我国制药业影响最大,GATS主要影响到我国医药商业领域,TBT协定则对药品的出口作用深远。下面重点介绍TRIPS、GATT、GATS等协定。

一、与贸易有关的知识产权协定

与贸易有关的知识产权协定(TRIPS)包含了制药业在内全球几乎所有类型的知识产权保护的最低标准。该协定的73个条款包含了基本准则、标准、专利使用、强制性执行、争议等内容。

知识产权保护协议是WTO中的一项重要协议,该协议囊括了目前所有知识产权保护的内容,也是与医药行业特别相关的协议之一。就整个知识产权保护协议而言,向市场经济过渡国家和发展中国家在5年内没有协定的适用义务。就与医药行业特别相关的专利而言,WTO比以前的巴黎公约有更多实体性的规定。WTO不仅保护方法专利,而且保护物质专利,医药产品即为物质专利对象。

考虑到发展中国家的实际情况,WTO规定,发展中国家在物质专利适用方面从加入WTO生效日起有10年的暂缓实施期限。但与此同时,在暂缓实施期限内,专利申请者可以提出申请并备案,在正式获得专利后,专利申请者有排他的销售权,授予该产品的垄断市场权的期限为5年。由于在加入WTO问题上中国并未一般地获得发展中国家的地位,而是逐项进行谈判,因此我国在知识产权方面的相关承诺和义务根据相关协议执行。

在涉及国家安全、防止欺诈行为、保护人类健康和安全、保护动植物生命和健康以及保护环境等情况下,WTO允许各成员方实施不一致的技术法规、标准和合格评定(质量认证)程序,但必须提前一个适当的时期,按一般情况及紧急情况两种通报程序事先通报;应允许其他成员方对此提出书面意见,并考虑这些书面意见。实现各国认证制度相互认可的前提,应以国际标准化机构颁布的有关守则或建议作为其制定合格评定程序的基础,此外还应就确认各出口成员方有关合格评定机构是否具有充分持久的技术管辖权。

医药知识产权是指一切与医药行业有关的发明创造和智力劳动成果的财产权，其包括五大类：①专利和技术秘密；②商标和商业秘密；③涉及医药企业的计算机软件；④由医药人员创作或提供资金、资料等创作条件，并承担责任的有关编辑作品的著作权；⑤同其他单位合作中涉及研究开发、市场营销、技术转让、投资等与经营管理有关的需要保密的技术、产品信息和药品说明书等。

《TRIPS 协定》涉及制药业的条款主要有第 3、4、6、7、8、27、30、31、33、39、65、66、67、70 条。

1.《TRIPS 协定》关于非歧视性待遇的规则

《TRIPS 协定》的第 3、第 4 条规定："给予其他成员国国民的待遇应该不低于其给予本国国民的待遇。……最惠国待遇……就知识产权保护而言，成员国给予某一国家的任何利益、优惠、特权和豁免权，应该立即且无条件地给予其他成员国…… "

2.《TRIPS 协定》关于平行进口的相关规定

平行进口，又称灰色市场进口，是指一定知识产权在两个国家同时受到保护，一国进口商未经知识产权持有权人授权，从另一国知识产权所有人手中进口并销售该国知识产权法律保护的货物。平行进口的商品都是具有知识产权性质的商品，都是通过合法手段获得的，而非冒牌货或伪劣商品。平行进口的根源是进口国商品价格同国际市场上同类商品价格存在较大差额。

各国对平行进口是否合法与司法实践的态度大相径庭。例如，美国法律明令禁止平行进口以保护国内知识产权人的利益；英国商标法规定，商标的平行进口是合法的；欧盟允许在其盟国范围内的平行进口，但不允许欧盟以外国家对欧盟的平行进口。《TRIPS 协定》对此态度不明确，只能由解决争议的法院按照国际私法确定的国内法原则处理。

3.《TRIPS 协定》关于公共卫生的相关规定

《TRIPS 协定》第 8 条的相关内容是涉及公共卫生保护的："……成员国在修改本国法律和规定时，为保护公共卫生和营养，以及促进社会经济和技术发展特别重要的公共利益时，应该采用符合本协定的必要措施" 。

4.《TRIPS 协定》关于专利保护的相关规定

《TRIPS 协定》第 27 条是关于包括药品在内的技术和产品专利保护的范围以及不得授予专利的情况，具体是这样规定的："专利化主旨……所有技术领域内的产品和技术发明，具备新颖性、创新性和实用性者，应给予专利保护。……专利和专利范围不得因发明地、技术领域和产品是否为进口货在本地制造而有所差异。""专利化主旨……成员国出于保护公共秩序和道德的需要，禁止某发明的商业利用和授予其专利权。该公共秩序和道德包括保护人类和动植物的生命权和健康权……""以下不授予专利：①对人类和动物疾病的诊断、治疗和手术方法；②微生物之外的植物和动物，以及除了非生物之外的动植物基本生物培育方法。成员国应该规定用专利、其他法律或两者结合使用的方法对植物品种进行保护" 。

但《TRIPS 协定》同时也规定了专利权的例外情况。《TRIPS 协定》的第 30 条是鼓励非专利药上市的条款，即"专利权例外的规定……成员国可以对专利权的例外作出规定。但该例外应该考虑第三方的合法权益，并且不能不合理地与专利开发者相冲突，或不合理地侵害专利人的合法权益" 。

在特殊情况下，政府可以利用《TRIPS 协定》中的第 31 条条款强制实行专利的转让。第 31 条是这么规定的："未经权利人授权的其他使用……成员国法律允许未经专利权人许可而使用其专利或经政府特许第三人实施其专利时，应遵守 12 项规定" 。强制许可指政府没有取得专利持有人同意而是使用行政权力将发明应用的许可颁布给第三方或某一政府机构。这一做法曾被用于促进降价竞争和确保必需药品(如国家基本药物)的供应。

2001 年 11 月 WTO 多哈部长级会议上，此原则就被应用到专利药物的转让上：允许不发达国家在享有跨国药品公司的专利上具有更大的灵活性，以有效控制传染性疾病。各成员国就此提案已经原则上达成了共识。

《TRIPS 协定》第 33 条是关于至少 20 年的专利保护期规定，即"方法专利……举证责任……为了防止侵害专利权人的权利，在民事诉讼中……如果该专利是方法专利，司法机关应该有权要求被告举证，以表明它是采用与该专利不同的方法生产相同的产品"。当前 WTO 成员国各自国内法的专利保护期大多数都是自专利申请日开始的 20 年。

5.《TRIPS 协定》关于资料保护和独占性的相关规定

《TRIPS 协定》第 39 条款是关于资料保护的。即"未公开资料的保护……有效保护知识产权，防止不平等竞争……成员国应该保护未公开资料……和已提交政府和政府相关机构的资料……"。

6.《TRIPS 协定》对发展中国家和最不发达国家的过渡性安排

《TRIPS 协定》第 65、66 条是对发展中国家和最不发达国家成员的过渡性安排,即“对于发展中国家和最不发达国家,《TRIPS 协定》规定了过渡期内的条款”。对中国而言,已于 1993 年实现这一要求。

第 67 条为“发达国家应该鼓励企业和协会,在发展中国家和最不发达国家转让和推广技术,使它们能建立稳定可行的科技基础。……应该提供有利于发展中国家和最不发达国家技术上和财务上的合作”。

世界卫生组织(WHO)认为使用基本药物是一项人权,专利保护是一项鼓励新药研发的有效措施,但同时也阻止了非专利药的竞争,因此 WHO 不推荐对非 WTO 成员引入《TRIPS 协定》(WHO 的成员中有部分并非 WTO 成员或观察员)。

我国从 1993 年起开始对药品实施专利保护,并且对 1986 年至 1992 年末在美国、欧盟、日本等 40 多个国家取得专利的药品有条件地实行行政保护。2001 年 7 月 1 日开始实施的新专利法更加完善了专利保护制度,特别对专利审查制度中的司法审查以及专利的司法保护提出了更明确的要求,确定了司法程序在专利制度中的重要地位。我国加入 WTO 后,知识产权的保护将得到更加严格的实施,仿冒专利期内的药品将是违法行为。

加入 WTO 后不允许仿制国外处于专利保护期且在我国申请了专利或行政保护的新药,但外国公司没有来中国申请的专利中有些是我国可以无偿使用的,尤其是制备方法专利、生化专利与制剂专利和用途专利。但是仿制产品出口时须了解该产品在进口国的专利状况。

二、关税与贸易总协定

关税与贸易总协定(GATT)在国际上以法律形式提供了一套调整国际贸易及贸易关系的规则和程序,并对其成员国间的权利和义务做了具体的规定,目的是为了管理关税和相关的进口壁垒,内容包括序言及 38 个条款,共分 4 个部分。

根据中国关于加入 WTO 后削减关税的承诺,从 2000 年到 2003 年,进口医药产品的平均关税税率由 9.6%降到 4.2%,大宗药品平均关税由 14%降到5%~6%,2005 年降到 3%,而药品进口许可证制度等非关税措施将逐步取消。医疗器械平均关税由 9.9%降到 4.7%。

三、服务贸易总协定

服务贸易总协定(GATS)是在乌拉圭回合谈判中达成的第一套有关国际贸易的、具有法律效力的多边规则。GATS 在总体框架下有三个层次:一是基本原则,包括适用范围、最惠国待遇原则、国民待遇原则、透明度原则等普遍适用的原则和义务;二是附件,包括处理具体服务贸易如自然人流动、金融服务、电信服务、航空运输服务中所适用的规则,反映了服务贸易的多样化特点;三是承诺清单,即各成员市场准入及国民待遇承诺表。

在中国与美国的双边协议中,中国允许外商从事进出口中介业务,即给外商以贸易权,3 年内分阶段向外商提供进出口分销权。给予外商全部流通权,即改变原来非中国制造产品外商不能分销的规定。3 年内分阶段取消所有产品的分销限制,外商可拥有分销网、批发渠道或仓储,外资企业可销售进口产品和中国造产品。中国还给美国服务商从事分销辅助服务,包括租赁、航空货运、海运、仓储、广告、技术检验分析、包装,在 3~4 年中分阶段取消限制,届时美国服务商可全资拥有分销附属机构。

专业服务和流通服务与医药领域特别相关,因为涉及医疗(包括牙医)以及专业技术咨询、药品和医疗器械的进出口及销售。

第二节　加入世界贸易组织对我国医药行业的影响

我国于 2001 年 12 月 11 日正式加入 WTO,随着中国加入 WTO 过渡期的相继结束,原有管理手段的作用降低或不复存在,部分敏感产业将面临严峻挑战。商务部研究院《中国对外贸易形势报告》中指出,2004 年中国的关税总水平降至 10.4%,其中工业品降至 9.5%,已经低于大多数发展中国家。非关税措施进一步减少,投资领域进一步放宽,银行、保险、证券、分销等重要服务部门的竞争压力增大,农业、汽车等产业面临的挑战更加严峻。医药产业在未来几年还将受到什么影响呢?

一、我国加入 WTO 涉及医药行业的相关承诺

根据我国加入 WTO 的承诺,以及我国医药领域的现状,我国在“入世”谈判中所签订的协议主要将通过以下几方面对我国医药领域产生较大影响。

(一) 保护知识产权条款的承诺

我国承诺的第一条是加强对知识产权的保护。医药产业的持续发展依靠着新技术、新产品的强有力支持,而新产品利润回报也是巨大的。新药利润一般

为销售额的30%以上,所以这种巨额的投资迫切需要保护。如不实行保护,造成重复研制,资源浪费,易于形成市场恶性竞争、生产盲目无序的局面,更不利于医药产业的技术进步。

在市场经济、知识经济全球化的条件下,专利是市场竞争因素中的一种优势因素,专利保护是一种法律保障,是实现公平竞争、争取市场效益的前提条件。因此跨国医药公司进入中国市场之时,往往是专利先行,专利申请情况与其投资、发展规模、技术水平成正比例关系。1985年,我国实行专利制度伊始,跨国公司即给予了关注,当年8家跨国公司共向我国申请专利302件,尤以飞利浦为最多,达到129件。20世纪90年代以后,跨国公司在中国的专利申请量平均每年增长30%左右,在新兴的领域,如通信、计算机、医药、家电等领域中的增长更为迅速,如辉瑞公司1990年向中国申请的专利为24件,1999年就达到了91件,翻了近两番,到2003年辉瑞在中国的专利申请总量已达到了725件。

加入WTO后,我国将落实对100多个成员国实行知识产权保护的规定。按照知识产权保护有关条款,在专利期内仿制某种新药,开发方有权索取4亿~10亿美元的赔款,若买断一个专利新药的生产许可,也需支付500万~600万美元。我国医药行业多年的快速发展很大程度上得益于大量仿制国外药品,由于我国科研水平较低,R&D(研发)投入严重不足,致使新药开发能力弱,我国生产的化学药品中97.4%是仿制国外药品。“八五”期间开发的1500多种新药,其中70种为一类新药,但仅有2种具有独立的分子结构,被世界公认的创新药品凤毛麟角。“九五”期间,我国医药企业和科研单位共获得各类新药证书5043个,涉及2112个品种,其中国家一类新药证书仅有108个,其中作为世界上全新的化学药物寥寥无几。

因此,我国药品生产企业的处境非常尴尬,尽管近几年我国企业自身的技术创新能力受到重视,大部分大型企业建立了新药研究机构,但发明一个化学新药的难度与成本是非常高的,而购买新药的生产权,代价又非常大。当然医药生产企业可以选择走仿制国外专利期已过药品的道路,但非专利药品竞争激烈,利润微薄,因此知识产权的保护将使国内医药行业的发展面临严峻挑战,严重影响企业产品的升级换代和新产品的开发研制,从而影响我国医药行业的发展。

对于目前国内现有的医药产品来说,由于在1992年我国颁布了《药品行政保护条例》,其中规定1986年1月1日~1993年1月1日,申请人在其所在国取得专利但在申请日前尚未在中国境内合法渠道流通的药品,可以向药品生产经营行政主管部门申请行政保护,获准后保护期为7年零6个月,而在此期间在中国市场上销售又未申请专利者不予保护。1993年1月1日后的新药接受我国专利法的保护。目前我国的大部分基因工程药品,如促红细胞生成素(EPO)、重组人胰岛素、重组人粒细胞集落刺激因子(G-CSF)、巨噬细胞集落刺激因子(GM-CSF)、白介素-2、干扰素等产品都是在1993年前进入国内市场,未获行政保护,因此国内企业获得了仿制的机会,并取得了成功。

对于中药来说,由于标准化与现代化发展滞后,在知识产权保护方面仍然非常薄弱。近年来,国际上一些著名跨国制药公司加强了对中药知识产权的占有,一些国外科研机构和企业,利用其先进技术和充裕的资金从我国独有的中药材中提取有效成分,在我国申请一些新发现、新用途的专利保护,有的直接借助我国已经取得的研究结果,稍加验证就在国外甚至我国申报专利,对我国中药产业的持续发展带来很大影响。

对生物制药行业来说,影响相对复杂一些。首先,对于现有生产企业和生产品种来说,大部分都可能存在知识产权的问题,但由于生物技术药物从基因到产品的整个过程可变因素非常多,可争议的地方非常多,影响也比较复杂。其次,我国生物技术制药已逐步步入自我创新的发展阶段,目前在研的生物技术药物60%都有知识产权,因此从长远看,生物技术制药企业能够面对加入WTO后带来的知识产权冲击。

(二)减免关税的承诺

中国加入WTO的原则是以关税减让为主要代价,并以享受发展中国家待遇为前提。WTO要求各成员国逐步开放市场,即通过降低关税和取消进口的数量限制,以允许外国商品进入本国市场与本国产品进行竞争。这些逐步开放的承诺具有约束性,并通过非歧视贸易原则加以实施,而且WTO成员要承诺不能随意把关税重新提高到超过约束的水平,除非得到WTO的允许。

根据中国关于加入WTO后削减关税的承诺,从2000年到2003年,进口医药产品的平均关税税率由9.6%降到4.2%,大宗药品平均关税由14%降到5%~6%,2005年降到3%,;而药品进口许可证制度等非关税措施将逐步取消。医疗器械平均关税由9.9%降到4.7%;2001年,取消大型医疗设备特定管理。

关税降低对医药行业内各子行业的影响不同。

1. 医药原料

原料药是我国主要出口的医药产品，我国是世界上最大的青霉素和维生素C生产国，加入WTO对原料药的出口无负面作用。相反，由于原料药的生产需进口化工原料，“入世”后关税的降低有利于其原料价格的降低，从而降低成本，目前我国原料药的生产总体呈供过于求态势，价格走跌，其价格在国际市场较具竞争力，因此加入WTO有利于国际市场的开拓。但原料药附加值较低，规模效应明显，而我国原料药企业的规模仍偏小，再加上已完成GMP改造的印度制药业的崛起，对我国原料药的出口构成较大的竞争压力。

2. 化学制剂

我国化学制剂产业缺乏自主创新能力，即使是仿制产品，其在技术水平、工艺、产品质量等方面均与国外先进水平差距甚远。加入WTO后，进口药品关税下降，其相对于国产药品的价格性能比提高，进一步形成对国产药品的冲击。

但降低关税以后，并不会出现大量的制剂产品涌入国内的局面。因为：第一，在劳动力生产成本上，国内具有一定的优势，国外企业从降低成本的角度出发，将会选择在国内生产而不是进口制剂成品。第二，国际制药巨头大部分已在我国建立了生产基地，部分企业开始建立新药研究基地。2002年底，内地有1800多家中外医药生产合资企业，其产品只有7.4%是出口的，外资制药企业的药品销售额占国内药品年销售额的25%。第三，国内新药申报和临床实验所需病例的丰富有利于新药上市。

另外，由于国内正在实行医疗保险制度改革，基本医疗保险制度将实施保险用药范围管理，基本医疗保险用药目录只保证基本的医疗需求，价格较高的进口药较少收入其中，因此进口药并不会对国内医药市场形成大的冲击。

3. 中药

中药是我国传统医药的瑰宝，具有稳定的国内市场需求和日趋增长的国际需求。从长期看，加入WTO对我国中药行业的出口具有一定的促进影响，尤其是对于如同仁堂、云南白药、三九等拥有名牌产品的老字号中药企业更是如此。但我国中药产品在药理、剂型、标准化等方面的问题阻碍了中药产品走向国际市场，而进口中成药如日本、韩国等国产品占领国内市场并非杞人忧天。

4. 医疗器械类

我国目前医疗器械产品主要集中在常规设备等中低档医疗器械，而高档产品的生产较少，并且在技术方面较为落后。其中出口的主要是常规设备、手术器械等中低档产品，占我国整个医疗器械工业产值的30%，这些产品由于具备价格优势在国际市场较具竞争力，加入WTO有利于扩大我国在常规手术器械等领域的市场份额。目前我国进口的医疗器械主要有彩色B超、CT、核磁共振仪器等，除一次性注射器和B超的税率较高（分别为35%和50%）且实行进口许可证制外，大部分税率在5%～6%，这些产品已经占有了大部分的中国市场，加入WTO后，B超等产品的关税下降，非关税限制也面临取消，因此，更有利于国外产品的进口，对国内一些生产高档仪器的企业形成较大冲击。

（三）弱化和取消非关税壁垒的承诺

加入WTO后，药品进口许可证制度等非关税措施将逐步取消。2001年，我国取消了大型医疗设备特定管理。2003年取消了对医疗器械的行政管制。

取消进口大型医疗设备的行政管制影响不大。我国医疗器械生产一直以技术含量低的器械为主，如手术器械、保健器械等，这些产品在我国的医药产品出口业务中占据着重要地位，但大型医疗器械是我国医药行业的薄弱环节，尤其是像核磁共振、X射线断层诊断仪等。但大型医疗器械属于耐用消费品，市场需求的增长空间有限，而且我国大中型医院的高档医疗器械已出现饱和，利用率非常低，因此进口继续增长有限。在这一领域，能够生产的国内企业也不多，但对于那些生产高档仪器的公司还是有一定的影响。

（四）执行服务贸易总协定的承诺

服务贸易范围中与医药行业关系最密切的有：商业性服务（如研究与开发服务、生物工艺学服务）、金融服务（包括人寿保险、养老金或年金保险、伤残及医疗费用保险）、健康及社会服务（主要指医疗服务、其他与人类健康相关服务、社会服务等）。

1999年以前，我国一直限制外商进入国内医药商业进行投资经营或合作经营，也明令禁止个人参与药品批发业务，这主要是从中国国情出发而采取的保护性措施。直到1999年12月，原国家经贸委、外贸部发布了《外商投资商业企业试点办法》，才允许先在北京、上海两地开展中外合资医药零售商业企业的试点，并逐步放宽药品零售企业兼营批发；在此基础上，逐步扩大在省会以上城市及经济特区开办合营医药批发或零售企业，但暂不允许外商独资设立药品经营企业。

根据中国加入世界贸易组织的承诺，加入WTO

之后，在2003年1月1日开放药品的分销服务业务，取消地域、数量限制，外商可在中国从事采购、仓储、运输、配送、批发、零售及售后服务。此外，外商可开办合资、合作的医疗、牙医服务，并可以控股，有证书的外籍医生来华工作期限由半年延长至一年。在2004年12月11日之前开放医药品、医疗器械的外贸权和分销权；除了超过2万平方米的药品配送机构和超过30家以上的连锁企业不允许外资控股外，其他的不再加以限制。开放医疗服务和牙医服务。药品分销开放一年后，即2005年12月，我国已允许外商独资。

我国入世关于医疗卫生的承诺是在机构、人员、技术、大型仪器设备等方面合乎规定的前提下，允许外资在中国开办中外合资合作医疗机构，这种开放度在世界上只有少数国家具备，相比其他国家，中国医疗市场开放的步伐较大。由于医疗行业的特殊性，“入世”后，外资独资开办医疗机构在中国依然不被允许，这也是按照国际惯例执行的。

二、我国加入WTO对医药行业的影响

加入WTO后，通过实施知识产权协议、减免关税并弱化和取消非关税壁垒以及执行服务贸易总协定，将对我国医药领域的研发、生产、流通（包括批零、进出口）乃至医疗服务等产生全方位的影响。由于不同领域的行业特点、发展水平、规模实力、竞争状况都有所不同，受WTO不同规则的影响也必然会不一样。因此，深入研究各子行业面对WTO所带来的机遇与挑战，有助于医药行业更清醒地面对现实，增强自身实力，更好地融入国际竞争的浪潮中。

（一）医药原料

我国加入WTO在短期内对我国原料药工业是有利的，其作为我国医药工业的战略支柱之一的地位有望进一步得到巩固。进出口关税的大幅降低使得生产所需的一些进口化工原料的成本降低，进一步提高我国原料药的竞争力，从而扩大出口；在实施知识产权保护协议方面，由于我国目前主要的原料药品种基本不存在知识产权问题，因此短期影响十分有限，但进入份额较大的专利药物原料药市场难度不小。

从长期看，加入WTO意味着我国将彻底融入国际市场，在国际规则的规范下平等地参与国际竞争，国内市场也将全面对外开放，这对国际贸易经验不足、出口品种较少、过分依赖部分目标市场的我国企业来说，也是不小的挑战。这就要求我国原料药生产企业深入研究国际竞争对手和国际贸易规则，加快行业内资产重组，培育具有技术、规模优势和国际影响力的重点企业，以增强竞争能力；同时加大技术改造和创新力度，开发具有自主知识产权的产品、国内短缺品种和新的出口优势产品，重点突破β-内酰胺类、维生素类、大环内酯类、氨基酸类及其中间体等一批大宗原料药的关键生产技术，以壮大优势出口产品群体和提高出口产品的附加值；还应努力开拓亚洲、拉美、非洲、东欧等国际市场，克服过分依赖北美、西欧市场的风险。

（二）化学制剂

我国加入WTO后，严格实施知识产权保护协议和药品进口关税的大幅降低、非关税壁垒的弱化将对我国化学制药工业的发展带来一定的影响，市场竞争将更加激烈，不过，从我国制药工业目前的特点以及对外开放程度日益加深的现状分析，加入WTO的消极影响短期内并不太大，但在较长时期内压力有加大的趋势。

加入WTO后，药品知识产权保护协议的实施将非常严格，仿制专利药物付出的代价十分高昂。虽然专利药物利润丰厚，但新药的开发需要较长的时间和巨额的资金投入。我国在资金、人才和信息等方面和发达国家存在不小的差距，技术水平的提高也不是一朝一夕之功，短期内取得较大突破的困难很大。因此，在专利药物领域国际跨国制药巨子将继续保持巨大的优势。不过，在通用名药物的生产上我国应该是有所作为的，随着新药开发成本的不断增加和一些疗效突出的专利药物专利期的届满，世界通用名药物市场规模在不断扩大。我国化学制药工业历来以仿制为主，积累了较为丰富的经验。对于我国企业来说，加大力度改进生产工艺和制剂水平，规范质量标准，对一批疗效好、国内需求量大、已到期或将到期的专利药物进行仿制生产，应是切实可行的选择。但是，如果新药研发水平长期得不到提高将十分不利于我国制药工业在国际竞争中劣势地位的改善。

我国目前的药品进口以制剂为主，特别是一些专利药物，这些药品与国内产品的价格差距很大，关税的降低有利于国外新药、专利药品和一些制剂品种的进口，对其价格会有一定的影响，但我国居民的用药结构却不会因此而改变，国内大部分企业的市场基础仍然存在。首先，发达国家占据了世界药品市场的较大份额，美国等国家的人均年药品消费约300美元，中等发达国家人均为40~50美元，而我国还不到10美元，这说明我国药品消费水平是很低的，从我国的经济社会发展水平来看，用药结构以价格低廉、疗效确切的国产普药为主的现状不会很快改变。其次，我

国医药体制、市场环境较为独特，加上国家对药品的严格管理，国外药品大规模冲击中国市场的局面基本不会发生。最后，医药行业是我国对外开放比较早的行业之一，改革开放以来，出于对中国医药市场巨大潜力的长期看好，世界上有名的跨国制药企业相继踏足中国，20 世纪 80 年代以来，“三资”制药企业纷纷成立并迅速壮大，国内药品市场已是一个国外与国内企业竞争的场所，国产药、“三资”药、进口药基本呈三分天下的局面。因此，我国的医药市场已经是一个开放程度相当高的市场，从某种意义上说，国际竞争在国内早已展开，药品消费格局一段时间内将不会有大的变化。

（三）中药

加入 WTO 将给我国中药带来扩大出口的良好机遇。在我国，中药产业发展的基础比较好，是中国为数不多的在国际上具有领先潜力的行业。随着国际环境日益宽松，中药产业的竞争优势将逐步显现。尤其是中国加入 WTO，最惠国待遇和国民待遇等原则将使我国中药企业获得开拓国际市场的最好时机，多边贸易开放势必促进我国中药的出口增长。

但是，中药面临的国际竞争形势不容我们过分乐观。在世界植物药市场中，以日、韩为主的大型跨国制药公司正在积极争夺这个市场，我国中药的出口表现也差强人意。目前，我国国内市场仍是中药的最主要的市场，占我国中药销售额的 90%以上，而中药出口还不到 10%。中药出口曾于 1995 年达到了创纪录的 4.96 亿美元，之后便开始出现了不同程度的滑坡，2000 年和 2001 年出口有所回升，2002 年首次超过 1995 年的出口值，达 6.35 亿美元。2003 年，我国中药出口克服重重困难，取得稳定增长，出口总值达到了 7.12 亿美元，但出口商品结构仍很不理想，粗加工、低附加值的中药材出口依然是我国中药类商品出口的主要品种，中药材所占出口比例高达 58.84%，而中成药和植物提取物的出口比例分别为 15.73%和 25.4%。因此，中药出口状况并没有得到根本性的改善。

更为突出的问题是，国内中药市场在加入 WTO 之后将面临新的挑战。我国是世界最大的中药市场，同时也是需求潜力最大的天然药物市场。近年来，国外制药公司日益瞄准我国以中药市场为基础的庞大天然药物市场，一些公司已经抢先进军这个大市场。同时，一些植物药消费和生产比较发达的西欧国家（如德国、法国等）的制药公司开始仿制我国传统的中成药，并逐步打入我国中药市场；日本和韩国从我国进口中药材，加工成中成药之后大量返销我国，近几年我国中药进口高速增长足可以说明这一点。加入 WTO 之后，由于中药进口关税的降低，特别是由于国外制药公司可以在我国建立服务贸易企业，从事药品的进出口贸易和零售贸易，进口中药和其他植物药对国内市场的冲击将更加明显。跨国制药公司可以通过中国药典、药品标准等有关资料对我国的传统中成药进行仿制，并凭借其雄厚的资本实力和科研力量、先进的生产技术、强大的市场营销能力，进一步进军和抢占我国的中药市场。我国中药制药工业的基础相当薄弱，不论是资本规模和科研实力还是生产技术和市场营销，都与国外存在着很大差距，因而在进口中药和植物药的冲击下，生产和发展可能受到较大的影响。

当然，加入 WTO 之后对知识产权保护的加强，将有利于我国中成药发挥老字号和传统配方的比较优势。我国中成药的很多老字号和传统配方在民间拥有很高声誉，在加强药品知识产权保护的条件下，将这些老字号和传统配方与现代医学结合起来开发具有民族特色的中成药新药，可以传承和扩大传统中药在本土市场的影响，发挥无形的比较优势，抵制“洋中药”的市场冲击。

（四）医疗器械

当前我国医疗器械市场容量高速增长，但从贸易平衡来看，2000 年我国医疗器械（不含卫生材料）的逆差已达 4.6 亿美元。在这种条件下，进口关税的降低和非关税限制的取消将使医疗器械的进口需求进一步上升，进出口逆差继续扩大，从而对我国的医疗器械工业产生较大的冲击。

近几年的医疗器械产品进口主要集中在一些大型医疗器械以及常规而量大的品种上，1998 年进口额达上亿美元的医疗器械产品只有 1 种，上千万美元的只有 10 种，而到 2000 年，上亿美元的进口医疗器械产品增加到 3 种，上千万美元的增加到 17 种。进口增长幅度大的医疗器械产品主要是从美国、日本和德国进口的 X 射线断层诊断仪、核磁共振成像装置等大型设备。这些医疗器械进口需求大的原因不在于价格差别而在于质量差别。有关资料表明，由于产品技术含量和质量水平的差别，同类医疗器械的进口产品价格远远高于出口产品价格。因此，关税降低几个百分点只是使进口医疗器械在国内市场的销售价格略为降低，由此带来的影响相对较小。非关税壁垒的取消，包括加入 WTO 之后随之取消对进口大型医疗器械的特定管理，取消医疗器械进口的地方保护，在 4 年内取消对非政府购买的资格要求，特别是在 3 年内对医疗器械开放外贸权和分销权，并对外资开放医疗服务和牙医服务，则可能使国外医疗器械的进口大幅度增加。尤其是目前进口需求比重大的大型医疗器械产品和常规而量大的品种，将随着外商介入进出口贸易和国内营销，并从事医疗服务活动而加强其质量优势和服务优势，对国内市场形成较大的冲击。

总的说来，加入 WTO 对我国医疗器械工业的影响主要是质量冲击。我国的卫生材料和中低档医疗器械已具有较强的价格竞争力。但是，如果国外高技术水平、高档次医疗器械产品的进口大量增加，也会对国内正在开发、研制或提高国际竞争力的同类产品和品种产生很大冲击，并对整个医疗器械产业的发展前景产生较大影响。因为高技术、高档次的医疗器械产品直接带动着现代医疗技术的提高，比任何其他产业都更代表着整个产业的发展方向和市场前景。在这种情况下，知识产权保护的加强虽然会对国内从事产品仿制的企业带来影响，但却有利于促进整个医疗器械产业加强技术创新和产品开发，也有利于在某种程度上促进国外跨国公司对其中国投资企业的技术转让。

加入 WTO 之后的多边贸易开放有利于我国的卫生材料和中、低档医疗器械发挥比较优势，进一步扩大出口。我国包括卫生材料在内的整个医疗器械类产品近两年出口增长很快，2000 年的增长速度为 45.1%，但是，整个医疗器械类产品的出口仍然没有摆脱以卫生材料、中低档和小型医疗器械产品为主的结构，由于产品技术含量低，价格水平低，整体创汇能力较差。

（五）医药商业

医药商业分为批发和零售两部分。在批发领域，我国的药品批发企业是在传统的三级批发制的基础上发展而来。特别是改革开放之后，我国医药商业管理体制发生了一系列变革：购销政策放开，企业自主权扩大，商业单位分拆，医药批发企业数量急剧增长。虽然医药批发企业已加快了改革步伐，推行现代企业制度建设，实施战略重组，扩大企业规模，积极推进电子商务，实行高效率的代理配送机制，但是一个新的、有效的医药流通体系并没有完全形成。尽管已组建了如中国医药（集团）公司、上海医药集团公司等大型药品批发企业，但是年销售额超过 2000 万元的企业不到 5%，全国前十大药品批发商的销售额占市场总额的 20%左右。据估计，全国有将近一半的批发企业处于亏损状态，2000 年药品批发企业的平均毛利不到 1%。

在美国，药品批发企业的毛利为销售的 4.44%，其运行成本为 2.67%。美国的主要药品批发企业大约不超过 50 个，而美国的药品市场销售每年为 950 亿美元。日本的药品市场在 500 亿美元左右，其中 73 家药品批发企业的销售达到 498 亿美元。日本的药品批发企业的毛利为 10.2%，而销售的管理费用为 9.2%。可见，我国药品批发企业的实力与发达国家存在着较大差距。

在零售领域，中国药品零售业的发展是与中国医药卫生体制改革紧密相连的。由于中国医药市场中 80%的药品消费都是从医院的药房流向患者的，医院已成为事实上的药品“零售商”，而一般的药品零售商店不过是医院药房的一种补充。因此零售药店无论在规模、地位还是管理上，都处于弱势。也就是在过去的几年里，医疗卫生体制改革、城镇职工医疗保险制度改革以及医药分家、药品分类管理等一系列制度的出台和实施，为医药零售业创造了生存发展的经济政治环境，才使中国的药品零售业具备了大规模、高水平发展的契机，吸引了业内外人士纷纷涉足投资开办零售药店。

由于医药商业企业数量众多，管理混乱，效率低下，竞争激烈，医药商业企业整体经济效益也不断滑坡。由于无序竞争，药品市场流通秩序较为混乱，且时有假药、劣药充斥市场，损害了医药商业的健康发展。另外，由于商业企业规模有限，自有资金很少，多靠银行贷款，发展后劲也明显不足。尽管国家食品药品监督管理局一直大力整顿药品流通秩序、取缔药品集贸市场、整顿药品批发零售企业，但是，流通领域里存在的问题以及一些非法市场被取缔后死灰复燃的现象仍很严重，市场秩序混乱的局面尚未得到根本的治理。

医药商业是受国家政策保护时间最长的医药领域，也是问题最多、改革起步最晚的领域。与制药企业相比，虽然我国的制药企业实力明显不如国外跨国制药公司，但是我国制药企业较早地经受了合资企业和进口药品的挑战，并在挑战中得到了在 GMP 建设、经营管理等方面的经验，因此已具备了较强的抵抗力；而医药商业企业则一直处于较封闭的状态，对于国外的经营模式、竞争实力等都缺乏足够的了解，对可能受到的冲击没有足够的认识和准备。

外资已经吹响了进军我国药品分销领域的号角。2002 年，北京医药股份有限公司与西门子德马泰克公司合作建立现代化医药物流配送中心。同年，由美国第一大医药零售特许经营公司提供品牌、管理和营运支持的美信国际连锁海王星辰专业药房在深圳挂牌。2003 年底中国永裕新兴医药有限公司成立，据称，这是外国投资第一次真正意义上进入中国药品批发企业。

开放药品分销服务将加剧流通领域的竞争，外资可从事批发与零售业务，并可控股，行业竞争将会进一步加剧，市场平均利润将会继续降低。所以，一旦国外的医药商业企业了解了中国这一市场，并获准自由地投入到这场竞争中时，就会凭借其成熟的管理、规范的服务、先进的技术、强大的实力、充裕的资金对我国的医药商业构成较强的竞争优势，产生较大的冲击，医药商业将面临前所未有的挑战。

（六）医疗服务行业

长期封闭发展的我国医疗服务行业存在以下不足：一是卫生资源配置不合理，全国80%的卫生资源集中在城市，而其中80%又集中在大城市；二是大型医疗设施拥有量居国际前列，乱收费现象严重，利用率低；三是医疗收费不合理，以药养医现象突出。

以上不足，究其原因，除了所有者缺位外，另外一个原因就是缺乏竞争。作为医疗服务业中一个重要组成部分——营利性医院在我国还处于萌芽期，而在西方许多发达国家，营利性医院一般占有10%以上的市场份额。我国在2000年相继推出了《中外合资医疗机构管理办法》和《医疗机构分类管理办法》，加快了我国医疗服务业对内外开放的步伐。但由于观念落后，资本进入医疗服务业在许多地方依然存在许多障碍。

三、加入WTO后我国医药行业面临的机遇

1. 有利于创造公平竞争的市场环境

目前，我国国有医药企业与外商投资企业之间缺乏平等竞争的市场环境。国有企业所得税比外商投资企业高得多，外商投资企业还享有减免税优惠。在药品定价的方式与原则上国有医药企业与外商投资企业更有天壤之别。外商投资企业和进口药品均可自主定价，它们的药品价格可在包括高折旧和高广告费在内的高成本基础上，再加3个30%（30%产品研究开发费、30%市场开发费、30%的利润）；而国有医药企业所生产药品品种的价格大多数是由政府管理部门制定的，不能随行就市，也不能随上游产品价格升高而及时调整。所以外商投资企业产品价格普遍大大高于国内制药企业生产的同类药品。直到2004年3月，国内医药企业部分产品才可自主定价。

根据我国的入世承诺，我国将逐步给予外商国民待遇，即让外资企业与我国企业享受同等待遇，其重点是公平税收和开放市场。为此，一方面必须撤除过去对外商投资企业的种种限制，另一方面也要逐步调整多年来外商投资企业享有的高于内资企业的多种优惠，改变目前外资企业享受"超国民待遇"的不合理局面。目前正在实行和准备实行的政策主要有：在大幅降低关税总水平的前提下，取消外商投资企业进口设备的减免税优惠；外商投资企业外汇买卖统一纳入银行结汇体系；对内外资企业实行统一的出口退税政策；在经常项目下实行人民币自由兑换；国家将逐步放开内销市场、银行贷款、国内资源配置、统一收费标准等。从长期来看，对外商实行国民待遇，对我国吸引大中型高技术外资项目特别有利，可提高利用外资的层次，也能有效促进外资企业升级转型。

2. 有利于国内医药企业走自主创新的可持续发展道路

加入WTO的外部环境压力，将使我国医药行业集中资源，摆脱仿制，走自主开发之路，为我国医药行业的全面创新提供机遇。而知识产权的保护，将大大改善国内科研环境，有利于提高科研人员的积极性与科研创新能力，并可创造条件，进一步加强与国外科研机构、企业、风险投资基金的合作，为医药行业提供所需的资金、技术，加速发展，形成企业可持续发展的原动力。

3. 有利于医疗器械和药品的出口

WTO的基本原则是非歧视和取消数量限制，这就为我国具有竞争优势的医药产品走向国际市场奠定了坚实的基础。从最惠国待遇原则讲，国际贸易的优惠待遇为我国医药产品进入国际市场竞争创造了条件。加入WTO，可以享受多边的、永久性的最惠国待遇，免遭贸易歧视。在国际市场中，医药产品贸易已经成为当前交易量最大的15种产品之一，而我国医药产品在国际贸易中的份额极小，且大部分以原料或中间产品形式出口。最惠国待遇原则将使我国获得平等、自由的贸易环境，从而为我国医药产品进入国际市场创造有利的条件。

加入WTO对于我国医药行业中部分具有一定优势的产业将是发展机遇，我国是世界原料药最大出口国之一，加入WTO将有利于原料药企业扩大市场份额。例如，华北制药、新华制药、鲁抗医药均是以出口抗生素原料药为主的大型制药企业，东北制药是亚洲第一大维生素C生产企业，加入WTO将有利于其产品的出口。

我国中成药具有独特优势，目前国内一些中药产品已以食品添加剂、营养补充剂等名义进入美国市场，复方丹参滴丸、银杏颗粒等产品已通过FDA临床预审，有望以药品名义进入国际市场，加入WTO将为

我国中药带来更多的发展机遇。

我国在中低档医疗器械领域也具有一定竞争优势,加入WTO也将使常规医疗设备、手术器械等产品出口量增加。

我国少数具一定优势的普通化学制剂(如抗生素等),以及具有自主知识产权的医药产品有可能进一步拓展国际市场。

4. 有利于加速医药行业的结构调整

为应对跨国医药公司的竞争,我国医药行业必须进行结构调整,淘汰部分规模过小、质量不高、产品重复的企业。优胜劣汰的结果,将有可能改变医药行业目前低水平重复、无序竞争的现状。

目前医药行业已经进入一个快速和空前剧烈的分化、调整、重组的新时期,企业两极分化、优胜劣汰的进程会大大加快。这一进程所带来的结果是:一方面,企业向大型化、规模化的方向发展。通过竞争、重组和对一些中、小企业的兼并,逐步形成为数不多的大型制药企业。这些企业实力雄厚,生产的产品多样化,但以生产大品种的普药为主,对大品种的普药形成寡头垄断。由于有地理环境、地域规模化、劳动成本低等比较优势,能够对国外同类产品的技术优势抗衡。因此,这些企业对满足我国对大品种普药的需求起到至关重要的作用;另一方面,部分的中小企业能够与大企业同时并存、竞相发展。这些企业或以独特的品种优势、或技术优势、或地理环境优势、或独特的营销优势而获得生存和发展的空间。大企业与小企业的互补发展,共同为满足我国基本药物的需要提供了坚实的保障。

5. 提升我国医药企业的国际竞争力

随着我国对外开放程度的加深,国际医药市场和国内医药市场的界限越来越模糊,因此对我国医药行业来讲,最关键的还是要尽快提高自身的国际竞争力。应该说,我国加入WTO有利于尽早地达到这个目的,原因有二:一是通过与国外大公司进行竞争,可以提高企业的整体素质和综合竞争能力。世界上的著名企业都是在竞争中发展起来的,没有竞争,企业就没有发展。我国的家电行业发展已经证明了这个道理。二是跨国公司在向发展中国家进行拓展时,发展中国家往往能通过跨国公司的技术、管理的"外溢效应"而获得发展良机。"入世"后,我国国内医药企业有大量的机会吸收国外企业的先进技术和管理经验,以此来提高企业的技术水平和管理水平。

此外,我国加入WTO后,降低了关税,有利于抵制走私、改善市场环境,有助于企业提高管理水平,进一步提高企业国际市场竞争力。

总之,从长远看,加入WTO有利于我国医药管理体制与国际接轨,有利于医药新产品的研究与开发及知识产权保护,有利于获得我国医药发展所需的国际资源,有利于我国具有比较优势的化学原料药、中药、常规医疗器械产品进一步扩大国际市场份额,也有利于我国医药企业转换经营机制与体制创新,从而提高医药行业的整体素质和国际竞争力。

四、"入世"过渡期间我国医药行业的发展

(一)"入世"5年医药行业整体运行分析

加入WTO后,整个医药行业运行良好,行业在"入世"前10年稳定发展的基础上,总体继续保持快速增长(图10-1),规模不断壮大,医药经济结构进一步改善,区域经济协调发展,管理水平进一步提高,医药出口持续增长,技术进步和技术创新取得一定成绩。

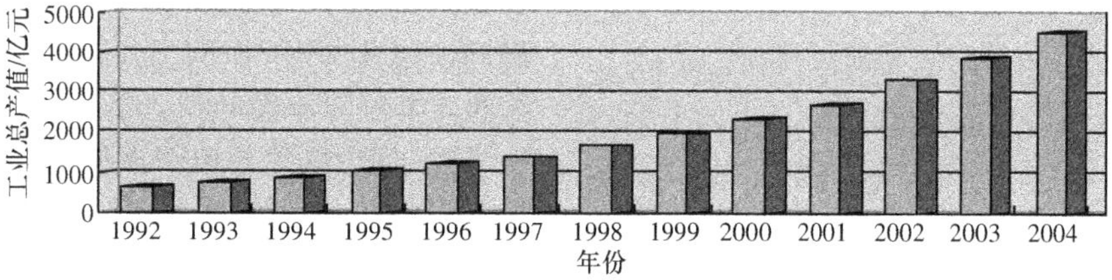

图10-1 我国1992~2004年历年医药工业总产值

(资料来源:上海财经大学课题组.2006中国产业发展报告.上海:上海财经大学出版社,2006:648)

2002~2006年,医药行业工业总产值逐年递增(表10-1),2002年,我国医药工业总产值为2605亿元(现价),在全国重点监测的12个工业行业中,医药行业以高于全国工业平均增幅1.7个百分点而名列第四,仅次于机械、煤炭、电子行业的生产增速。2006年全国医药行业累计完成工业总产值5323.73亿元,与2002年相比,工业产值增加了2718亿元,4年翻了一番。

表 10-1　2002~2006 年我国医药行业现价工业总产值及同比增长情况

年份	2002	2003	2004	2005	2006
医药工业总产值/亿元	2605	3062	3642	4508	5324
同比增长率/%	15.35	17.51	16.99	23.78	17.8

[资料来源:徐爱军,孟庆才.“入世”五年看入世对我国制药业的影响. 现代管理科学,2007(10)]

2002~2006 年,医药行业的对外贸易总额从 2002 年的 110.64 亿美元迅速增长到 2006 年的 306.7 亿美元,年均递增 29.03%(图 10-2)。这 5 年中,2003 年医药行业的对外贸易各项指标稍显异常,主要是因为“非典”导致该年医药行业的运行重心偏离以往轨道,对外贸易受到明显影响所致。表现最为突出的是 2006 年,该年实现了医药对外贸易的“三个突破”,全年出口额为 196.1 亿美元,同比增加 26.3%;进口额为 110.6 亿美元,同比增长 11.2%,并继续保持较大顺差,出口增幅高于进口增幅 15.1 个百分点,顺差达 85.5 亿美元,增幅达 335%,超过前 4 年贸易顺差的总和。

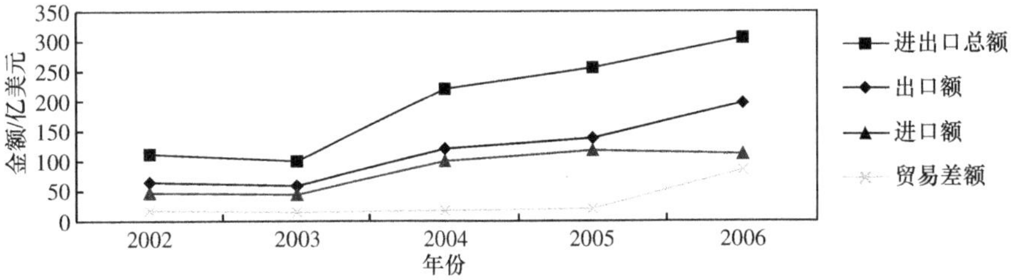

图 10-2　“入世”5 年间我国医药行业对外贸易情况

(资料来源:同图 10-1)

从 5 年的行业运行情况来看,加入 WTO 引致的关税降低和知识产权保护没有给医药行业整体发展带来严重冲击。相反,基于“入世”带来的国内宏观经济的良好运行和对外贸易外部环境的持续改善,我国医药对外贸易得到了迅速发展,出口持续增长,出口增幅明显大于进口增幅,行业发展态势较好。正如南方医药经济研究所所长林建宁在接受媒体采访时感言:“国内医药产业多年来保持高速增长,‘入世’后继续增长,中国越来越融入世界市场,同时水平也在提高”。

(二)“入世”5 年各子行业的发展情况和“入世”影响分析

1. 中药制药业

2002~2006 年中药现价工业总产值从 527.75 亿元增加到 1390.11 亿元,年均增长 21.4%(图 10-3)。总体上看,近年来中药工业呈平稳的发展态势,经济运行主要指标较往年有所提高,增速和行业增长速度基本持平(表 10-2)。

表 10-2　“十五”期间医药子行业各项指标比较

项　　目	行业	中药制药	化学制药	生物制药
产值年均递增/%	19.2	19.4	16.7	30.7
销售收入年均递增/%	19.4	19.2	17.1	31.2
2005 年现价产值/亿元	4508	1202	2405.9	353.7
比重/%	100	26.67	53.37	7.85

(资料来源:国家发展和改革委员会. 医药行业“十一五”发展指导意见)

中药出口曾于 1995 年达到了创纪录的 4.96 亿美元,之后便开始出现了不同程度的下滑,2000 年和 2001 年有所回升。“入世”后中药出口出现突破,“入世”第一年即超过 1995 年的出口值,达 6.35 亿美元,随后几年稳定增长(图 10-3)。2006 年,我国中药出口总值达到 10.90 亿美元,但出口商品结构仍很不理想,粗加工、低附加值的中药材出口依然是我国中药类商品出口的主要品种,中药材所占出口比例高达 58.84%,而中成药和植物提取物的出口比例分别为 15.73%和 25.4%,因此,中药出口状况并没有得到根本性的改善。

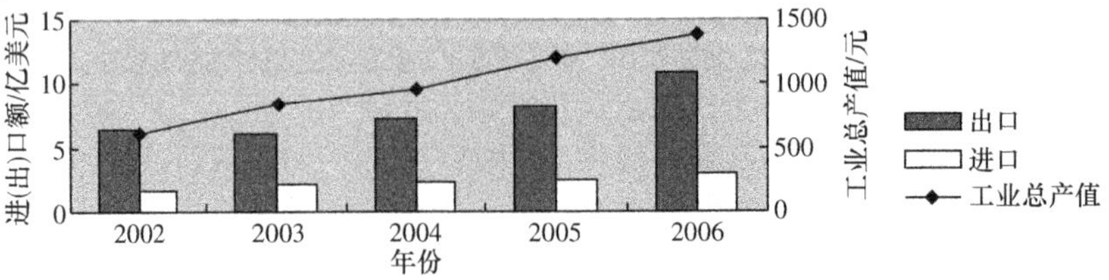

图 10-3　2002~2006 年我国中药工业总产值及对外贸易情况

中药是我国具有独立知识产权的优势产业，这是其他医药子行业所不具备的，因此"入世"前业内普遍预测中药业将迎来发展的大好机遇，然而现实情况并不乐观。从"入世"5年的运行情况来看，中药行业发展水平未有突破，尤其在对外贸易方面，总体规模不大，增长幅度较小。

众所周知，各国主要通过关税和非关税措施来管理本国的进口贸易，WTO的基本原则是降低关税水平、取消或减少非关税壁垒，实现世界范围内的贸易自由化。这对我国的中药行业来说是一个利好因素，可是我们不能忽略一个基本事实，即一个产品的出口首先取决于他国对该产品的需求情况和该产品的替代程度。中医药目前尚未被世界认可，在部分国家也只是属于所谓的"替代医学"，处于从属地位，即使在我国，中医中药的处境也非常堪忧。

困扰中药发展的主导因素是消费者的需求，准确地说，应该是我国居民乃至世界对中医药的认识及各国相应的法律法规，这几年我国中药行业的增长与其归因于加入WTO，不如说得益于我国国民经济和对外贸易的整体发展，加入WTO没有从根本上改善中药业在整个制药业中的地位。

2. 化学制药

2006年，我国化学制药工业累计实现工业总产值2734.95亿元，整个"十五"期间产值年均增速达到16.7%。5年间化学制药对外贸易飞速发展，出口额从31.86亿美元增加到116.5美元，进口额从22.4亿美元增加到70.8亿美元，年均增速分别为38.28%和33.33%(表10-3)。

表10-3　2002~2006年化学制药业对外贸易情况(单位:亿美元)

项目		2002年	2003年	2004年	2005年	2006
出口	总额	31.86	29.0	65.05	82.81	116.5
	原料	29.81	27.2	61.96	79.03	106.3
	制剂	2.05	1.8	3.09	3.78	5
进口	总额	22.40	14.12	61.74	74.47	70.8
	原料	13.37	8.18	49.07	58.79	
	制剂	9.03	5.94	12.67	15.69	

[资料来源:徐爱军，孟庆才."入世"五年看入世对我国制药业的影响．现代管理科学，2007(10)]

严格实施知识产权保护和药品进口关税的大幅降低、非关税壁垒的弱化给国内化学制药业带来一定的影响，不过，从我国化学制药工业的现状分析，加入WTO的消极影响并不大，反而极大地促进了化学药物的出口，带动了整个行业的良性发展。

化学制药业包括原料药和化学制剂。加入WTO对我国原料药工业是有利的。5年间，西药原料出口总额从29.81亿美元增加到106.3亿美元，其作为医药工业战略支柱之一的地位有望进一步得到巩固。

化学制剂的进口5年间出现较大增长，但在化学药物进口总额中的比例较小，更大大低于同年我国化学药物的出口额。2005年我国共进口化学制剂产品15.69亿美元，仅比2002年增长6.66亿美元，占同年化学药物进口额的21%，占化学药物出口的19%。从国内市场来看，中国医药商业协会对158个品种的典型调查数据显示，2003年国内药品消费货源构成比例为国产药30.07%、合资药54.71%、进口药15.21%，进口药物的比例始终未突破行业常说的"三分天下"的格局。

化学制剂之所以没有出现大量进口的现象，其原因在于:①医药行业是我国对外开放比较早的行业之一，国际竞争在国内医药市场早已展开;②受经济社会发展水平的限制，目前我国药品消费水平较低，用药结构以价格低廉、疗效确切的国产普药为主。进口制剂以高端的专利药品为主，这些药品价格较高，百分之几的关税下降导致的价格差异对这些品种在我国的消费影响甚微;③经过50多年的发展，绝大多数药物(尤其是基本药物和非专利药物)我国都能自主生产，基本能满足我国居民的用药需求，《TRIPS协定》对我国药品的仿制设置了法律障碍，但国内大部分企业的市场基础仍在，我国居民的用药结构短期内不会发牛较大改变;④我国医药体制、市场环境较为独特，加上国家对药品的严格管理(药品的注册审批制度)，国外制剂大规模冲击中国市场的局面基本不会发生。

化学制剂的出口多年来未有大的改观，这主要同我国制药业整体研发水平较低有关，"入世"前后情况都是如此。

3. 生物制药

我国生物技术药物的研究和开发起步得较晚，自1989年干扰素上市以来，我国已有27种生物技术药物实现了国产化。我国400多家生物制药企业2006年生物生化制品行业累计实现现价工业总产值422.48亿元，整个"十五"期间生物制药业工业总产值和产品销售收入的在行业中的增速最高(表10-2)，是医药行业增长最为迅速的领域，固定资产净值年递增达28.8%，是医药行业投资的重点。对外贸易方面，5年间生物制药进出口都有不同程度的增长，但两者的总体规模都很小。

对生物制药行业而言，"入世"后的主要问题来源于知识产权。我国生物制药的产业化总体上落后于发达国家,许多生物制药企业生产的主流产品都是国际上专利期已过的第一批基因工程的通用名药,属于仿制产品,如干扰素、胰岛素、生长素等。从长期来看,生物制药行业是我国"入世"后受到冲击最大的医药子行业。关税的降低对国内生物制药企业影响不大,由于我国在制造成本上具备优势,利用价格杠杆来调节进口生物药品的消费效应不明显。

从生物制药业5年运行情况来看,"入世"对我国生物制药业的影响还不是很明显,其原因是由于我国的生物制药已经具备一定的基础,《TRIPS协定》的负面影响短期内还没有显现,加上不同药物在医疗方案中的部分可替代性等共同作用所致。

综观我国"入世"5年的行业运行情况,加入WTO对我国制药业的影响归纳起来体现在以下几个方面:受惠于世贸组织的各项贸易自由化原则,我国对外医药贸易得到迅速发展,尤其促进了我国药品的大量出口;"入世"前业内普遍比较担忧的"入世"对我国制药业的冲击并未出现,药品大量进口的现象也未发生。关税承诺并没有带来药品总体价格的明显降低,知识产权协议短期内不会对我国制药业产生根本性的影响,我国居民的基本用药格局没有发生较大调整;我国加入世贸组织并没有给中药制药业带来发展机遇。中药出口依然规模不大,附加值较高的中成药出口比例在中药中仍然位居最末。中药在整个制药业的地位依然没有发生改变;化学制药业取得了令人瞩目的业绩,行业工业总产值和出口额都有较大幅度的增长。制剂药物的进口比较平稳,没有出现大幅增长的现象;生物制药业增长迅速,短期内受关税下调和知识产权保护的影响不大。

总的说来,加入WTO极大地促进了我国药品的对外贸易和制药业的快速发展,对国内制药产业的负面影响至少目前尚未完全凸显。反观我国制药行业近几年的发展情况,倒是国内各项政策,如药品降价、反商业贿赂、医疗体制改革、药品招标、GMP制度等政策措施对制药业的影响更为深远。

第三节　我国医药行业面对WTO的对策

中国加入世贸组织不是权宜之计,不是一时的策略,而是战略性的决策。面对全球化、一体化的大趋势,作为医药行业的相关主体——政府和企业又应该采取什么样的对策呢?

在市场经济活动中,政府和企业所扮演的就好比是马路和车子的角色。企业是车子,政府是马路。马路修得好,可以让车子更快更好地到达目的地。但是关键还是取决于车子自身,如何在马路上驰骋千里,如何在车流中踏出自己的道路,只有靠车子自身的性能不断完善。

一、面对WTO政府的行为选择

有WTO专家指出,我国加入世界贸易组织,挑战最大的应该还是政府,这个观点颇有道理。对我国医药行业来说,政府要做的还很多。

(一)转变政府职能、规范行业管理

作为医药行业的主管部门——卫生部、国家食品药品监督管理局、国家中医药管理局、商务部等部委应尽快转变政府职能,从微观干预转变为宏观调控,注重监管,确保医药政策的统一性和透明度,营造统一、开放、公平、有序的市场环境。

(二)强调国家宏观调控的作用,充分发挥我国医药行业的潜在优势,做大做强优势产业

医药工业是关系到人民生存健康的关键性行业,政府应给予这些产业宏观调整和政策指导。国家应有意识地引导合资企业以新技术、新产品为原则,发展专利产品和高科技产品;引导大型医药企业以发挥技术优势为主,走与科研院校相结合的道路,开发新剂型、新产品、附加值高的产品;引导中小型医药企业则主要生产经营常规医药产品和更新产品。

鼓励企业进一步提高技术水平、产品质量,积极推行GMP,通过联合、兼并、收购等形式扩大生产规模,取得规模优势。充分利用关税降低等有利的出口形势,进一步扩大我国具有竞争优势的化学医药产品在国际市场的份额,提高产品的国际竞争力。

鼓励中药企业充分利用目前国际市场对天然药物需求上升,以及加入WTO的机遇,加快中药基础研究,提高中药企业技术水平与品质控制,使中药在现代化方面符合国际社会的标准,使中药作为药品真正进入国际主流社会。

(三)加强医药行业的立法

市场经济是法制经济,只有在法制经济中,企业的生产、经营以及市场运作才能平稳、有序。我国自2001年实施新的《药品管理法》以来,对建立药品质量认证体系,规范药品生产经营行为和进行资格认定,监督药品质量,保证人民生命安全和身体健康,起了不小的作用。但是,我国在医疗器械方面,至今也没有具有真正法律效力的法规,这不利于企业发展和

市场秩序的正常建立。我国应利用“入世”的契机，抓紧制订医疗器械方面的法规。

政府应组织力量尽快清理、修改和完善医药政策法规和行业标准规范，制定“中外合资合作中医医疗机构管理办法”、“执业药师法”，完善“中医区域卫生规则”和“中医医疗机构设置规划指导原则”；完善外籍医务人员的资格认证、考试考核办法、职业注册政策和管理规定，在医药院校毕业生资格、医师资格及准入医师考试等方面作出规定；积极参与制定常用中药材和中成药的质量标准体系、临床前安全性和有效性评价体系、临床评价体系、中药功能食品技术标准等一系列符合中医药理论和国际要求的标准规范。

（四）强制推行 GMP、GSP 建设，贯彻 ISO 9000 系列标准

GMP 即药品生产质量管理规范。GMP 自 20 世纪 60 年代初在美国问世后，在国际上现已被许多国家的政府、制药企业和专家一致公认为制药企业进行药品生产管理和管理行之有效的制度，在世界各国制药企业中得到广泛的推广。实施 GMP 标志着企业的生产达到了一定水平；同时也是企业提高内部管理水平，促进企业技术进步的有效措施。实施 GMP 更是药品进入国际市场的先决条件。

我国制定了分剂型、分步骤、限期强制实施药品 GMP 认证的计划。到 2002 年底，血液制品、大容量注射剂、粉针剂、冻干粉针剂、小容量注射剂生产企业已经全部通过了 GMP 认证，同时关闭了 341 家不合格企业。到 2004 年 6 月 30 日，所有药品制剂和原料药生产企业必须符合 GMP 要求。

全国各地推行 GMP 的最终结果：6000 多家药厂，1700 多家不符要求的责令停产，800 多家予以淘汰，截至 2007 年底有药品原料药和制剂生产企业 4682 家，其中，原料药生产企业 1723 家，化学制剂企业 1134 家，中成药企业 1322 家，生物技术药物企业 503 家。

GSP 是国家为规范我国药品经营企业制定的专业性质量管理规范，是药品经营质量管理的基本准则。实施 GSP 对于提高药品经营企业质量管理水平，规范企业药品经营行为，净化药品市场，加强药品监管，保证药品质量，保障人体用药安全，促进医药事业的健康发展都具有极其重要而深远的意义。

ISO9000 系列标准是针对医疗器械生产企业来说的。医疗器械生产企业应该建立合适的质量保证模式和通过 ISO9000 评审，以取得质量认证。

（五）加速医药行业结构调整

医药产业发展的重点要放在结构的优化和升级上，坚决制止低水平重复建设，实现优胜劣汰。商务部、食品药品监督管理局等主管部门应该从源头抓起，严格审批新开办的企业，对片剂、胶囊、粉针、水针和大输液等五种增加加工能力的项目，实行严格限制；应大幅度提高产品集中度，形成较为集中的产品主导型生产态势；大幅度提高产业集约化程度，形成以科工贸、产学研一体化，企业集团、总经销、总代理、连锁经营等为基本脉络的具有较强专业化分工、协作的格局。

产业结构方面，在加强原料药等优势产业竞争力的同时，要加强化学制剂的研究开发与产业化能力，对于我国医药行业中的薄弱环节——医疗仪器、制药机械、药品包装等行业配套部门，要加大投入，使医药各产业平衡发展。在产品结构方面，要淘汰一些市场需求有限、产能严重过剩的落后产品，加大新药开发力度。在企业结构方面，要坚持优胜劣汰，淘汰部分规模过小、技术落后、污染严重、产品重复的企业，通过兼并重组，扩大优势企业规模。

加快培育具有国际竞争力的大公司、大集团，促进生产流通的规模化、集约化。通过政策引导、资金支持、引进和培训跨国经营管理人才、实施战略性重组和兼并等措施积极培育具有较强竞争实力的大公司、大集团。

（六）加大政策倾斜力度和资金投入，建立技术创新体系，加强知识产权保护

实施技术创新工程要以企业为主体，以市场为导向，从政府、企业、社会三个方面系统地推动技术创新工程，把研究开发、生产以及实现经济效益作为一项系统工程，提高企业创新能力、竞争能力、获利能力，促进医药行业持续、快速地发展。

“十五”期间，我国医药行业在新药研发和知识产权保护方面的目标是：

1）尽快完成西成药由单纯仿制到以创新为主的战略转变，争取在较短的时间内有 1～2 个自主知识产权的创新药物打入国际市场，带动我国西成药出口的大力发展。

2）生物医药已被列入我国科技创新的重点，原外经贸部和科技部共同制定的《科技兴贸行动计划》中把生物医药工程列入了优先支持发展的项目，并力争在较短的时间内在出口上有所突破。生物工程药物的关键技术有所突破。转基因动植物生产药物开始实现产业化。具有我国自主知识产权的生物工程药物开发取得显著成果，争取有 10～15 种新的生物工程药物投放市场，其中部分进入国际市场。

3）中医药是我国拥有自主知识产权的少数学科领域之一，需加强对著作权及其邻接权、商标权、地理

标志权、专利权、未披露过的信息专有权保护的意识，建立中医药知识产权保护促进机制，规范管理制度。争取有2~3个中成药正式进入国际药品市场，中成药的出口在全部中药出口额中的比重有所增加。

4）形成一批具有我国自主知识产权的医疗器械新产品；医学成像设备整体水平达到国际20世纪90年代末水平；产品结构要和医疗目的的调整、医疗模式的改变相适应。医疗器械出口额年增长10%，部分大型医疗设备开始批量出口。

（七）调整相应的进出口政策和措施

1. 关税措施

根据我国入世后关税调整情况看，我国对医药行业的关税保护作用已经很弱。从我国政府对医药行业管理的角度看，进口关税不应作为一项主要的保护措施，但在目前情况下，对一些前景看好或替代进口的产品保持一定的税率是必要的。政府应制定合理的关税税率政策，注重关税结构的科学化，切实发挥关税的市场调节和保护作用。对半合成青霉素系列（氨苄青霉素、羟氨苄青霉素）、头孢类原料药系列（头孢氨苄、头孢唑啉、头孢拉定、头孢噻肟、头孢哌酮、头孢硫脒、头孢羟氨苄等）及它们的关键中间体（6-APA、7ADCA、7ACA、氨苄三水酸、羟氨苄三水酸）、B超、X-CT、MRI、牙科椅、心电图机、导管、注射器等产品争取有3~5年的保护期。

考虑我国制剂水平较国外相差较大、进口量多的现状，降税应先原料后制剂；由于我国一些医疗器械的关键元器件需要进口，降税应先关键元器件后整机。使得进口既能满足国内的消费需要，又不至于对国内企业在短期内形成过大的冲击。

2. 非关税措施

尽快建立以行业管理为基础的进口产品监管体系，按照国际惯例建立相应的技术壁垒，配合海关对进口产品进行监管。对进口产品注册实行国民待遇：进口产品应和国产产品履行相同的审查注册手续和程序，不论在进口国是否已取得许可，都要在中国进行临床验证、产品检测，符合强制性标准，审批期限应一致。产品标准是建立技术壁垒的重要途径，也是保护自身利益的重要手段，应尽快制订医疗器械产品行业标准，发展第三方医疗器械产品质量检测机构。

二、面对WTO企业的行为选择

（一）建立现代企业制度，实现经营机制的转换

医药企业要抓住“入世”的机遇，实现股份制改造，按照“权责对等、产权明晰、政企分开、管理科学”的方针建立现代企业制度，并实现企业经营机制的转换，切实做到自主经营、自负盈亏。

影响国内医药企业提高竞争力的根本问题是机制问题，实践证明，股份制是医药企业改革的必然选择，在进行股份制改造的同时，也要积极试点“经营者和职工持股”、“期权激励制度”等。在这方面，深圳一致药业、北京太阳药业、杭州华东制药等一大批企业已经做出了有益的尝试。

（二）实施管理创新、选择正确的发展战略

企业理顺了产权关系，奠定了发展的基础后就应该建立有利于创新的组织结构、选择正确的发展战略。跨国公司的实践表明，分权制比集权制更有利于发挥员工的创造性作用。我国医药企业长期以来都是以集权方式为主。近年来，尽管大企业规模不断壮大，还出现了大量的企业集团，但不少企业和企业集团并没有处理好内部的组织结构与企业发展之间存在的矛盾，权力过分集中，导致员工的创造性受到压抑。

同时，企业应选择正确的发展战略。国际跨国医药公司为避免陷入价格竞争的“怪圈”，一般都采取差异化战略，通过产品的创新和服务创新来巩固和扩大自己的市场份额。国内医药企业可借鉴跨国公司的经验，实施差异化战略，通过创造市场需求和创新产品，来开发新市场，不断提高自己的盈利能力，增强企业竞争力。

战略选择还意味着医药企业必须加快国际化经营。

目前国内医药行业存在严重产能过剩的问题。2003年至2004年6月底，国内已有3200多家制药企业投入巨资，进行了GMP改造。根据测算，平均每家制药企业投入的资金达到2000万~3000万元，而这些企业的产能也随之迅速扩大。以增长速度最快的大输液为例，据不完全统计，2003年国内大输液的产量已经达到32亿瓶（袋）。其中，一种新型包装的大输液产品，国内制药企业一下子从国外引进了37条生产线，此外还有10多条生产线正准备投产。

产能过剩、重复建设不仅导致生产与消费严重失衡，而且还引发了医药行业内的一系列恶性价格竞争。业内人士透露，由于产能过剩，新型包装的大输液产品的价格已从10元左右猛跌至4.5元。此外，2004年年中国内一瓶普通的注射用大输液，其出厂价格仅为1.5元左右，利润则更是微乎其微，一般不超过0.1元。

解决国内医药行业产能过剩、制药企业恶性竞争的关键，是鼓励企业“走出去”。中国加入WTO，全球

经济一体化的进程要加快，中国进入了世界市场，中国的企业也必须要进入世界市场。走国际化经营的战略，就是不仅要把我们的产品卖出去，还要把我们的企业推销出去。发达国家也好，发展中国家也好，其经济发展模式总有互补性。只要找准了互补的空间，我们的企业就一定能够发展壮大起来。

（三）加速自主开发，进行技术创新

创新能力的缺乏是我国医药行业的致命伤，面对加入WTO后必须遵守的知识产权保护条款以及国外医药产品的竞争，我国医药行业只有走自主开发与技术创新之路，培养自身的核心竞争力。

企业是研发的主体。医药企业应转变观念，增加投入，加强研发质量，提高创新能力，建立规范的研发体系，具体应围绕以下三个方面来着手：

首先，要注重人才。21世纪的竞争最根本的是人才的竞争，由于医药行业的特殊性，医药人才的重要性尤为明显，为留住并引进高素质人才，必须对国内目前的科研体制和与激励机制等进行改革，树立知识产权的理念，在技术入股、期权激励等方面进行创新，为人才创造不亚于国外科研机构的良好条件。

其次，要增加R&D投入，拓宽研发筹资渠道。大型企业要建立技术开发中心，研究开发投入达到其销售额的5%以上。中小型企业的研究开发资金也应有较大幅度的增加。目前国内资金的缺乏在一定程度上是导致创新能力弱的重要原因，而要解决资金问题，单靠企业自我积累远远不够，银行贷款也由于新药开发风险很大出现“惜贷”现象，因此要大胆引入风险投资基金，并积极利用资本市场筹集资金，香港创业板的启动、深圳证券市场中小企业板的设立，将为急需资金的中小医药企业提供良好的融资渠道。

最后，在技术创新策略上，要走仿制和创新相结合之路。中国的国情和现阶段经济发展水平，要求我们在一段时期内，必须走“仿创结合”的道路，在今后相当长的时间里，13亿人口的生命健康仍要依赖大量的仿制药品来保障。在国内，医药业的产学研严重脱节，新药研发能力弱，迫使我国为了满足国民的需求，必将大量仿制一些受知识产权制约较小的药品。同时为了中国医药工业的长远发展，国家会统筹集中相当大的一批人力、财力、物力建设几套完整的、具有较高水准的新药筛选体系，利用自身的资源优势，重点发展，努力在中药材、天然药物开发和高科技生物制药领域有所突破；分步骤对原料药产品进行技改，使其达到高技术基础上的规模经济水平；重点加强制剂产品的研制开发，以两类以上新药为主，且在研制方面必须体现自己的特色，形成品牌优势。

（四）树立人才至上的观念和质量取胜的意识

医药企业要面对跨国医药企业在国际、国内两个市场的竞争，关键要构建自己的核心竞争力，要做到这一点，有两个前提是必须要实现的，即对内要树立人才至上的观念，对外要有质量取胜的意识。

现代市场竞争实质上是人才的竞争。当今国内医药企业人才流失严重，根本原因就在于我们的企业没有建立有效的人才激励机制。加入WTO后，跨国公司势必以其雄厚的实力与国内企业进行人才争夺战，医药企业当务之急是彻底扭转用人观念，树立全新的人才观，建立可行的激励机制，使人才在企业充分发挥主观能动性。

医药企业要高度重视产品质量的升级工作，建立严格的质量保证体系，注重效益的提高，做到“靠质量取胜，靠成本增效，靠品牌争市场份额”。同时应积极筹措资金，进行GMP、GSP或ISO 9000改造。吸引外资，引进外国先进技术，提高企业的竞争力。

（五）壮大医药企业规模，培育优势企业

我国医药企业存在着“多、小、乱、差”的问题，规模普遍较小，即使大型企业也无法与世界一流医药企业相提并论，因此培育我国的航空母舰级医药企业应是当务之急。在如何培育方面，除了政府政策扶持以外，企业要进一步加大利用资本市场的力度，将优势医药企业推向资本市场。

另外，要推动医药行业内部的收购、兼并等资产重组活动，鼓励优势企业之间强强联合，充分利用彼此的产品优势、营销网络、研发力量，降低运营成本，扩大经营规模，壮大竞争实力，形成行业龙头企业，缩小与跨国医药企业的差距。

（六）重视知识产权保护

中国加入WTO，政府做出了保护知识产权的承诺。对企业来说，知识产权的保护意味着两个方面，即避免侵权和善于保护自身的知识产权。

企业应努力学习WTO的基本知识，尤其是《TRIPS协定》的相关条款，在药品的生产经营活动中避免侵犯其他企业的知识产权。同时企业也应利用相关法律保护自身的知识产权遭到侵犯，尤其是我国的中医药行业。针对中药知识产权保护战略，必须研究切实可行的对策，增强中医药从业者的知识产权意识，从管理机制和制度上促进中药专利的产出，加强专利保护。医药企业要勇于举起法律的武器，切实保障自身的合法权益。

本章小结

WTO协定中与医药卫生部分相关的协定有：知识产权协定、关税与贸易总协定、服务贸易总协定、贸易的技术性壁垒协定和卫生和检疫标准措施应用协定。我国医药行业在这些协定中都做出了降低关税和减免各种非关税壁垒的承诺。面对入世对医药行业的冲击，我国政府和企业应各司其职，共同扮好"马路"和"车子"的角色。

本章思考题

1. 我国在加入WTO的相关协议中，涉及医药行业的承诺有哪几项？

2.《TRIPS协定》中，和医药行业有关联的条款有哪些？

3. 什么是医药知识产权？其包括哪几个大类？

4. 面对WTO对医药行业的冲击，我国政府应从哪些方面做出调整和改善？

5. 我国医药企业该如何应对入世的冲击？

案例分析

恒瑞再遭赛诺菲安万特亿元索赔

伴随着众多跨国制药企业对中国市场的日益重视，中、外制药企业关于知识产权方面的纠纷也不断出现。2007年9月18日，江苏恒瑞医药股份有限公司公布，该公司已被法国阿文蒂斯药物股份有限公司及赛诺菲-安万特（北京）制药有限公司以侵犯知识产权为由告上法庭，并要求索赔1亿元人民币。

2007年9月17日是个让恒瑞医药不平静的日子，因为当天该公司收到北京市高级人民法院的法律文书显示，两家法国公司阿文蒂斯药物股份有限公司和赛诺菲-安万特（北京）制药有限公司已起诉恒瑞医药自2003年以来销售的注射用多西他赛（商品名为艾素）侵犯其专利，专利号为"ZL02147245.9"，由阿文蒂斯于2006年12月27日从国家局获准该专利。

该文书显示，两家法国公司要求恒瑞医药停止侵权行为，支付专利合理使用费人民币4500万元，赔偿经济损失人民币5500万元，并承担本案相关取样费、公证费等20万元以及诉讼费。

恒瑞医药表示，该案质证及开庭时间尚未确定，不过该公司已积极应诉。该公司董秘告诉记者："对于这次诉讼只能说我们公司没有侵权，我们的律师已在北京处理此事。"

其实这已不是两家公司的第一次交锋了，早在2006年11月9日，法国赛诺菲安万特公司就起诉恒瑞医药的艾素的原料制造方法侵犯其专利及不正当竞争。后经上海市高级人民法院判决，赛诺菲安万特公司对恒瑞医药的多西他赛制造方法侵犯专利的指控不能成立。

艾素是恒瑞医药的拳头产品，自上市以来增长较快，利润率高，已经成为了该公司重要的利润来源。根据数据显示，该产品2003年上市，到2006年销售总额已达3.2亿元，单个产品占该公司销售额20%。因此，一位业内专家表示，围绕在该药品上的知识产权纠纷还将不断升级，而一旦该药品被判侵权则会严重影响恒瑞医药的业绩。

（资料来源：北京商报，2007年9月19日）

案例讨论题

1. 分析知识产权保护对我国化学制药的影响。

2. 中国企业如何应对我国知识产权保护的相关承诺？

资源链接

1. info. news. hc360. com/html/001/002/009/005/54358. htm/跨国公司在中国申请专利情况及相关启示

2. drug. icxo. com/htmlnews/入世元年看医药行业

3. www. wtolaw. gov. cn/ WTO/与医药知识产权保护

4. www. bjbusiness. com. cn/20031120/yiyao232. htm/外资加速进入药品分销领域、国内医药零售企业欲借力扩张

5. www. wtolaw. gov. cn/外资首度进军医药分销

6. news. china. com/zh_cn/focus/wto/yiyaoWTO/与我国医药行业 挑战 机遇 对策

7. www.wtolaw.gov.cn/于明德：入世后医药行业将受重大冲击

8. www. wtolaw. gov. cn/郑筱萸局长谈入世对我国医药经济的影响

9. www. pharm-town. com/yaoyuan/readings/2003030806. htm/塑造核心竞争力——论中国化学药品产业的竞争战略

10. http://www. cpha. org. cn/html/content/add2/scts _ yjyfz _ 2070. htm/中国原料药企业分析

11. www. xinhuanet. com/医药行业"十五"规划

12. www. syhao. com/yxdt/info/216-5. htm 从国内外医药市场发展看中国加入WTO的前景

13. http://www. mofcom. gov. cn/促进中药产品出口的政策措施

第十一章　医药产业国际化和跨国经营

学习目标

通过本章的学习，掌握医药产业国际化的概念和特征，熟悉目前全球医药产业国际化与我国医药产业国际化的状况，熟悉中药产业国际化的优势、机遇、现实困难与对策；掌握跨国公司的概念、特征，熟悉跨国公司直接投资的理论评价；熟悉国际医药企业在我国的发展现状和投资趋向，了解我国医药企业跨国经营的必要性，目前具备的条件以及我国医药企业实行跨国经营的障碍与对策。

引导实例

随着赛诺菲-圣德拉堡收购安万特成功，2004年8月20日赛诺菲-安万特集团诞生了。赛诺菲-安万特集团（以下简称赛诺菲-安万特）是世界第三大制药公司，总部设在法国巴黎，在欧洲排名第一。其业务遍布世界100多个国家，现拥有约11 000名科学家及100 000名服务于健康事业的员工。赛诺菲-安万特依靠世界级的研发组织开发创新的治疗方案在七大治疗领域（心血管疾病、血栓形成、肿瘤学、糖尿病、中枢神经系统、内科学和疫苗）居领先地位。

1982年，赛诺菲医药集团是首批进入中国的外资医药集团，在北京开设了办事处。签署的第一个合约是有关抗心律失常药品——可达龙。1995年，由法国赛诺菲医药集团与杭州民生药业集团共同投资建立了第一个中法合资的制药企业：杭州赛诺菲民生制药有限公司，其总部设在上海，生产基地设在杭州，生产赛诺菲和民生的产品。1999年，随着赛诺菲和圣德拉堡集团的合并，合资公司更名为杭州赛诺菲-圣德拉堡民生制药有限公司。2003年，它是医药市场增长最快的合资公司。

现在赛诺菲-安万特在中国排名第七位，全球市场份额占1.7%。2007年赛诺菲-安万特的全球销售额约为413亿美元，虽然与2006年比下跌1%，但其净收益却增长了1%。

（资料来源：根据赛诺菲—安万特中国 http://www.sanofi-aventis.cn 及赛诺菲—安万特集团 www.sanofi-aventis.com.的相关信息整理）

第一节　医药产业的国际化

全球经济一体化和国际贸易自由化为全球企业创造了良好的宏观环境，各国间贸易壁垒逐步减少，资本跨国流动更加便利，这都为并购提供了有利的条件。20世纪90年代以来的国际大型制药企业并购的新发展和新动向不是偶然的，它实际上是全球一体化程度的加深、国际竞争加剧、技术进步加快而带来的一次医药行业的重组和结构调整，并反过来又促进了全球一体化、国际竞争和技术进步。

一、产业国际化的概念及特征

产业国际化是世界经济全球化、一体化的主要决定因素之一，其特征主要反映在四个方面，并在不同的国家、不同的行业都得到不同程度的证实。

（一）产业国际化的概念

产业的国际化，是与企业的国际化经营特别是大规模的对外直接投资紧密相连的，从严格的意义上说，它既是企业经营国际化的一种直接结果，也是一个过程。作为结果的产业国际化，就是产业内的产品生产和销售已实现高度的国际化；作为过程的产业国际化则是指企业为达到产品的生产经营不再以一个或少数几个国家为基地，而是以面向全球并分布于世界各地为目的所经历的动态过程。

（二）产业国际化的特征

1. 产品生产的国际化

产品生产的国际化，即产业内主要产品的形成过程不是由一个或少数几个国家完成，而是由遍布全球的各国企业（包括跨国公司、外国生产经营的企业群体）以高度专业化分工为基础而共同合作完成的。主要表现为以下两个方面：①产品的价值构成及形成过程已经高度实现了国际化。美国商用机器公司（IBM）个人计算机的价值形成过程，早在个人计算机刚刚开始在发达国家走向普及的20世纪80年代中期就已经是高度国际化了。②产品的物质组成也呈高度的国际化。美国福特汽车公司Escort型轿车的生产在1986年就已广泛分布在15个发达国家中,并且在众多的零部件及总成件中,由美国本土生产的零部件竟然只有4种。作为世界制药企业的领先者——默克公司在全球7个国家有11个研究基地,在19个国家有33家生产工厂。

2. 市场竞争格局的国际化

整个产业的市场结构和主要厂商间的市场竞争格局不再是以一国或一个地区为界限。因此,产业市场中主要厂商的市场竞争战略的制定与实施是建立在产业市场全球一体化基础上的。这实际上意味着,国际化产业,市场结构的跨国传导既是跨国公司全球竞争战略实施的必然结果,也是导致有关产业及其企业国际化程度不断提高的主要原因。例如,美国的汽车工业正是从国内的寡头垄断到竞争,然后又因国外汽车厂商的竞相进入而成为国际垄断竞争市场的,且其行业的生产体系也被越来越多的国外生产厂商所突破。

3. 企业研发的国际化

在国际化的产业市场中,主要企业的生产经营过程也是在全球范围内进行并实现的。这种产业,不仅需要大量的研究开发,而且其产品差异度也很高。产品的研究与开发、生产计划的制定与执行、原材料和零配件的需求与供给、生产工艺环节间的投入产出协调配合、产品的销售乃至公司集团的整体战略都是在全球范围的大规模流转中实现的。所以,在这样的行业内,企业在研究与开发活动方面,往往先在全球范围内进行研究与开发布点,进而再实施跨国公司之间组建研究与开发战略联盟。

4. 生产经营的规模化

与非国际化产业相比,由于生产过程中的生产经营分工已经呈现高度专业化,因此在正常经营的情况下,国际化产业中处在跨国公司全球再生产链环中的生产基地的企业,其生产规模往往可达到该产品行业的最低有效规模经济水平。或者说,国际化产业是规模经济效应显著的高集中度产业,这也是为什么就平均而言,国际化产业中的跨国公司直接投资项目普遍规模较大,其产品对外出口的比例也明显较高的原因。

二、医药产业国际化

医药产业作为按国际标准划分的15类国际化产业之一,一直是各个国家竞争的焦点。随着全球经济一体化的发展,国际竞争日趋激烈,一方面,国际医药贸易的关税逐步降低,非关税壁垒日趋减少;另一方面,国际著名医药企业正加速其产品、技术、资金、市场等向发展中国家渗透,合资、独资企业不断涌现,医药产业的国际化趋势已不可避免。

(一)全球医药产业的国际化特征

1. 医药产业分工国际化

目前,发达国家主要以研制新药为主,依靠资金、技术、人才和市场优势以及政府的鼓励政策,占据着产业分工的高端位置。而发展中国家则主要以生产仿制药为主,以及生产原料药、中间体等,在产业链中处于中低端位置。此外,跨国制药巨头在通过兼并、重组提高市场垄断程度后,纷纷将资金投向以基因功能开发为代表的现代生物工程和天然药物,更加注重以新技术开发为主要特征的高端业务的发展,并逐步将技术含量处于中低端的业务向发展中国家转移。

2. 药品生产国际化

在全球经济一体化和跨国公司结构调整的背景下,许多大公司纷纷将业务的生产制造中心设在其他国家,特别是一些生产成本较低的发展中国家,如印度、中国等。仅葛兰素史克必成公司(以下简称葛兰素史克)就在世界39个国家拥有99个生产基地。出于环境保护和生产成本等因素的考虑,制药巨头纷纷将生产原料药和中间体的生产基地设在发展中国家,而其国内则进行药物生产的关键流程。例如,西欧一些跨国公司已经通过合资或合作的形式,在印度设立企业,生产所需的原料药;美国杜邦公司、默克公司、通用电气公司也将一部分原料药、中间体和中档医疗器械转到中国生产。

3. 市场竞争格局国际化

经过多年的激烈竞争,国际医药市场已形成美国、日本、欧洲三足鼎立的局面,全世界80%以上的药物生产是来自这些国家。2005年全球主要国家药品市场规模已达6020亿美元,并以7%的速度继续增长,远高于全球经济的增长速度。北美、欧盟、日本是全球最大的3个药品市场,约占全球药品市场份额的87.7%。从增长趋势看,除北美市场增长比较平缓之外,多数区域市场增长迅猛。2005年欧盟市场增速达到7.1%,日本达到6.8%,上升至自1991年以来增速的最高点,拉丁美洲市场增速高达18.5%,亚洲太平洋地区(日本除外)和非洲市场增速为11%,市场规模达464亿美元。中国成为亚洲太平洋地区的最大亮点,现以16%的年增长率位居全球医药市场第九位。IMS公司发布的“2008全球制药及医疗市场预测”报告预测2008年全球医药市场销售规模将达到7350亿~7450亿美元。作为七大新兴医药市场,2008 年,中国、巴西、墨西哥、韩国、印度、土耳其和俄罗斯的医药市场总规模将增长 12%~3%,达到 850 亿~900 亿美元。

经过多年的激烈竞争,国际医药市场已经形成了被美国、日本、欧洲的少数跨国医药公司所统治的局面。目前排名全球前 50 强的大型医药集团均属美国、日本和欧洲等经济发达国家,这些大型医药跨国集团推动了医药经济全球化。这些医药企业凭借雄厚的资本和技术实力,在全球范围内进行了大规模的购并重组,使市场份额增加,市场控制力增强。他们投入巨资进行研发,成果颇丰。通过国际化的市场运作,产品畅销全球。因此,国际化已成为当代世界医药产业发展的显著标志。

4. 制药企业发展多元化

企业多元化发展的概念应具有广泛的内涵,这里仅指企业产品的多元化和产品销售区域的多元化。通过表 11-1 和表 11-2,可以对跨国制药企业的多元化略知一二。这些公司在积极发展医药产品主业,尤其是发展处方药产品的同时,还涉足其他产业或产品,如许多公司均生产经营医疗器械产品,许多公司在动物用产品方面也有建树。以葛兰素史克为例,该公司不断追求革新,在包括抗病毒(艾滋病,乙肝等)、抗感染、中枢神经系统(抗抑郁等)、呼吸和胃肠道/代谢(哮喘、糖尿病和消化系统等)以及癌症和疫苗等领域为人类的健康做出贡献。在消费保健品领域,葛兰素史克也拥有多个家喻户晓的品牌,涵盖非处方药、口腔护理产品、戒烟产品和营养保健饮料等多个领域。此外,跨国制药公司在立足本国市场的前提下,积极开发国外市场,尤其是发达国家市场,如美国、欧洲和日本市场。

表 11-1　药品在跨国制药企业多元化经营中所占比例情况

企业	药品及比例
辉瑞	处方药 82.5%
强生	处方药 45%
葛兰素史克	处方药 84.0%
诺华	处方药 63%
安万特	处方药 66%
法玛西亚	处方药 86.5%
罗氏公司	药品 64.2%,维生素制剂 12.1%
惠氏	处方药 82.9%
雅培	美国本土:药品 32.51%,诊断用品 25.4%
礼来	药品 94.1%
先灵-葆雅	处方药 85.4%,OTC2%
安进	药品 87.1%

(资料来源:数据来自于《财富》网站的资料和各公司网站中所公布的 2001 年年终报告)

表 11-2　跨国制药企业销售市场分布比例

企业	市场及比例
辉瑞	美国 61.8%,日本 6.5%
强生	美国 61.2%,欧洲 20.8%
葛兰素史克	美国 44.1%,欧洲 22.3%,日本 3.6%
诺华	美国 43%,欧洲 32.0%
安万特	美国 28.2%,意、德、英、法 19.8%,日本 4.9%
法玛西亚	美国 56.5%,意、德、英、法 14.4%,日本 6.5%
阿斯利康	美国 52.8%,欧洲 32.0%,日本 5.2%
罗氏公司	北美 38.6%,欧洲 37%
惠氏	美国 63.9%,英国 4.9%
雅培	美国 62.9%,日本 4.6%,德国 4.0%
礼来	美国 63.8%
先灵-葆雅	美国 61.2%,欧洲、加拿大 24.8%
安进	美国 91.9%

(资料来源:数据来自于《财富》网站的资料和各公司网站中所公布的 2001 年年终报告)

(二)我国医药产业国际化

随着世界各大医药企业对中国的渗透以及加入 WTO 后各种壁垒的打破,中国已经是一个国际化的市场,没有走出国门的医药企业照样要面对国际化竞争。在此背景下,我国医药产业的国际化之路势在必行。

1. 市场竞争国际化

随着我国加入 WTO 后进口关税的较大幅度降低、非关税壁垒的基本取消以及服务贸易的逐步开放,外资企业可以从事药品进出口贸易和国内批发、零售贸易,经营不超过 2 万平方米的药品配送和不超过 30 家的连锁企业,包括控股经营和独资经营的形式。同时,外资企业也可以直接进入国内医疗服务行业,这将导致国际医药跨国公司全面进入我国的医药服务贸易领域。中国由此可能成为全球主要的原料及制剂生产基地;药品进出口贸易将急剧增长;药品价格中外悬殊的现象将荡然无存;本土医药市场将出现国内外医药企业同台竞争的局面,并且竞争日趋激烈。

2. 企业发展规模化

我国制药企业包括上市公司在内,整体规模较小,难以应对同外国大公司的竞争。即使是国内最大的医药企业如哈尔滨医药集团、华北制药集团等,与跨国医药企业相比也显得非常弱小,在技术研发、管理经验等方面存在的差距则更大。目前,我国制药企业正在通过重组、合资、联营、兼并等方式淘汰规模小、经济效益差的企业,实现超常规的资源汇聚、资产增值和资本扩张,从技术、经营体系、管理、人才、机制上锻造自己的国际化竞争力,以便形成足以与外国大公司同台竞争的实力。

3. 医药企业经营多元化

在与国际接轨的情况下,医药企业为增强生存、发展、应变的能力,应该摆脱传统单一的投资模式,在发展和巩固医药业的同时,向多元化经营拓展。民营企业是医药资本市场的重要力量,上海复星科技、华立集团等企业在医药领域都有大手笔的动作,而上市公司更是医药投资的生力军。一些上市公司投资的动向表明,风险投资、证券投资、金融投资、资本运营、医药等相关产业投资以及高科技项目投资等将成为未来投资的主要方向。中国医药上市公司中也会出现以医药经营为主、多种经营为辅的财团式大公司。

4. 传统与现代结合的医药现代化

中国虽然尚未完成工业化进程,但这并不妨碍医药行业借助现代化信息技术和网络技术实现跨越式发展。由于网络技术可缩短人与人交流的时间和空间,加速物流和信息流,降低成本和费用,因此,网络技术等在医药行业的广泛普及和应用将会大大促进医药产业的信息化与国际化。

三、中药产业国际化

中医药是中华民族数千年与疾病进行斗争过程中积累的宝贵财富,是目前保存最完整、影响力最大、使用人口最多的传统医药体系,中药产业是我国为数不多、最有可能形成国际标准和国际化的领域。随着我国加入 WTO 以及与国际逐步接轨,中药产业迎来了新的机遇和挑战。近年来,传统医学受到各国政府的普遍关注以及天然药物市场的迅速扩大为中药国际化提供了广阔的国际空间,中药产业国际化正面临着有史以来最好的机遇。抓住这个难得的机遇,将会大大地促进中药的现代化、国际化。华夏古老的医药文化也将焕发出新的灿烂光辉。

(一)中药产业国际化的优势

1. 经验优势

西医药只有 200 多年历史,而中医药在数千年中曾一直是中华民族惟一的医疗体系,它安全有效,为中华民族的繁衍昌盛做出重要贡献。1982 年,我国明确将“发展我国传统医学”写入《中华人民共和国宪法》,并将中西医摆在同样重要的位置上。随着社会的发展,疾病谱的变化,西医药对许多疑难病症缺乏有效疗法;中医药简、便、廉、验,在预防及治疗某些慢性病、疑难病和老年病方面尤有所长,为西医药所不及。而且,中医药是我国的国粹,是中华民族优秀文化遗产,对此,我国拥有无可置疑的知识产权。

2. 体系优势

在人类文明发展进程中,曾出现四大传统医学体系,除中医药之外,还有古埃及、古罗马、印度的医学体系。然而,后三种传统医学体系逐步走向衰弱直到消亡,迄今已散失殆尽,往往只有个别处方散存民间。中医药是世界上迄今保存最为完整的传统医学,而且也是有系统理论、丰富实践、浩瀚文献、严密制度的传统医学,因而最有可能国际化。

3. 复方优势

中药大多采用复方,讲究君臣佐使,讲究药物入经。复方中每味药的治疗作用可能并不大,但各味药放在一起会有协同效应,相互增强疗效,却又减少毒副作用。西药讲究弄清有效成分的结构式,要求纯而又纯。西方草药多用单方,即使采用复方也不讲君臣佐使,不懂炮制。如今,西方人也逐步认识到复方的优越性,“鸡尾酒疗法”实际上不过是西药复方和综合治疗的初步尝试。21 世纪将是复方的世纪,中药复方将风行世界。中药西化将是剂型西化,而西药需要中化,要在一定程度上向中药复方看齐。

4. 研发优势

中药是发现新药的金矿。由中药开发新药有理论指导,有规律可循,与西药开发依赖“筛选”的方法相比,要简单有效得多。开发一个西药,需 5 亿~10 亿美元,通常要 8~10 年;开发一个中药只需几十万元至几百万元人民币,两三年时间。因此,中药是开发新药的金矿,而这一金矿掌握在中国手中。利用这一金矿,加速中药国际化,中药产业将会成为我国新的经济增长点。

(二)中药产业国际化面临的机遇

1. 国际社会越来越关注传统医学和天然植物药

随着社会的发展及人类疾病谱的改变,现代医疗模式已由单纯的疾病治疗转变为集预防、保健、治疗、康复于一体的模式。20 世纪 90 年代以来,在世界范围内兴起了“回归大自然”潮流和“绿色运动”,而中医药强调人与自然的和谐统一,恰好符合了这一潮流。此外,日益增长的医疗费用使得各国政府在寻求抑制费用上涨、减轻公共福利负担的同时,纷纷开始接纳和重视传统医学和天然植物药。2001 年美国 FDA 出台了《天然植物药品研究指南》(草案),对中药开发的管理模式开始区别于常规的化学药品,使得包括中草药在内的植物药的市场准入前景有了很大改观。欧盟2004年发布了《传统草药产品简化注册程序》,为包括中药在内的传统草药产品作为药品在欧盟注册提供了特殊注册程序。非洲由于缺医少药问题严重,中草药因其低廉的价格和确定的疗效也受到了普遍欢迎。目前已经有近70个国家颁布草药产品注册的法律法规。

2. 中医药防治现代人类疾病的优势正在被国际社会所认识

中医药在防治人类现代疾病方面的特点和优势逐渐被国际社会理解和接受。美国FDA已经逐步放松对中药的限制,并且接受部分中药产品进行临床研究。2000年,中医首次在西方国家——澳大利亚以法律形式得到承认和保护。同年,阿联酋、泰国、南非政府相继宣布中医在本国的合法化。2000~2002年,中药先后在古巴、越南、阿联酋和俄罗斯获准以治疗药品形式注册。2003年,WHO在《传统医药报告》中明确指出我国的传统医药正在全球获得广泛重视,在人类保健中发挥着日益重要的作用。同年,在中西医药结合治疗非典型肺炎的总结报告中,WHO认为中西医结合治疗非典型肺炎安全,有潜在的效益。这些为中药国际化提供了前所未有的机遇。

3. 加入WTO为中药产业国际化带来很多的机遇

我国已加入WTO,为中药产业国际化带来很多的机遇。首先,有更多的机会参与国际间科技、贸易、医疗卫生等方面的交流与合作,可以广泛地向世界传播中医药知识,展示安全有效、毒副作用小的中药产品,为中医药在全世界的普及推广铺平道路。其次,我国可以享受多边的无条件的最惠国待遇和普惠制待遇,出口的市场准入程度也得以提高。中药产品在自由贸易政策的许可范围下,将增加更多的贸易机会,有望不断拓展出新的国际市场。再次,关税的降低有利于企业引进国外先进技术和装备,更快地改变目前中药生产技术落后的情况,从而加快我国中药产品进入国际医药主流市场的步伐。

4. 我国政府对中药产业的大力扶持是中药产业国际化强有力的后盾

改革开放以来,我国的经济取得了巨大成就。我国传统医药产业也迎来发展的春天,政府高度重视中药的现代化和国际化问题,每年R&D的投入不断增加,为中药产业赢得了广阔的市场空间。近年来,我国政府实施了多项战略和规划,投入大量资金开展中药现代化,中药的研发、生产能力得到很大提高,质量控制标准和临床疗效有了进一步提高。与此同时,国家还大力推行《中药材生产管理规范》、《药品生产管理规范》,从而推动了产品质量规范化和生产规范化,为我国中药企业国际竞争力的提高和中药产业国际化提供了有力支持。

(三)中药产业国际化面临的现实困难

1. 文化背景差异制约着中药国际化

中医药与西医药是在不同的文化背景下产生的不同的医药学理论体系和医药学模式,在理论基础、思维方法、诊治手段等方面均有本质上的不同。西医讲究对症下药,局部治疗;中药成分复杂,讲究“君臣佐使”“辨证论治”;加之语言不通,西方国家很难接受中医药文化理念。世界上大多数国家是以西医药体系为其惟一的医药体系,医生和患者对药品的认识完全基于西医药体系——成分清楚、作用机制明确、用法用量准确、不良反应明了等,对中医药体系缺乏最基本的了解。由于文化背景的较大差异、用药理念的不同,中药没有得到世界各国的普遍认知和接受。

我国现有的翻译队伍显然远远满足不了中医药国际化的需要,而且极其缺少懂中医药的国际商贸人才以及能参与国际合作研究、教学的中医药外语专家;翻译出版物数量、质量都有待提高。此外,出口中成药的外文说明也几乎没有合格的。这些都影响了世界各国对中药的正确认知。

2. 许多国家对中医、中药的合法身份与地位未予以认同

由于科技水平、国家的历史和文化背景、医药理念与习惯等方面的不同,导致各国对医和药的界定及认识存在较大差异。世界上多数国家对中医、中药的合法身份与地位还不予认同。中药以非药品的身份出口,严重影响着对中药疗效的宣传、介绍,其使用范围更是极大地受到限制。中医的合法地位不能得到认同,导致中医药的费用不能从医疗保险中支付;导致中药的使用不能得到有效指导,致使国外因中药使用不当而发生中毒的现象时有发生,加深了本来就对中医药缺乏必要认识和了解的外国政府和国民对中药的误解,使得中药的出口受到更多的限制,对中药国际化造成了不利影响。

3. 中药的安全性遭到质疑

在重金属含量、农药残留量、有效成分的标识方面,我国一直没有与国际接轨的中药检测标准,从而导致产品质量不高、技术含量低、多数中药材缺少明确的有效成分含量指标。中成药产品说明书对毒副作用、不良反应的记载要么是空白,要么是内容不详,容易导致用药不当。近年来,新发现的包括马兜铃酸在内的上百种中药毒性报告,90%以上来自国外研究机构。而国外发现中药毒性的后果首先是限制中药，继而是更加不信任中药。此外，我国中药及其他产品在欧美等发达国家已有因重金属、农药残留超标和其他因素等被查扣的事件报道，这对中药的国际声誉产生了极大的负面影响。

4. 技术性贸易壁垒的阻碍

我国正式成为WTO的成员国后，发达国家不能再用关税作为阻止我国商品进入国际市场的“壁垒”，现在更多的是采用非关税壁垒，尤其是技术性贸易壁垒。就中药而言，“技术性贸易壁垒”是指外国用其制定的药物技术标准、法规、标签、包装等技术性措施阻止或限制我国中药产品进入国际市场的手段。中药产业国际化首先要碰到的障碍就是技术性贸易壁垒。例如，对欧盟市场出口药品的生产厂家必须通过欧盟的药品生产质量管理准则（即GMP）审查，出口药品的质量必须符合《欧盟药典》标准，欧盟的进口商必须办理药品进口许可证，必须在药品标签、说明书和广告上注明“产品的安全性和功效仅依赖于长期的应用和经验所获得的信息”等。这些规定给我国中药出口欧盟设置了重重障碍。在当前国际贸易与交流越来越频繁的背景下，各国的技术性贸易壁垒将越来越体现出多样性、复杂性、长期性和隐蔽性的特点，这也成为我国中药产业国际化进程中必须应对的一个问题。

5. 中药现代化水平落后

近年来虽然我国中药产业发展迅猛，但在整体上仍存在集约化程度低、生产技术落后、产品科技含量低、质量管理不完善等严重缺陷，我国的中药产品与国际医药市场所严格要求的“安全有效，质量可控”还有较大差距。首先，在中医药的基础研究上还存在许多含混不清的问题，在药理、毒理、剂型、标准化、规范化上均未能充分利用当今科学技术的新成果，与国际先进技术水平存在较大差距，严重影响中药国际化。其次，我国现有的中药标准落后，缺乏使发达国家认同的说服力。由于中药组分复杂，有效成分难以确定，难以制定出有效的质量标准，这是我国中药被国际市场拒之门外的重要原因。近年来，我国中药产品标准虽有一定改进和提高，但明显落后于社会进步和科学技术发展的步伐，与国际需求的差距越来越大。建立系统化的国际标准规范，已是刻不容缓。再次，中药材种植、中药饮片加工和中成药生产过程缺乏规范的质量管理。我国《中药材种植管理规范》（GAP）于2002年初才颁布；中药材提取工艺不规范，中成药产品质量无法控制；药品生产过程管理方面，中药企业虽然已经按强制要求通过了国内GMP认证，但企业在实施上还有较大偏差，与国际市场对药品生产质量要求相比相差很远；在中药质量检测控制上，大部分仍停留在定性和对个别指标成分定量检测的水平；在中药药理、药效及毒理等的评价上，国内GCP、GLP等标准规范的制订实施时间不长，与国际通行标准接轨的尝试刚刚开始，各项试验数据还得不到国际社会认可。这些都是摆在中药国际化面前的难题。最后，工艺落后，剂型单一。我国传统中药行业的设备和工艺水平很落后，中药剂型以丸剂、散剂、汤剂为主，还没有摆脱“傻、大、黑、粗”的形象，缺乏具有三效（速效、长效、高效）、三小（毒性小、副作用小、用量小）、三便（储存方便、携带方便、服用方便）的新剂型，在形式上难以被国际社会接受。

6. 知识产权保护不力，难以形成竞争优势

尽管随着《专利法》、《商标法》和《中药品种保护条例》的实施，我国中药知识产权保护工作已经逐步进入规范化、法制化的轨道，但在运用知识产权制度保护方面仍然存在诸多问题。一些有价值的古方、验方、祖传秘方长期流落民间，有的被外商低价买走。近年来，“洋中药”纷纷在我国境内抢注中药专利，获准专利数已高达1万多项，占我国同类专利的八成以上。许多跨国医药集团还到世界各国申请中药专利。而我国中药产品由于缺少专利的保护，导致仿冒产品盛行，国外有实力的经销商通常不愿意代理没有专利保护的产品，使中药产品难以在国际市场上形成竞争优势。此外，我国中药企业对于商标的重要作用缺乏认识，中药商标的注册量很少。许多驰名商标在国外被抢注后，我国企业再斥巨资把商标购回，给企业造成巨大损失。

此外，许多传统中药配方在未有专利保护的情况下，出口靠处方保密作为产权保护的手段。但中药以食品出口时，进口国一般要求在标签上标明成分，为了保密就出现包装上的标示与实际处方不符的情况。一些国家对进口中成药进行检测时，如发现标示成分与分析结果不符，就会禁止入关。随着各国对中成药检测水平的不断提高，这个问题将暴露得更为明显。但在国际上中药仿冒产品甚多的今天，公布配方的办法又不可取，因而如何进行国际知识产权保护是一个必须认真对待的问题。

7. 中药销售渠道不健全

中药国际销售网络不健全，经营管理混乱，是造成中药出口量增加，但出口额却增长缓慢的主要原因。我国中药销售渠道单一，长期以来，限于我国港、澳地区和东南亚一带，大量中药是通过国内外贸部门经香港转口销售。这样，生产企业与国外客户不能直接见面，使企业信息不灵，不能适应国际市场不断变化的要求。

（四）促进中药产业国际化的对策

1. 加强中医药文化的对外传播，促进中药的国际交流与合作

消除文化障碍，以科学的态度宣传中医药的机理和文化内涵，是中药国际化战略的重要部分。我们应积极整合国内相关资源，增强中医药的国际交流与合作，推进中医药科学的国际传播，促使中医药在西方国家尽快合法化，加快中药国际化进程。有组织、有计划地利用各种机会向各国政府有关部门宣传介绍我国的中医药管理、生产、中医考核等种种制度以及各种标准，让各国政府了解中医药管理，相信中医药，并促使我国标准成为国际标准。加强与国外中医及与各种中医团体的合作，支持他们争取合法化的活动，利用他们对国外环境熟悉的优势，帮助我们做好中医药文化宣传；加强与各国植物药研究的权威机构和学术团体的合作与交流，扩大交流覆盖面和提高质量。此外还要使中医药科普宣传与学术宣传相结合，建立专项基金，定期派出科技人员参加国际有关植物药会议，通过学术水平高的论文，宣传我国中医药新成果和新产品，促进世界人民对中医药的了解和认可。

发挥中国中医药翻译学会的作用，尽快使中医药翻译规范化；同时，有组织、有计划地翻译一批中医药经典著作（为准确起见，可与外国专家共同翻译），并出版一批外文普及著作，宣传中医药文化；有组织、有计划地为全世界20万个针灸诊所编制向病人宣传普及中医药知识的录像带、光盘。

2. 重视中药的安全性，加强中药理化指标研究

国际上所有与药品或植物药相关的法律与法规的宗旨都是要保证产品的安全、质量及疗效。加强中药的安全性研究，是中药走向国际市场的必然选择。首先，我们必须加强中药理化指标研究，用国际通用语言阐释药理、毒理及药动力学，使中药在现代科学意义上清晰、明了，突出中药的安全、有效。其次，强化中药分析学研究，保证中药的质量可控性。推行原料及制剂的指纹图谱技术，标识成分的定性和定量测定，以及生物效价测定法。在生产过程中，加强各阶段的监督和检验，尤其要注意对原料药的质量检验，限制任何可能引起药品不纯的因素（如细菌、重金属、残留农药和药材的微生物污染）。此外还可以采用对照试验数据和药物经济学研究证明中药的有效性和安全性。政府应积极支持中药有效性和安全性的科研课题，鼓励在国际学术刊物上发表或在国际会议上交流中药有效性、安全性和成本-效果分析的数据，消除外国人对中药的误解和怀疑，提高中药的国际声誉和地位。

3. 中药产业国际化必须依靠中药现代化突破技术瓶颈

中药现代化是中药产业国际化的基础，依靠现代化的科学方法和手段改造传统中药是中药产业国际化的必由之路。只有在中药全行业各个环节重新规范，采用新技术、新设备、新标准进行现代化改造，在继承传统精华的基础上实现中药提取、分析、制剂技术现代化，才能加快中药产业国际化。首先，应积极开展传统中药基础理论的现代科学研究。综合运用传统方法和现代科学技术，加强跨学科、跨领域的交流与合作，加强中药药性、复方配伍规律、药效作用物质基础和作用机理等基础性研究工作，用现代语言重新解释中医药理论，促进中医药理论走出国门。其次，加快中药质量标准的研究，建立适合中药特点的标准和规范。在完善我国中医药标准体系建设的基础上，充分吸收和借鉴国际医疗卫生和其他传统医学关于标准化方面的经验，制定适合中药特点、可被国际社会理解和接受的中药研发生产、质量控制、安全评价等中药行业国际标准，达到影响世界、实现双向接轨的目标。再次，完善中药材、中药饮片及中药生产的质量管理规范。加强中药材种植和中药饮片加工质量管理规范的实施力度和实施范围是我国中药国际化的基本条件。应以中药材质量控制为核心，广泛进行中药材的规范化（GAP）生产，依照制定的生产技术规程（SOP），生产优质无公害的药材。把当前仍在执行的中药饮片加工炮制的"地方性规范"逐步上升为全国性规范，努力提高中药饮片质量，完善饮片质量控制标准。中药生产的基础设施及生产技术、加工工艺都应实现现代化，严格按照国际认可的GMP标准进行中药生产。此外，积极开发中药新剂型，如滴丸、气雾剂、注射剂，使中药的应用更加符合国际社会的要求。

4. 以高科技为导向研制国际市场需求的新产品

中药产品要想走出国门，只停留在现有水平上是不够的。中医药有其特殊性，应根据特点走一条自身发展之路，应看到一些中药新剂型如滴丸剂、气雾剂、粉针剂等确实有独到之处。但大多数中药制品科技含量仍不高，中药产品要真正达到高效、速效、长效的要求还要进行大量的研究。要使中药产品既符合中医理论，又达到现代制剂要求，确实需要药学工作者踏踏实实地做大量基础研究工作，而不是急功近利盲目仿制各种现成的产品。此外，应在药理作用的判别上、中药有效成分的确认和提取上有所突破，成为真正高效、速效的中药制剂；要引入高科技手段和借鉴日本等国提纯天然药物的方法，搞出适应国际市场需求、有高科技附加值的新制剂，打入国际市场。

5. 加强中药知识产权保护

有效地保护中药知识产权是促进中药现代化、国际化的质量保障。中医药是中华民族数千年积累的宝贵遗产，传统书籍、诊疗方法、临床经验、中草药资源中蕴藏着丰富的自主知识产权资源。我们应加强对中药知识产权的规范研究，重点是研究如何对我国现行的知识产权保护方式进行综合运用，如何解决我国中药知识产权保护的规范性、保护范围的确定及保护力度等问题。同时还要积极研究国际知识产权保护条款，努力寻找适用规则，为我国中药开拓国际市场打下基础。WTO的《TRIPS协定》是我们进行国际知识产权保护研究的一个重要文件。我们要积极运用国际通行的专利、商标、著作权、商业秘密等知识产权范畴的法律法规，研究制定中药知识产权保护战略，保护中药科学成果。

国家中医药管理局、国家食品药品监督管理局、国家知识产权局应联合组成专家研究组，确定重点领域和项目，对能发挥优势领域里的现有科研成果的发明和专利要进行分类排队；对已经获得专利权和商标权的研究成果与新产品，要组织发布和出版专著，使其尽快形成社会公知材料，形成阻止国外专利和商标成立的制约因素。同时，通过研究国际专利制度和法规现状，检索文献，及时组织确属国际领先水平的具有优势的专利技术、产品到国外申请一国或多国专利，寻求国际专利法律的保护，为中药的专利技术和产品打入国际市场创造条件。

6. 加快培养适应国际化需要的中医药人才

中药产业要走向国际化，必须大力发展中医药教育事业，为中药产业的发展输送更多的优秀人才。中医药人才的培养必须面向世界，在学习传统中药理论的同时，必须提高国际交流和沟通能力。首先，要深化中医药教育教学改革，大力培养中药产业国际化所需要的各类人才。中药产业国际化不仅需要大批高科技专业人才，更需要一大批懂得中医药知识的外贸、营销、管理、金融、法律等各类复合型人才。要大力培养中药外贸外语人才，培养既懂中药外贸知识又懂GAP、GLP、GMP等国际质量标准的人才，既懂研究开发又具备生产经营才能和国际市场营销知识的高级管理人才，既精通国内外知识产权保护、药品审批制度、药品管理法规规范又掌握中药研究开发动态的专门人才。其次，要积极开展多种形式的中医药教育活动。中药产业要走向国际化，必须依靠多种形式的对外教育与交流活动来扩大其影响，必须逐步扩大对外教育规模，建立比较完整的中医药涉外教育体系，完善中医药涉外教育培训制度。目前，许多中医药大学、药科大学已经设立了中药国际贸易专业，培养中药国际贸易人才和管理人才。同时，还要加快培养能从事国际中医药合作研究、能在国外进行中医药教学和行医以及能在国际植物药机构中工作的外语专业人才。

7. 提高中医药产品的国际营销策略和水平

中药产业要面向国际市场，必须认真研究中药产品的营销策略。只有这样，中药产品才能打开国际市场，从而彻底改变我国中药产品在世界植物药产品市场的低份额局面。

首先，开展绿色营销策略。企业在研制开发绿色产品的同时，要注意积极争取获得“绿色标志”。这种特定的图形标志一旦贴或印在商品上，就标志着该商品质量合格，在生产、使用处置过程中符合环境保护的要求，这也就比较符合西方人的环境保护观念。

其次，开辟国际中药商贸信息交流渠道，建立国际中药商贸信息交流网络，负责澄清和反驳国外对中医药恶意宣传，揭露国外某些公司利用我国企业希望在国外注册药物而欺诈资金的卑劣行为，保护国内企业的利益。

再次，举办“国际中医药博览会”，在世界各地巡回展出；在条件成熟的发达国家，举办“中医药文化节”。博览会侧重中药产品、自然疗法新产品及文化图书宣传交流；文化节侧重中医药技术演示、专家讲座咨询，设立回归自然主题，从而消除中西文化屏障，促进中医药国际化。

最后，鼓励中药企业走出国门，加入到国际竞争的大市场中去，同时有计划、有组织地建立国际营销网络，以便更好地打入国际市场。

8. 政府“优先扶持”，推动中药产业国际化进程

政府应采用适当的倾斜政策，重点扶持中药行业，形成有利于整体经济增长、区域经济发展和具有市场竞争优势的现代中药产业。重点扶持一批拥有自主知识产权、具有国际竞争力的大型企业或跨国集团，使之优先发展，率先实现国际化经营，早日改变我国中药企业国际竞争力低下的局面，“以点带面”，推动整个中药产业国际化进程。积极推进市场机制下的企业兼并重组，逐步形成一批产品新颖、技术先进、装备精良、管理有素、具有开拓精神的中药核心企业和数个中药跨国企业，使企业成为中药国际化的实施主体。此外，政府应采用适当政策支持中药企业积极开拓国际市场，参与国际竞争。

第二节　跨国公司及其直接投资的理论评价

一、跨国公司概况

（一）跨国公司的定义

跨国公司（transnational corporation），又名多国公司（multinational corporation），是指以母国为基地，通过对外直接投资，在其他国家或地区设立分支机构或子公司，从事国际化生产或经营的企业。

国际上对一个企业是否是跨国公司的判断标准很多，大体上有：按跨国程度分类，按所有制分类，按企业经营战略、控制程度、股权比重、组织方式等分类。1986年联合国跨国公司委员会规定，跨国公司应具备以下三个要素：①跨国公司必须是一个经营实体，母公司对在两个或两个以上的国家内从事生产和销售的其他经营实体进行控制；②跨国公司必须有一个中央决策体系，有共同的政策和目标；③跨国公司的各个实体应分享资源、信息并分担责任。

（二）跨国公司的基本特征

1. 跨国公司是生产要素在国际间移动的主要承担者

跨国公司是使生产要素由一国向另一国移动的主要承担者。跨国公司进行的产品贸易和对外直接投资活动之间有内在联系，是直接投资的主要载体。

2. 跨国公司规模庞大，实力雄厚

跨国企业是一个或几个居于垄断地位的国际化大企业或企业联合体，他们拥有先进的技术和管理经验、多样化的产品、雄厚的资金、较高的商业信誉、庞大的销售规模，其组织结构、管理体制、决策程序、物质资源和人力资源的配置均适合在许多国家从事生产贸易活动。

3. 跨国公司的贸易内部化程度高

跨国公司的总分公司、母子公司之间相互配合，形成整体。跨国公司的内部贸易占世界贸易的1/3以上，跨国公司以内部贸易取代外部市场，可以减少由于外部市场的不完全性而造成的经营风险，降低经营成本，充分发挥转移价格的功效，防止技术扩散，从而增强跨国公司的垄断地位。

4. 跨国公司技术创新全球化趋势日益明显

跨国公司技术创新全球化主要表现在R&D全球分散化和R&D国际战略联盟。R&D全球分散化主要表现在跨国公司海外R&D分支机构数量显著增多，根据对20世纪80年代《财富》排列的世界500强的母公司及海外分支机构的914家实验室进行调查显示，英国、德国、意大利、荷兰和瑞士跨国公司的实验室超过50%设在母国外。位于加拿大、英国、意大利、荷兰和其他欧洲国家的实验室，有超过50%的实验室属外国公司所有。另一表现是随着跨国公司海外R&D分支机构的增加，海外投入也不断加大。以拥有跨国公司最多的美国、欧盟、日本为例，1994~1997年美国跨国公司国外R&D支出占国内R&D支出的33%；欧盟为42%；日本跨国公司过去的R&D活动主要安排在国内进行，进入20世纪90年代，企业R&D国际化步伐明显加快，国外R&D支出比例高达57%。

二、跨国公司直接投资的理论评价

20世纪60年代后，随着跨国公司的迅猛发展，其在国际间的直接投资受到国际社会的普遍重视。40多年来，许多学者从不同角度对跨国公司直接投资现象进行了深入研究，提出不尽相同的理论观点来解释企业投资行为。

（一）垄断优势论

垄断优势论是最早研究国际直接投资的独立理论，由美国经济学家海默（S. H. Hymer）于1960年首先提出，他用美国企业的垄断优势和市场的不完全竞争来解释大规模的对外直接投资，后来约翰逊（H. G. Jonson）、凯夫斯（R. E. Caues）和金德尔伯格（C. P. Kindleberger）等又作了进一步补充。

海默认为，企业之所以要对外直接投资，是因为它有比东道国同类企业有利的垄断优势。这种垄断优势主要包括生产技术、管理与组织技能，以及销售技巧等一切无形资产在内的知识资产优势和由于企业规模大而产生的规模经济优势。如果东道国同类企业不具备这些优势，或要取得这些优势必须付出很大的代价，投资者就可以凭借自己的垄断优势在东道国投资办厂，降低生产成本，参与当地市场竞争，赚取更多的利润。这两种垄断优势决定了对外直接投资的方向，即企业应到不具备垄断优势的国家和地区投资建厂、组织生产经营。

约翰逊则认为，企业对外直接投资的垄断优势，主要来自对知识资产的占有和使用。由于知识资产的生产成本很高，而通过直接投资来使用知识资产的成本却很低，东道国企业要取得同样的知识资产要付出很大代价，因此它难以和投资国企业竞争。

凯夫斯认为，企业的垄断优势主要体现在它能使产品发生异质化的能力方面。企业之所以能走向海外，是因为它能根据不同地区、不同层次消费者的偏好，设计和生产出适合不同消费者的产品，并且能够运用高超的销售技巧迎合消费者的心理需要。

金德尔伯格认为进行直接投资的企业必须能够提供东道国企业没有优势或根本没有的创新产品。

垄断优势论可以较好地解释知识密集型产业对外直接投资的行为，也可以解释技术先进国家之间的“相互投资”现象，在理论和实践上都具有一定的价值。但垄断优势是对外直接投资的必要条件，而不是充分条件。拥有垄断优势，尤其是拥有技术优势的企业也可以通过产品出口或技术转让方式去获取最大利润，该理论并未就此做出进一步的解释。

(二) 比较优势论

比较优势论由日本一桥大学教授小岛清在20世纪70年代中期提出。小岛清认为，国际分工原则使得美国企业和日本企业的对外直接投资行为不尽相同。美国对外直接投资主要分布于拥有比较优势的制造业，这不仅不符合国际分工原则，而且会引起国际收支不平衡和贸易条件恶化。这是因为，拥有比较优势的产业部门应该把生产基地设在国内，通过产品出口进入国际市场。如果通过对外直接投资把生产制造活动转移到国外，就会减少本国同类产品的出口量，使本国可以通过出口而保持的巨额贸易顺差丧失殆尽，这种贸易替代型的投资不利于促使国际收支平衡和改善贸易条件。日本企业则能够遵循国际分工原则，充分发挥自己的比较优势。日本到海外投资建厂的企业，一般都是国内已失去比较优势的产业部门。为维持或扩大原有的生产规模，它们就向具有比较优势的国家和地区投资，在那里建立新的生产和出口(向第三国出口)基地。而在本国组织生产的企业，则是在国内拥有比较优势的产业部门，它们可以利用自己的优势扩大产品的出口。这种贸易创造型投资使日本在扩大对外直接投资的同时，保持了巨额国际贸易收支顺差。

比较优势论的主要特点是：①它主张对外投资企业与东道国企业的技术差距越小越好，因为这更容易使本国企业在海外“创造出新的比较成本优势”从而有利于扩大国际贸易。②它认为对外直接投资要适应东道国，特别是发展中国家的需要，有助于增加就业、提高劳动生产率、普及生产技术和经营技能，推动当地的经济发展，起到“教师的作用”。而在这方面，中小企业在制造业投资比大企业更具有优势。③它强调在国际直接投资中起决定作用的是企业的比较优势，而不是企业的垄断优势。

(三) 国际生产折中论

国际生产折中论由英国经济学家邓宁(J.H.Dunning)于1977年提出。他主张跨国公司应该把对外直接投资的目的、条件和能力综合起来加以分析。该理论认为，跨国公司之所以愿意并能够进行对外直接投资，是因为它拥有东道国企业所没有的所有权优势、内部化优势和区位优势。前两个优势是其对外直接投资的必要条件，后一个优势是充分条件。当公司仅拥有所有权优势时，它可以选择技术转让方式从事国际经济活动；当公司拥有所有权优势和内部化优势时，它可以选择产品出口方式；当公司拥有所有权优势、内部化优势和区位优势时，它便可以选择对外直接投资方式(表11-3)。

表11-3　对外直接投资、产品出口与技术转移的选择

方　式	所有权优势	内部化优势	区位优势
对外直接投资	+	+	+
产品出口	+	+	−
技术转移	+	−	−

注：“+”表示具备该种优势；“−”表示不具备该种优势。

所有权优势主要是指一国企业拥有或能够得到别国企业没有或难以得到的生产要素禀赋(如自然资源、资金、技术和劳动力等)、产品的生产工艺、研究开发能力、专利、商标、销售技能和管理经验等。它说明企业为什么能够对外直接投资。内部化优势主要是指企业建立自己的内部交易体系，把公开的外部市场交易转变为不公开的内部市场交易，从而克服外部市场不完全性造成的不利影响。它说明企业如何通过对外直接投资提高经济效益。区位优势主要是指一家国家的投资环境优良，企业在那里可以获得廉价的自然资源和劳动力，享受当地政府给予的各种优惠待遇，并且利用当地的基础设施和市场便利等。它说明企业为什么要到特定的国家进行直接投资。

国际生产折中论把对外直接投资、产品出口和技术转移等综合起来考虑，从所有权优势、内部化优势和区位优势三个方面对企业国际经济活动方式的选择进行了深入分析，这在理论和实践上都具有重要意义。用该理论来解释跨国公司的对外直接投资行为，更加接近客观实际，具有较大的说服力。

(四) 产业内双向投资理论

产业内双向投资理论是针对20世纪60年代以后跨国公司的大量资本在发达国家之间流动，并集中投入在相同产业内部的现象提出来的，一些专家学者从不同的角度对此做出了解释。

格雷姆(E. M. Gram)于1975年对187家美国跨国公司及其在欧洲子公司和88家欧洲跨国公司及其在美国子公司的产业分布进行了研究，提出：之所以会出现产业内部双向投资，是因为跨国公司产业分布的相似性，相似的东西更容易接近。

海默认为，对技术密集型产业内的双向资本流动，除了从资本优势、企业优势、技术优势和国外利润高等方面来解释，还可以利用"寡占反应行为"来解释。寡占反应行为是指各国垄断组织通过挤占竞争对手的地盘来加强自己在国际竞争中的地位。产业内交叉直接投资正是寡占反应行为的主要方式。

金德尔伯格指出，在寡头控制的工业中，对外直接投资往往是相互交叉进行的，其目的主要是防止少数竞争对手占领潜在市场而削弱自己的竞争地位。

邓宁认为，双向投资发生在发达国家的同一产业内部，主要原因有：①发达国家之间由于科学技术水平接近，因而在产业内没有一个企业拥有独占的"所有权特定优势"，而是几个企业拥有几乎相近或相同的所有权优势。②从事多阶段生产活动的企业为了获得垂直联合的优势，以扩大经济规模、降低生产成本，有必要进行产业内双向投资。③在发达国家之间，由于其国民收入水平相近，需求结构也基本相似，这样就会扩大对异质产品的需求，从而引起发达国家之间的产业内国际贸易倾向。一旦产业内国际贸易受阻，产业内的双向投资就会替代产业内的国际贸易。

也有人用"安全港"理论解释产业内的双向投资行为。其认为，在发展中国家投资的收益虽然比在发达国家的高，但在发展中国家投资的安全性小，面临的政治经济风险大。因此，企业情愿把资本投向发达国家，特别是投向发达国家的产业内，以获得稳定而不低的投资收益。

产业内双向投资理论是新近产生的国际直接投资理论，用它来解释产业内双向资本流动的现象有合理之处，但该理论还需要进一步充实和系统化，使之趋于成熟。

除以上理论以外，美国哈佛大学教授弗农(R. Vernon)于1966年提出的产品生命周期论、英国经济学家巴克利(P.J.Buckley)和卡森(M.C.Casson)等于20世纪70年代中期提出的市场内部化理论，分别从产品的生命周期和公司外部市场内部化等角度阐明了跨国公司对外直接投资的必要性。

第三节 跨国医药企业及其在华发展

经济全球化使各国经济无一例外地参与国际分工和国际交换，在非歧视的、公平的自由竞争条件下，国际间的商品流、资金流、技术流和信息流正在世界范围内实现资源的优化配置。全球化让中国不可避免地成为世界经济的主角，面对一个13亿人口的庞大市场，跨国医药公司趋之若鹜。

一、全球跨国医药企业发展趋势

随着全球经济的复苏和经济结构的调整，跨国医药企业为了增强国际竞争力而在世界范围内进行资产重组和转移生产，不断增加新产品的研发，从而继续保持强劲的增长势头。

(一) 跨国医药企业之间出现兼并重组热潮

近年来，世界跨国医药企业正在加速联合、兼并、重组，其金额巨大，规模惊人(表11-4)。2000年葛兰素威康与史克必成以760亿美元合并后，成为世界最大的制药公司。到2001年年底葛兰素史克的销售额就达到248亿美元，相当于我国6700家医药工业企业2001年销售收入2096亿元人民币的总和。到2007年年底葛兰素史克的销售额则达到451亿美元。此外，辉瑞与华纳兰博特的合并，使其医药产业收入由1995年的79亿美元增加到2007年的486亿美元。更重要的是，该公司雄厚的科研开发能力和重磅级新产品将超过位居第一的葛兰素史克。其他大型医药企业如强生以102亿美元收购阿尔扎，百时美施贵宝以78亿美元收购杜邦的制药业务，德国拜耳以66亿美元从安万特和先令AG手中收购安万特一个科研机构，英国特种药品企业Shire公司出资40亿美元收购了加拿大Biochem公司等。

表11-4 2001年世界医药企业十大重组案 (单位：亿美元)

排序	公司(国别)	合作伙伴(国别)	交易方式	交易额
1	强生(美)	阿尔扎(美)	收购	102
2	施贵宝(美)	杜邦制药(美)	购买	78
3	雅培(美)	巴斯夫(德)	收购基诺	69
4	拜耳(德)	安万特(德)/先令AG(德)	收购安万特CropScience	66
5	施贵宝(美)	宝洁(美)	出售Clairol	49.5
6	沙耳(英)	BioChemPharma(加拿大)	合并	40

续表

排序	公司(国别)	合作伙伴(国别)	交易方式	交易额
7	Mectronic(美)	MiniMed/Medical 研究部(美)	收购	37
8	诺华(美)	罗氏(瑞)	购买罗氏20%股份	27.9
9	强生(美)	Inverness Medical Technology(美)	收购 IMT 糖尿病产品部	13
10	施贵宝(美)	LmClone(英)	购买 ImClone 近 20%的股份	10

据有关资料预测,21 世纪中期,全球排名前 70 家大型制药企业将合并为 15 家,医药产业的集中度迅速提高。2007 年世界排名前 10 名的制药企业的销售收入已占全世界的 48.98%,这种产业集中度的提高,进一步强化了跨国公司对世界医药市场的分割与控制,这必将对我国医药工业构成巨大的威胁。

需要说明的是,在国际制药行业兼并收购长期趋势不断加强的同时,短期内国际制药行业并购呈现出下降趋势,这期间并购行为将集中表现在较小规模、以产品为导向的并购而非广泛的并购。从全球范围看,制药领域在 2002 年的并购案比 2001 年降低 11%,为 349 起;2002 年并购额从 2001 年的 573 亿美元升高到 706 亿美元,但若排除并购额为 595 亿美元的辉瑞和法玛西亚的合并案,则仅为 111 亿美元。并购趋缓现象的出现主要基于以下两个方面的原因:一是当前世界经济、地理、政治因素以及资本市场现状等对并购行为的影响;二是传统的战略收购者为规避风险,将会持续地收购一些比较便宜的优良资产,因而推迟了一些预期已久的大规模的并购。

(二) 跨国医药企业销售规模不断扩大

医药产业以高投入、高风险、高产出著称。随着世界经济全球化的持续发展、医药市场的全面复苏,跨国医药企业的发展势头更为强劲。作为医药产业的代表,列《财富》2007 年全球 500 强的 13 家医药公司及 2007 年全美最大 500 家公司中的 7 家医药企业,其销售情况真实地反映出了这一点(表 11-5)。

许多医药企业在销售规模十分庞大的情况下,2007 年增长速度仍超过 10%(表 11-6),具有良好的成长性;有几家公司 2007 年的增长速度不及 2006 年的增长速度,有的甚至出现了负增长。这一方面与其 2007 年经营规模已达到一个较高水平有关;另一方面,根据全球主要制药企业发布的 2007 年 1~9 月份的财务报表来看,制药行业仍然处于低迷状态,具体表现在新产品上市速度减慢,老产品专利到期后企业青黄不接。由于大部分企业研发投入资金的增长比较低,新产品的开发效率不高,增长速度减缓,但他们仍有持续发展的能力。

表 11-5　13 家国际著名医药公司销售额及在 500 强排名概况

公　　司	2007 年世界 500 强排名	2007 年全美 500 强排名	利润/百万美元
强生	112	36	53 324.0
辉瑞	115	39	52 415.0
葛兰素史克	147	-	42 730.6
拜耳	158	-	39 899.2
诺华	168	-	37 020.0
赛诺菲安万特	169	-	36 998.4
罗氏	188	-	34 702.8
阿斯利康	252	-	26 475.0
默克(默沙东)	308	99	22 636.0
雅培	312	102	22 476.3
惠氏	346	113	20 350.7
百美施贵宝	406	129	17 914.0
礼来	481	148	15 691.0

(资料来源:数据来自于《财富》网站的资料和各公司网站中所登发的 2007 年年终报告)

(三) 跨国医药企业的研发投入持续增加

研发是创新的基础,我国绝大多数制药企业年均用于研发的费用仅占销售收入的 2%~5%,而国外大型制药公司的研发费用一般是销售收入的 15%~20%,诺和诺德公司近年来的研发费用一直在销售收入的 17%~20%。

2003 年,世界药品市场的增长率比 2002 年低,为 5%~6%。但是研发投入继续增长,如美国惠氏是 20 亿美元,百时美施贵宝为 23 亿美元,阿斯利康投入达 35 亿美元,辉瑞则超过 60 亿美元。2004 年全球前 10 强制药企业的新药研发投入总额为 398.3 亿美元,辉瑞的新药研发投入高达 76.8 亿美元。各公司不惜巨资进行新产品的研究开发,因为新药的研发是医药企业长盛不衰、茁壮成长的秘诀。许多公司连续若干年的研究开发费用的增长幅度超过 10%(表 11-7)。

表 11-6 销售收入增长情况 (单位:%)

公　司	2007 年较 2006 年增长	2006 年较 2005 年增长	2005~2007 年平均增长	2002~2007 年平均增长
辉瑞	-1.5	2.0	0.8	1.3
赛诺菲安万特	-1.1	16.1	9.3	16.9
葛兰素史克	-4.2	9.0	1.6	6.8
罗氏	12.6	5.0	9.3	16.6
诺华	10.7	-3.6	2.3	12.0
阿斯利康	11.5	0.7	12.3	11.0
强生	6.9	6.4	1.2	14.2
默克	6.9	2.8	3.3	8.7
惠氏	10.3	-10.0	-0.25	5.3
礼来	19.0	?	?	8.8

(资料来源:数据来自于《财富》网站的资料和各公司网站中所登发的 2007 年年终报告)

表 11-7 跨国公司研发(R&D)投入情况 (单位:%)

公　司	2007 年较 2006 年增长	2006 年较 2005 年增长	2005~2007 年平均增长	2002~2007 年平均增长
默克	4.8	13.3	10.5	10.6
辉瑞	9.3	9.9	13.6	17.5
强生	15.6	12.2	12.7	11.2
葛兰素史克	4.9	10.5	—	—
施贵宝	16.5	10.2	14.5	13.4
诺华	-10.0	9.7	-2.4	—
安万特	0.06	135.9	39.7	—
法玛西亚	4.5	2.1	11.3	6.3
阿斯利康	-4.2	-1.0	3.9	7.2
罗氏公司	-2.8	4.4	4.0	9.4
惠氏	10.8	6.3	—	—
雅培	16.8	13.1	8.7	5.5
礼来	10.7	13.2	8.7	—
先灵-葆雅	-1.6	11.7	9.2	12.7
安进	2.4	2.7	9.3	10.4

(资料来源:数据来自于《财富》网站的资料和各公司网站中所登发的 2007 年年终报告)

二、跨国医药企业在我国的发展

我国的制药行业开放较早,中国大冢制药于 1980 年就在天津谈判签约了。世界医药 20 强企业已经全部在我国建立合资或独资企业,至 2001 年年底我国已批准成立 2000 多家医药合资或独资企业。在华医药企业已经成为我国医药经济一个新的增长点和医药行业发展的重要力量。

(一) 跨国医药企业在我国的投资历程

跨国医药企业在华的投资历程大致可以分为两个阶段:第一阶段是以港、澳、台资金为主和以劳动密集型出口加工企业为主的“前战略式”的过渡性安排;第二阶段是以规模较大、技术含量较高的大型跨国医药公司为主并进行系统化战略投资的阶段,它主要以国外直接投资为主要投资方式,以股权式合资经营、契约式合作经营和独资经营等三种形式为进入的途径。我国最大的 500 家外资企业中,医药企业占 14 家,其中外方控股的有 13 家。西安杨森外方控股 52%,天津中美史克外方控股 55%。对于近年筹建的合资企业,外方往往要求拥有 90%以上的股份,有的甚至是完全外方独资。

最早进入中国市场的几家真正的跨国医药公司,

如葛兰素史克、辉瑞等目前经营得都比较成功。现阶段跨国医药公司在华投资都有明确的目标和步骤，投资范围已从医药原料、中药材和普通制剂等行业扩大到咨询服务、生物技术，甚至是新药研发等。抢占中国市场，把中国作为跨国公司在全球分工体系中的一个有机组成部分已成为跨国公司的在华投资战略。

（二）跨国医药企业投资动机

跨国医药公司之所以在我国投入巨资，最主要的原因是在中国经济快速增长的诱惑下，看中了中国这个潜在的大市场。跨国医药公司是从战略角度来对待现实规模并不大的中国医药市场，不仅考虑到中国医药市场的现实价值，更考虑它在未来全球竞争格局中的价值。

根据公司的战略计划和对环境的要求，绝大多数跨国医药公司采用直接投资进入中国市场，新建控股的合资企业，并向独资发展。在本土化战略方面，跨国医药公司更注重一体化投资，在华设立企业集团或控股公司甚至地区总部进行当地的投资管理，并积极建设中西结合的独特的企业文化。

（三）跨国医药企业在我国的投资绩效

对于跨国医药公司在华的投资绩效，可以从以下两个方面着手分析：一方面，从跨国医药公司角度来看，这些在华医药企业在总体上已将中国纳入其全球战略体系，充分发挥了品牌效益。同时，它们还承担了环境保护与社会责任，通过公益事业和社区活动塑造良好的形象。在经营性评价指标上，三资企业的销售额、利润额已经占全国医药行业的1/4~1/3，并且发展速度快于整个医药行业，在城市用药中已占据绝对优势。另一方面，从我国的角度来看，通过合资，引进了大量的资金和先进的生产设备和生产工艺，引进了一批专利药品和先进的管理经验。对于医药这个技术、资本密集型的行业来讲，这在相当程度上促进了我国医药产业结构的升级，也给我国创造了许多就业机会。同时，跨国医药公司与我国政府部门的合作，也促进了我国医疗卫生事业的发展。此外，跨国公司在主宰全球经济的同时也增强了东道国即中国的出口竞争力。任何事物都有两面性，跨国医药公司在我国的迅速发展也给我国市场带来了一定的负效应，如虚高定价和转移利润。但总体而言，吸收跨国医药公司在华投资符合中国的国家利益。

三、跨国医药企业在我国的投资趋向

从单纯销售药品到设立生产基地，再到研发、生产、销售、采购的整体转移，跨国制药巨头在中国的投资逐渐显现出新动向。

（一）投资力度增强

据有关资料显示，2000年世界人均药品消费50美元，美国人均年药品消费300美元，日本400美元，中等发达国家人均药品消费为40~50美元，而我国却不到10美元。由于中国人口占世界人口的1/5，经济快速发展，人们健康意识增强，对医药需求增加。据此分析，中国的医药市场价值在2000年达到190亿美元（全国商业销售1560亿人民币），2010年将达到600亿美元，并在2020年达到1200亿美元，从而超过美国成为全球的第一大市场。

在利好因素的刺激下，外资医药企业争先恐后地加大在华投资。葛兰素史克在中国的投资是其在亚太地区的最大投资，也是1999年至2003年这5年中该集团在制药领域所做的最大投资，包括2003年10月底正式投入运营的在天津注册资本为9200万美元的工厂和投资金额达1.136亿美元的苏州工厂。浦东张江高科技园区近年来吸引了以罗氏、史克必成、勃林格殷格翰、美敦力、奈科明等为代表的数十家跨国制药企业，形成了“扎堆效应”。

（二）投资方向发生转变

近十年来，跨国医药企业在全球的资产重组和市场瓜分已告一个段落，世界制药巨头大规模进入中国的行动已经完成，世界制药前20强企业都已在中国投资设厂。现在开始，跨国公司逐渐从原来的注重产业投资向注重研发投资转变。

瑞士罗氏公司2004年1月宣布在中国设立研发中心，并于2004年年底建成并投入运营，建成后的第一年就有四五十位中国科学家在新的研发中心工作。这是继诺和诺德、阿斯利康、礼来、施维雅之后，第五家在中国设立研发中心的跨国医药企业。这一方面表明跨国制药企业已瞄准了中国“物美价廉”的科研人才、某些领域雄厚的科研基础和丰富独特的疾病资源；另一方面也说明中国市场的巨大消费潜力刺激了跨国公司，中国研发人才的高素质、中国医药院校和医院的高水准也对跨国公司有很大的吸引力。在我国设立研发中心，是跨国制药企业在华直接投资战略从一般的市场战略、资源战略到全球战略，从传统的自然资源战略到技术人才战略演变的必然产物。

（三）原料药“转移生产”趋势明显

由于环境和成本的原因，跨国医药企业逐渐把原料药的生产重心转移到我国。日本第一制药是氧氟沙星的发明人，现在却转向中国浙江康裕药厂购买氧氟沙星；美国默克制药公司是阿维菌素最大的生产企业，现在却转向中国采购阿维菌素；世界化工巨头杜邦公司也把原来自己生产的一系列化工、医药中间体转由中国企业生产；巴斯夫公司计划把自己在日本、美国和丹麦的总年产能力在2万吨以上的三家维生素C工厂关闭，把维生素生产基地建到中国。一大批国外天然药物和保健品生产厂家也大量地向中国寻求中药提取物的生产合作，日本最大的汉方药生产企业津村株式会社就与上海合建了先进的提取生产线基地。

很多跨国制药公司通过一般贸易在中国进行原料药的大规模采购。有数据显示，2005年中国医药商品出口共有100多种产品，交易额达527亿美元。其中主打产品是化学原料药，有60多种此类产品有较强的竞争力。

经过30多年的快速发展，中国医药产业的生产能力已居世界前列，其中医药制剂加工能力位居世界第一，化学原料药产量排名全球第二。中国在原料药方面的生产优于美国、欧洲和日本，很多美国大企业的制药原料是在中国完成的，外国制药企业到中国进行原料采购的状况也将长时间地持续下去。

四、跨国医药企业的发展对我国医药产业的影响

随着我国加入WTO，医药市场的逐步开放，国际上排名前20位的大型跨国制药巨头均已进入我国，通过独资、合资、合作以及收购兼并等方式在国内站稳脚跟，至今已经占据国内近50%的医药市场份额，且呈稳步上升趋势。而上述跨国制药公司发展的新特点已经引发了其对华经营及竞争战略的改变，对我国医药产业发展产生了一系列有利和不利的影响。

（一）促进了我国医药产业的发展

21世纪，跨国制药跨国公司愈加重视我国医药市场，采取相应举措，譬如在我国增设研发分支机构，加快与我国医药企业合作步伐、加大投资力度等，从而在一定程度上促进了我国医药产业的发展。

从可持续发展的角度来分析，跨国企业带来的技术和理念对我国医药业发展有着深远影响。跨国企业在中国设立研发中心，开展临床实验，投资建设工厂，使中国本土企业有机会学习到相关技术和流程。与此同时，跨国企业也引进了许多国际标准，如GMP、GSP、GCP和GLP等，现在这些标准已经成为中国法规政策中的重要部分，极大地提高了药品质量，保证了中国患者的用药安全，同时提升了我国制药行业从业人员的素质。

跨国公司对我国医药产业的另一重要影响是使企业形成了合作观念，这种观念并不局限于制药企业内，更强调通过制药企业与政府的合作、互动，最终达到患者、社会、政府和产业多赢的局面。制药企业与卫生部、中国药学会等组织间的合作不仅推广了新药，也为政府进行决策、出台法律提供了信息与依据；而反映到制药企业总部高层的诸多政策与环境信号，也吸引了许多跨国药企CEO纷纷到中国来考察市场。

（二）促进了我国医药产业战略重组

国际医药领域并购趋势的加强，产生了一批超大规模的跨国公司，这些跨国药企不断追加对我国医药市场的投资，使我国制药企业面临的竞争形式非常严峻。为了与超大规模的跨国制药公司相抗衡，保护民族医药产业，医药行业“十五”规划中提出：计划用5年左右的时间，在现有大型企业的基础上通过股票上市、兼并、联合、重组等方式，着力培养10个销售额达50亿元以上的大型医药企业集团，其主要产品具有与国际跨国公司相抗衡的能力。较早涉足并购市场的华源集团，先后收购上海医药集团、北京医药集团、鲁抗医药集团和新华制药集团，已成为规模最大的国内医药集团。华源集团和上药集团的总销售额加起来约300亿元人民币，医药领域的销售额约200亿元人民币，高居中国医药界榜首。强强联合后，必定能促使华源集团率先进入世界50强医药企业的行列。我国医药企业战略重组进行得如火如荼，但与国外跨国制药公司的并购行为相比，范围及规模均相差很远，面临的国际竞争压力依然巨大。2007年11月，东盛集团旗下盖天力制药股份有限公司的全部OTC业务，以12.64亿元人民币被德国拜耳医药收购，成为迄今为止中国制药领域最高金额的外资并购案。

另外，我国已经开始对药品生产经营企业实施GMP管理，要求按照国际规则实施GMP认证，所有药品制剂和原料药生产企业必须符合GMP认证，未通过GMP认证的制药企业在2007年7月1日后全面停产。截至2007年年底药品原料药和制剂生产企业4682家。经过调整，目前我国医药产业两极分化日趋明显，生产集中度和经济效益集中度进一步提高。据对国内前60家医药企业的统计，它们的销售收入占全国医药销售收入的比重逐年提高。

（三）使我国医药企业在产业分工及竞争中处于弱势

由于在企业规模、研发能力、品牌价值、管理水平

等各方面,我国医药企业与跨国公司均存在较大差距,因此,当跨国药企涌入我国市场时,就出现其市场份额的不断上升和我国药企被压制于价值链末端的情形。根据中国医药商业协会的统计,2006 年上半年,合资药占市场份额的 54.98%,进口药占 16.35%。而在医药市场,合资产品利润已连续 4 年超过全部利润的 50%。跨国制药企业在中国上市的产品几乎覆盖了所有的治疗领域,其中包括越来越多的原研制新药。在中国的药品市场上,原研制新药占有的市场份额已经从 1997 年的 12%上升到 2000 年的 13%,这个比例还将增加。而我国大部分医药企业技术能力、研发能力相对薄弱,难以与跨国公司抗衡,致使这些企业在市场竞争中甘拜下风,成为利润低微的药品“加工车间”,而跨国制药公司则处于价值链上游,获取市场高额利润。如此一来,使我国医药企业更加难以形成自己的品牌和研发能力。如何打破这一恶性循环,是我国医药企业面临的严峻挑战。

(四)造成国内医药产业人才流失

市场竞争的关键在于技术与管理的竞争,而最后决定竞争胜负的因素就在于企业间人才的竞争。随着跨国制药公司对我国市场渗透力度的加大,它们从国内医药企业挖走了相当数量优秀的研发、经营及管理人才,造成了大批精英人才的流失,使我国医药产业的发展潜伏危机。诺和诺德公司选择中关村生命科学园作为研发中心,主要原因是中关村生命园有国家蛋白质组研究中心,另外还紧靠中国科学院动物研究所。那里是优秀科研人员的聚集地,还有我国政府长期以来在药物基础科研领域巨额投入建成的基础设施。可以说,在完成了市场的拓展和生产的转移之后,跨国制药公司看好中国物美价廉的科研资源,它们在中国设立研发中心的热潮才刚刚开始。利用中国的人力资源、物质资源研发出更多的适合中国市场的产品、抢占更多的市场份额,已是跨国制药企业明确的市场战略。这个“用中国人的智慧占领中国市场”的战略深刻表明,外企的低成本扩张策略已跨出生产领域向研发领域渗透,是一种更高明、更深刻的扩张策略。

第四节　我国医药企业的跨国经营

随着经济全球化进程的进一步推进和我国加入 WTO,我国逐步成为国际制药产业转移的重点地区。一些跨国制药公司纷纷在中国寻求转移生产的合作伙伴,我国正在成为全球重要的医药产品生产和分销基地。在与国外企业的合作中,一批国内医药企业也在逐步发展壮大。走出国门,实施跨国经营已经成为部分优秀医药企业的战略选择。

一、我国医药企业实施跨国经营的必要性

跨国经营包含三个层次:一是对外贸易;二是参与国际投资;三是组建跨国公司。医药需求的世界性和医药生产的集中性,使医药产品成为国际贸易最广泛的产品之一。跨国医药公司经过多年的激烈竞争和疯狂并购,已经形成了诸如美国的辉瑞、默克,英国的葛兰素,德国的拜耳等少数跨国医药公司统治着国际医药市场的局面。这些医药大公司几乎垄断了全世界西药新药品的专利和产品的知识产权及生产经营权。2007 年,世界制药前十位企业的全球市场占有率达到了 48.98%,垄断程度较高。可见,医药企业通过跨国经营,可以实现规模经济,降低成本费用,实现利润最大化,从而提高其竞争力,占据更大的市场份额。

与此同时,国内医药高速发展带来了生产和消费的严重失衡,产品过剩引发的恶性降价竞争不可能从根本上解决问题。恶性竞争没有出路,唯有走出国门才会天地更宽。印度的产品结构和技术水平与我国相似,印度兰伯西公司、西普拉公司等一批企业,在输出产品的同时不断进行对外投资。兰伯西公司花 1400 万美元收购美国 OTC 药厂罗姆雷格制药公司,当年销售只有 1800 万美元,经过品种改造,2003 年销售达 3.6 亿美元,按最保守估计利润为 6000 万美元,利润率远远高于我国企业的水平。据美国一份分析报告,2001~2003 年,兰伯西公司在美国市场的销售额年平均递增 27.1%,比其在印度国内增幅高 1 倍。该公司自 1998 年进入美国市场以来已经申报了 14 个仿制药品,未来几年还会有更快的增长。兰伯西公司的国际化经营是从非专利药的出口和对外直接投资开始的,这一点值得我国制药企业借鉴。

着眼于全球化的趋势和国内医药发展的需要,我们也必须做出这样的选择。结合企业的实际情况走出国门,不但有望减轻国内生产过剩的压力,而且可以提高经济效益,在国际医药市场的大蛋糕中赢得更大的份额。

二、我国医药企业实施跨国经营的可行性

近几年来,我国医药产业一直处于持续、稳定、快速发展阶段。2007 年我国医药产业的生产、销售保

持了较快的增长,经济效益相比2006年有明显回升。2007年全年医药行业累计实现工业总产值6200.11亿元,比去年增加近1200亿元,同比增长25.01%。2007年我国医药行业累计产品销售收入达到了5732.50亿元,累计资产达到了6769.68亿元,累计利润总额达到了555.23亿元。

医药经济的快速发展以及世界制药产业转移生产对我国医药产业发展的积极效应,已使我国的制药企业具备了进行跨国经营的一定条件。

1) 我国的制药企业具备了进行跨国经营的生产能力。到目前为止,我国的制药能力基本能满足临床所需的日常用药、必备药和特种药,原料药产量已居世界第二,部分品种的原料药产量甚至居世界第一。目前,中国医药产业的片剂年生产能力已达6200亿片,胶囊1194亿粒,水针563亿支,大输液44亿瓶(袋),粉针175亿支。中国医药企业生产的化学原料药及中间体达1300多个品种,年产总量超过80万吨。

2) 从20世纪80年代开始,我国制药企业就已和在华的外资企业进行交流合作。三资企业引进先进品种、技术、装备和管理,在经营理念、营销策略、市场开拓、人才培养、企业文化建设等方面都给国企以借鉴,客观上也为我国医药企业走出国门做了一点准备。

3) 加入WTO给制药企业的跨国经营提供了有利的契机。我国以发展中国家的身份和权利义务平衡的原则加入WTO,可以获得无任何附加条件的最惠国待遇,产品不再受到歧视,企业跨国经营有更大空间和更多优惠。

4) 我国有优越的地理位置和丰富的自然、土地、劳动力等资源,能进行方便的出口贸易及与邻国经济类型互补的跨国经营。

三、我国医药企业从事跨国经营的障碍

随着经济全球化进程的加快,我国医药企业既面临着跨国经营的难得机遇,也面临着巨大的挑战。加入WTO,标志着我国进入了全方位多领域的对外开放阶段,国内市场国际化,国际市场全球化。在这种背景下,我国医药企业必须走出国门,参与全球竞争。然而,就目前我国医药企业的现状而言,要实现多层次的跨国经营还有很长一段路要走。

(一) 新药研发投入不足,产品技术含量低

总的来说,以前中国本土医药企业进行的研发,根本就不是真正意义上的药品研制开发。一种新药的研究与开发一般耗时10年左右,在西方发达国家耗资需5亿~10亿美元,但是在我国,即使是有较大影响的一些制药企业,一年的新药研发经费也只有几千万元人民币。新药研发投入严重不足,直接导致新药的创新研制能力及制剂水平低下,创新药物很少。

至今,我国自主创新、拥有知识产权的新药不多,临床所需的专利药品主要依靠进口和三资企业生产。缺少自主开发产品,企业的产品出口可能就会与《TRIPS协定》相关条款抵触;缺少特色品种,企业就缺少到国际市场上竞争的资本。

(二) 制药企业规模问题突出

目前我国5000家左右的医药生产企业中,绝大部分为中小型企业。年销售额在亿元以上的企业不足200家,而葛兰素史克于2005年全年销售额就比我国数千家制药企业全年销售额的总和还要多。

大多数中小企业规模小、生产条件差、工艺落后、管理水平低、布局分散,并且生产设备闲置,利用率仅在60%上下波动(制药企业生产设备利用率应为90%左右),且绝大部分的中小企业是处在亏损或微利的状态,有明显经济效益的企业不多见。一些与医药产业相关的政策法规的颁布实施,也不利于中小医药企业的发展。例如,以四川试点为基础的挂网招标模式将统一各省的药品采购平台,“挂网招标”除了要降低药价外,还将以“一票通”或“二票制”对药品交易价格和票据流向进行监管。根据“二票制”的规定,原则上所有药品由一级经销商代理,最多经二级经销商配送至医院。“二票制”规定大大减少了药品的流通环节,压缩了大量小型药品销售机构的生存空间,有利于医药流通企业的集中度提高。对中小制药企业不利的是,集中带来的垄断将使他们的生存愈发艰难。另外,随着国家政策性保护的取消,这些企业将面临很大的生存压力,更谈不上实施跨国经营。

(三) 部分医药企业未能达到国外GMP标准,阻碍了我国的药品进入国际市场

GMP是保证产出优质药品的管理制度,它可以分为三类:一是国际的,即WHO的GMP;二是国家的,如美国、日本等国的GMP;三是工业组织制定的GMP。GMP管理在我国推行已经有近20年的历史了,我国在这方面已经取得了一定的成绩,但同时也发现仍存在不少问题。例如,仍有一部分企业的车间达不到国外GMP要求,生产技术人员的专业知识和专业操作能力不高,生产工艺流程及操作规程的制定和执行还不够科学、严格,与国际水平相比还存在一定的距离,导致产品质量不高,无法很好地保障人们

的用药安全。已经通过 GMP 认证的少数企业，在执行标准时也有一定的违规行为。这样做的直接后果就是制约了药品质量的提高，降低了产品的竞争力，严重阻碍了我国药品进入国际市场，同时该行为也在一定程度上妨碍了企业自身在更高层次、更广阔的领域发展。

（四）国际营销力量薄弱

我国医药产业还没有形成完善的国际医药营销体系。现有的中国对外医药贸易绝大部分是效益较低的转口贸易，很少进行直接的对外贸易与国际营销，严重缺乏国际营销的经验。在这一方面，我国不仅落后于发达国家的跨国医药公司，而且落后于其他发展中的医药大国，如印度和巴西等。

此外，我国医药产业还严重缺乏大量合格的医药营销人才。医药营销人才无法用一般的国际贸易人才来代替，而这种人才的培养和成长还需要一定的时间。

四、我国医药企业从事跨国经营的策略

国际市场越来越离不开中国，因为与美国、欧洲、日本的研发成本相比，我国的成本要低得多。所以，除转移生产之外，国外科研机构与国内的密切合作以及向我国转移研发也已成为跨国公司的重要选择。同时，中国医药也需要走向世界。只有参与国际竞争，中国医药才会壮大。结合自身的具体情况，中国医药企业从事跨国经营可以从以下四个方面入手。

（一）通过研发全球化来进行技术寻求

制药业是研发全球化程度最高的产业，许多成功的制药企业都是通过在全球各地设立研发分支机构进行技术寻求，获取新技术，增强研发能力。美国30%的新药研发活动在境外进行，而在美国境内进行的研发活动中49%是由外国企业完成的。但同时研发新药也需要投入巨额资金，我国的制药企业规模普遍偏小，融资渠道不畅，一些本具有良好国际市场发展前景的新药，往往由于资金问题而半途夭折。

鉴于这种状况，可考虑选取中国香港作为跨国研发的桥头堡。香港是国际金融中心之一，金融市场非常成熟，内地企业通过香港筹措国际资金成本较低。香港的创业板市场为风险投资的退出提供了途径，通过上市，使企业、风险投资者都能获得丰厚的利润，吸引了很多国际风险资本流入香港。香港资本市场体系发达，制药企业在香港设立研发型高科技创业企业，有多层次的资本市场参与企业的成长过程，有助于其顺利实现风险资本与技术的高效结合，提高科研成果的转化率。香港当局通过制定“中药港计划”对中药产业进行扶持，为中药新药研发提供基础设施及科研配合，统筹和协调各项支援措施及资金，鼓励更多企业参与投资中药项目的开发，把风险基金增加对中药项目的投资作为重要的工作目标。

此外，我国制药企业还可以通过兼并、收购发达国家的制药企业和生物技术企业，借此获取国外先进的、稀缺的新药研制技术资源。例如，新化合物的发现和筛选需要生物技术平台进行辅助，欧美国家有一些专门从事新技术平台开发的生物技术公司。企业如能并购这类技术平台型生物技术公司，就可以拥有世界上先进的新药研发技术平台，如高流量筛选、基因组测序、组合化学和生物信息学软件等。

（二）扩大规模集群化发展

在国际医药市场中，企业规模也是竞争取胜的决定性因素之一。近年来，虽然我国制药企业在经济总量上获得了引人注目的发展，但在高速发展和繁荣的表面下却存在许多阻碍发展的问题，比如企业数量过多、规模偏小、产品结构不合理、规模不经济等。随着市场竞争的不断加剧，企业规模扩大是其演进过程中的必然趋势。只有在最佳的规模经济下企业才能将生产要素集中到一定程度，使单位产品的生产成本和流通费用降至最低。

制药企业必须扩大规模集群发展，因为规模化发展可以使企业运用更先进的机器设备进行专业化生产，综合利用生产要素使生产成本大幅度降低；有利于企业建立更好的研发机构，促进创新，并将研发成果尽快转化为具有竞争优势的产品；此外还可以使企业有效抵制经营风险，稳定发展整个行业。目前，制药企业正在通过重组、合资、联营、兼并等方式淘汰规模小、经济效益差的企业，逐渐形成集群规模发展，组建企业联盟、企业集团，如中国华源、复星实业、上实集团、东盛科技、健康元药业等。当然，这样的集群发展不能受所有制、地区、行业和部门的限制，一定要遵循经济规律和生产经营的实际需要，选择适当形式，进行以提高企业市场竞争力、增强企业技术创新力和市场控制力为目标的结构性调整和运作。

（三）选择合适的跨国经营目标市场

根据我国药品生产企业 GMP 认证情况及目标市场对 GMP 的要求选择目标市场。各国对药品管理的情况是不同的。因此，在选择目标市场的同时应注意各国在这方面的要求。经济越发达的地区，GMP 要求得越严；制剂药品的本国加工能力越强，药品进口

控制得越严。因此，根据我国医药企业GMP的认证情况，目前我国有相当一部分制药企业在一定时期内还无法进入对GMP要求严格的市场，所以一般制剂产品重点市场应选择经济不发达的国家和地区。而对于我国原料生产，其GMP标准相对容易达到，且其传统市场是发达国家，进入其市场可以较少受GMP的约束。

此外还应该考虑从市场的经济规模以及地理条件对跨国经营成本的影响来选择目标市场。目标市场只有达到最低经济规模，才具有经营的可能性和现实性，才有可能产生一定的经济效益。同时，由于我国药品主要以低价进行竞争，因此由地理因素决定的运输成本也不得不加以考虑。

兼顾以上各种因素，我国原料药重点的目标市场是发达国家和其他具有制剂生产能力的国家；中药的重要市场是传统中华文化区，如日本、韩国和我国台湾地区等以及华侨居住集中的北美、东南亚等地；制剂产品重点市场是广大的发展中国家。但同时也应考虑：在发展中国家投资有政治风险和当地劳动力素质差、市场容量小、基础设施不完善等不利因素，另外还难以学到先进技术和管理经验；发达国家市场广阔，同时又能学到先进科学技术和管理经验，所以在条件允许的情况下，发达国家应成为市场导向型和效率导向型对外投资的重点选择对象。

（四）建立完善的跨国经营营销策略

医药市场复杂多变，企业必须不断了解市场，开发市场，适应市场需求。跨国经营一般按照这样的步骤渐次推进：立足国内市场—商品出口导向—对外直接投资。从各国跨国公司经营经验来看，绝大多数跨国公司都以国内市场为依托，开拓国际市场。

1）国际市场的开发应有所创新。对于一些营销体系不很健全的医药企业，可以通过总代理、独家代理的形式，由具有完善市场信息网络的营销公司来帮助其销售产品，充分利用其良好的市场网络资源。同时，在经营中不断接受新知识、新观念，提出新方法，解决新问题，以适应不断变化的市场环境。随着对市场的进一步了解，医药企业可以通过合资、合作、对外直接投资的方式在海外设厂。同仁堂在这方面已初见成果，至2007年年底，其已在海外设立合资公司和药店20家。

2）在跨国经营的分销、促销手段上，应采取本土化策略。我国医药产业跨国经营不应仅仅通过营销人员来完成，而应努力做到营销方式的本土化，努力发掘出每一个消费者的真正潜力。此外，利用当地的消费者或者是在当地雇佣的员工进行本企业产品的宣传、促销工作，在一定程度上能加深人们对该企业、该产品的认同感和亲切感，有利于企业产品的销售。

3）跨国公司在产品生产上应注意适应各种消费者或者是消费群体的口味。例如，肯德基、麦当劳等快餐连锁店就是采用的这种营销模式，不断推出符合当地人口味的快餐食品，以赢得当地人的喜爱。我国有相当一部分企业还没有注意到这一点，其产品往往口味单一，服用不便，致使产品在海外卖不出好价钱，甚至处于被列入反倾销行列的边缘。这其中最关键的原因是与当地人缺乏沟通。

4）在医药营销人才的培养上，跨国经营企业首先应要求营销人员具备一定的医药知识背景，良好的职业道德，同时要求处于第一线的海外人员必须熟悉当地的文化风俗，具备海外企业工作必要的专业知识技能，具有较强的灵活性和适应性。只有这样医药企业才能按照国际营销路径来组织跨国经营活动，从而提高整个企业参与国际竞争的能力。

本章小结

本章第一节讲述了医药产业的国际化问题，首先介绍了产业国际化的一般理论，着重介绍了其概念及特征；其次分别分析了国际医药产业与我国医药产业的国际化问题，最后分析了我国中药的国际化，包括中药国际化拥有的优势、存在的障碍及对策。第二节讲述了跨国公司的概念、特征及跨国公司直接投资的理论评价。第三节讲述了在华跨国药企的现状，在我国的发展以及跨国药企在我国的投资趋向。第四节则从我国医药企业跨国经营的必要性、医药企业跨国经营所具备的条件、存在的问题以及跨国经营的策略四个方面论述了我国制药企业的跨国经营之路。

本章思考题

1. 产业国际化的概念及特征是什么？
2. 目前国际医药产业呈现出哪些特征？
3. 试述中药国际化的现实困难与对策。
4. 试述我国中药如何打入美国市场。
5. 跨国医药企业为什么要将研发机构转向我国？
6. 我国的医药企业如何走出国门？

案例分析

同仁堂（集团）有限责任公司（以下简称同仁堂）的总部大楼隐设在北京崇文门外大街一群时髦建筑中，年轻人喜欢的量贩KTV、电影院和购物商城包围了同仁堂古色古香的金字招牌。惟一能让过往行人察觉到这个老字号存在的是，楼下药店中药材的气味时不时会飘散到街道上。

作为中国最具知名度的中药企业——同仁堂在海外市场面临的情况多少和其总部大楼所处的环境有些相似，其主要产品因为和西药的治疗理念完全不同而难以被海外消费者接受，也无法通过很多西方国家药品监督管理体系——中药是难以严格量化分析的药品，而西药有严格的标准系统。

但在2005年，同仁堂通过自身遍布在香港、东南亚、韩国、日本以及欧美的销售渠道，出口额达到了1.6亿元人民币，在国内药企中排名第一，而且在经历了十多年的海外销售考验后，同仁堂显然也对国际化有了自己的理解。

在2000年同仁堂科技（同仁堂集团旗下的子公司，2000年在香港创业板上市）与香港和记黄埔全资附属的公司和记中药合作、2003年同仁堂集团与和记黄埔成立了合资公司后，同仁堂一度被外界视为跨出了国际化中最重要的一步——通过与李嘉诚的合作，既能在香港获得更多经验，又能通过香港中转站的作用，提高其在全球的影响力。

但是在同仁堂内部，对这两次看起来意义重大的合作，却并不太认同，“和黄想控制我们，我们决不会让步”，公司一位管理层说：“合资公司存在的价值只是为同仁堂战略发展提供一些资金支持，但我们自身的资金也很充裕。”言下之意是，同仁堂并不打算假手他人来设计自己的海外路线。

事实上，除了在香港，在东南亚的其他市场，虽然有时同仁堂会通过合资或者合作的方式开展海外业务，但在很大程度上，还是希望能以自身为主。集团在成立海外业务之初就拿出了400万美元，专门用于投资；集团旗下的另一个在A股上市的公司北京同仁堂股份有限公司，也为海外扩展提供资金支持。公司海外结构中，已经有2家独资公司；在11家合资公司中，大部分都是同仁堂控股；开设的17家中药店，也几乎全部都是由同仁堂100%持股。

“中药有自己独特而完整的产业体系，同仁堂必须通过自己来探索”，同仁堂集团董事长殷顺海说。在他的计划中，未来3~4年，海外要建30家合资公司或者分公司、100家门店，“有华人的地方，就要有同仁堂。”

如何把这些数百年积累形成的产品和背后的文化推广出去？在1993年，同仁堂第一次通过品牌授权方式在香港开设海外市场第一家门店时，所受到的火爆欢迎还很好理解——当时的媒体曾言，香港街头有两个地方门前需要排队：一是英国大使馆门前签证；二是同仁堂药店门前买药。这里毕竟是属于中华文化圈，而且香港消费者向来对同仁堂的品牌不陌生。

但在欧洲市场，1994年同仁堂就在伦敦开设了一家门店，随后也在其他国家建店，最初并没有受到当地的欢迎。在一些门店中，同仁堂复制了国内“名医坐堂”的模式，但是当医生为病患号脉，并说出“属于肾水不足、肝火上延、肝阳上亢”之类的诊断时，无论是翻译还是病患都一头雾水，结果自然可想而知。

初出茅庐的同仁堂开始调整策略，把重心放在亚洲市场，尤其是华人较多的国家，集团董事长殷顺海曾简单总结过新策略，“站稳亚洲、迈进欧洲、渗透美洲、开辟大洋洲”，这也被视为务实的做法。

在东南亚华人聚集多的地方开店除了容易得到认同外，也有从成本上的考虑，一般单店投资额在50万美元至150万美元之间，相比欧美已属便宜，而且手续也相对简单，在越南、柬埔寨、新加坡等地，同仁堂通常是给有关管理部门做简单的备案说明后，对方盖章就能正式运营。

在连续开设了十多家分店后，同仁堂已经取得了不错的业绩。在马来西亚吉隆坡分店，当地人要提前一周预约才能轮到大夫坐诊抓药，煎药机昼夜不停地运转都难以满足需求，在亚洲市场的销售额已经占到海外整体销售的90%，其中就包括门店的收入。

尝到甜头的同仁堂开始考虑如何把门店的销售继续做大，但原有在内地的生产基地已经不能满足海外的需求，到了2004年又投资1.5亿美元在香港大埔工业园建立了第一个海外生产基地来供应亚洲市场。除此之外，也通过为日本的药厂进行OEM生产来提高工艺。在2003年更是通过资产置换的方式收购了北京崇文区中医院，以储备大量的中医人才为将来的海外人才输出做准备。

由于中医药在防治“非典”和艾滋病等方面的突出表现，中医药在海外影响越来越大。2004年，欧盟放宽了植物药市场准入“门槛”，首度承认符合条件的中药可获得药品合法“身份”。坏消息是，即使对拟进入国家市场的药物法规研究得相当透彻，针对其标准研发改良产品，还是会遇到技术和程序之外的巨大阻力。

进入澳大利亚，同仁堂就前后历经了8年时间，从成立合资公司、开药店到批发销售，其按照澳洲的规定，一路绿灯，一直没有出现封存或者查抄不合规产品的事情，到现在同仁堂已经注册了30多个产品，今年数量会增加到50多个。这是一个标准严苛但非常公正的市场。

但在韩国，同仁堂却真正遇到了考验。其牛黄清心丸虽然在产品本身上无可挑剔，但在韩国的药品监督管理机构——食药厅却历经了4年左右的注册时间。几十批相同小样被要求送往不同的检测部门，但拿出来的却是自相矛盾的检测结果，以至于最后食药厅也认为对同仁堂过于苛刻，检验过程并不公正，最终还是放行。

牛黄清心丸被通过后，又出现了韩国企业联合向政府抗议的热潮。在同仁堂2005年10月进驻韩国之前，韩国媒体上出现了大量中国产品质次价高的系列报道，包括中国的泡菜有毒、中国药品检测超标等。好在后来通过宣传以及主动和韩国食药厅多次沟通，最终才平息了这次风波，2006年同仁堂已经开始着手进行日本市场的开发。

对于更为庞大的欧美市场，一个可行的模式是和当地药监局指定的研发机构合作，和西药经历相同的审批程序，在通过三期临床试验之后即可进入当地医疗机构进行销售，然而这并非最佳解决方案。天士力制药股份有限公司扩展海外的主打产品复方丹参滴丸投资了1亿多元，历经十几年还未通过美国FDA临床二期实验，只得无奈被搁置。

同仁堂认为如无把握,不如不做,转而向稳中求胜,利用同仁堂中医药研发实力,和相应的国外研究机构合作开发适合市场需求的产品,并与相应的零售商进行合作。2004年同仁堂旗下的上市公司,承担海外市场和新产品研发职能的北京同仁堂科技发展股份有限公司和德国麦尔海有限公司合作开发消除眼部细纹、解除眼部疲劳的生物制剂“立眼舒”,并选择了屈臣氏作为渠道合作伙伴,进入个人护理领域。这或许是个绕开壁垒的新办法。

[资料来源:同仁堂走出大宅门——访同仁堂国际公司总经理丁永玲. 品牌之都网 http://pp.nbsme.gov.cn/news/detail_news.jsp? id=433,2007年9月24日]

案例讨论题

1. 从此案例中,反映出同仁堂对跨国化经营采取了怎样的战略?成功的经验有哪些?
2. 同仁堂在走国际化经营过程中主要遇到哪些困难?
3. 百年老字号企业如何更好地发扬中国优秀的商业伦理精神?

资源链接

1. www.jrj.com.cn 金融街《我国制药企业国际化经营形势分析及策略探讨》
2. www/drcnet.com.cn 国务院发展研究中心信息网《中国医药产业怎样实施跨国经营》
3. www.drcnet.com.cn 国务院发展研究中心信息网《医药业“走出去”的现状和前景》
4. www.drcnet.com.cn 国务院发展研究中心信息网《论我国制药企业跨国研发发展战略》
5. www.drcnet.com.cn 国务院发展研究中心信息网《把脉中国医药产业》
6. www. 100md. com/html/DirDu/2006/07/25/12/45/32. htm 拇指医药《中医药向国际化发展优势与思考》
7. http://www.chinamtcm.om/现代中医药《中药安全性及其国际市场化的探讨》
8. www.ccper.com 中国医药经济研究中心
9. www.tongrentang.com.cn 同仁堂(集团)股份有限公司

第十二章　医药国际贸易中的知识产权问题

学习目标

通过本章的学习，了解医药知识产权的相关概念以及保护医药知识产权的相关法律法规，了解知识产权保护的理论基础，了解《与贸易有关的知识产权协定》在公共健康方面的谈判历程，了解我国在医药国际贸易中可以采取的知识产权策略，了解中药走向世界时应注意的知识产权保护问题。

引导实例

“诺华”与“建生”之争的启示

随着“回归自然”、“绿色消费”日渐成为消费时尚，中药及传统药物已成为新药开发和投资的热点。与此同时，相伴而来的有关中药大大小小的知识产权纠纷也不断发生，其中最为引人注目的就是瑞士诺华公司同北京建生药业有限公司之间的专利纠纷。

2001年9月，瑞士诺华公司（以下简称诺华）将北京建生药业有限公司（以下简称建生）告上法庭。据悉，建生董事长兼总经理李建生以鲜活药用动物为原料制成了一种抗癌新药——“金龙胶囊”（原名“扶正荡邪胶囊”），于1988年用于医院门诊制剂。1999年6月，诺华下属GNF研究所首席科学家娜达·赛因来北京时向李建生表明：很想了解该药的具体情况，如有可能双方还可以共同研发，并在美国市场推广。在双方口头承诺“没有达成正式合作协议前不准做试验”的前提下，李建生将300克金龙胶囊鲜动物药半成品无偿提供给娜达·赛因。就在李建生多次催促娜达·赛因和他签订正式合作协议而娜达·赛因却迟迟不签的时候，2002年3月1日，《华尔街时报》发表了一篇文章，称诺华即将推出一种抗癌药“格列卫”（Gleevec），其介绍的药物机理竟然与金龙胶囊惊人的相似。鉴于娜达·赛因和诺华的特殊关系，李建生怀疑他的金龙胶囊秘方已经被人剽窃了。

据了解，这起纠纷对簿公堂虽然历时已经年余，但还没有最后的结果。当事双方之一的一位不愿透露姓名的知情人士告诉记者，在这场官司中，双方都付出了不小的代价，虽然都是精疲力竭了，但只要不互相让步、妥协，“还会继续僵持下去、玩下去的。”有人说，这起事件给建生造成的经济损失达10多亿元。

业界分析人士认为，诺华、建生之间的知识产权纠纷一时之间还难以了结，除了双方之间的互不让步外，另一个重要的原因在于取证的困难。在业界人士看来，对于中药行业而言，这起纠纷的结局如何已经并不重要，重要的是事件本身带给我们的启迪和思考。同时，也正是因为这场争论，才完完全全地揭开了中药的“致命伤”：中药到底该如何保护自己。

据有关方面的不完全统计，我国中药因专利流失每年造成的经济损失已经超过了140亿美元，中药专利的流失重创了我国中药业，却“成就”了那些专搭专利“便车”的外国公司。在经济全球化的背景下，随着我国市场的逐步开放，中药的知识产权问题将更是一个解不开的结，如何保护中药的知识产权已经成为关系我国中药业“性命”的头等大事。

（资料来源：汪挺．谁来为中药专利“埋单”．中国商报，2002年11月26日．）

第一节　医药国际贸易知识产权保护概述

一、知识产权概述

（一）知识产权的定义

知识产权是由英文“intellectual property right”翻译而来的，其英文原意是“智慧财产权”，我国的很多学者均将其译为“知识产权”，现在已经被普遍接受，并在我国立法、司法和法学著作中普遍使用。知识产权是指公民、法人、非法人单位对其在科学、技术、文化、艺术等领域的发明、成果和作品依法享有的专有权，也就是人们对其智力创造性劳动成果所享有的特定权利。

迄今为止，世界上多数国家的法理专著、法律以及国际条约，都是只从划定范围出发去明确知识产权这个概念或给知识产权下定义的。在理解“知识产权”这个概念时应该把握两点：一是从知识产权的范围入手了解知识产权的概念，明确其含义；二是应当用发展的眼光去看待这一概念，随着科技的进步、国际贸易的发展和文学艺术的拓展，其内涵会不断深化，外延也会不断拓展。

（二）知识产权的范围

知识产权的范围，就是受知识产权保护的智力成果的种类，根据《世界知识产权组织公约》的规定，凡是涉及人类创造成果的均属于知识产权保护的范围。知识产权的范围有广义和狭义两种。

1. 狭义的知识产权

狭义的知识产权是指传统意义上的知识产权。一般包括专利权、商标权和著作权（又称版权），还包括与著作权相关的权利邻接权。

（1）专利权。专利权是指国际专利机关依照专利法授予发明人或设计人对某项发明创造享有在法定期限内的专有权。

（2）商标权。商标是指一种商品或服务的标识。商标权是指商标注册人对其经国家商标主管机关核准注册的商标享有的专有权。

（3）著作权。著作权是指公民或法人对所创作的文献艺术作品所享有的专有权利。

2. 广义的知识产权

广义的知识产权目前已被两个主要的知识产权国际公约所界定，即《世界知识产权组织公约》和《与贸易有关的知识产权协定》（即通常所说的《TRIPS 协定》）。

《世界知识产权组织公约》以列举的方式界定了知识产权的范围：

1）关于文学、艺术和科学作品的权利。这主要是指著作权，或者称版权、作者权。

2）关于表演艺术家的表演、录音和广播的权利。这主要是指邻接权，或与著作权相关的权利。

3）关于人类在一切领域内发明的权利。这主要是指人们就专利发明、实用新型及非专利发明享有的权利。

4）关于科学发现享有的权利。

5）关于工业品外观设计的权利。

6）关于商品商标、服务商标、商号及其他商业标记的权利。

7）关于制止不正当竞争的权利。

8）其他一切来自工业、科学及文学、艺术领域的智力创作活动所产生的权利。

《与贸易有关的知识产权协定》的第一部分第 1 条中划出了与贸易有关的知识产权的范围：

1）版权与邻接权。

2）商标权。

3）地理标志权。

4）工业品外观设计权。

5）专利权。

6）集成电路布图设计拓扑图权。

7）未公开的信息专有权。主要是商业秘密权。

我们通常所说的知识产权包括专利、商标、著作权和其他一些相关权利，著作权与商标权、专利权是传统知识产权的三大支柱权利。

（三）知识产权的特征

知识产权是一种无形财产权，它的权利标的是人的智力劳动所产生的智力成果。知识产权具有不同于一般财产权利的以下几个方面的特征。

（1）无形性。知识产权的权利标的是无形的智力成果，它被视为权利人的一项无形财产。

（2）专有性。知识产权的开发者对知识产权享有“特权”，即在一定范围、一定期限内享有专有权或独占权。

（3）地域性。知识产权只能在授予国范围内发生法律效力，得到法律的保护，其他国家没有必须给予保护的义务。

（4）时间性。各国对法定存续期内的知识资产予以保护，超过这一期限知识产权即不再受法律的保护。

（5）智力成果的可分离性。智力成果可以与其产生主体或创造主体相脱离而转由他人掌握和拥有，同时不会破坏成果的完整性和实用性。

（6）法定性。知识产权必须经专门的法律确认才能产生，相应的权利内容才受到法律的保护。

（四）国际知识产权相关公约及组织

1883 年制定的《保护工业产权巴黎公约》，是知识产权国际保护的开端。现行的知识产权国际公约主要有《保护工业产权巴黎公约》（通称《巴黎公约》）、《商标国际注册马德里协定》（通称《马德里协定》）、《专利合作条约》、《保护植物新品种国际公约》、《保护文学艺术作品伯尔尼公约》（通称《伯尔尼公约》）、《保护表演者、录音制品制作者与广播组织公约》（通称《罗马公约》）、《集成电路知识产权条约》等。

信息框

有关知识产权保护的国内法

一些国家试图利用国内法来实现国际间的知识产权保护，例如美国的“特别 301 条款”，“337 条款”。

美国国内贸易法中的"特别301条款"规定,美国将对认为对美实施不公平贸易做法的国家进行报复,其中不公平贸易做法包括美国认为对知识产权保护不充分的做法。报复措施包括对进口商品提高关税或采取进口限制,对有关国家服务征税或进行限制,直至终止两国签订的贸易条约。

"337条款"是美国1930年关税法中的第337条,现被汇编在《美国法典》第19编1337节,此条款又称不公平贸易做法条款,主要对外国厂商输入美国的侵犯美国知识产权的产品进行管制。如果"337条款"调查成立,出口商的产品将可能被永久排除在美国市场之外。

目前,世界范围内有影响的知识产权保护国际组织有3个,即世界知识产权组织、国际保护工业产权协会以及世界贸易组织,还有一个区域性组织——欧洲专利局。

二、国际贸易中知识产权保护的相关理论

(一) 产品生命周期理论

弗农的产品生命周期理论本来是用于解释贸易和投资的国际化的,但正是国际贸易新秩序带动了知识产权制度的国际化,因此可以用它来解释知识产权的国际化问题。

一般来说,一个发达国家的任何一个工业都将经历以下四个阶段:第一阶段,创造新产品,进入国内市场;第二阶段,国内市场饱和,向国外市场出口;第三阶段,该工业的对外投资,以便在外国市场提供该产品;第四阶段,这一产品从外国向原来的母国市场出口。在这一产品周期中,从第二阶段开始,工业产品就已经参与了国际贸易,包含在产品中的知识财产也随着产品的出口而进入了其他国家。如果没有严格的知识产权国际保护,包含在产品中的知识产权将会自由流失,产品贸易的第三、第四阶段就会无法实施。因为设在外国的生产基地可能会由外国模仿者而不是由创新公司建立,而且这些模仿者最终会同时在创新者建立的国内和国际市场上与之竞争。为了在国际贸易中防止产品周期朝着不利于他们利益的方向发展,原来的创新者自然会坚持要求外国尊重他们的知识产权。这样,知识产权的跨国保护不仅会引起相关国家政府的重视,而且也会引起国际贸易组织的重视。

20世纪80年代以来,随着科学技术的发展,商品与服务中的知识和技术含量越来越高,知识产权与国际贸易的联系日益紧密。国际贸易已越来越多地从单纯的货物买卖表现为集货物买卖、配套服务、技术转让和国际投资于一体的综合贸易,国际贸易商品结构的重心也转向了知识含量较高的工业制成品和知识产品,享有权利的知识财产的自由流失已成为国际自由贸易的障碍。因此,为了延长产品的生命周期,巩固产品生产者在国际市场的竞争优势,保证国际贸易的数量和质量,就需要加强知识产权的国际保护。

(二) 比较优势(比较成本)与竞争优势理论

如果说奴隶社会是以拥有奴隶的多少,封建社会是以拥有土地的多少,资本主义社会是以拥有资本的多少来衡量一国实力的话,那么在一定程度上知识社会则是以拥有知识产权的多少来作为衡量各国实力的标准。在市场经济条件下,资金、劳动力和各种丰富的生产资料可以在国际市场上平等地获取,而唯有专利、商标、技术等智力成果是难以被模仿的。在知识经济时代,知识已经成为除了资本、劳动力、土地之外的,企业发展必不可少的且越来越重要的要素。那么,在加入这种新的要素以后,各国该如何重新审视自己的优势呢?

1. 比较优势

传统的国际贸易理论认为,一国应生产和出口具有比较优势的产品,而进口比较劣势的产品。有比较优势的产品,其比较优势在于生产要素的丰裕程度,而要素的丰裕程度又决定了产品的成本差异。因此,一国应生产和出口密集使用其丰裕生产要素的产品,去交换使用本国相对稀缺生产要素的产品。由于各国保护知识产权的情况不同,各国所拥有的知识产权要素禀赋也不一样。一国有必要重新审视其产品的综合比较优势,更好地利用自己的优势而避免自己的劣势,提高产品在国际市场上的竞争力,以获取更大的贸易利益。

一国的比较优势受知识产权国际保护的影响主要表现在以下几个方面:

(1) 各国对知识产权实际占有数量和质量的差异。发达国家因其强大的资金、技术优势,有一套完善的体系,在知识产权领域本来就占有较大的优势。发展中国家在被迫加强对外知识产权保护后,受各类协议的约束,相应减少知识产权的侵权行为,在短期内劣势将更大,而发达国家由于市场扩大,其比较优势将更大。

(2) 各国国内立法的差异。《TRIPS协定》以及

其他有关条约所制定的知识产权保护标准是最低标准，各国可以在满足最低标准的基础上制定更高的国内法。而各国的立法情况千差万别，各国对待知识产权保护的态度也不一样，不同的知识产权保护立法就像要素禀赋一样影响一国比较优势。在法律保护程度较高的国家，侵权代价很高，侵犯知识产权的行为较少。企业只能依靠自主开发或购买来获得知识产权，其成本显然高于在较低保护标准国家利用的成本，其产品和服务将受到保护标准较低的国家企业的竞争而失去一部分市场。但同时，国外较高的保护标准也会削弱较低保护标准的国家向其出口产品的竞争力。

(3) 各国司法的差异。大多数发展中国家按照国际公约的要求都签署了有关知识产权保护的国际协议，但每个国家在其司法中都会有自己的安排，如在自身具有比较优势的部门加强知识产权保护，并尽量减少对自身比较劣势部门的冲击。这样，虽然签订了相同的国际协议，但各国知识产权保护的水平仍有差异。

正是由于上述原因造成的各国知识产权要素禀赋上的差异，各国的比较优势已不同于以前，因此各国应根据自身知识产权保护的具体情况，利用立法与司法上的差异，更好地利用自己的比较优势，以在国际贸易中获取更大的效益。

2. 竞争优势

根据迈克尔·波特的"钻石模型"，知识产权应属于国家"钻石"一角的"要素禀赋"。知识产权制度起着保护智力劳动成果、促进科技进步和推动社会文明发展进程的重要作用，它已成为国家基础设施的一部分，即国家政策和国家法律的一部分，单以这一要素而言，它必然可赢得效果显著且持续的竞争优势。知识产权制度是一种高级要素，它并非是一国的天然禀赋，而是人类创造出来的，国与国之间在这一要素上往往存在巨大的差异。一国若善于创造和改善知识产权这一生产要素，它就能在这一要素的产业中获得国家竞争优势。

但需要注意的是，知识产权作为一种基本要素，它只是最初竞争优势的主要源泉。只有通过有效的知识产权保护，企业加大投入，增加自主知识产权含量，并促进外国知识产权以投资、转让等形式流入，将高科技转化为商品，增加商品的技术含量，才能获得竞争优势的持续，并进入创新推进的阶段。这通常是一个较长期的过程。

3. 通过知识产权保护将比较优势转化为竞争优势

比较优势是由一国资源禀赋和交易条件所决定的静态优势，是获取竞争优势的基础；竞争优势是一种将潜在优势转化为现实优势的综合能力的作用结果；比较优势作为一种潜在优势，只有最终转化为竞争优势，才能形成真正的出口竞争力。要实现一国出口产品的结构升级，就必须以国际竞争为导向，将现有的比较优势转化为竞争优势，而其中的关键就在于提高该国知识产权保护水平。根据比较优势和竞争优势理论的观点，各国应立足于自身的产业特点和本土化特色，通过培育和发挥拥有自主知识产权的比较优势，突出以技术和品牌为核心的竞争优势。这不仅体现在高新技术产业部门及具有战略意义的产业部门，必须掌握具有自主知识产权的核心技术，建立以自主知识产权为基础的标准体系，而且还体现在一国传统的民族产业或初级产品部门，包括劳动密集型产业部门，努力塑造在国际上具有一定影响力的民族品牌。

三、医药知识产权保护概述

（一）医药知识产权的定义

医药知识产权是指一切与医药行业有关的发明创造和智力劳动成果的专有权。

（二）医药知识产权的范围

医药知识产权不限于某一新产品、新技术，也不限于某一专利或商标的保护，它是一个完整的体系，是相互联系、相互作用、相互影响的有机体。概括地说，医药知识产权的种类应包括以下五大类。

1）专利和技术秘密。主要包括要申请专利和不要申请专利的新产品、新物质、新技术、新工艺、新材料、新配方、新构造、新设计、新用途以及动植物、微生物和矿物新品种的生产方法等。

2）商标和商业秘密。主要包括已注册的标志、原产地名称以及不被公众所知的由医药企业拥有的涉及管理、工程、设计、市场、服务、研究开发、财务分析和技术转让等方面的信息。

3）涉及医药企业的计算机软件。如 GMP 控制系统等软件。

4）由医药企业组织人员创作或提供资金、资料等创作条件或承担责任的有关百科全书、年鉴、辞书、教材、摄影画册等编辑作品的著作权。

5）同其他单位合作中涉及研究开发、市场营销、技术转让、投资等与经营管理有关需要保密的技术、产品信息和药品说明书等。

（三）我国医药知识产权保护的发展过程

中国在 1980 年 6 月加入了"世界知识产权组织"（简称 WIPO）；1985 年 3 月加入了《保护工业产权巴

黎公约》;1989年10月加入了《商标国际注册马德里协议》;1992年10月加入了《保护文化艺术作品伯尔尼公约》和《世界版权公约》;1994年1月加入《专利合作条约》(PCT);1995年12月加入《商标国际注册马德里协定有关议定书》;1999年4月加入《保护植物新品种国际公约》;2001年11月中国加入世界贸易组织(WTO),承诺全面遵守《TRIPS协定》。

在有关医药知识产权保护的相关法律制度方面,我国也经历了一个完善的过程。

1. 专利保护

1985年4月1日实施的《中华人民共和国专利法》(以下简称《专利法》)只对药品的生产方法给予专利保护,对药品及用化学方法获得的物质不给予专利保护。1992年,中美达成知识产权谅解备忘录,自1993年1月1日起,我国开始实施《药品行政保护条例》,作为加入WTO之前医药知识产权方面的一个过渡性保护条例。该条例对符合规定的外国专利药物实施行政保护,保护期为七年零六个月。外国专利药物获得行政保护后,将不允许他人未经授权生产和销售,但在申请行政保护获得批准之前,国内企业也可抢先仿制并申报新药。1993年1月1日实施的修改后的《专利法》开始对药品和用化学方法获得的物质给予专利保护。2000年8月25日,二次修订的《专利法》开始实施。经过两次修订,我国专利的立法保护水平已经基本达到《TRIPS协定》的有关要求。

2. 商标保护

1983年颁布的《中华人民共和国商标法实施细则》(以下简称《商标法实施细则》)规定"药品必须使用注册商标",并且规定申请药品商标注册还应当附送"省、自治区、直辖市卫生厅、局的批准生产的证明文件"。1984年颁布的《中华人民共和国药品管理法》(以下简称《药品管理法》)也对药品强制注册商标作了相应规定。2001年全国人大常委会第二次修改《药品管理法》时,没有再对有关药品强制注册商标作出规定,随后,2002年9月施行的《商标法实施细则》也取消了对药品商标的强制注册规定。因此,药品商标目前遵循自愿注册原则。此外,我国2001年新修改的《中华人民共和国商标法》(以下简称《商标法》)中增加了"驰名商标"和"地理标志"的保护条款,更加有利于保护传统医药的知识产权。

3. 中药品种保护

1993年,国务院颁布了《中药品种保护条例》,对中药知识产权提供特殊保护。《中药品种保护条例》第二条规定"本条例适用中国境内生产制造的中药品种,包括中成药、天然药物的提取及其制剂和中药人工制成品。申请专利的中药品种,依照专利法的规定办理,不适用本条例。"可见《中药品种保护条例》的适用范围很广,只要没有申请专利的中药品种,都可以申请中药品种保护。该条例还规定依照《新药保护及技术转让规定》申请新药保护的在保护期过后、申请专利的在专利有效期过后,仍可申请中药品种保护。

4. 商业秘密保护

我国1991年实施的《中华人民共和国民事诉讼法》首次使用商业秘密的概念,该法第122条规定"涉及商业秘密的案件,当事人申请不公开审理的,可以不公开审理。"全国人民代表大会常务委员会法制工作委员会对商业秘密作了解释:商业秘密一般涉及企业以及经济部门的技术诀窍、商业情报等。最高人民法院的解释是:有些涉及商品生产和商品流通的案件在审理中会涉及企业的商业秘密,如产品的配方、生产的工艺过程、技术诀窍,以及有关资料、图纸、数据等。《中华人民共和国反不正当竞争法》把商业秘密定义为不被公众所知悉、能为权利人带来经济利益、具有实用性并经权利人采取保密措施的技术信息和经营信息。其中,技术信息和经营信息即技术秘密和经营秘密,包括设计、程序、产品配方、制作工艺、制作方法、管理诀窍、客户名单、货源情报、产销策略、招投标中的标底及标书内容等信息;不被公众知悉,是指该信息是不能从公开渠道直接获取,它能为权利人带来经济利益;具有实用性,是指该信息具有确定的可应用性,能为权利人带来现实的或者潜在的经济利益或者竞争优势;权利人采取保密措施,包括订立保密协议、建立保密制度及采取其他合理的保密措施。以上法律法规同样适用于医药行业。

(四)几种医药知识产权保护方式的比较

医药知识产权保护方式比较如表12-1所示。

专利被认为是保护发明最有效的手段。专利在药物研究过程中不仅能起到很好的保护作用,对药物市场开发也起着积极作用,它可以促进和保护我国新药的自主研制与开发,使科研成果产业化,为技术进出口贸易提供良好的法律环境。

就医药行业整体而言,专利保护的核心仍是对药品的发明专利保护。由于专利具有较强的专有性特点,对客体的保护力度比商标权和商业秘密更大,因此专利保护始终是我国药品知识产权保护最有效的方法。

(五)我国医药知识产权保护的现状

我国对医药知识产权的保护水平虽然已经达到了《TRIPS协定》的要求,对医药实现了包括药物化合

表 12-1 医药知识产权保护方式比较

保护形式	保护对象	条　件	保护期限
专利	产品、方法、方法延及产品	新颖性、创造性、实用性	发明专利保护 20 年，实用新型和外观设计保护 10 年，自申请日起计算
商标	区别商品的可视性标志	其他人没有在同类商品上注册	保护 10 年，可续展，续展每次 10 年
版权	药品说明书（包括药品名称、主要成分、药理作用、毒副反应、用法用量、禁忌、商标及批准文号等项目）、涉及医药企业的计算机软件	无	不少于 70 年
商业秘密	采取保密措施的信息，例如产品的配方、制作工艺等	新颖性、实用性和保密性	无期限
新药保护	国内未销售过的药品	新颖性要求低	新药保护已经取消，改为对批准生产的新药设立监测期
药品行政保护	1986 年 1 月 1 日～1992 年 12 月 31 日国外的药品专利	申请日之前没有在中国销售过	专利有效期内 7.5 年，自颁证日起算
中药品种保护	国内生产已入国家标准的品种	不要求新颖性和创造性	一级分别为 30 年、20 年、10 年；二级 7 年，可延期

物、药物制剂、药品生产方法和药物新用途的全方位保护，在医药知识产权保护领域实现了与国际接轨，但与发达国家相比，国内企业在运用知识产权保护机制方面，尚存在一定差距。

1. 专利保护

由国家知识产权局《发明专利公报》于 2004 年年底对 1998～2002 年公布的涉及药品发明专利申请的统计数据表明，我国药品专利申请主要呈现如下特征：第一，化学药专利申请极少。在化学药领域，来自国外的专利申请约占 91.6%，其中绝大多数为新化学合成药。而我国申请的专利数很少，且多为工艺或制剂方面的申请。第二，中药专利申请数量较多，占 97.76%，但科技含量较低。在申请的专利中，传统中药比重较大，但许多中药的专利申请仅是处方罗列，往往缺乏申请专利所要求的创造性，即使是被授予专利权，其保护范围也很小。第三，生物药专利申请占有一席之地。在生物制药领域，我国的专利申请数约占 48.46%，但发明的创造性和申请的质量与国外相比，差距仍较大。第四，外国在华专利申请数量多，且以发明专利为主。外国在华专利申请数量远远大于国内企业，最低年份也近 200 项，2001～2006 年，按照专利数排序的前 6 位国家专利申请合计 5104 项，其中发明专利 4946 项，占申请总数的 97%。药品专利申请的这种现状，已充分说明我国在医药知识产权保护方面处于被动局面，滞后于国际医药知识产权保护的发展。

2. 药品商标保护

1）商标注册量不足。由于我国医药企业缺乏品牌意识，很少对每个药品都注册商标，致使药品商标注册严重不足。与此形成鲜明对比的是国外医药企业非常重视药品商标注册。

2）误把药品的原料或功能注册为商标。按照《商标法》的规定，不得使用直接表示商品的质量、主要原料、功能、用途、重量、数量及其他特点的文字、图形作为商标。这类商标，即使获得注册，理论上也可由其他人申请撤消。

3）药品名（通用名称）与商标名（商品名称）关系处理不当。药品有通用名称（药品名）和商品名称（商标名）。《商标法》规定，商标不得使用本商品的通用名称。我国的很多医药企业通常将药品通用名与商品名混淆，一旦开发出新药，用药品名注册商标。药品名一旦被收录于《中华人民共和国药典》（以下简称《中国药典》）后，被主管部门认定为药品的通用名称，则药品名商标失去商标的意义，任何厂家都可以把药品名用在自己的产品上，拥有原商标的企业，不得不重新注册商标，原商标所蕴含的无形资产随之逝去。

4）商标的区分作用和专一性不强。单从药品名称难以区别产品的来源和质量的优劣。有些厂家将商标放在产品包装极不显眼的位置，这就造成商标的显著性和识别性作用在医药产品上不能充分体现。此外，许多医药企业只注册一个或很少几个商标，往往是一个商标多个品种使用，而不是一个药品一个商标，这样就削弱了商标与产品作用之间的关系，使商标在区别药品的治疗作用上无法发挥作用。

5）名牌商标流失严重、道地中药材忽视商标注册。有调查显示，平均数十家企业才有一家企业注册商标。而一些企业商标过期后不续展，致使商标在国外被抢注后花高价再将商标购回。我国生产的道地中药材基本上都不使用商标，这样导致了一些劣质的中药材冒充道地中药材，而法律对此却无能为力。

6）商标的设计缺乏竞争力。商标权与企业名称权冲突，或使用当地的山水名，不具备商标自身所要求的显著性，就达不到商标注册应有的目的。

3. 药品行政保护

随着我国加入WTO，各项法规逐渐与国际接轨，行政保护的效力在逐渐弱化，但是行政保护目前作为药品知识产权的保护形式之一还在发挥着作用。

4. 商业秘密保护

在商业秘密保护中，技术诀窍保护是一种主要的形式。技术诀窍保护形式之一就是中药领域中的“祖传秘方”保护。中药自身有效成分的复杂性，使得人们对公开使用的中药也不能通过反向工程对其解密。但是，现代的新药开发和管理制度必须要求在申报资料中清楚地写明处方、制法，并且制定的质量标准还要下发到各个药品监督机构，这就使得这种保护方式受到威胁。另外，专利制度中规定如果有相同药物获得专利保护后，其他“技术诀窍”保护的产品只有保持原有生产规模的权利，扩大生产规模的权利则被专利权人所拥有。这种规定，使得“技术诀窍”的保护受到另外一种威胁。

第二节 《与贸易有关的知识产权协定》及其发展

在国际间保护知识产权的相关协定中，《与贸易有关的知识产权协定》可谓是对知识产权保护相关问题做出了最为全面的规定，本节通过对该协定介绍来阐述国际间知识产权保护的相关内容。同时，该协定也有一些不足之处，为了修改该协定，各国进行了不懈的努力，本节通过对这一过程的介绍来揭示国际间针对医药知识产权保护问题所进行的博弈。

一、《与贸易有关的知识产权协定》概述

《与贸易有关的知识产权协定》（Agreement on Trade-related Aspects of Intellectual Property Rights），简称《TRIPS协定》，是1994年乌拉圭回合谈判的一个主要创新。该协议全文分7个部分共73条。这7个部分是：总则和基本原则，关于知识产权的效力、范围及使用标准，知识产权执法，知识产权的获得、维持及有关当事人之间的程序，争端的防止与解决，过渡性安排，机构安排和最后条款。《TRIPS协定》的宗旨是：减少对国际贸易的扭曲与阻碍；促进知识产权在国际范围内更充分、有效的保护；确保知识产权的措施及程序不对合法贸易构成壁垒。它要达到的目的是：通过知识产权的保护与权利的行使，促进技术的革新、技术的转让与技术的传播，以有利于社会及经济福利的方式，促进生产者与技术知识使用者间互利互惠，并促进世界贸易组织成员间权利与义务的平衡。

（一）《TRIPS协定》的产生背景

在“乌拉圭回合”之前，已经有一些知识产权国际公约，但这些公约所规定义务的实施完全依赖国内法，缺乏有效的国际监督机制，很多出口商对此并不满意，他们要求建立一个有效的争端解决机制来处理与贸易有关的知识产权问题。《1947年关税与贸易总协定》也涉及了知识产权问题，但直接涉及知识产权的条款和内容很有限。该协定中仅仅提到，缔约方应互相合作，保护缔约方领土内受其立法保护的、独特的产品地区或地理名称，保护知识产权的措施不得造成任意或不合理的歧视，以及构成对国际贸易的变相限制等。

在“东京回合”谈判时已开始讨论有关假冒商品贸易的问题，美国曾就此提出过一个草案，但未能达成协议。1982年11月，关税与贸易总协定首次将假冒商品贸易的议题列入议程，确定在关税与贸易总协定框架下对假冒商品贸易采取联合行动是否合适，如果合适，应采取怎样的行动。1985年，关税与贸易总协定总理事会设立的专家组得出结论：假冒商品贸易越来越严重，应当采取多边行动。但对关税与贸易总协定是否为解决这一问题的适当场所，各方分歧很大，形成了发达国家和发展中国家之间意见截然相反的两个阵营。以美国、瑞士等为代表的发达国家主张应将知识产权列入多边谈判的议题，以印度、巴西、埃及、阿根廷和南斯拉夫为代表的发展中国家认为，保护知识产权是世界知识产权组织的任务，应当把制止假冒商品贸易与广泛的知识产权保护区别开来。

一直到1986年“乌拉圭回合”开始时，各国也没有就是否将知识产权纳入多边谈判议题达成一致意见。1991年，关税与贸易总协定总干事提出了“乌拉圭回合”最后文本草案的框架，其中《与贸易（包括假冒商品贸易在内）有关的知识产权协定》基本获得

通过。

(二)《TRIPS 协定》主要框架

1) 重申知识产权保护的基本原则。即国民待遇原则,保护公共秩序、社会公德、公众健康原则,对权利合理限制原则等。

2) 明确新的保护知识产权基本原则。主要是最惠国待遇原则、透明度原则、争端解决原则等。

3) 确立了《TRIPS 协定》与其他知识产权国际公约的基本关系。即基本完全肯定,要求全体成员必须遵守并执行的国际公约;基本完全肯定,要求全体成员按对等原则执行的国际公约;不要求全体成员遵守并执行的国际公约三类。

4) 规定了成员保护各类知识产权的最低要求。主要包括版权及其邻接权、商标权、地理标志、工业品外观设计、集成电路的布图设计、未经披露的信息等七个方面。

5) 规定和强化了知识产权执法程序。其主要措施包括边境保护和成员方内部的保护。

6) 有条件地将不同类型的成员加以区别对待。原则上将成员分为发达国家成员、发展中国家成员、正在从中央计划经济向市场经济转轨国家成员、最不发达国家成员等几类,在一些条款的执行上给予不同的期限。

(三)《TRIPS 协定》的基本原则

《TRIPS 协定》规定了成员国的义务,成员方应实施《与贸易有关的知识产权协定》的规定,并可在各自的法律制度和实践中确定实施该协定的适当方法,只要不违反该协定的规定,成员方还可以在其法律中实施比《TRIPS 协定》要求更广泛的保护,但这不是一种义务。成员方实施《TRIPS 协定》,不得有损于成员方依照《巴黎公约》、《伯尔尼公约》、《罗马公约》及《集成电路知识产权条约》等已经承担的义务。《TRIPS 协定》还规定,成员方应遵守以下基本原则。

1. 国民待遇原则

在知识产权保护上,一成员对其他成员的国民提供的待遇,不得低于提供给本国国民的待遇,但《巴黎公约》、《伯尔尼公约》、《罗马公约》及《集成电路知识产权条约》另有规定的可以例外。给予表演者、录音制品制作者和传播媒体的国民待遇,仅适用于《TRIPS 协定》所规定的权利。某些司法和行政程序,也可以成为国民待遇的例外。

2. 最惠国待遇原则

在知识产权保护上,一成员提供给第三方国民的优惠、优待、特权或豁免,均应立即、无条件地给予其他成员的国民。把最惠国待遇原则引入知识产权的国际保护,是世界贸易组织的创造。但这个原则也有很多例外,具体表现在:

1) 来自有关司法协助或法律实施的国际协定的优惠等,但这种优惠并非专门针对知识产权保护,而是一般性的优惠。

2) 来自《伯尔尼公约》和《罗马公约》的互惠性保护。

3)《TRIPS 协定》未规定的表演者、录音制品制作者和传播媒体的权利。

4)《TRIPS 协定》生效前已有的优惠等。

最惠国待遇原则和国民待遇原则还有一个总的例外,即这两个原则不适用于世界知识产权组织主持下订立的、有关取得或维持知识产权的多边协定中所规定的程序。

3. 其他原则

1) 实施知识产权保护,应有助于促进技术革新、转让与传播,促进技术知识生产者与使用者互利,增进社会、经济福利和保持权利与义务的平衡。

2) 成员可在制定或修订国内法律法规时,采取必要措施,保护公众健康与营养,维护社会经济与技术发展等重要领域的公共利益。成员可采取适当措施,防止知识产权权利持有人滥用知识产权,或对贸易和国际技术转让进行不合理的限制。

(四)《TRIPS 协定》的评价

1.《TRIPS 协定》的达成

《TRIPS 协定》是建立在发达国家知识产权保护水平基础上的。相对于发展中国家的经济发展水平而言,该协定所规定的知识产权保护标准和要求是相当苛刻的。接受《TRIPS 协定》,是发展中国家在"乌拉圭回合"中所做出的主要让步之一。

2.《TRIPS 协定》对原有相关国际公约的一些发展

同原有的知识产权国际公约相比,《TRIPS 协定》全面规定了知识产权的保护标准,对知识产权保护执法和救济提出了要求,并且为知识产权国际争端的解决提供了途径。该协定对原有的知识产权国际公约进行了一些突破。例如,扩大了专利保护领域,主要包括对药品和化工产品的保护,将发明专利的保护期统一为 20 年等。

《TRIPS 协定》在世界贸易组织各种协定中有其独特之处。该协定规定,所有成员都应达到知识产权保护的最低标准,如专利保护期为 20 年,而《货物贸易多边协定》和《服务贸易总协定》则没有要求各国政策完全统一,如不同成员对相同产品可以有不同的关税,对相同的服务领域可以有不同的开放水平。《TRIPS 协定》要求各成员积极采取行动保护知识产权,这与《货物贸易多边协定》和《服务贸易总协定》只对成员的政策进行约束也是不相同的。

3.《TRIPS 协定》为国际贸易中知识产权保护带来的新特点

乌拉圭多边贸易谈判后,由于《TRIPS 协定》的形成,以往的知识产权国际保护体系发生了重大变化,同时也改变了知识产权保护的方式,即知识产权保护由国内保护走向国际保护。知识产权国际保护具有一系列新的特征。

(1) 知识产权与贸易关系合法化——知识产权国际保护具有更多的强制性。将知识产权的国际保护直接与国际贸易挂钩,并使后者成为影响前者的重要因素,这是《TRIPS 协定》与以往的任何知识产权公约相比显示出来的一个基本特征,也是《TRIPS 协定》给知识产权的国际保护带来的一个显著特征。对各个成员国来说,该协议关于知识产权国际保护的规定,已构成了它们在国际贸易方面必须遵守的共同准则。任何一个想参与国际贸易市场并享有优惠的国家,都必须执行分协议所规定的保护知识产权的义务。在有关知识产权争端方面,过去的保护知识产权国际公约对于知识产权争端,主要是通过各缔约方的法律来处理,而《TRIPS 协定》将关贸总协定的争端解决机制引入知识产权国际保护体系。这种争端解决机制,与各缔约方的经济利益联系得更紧密,从而带有更多的强制性。

(2) 高标准的实体规定——世界知识产权保护水平的新阶段。《TRIPS 协定》作为知识产权国际保护体系的一部分,它促进了知识产权国际保护的现代化,使世界知识产权保护水平迈上了一个新的台阶。该协议将包括商业秘密在内的几乎所有知识产权形式,如专利、工业设计、商标、地理标志、版权及相关权利、集成电路的设计、植物新品种、未泄露的情报等,都纳入了"与贸易有关的知识产权"保护范围。在保护期限、权利范围和有关使用的规定方面都大大超过了原有的任何国际公约。

但《TRIPS 协定》中高标准的实体规定只有通过各缔约方的国内法才能达到提高世界知识产权保护水平的目的。因此,在世界贸易组织的成员国以及正在努力进入这一组织的国家按照这一协议修改了国内法后,世界知识产权保护水平将进入一个新的阶段。

(3) 严密的实施程序——知识产权国际保护的重大突破。在以往的世界知识产权组织(WIPO)管理的众多国际公约中,权利的实施程序完全是各国国内法的事情。虽然 20 世纪 70 年代,在世界知识产权组织主持下,对专利申请的提出、检索和审查的国际合作进行了研究,形成了《专利合作条约》(PCT),但那只是在成员国之间协调了申请的一些形式要求。对于知识产权保护的法律实施程序,原有的任何公约都没有涉及。《TRIPS 协定》达成后,情况完全发生了变化。它将详细的知识产权法律实施程序,包括行政的、民事的、刑事的以及边境临时程序都纳入了知识产权的国际保护体系。这是知识产权国际保护在理论上的重大突破。该协议规定,缔约方应保证其国内法中规定有效及适当的实施程序,以反对受该条约保护的知识产权的侵权行为,这种反对行为包括有效和及时的补救措施来阻止或防止侵权行为。在边境措施上,该协议规定,缔约方应制定程序,允许一个权利人在有有效证据证明假冒商品或盗版商品有可能进口时,有权书面向主管行政或司法当局提出申请,要求海关当局中止此类商品的放行,以免其进入流通领域。在刑事审理方面,缔约方至少应对具有商业规模的故意商标假冒和版权盗窃的案件确立刑事诉讼程序和刑罚,其中刑罚包括足以防止侵权的监禁和罚金,以及对假冒商品的扣押、没收和销毁。

总之,《TRIPS 协定》是目前有关知识产权最全面的一个多边国际公约。该公约将知识产权与国际贸易紧密结合起来,这既体现了国际贸易在知识经济时代的发展,又加强了知识产权保护的国际化。因此,《TRIPS 协定》是知识产权发展史上的一个里程碑。

二、《关于 TRIPS 协定与公共健康的多哈宣言》

2001 年 11 月在多哈召开的 WTO 第四届部长级会议上,知识产权与公共健康问题是一大棘手问题。与会代表就《TRIPS 协定》与公共健康问题进行了三天的谈判,最终达成了《关于 TRIPS 协定与公共健康的多哈宣言》(以下简称《多哈宣言》),明确了 WTO 成员政府采取措施维护公共健康的主权权利。《多哈宣言》在强调采取措施保障公共健康重要性的同时,也强调知识产权保护对研制新药的重要性,并指出协定的实施应有利于现有药品的获得和新药的研发。

(一)《多哈宣言》产生的背景

在关贸总协定的乌拉圭回合谈判中,经过以美国为首的发达国家的努力,知识产权条款被最终写入世界贸易规则,并形成了上面提到的《TRIPS 协定》。发展中国家出于贸易等多方面考虑,同意该协定中的高水平知识产权保护,使发达国家可以维持其在国际贸易中的优势地位,同时发达国家也给予发展中国家市场准入、关税优惠等一系列优惠政策。发展中国家在执行《TRIPS 协定》上,可以享受自《TRIPS 协定》适用日起 5 年的过渡期,最不发达国家可以享受 10 年的过渡期。从表面上看,《TRIPS 协定》充分考虑了发达国家和发展中国家之间的利益平衡。但实际情况并非如此,《TRIPS 协定》引起的与国际贸易相关的公共健康问题集中体现在知识产权领域尤其是与药品相关的专利保护问题上,《TRIPS 协定》所确立的国际知识产权保护在一定程度上与公共健康产生了冲突。

基于此,发展中国家对《TRIPS 协定》中由于高水平的知识产权保护所引起的公共健康问题表现出不满,并从 1996 年开始,就试图在世界贸易组织的框架内提出一系列与自身利益密切相关的问题,希望能得到世界贸易组织内所有国家的重视,并出台相应的规定缓解《TRIPS 协定》与公共健康的矛盾。

(二)《多哈宣言》的评价

1. 政治意义

总的说来,《多哈宣言》构成了 WTO 的一个必要的政治性活动,是在发展议题看来绝对不可缺少和占主导力量的作用下,为执行 WTO 的一贯性和连续性而做的一个必要的政治活动,能把发展中国家继续纳入到 WTO 的旗下继续经济全球化的议题。

2. 法律意义

《多哈宣言》澄清了《TRIPS 协定》的一些模糊性条款,使发展中国家可以利用协议的弹性条款维护本国公民的公共健康,在和发达国家以及跨国公司的冲突方面能有法可依。《多哈宣言》所确立的解释性规则,使《TRIPS 协定》能按照协议的目标和原则得以履行以达到权利义务的真正平衡。

3. 局限性

《多哈宣言》本身依然存有缺陷,并没有从根本上解决公共健康与知识产权的冲突,且不能解决所有发展中国家的公共健康问题。首先,《多哈宣言》仅具有澄清性质,并没有从法律上为发展中成员创设新的权利。其次,只有最不发达国家从《TRIPS 协定》第 7 条延长过渡期的规定中受益,并且不包括医药方法专利。而在 WTO 的 145 个成员中,只有 30% 是最不发达国家,仅占世界人口的 10%。再次,《多哈宣言》没有解决没有或缺乏生产能力成员方如何使用强制许可问题,该宣言并未对《TRIPS 协定》相关条款做出任何解释,仅要求理事会探求该问题的解决办法,这一未决问题又称为“第六段问题”。最后,对公共健康的范围也未作明确规定,该宣言虽然承认“公共健康问题影响发展中国家和最不发达国家的重要性,特别是由艾滋病、肺结核及其他流行病所引起的情况”,但这样的表述会使跨国制药公司认为新的强制许可仅适用于宣言明文列举的这三种疾病,而不包括发展中国家即将面临的其他疾病。

三、《关于 TRIPS 协定和公共健康的多哈宣言第六段的执行决议》

经过 20 个月的艰苦谈判,WTO 成员国于 2003 年 8 月 30 日打破谈判僵局,达成了《关于 TRIPS 协定和公共健康的多哈宣言第六段的执行决议》(以下简称《执行决议》)。该决议规定,发展中成员和最不发达成员因艾滋病、疟疾、肺结核及其他流行疾病而发生公共健康危机时,可在未经专利权人许可的情况下,在其内部通过实施专利强制许可制度,生产、使用和销售有关治疗导致公共健康危机疾病的专利药品。同意对《多哈宣言》在法律上作一定修改,使较贫穷且自己不能生产药品的国家能较容易地得到在强制许可制度下生产的廉价专利药品,消除了在现行专利制度下进口廉价药品的障碍。

(一)《执行决议》的背景

依据多哈部长宣言,启动了包括《TRIPS 协定》与公共健康问题在内的新一轮共包括 5 个议题的谈判。围绕《多哈宣言》第六段药品专利强制许可问题,发达国家和发展中国家间发生了激烈的争论。原计划在 2002 年年底达成的协议,未能在预定期限内就如何帮助发展中国家获得廉价救命药品问题达成一致。各方在解决方案采取的法律途径、疾病和药品范围、药品进出口受益国的资格以及防止贸易转移的保障措施等方面存在严重分歧。2003 年,TRIPS 委员会继续讨论《多哈宣言》第六段的问题,发达国家阵营与发展中国家阵营再次进行了激烈的争论。2003 年 2 月,在东京召开的 WTO 小型部长级会议是继 2002 年年底协定所规定截止日期的努力失败后的再次努力,但结果仍然令人十分失望。

(二)《执行决议》的评价

1.《执行决议》取得的成果

首先,它允许那些没有制药能力或制药能力不足的成员在特定的情况下进口非专利仿制药品来对抗传染疾病。故此决定又被称为“贫困国家购药协议”。

其次,它允许任何成员在决议规定的条件下出口用强制许可生产的药品。这将大大降低有关专利药品的市场价格,有利于更迅速和有效地控制或缓解公共健康危机。

2.《执行决议》的评价

(1) 积极意义。《执行决议》的达成对发展中国家来说,无疑是在知识产权保护方面的重大进步。该决议不仅大大降低了相关专利药品的市场价格,而且将更有利于迅速和有效地控制、缓解公共危机,是发展中国家尤其是最不发达国家能够根据自身经济的发展分享世界贸易增长的收益,以建立一个平衡的、有利于发展的多边世界贸易体制。该决议的达成也使 WTO 在某种程度上完成了一个人道主义议题,使发达国家解除了来自于全球的人道主义谴责。

(2) 局限性。首先,在药品的范围上,《执行决议》的立场仍然模糊。在 WTO 理事会的最后决议中药品被定义为任何专利药品,或者通过专利生产方法生产的药品,但仅限于《多哈宣言》所规定的与处理公共健康问题相关的药品,包括有效的药品生产成分和诊断器材。而《执行决议》实际上回避了这个问题,围绕该问题的争论必将持续下去。

其次,《执行决议》并没有在《多哈宣言》的基础上为成员方创设新的权利。对强制许可采用了限制性的解释,这些限制性的解释极大地限制了通用药品制造者从大规模的销售中获利的能力,专利保护将会使药价继续攀升。而对《TRIPS 协定》在实行中出现的问题从严解释实际上有利于发达国家及其跨国制药公司,不利于发展中国家和最不发达国家。

四、《修改〈与贸易有关的知识产权协定〉议定书》

2005 年 12 月 6 日《修改〈与贸易有关的知识产权协定〉议定书》(以下简称《议定书》)在 WTO 框架下达成,其内容主要是放宽了医药产品专利的限制,减少仿制药国际贸易中的法律障碍,从而有利于贫穷国家通过进口获得便宜的仿制药,解决公共健康问题。

(一)《议定书》的背景

根据《多哈宣言》第六段,TRIPS 理事会主要讨论如何帮助缺乏或不具备药品生产能力的 WTO 成员有效利用《TRIPS 协定》下的强制许可来保护其公众健康。以非洲集团为代表的发展中国家成员认为应将公共健康纳入专利权的例外,主张修改《TRIPS 协定》第 31 条关于强制许可的限制。而以美国、瑞士等国为代表的发达国家成员,反对扩大强制许可的范围,并希望即使纳入公共健康例外也只应限于最不发达成员,双方未能达成一致。但可以肯定的是,扩大专利保护的例外已成定局。

(二)《议定书》的评价

《议定书》把实施专利药品强制许可制度文件以永久修正形式纳入《TRIPS 协定》,以帮助发展中成员和最不发达成员解决公共健康问题,把方便发展中成员获得主要药物的临时豁免定为永久安排。这是发达国家对最不发达成员及发展中成员释出的最大善意,也是 WTO 首次对其核心协议进行修正。这是 2001 年 11 月启动的多哈回合谈判至今取得的惟一一项具体成果。

《议定书》对我国的意义主要在于:既能使我国在发生类似 2003 年"非典"这样的公共健康危机时,可以更方便地进口便宜的仿制药,也有利于扩大我国仿制药生产企业向其他发展中国家或最不发达国家出口治疗肺结核和疟疾等传染病的仿制药。

2006 年 7 月 24 日由于多哈回合谈判陷入了危机,WTO 总干事拉米正式建议全面中止多哈回合谈判,且不为恢复谈判设定时间表,同年 7 月 27 日世界贸易组织总理事会会议批准拉米的建议,多哈回合谈判结束,但是发展中国家与发达国家在医药知识产权上的斗争却不会停止。

第三节　我国医药国际贸易中的知识产权策略

在国际间医药知识产权保护日益加强的情况下,我国应充分利用相关国际协议赋予的权利,通过合法手段加强知识产权保护,并且在医药国际贸易中合法地运用各种策略来争取合理的利益。本节将介绍我国在医药国际贸易中可以采取的策略。

一、强制许可策略

(一) 强制许可的定义

强制许可是指专利行政部门依照专利法规定,不经专利权人同意,直接允许其他单位或个人实施其发明创造的一种许可方式,又称非自愿许可。

(二) 强制许可的影响

从长期来看,强制许可对医药领域的创新会产生很大的影响。如果一个领域受到强制许可政策的约束,则该领域的制药技术水平将得不到相应的提高,最大的受害者将是患此种疾病的患者。如果一个国家采取强制许可制度,这将会对该国未来制药产业的发展产生严重的影响,因为药物研发所需的资金将得不到满足,整个产业只能裹足不前,最终的受害者也是药品的消费者。

(三)我国实行强制许可的可行性

1. 我国有关强制许可的规定

我国立法肯定了强制许可制度,2000 年 8 月 25 日第二次修改实施的《专利法》和 2001 年 7 月 1 日起实施的《中华人民共和国专利法实施细则》(以下简称《专利法实施细则》)明确规定了对发明和实用新型可以进行强制许可。此外,我国于 2003 年 7 月 15 日实行了《专利实施强制许可办法》,对专利强制许可请求的受理和审批程序进行规范,为实施《专利法》及《专利法实施细则》的有关规定提供了可操作程序。2006 年 1 月 1 日开始实施的《涉及公共健康问题的专利实施强制许可办法》规定,在国内出现传染病流行导致公共健康危机时,只要是国务院有关主管部门,就可以依据《专利法》第 49 条的规定,请求国家知识产权局授予实施该专利的强制许可。这些规定为我国对药品专利进行强制许可提供了法律依据。

2. 我国医药产业有能力实行强制许可

首先,我国已经具备了一定的制药业基础。改革开放以后,我国的医药工业有了长足的发展,已经摆脱了新中国成立初期药品主要依赖于进口的局面。其次,我国医药工业已经完全具备实行“反向工程”的能力。所谓“反向工程”是指从他人的产品入手,进行分解剖析和综合研究,在广泛搜集产品信息的基础上,通过对尽可能多的同类产品的解体和破坏性研究,运用各种科学测试、分析和研究手段,反向求索该产品的技术原理、结构机制、设计思想、制造方法、加工工艺和原材料特性,从而达到从原理到制造,从结构到材料全面系统地掌握产品的设计和生产技术。因此,一旦我国对某种药品实行强制许可,我们完全有能力进行仿制。

3. 对我国是否实行强制许可的政策建议

尽管《TRIPS 协定》和各国专利法中都有强制许可的规定,但在实践中,批准强制许可和采取这种措施的情况是很少见的。强制许可的主要价值在于它的威慑和劝阻作用,我国作为一个拥有仿制能力和制药业基础的国家,在一些进口专利药的价格问题上,强制许可成为我们与外商讨价还价的重要筹码,如果所达成的价格不能适应我国目前人民的消费水平,再实行强制许可。当然,当我国遇到紧急的健康问题如“非典”,我国就可以出于维护公共健康的目的而不经专利权人的许可而强制许可针对这一病症的药物。

二、平行进口策略

(一)平行进口的定义

此处讨论的是药品的专利平行进口。专利平行进口是指在未经专利持有人许可的条件下,一国进口和再销售某一被专利持有人在出口国销售的专利产品。

(二)平行进口的影响

尽管平行进口的做法与知识产权保护的原则相违背,但是平行进口可以降低进口国同种专利产品的市场价格,增加进口国居民的福利。虽然平行进口给消费者带来好处,但在进口国权利人花大量资金获得专利授予权的情况下,这种“搭便车”的行为将大大损害进口国被授权权利使用者的权益,使专利的价值无法体现,最终也会损害消费者利益。

(三)我国实行专利平行进口的可行性

1. 我国有关法律规定

在我国,商品平行进口尚是对外贸易领域和法律界的一个新问题,目前国内这方面的实践很少。我国《专利法》并没有就专利权耗尽和产品平行进口进行明确规定和说明。《涉及公共健康问题的专利实施强制许可办法》中有些条款涉及了平行进口问题,例如第 5 条规定,在治疗某种传染病的药品在中国被授予专利权,而在中国缺乏该药品生产能力的情况下,中国可以从世界贸易组织其他成员进口其专为解决中国公共健康经强制许可而制造的专利药品。

2. 有关我国实行平行进口的建议

(1) 坚持有条件的专利权国际耗尽原则。我国是一个发展中国家,与发达国家相比,在经济实力和技术水平上存在相当大的差距,产业发展在相当程度上仍依赖于对国外技术的引进。因此,如果赋予专利权人过强的保护,反而会使本国对相关技术的开发和利用受到相当大的限制,同时使本国的产业发展也受到相当大的阻碍,与《专利法》立法目的相违背。因此,对于我国来说,如何在保护专利权人利益与促进产业发展之间取得一个适当的平衡点,显得特别重要。针对我国的国情,建议采取有条件的专利权国际耗尽原则,允许专利药品平行进口,但在例外情况下禁止专利药品的平行进口。

信息框

权利穷竭理论

权利穷竭(exhaustion of rights)又译为权利用尽或耗尽,又因与首次销售相关,因此又被称为“首次销售”原则(First Sale Doctrine)。它是指任何一件知识产权保护的产品,一旦由权利人自己或由经其同意之人首次销售之后,权利人就无权禁止该产品在相关市场上继续流通,也就是说,权利人的相关知识产权即告“穷竭”。

该原则的空间效力范围的不同,对于平行进口的定性将会得出不同的结论,国内权利用尽在各国法院都适用,焦点在于权利是否国际用尽。承认权利国际用尽,则允许平行进口;反对权利国际用尽的,则认为平行进口未征得进口国知识产权人的许可,构成对知识产权人的侵犯,应该禁止平行进口。反对者一般都是以知识产权的地域性原则为支持。在专利权方面,各国专利权法律不同,各国有权按照本国的法律规定,决定是否授予专利权,如在中国取得了专利权,要想得到其他国家法律的保护,就必须分别按照其他国家的法律逐一进行并获得授权。地域性适用在平行进口中,则是权利保护是以一国为范围的,“用尽”也应该以一国为范围,不能因权利在一国的“用尽”而使得它在另外一个国家得不到保护,所以应该禁止平行进口。

(2)实行区别对待的专利药品平行进口政策。专利药品平行进口政策与其他政策方针一样,是为国家经济发展服务的。《TRIPS协定》第6条将权利耗尽和平行进口问题的政策交由各个成员国自己决定。所以,我国也有权自己制定独具特色的平行进口政策,我国要在综合衡量经济发展、外资引进、贸易投资、社会福利等多种情况下,制定有区别的专利药品平行进口政策。

(3)将平行进口政策与行业发展相结合。我国的专利药品平行进口政策也可以采取与行业发展相结合的对策,对于国家重点发展的行业,禁止平行进口可以为国内行业发展提供有利的保护和促进,使得国内企业在发展的初期能够免受来自海外企业的冲击,在国内企业发展到一定规模后,再考虑取消对这些药品的平行进口禁令。从实践来看,这与现行的国际准则是不相悖的。从政策实施来看,可以先就这些政策制定相关“条例”,在行业发展发生变化后,再就新的情况对条例进行修改和调整。

(4)重点考虑国民的社会利益。对于涉及重大公共利益和健康安全的药品,如果平行进口能够为社会大众谋取福利时,政府可以在一段时期内开放这些药品的平行进口。例如,中国的艾滋病实际感染者已经超过了百万,但是只有很少的艾滋病患者能够承担自费规范治疗。而且由于种种原因,有相当部分的药物,跨国制药商虽然已经在中国注册了专利,但没有在中国销售,从而也影响国内感染者的治疗质量。我国面临治疗艾滋病的挑战,是目前的治疗艾滋病资源投入与实际防治需求仍存在较大缺口,而药品的平行进口能够为中国治疗艾滋病工程提供有效的方式和途径。因此,从国民利益和社会稳定出发,有必要允许一些药品的平行进口,这样可以更好地应对公共健康危机,维护社会稳定,保障经济发展。

三、知识产权策略

(一)专利策略

1. 利用专利文献关注药品知识产权动态

专利文献是集科技、经济、法律于一体的信息资源,具有数量巨大、内容广博、传递信息快捷、系统详尽、实用性强等特点。据世界知识产权组织调查表明,充分利用专利文献可将科研周期缩短60%,节约40%的科研经费。在企业中设置专门的专利管理机构,聘请专利代理人或专利律师等专业人士,在制定专利策略时,充分利用国内外专利信息,了解该专利技术的过去、现在以及发展趋势和主要竞争对手,然后决定应采取的具体策略。

2. 基本专利与从属专利策略

虽然我国医药企业的研发能力与国外的大型企业相比还存在一定的差距,但可以通过并购等手段适度地追求规模的扩大,根据实际情况充分利用企业共有的研发能力等资源,集中人力、物力进行创新药物的研究。任何在药品研发活动中取得的奠基性、首创性发明创造,都应当申请药品基本专利,并依法获得专利保护。

如果医药企业拥有自己的基本专利,可围绕该基本专利不断开发研究,申请众多从属专利,从而在该基本专利周围设置由一系列从属专利形成的严密专利网,以保护该技术领域。我国医药企业研发能力较弱,要拥有新药的基本专利比较困难,但可以在他人的基本专利周围设置自己的专利网。日本就是不断对引进的技术加以更新改进，围绕国外的基本专利，衍生出很多有日本特色的从属专利，不仅成功地促进了经济的高速增长，而且成为世界公认的专利大国。

3. 专利联盟与专利组合策略

实施专利联盟与专利组合策略，可最大限度地有效利用现有专利，实现专利的有效增值。目前，我国医药企业无论是在专利的数量上还是在质量上，都难以与国外大型企业相提并论，而且各自拥有的专利有限，单独使用难以发挥效益，但如果能与国内其他相关企业合作，形成专利优势互补，结成有力的专利联盟，就可以实现联盟内专利共享，增加对外谈判筹码，增加授权机会，提高专利价值。

4. 专利进攻和防守策略

专利进攻策略可采用以下手段：①设法绕开对方的专利，以避免侵权；②对无法绕开的对方专利提出无效请求，千方百计地清除障碍；③在对方专利的基础上改进，取得依存专利，反过来限制对方。

防守策略可采用以下手段：①填写专利申请文件时尽可能进行合理的概括，以得到尽可能大的保护范围，防止对方的变相侵权；②在审批过程中遇到阻碍时灵活对待，以保证主要或重要部分早日摆脱困境；③积极开发上游产品，并配合进行二次开发，形成密集的专利网；④如果医药产品具有国际市场，则需要考虑在多国申请专利，以防他人在异国仿制，恶意瓜分我国医药产品的市场；⑤及时通过检索专利文献来研究竞争对手的研究动态，对竞争对手进行详细分析以调整自己的竞争对策，甚至可以虚设专利申请来迷惑对手，误导对手，从而保护自己。

（二）商标策略

1. 抢先申请策略

由于多数国家的商标注册采用申请在先的原则，因而“商标抢注”成为合法行为。我国已有相当多的名牌药品商标在国外被抢注。因此，为了避免其他企业或个人在国内外进行商标抢注给自己带来不必要的损失，应尽早对自己的商标进行注册，避免坐失良机。

2. 联合商标策略

商标所有人在自己生产或销售的相同或类似的商品上注册几个近似的商标，以构成一张立体交叉的保护网，有效地防止近似商标的出现，扩大注册商标的专用权范围。例如，武汉红桃K集团在注册商标时，就将“红桃Q”、“黑桃K”、“红桃A”等33个容易使消费者误认的商标进行了联合注册。

3. 驰名商标策略

我国现行的《商标法》加强了对驰名商标的保护力度，明文规定了对于驰名商标的保护，并明确规定未在中国注册的驰名商标也可得到商标法的相应保护。《巴黎公约》也对驰名商标实施特殊的法律保护，如我国著名的“同仁堂”商标曾在日本被抢注，事件发生后，经我国商标局积极配合，日本商标主管机关确认了“同仁堂”是受《巴黎公约》特殊保护的驰名商标，最后撤销了对“同仁堂”的抢先注册。因此，医药企业应努力创造条件，积极申报驰名商标，从而可以获得应有的特殊保护。

（三）商业秘密策略

我国的中医药已具有几千年的历史，从中医药中研制新药，具有广阔的前景。中药知识产权保护的主要对象就是配方和生产工艺，中药生产工艺复杂、技术性强、配方也复杂多样，因此商业秘密保护将是中药知识产权保护很有效的一种方式。我国许多知名的企业都是用商业秘密保护其知识产权的，如云南白药等。实践证明，只要生产企业保护措施得当，用商业秘密保护中药的知识产权非常有效。

（四）药品行政保护

广义的药品行政保护包括：新药证书保护、涉外药品行政保护、中药品种保护。我国实施的《药品管理法》和《中药品种保护条例》等是药品行政保护的依据。这些行政保护是药品知识产权保护的重要补充，或者也可以认为是知识产权保护的重要组成部分。

四、仿制药策略

仿制药策略也是一种知识产权策略。近年来，由于医疗费负担沉重已成为各国政府最头疼的问题之一，即使在创新能力最强的美国，非专利药在处方药市场的比重也急剧上升。可以说，非专利药物是未来数十年间广大人民群众的用药主体，是今后若干年内我国绝大多数医药企业研发和生产的重点。

1. 仿制药的优势

制药业一向以利润率高而著称，国际上著名的辉瑞、默克、礼来等大型制药公司年回报率都可达30%以上。而一些大型仿制药商，如美国华生制药公司2001年的毛利率高达56%。仿制药的技术较为成熟，不需要花费巨资进行零起点的研发，研发成本小，而且成功率高。此外，仿制药的安全性和有效性已得到验证，同类药品在市场上已经得到认可，药品上市的风险小，可以用更低的宣传成本和更快的速度占领市场。因此，仿制药可以以比较低的价格进入市场，低价格成为仿制药与专利药竞争的最大优势。

2. 我国应加强药品仿制

我国医药企业经过几十年的发展，目前已经形成比较完备的医药工业体系，现有医药工业企业数千家，已形成较强的仿制药生产开发能力。随着专利过期的药物逐渐增多，专利过期的药品是一笔巨大的公共财富，我国的仿制药企业将会有更多选择机会。加大对仿制药研发的力度，也能缓解中国加入 WTO 后由于日益严格的知识产权保护的限制而受国外专利药冲击的尴尬局面。相对而言，我国医药行业与跨国企业在研发上的差距是相当明显的，因此所有企业走新药研发这条路是不现实的，在目前的国情下，医药产业仿制不失为开发新药品种的一条简、快、好、省的途径。

对药品进行仿制并非简单地拷贝，而是一个技术含量很高的工作，仍然需要企业投入大量资源进行研发，必须关注产品重复建设和一哄而上的现象，避免造成资源的浪费。此外，应该合法地进行仿制，在仿制药物立项前进行文献检索，避免专利侵权和药品行政保护。

第四节　中药国际贸易中的知识产权保护问题

中医药是中华民族优秀文化的灿烂结晶，数千年来，为中华民族的繁衍昌盛做出了不可磨灭的贡献，同时也为世界民族医药学的发展做出了贡献。要充分利用祖先留下的宝贵的中药知识财富，提高中药在国际市场上的竞争力，需要重视中药知识产权保护，否则，即使中药产品进入了国际医药主流市场，也难以保持优势。

一、中医药知识产权保护的范围

中医药知识产权涉及的范围很广，包括专利、商标、著作权等多个方面；根据中医药开发中常用技术的特点，中医药的知识产权保护范围至少应包括以下内容：

1）处方与配方。包括单体药物处方、单味药处方、复方组分处方、单味药组分处方和中成药处方。

2）中药材生产。包括中药的资源、中药栽培（养殖）生产技术、中药材包装仓储技术、品质鉴定及新的药用部位、新的用途等。

3）中药炮制技术。包括传统炮制方法、新型饮片及保鲜技术。

4）中药制药工程技术。包括工艺技术、制药机械设备、制剂辅料、自动化技术、药渣的综合利用及污染处理技术等。

5）中药质量控制与保障技术。包括标准品、检测方法、检测仪器及试剂等。

6）中医药基础研究。包括与病、证、症相对应的实验动物模型研究、中药作用原理研究、复方配伍规律研究、药性理论研究及活性成分研究等。

二、中药知识产权保护现状

（一）专利方面

目前我国中药专利的现状如下：

1）中药专利数量少，相当多的部门和个人不重视申请专利，不重视用专利法保护发明创造成果，从而丧失市场。

2）相当多的中药专利申请缺少对专利基本知识的了解，其中也包括专利申请技巧。

3）不重视了解相关的专利背景，盲目立项研究。部分申请的技术控制的含金量偏低；有些甚至不具备创造性。

4）职务发明申请比例过小，反映了我国企业、科研单位还没有充分运用专利这一有力武器来保护自己的知识产权。

5）在开展国际技术交流或技术合作中不够重视保护我国研制者的专利所有者权益，甚至出现成果外流。

信息柜

据《世界专利数据库》的资料统计表明，我国向世界公布的中草药专利申请已达 10 943 个，占世界公布的中草药和植物药专利申请总量的 44.4%，位居第一，但是在这些专利申请中，我国向外国提出专利申请保护的比例仅占 0.3%，这意味着我国已经无偿放弃 10 910 件中草药和植物药专利申请及带来的巨大国际市场。再从国际市场上看，已有 170 多家公司、40 余个研究团体正从中药中寻找和试制新药。日本、韩国已抢占国际中成药 70% 以上市场份额，另外，有 10 多个国家和地区的 40 多种天然药物已在我国注册。

（二）商标方面

目前我国中药商标的现状如下：

1）药品商标注册量少，中药商标的独特性不强。很多中药企业对商标注册缺乏足够的认识，现在许多中药生产企业往往是一个商标多个甚至上百个产品使用。

2）商标保护意识淡漠，名牌流失。由于多数国家的商标注册采用申请在先的原则，因而"商标抢注"就成为合法的行为。我国已有相当多的名牌中药商标在国外被抢注。

3）药品名与商标名关系处理不当。许多药品的商标往往与《商标法》规定的"商标不得使用商品的通用名称"不相符。

4）中药商标的区分作用不强。我国民众对中药的识别还习惯于通过名称识别，而有些厂家将商标放在药品包装极不显眼的地方，这更造成商标的显著性和识别性作用在中药产品上不能充分体现。

5）道地中药材几乎忽视了商标注册。中药材的商标注册目前在我国还是凤毛麟角。

6）中药商标的设计缺乏竞争力。

（三）商业秘密方面

目前商业秘密保护方面还存在很大的问题：

1）缺乏对商业秘密的正确认识和科学使用。

2）违反与权利人的合同约定。包括在履行技术开发、服务、咨询、转让合同过程中的违约披露的行为；违反限制使用条款，超越期限、地域、数量的自己使用或允许他人使用的行为；在履行劳动合同和公司章程过程中，违反商业秘密权人的要求和公司章程，披露、使用或允许他人使用本单位、本公司的商业秘密的行为。

3）以占有为目的违法获取。包括采取秘密窃取的手段，利益引诱的手段，威胁、逼迫的手段，违反商业道德的手段等。

（四）行政保护方面

我国直接涉及中药行政保护的有中药的新药保护、中药品种保护及知识产权边境保护。新药保护的依据是《药品管理法》；中药品种保护的依据是《中药品种保护条例》；知识产权边境保护的依据是《中华人民共和国知识产权海关保护条例》。现有的这些行政保护是中药知识产权保护的重要补充，应该是具有特色的部分。

但目前中药行政保护的现状是：①企业对相关行政法规不甚了解，对法规还需要进一步的熟悉和适应；②行政保护与专利的关系处理得不够好，政府部门间职能的协调存在问题。

三、目前中医药知识产权保护存在的主要问题

1. 中医药知识产权保护意识淡薄

统计资料显示，近年在我国中医药的专利申请中，职务发明申请比例过小。另外，我国70%～80%的中药科技人员集中在高校、科研院所，对于他们而言，完成课题研究和论文，通过成果鉴定便意味着课题的完成，至于科研成果的保护、转化、商品化却考虑很少，知识产权保护意识淡薄。

2. 中医药知识产权保护法规不健全

绝大多数中药新药是复方制剂，但我国专利法目前只能保护中药配方和配方的剂量，对配方的用途、加减则未能有效保护，这对中药复方的专利保护是不利的。

3. 我国现有中医药知识产权保护法规与国际不接轨

许多传统中药配方在未有专利保护的情况下，出口靠处方保密作为知识产权保护的手段。但中药以食品补充剂出口时，进口国一般要求在标签上标明成分，为了保密就出现包装上的标示与实际处方不符的情况。一些国家对进口中成药进行检测时，如发现标示成分与分析结果不符，就会禁止入关。

4. 法制意识淡薄，侵权行为时有发生

在有一定知识产权保护法规制约的情况下，实际仍然存在着有法不依的问题，法制观念淡薄。如蛇胆川贝液是由广州潘高寿药业股份有限公司首制，接着有20余家药厂先后仿制。这不仅导致同一种产品重复生产和恶性竞争，而且也极大地挫伤了中药科技开发人员的积极性。

5. 申请国际专利的意识淡薄

专利权是有地域性的，即一项发明只在中国申请专利，只能得到中国法律的保护，一旦这一药品走向国际，在国际市场上它是不被其他国家的法律保护的，这些国家就可以无偿使用它的知识产权。以青蒿素为例，由于申请国际专利意识淡薄，在青蒿素新药和双氢青蒿素新药的研制过程中，过早发表了成果论文，而未向国外申请专利，结果被国外企业稍加改造后，抢先申请了新药专利。美国对青蒿素衍生物的开发，使我国每年因此减少了大量青蒿素衍生物的出口而蒙受巨大的损失。

6. 中医药知识产权保护内涵不明晰，操作困难

由于中药处方特别是一些古方、名方已成为中华民族乃至全人类的宝贵文化遗产，许多中成药不仅是我国部分生产厂家的主导产品，也是我国港、澳、台地

区及国外一些厂商的主要品种，因此，如何对这类品种进行知识产权保护是较复杂的问题。

四、提高中药知识产权保护水平的对策

1. 建立健全知识产权保护网络

设立中药知识产权保护机构，该机构负责中药新药研究、生产等过程中的知识产权事务管理，开展以《专利法》、《商标法》、《反不正当竞争法》为核心的法律法规教育，提高广大科技工作者的知识产权意识。成立全国中医药知识产权保护研究会或协会，调动和团结国内外一切有识之士，开展知识产权研究工作，为中医药知识产权保护献计献策，进一步提高和推动中医药知识产权保护的整体水平。

建立、完善知识产权信息网络、服务网络，大力支持新药研究的技术创新工作。在中药研究开发中尤其需要注重专利文献检索和信息跟踪，通过专利文献可了解和掌握科研的最新动态，可提供是否构成对他人专利侵权的咨询，搜集市场竞争的信息情报，为药品或技术进出口提供法律保障。

2. 把专利保护放在首位

中药的专利保护是中药保护的重要形式，也是最有效的方式之一。我国《专利法》保护的专利权有发明专利、实用新型专利和外观设计专利。中药产品发明、生产制备工艺、生产方法和中药新用途都可以申请发明专利。例如，天麻或当归的特殊栽培方法、新的制剂工艺、炮制方法等。这不仅有利于引进国外新的方法专利技术，将其应用于中药现代化的研究，更重要的是可以促进和保护我国中药的自主研制与开发。中药的保护不仅在药物研究过程中能起到很好的保护作用，对药物研究开发市场也起着积极的促进作用，同时还能推动药物研究不断创新。

目前国际上尚缺乏中药专利保护的规则。我国应发挥中医药发源地的优势，积极参与制定相应的共同国际规则，将中药的特性充分反映出来，制定对中药专利保护有利的规则，加速中药国际化进程，为中药进入国际市场奠定良好的法律保护基础。

3. 注重中药商标保护

中药商标作为中药产品和企业的象征，在企业的经济活动中有重要的意义，同时药品的注册商标可以作为药品是否合法经营的依据，对于企业创名牌、争效益、保证药品质量、提高竞争力，都有重要意义。中药商标是市场经济的产物，是经营者在商品使用上的标记，商标权对于中药知识产权的保护有重要意义。中药作为特殊的商品，消费者无法靠自己的能力辨别质量的优劣，同一产品最有效的区别方式就在于使用不同的商标。

中药老字号有悠久的历史，在海内外享有一定的声誉，如北京的“同仁堂”，广州的“潘高寿”，“陈李济”，重庆的“桐君阁”，天津的“达仁堂”等知名商标都是我国中药产业的无形资产和自主知识产权的一部分。要通过在国内尤其是国外注册商标的方式把这些中药老字号保护起来；此外还可以通过商标法中的“驰名商标”对一些老字号医药企业经过几十年甚至几百年的发展而形成的高质量药品和优质的服务进行保护，增强对其的保护效力。

4. 适当运用商业秘密保护

商业秘密保护的方式灵活，它没有地域性，同时没有时间限制，只要商业秘密不向公众泄露，其保护就可无限期地继续。商业秘密不需交纳注册费，虽然涉及使信息保持机密的费用可能很昂贵。此外，商业秘密可以立即生效，商业秘密保护不要求遵守诸如向政府部门披露信息的规定。

不论规模大小，每个医药企事业单位都有自己的商业秘密，尤其是中药自古以来就是以“秘方”等方式来保证制备技术的独占性。商业秘密保护适用于配方和生产工艺复杂、从产品很难应用反向工程倒推出原料配方和生产工艺的药品。此外，一项发明创造不可能一蹴而就，研究需要有一段时间的延续，在尚未申请专利之前或撰写申请文件过程中，必须注意保密。

5. 利用“原产地名称”知识产权保护条款，制定道地中药材实施保护办法

根据《TRIPS 协定》中第 9 条的关于“原产地名称”知识产权保护规定，加紧制定实施道地中药材保护办法。国家知识产权局和国家中医药管理局可联合制定“中药原产地名称保护实施办法”，这将为我国中药进入国际市场提供有利的法律保证。

“道地药材”是对我国某些特定产地名优正品中药材（或饮片）的一种特称。它是指一定的药用生物品种，在特定的环境和气候等诸因素的综合作用下，形成的品质优、疗效佳的药材。中药是一种特殊商品，来源于自然界的动植物，有着悠久的应用历史和良好的临床药效。有些特定地区、特定环境出产的中药材（或饮片）受所在地自然地理环境和人文因素的影响，其质量、疗效等都有较高的信誉度和知名度，受到消费者的喜爱。比如“淮牛膝”、“川黄连”、“京牛黄”、“川贝母”、“杭白菊”、“宁夏枸杞”等，都是道地药材。我国现有的中药资源中，常用或道地的中药材就有数百种。将道地药材纳入“原产地名称”保护范畴，是运用现有法律，加强对中药资源保护的一项有效措施，对于保证

中药材质量和提高中药资源的附加值有重要意义。

6. 加强对中药有效部位(提取物)的保护,制定适合中药行业的国际审查基准

中药提取是中药产业中一个新兴的产业领域,同时是一个高新技术领域。中药提取物的形态可以是流体或固体,也可以是单体化合物、有效部位或多种成分的混合物。目前,中药提取物的销售市场主要在国外,其知识产权的保护显得尤其重要。

由于中药有效部位和多种成分的混合物不是单一化学成分,而是多种成分的组合物,且组成往往比较复杂,因此对其保护范围的界定比较困难。可以借助生物指标来界定有效部位的保护范围;也可用指纹图谱等当前一些比较先进的技术手段来界定有效部位的保护范围。总之,中药有效部位在不远的将来可能成为我国与国际竞争的焦点。因此,我国专利主管部门应根据中药的特点,制定适合中药行业的国际审查基准,便于对中药有效部位的保护。

7. 在传统医药保护路径下保护中药知识的新思路

目前,一些发展中国家及传统知识拥有民族纷纷采取行动来维护本民族的传统知识。“姜黄案”就是一件非常有意义的案例,这是第三世界国家对以传统知识为基础而直接获得专利的首次成功挑战。

信息框

姜黄是一种姜类植物,它一直被印度人用于愈合伤口和治疗皮疹的药品。1995 年,密西西比医学中心的两位印度公民利用姜黄申请了名称为“姜黄在伤口愈合中的应用”的美国专利,并被授权。该专利获授权后,印度科学与工业研究委员会(CSIR)要求美国专利和商标局(USPTO)重新审查该专利。CSIR 指出,姜黄被用于愈合伤口和治疗皮疹已经有数千年了,因此其医药用途并不是新的,并要求美国专利和商标局复审这一专利。CSIR 的主张得到有关传统知识的书面证据,包括一份古代梵文文本和 1953 年印度医学协会出版的一份文献。尽管专利权人反对,但 USPTO 支持了 CSIR 的异议并撤销了该专利。

由于资源拥有国与技术发达国家之间的利益冲突,对传统知识法律保护问题出现了两种截然不同的观点。发达国家主张在《TRIPS 协议》的框架下寻找对传统知识的保护方法,而资源拥有国(发展中国家)则力求建立专门的国际公约来保护传统知识,并且已经开始在其国内制定了相关的专门保护法,如泰国的《泰医药传统知识保护法》等。但是,传统知识保护问题的解决尚需要在发达国家与发展中国家、资源国与非资源国之间寻找一个利益的平衡点,形成一个各方能够接受的制度和机制。而这一过程注定将是一个漫长的过程,它需要经过资源拥有国与发达国家之间博弈并相互妥协后达成共识,而我国应当积极参与这场博弈。

本章小结

医药知识产权是指一切与医药行业有关的发明创造和智力劳动成果的财产权。国际间知识产权保护的兴起有其理论基础。我国应当灵活运用有关国际公约的规定,采取适合我国国情的知识产权保护策略。针对中医药的特殊性,应采取多种方式保护我国的知识资源。

本章思考题

1. 什么是医药知识产权?其中包括哪几个大类?
2. 我国目前涉及知识产权保护的法律法规有哪些?
3. 如何理解《TRIPS 协定》的达成及其后续的谈判背后体现的利益博弈?
4. 如何选择适合我国国情的知识产权策略?
5. 在中医药走向世界的过程中怎样才能更好地保护中医药知识产权?

案例分析

天士力攻守兼备组合拳

“三流企业卖力气,二流企业卖产品,一流企业卖专利。”在知识经济时代,科技实力决定企业的命运。掌握核心专利技术就意味着企业有机会攫取商业价值链中附加价值最高的部分,在以后竞争中继续占据优势地位,为企业赢得可持续发展的动力。

天士力集团(以下简称天士力)是我国医药行业实施专利战略的一面旗帜,也是天津 22 家专利试点企业之一。“科研+知识产权”的经营理念使其逐渐走上了中药产业化和国际化的道路,仅用 9 年的时间,资产增长 300 多倍,利税累计 15 亿元,产品远销 20 余个国家和地区。天津医药行业的龙头企业天士力的专利战略是集防御型专利战略与进攻型专利战略于一身的混合型专利战略。一手防御,一手进攻,进可以攻,退可以守,实施知识产权战略时天士力打出的是攻守兼备的组合拳。天士力具体实施专利战略时有以几大秘籍:

秘籍 · 进攻篇

中国药品进入国际市场,必须把所有的科学试验成果拿去让人家检验,如果没有取得该国专利保护,技术就很容易被别人拿走。天士力对自己的创新药有很强大的专利保护,采取的是进攻型专利战略,就如同《孙子兵法》中所说“善攻者,动于九天之上,故能自保而全胜。”复方丹参滴丸一经问世,便以其溶出速度快、剂量小、毒副作用小等优势吸引了国内外大量患者的目光。天士力成立第二年,该产品就被列入全国中医院急诊科室必备中成药。2000 年,获准进入俄罗斯处方药品目录。该产品还先后进入韩国、越南、阿联酋等 16 个国家和地区销售,现正在申报进入欧洲联盟市场。2002 年,复方丹参滴丸销售顺利突破 10 亿元大关,创造了中国同类药单品销量之冠……天士力对该药的专利保护是全方位的,不但在国内申请了专利保护,在进入其他国家市场之前,还申请了国际专利保护。

秘籍 · 防守篇

医药市场专利密布。据国家知识产权局统计,国际实力雄厚的医药公司牢牢掌握着专利主动权。在华的西药专利中有 90%都姓洋。从强大的专利封锁中突出重围,抢占市场,天士力所用的是防御型专利战略。对于别人掌握核心技术的药品,天士力采用的是改造和创新相结合的方法,绕过原专利权项,开发不抵触技术,并以此作为筹码利用专利交叉许可获得市场份额。交叉许可是指企业以专利技术、专有技术的输出换取对另一个企业的专利技术、专有技术的使用。如果企业拥有一些自主专利权,而竞争对手的专利对本企业技术实施构成障碍,就可以采取交叉许可。

秘籍 · 技巧篇

在具体专利战略实施中,天士力对每一项在研产品都量身定做了知识产权保护方案。对于创新药物,尽早采取专利或技术秘密进行保护;对于刚刚上市的新药,应及时注册商标,采取品牌保护;天士力在申请专利时,十分注意避免给竞争对手留下可乘之机。撰写专利申请文件时要尽量进行合理概括,以获得尽可能大的保护范围,防止他人侵权;此外还积极开发上游产品,并进行二次开发,以形成密集的“专利网”。

战略支持 · 人才+管理

在实施知识产权战略中天士力真正做到了“以人为本”。实施知识产权战略是一项系统工程,必须重视和培养一批懂知识产权、会运用知识产权制度的人才。为此,天士力聘请了中药知识产权领域的专家担任要职,专门负责企业的知识产权保护,并全面启动了企业知识产权系统工程。引用市知识产权局的评价:天士力开创了天津引进知识产权高级人才的先河。不仅如此,天士力还将专利对企业发展及具体工作的指导作用作为一门必修课,要求新入厂的员工上岗前认真学习。决策人员与科技人员还要继续深入研习知识产权战略,使其能够在今后的日常工作中自觉地加以运用。目前,在天士力的知识产权部中共有专职从事知识产权的工作人员 6 人,都是具有法律或医药专业背景的高级人才。管理规章是顺利开展知识产权工作的基本保证。天士力制定了严格的规章制度,将知识产权机构纳入集团核心管理层内,将专利申请、维护、专利检索等工作分别委派专人负责。同时,各研究所和子公司都配备有知识产权工作负责人和联络员,以立体网状管理网络将知识产权保护覆盖全集团。领导者对知识产权的高度重视、完善的管理制度保证了天士力在研产品 100%申请专利。没有有效的数据,说不清活性成分,缺少必要的临床试验———这些曾经阻碍国内企业获得中药专利的难题被采用高新技术打造现代中药的天士力迎刃而解。目前,天士力已经申请了 72 项中国专利和 6 项外国专利,其中 80%以上是发明专利,现在正以平均每个月七八项专利的申请速度递增。

(资料来源:赵晖.天士力:专利攻守组合拳.天津日报,2003 年 10 月 10 日)

案例讨论题

1. 天士力集团综合运用了哪些知识产权保护的策略?
2. 你认为天士力集团知识产权保护诸多措施中最成功的是什么?
3. 天士力集团知识产权保护的成功对成长中的医药企业有哪些启示?

资源链接

1. http://www.cb-h.com/2008/shshshow.asp? n_id = 3695/“诺华”与“建生”之争的启示
2. http://past.tianjindaily.com.cn/docroot/200310/10/rb02/10203001.htm/天士力攻守兼备组合拳
3. info.news.hc360.com/html/001/002/009/005/54358.htm/跨国公司在中国申请专利情况及相关启示
4. www.wtolaw.gov.cn/ WTO/与医药知识产权保护
5. http://www.pharmtec.org.cn/allpage/newsAll/content1.asp?id=1701000011/葛兰素史克专利保护案例及启示
6. http://www.pharmip.com/index.php3? file = detail.php3&kdir=2924438&nowdir=290888&id=966888&detail=1/中国专利申请数量升为世界第一 80%都是“垃圾”?
7. http://www.jk-lawyer.com/article_detail.php? p=news&id=1213860926/医药企业驰名商标统计
8. http://zhidao.baidu.com/question/8774112.html/与贸易有关的知识产权协定
9. http://www.69123.com/Article/57/201476.htm/传统医药知识产权究竟该如何保护?
10. http://news.pharmnet.com.cn/news/2008/01/15/219363.html/ 2007 年世界 4 件涉及药品知识产权大事
11. http://it.sohu.com/42/64/article207716442.shtml/知识产权与公共利益的冲突

第十三章　国际医药服务贸易

学习目标

通过本章的学习，掌握国际医药服务贸易的基础理论知识，包括服务贸易的概念、分类、特点、分布格局，了解国际医药服务贸易的基本内容，熟悉目前我国在服务贸易中的问题及对策，了解当前国际服务贸易的现状和发展前景。

引导实例

欧洲公司 NovaSecta 加入第一个中国医药研发外包公司联盟 CROSA

2007 年，来自欧洲的 NovaSecta 公司(以下简称 NovaSecta)与总部位于上海的桑迪亚医药技术公司(以下简称桑迪亚)、华大天源生物科技公司(以下简称华大天源)共同宣布，NovaSecta 正式加入去年诞生的第一个中国医药研发外包公司联盟 CROSA。

2007 年 5 月，桑迪亚、华大天源和联友药业公司(以下简称联友药业)三家中国的医药研发外包(CRO)公司组成医药研发外包公司联盟，联手为全球医药生物行业提供高质量的研发外包服务。在随后的几个月里，桑迪亚和联友药业更进一步实现了中国医药研发外包行业的第一个成功的企业合并。NovaSecta 的加盟，给 CROSA 带来了该公司对于欧洲生物医药研发外包市场的独特理解和经验，以及该公司拥有的广泛的欧洲市场资源。

到目前为止，中国医药生物 CRO 行业的迅速发展主要是由来自美国的大型医药和生物公司所驱动。这些公司是目前中国医药生物 CRO 行业的主要客户群，同时也是中国 CRO 行业回国创业者和拥有高水平医药研发经验的高层管理和技术人员的主要来源。现在，越来越多的欧洲医药和生物公司意识到应该加入主要由美国大型公司主导的寻求中国 CRO 服务的潮流，以得到中国 CRO 服务提供的富有创意和灵活的研发资源以及成本优势。

NovaSecta 是位于欧洲的一家医药生物研发服务提供商。其主要业务是为欧洲的中小型医药生物公司提供通常只有大型公司才能享受到的研发外包服务的规模效益，同时让这些客户公司保持他们独立、快速和灵活的竞争优势。加入中国的医药生物研发外包服务公司联盟 CROSA，是 NovaSecta 自身发展过程中很自然的一步。NocaSecta 的共同创始人和总经理 Robert Thong 和 John Rountree 说："我们选择桑迪亚和华大天源作为联盟伙伴是基于他们的专业水平和他们为美国及其他跨国公司快速提供新药研发解决方案的良好业绩。我们坚信把他们的技能及其研发团队的优秀表现与欧洲科学家的丰富经验结合起来，一定会导致更快、更高效地产生高质量的新药研发成果。"

桑迪亚的创始人王晓川博士和华大天源的创始人谭学海博士认为，"与 NovaSecta 结盟将已有的 CROSA 延伸到欧洲市场。我们的联盟将为欧洲的医药生物行业的客户们带来巨大的效益。"据悉，2007 年下半年 NovaSecta 已经组织了多家中型欧洲医药生物公司共同组团到中国访问桑迪亚和华大天源结成的研发外包联盟，取得了非常积极的成果。

(资料来源:http://www.bionews.com.cn/Chinese/news/content/view/3212/50/2008 年 2 月 18 日)

第一节　国际服务贸易的概念和分类

服务业及服务贸易在第二次世界大战后的迅速发展，成为国际贸易最突出的变化之一。第二次世界大战后，"服务贸易(service trade)"一词在经济贸易领域频频出现，尽管目前服务贸易理论并不完善，但是国际服务贸易飞速发展的事实不得不引起世界各国的广泛重视。

一、国际服务贸易的定义

由于目前各国服务业及服务贸易竞争能力各不相同，以及对国际服务贸易研究的层次和角度不同，人们对服务贸易的看法各异，国际上还没有一个有较强说服力的定义被人们普遍接受。根据联合国贸易和发展会议(UNCTAD)用实际过境来定义服务贸易,从过境现象看,国际服务贸易有四种方式:①商品贸易中服务的过境。如许多国家通过修理、加工、装配货物参与国际货物贸易。②货币(资本)的过境。如银行和金融服务。③人员的过境。如咨询人员、工程师、医生等到国外提供服务。④信息的过境。如通过电信系统或以文件、报告的形式提供信息服务。

乌拉圭回合达成的《服务贸易总协定》(GATS)对服务贸易的定义,成为目前被各国广泛接受的具有一定权威性和指导性的定义。服务贸易被定义为通过以下四种方式提供的服务:①过境交付(cross-border supply)。从一成员方境内向任一其他成员方境内提供服务,如金融方面的服务。②境外消费(consumption abroad)。在一成员方境内向另一成员方的服务消费者提供服务,如旅游和留学等。③商业存在(commercial presence)。一成员方的服务提供者在任何其他成员国境内通过建立企业或专业机构提供服务,如跨国的连锁饭店或专卖店等。④自然人流动(movement of personnel)。一成员方的服务提供者个人在任何其他成员境内通过自然人存在提供服务,如访问学者在异国所从事的个体服务等。

服务贸易的方式如图13-1所示。

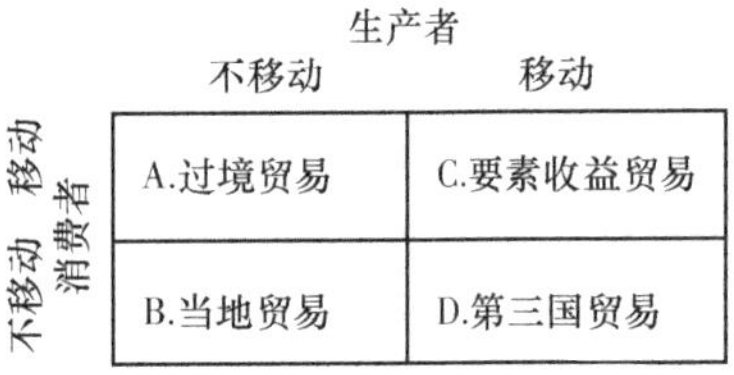

图13-1　服务贸易的方式

《服务贸易总协定》所规定的“服务贸易”不仅包括政府为实施职能所需的服务,还包括所有部门的一切服务。该总协定中对服务贸易的界定简洁明了,对统一各国对服务贸易的认识,加强对国际服务贸易的管理,促进国际服务贸易的发展有重大影响。

二、国际服务贸易的分类

根据不同的标准,人们对服务贸易进行了诸多分类。这里从实用性和理论性两个层次介绍国际服务贸易的两种主要分类——操作性统计分类和理论性逻辑分类。

(一)国际服务贸易的统计分类

国际服务贸易的统计分类是一种操作性分类,它是根据国际货币基金组织(IMF)统一规定和使用的各国国际收支账户形式。国际服务贸易流量在各国的国际收支账户中占有重要位置,根据该项目所含内容,可以对国际服务贸易进行统计性分类。其分类要点是将国际收支账户中的服务贸易流量分成两种类型:①同资本项目相关,即同国际间的资本流动或金融资产流动相关的国际服务贸易流量,称为要素服务贸易流量;②只同经常项目相关,而同国际资本流动或金融资产流动无直接关联的国际服务贸易流量,称为非要素服务贸易流量。

国际服务贸易的统计分类如图13-2所示。

- 国际服务贸易
  - 非要素服务贸易项目
    - 运输
    - 旅游(旅馆和餐厅)
    - 金融服务
    - 保险服务
    - 专业服务(咨询、管理、技术服务)
    - 特许使用项目(许可证)
    - 其他私人服务
  - 要素服务贸易项目
    - 股息(包括利润)
    - 利息
    - 国外再投资的收益
    - 其他资本净收益

图13-2　国际服务贸易的统计分类

(二)国际服务贸易的逻辑分类

1. 商业性服务

商业性服务是指在商业活动中涉及的服务交换活动。服务贸易谈判小组列出了6类这种服务,其中既包括个人消费的服务,也包括企业和政府消费的服务。

1)专业性(包括咨询)服务。专业性服务涉及的范围包括法律服务、工程设计服务、旅游机构提供服务、城市规划与环保服务、公共关系服务、涉及上述服务项目的有关咨询服务活动、安装及装配工程服务(不包括建筑工程服务)。

2)计算机及相关服务。这类服务包括计算机硬件安装的咨询服务、软件开发与执行服务、数据处理服务、数据库服务及其他。

3）研究与开发服务。这类服务包括自然科学、社会科学及人类学中的研究与开发服务；在纪律约束下的研究与开发服务。

4）不动产服务。指不动产范围内的服务交换，但是不包含土地的租赁服务。

5）设备租赁服务。主要包括交通运输设备（如汽车、卡车、飞机、船舶等）和非交通运输设备（如计算机、娱乐设备等）的租赁服务。但是，不包括其中有可能涉及的操作人员的雇用或所需人员的培训服务。

6）其他服务。指生物工艺学服务，翻译服务，展览管理服务，广告服务，市场研究及公众观点调查服务，管理咨询服务，与人类相关的咨询服务，技术监测及分析服务，与农业、林业、牧业、采掘业、制造业相关的服务，与能源分销相关的服务，人员的安置与提供服务，调查与保安服务，与科技相关的服务，建筑物清洁服务，摄影服务，包装服务，印刷、出版服务，会议服务等。

2. 通信服务

通信服务主要是指所有有关信息产品、操作、储存设备和软件功能等服务。通信服务由公共通信部门、信息部门、关系密切的企业集团和私人企业间进行信息转接和服务提供。主要包括邮电服务、信使服务、电信服务、视听服务、其他电信服务等。

3. 建筑服务

建筑服务主要是指工程建筑从设计、选址到施工的整个服务过程。具体包括：选址服务，涉及建筑物的选址及国内工程建筑项目，如桥梁、港口、公路等的地址选择，建筑物的安装及装配工程，工程项目施工建筑，固定建筑物的维修服务，其他服务。

4. 分销服务

分销服务是指产品销售过程中的服务。主要包括：批发零售服务，与销售有关的代理，特许经营服务，其他销售服务等。

5. 教育服务

教育服务是指各国间在高等教育、中等教育、初等教育、学前教育、继续教育、特殊教育和其他教育中的服务交往，如互派留学生、访问学者等。

6. 环境服务

环境服务是指污水处理服务、废物处理服务、卫生及相关服务等。

7. 金融服务

金融服务主要是指银行和保险业及相关的金融服务活动。包括：①银行及相关的服务。银行存款服务，与金融市场运行管理有关的服务，贷款服务，其他贷款服务，与债券市场有关的服务，主要涉及经纪业、股票发行和注册管理、有价证券管理等，附属于金融中介的其他服务，包括贷款经纪、金融咨询、外汇兑换服务等。②保险服务。货物运输保险，其中含海运、航空运输及陆路运输中的货物运输保险等，非货物运输保险，具体包括人寿保险、养老金或年金保险、伤残及医疗费用保险、财产保险服务、债务保险服务、附属于保险的服务（例如，保险经纪业、保险类别咨询、保险统计和数据服务及再保险服务等）。

8. 健康及社会服务

健康及社会服务主要是指医疗服务、其他与人类健康相关的服务、社会服务等。

9. 旅游及相关服务

旅游及相关服务是指旅馆、饭店提供的住宿、餐饮及相关的服务、旅行社及导游服务等。

10. 文化、娱乐及体育服务

文化、娱乐及体育服务是指不包括广播、电影、电视在内的一切文化、娱乐、新闻、图书馆、体育服务，如文化交流、文艺演出等。

11. 交通运输服务

交通运输服务主要包括：货物运输服务和附属交通运输的服务。其中货物运输服务包括航空运输服务、海洋运输服务、铁路运输服务、管道运输服务、内河和沿海运输服务、公路运输服务、航天发射服务、船舶服务（包括船员雇用）。附属交通运输的服务主要是指报关行、货物装卸、仓储、港口服务、起航前查验服务等。

由上述可见，国际服务贸易的内容相当丰富，无论从何种角度分类，国际服务贸易都存在人员、资本、信息以不同形式的跨国界移动，或在一定形式下存在于商品跨国界移动中。随着社会科学的发展和进步，世界各国经济的合作日益密切，新的服务形式不断出现，国际服务贸易的内涵和分类也将进一步扩展。

三、国际服务贸易的特点

国际服务贸易作为非实物劳动成果的交易，与实物产品贸易进行对比，通常表现出如下的特点。

1. 服务商品的不可感知性或贸易标的无形性

服务商品的不可感知性或贸易标的无形性是服务贸易的最主要特征。由于服务要素所提供的服务产品，很多都是无形的，即服务产品在被购买之前，不可能去品尝、感觉、触摸、观看、听见或嗅到“服务”，所以大部分服务产品属于不可感知性产品，消费者对它们的价值量很难评估。因为即使在消费或享用之后,顾客也无法根据消费经验预知到这种产品所带来的效果,只能是通过服务者提供的介绍和承诺,并期望该服务确实给自己带来好处。

2. 不可分离性

货物贸易从其生产、流通,最后到消费的过程,一般要经过一系列的中间环节。比如,卖方要将货物交给承运商,承运商要委托船务(海洋运输)公司进行托运,最后由承运商交给买方,这中间存在一系列复杂的过程(如保险、装运、适用的价格术语及索赔等问题)。而服务贸易与之不同,它具有不可分离的特征,即服务的生产过程与消费过程同时进行(如医生给患者看病)。服务发生交易时间,也就是消费者消费服务的时刻,这两个过程同时存在,不可分割。同时,顾客在消费服务产品的时候,必须或者只有加入到服务的生产过程中,才能最终消费到服务,而且这种服务特征随着科学技术的发展,全球一体化进程的加快,越来越显示出国际化的趋势。这种不可分离性特征是服务贸易的另外一个主要特征。

3. 贸易主体地位的重要性

服务的卖方就是服务产品的生产者,并以消费过程中的物质要素为载体提供相对应的服务。服务的买方则往往就是服务的消费者,并作为服务生产者的劳动对象直接参与服务产品的分享过程。

4. 服务贸易的差异性

服务贸易差异性表现为服务的生产者所生产的服务产品的质量水平不同。同样是一种服务,由于其生产者的不同,提供给消费者的产品也就可能不同。即使是同一个服务的生产者,由于其不同的服务产品生产周期,也表现出不同质量水平的产品。而且这种服务产品的质量很难像有形产品一样用其质量标准进行规范,所以很难统一界定。大多数围绕劳动力要素所提供服务产品的服务贸易,至今没有对其所提供的服务产品用产品质量检验标准的方法统一标准。究其原因主要有:一是服务生产者的自身因素(如心理状态)的影响,比如,医疗服务人员面对不同职业的人员或者是自己的亲属,往往表现出与看待其他普通患者不同的医疗质量水准;二是服务产品的消费者,由于其不同的个人偏好,也会直接影响服务的质量与效果。比如,由于患者对医疗人员的偏见或不信任感,往往直接影响其治疗效果等。所以,服务质量和效果产生不同的结果,要受两方面因素的影响——生产者和消费者。

5. 服务贸易市场的高度垄断性

国际服务贸易在发达国家和发展中国家表现出较为严重的不平衡性,这当然是与服务市场所提供的服务产品受各个国家的历史特点、区域位置及文化背景等多种因素的影响。比如,医疗工程、网络服务、航空运输及教育等直接关系到国家的主权、安全和伦理道德等敏感领域,就会受到外界(制度)或自身(内省)的限制。因此,国际服务贸易市场的垄断性较强。表现为少数发达国家对国际服务贸易的垄断优势,与发展中国家的相对劣势。比如,从国际服务贸易总额来看,发达国家与发展中国家的比例为3∶1(1994年数据)。另外,对国际服务贸易的各种壁垒也比货物贸易多很多种,从而严重阻碍了国际服务商品进行正常交易。

6. 不可储存性

由于消费者与生产者个体差别的存在,服务产品不可能像有形产品那样被储存起来,以备用出售。服务的生产者、消费者对于服务产品来说,如果不是同时进行,那么服务产品就会受到损失,这种损失是机会损失或价值的贬值。

7. 贸易保护方式具有隐蔽性

由于服务贸易标的物的特点,各国无法通过统一国际标准或关税进行限制,更多地采用国内的政策、法令的改变进行限制。如市场准入制度,对于贸易出口国或进口国进行限制或者是非国民待遇等非关税壁垒形式。

8. 国际服务贸易的约束条例相对灵活

GATS条款中规定的义务分为一般性义务和具体承诺义务。一般性义务适用于GATS缔约国所有服务部门,不论缔约国这些部门是否对外开放,都有对其的约束力,包括最惠国待遇、透明度和发展中国家更多参与。具体承诺义务是指必须经过双边或多边谈判达成协议之后才承担的义务,包括市场准入和国民待遇,且只适用于缔约方承诺开放的服务部门,不适用于不开放的服务部门。对于市场准入来说,GATS规定可以采取循序渐进、逐步自由化的办法,允许缔约方初步进行承诺,并提交初步承诺书,然后再进行减让谈判,最后达到自由化。对于国民待遇来说,GATS规定允许根据缔约方自身的经济发展水平选择承担国民待遇义务。总之,GATS对于服务贸易的约束是具有一定弹性的。

9. 服务产品的营销管理具有更大的难度和复杂性

无论从宏观方面还是微观方面,国际服务产品的营销管理与实物产品的营销管理相比都具有较大的难度与复杂性。从宏观层面上讲,国家对服务进出口的管理,不仅仅是对服务产品载体的管理,还必须涉及服务的提供者与消费者的管理，包括劳动力服务要素的衣、食、住、行等各项活动的管理，具有复杂性。另外，国家对服务形式采取的管理方式主要通过法律的形式加以约束，但是立法具有明显的滞后性，很难紧跟形势发展的需要。从微观层面上讲，由于服务本身的特性，企业在进行服务产品营销管理过程中经常会受到不确定性因素的干扰，控制难度较大。如上所述，服务产品质量水平的不确定性，服务产品不可能做到“三包”。再比如，商品贸易可以通过供需关系的协调，使其达到供需平衡，从而使消费者与生产者达到均衡；而服务贸易不可能通过时间的转换来完成或解决供需矛盾，实现供需平衡。

随着科学技术的发展，全球经济一体化、自由化趋势的到来，国际服务贸易将会呈现出更多的特点，同样也会给服务产品的生产者、消费者带来机遇和挑战。

第二节　服务贸易的理论基础

传统的国际贸易纯理论是建立在商品（有形货物）贸易基础上的，而严格地讲，服务贸易并未形成自己的理论体系。但是服务贸易发展的实践呼唤着服务贸易理论的诞生。我们这里讲的服务贸易理论是将传统的商品贸易理论加以延伸，扩展到服务贸易领域，用相应的逻辑和概念来阐述服务贸易，从而实现商品贸易理论和服务贸易理论的对接。这里我们主要向大家阐述迪尔道夫模型、伯格斯模型、

一、迪尔道夫模型

迪尔道夫率先成功地利用传统的“2×2×2” H-O模型（两国、两要素、一种商品和一种服务），从以下三个方面对服务贸易比较优势进行分析。

1. 商品和服务贸易的互补性

商品和服务贸易的互补性即许多服务贸易是伴随着商品贸易而发展起来的，如运输、保险等。假设存在完全竞争，显示性偏好弱定理，利润极大化和平衡贸易；假设商品和服务的世界市场同时出清；虽然各国面对相同的商品和服务的世界价格，但其国内价格无需相同。另外，假设存在三种情形。具体的比较优势分析见表 13-1。

表 13-1　商品和服务贸易互补情况下的比较优势分析

三种情形	市场均衡描述	均衡状态下的利润最大化	贸易状况	比较与分析
封闭状态（无商品和服务贸易发生，以上标 a 表示）	①(P_x^a, P_a^a, X^a) ②$S^a=0$，因禁止贸易而无服务需求	对于所有可能的产出集合(x,s)，有 $P_x^a X^a \geqslant P_x^a X + P_a^a S$	没有商品和服务贸易，即 $T=0, V=0$	比较这两种情况，可以证明：$P_x^a T^f + P_a^a V^f \leqslant 0$，表明，按闭关自守状态下的价格，出口商品和服务不如进口商品和服务，这说明，商品和服务贸易与传统的比较优势说相符
自由贸易状态（商品和服务都实现自由贸易，以上标 f 表示）	①(P_x^d, P_a^w, X^f, S^f) ②$P_y^w = P_x^d + P_a^w$	对于所有可能的(x,s)，$P_x^d X^f + P_a^w S^f \geqslant P_x^d X + P_a^w S$	服务的出口达到利润最大化，即对于所有可能的 T 和 U，有$(P_x^w - P_x^d) T^f - P_a^w U^f \geqslant (P_x^w - P_x^d) T - P_a^w U$	
半封闭状态（只有商品可以自由贸易，以上标 h 表示）	(P_x^h, P_a^a, X^f, S^a)	对所有的(x,s)，有 $P_x^h X^f + P_a^a S^a \geqslant P_x^h X + P_a^a S$	$V=0$ $P_x^a T^h \leqslant 0$	互补性服务不可贸易不会影响传统的比较优势理论在服务贸易分析中的实用性

注：P_x 为商品的均衡价格；P_s 为服务的均衡价格；X 为商品的均衡产量；S 为服务的均衡产量；T 为商品净出口；V 为服务净出口；U 为本国服务消费量；上标 d 表示国内，上标 w 表示世界的。依据显示性偏好弱定理：若在某个预算下，x 显示性偏好于 y，则在任意预算下，y 绝对不能显示性偏好于 x。

2. 要素移动的服务贸易

传统意义上的某些服务往往被看成是非贸易品，比如，巴黎“钱之旅”提供的独家三星级餐饮服务无法在柏林享用，但一般都承认生产要素可以跨国移动。若假设：“钱之旅”餐饮服务需要两种因素，技术劳动力（厨师）和非技术劳工（服务员）；法国有丰富的技术劳动力，且该项服务为非技术劳动密集型部门。这样，在闭关自守的情况下，“钱之旅”提供的服务价格将会较高。然而，一旦允许厨师跨国移动，法国厨师可能到纽约并与当地充裕的非技术劳工结合，就能以较低的价格提供餐饮服务。显然，这是由比较优势决定的，因为实际进行贸易的不是这种三星级餐饮服务，而是服务的生产要素之一——厨师。

3. 含有缺席要素的服务贸易

假设：①A 和 B 两国；②生产两种产品，即一种为贸易品 x，一种为非贸易品 s；③两国对两种产品的需求一致；④两种产品的生产都只需要两种要素——劳动 L 和管理 M，M 即使不可移动，也能进行国际贸易，因为一个经理可通过电话和传真等通信工具控制千里之外的生产活动。若在闭关自守的情形下，A 国的

服务价格低于B国的服务价格，而诱发价格差异的情形可能有三种：两国的要素禀赋不同，A国的M丰富，且s属于M密集型服务部门的产品；A国的L充裕，且恰好s属于L密集型服务部门的产品；A国在s的生产中具有希克斯中性技术优势，即在M与L投入不变的情况下，使产出倍增，从而产生技术差异。若实现自由贸易，第一种情形是A国将出口M，进口x；第二种情形是A国出口x，进口M。这两种情况与比较优势原理相符，因为此时考虑的是可贸易品x和管理要素M的价格，而不是x和s的价格，显然，要素禀赋决定了服务贸易的模式。对于第三种情形，迪尔道夫认为，比较优势理论在此遇到障碍。因为在闭关自守的状态下，以x计算的A国管理者的工资额将比B国同行高，但低于A国技术优势所要求的工资额，允许贸易将使A国的管理者向B国s的生产提供管理服务，这意味着要素价格较高的一方也可能成为该要素的净出口国，这与比较优势原理相矛盾。迪尔道夫对此的解释是，问题的关键在于A、B两国的管理者工资差异没有完全体现技术差异。琼斯认为，导致这一矛盾的原因在于迪尔道夫隐含地假定两国管理者对两国生产提供的服务存在质量差异，因此，上述矛盾实际上并不影响比较优势说的适用性。

事实上，迪尔道夫从要素价格出发，在比较优势说的适用性上取得突破性进展，但他过于相信要素。在上述第三种情形中，最终决定要素出口与否的是服务的价格。只要A向B提供同质服务的价格较低，即使A的M价格较高，也一定会出口M。另外，他对国际服务贸易比较优势理论的另一个重要贡献，是进一步证明了商品与服务贸易的不可分性。

二、伯格斯模型

伯格斯认为，对标准的H-O模型作简单修正，就能获得适用于描述服务贸易的一般模型，从中揭示不同国家服务提供技术的差别是如何形成比较优势和商品贸易模式的。

假设：市场完全竞争；规模报酬不变；用资本K和劳动力L两种要素生产两种产品和一种服务。这样该经济的技术结构形式可描述为三个单位成本等于价格的方程：

$$C^1(w,r,P_s)=P_1 \quad (13\text{-}1)$$

$$C^2(w,r,P_s)=P_2 \quad (13\text{-}2)$$

$$C^3(w,r,P_s)=P_3 \quad (13\text{-}3)$$

式中：$C^i(\cdot)$表示生产一单位商品i的最小成本；w和r分别为工资和租金；$P_i(i=1,2)$是两种可贸易商品的价格；P_s为服务价格。将式(13-3)代入式(13-1)和式(13-2)，得到使用两种最初投入生产两种最终产出的简单模型。因该模型与标准的H-O模型相同，故可认为，传统的H-O模型在一定程度上可以解释服务贸易。应当指出，服务部门的产出应作为中间投入参与最终产品的生产，而服务部门使用的全部要素同样可以用于产品生产部门。劳动与资本要素市场的均衡条件（根据谢法德引理）为

$$Q_1C_w^1(\cdot)+Q_2C_w^2(\cdot)+Q_3C_w^3(\cdot)=L \quad (13\text{-}4)$$

$$Q_1C_r^1(\cdot)+Q_2C_r^2(\cdot)+Q_3C_r^3(\cdot)=K \quad (13\text{-}5)$$

式中：$Q_i(i=1,2,s)$表示两种生产部门和一个服务部门的产出水平。如果技术和政策壁垒阻碍国际服务贸易，服务的供给必须等于部门需求的总和，即

$$Q_1C_{ps}^1(\cdot)+Q_2C_{ps}^2(\cdot)=Q_3 \quad (13\text{-}6)$$

如果一国经济并没有集中生产一种产品，则式（13-1）、式（13-2）、式（13-3）可单独决定相对于世界市场贸易品价格中任何组合的竞争要素价格和国内服务价格。商品价格决定要素价格，同时决定各部门对每种要素和服务单位成本的最低需求（除产出外，其他已知）。式（13-4）、式（13-5）、式（13-6）构成一个含有三个未知数的三个线性方程的方程组，从中可解出惟一一组作为要素禀赋函数的部门产出。如果是经济保持分散化，则要素存量的任何变化只会导致部门产出的变化，而不会影响要素价格和国内服务价格的变化。并且，如果技术相同的两国商品可自由贸易（服务不可贸易），即使无一种要素能在国际上流动，两国的要素价格和国内服务价格的差异也会缩小。如果没有运输成本的话，这种价格差异则会完全消失。因此，在服务存在于消费者的效用函数而不是存在于厂商的生产函数内的情况下，商品贸易壁垒的减少，将降低市场参与者从事服务贸易的欲望。

按照伯格斯模型，一个厂商是选择合约经营，还是选择自身进行服务，取决于服务的市场价格与要素价格孰高孰低。若前者较高，生产厂商就较少依赖服务部门，但用于服务的支出将因要素间替代程度的不同而升降。如果技术或政策壁垒阻碍服务贸易，那么，提供服务的技术差别将成为一国商品比较优势的重要决定因素。当然，对此做完整的分析存在困难，但考虑到作为各部门中间投入的服务需求，若两个部门的要素密集程度与两种产品的要素密集程度相反，且各国只在服务技术上存在差别，那么，具有服务技术优势的国家将获得相对昂贵的服务而不是相对低廉的服务。服务技术优势反映在较高的要素报酬上，这种较高投入成本的损失可能超过技术优势带来的收益，即使服务在技术先进国相对低廉，但它们也可能不会给相对密集使用服务的部门带来比较优势。事实上，较低廉的服务意味着服务密集部门相对于其

他部门而言将会扩张规模,同时意味着那些大量使用服务部门中密集使用的要素的部门也将扩大规模。当然,这两种部门的扩张不尽相同。比如,如果服务部门只使用劳动一种要素,而技术符合里昂惕夫条件,即投入-产出系数不受投入价格的影响,那么,无论哪种产品密集使用服务,服务部门的中性技术进步都将导致劳动密集型产品的增加和资本密集型产品的减少。如果技术符合柯布-道格拉斯函数,即各部门的要素分配与投入价格无关,则相对其他部门的产品,密集使用服务部门的产品将会增加。

据此,伯格斯认为,即使服务部门的产品不可贸易,服务技术的国际扩散也会对收入分配和贸易条件产生影响。这一结论导致一个问题,即一国通过许可证贸易或免费向外国转让其具有优势的服务技术是否会削弱其竞争优势?如果服务技术优势是服务贸易比较优势的惟一来源,或服务技术优势加强其他决定服务贸易比较优势的因素,那么,答案将是肯定的。相反,如果一国服务技术优势抵消了其他更重要的比较优势的决定因素,那么,即使该国无偿转让技术,也可以通过这种转让改善贸易条件而获得某些收益。如果具有服务技术优势的国家同时也是资本丰富的国家,且资本丰富就可提高资本密集型产品的比较优势,这样,如果服务部门密集使用劳动,且服务被密集使用于劳动密集型产品的生产中,那么服务技术优势将增强劳动密集型产品的比较优势。如果相对要素存量差别是比较优势和服务贸易的决定因素,且服务技术优势可无偿转让给外国,那么,外国劳动密集型产品的生产将会增加,资本密集型产品的生产将会减少,服务技术出口国的贸易条件将会得到改善。因此,服务技术的出口未必会损害服务出口国的比较优势。相反,由于服务是作为中间产品参与国际贸易的,服务贸易自由化可能会损害服务进口国的利益。

传统的商品贸易理论重点强调的是供给方的生产成本优势,而服务贸易不仅取决于服务要素的生产成本,而且更强调需求因素所导致的成本增量或消费者选择性,如运输成本,信息成本,消费者收入及其偏好,系列服务质量,包括售后服务和购买环境如信贷条件、保险要求等。正因为如此,传统商品贸易理论不能确切地应用于服务贸易领域。对于服务贸易问题,不仅要从资源要素禀赋角度,而且还要注意从服务贸易的流向、相关的市场结构以及需求特征角度来进行探讨。

第三节　国际医疗服务贸易

国际医疗服务贸易是国际服务贸易的一个重要组成部分,指的是不同的国家之间所发生的医疗服务买卖与交易活动。医疗服务的提供国成为医疗服务的出口国,医疗服务的消费国称为服务的进口国,各国的医疗服务出口额构成国际医疗服务贸易额。根据《服务贸易总协议》关于服务的分类,医疗卫生服务属于“可自由提供的服务”范畴。

一、国际医疗服务贸易的特点

1. 国际医疗服务的普遍特点

1) 医疗服务贸易属于无形贸易。在进行医疗服务贸易时,是医疗活动与货币的交换,服务的提供与接受是看不见摸不着、没有具体形态的。医疗服务产品并非实物,与有形商品贸易的实物交换大不相同。

2) 医疗服务不能存储和运输,医疗服务的生产和消费属于同一过程。大多数医疗服务的消费地点往往就是其生产地点,当生产结束时,消费也随之结束,因此医疗服务一般不能储存也不可能运输,医疗服务贸易的生产和消费大都必须是同步的,具有时空上的一致性。

3) 无论医疗服务贸易的形式如何,它都将涉及劳动力、信息和资本等生产要素在国际间的流动。因此,医疗服务贸易更多地依赖于生产要素的国际移动或医疗服务机构的跨国设置。

4) 货物贸易需要经过双方海关监督,有关数据记录在海关的贸易统计表上。医疗服务贸易不经过海关,不反映在海关的统计上。只反映在各国的国际收支平衡表上。

5) 从整体上看,医疗服务贸易的人工成本较高,对技术的要求比对资金的要求更加重要。

2. 国际医疗服务贸易的新特点

现在随着科学技术对医疗服务的进一步渗透,国际医疗服务贸易的特点也发生了一些新的变化。

1) 各国采用隐蔽的医疗服务贸易保护政策。随着医疗服务贸易的发展和医疗服务贸易的国际市场竞争加剧,各国政府越来越注重对自身医疗服务贸易的保护。但是医疗服务贸易属于无形贸易,各国政府无法采取关税壁垒形式,只有采取隐蔽性的措施对国际医疗服务贸易进行限制和设置障碍。或者在市场准入方面予以限制,或者在医疗服务或服务提供者进入市场后不给予国民待遇等非关税壁垒形式。

2) 无形服务的“有形化”,使医疗服务有了可储存性。随着科学技术的发展,许多医疗服务被包含在商品中,构成商品核心价值的一部分,使医疗服务和商品很难绝对分开,医疗服务必须借助于物质的形式得以实现。

3）医疗服务贸易的渠道和种类增多，空间距离不再成为问题，时空一致性的要求和特点降低了。科技革命带来了众多新的技术成果，借助微电子技术，医疗服务产品可以以信息单位迅速到达消费者，大大降低了对空间距离的依赖性，同时也降低了医疗服务产品的成本。

二、医疗服务贸易的提供方式

1. 根据世界贸易组织的界定，国际医疗服务贸易具有四种提供方式

1）跨境交付。指服务的提供者在一成员的领土内向另一成员领土内的消费者提供服务。可以通过交互式音频、可视、数字通信等媒体进行。跨境交付使患者有机会向他国医师购买咨询服务，同时也使医师之间实现国际交互咨询服务。例如，通过互联网进行的医疗咨询、诊断、治疗和医学教育等。

2）境外消费。指服务的提供者在一成员国领土内向来自另一成员的消费者提供服务。主要特点是消费者到境外去享用境外服务提供者提供的服务。某个国家的出入境人员只要利用对方境内的卫生服务，就是境外卫生服务的消费者。

3）商业存在。指一成员的服务提供者在另一成员领土内设立商业机构或专业机构，为后者领土内的消费者提供服务。这种方式既可以是在一成员领土内组建、收购或维持一个法人实体，也可以是创建、维持一个分支机构或代表处。主要特点：一是服务的提供者和消费者在同一成员的领土内；二是服务提供者到消费者所在国的领土内采取了设立商业机构或专业机构的方式。商业存在可以完全由在当地雇佣的人员组成，也可以有外国人参与。有外国人参与时，外国人是以自然人流动的方式提供服务。外来的医疗服务提供者大多选择与当地合作伙伴共同投资的方式建立医疗机构。

4）自然人流动。指一成员的服务提供者以自然人身份进入另一成员的领土内提供服务。自然人流动与商业存在的共同点是服务提供者到消费者所在地的领土内提供服务；不同之处是，以自然人流动方式提供服务，服务提供者没有在消费者后所在国的领土内设立商业机构或专业机构。

对服务贸易的承诺方式分为三种："不作承诺"表示不承担任何义务；"没有限制"表示承担充分的义务；介于两者之间的承诺。这三种服务贸易形式在医疗服务领域都存在。

目前，我国对于医疗服务市场开放的承诺基本上是根据我国市场开放的现状决定的，仍然维持过去已有的开放范围和程度，并没有新的承诺。

三、医疗服务贸易的主要对象及范围

1. 依据不同标准医疗服务贸易的主要对象

1）以身体状态可划分为健康者或认为自己健康的境外人员，或患者认为自己有疾病的境外人员。另外，境外人员由于工作劳累而认为自己患有某种疾病，但经检查而没有患病等。

2）以逗留时间长短可划分为过境、短期、长期和永久居留。如长期居住境外人员需要计划免疫、定期健康检查等医疗服务。

3）以入境目的可划分为工作、学习、经商、治病等。慕名专程到某国去接受医疗服务。

2. 医疗服务贸易的业务范围

1）治病，因病而需要获得医疗服务的境外病人。

2）体检，健康或怀疑有病的境外人员要求进行定期或不定期的体检。

3）计划免疫，对境外人员进行强制性或有计划的免疫接种。

4）其他，如整形、康复、应用传统医学调整等。

四、外国医师来华行医的规定

由于各种原因，我国在1993年以前一般是不允许聘用外国医生的。自1993年1月1日起，执行卫生部第24号令《外国医师来华短期行医暂行管理办法》后，聘用外国医师才有章可循。下面以上海市为例进行简要介绍。

1. 适用范围

（1）聘用单位。聘用单位必须是在上海市境内的区、县级以上医院。除此以外的医疗机构以及任何卫生单位、其他任何非医疗卫生单位均不得聘用外国医师。其他省、自治区、直辖市的任何医疗卫生单位和非医疗卫生单位均不得聘用外国医师在上海行医。

（2）受聘者。受聘者是指在外取得合法行医权的外籍医师。香港、澳门、台湾地区的医师或医疗团体来上海行医参照此办法。

2. 提供材料

1）由聘用单位提供的材料：①由聘用单位的法人代表签署的申请报告；②聘用单位的证明。

2）由受聘者提供的材料：①申请书；②外国医生的学位证明；③外国行医执照或行医证明；④外国医师的健康证明，由上海市卫生局指定的医疗单位出具；⑤委托书。

3）聘用单位和受聘者共同提供的材料：协议书，包括行医的目的、具体项目、地点、时间以及所承担的责任，由聘用单位的法人代表和受聘者共同签署。

3. 审批程序

1）聘用单位向卫生行政主管部门即上海市卫生局提出书面申请，并将聘用单位与受聘者签署的协议书，以及由受聘者提供的有关材料等附上。

2）上海市卫生局受理申请后30日内完成审核，并将审核结果书面通知申请人或代理申请的单位。对审核合格的予以注册，颁发《外国医师短期行医许可证》。外国医师来上海短期行医，每次注册有效期最多不超过一年，并且该有效期必须在受聘者提供的行医执照或行医证明的有效期内。注册期满需延长的，必须重新办理注册，重新核发《外国医师短期行医许可证》。

3）外国医师来上海短期行医申请注册时，应按规定交纳手续费。

五、我国关于医务人员劳务输出的规定

医务人员的劳务输出分为公派和民间两种形式。

1）公派的医务人员劳务输出。由有劳务输出经营权的劳务输出公司和医疗主管部门、医疗单位共同组织，将医务人员派往境外医疗机构工作。

境外医疗机构或外派人员将向劳务输出公司、医疗主管部门、派出单位缴纳一定的费用。派出单位要保留外派人员的公职，而劳务输出公司、医疗主管部门以及派出单位有义务关心外派人员及其家属的工作、生活等情况。

2）民间的医务人员劳务输出包括：①由有劳务输出经营权的劳务输出公司向社会公开招聘、组织医务人员派往境外医疗机构工作，并由境外医疗机构或外派人员一次性向劳务输出公司支付一定费用。此项工作事先应征得卫生主管部门的同意方可进行。②由医务人员自己联系劳务输出公司办理有关手续并一次性缴纳一定费用。劳务输出公司在办理有关手续前应征得卫生主管部门的同意。

境外办医分为技术输出性办医、资金投入性办医和技术输出及资金投入混合性办医三种形式。

1）技术输出性办医，经省、自治区、直辖市卫生主管部门同意后，报对外贸意经济合作部批准，并报卫生部备案方可筹建。

2）资金投入性办医和技术输出及资金投入混合性办医两种形式，必须报卫生部和外经贸部同意后方可筹建。

第四节 国际医疗服务贸易趋势及中国的对策

一、国际医疗服务贸易的发展趋势

1. 国际医疗服务贸易发展迅速，速度和总量都持续增长

在第三次科技革命浪潮的推动下，社会生产力有了明显的提高，社会分工不断深化，产业结构不断调整，促使国际医疗服务贸易迅速发展。这种迅速发展不仅体现在速度上，还体现在总量的增加上。各国医疗服务贸易所占服务贸易的比重也越来越大。

2. 国际医疗服务贸易发展不平衡，发达国家在国际医疗服务贸易中占有绝对优势

世界经济发展的不平衡性决定了医疗服务贸易的不平衡发展。西方发达国家在医疗服务贸易中占主导地位，他们是国际医疗服务贸易的主要出口国，也是国际医疗服务贸易的主要进口国。从贸易平衡上看，发达国家在医疗服务贸易中长期是顺差，而大部分的发展中国家长期是逆差，发展中国家在国际医疗服务贸易中处于落后地位。美国无疑是当今国际医疗贸易的超级大国，欧洲联盟的德国、英国等国以及亚洲的日本也是医疗服务贸易最重要的供应国和需求国。由于南北方在科学技术水平等方面的差距，医疗服务贸易的高度信息化和知识化必将加剧这种不平衡。

3. 国际医疗服务贸易自由化不断深化，但保护主义还存在

《服务贸易总协定》将各成员国开放服务市场作为它的根本宗旨，这推进了国际医疗贸易的自由化进程，但由于各国医疗服务业及医疗服务贸易发展的不平衡，导致发达国家比发展中国家具有明显的优势。同时，医疗服务市场的开放涉及国家政治、文化，因此无论是发展中国家还是发达国家都以种种理由和方法实行对医疗服务贸易的保护主义政策和措施。

二、加入WTO后我国医疗服务贸易业的对策和思路

加入WTO是我国的一项重大抉择，其本质意义不仅仅是获得贸易上的公平与优惠待遇，更深刻的意义还在于“入世”将起到促进我国由计划经济向社会主义市场经济转变的“催化剂”作用，也是我国改革开放和现代化建设营造一个更加有利的外部环境所做出的重大决策。经济全球化是世界经济发展的客

观规律，我们这样的发展中大国，要敢于参与这种经济全球化条件下的国际经济技术合作与竞争，同时又要学会趋利避害。因此，对医疗服务业来说，一定要采取有效措施认真对待。

1. 解放思想，树立“大经贸”的观念和全面开放的意识

在传统计划经济体制影响下，我国的医疗服务业和医疗服务贸易过于垄断和封闭，缺乏竞争力和活力。因而，要加大宣传力度，使人们尤其是医疗服务贸易领域的业内人员普遍和充分认识到医疗服务业和医疗服务贸易在国民经济中的重要地位和作用。同时，把“大经贸”观念由货物贸易扩展到医疗服务贸易领域，树立“对内开放和对外开放相结合”的全面开放意识。允许外国医疗服务提供者对我国提供服务，只有这样才能加强竞争，切实打破医疗服务业和医疗服务贸易的垄断局面，从而促进医疗服务业和医疗服务贸易的发展。

2. 统筹规划，渐进有序地对外开放

由于医疗行业的社会属性、自身特点和发展程度等与其他行业的差异，加上我国自身医疗行业发展的不平衡性，因此，医疗服务业不可能采取一刀切的做法，而应根据实际情况，统筹规划，渐进有序地开放。否则，可能造成医疗服务业开放失控，危及国家的安全和社会伦理道德。

(1) 分项目有选择地开放。对于一些国内尚属空白但继续发展的医疗项目，应根据国内需求积极鼓励发展；对于那些有良好示范作用和辐射作用的医疗服务项目应该大力扶持；对于具有国际竞争力的医疗服务项目应加速对外开放。对于限制性的医疗服务项目，按照《服务贸易总协定》，同时根据我国的基本国情审慎地、有选择地开放，并按照国际惯例进行适度保护。

(2) 分地区有选择地开放。就医疗服务业开放而言，应本着不同地区的比较优势实行区别对待，东南沿海和大城市医疗技术比较高，基础比较好，应先行一步，率先实现医疗服务贸易自由化。在落后地区，要先试点，然后逐步推广等。

3. 加强宏观调控，构建与国际接轨的卫生管理体制

中国拥有世界规模最大的医疗服务市场，加入WTO后，无疑会引起国际资本的极大兴趣。因此，对医疗服务业来说，无论是讲利用“入世”给予发展机遇也好，还是说迎接“入世”的挑战也好，都要从宏观层面上清除各种体制障碍，构建与市场经济环境相适应并与国际接轨的卫生管理体制。

1) 卫生行政管理部门要转变职能。卫生行政部门是卫生工作的主管部门，要尽快转变职能，从“办医院”向“服务医院”转变。通过实施区域卫生规划，加强对医疗资源配置的宏观管理，在对存量资源进行结构调整的同时，加强对增量资源(主要包括机构人员、床位及大型设备)运行有效的控制，促使卫生资源在区域内实现优化、合理的配置。同时，通过建立医疗机构、从业人员、医疗技术运用和大型仪器设备的准入制度，制定医疗工作规范、工作考核标准，严格执法等手段来实现全行业管理。

2) 建立健全与国际惯例接轨的卫生法律法规。应尽快把对医疗服务贸易的投资、税收及优惠条件等以法律的形式固定下来。比如，对中外合资合作办医的合作条件，审批与登记，变更、延期和终止，执业和监督等方面。虽然在2000年颁布的《中外合资合作医疗机构管理暂行办法》已有原则性规定，但它毕竟只是个“暂行办法”，法律效力有限。所以，必须尽快立法，以完善的卫生法律法规并利用多边协议，规定中外合资合作机构设置标准，并对投资总额、中方所占股份比例以及合资合作期限等做出合乎中国国情和国际惯例的规定，以便有利于区域卫生规划和医疗机构设置标准的实施，鼓励引进先进设备、技术和管理经验，防止低水平重复，防止国有资产流失，依法保护中外合资合作双方的正当权益。

3) 构建新的卫生管理体制。我们现行的卫生管理体制已经不适应新形势发展的需要，必须加大改革力度，努力实现制度创新。新的卫生管理体制的基本框架是：按照以需求为导向的原则，医疗机构从按部门、地方行政隶属关系转变为按区域、人群设置，实行同地化管理；除卫生行政部门外，其他部门不再隶属和管理医疗卫生机构；实行中央、省和地(市)三级管理的体制；消除现行体制下不同级次的医疗机构承担同样任务、服务重叠的弊端，分清各级机构承担的不同职能和任务。

4. 改革医疗机构内部运行机制，提高服务效率和质量

面对加入WTO的机遇和挑战，我们既要在宏观层面清除各种障碍，构建新的卫生管理体制；还要重视微观搞活，改革医疗机构特别是公立医疗机构的内部运行机制，提高效率和质量，使我国医疗服务业走上宏观调控有力、微观运行富有生机的发展轨道。

1) 建立健全责任制。要逐步扩大公立医疗机构的营运自主权，积极推行院长任期目标责任制，把医院的经营目标、发展战略、技术进步、精神文明建设等，用责任制的形式确定下来，并在任期结束时，由有关部门审计、检验。同时还要在医院内部必须建立以岗位责任制为中心的各项内部规章制度，严格执行医院技术服务标准，规范医疗行为，保证医疗服务质量。

2）改革医疗机构分配制度。结合医疗工作知识密集、脑力与体力结合、高风险等特点，进一步搞活内部分配，根据按劳定酬、按任务定酬、按业绩定酬的精神，建立起重实绩、重贡献、向优秀人才和关键岗位倾斜，自主灵活的分配激励机制，体现按劳分配和按生产要素分配相结合的原则。

3）建立自我约束机制。医疗机构要通过承担经济、行政、法律等方面的责任，自觉地规范自身行为，确保各项服务经营活动有序运行。具体包括：对医院服务经营中的盈利和亏损自负责任；面对市场波动引发的经营风险，要承担责任；自觉遵守国家的政策法律，依法行医；对损害患者权益的行为，要追究法律责任；强化财务预算约束，以预期收入控制支出，自觉抑制医院的扩张冲动和超分配的欲望等。

4）积极推进医疗机构后勤社会化。具备条件的后勤部门应从医疗单位中剥离出去，成为面向社会的独立经营主体；暂不具备条件的要实行单独核算，自收自支，自负盈亏。在医疗机构相对集中的大中城市，多家医院的后勤部门可联合组成后勤服务集团。

5）增强自我发展和抵御风险的能力。医疗机构必须提高自我改造、自我发展的能力，改变依赖财政喂养或靠主办单位输血的意识；对外界的刺激，要有自动反应能力；同时对自己的生存条件要有适应和选择能力，要具有抗御市场风险的自我组织协调能力。

6）创新国际医疗服务机制。随着国际医疗贸易的发展，健康管理公司和医疗服务公司、医生公司、医疗专家公司等一些新的服务贸易模式应运而生。远程医学、电子医疗服务的开展，开拓了国际医疗贸易的全新机制。电子医务结算体系，也使实现国际医疗服务的机制和途径更加广泛。为了适应这样一种国际医疗服务体系的新局面，我国医院要不断拓宽医疗服务贸易的领域，建立科学管理机制，加强电子医疗体系建设；不断拓宽国际医疗贸易窗口，注意整合全社会的医疗和健康资源，以适应医疗、卫生、健康服务国际化的要求。

我国已经加入了WTO，就必须履行承诺，顺应医疗服务贸易自由化、市场化、竞争化的总趋势。通过国际化的交流合作，使我国医疗服务业的对外开放更加完善。这就要求我们一方面，要加快我国医疗服务业的市场化进程，激励我国的医疗机构向更高的层次迈进；另一方面，要根据我国的医疗服务业的发展水平以及国家调控能力等基本国情，逐步地开放，有选择地开放。只有这样才能使我国成为真正的医疗服务贸易的强国。

信息柜

自20世纪80年代以来，国际服务贸易进入快速发展时期。1980～2006年，全球服务贸易总额从7674亿美元扩大到53 304亿美元，其间增长了6.9倍。服务贸易总额占全球贸易总额的份额从1980年的15.7%上升至2006年的17.9%。特别是2003年以来，全球服务贸易加速增长，服务出口与进口均保持了两位数的年均增长率。世界服务贸易之所以有这样的表现，原因主要包括以下几方面：信息技术革命降低了信息传递、获取和处理成本，也使一些原本不能转移或贸易的服务产品有了转移或贸易的条件；密集和通畅的网络连接打破了贸易的空间限制，推动了远程办公、远程服务等业务方式；在WTO制度框架及多边贸易体制下，各国在服务领域的开放度不断提高，服务贸易壁垒逐步降低，使跨境经济活动的制度交易成本大大降低。

（资料来源：中国商务部网站）

本章小结

本章主要介绍了国际服务贸易的定义、特点和分类等国际服务贸易的基础知识，比较详细地介绍了迪尔道夫模型、伯格斯模型这两个服务贸易的分析理论，同时也简单介绍了我国接受和输出医务人员的程序，还介绍了国际服务贸易的发展趋势以及中国应对的策略。

本章思考题

1. 什么是国际服务贸易？

2. 随着科学技术的进步和发展，国际医药服务贸易有哪些新的特征？

3. 与发达国家相比，我国的医疗服务贸易还有哪些差距？我国的医疗服务贸易应如何提高自己的竞争力？

案例分析

2006年医疗服务贸易分析

护理服务属于服务贸易中专业服务的助产士、护士、理疗医师和护理员服务范围，此项服务属于医疗服务贸易范畴，在此仅对全球及我国的护理服务贸易进行分析。

1. 国际情况

目前，国际护理市场需求量大、护理人才短缺，美国、英国、加拿大、澳大利亚、中东等国家和地区都存在着护理人员的短缺。美国护士供给远远不能满足国内需求，预计到2020年将有近30%的空缺。加拿大护士协会(CAN)2002年预测：加拿大2002年到2011年短缺78 000名注册护士，2016年注册护士短缺数目将攀升到113 000人(表13-2)。

表13-2 主要发达国家护士短缺情况

国　家	注册护士总人数/万人	每千人口护士人数	注册护士平均年龄	预计未来十年职位空缺/万人
美国	260.0	10.0	42.0	11.0
英国	35.6	6.0	40.0	3.1
加拿大	22.7	7.0	48.0	11.3
澳大利亚	21.2	12.0	40.0	3.1

英国最缺乏急诊护士。根据英国护士和助产师协会(NMC)的统计，2001～2002年度，在英国工作的外籍护士等护理人员创历史纪录，比上年同期增加43%；有16 155人获得NMC注册登记的外籍护士，比上年同期增加了63%。2002～2003年度在NMC注册登记的外籍护士共有13 559人，其主要国籍有菲律宾、印度、南非、澳大利亚(表13-3)。

表13-3 UKCCNMC护士登记注册情况

年　度	非英籍注册护士/人	英籍注册护士/人	非英籍注册护士占注册护士比重/%
1993～1994	2121	17 948	11
1994～1995	2452	17 411	12
1995～1996	2762	16 870	14
1996～1997	3774	14 210	21
1997～1998	4300	12 082	26
1998～1999	4891	12 974	28
1999～2000	7383	14 035	35
2000～2001	9709	15 433	39
2001～2002	16 155	14 538	53
2002～2003	13 559	18 216	43

[资料来源：英国护士和助产师理事会(NMC)]

同时，国际护理服务贸易供给不足。来自菲律宾、印度、印度尼西亚等发展中国家护理人员的输出，仅能部分地满足国际市场对护理服务的需求。菲律宾已成为全球最大的护士输出国。世界卫生组织估计，菲律宾现在每年约有15 000名护士到全球各地，目前大约共有25万名菲律宾护士在国外工作。菲律宾海外就业署的数据显示，2005年有17 700多名医疗人员出国，其中大部分是护士，这些护士大部分前往美国和中东地区国家。印度是继菲律宾之后的第二大护士输出国家。2004年在英国引进的4.4万名外国护士中有1.2万人来自菲律宾，9000人来自印度。

2. 中国跨境服务贸易

加入WTO为中国发展医疗卫生服务，特别是护理服务贸易提供了难得的机遇，但是从总的情况来看，我国的护理服务贸易尚处于起步阶段。据不完全统计，中国从1995年至2004年，外派护士总数为1万余人。同期，菲律宾每年外派护士就达1万名。但是，从2005年起，中国输出到澳大利亚的注册护士有了较大幅度的增加。2005～2006年度，澳大利亚对中国发放的入境签证共2080人，其中注册护士170人，是历年来中国派往澳大利亚护理人员最多的年份。我国护士的主要输出地域集中在中东的沙特、阿联酋、科威特以及东南亚的新加坡等少数几个国家和地区，到发达国家从事护理服务的人数十分有限。

3. 中国商业存在

目前，中国有中外合资、合作的医疗机构200余家，其服务内容多集中在妇婴、口腔以及眼科等一些专科服务项目上。截至2006年底，中国医疗服务领域共利用外商直接投资项目数为228个，累计合同外资金额为9.72亿美元，实际利用外资额5.48亿美元。2006年医疗服务领域吸引外商直接投资项目数为14个，全部是新批准项目，其中外商独资5项，无大型投资项目，合同外资金额为3091万美元，实际利用外资金额为1333万美元。外资主要来源于美国、新加坡、古巴和加拿大，分别占外方出资总额的45%、16%、14%和10%。

4. 医疗行业展望

随着中国医疗服务业的开放，国外资本加快投资步伐，医疗服务市场的服务主体呈现出多元化的趋势。对于原有的服务主体而言，外资的进入必然会增加市场竞争的程度，减少其原有的市场份额，但也会带来新的服务理念和先进技术，促进国内医疗服务机构不断自我提高。由于医疗服务属于知识密集型行业，技术要求很高，国外投资者在此方面遥遥领先，而且西方发达国家医疗服务市场化的历史较长，服务意识强，注重成本效益分析。医疗服务市场放开后，医疗服务市场上。“用脚投票”的现象会越来越普遍。必须在提高医疗服务效率的同时提高诊疗质量。医疗服务的全球化需求、用户至上、人口素质的变化，不断增加的疾病负担以及昂贵的新技术和治疗所推动的全新环境的出现，要求在未来10年内对医疗卫生进行根本性的改革。因此，医疗服务体系的完善，医疗卫生体制的改革是提高中国医疗服务业竞争力的必由之路。

(资料来源：http://tradeinservices.mofcom.gov.cn/c/2008-08-26/54215.shtml，2008年8月26日.)

案例讨论题

1. 试从以上案例分析我国医药服务贸易的优势所在。
2. 如何利用本章所讲理论分析我国的国际医药服务贸易产品结构？

资源链接

1. http://ccn.mofcom.gov.cn/
2. http://www.sdpc.gov.cn

第十四章 医药产业对外贸易发展战略

学习目标

通过本章的学习，熟悉对外贸易发展战略的基本概念以及相关内容；掌握发展中国家对外贸易发展战略及其选择的制约因素和原则；了解我国医药“产业对外”贸易发展战略的目标和战略措施。

引导实例

医药外贸质变点加速到来

根据海关最新的统计数据，2006年1~11月，我国医药保健品进出口总额达到278.11亿美元，同比增长20.72%。其中，出口额为178.07亿美元，同比增长26.77%；进口额为100.04亿美元，同比增长11.26%。由于年底的惯性增长作用，预计2006年全年医药保健品进出口总额越过300亿美元已成定局。

2007年1月19日，中国医药保健品进出口商会（简称医保商会）会长周小明表示，尽管2006年出口再创新高，但从目前看来，医药类出口产品技术含量低、附加值低等结构性问题还没有得到根本性的扭转。随着2007年政府调控力量的深度介入，医药外贸由量变到质变的过程将会加速到来。

首先，化学药行业在保持传统大宗原料药出口优势的同时，制剂出口也有较大突破。特别是2006年，又有5家企业取得了欧洲联盟（以下简称欧盟）或欧盟国家的CGMP认证，其制剂已经可以出口到欧盟等高端市场，其中另有2家企业还与美国签署了合作协议，将生产符合美国FDA要求的制剂销往欧美市场。2006年1~11月，化学原料药出口额为96.32亿美元，同比增长25.84%；化学制剂出口额为4.56亿美元，同比增长24.37%。

其次，随着近几年我国医疗器械生产水平和产品质量的不断提高以及进口医疗器械需求的放缓，连续多年医疗器械进口大于出口的局面已经得到根本扭转。2006年的前11个月，我国医疗器械出口额同比增长29.42%，远远高于进口增幅，顺差额达到29.23亿美元，而且有继续扩大的趋势。

中药从出口额来看，表现得也可圈可点。2006年1~11月，我国中药出口额为9.85亿美元，按照月均值计算，2006年全年中药出口额将超过10.7亿美元，首次突破10亿美元大关。尽管2006年欧洲市场政策和舆论都对中药出口产生了负面影响，但中药对法国、荷兰、英国、西班牙的出口增长都在40%以上。

周小明说，从今年各行业的情况可以看出，在国内经营环境不利因素增多，利润空间缩小的形势下，出口已经成为医药行业发展的主要推动力，带动行业生产和销售持续增长。同时，2006年医药外贸出口已呈现出新的特点，那就是顺差大幅度增加。这说明，我国医药出口产品的优势已经体现出来了。

据统计，2006年，我国医药保健品出口增幅高于进口增幅15个百分点，累计顺差达78.03亿美元，顺差规模比去年同期增加了27.47亿美元。

造成这种变化的原因一是由于国家各种宏观政策的影响；更主要的是反映为我国企业参与世界医药经济的程度正在加速提升。

以占医药出口半壁江山的化学原料药为例，2006年出口额有望突破100亿美元。从事原料药出口工作多年的华北制药集团进出口贸易公司总经理王云霄就指出，2006年我国化学原料药行业之所以继续保持大幅增长的势头，应该说是世界医药工业梯度转移大趋势和国际非专利药市场的异军突起驱动的必然结果，“华药去年也有近8%的出口增长。”

据前不久召开的全国商务工作会议传出的消息，政府已经明确表态，将把减少顺差作为今年外贸发展的头等大事。这意味着国家出口政策已经转向，由以往鼓励出口转变为在一定程度的抑制。据称，为了减少顺差，今年政府将会通过严格原产地规则和加强企业社会责任标准挤出出口“水分”，将会全面取消“两高一资”产品的出口退税，必要时对部分产品加征或提高出口关税。

对此，很多业内人士纷纷表示，由于医药出口贸易在国家进出口贸易中所占份额极其有限，且医药行业属于国家鼓励出口的行业，所以行业整体受上述政策影响极为有限。

但另外一个消息则应当引起出口企业的注意。

据悉，与以往对汇率的保守态度不同，今后政府可能对人民币升值不再予以过分抑制。

“这对于出口企业应该不是一个好消息。”王云霄说，自从2005年人民币汇率开始调整以来，医药出口企业就一直非常关注政府对汇率的态度。如果先前小幅度升值还可能被企业消化的话，那么今后人民币的继续升值，将导致以化学原料药和医疗器械等产品竞争力的持续降低。以原料药为例，印度产品的价格优势正在提升，若汇率继续变动不但使中国的原料药在国际市场上渐渐失去竞争力，甚至连国内市场份额都有可能被印度人抢去。“当然，从远期来看，这对促使国内原料药企业对竞争有新的理解，即把国内企业的竞争从目前的价格引导到质量、品牌和渠道上是有好处的。”

事实上，这也是此番政策调控的目的，就是要以此来克服对外贸易增长方式和结构不合理的惯性，促进产业结构升级。

“对于中药材的出口也不能放任自流。”湖北省医药进出口公司总经理谢胜元建议，政府应借此契机因势利导，规范市场管理，设立中药出口企业的从业门槛以及采取配额政策，保护中药材资源，提升其应有的价值，改变目前中药以牺牲资源为代价的出口增长方式。

（资料来源：中国医药经济信息网 http://www.menet.com.cn/news/news_1/y2007_0131_3.asp，2007年1月31日）

对外贸易对于发展中国家产业发展和经济发展具有重大影响，因而了解对外贸易发展战略定义、分类和对外贸易战略制定的原则是促进对外贸易的关键。医药产业对外贸易发展对我国医药产业的发展和医药经济发展影响深远，意义重大。目前，我国医药对外贸易现状堪忧，背后隐藏问题复杂，那么如何正确制定医药产业对外贸易发展战略目标，科学提出医药产业对外贸易发展战略及其措施就成为我国医药产业对外贸易发展的重点。

第一节　对外贸易发展战略概述

一、对外贸易发展战略的概念

发展战略是美国经济学家赫希曼于1958年在《经济发展战略》一书中最先提出的，它是指一个国家整体的经济发展战略，是一个国家的经济发展过程中政府所选定的发展目标，以及为了达到这个目标，政府所执行的一系列配套政策和制度安排。

对外贸易发展战略隶属于发展战略的范畴，是以国际分工和程度选择为基点的经济发展战略，是研究一国或地区通过国际分工方式和程度的选择而影响国内资源配置和竞争效率的一整套贸易政策或制度。

与贸易策略不同，贸易发展战略是具有全局意义的工业化战略或发展战略，而贸易策略是贸易战略的具体化，具有一定的局限性，如中国实施的“大经贸”战略、市场多元化战略和科技兴贸战略等。

二、对外贸易发展战略的基本理论

目前，国内外对外贸易发展战略的研究主要源于以下三种国际竞争理论：贸易保护理论、传统比较优势理论和战略性贸易政策理论。

（一）贸易保护理论

1791年12月汉密尔顿的《关于制造业的报告》，明确提出保护幼稚工业的政策主张，并要求实行高关税政策进行贸易保护。李斯特于1841年出版了他的名著《政治经济学的国民体系》，进一步发展了汉密尔顿的贸易保护学说，探讨在面临国际竞争的条件下，如何运用保护贸易的政策与措施来促进本国的经济发展，建立了具有完整体系的保护贸易理论。

以贸易保护理论为依据的国家广泛利用各种限制进口的措施保护本国产业和市场免受外国商品的竞争，并对本国出口商品给予优待和补贴以鼓励商品出口，或通过国家采取各种措施干预对外贸易。通过高关税和非关税壁垒来限制外国商品和服务的进口，以保护本国市场免受国际市场的竞争。贸易保护政策就是一系列干预贸易行为的各种政策措施的组合，其实际含义主要就是贸易保护政策的内容及其各种措施组合的方式。贸易保护政策的根本目的是保障国民经济的发展，保证充分就业和人民生活水平的提高。就国家利益的立场而言，在某种情况下，国家应对本国的部分产业或产品予以适当的保护。

（二）比较优势（比较成本）理论

关于比较优势理论，根据时间的发展，我们一般可以将其划分为前期的静态比较优势理论和后期的动态比较优势理论。

1. 静态比较优势理论

比较优势的概念最早是由英国经济学家大卫·李嘉图提出的。静态比较优势理论主要由亚当·斯密的绝对成本论、大卫·李嘉图的比较成本说及赫克歇尔·俄林的要素禀赋论共同构成。该理论的主要思想是在各国的比较优势（或技术、生产率优势，或假定生产率相同前提下的自然禀赋优势)构成国际分工和国际贸易的基础上,各国应遵循比较优势原则来生产和输出那些劳动生产率上占有优势,或密集使用相对丰裕的生产要素的商品。但该理论需要一系列严格的前提假设才能成立,包括规模报酬不变、完全竞争、产品无差别、技术水平不变、要素质量相同及数量保持固定不变、要素在两国之间完全不流动等,显然,这些前提与现实严重背离。

2. 动态比较优势理论

犹石威、奥湼克、筱原三代平等在静态比较优势理论的基础上又提出了资源禀赋可以提升的动态比较优势理论,即每个国家的经济发展过程都是一个动态过程,在这一过程中包括生产要素禀赋在内的一切经济因素都会发生变化,而生产要素变化的程度和速度在各个国家和地区之间会有很大差异,由此引起一国经济在世界经济中相对地位发生变化。对后进国家来说,如果某些产业的产品在生产要素禀赋变化的基础上由比较劣势转化为比较优势,将极大地改变其在国际分工中的地位,从而获得动态的比较利益。因此,其强调一国应借助各种手段实现产业结构升级和比较优势转换。

其主要观点如下:①一国在经济发展过程中的比较优势或劣势是可以变化的,经济的发展不仅取决于资源的丰裕程度,在很大程度上还取决于政府的支持;②一国的国际贸易优势应与合理的产业结构保持一致;③动态比较优势的形成要借助国家的干预力量,政府应以增强国际竞争力为目的,扶植和促进国内重点产业的发展。其核心思想在于强调后起国家的幼稚产业经过扶持,可以由劣势转化为优势,即形成动态比较优势。

(三) 战略性贸易政策理论

战略性贸易政策是 20 世纪 80 年代由美国经济学家克鲁格曼提出,由以美国为代表的发达国家开始实施并且取得了一定的成功。由于战略性贸易政策是一种促进战略性产业发展的对外贸易政策,关注的是一国在未来国际经济社会中的战略地位,因此战略性贸易政策可以看成是一种贸易战略。战略性贸易政策主要观点是:由于现实经济中存在规模经济和不完全竞争,因此强调政府的干预作用,主张通过政府的扶植建立本国的竞争优势产业,从而在国际贸易中获取更多、更持久的贸易利益。战略性贸易政策倡导的是有管理的自由贸易。

Stewart 于 1991 年、孙文远等于 2000 年、胡昭玲于 2002 年和许统生于 2003 年等研究了战略性贸易政策对发展中国家的适用性问题。他们认为,贸易理论的新发展并非只与发达国家有关,发展中国家在某些情形下是可以应用该政策的某些观点的。比如说竞争优势理论,这个理论就是美国哈佛大学商学院教授迈克尔·波特最早提出的。波特认为,一国能兴旺发达的根本原因是该国在国际市场中具有竞争优势,这种竞争优势来源于该国的主导产业,而主导产业的竞争优势又来源于企业由于具有创新机制而提高了的生产效率。国家的竞争优势也就是企业、行业的竞争优势,可以从生产要素状况、需求状况、相关与辅助行业、企业的策略、结构与竞争以及附加因素(机遇和政府)等六个因素全面地考察分析一国的国际竞争能力,从而找到如何在国际上取得竞争优势的答案。

三、对外贸易发展战略的分类

一般来说,对外贸易发展战略按照是否依据理论标准划分为基于理论的分类和其他分类。

(一) 基于对外贸易发展战略理论的分类

对外贸易发展战略的制定需要建立在适当的贸易理论基础上。根据对外贸易发展战略理论的不同,对外贸易发展战略分为:以保护贸易理论为基础的对外贸易发展战略、以比较优势理论为基础的对外贸易发展战略和以对外贸易政策为基础的对外贸易发展战略。

1. 以保护贸易理论为基础的对外贸易发展战略

以保护贸易理论为基础的对外贸易发展战略包括进口替代战略和出口导向战略。

(1) 进口替代战略。是指为了减少进口依赖、节约外汇、平衡国际收支、保护幼稚工业,使本国避免在初级产品贸易条件恶化情况下出口初级产品而受损。通常经过两个阶段:①发展加工业和一般消费品工业为主的阶段;②发展耐用消费品、资本品和中间产品为主的进口替代阶段。进口替代战略的实施目的就是要以工业化带动整个经济的发展。

(2) 出口导向战略。是指通过扩大出口带动本国的工业化和经济的持续增长。出口导向战略一般也经历两个阶段:①以劳动密集型工业制成品替代初级产品出口;②技术密集型工业制成品为主的出口。出口导向战略的实施目的也是要以工业化带动整个经济的发展。

2. 以比较优势理论为基础的对外贸易发展战略

从是否遵循比较优势的角度,对外贸易战略分为顺比较优势的贸易战略和逆比较优势的贸易战略。前者也称为比较优势战略,即把遵循本国资源禀赋的比较优势作为经济发展的基石，建立与之相应的产业结构，通过发展比较优势产业，循序渐进地提升国际竞争力与国民收入水平；后者也称为赶超战略，即不完全遵循本国的比较优势，而是通过政府的干预来建立与发达经济相应的产业结构和技术结构，以实现经济的快速发展。

3. 以对外贸易政策为基础的对外贸易发展战略

一般而言，以对外贸易政策为基础的对外贸易发展战略主要体现为战略性贸易政策，它包括三个主要内容：战略性出口政策、战略性进口政策以及用进口保护促进出口的政策。战略性出口政策是政府根据国外市场的市场结构所采取的有利于本国企业的出口政策。这种政策包括对本国产品的出口采取的补贴政策、征税政策或不干预政策。战略性进口政策主要是通过选择性的保护政策，达到从外国厂商那里抽取垄断租金、保护本国厂商进入市场或将外国厂商逐出本国市场的目的，以期使本国获取最大限度的利益。用进口保护促进出口的政策实际上是政府通过进口限制使本国获得某种规模优势，进而形成竞争优势、促进出口的政策。

（二）对外贸易发展战略其他分类

除了按理论不同区分对外贸易发展战略，一国的对外贸易发展战略还可以根据其他的标准进行多种分类。

（1）按照是否对国外销售和国内销售提供同样的实际补贴或奖励或者在于奖励制度有没有一种反出口倾向，贝拉·巴拉萨将对外贸易发展战略分为外向主导战略和内向主导战略。如果是提供同样奖励而且没有反出口倾向的，就是外向主导战略，否则就是内向主导战略。出口和内销的激励比率，它等于内销的保护率或补贴率加1除以出口的保护率或补贴率加1，如果激励比率大于1，就表明激励机制鼓励内销而排斥出口；如果激励比率小于1，则表明激励机制鼓励出口而排斥内销。

（2）按照贸易战略目标的不同，对外贸易发展战略分为三种：追求静态利益的贸易发展战略、追求动态利益的贸易发展战略和排斥贸易利益的贸易发展战略。追求静态利益的贸易发展战略就是在现有资源和技术结构不变的条件下增加本国的经济福利。追求动态利益的贸易发展战略则追求贸易在促进经济增长、产业演进、技术进步和制度创新等方面的动态利益。排斥贸易利益的贸易发展战略是拒绝贸易所带来的静态和动态利益，实行排斥对外贸易的内向型贸易发展战略。

（3）按照从一国政府干预的强弱程度，对外贸易发展战略可分为高干预的贸易发展战略、低干预的贸易发展战略和基本无干预的贸易发展战略。如果从政府实施战略手段的不同角度去考察，对外贸易战略可分为计划干预的贸易发展战略和商业政策干预的贸易发展战略。

（4）按照贸易政策取向不同的角度，即从对国内市场和国际市场重视程度的角度，世界银行在《1987年世界发展报告》中，根据1955~1963年41个国家和地区的资料，将发展中国家的对外贸易发展战略划分为坚定的外向战略、一般的外向战略、坚定的内向战略和一般的内向战略。

1）坚定的外向战略是指采取贸易制度的中性原则，虽有贸易壁垒，但出口奖励抵消了对出口的抑制；进口和出口的实际汇率大体相等；不采用或很少采用直接控制的办法。

2）一般的外向战略是指奖励制度总体上有结构偏向，注重为内销的生产，不重视为外销的生产，对本国市场的实际保护率较低。

3）坚定的内向战略是指奖励制度强烈地袒护为内销的生产。对本国市场的实际保护率很高，普遍实行直接控制和许可证办法，以限制传统的出口部门，对出口没有积极奖励，本币被高估。

4）一般的内向战略是指奖励制度明显地有利于为内销的生产。对本国市场的实际保护率较高，广泛实行对进口的直接控制和许可证办法，对出口虽有奖励，但有明显的反进口偏向，且汇率定值过高。

四、对外贸易发展战略选择的原则

一国在选择对外贸易发展战略时必须遵循一定的原则，从而可以更好地服务于国民经济总体发展战略，促进本国的经济发展。

1. 坚持提高国家竞争力的原则

国家竞争力是指一国在与其他国家同行业进行公开竞争时的创新与升级能力，也就是以竞争优势表现出来的该国获得较高生产力水平并使之持续提高的能力。如果贸易发展战略的实施提高了国家竞争力，推动了企业的创新与升级，那么本国产品在世界市场上就有竞争优势，就可以促使贸易结构的高级化、带动经济结构的不断优化以及促进经济的长期发展。可见，贸易发展战略选择的关键不在于采取进口替代战略还是出口导向战略，而是在于战略的选择能否提高国家竞争力，从而推动产业创新和升级，促进贸易发展进入良性循环。

理论研究和实证分析都表明，只有从竞争力出发制定的贸易战略和政策,才既能体现自由贸易政策的要求,又能包含必要的保护贸易的实施;只有从竞争力优势出发制定的贸易战略和政策,才既能保护幼稚工业,又能促进落后工业的产业结构调整和升级。

2. 坚持静态利益和动态利益相结合的原则

制定对外贸易发展战略时,不仅要能获得静态贸易利益,还要着眼于国际贸易的动态利益。所以,为了提高本国生产效率和生产能力以及获得长远的发展利益,一国必须要参与国际贸易与国际分工,引进新的生产要素以刺激国内的技术创新。

3. 坚持比较优势和竞争性优势互为补充的原则

制定对外贸易发展战略时,不仅要能获得由比较优势获得的利益,还要能积极地获取由竞争性优势带来的利益。所以,在稳固目前国际市场份额的同时,为了获得长远的利益,一国必须进行产业结构调整,开发自主性创新,赢得国家、产业和企业的竞争性优势。

五、影响对外贸易发展战略选择的因素

对外贸易发展战略的成功与否受多种因素的制约。因此,一国在选择对外贸易战略时,除了要坚持以上三个原则外,还要综合考虑国内外诸多因素,仔细权衡后,才能做出符合国内外环境的抉择。

(一) 影响对外贸易发展战略选择的国内因素

在影响对外贸易发展战略选择的因素中,起决定作用的是国内经济情况。它主要包括以下四个方面。

1. 一国的经济发展水平

一国经济发展水平越低,国际竞争力也越弱。发展中国家所面临的主要任务是建立健全国内工业体系和产业体系,提高国内供给水平。因而比较可行的是发展资本技术含量较低的劳动密集型进口替代产业,而选择出口替代战略不仅不可能,也不可行。相反,如果是经济发展水平很高的国家,则可以发展具有较强国际竞争力的资本技术密集型的出口替代产业,而绝不可能发展进口替代产业。根据比较优势理论,参与国际分工与贸易的国家都会全力发展其优势产业,保护幼稚产业并调整落后产业,所以它们一方面会发展进口替代产业,以提高这些产业的国际竞争力,另一方面也会发展已具备国际竞争力的出口替代产业,实行平衡发展战略,保持进出口的基本平衡。

2. 一国的经济发展规模

发展经济学中将一国的疆域、人口等作为指标衡量一国经济规模的大小。一国的疆域、人口等规模经济指标影响着国家的对外贸易发展战略。对于大国而言,地域广阔、人口众多、国内市场容量大,国内市场需求是主要的经济发展动力,可以运用初级产品出口贸易战略(如内向型的进口替代战略)建立较为齐全的国内经济体系。等经济发展到一定阶段后,大国经济可以实行平衡贸易战略,使进口替代产业和出口替代产业互相补充、互相支持。美国经济学家梅基用对外贸易总额下降第一规律概括了大国经济与对外贸易份额的这种反比关系:一国规模越大,其对外贸易份额占该国 CNP 的比重越小。

3. 国内供求状况

一个国家国内供给与需求状况与其对外贸易发展战略的制定有很大关系。如果一国经济水平落后,资源比较贫乏或资源丰富但开发水平滞后,以至于供给小于需求,这种短缺状况下的贸易发展战略则是内需型的进口替代战略。相反,经济发展水平较高、国内供给大于需求的“过剩型”经济下的贸易发展战略一定是外向型的出口替代战略;介于两者之间的供需基本平衡条件下的对外贸易发展战略则可能是有进有出的平衡贸易发展战略。

4. 国内利益集团的垄断

对外贸易发展战略主要由一国的政府负责制定和实施。政府决策不可避免地受到一些大的利益集团的影响,有的甚至为利益集团所左右。利益集团的这种影响作用在小国会更为突出。假如一个国家的跨国公司在经济生活中居于重要地位,它们必定会要求政府采取外向型的贸易发展战略。

(二) 影响对外贸易发展战略选择的国际因素

国际贸易是在国家间进行的经济活动,贸易发展战略必然受到国际因素的影响。这类因素主要有:

1. 其他国家贸易政策

国际贸易的相互性,意味着一国的进出口在给本国带来贸易利益的同时,也会给别的国家造成影响——这种贸易可能增进双方的利益,也可能是此长彼消的。当一国的进出口给伙伴国经济带来不利的影响时,对方一定会运用某种贸易政策加以抑制。因此,单纯的进口替代或出口导向都容易招致别国的贸易报复,必须审慎运用。

2. 世界经济发展整体水平

一般来说,当世界经济发展水平普遍较低时,各国为本国产品寻找海外市场的压力较小,这时实行进口替代战略所面临的外部压力就相应较低;而当世界经济发展水平普遍较高,众多国家都要为本国的剩余

产品寻找国际市场时,各国实行进口替代的压力就比较大,会面临外部要求其开放市场的威胁——单纯的出口替代则会因对进口国市场的冲击,而招致伙伴国要求限制出口的压力,甚至引起报复。

第二节　我国医药产业对外贸易发展的战略与措施

一、医药产业对外贸易发展概述

医药产业是我国国民经济的重要组成部分,是传统产业和现代产业相结合,综合第一、二、三产业为一体的产业。其主要门类包括化学制药、中药、生物制药、医疗器械、医药商业。作为按国际标准划分的国际化产业之一,医药产业已成为世界各国密切关注的产业之一。我国医药产业在对外贸易发展中具有重要作用的是化学药品原药制造业、化学药品制剂制造业、中药饮片加工与中成药制造业、生物和生化药品制造业和医疗仪器设备及器械制造业等5个子产业。

(一)目前我国医药产业对外贸易现状与问题

2007年1~9月,我国医药商品实现进出口总额119.93亿美元,同比增长14.29%。其中,进口总额为50.33亿美元,同比增长15.90%;出口总额为69.60亿美元,同比增长13.15%,实现贸易顺差19.27亿美元,1~9月份进出口总额累计增长比率仍保持上升态势。

进口方面,医疗器械所占比例高达39.78%,占医药进口份额近40%,化学制药工业占进口份额近30%,其中原料药占11.72%,化学制剂占18.04%;中成药占23.53%,三大主导行业的进口占去了93%以上的份额;卫生材料占1.40%;生物制剂占3.85%,中药饮片所占的比率不足1%。

出口方面,原料药38.73%占据了医药出口贸易的比率最大,医疗器械占到38.48%,两大主导行业的出口占据我国医药商品总额的近80%,是我国医药商品出口创汇的主要行业,表明我国医药商品在国际市场竞争中也有了一定成效;卫生材料出口有9.21%的份额;而中药饮片出口只有2.89%。

从医药商品进出口地理方向看,美国依然是我国医药商品的最大进出口国。2007年1~3月,我国对美国的进口和出口金额分别为2.93亿美元和4.28亿美元,高居首位,其中进口额占我国医药商品进口总额的14.14%,出口额占出口总额的14.51%。我国从德国进口医药商品额位居第二,对日本出口额位居第二。

1. 化学药品原料药制造业

中国是世界第二大原料药生产国和主要出口国,国内部分原料药生产企业通过了美国FDA、欧盟等国际认证,出口增长率连续多年在20%以上的。我国进出口化学原料药品主要包括头孢类、磺胺类、维生素C类、泛酸、钙、钠盐及硫酸盐等,主要出口亚洲、欧洲和北美等地区。2008年1~3月出口总额为12.55亿美元,同比增长47.95%,原料药进口额为2.50亿美元,占全部医药商品进口额的12.09%,同比增长49.81%,实现贸易顺差12.56亿美元,涉及的化学原料药商品分类近百种,覆盖近千余种原料产品,是医药商品出口贸易的主要构成部分。

虽然原料药出口形势较好,但其出口产品主要以低附加值的原料药为主,其中名牌出口商品更是凤毛麟角,而且有些还是发达国家不愿意生产的重污染、低附加值的产品,许多产品存在被逐步淘汰出局的危险。而对于目前国际上一些市场容量大、技术壁垒高的高附加值产品,我国却没有太多的优势可言。即使有些产品我国也能够生产,但由于知识产权的问题而不能生产。

2. 化学药品制剂制造业

2008年1~2月化学药品制剂业累计实现产品销售收入最多,累计实现299.99亿元,化学药品制剂业利润总额完成最多,累计完成34.43亿元。2008年1~3月化学药品制剂进口额为3.74亿美元,所占比例18.06%,其中,进出口总额为15.45亿美元,所占比例10.22%。但我国制剂工业目前还是明显落后于原料药工业,与国际水平的差距较大。不仅目前生产的化学药品中绝大多数是仿制品,被国际上承认的创新药品很少,即使是仿制产品在技术水平、工艺、产品质量等方面均与国外先进水平差距甚远。具体体现在:

1)制剂的附加值低。按照国际惯例,医药产品的原料与制剂的比价差一般是1∶10,而我国一般为1∶3。例如,我国0.35元一支的青霉素原料药在国外深加工后再以1元一支高价回国销售,其中产生的65%利润非常可观。

2)制剂技术开发、研究、设计和生产加工比较落后,部分原材料、相关原辅材料的质量不过关,在制剂的外包装装潢、方便医患者使用、储存保管等方面也有一定差距。因此,我国的化学药品制剂行业不仅无法走出国门竞争,在国内市场更面临来自国外进口药品的竞争。

3. 中药饮片加工与中成药制造业

2007年我国中药产品对亚洲市场的出口额达7.69亿美元,同比增加9.77%,平均价格上涨

6.31%,所占比重达到65.25%。对欧洲出口中药产品1.81亿美元,同比增长5.53%,比重达到15.38%。2008年1~2月中药饮片加工制造业累计实现出口交货值2.56亿元,同比增长62.92%,增幅是所有医药子产业中最大的。2008年1~8月份,我国中成药进出口额为2.31亿美元,占中药类产品进出口额的20%,其中出口1.09亿美元,进口1.22亿美元。各大类产品中,中药材及饮片出口额最大。

但由于中药的药理、剂型、标准化、规范化等方面存在相关的问题,这些问题一直阻碍着中药、中成药产品走向国际市场。我国中药符合国际标准的品种很少。依照发达国家目前对药品的管理法规,中成药以药品身份出口几乎是不可能的。即便作为"食品添加剂"出口,中成药也面临农药残留、重金属超标的问题。2007年全球中成药销售额高达数百亿美元,其中韩国和日本在国际市场的销售份额为25%,它们的原料大都来自中国。而我国中成药在国际市场的销售份额占有率仅为5%,特别是在日本市场的占有率更是微乎其微,为1%~2%。

4. 生物和生化药品制造业

与发达国家相比,我国的生物制药起步晚,基础差。生物制药是制药工业中高新技术含量最高的产业,代表着医药工业发展的方向和趋势。最近,在国家政策的支持下,我国生物制药工业发展势头较好,国内产值一直保持着每年平均14%以上的增长幅度,对外贸易额增长率也大幅度提高。2007年我国生物制药实现利润总额55.79亿元,同比增长45.83%,出口年均增长率约为19.8%。但出口量在国际市场上的占有率还不到5%,同时,我国生物药品进口数额逐年加大,进口年均增长率为18.02%,每年的出口额小于进口额。而且,我国生物制药企业产品售价较高,成本高,在国际市场销售额、利润低,如2007年生物制药的成本费用利润率为14.50%,是医药产业中所有子产业最高的;而出口交货值为71.65亿元,占销售产值的15.81%,同比增长14.15%,居医药产业中所有子产业倒数第三。

5. 医疗仪器设备及器械制造业

2008年1~3月医疗器械进出口总额17.08亿美元,医疗器械进口额为7.14亿美元,所占比例高达34.43%,出口额为9.94亿美元,医疗器械所占比例为33.69%,是医药进出口贸易的最大构成部分。尽管我国医疗器械产品技术水平的质量和可靠性有了很大的提高,如东软集团的螺旋CT机在国内市场的占有率已排名第二位,仅次于美国GE公司,但是仍难以满足临床使用的高要求。资料显示,我国医疗器械产品的总体水平比国际水平落后20年左右,主要医疗器械产品达到当代世界先进水平的不到5%。产品可靠性差、性能落后、市场竞争力弱,即使是中低档医疗器械产品,我们也不能与国外相比。以呼吸机为例,产品平均无故障时间仅200小时左右,而国外同类产品高达3000小时。另外,当今医疗器械产品的技术含量越来越高,产品被他人仿制的可能性大为减小,竞争壁垒大大提高。由此可见,我国低下的技术水平削弱了医疗器械行业的竞争力,大大影响了我国医疗器械行业对外贸易发展。

(二)导致我国医药产业对外贸易发展不利的因素

根据以上分析,我国医药产业对外贸易结构不合理。究其原因主要有以下三个。

1. 企业规模小,出口市场占有率低

我国医药企业以中小型为主,以化学制药业为例,2007年底销售总产值增幅最大的仍然是小型企业,达26.42%。在制剂行业的工业总产值中,中型企业完成了近一半,大型企业只占22.39%,增幅低于行业平均水平。

同时,我国知名的大型医药企业也没有形成有效的经济规模。在现有的5000多家医药企业中,大型企业不超过300家,而排名前10的企业国内市场占有率之和不足25%。相比之下,全球前10名医药巨头占有国际市场份额的50%。我国大型制药企业和国外大企业比较起来差距就更大了。例如,丽珠集团2007年制剂业务的销售收入约为11亿元,折合美元约1.59亿,仅相当于法国赛诺菲-安万特公司2006年第3季度销售收入87.7亿美元的12%,还不到美国辉瑞公司2006年第3季度销售收入122.8亿美元的9%。综合上述,我国医药企业规模太小,无法形成较强的市场占有能力。

2. 新药开发能力弱,出口竞争力低

国家食品药品监督管理局药品注册司是负责中国新药上市许可的政府机构,该机构每年收到真正全新的新药申报很少,年均仅几十个,其中很多化学药品还在审批过程中,国外就已经上市了,这就是通常所说的"假新药"。新药研究经费不足、知识产权保护不够,是造成中国新药开发能力比较弱的主要原因。具体表现为:

1)长期以来在新药创新方面,我国的资金投入严重不足,严重制约着我国创新药的研究与开发。发达国家研制成功一种新药耗资2亿~3亿美元以上,而我国研制一个新药耗资300万~500万人民币元,经费不足严重影响了创新药物的研究和开发。欧美制药企业研发投入约占销售收入的18%,而中国制药企业研发仅占销售收入的2%~4%。

这主要是由于政府或企业的经济实力不够,另外,一些医药上市公司在有限财力的前提下又有大量的资金浪费在重复建设上,热衷于合并低水平的企业,进行低成本扩张,而不愿意把募集到的资金用于新药的研发上。

2) 知识产权意识不强,或者不重视知识产权,侵权生产国外专利产品。科技人员不注重专利保护、对发明不申报导致被侵权,并且缺乏医药专利的专利代理人。同时,专利保护力度不够,虽然从1992年到2007年,我国制药企业医药发明专利申请量增加了近10倍,但国外制药企业在我国申请医药发明专利数也呈逐年上升的趋势,在1998年时就已经占申请总量的85%。同时,新的《专利法》实施以前,我国对药品不实行专利保护,国内制药企业之间互相无偿仿制,并时有侵权生产国外专利产品的情况发生。如2006年10月,在巴黎举办的世界原料药展览会上,法国制药企业赛诺菲-安万特集团指控我国3家参展企业展览、交易的原料药产品侵犯了其原料药物Rimonabant的专利权。

3. 医药产业结构性矛盾突出

医药产业结构不合理表现在产业结构和产品结构两个方面。

(1) 产业结构。在产业结构上,制剂工业落后于原料药工业。这主要是因为长期重视不够,并与制剂机械、药用包装材料、药用辅料发展滞后有关。而化学药品制剂工业是我国医药产业的发展主导,但会受到药品知识产权保护的巨大压力,其发展步履维艰,2007年化学药品制剂的制造业出口交货值累计实现56.81亿元,同比增长15.51%,低于全行业平均水平;2008年1~2月化学药品制剂制造业的工业总产值增幅已经低于行业平均水平的24.93%。

作为科技含量高、产品附加值大的生物制药业和具有中国特色的中药产业也应是我们发展的重点,但这两个医药子产业在2007年的出口值也低于行业平均水平。因此,重点产业生产和出口呈现下降的发展状况,表明医药产业结构调整的任务极为迫切。

(2) 产品结构。包括生产结构、对外贸易产品结构和企业组织结构。

1) 生产结构。中国药品市场结构失调严重,产品差异化小,缺乏品种创新,没有明显竞争优势,产品低水平重复生产严重。以感染药为例,中国注册生产阿莫西林的企业已经达300多家。又如庆大霉素、扑热息痛、维生素、甲硝唑等制剂有几十家甚至上百家企业都在生产。我国6000多家医药企业生产的大部分产品没有特色,名牌产品极少。2007年3月,中华人民共和国商务部公布的重点培育和发展的出口名牌名单中,医药及保健品品牌数量仅占全部出口品牌总数的3.7%。其中,化学药物品牌5个,中药品牌1个,保健品品牌1个,相当多的医药出口企业榜上无名。这种产品缺乏优势的低水平重复生产造成中国制药企业内部竞争恶性化,外部出口竞争力低下。

相比而言,欧美制药企业在高额的研发投入下,往往形成了各自的优势生产领域。如辉瑞公司在心血管及代谢系统、中枢神经系统等方面具有明显竞争优势,其主打产品“立普妥”在2006年全球的销售额达128.9亿美元,成为全球销售额最高的药品;诺华公司在高血压领域也具有很大的优势,其拳头产品“代文”在2006年全球的销售额也达到42.2亿美元。

2) 对外贸易产品结构。中国医药产品进出口结构不合理。一方面附加值较低、污染较重的化学原料药、常规手术器械和中药材出口比重偏大,而高新技术产品出口比重较低;另一方面,进口却以价格昂贵的制剂及大型、高档医疗设备为主。这种进出口模式,把高能耗和高污染留在国内,让进口国通过深加工赚钱,降低了我国医药产业的国际竞争力。2007年6月9日我国财政部、税务总局发布了《关于调整部分商品出口退税率的通知》,一批原料药的出口退税率由原先的13%下调到5%,这一举措在一定程度上进一步降低了医药产品的出口竞争力,减少了医药产品出口额,加剧了医药产品进出口结构的不平衡。

3) 企业组织结构。在企业组织结构上,大型企业过少,生产集中度过低,小型企业过多、过散,生产能力过小。单个企业的某一种产品的年销售额超过1亿元以上的很少。在我国医药生产企业以小型企业为主,而且布局分散,企业的生产集中度远远低于先进国家的水平。行业之间,地区之间、企业之间往往自成体系,大企业不大不强,中小企业不精不专,企业之间难以形成合理的专业化分工协作,市场过度竞争,侵蚀了企业的合理利润,导致经济效益的持续下降。

二、我国医药产业对外贸易的发展战略目标及其措施

产业规模小、创新能力低和产业结构性矛盾导致我国医药产业对外贸易结构不合理,对外贸易现状堪忧。要提高我国医药产业国际竞争力,增加医药产品出口,必须明确提出我国医药产业对外贸易发展战略目标及战略措施。

（一）我国医药产业对外贸易发展战略目标

我国医药产业对外贸易发展的战略目标：作为发展中国家的医药产业，为了在未来的国际分工中占据比较前列的位置，在国际市场上占有更大的份额，不能仅仅把希望寄托在发挥中国的比较优势方面，应在政府的推动下，将竞争优势和比较优势结合，将产业的潜在优势转变为现实的竞争优势，实现技术进步方式从仿制到创新，目标市场从单纯国内市场向国内外并举。提高我国医药产业在国际分工中的地位，逐步实现我国由世界医药大国向医药强国的转变。

（二）我国医药产业对外贸易发展战略及其措施

在新的形势下，我国医药产业应保持快速增长，在政策上加强引导，调整产业结构，大力发展中药，实现医药产业现代化、国际化，稳固比较优势、增强竞争优势，打入国际市场。以下就如何实现我国医药产业对外贸易战略目标提出若干战略及措施。

1. 医药产业世界范围内兼并收购战略

与西方发达国家相比，我国医药产业结构不合理，不能完全实现规模经济效益，因而医药经济长期陷入高耗低效的困境。面对国外医药公司的竞争，我国的医药产业在国际竞争舞台上正面临困境：国产化学药品原料药遭遇国外优质原料药的冲击；国内传统的中成药生产越来越不能满足国际市场的要求，而现代中成药业又远落后于日本和韩国。要实现对外贸易发展，占据较大的国际市场份额，我国医药产业应加速构建一批具有国际竞争力的“经济航母”，即要制定和实现医药产业重组兼并战略，特别是从外部引入资金在世界范围内进行重组兼并，形成一批能提升我国医药产业结构的，以药品研发、生产和经营为核心内容的跨国医药公司。

在产业重组中，我国医药产业可以借鉴国外成熟经验，采用由上至下的重组方式，即国内外医药大企业先重组合并，迫使中小型医药企业无法生存而迅速被吞并。该方式的优点是所需时间较短，企业相对损失较小，整个产业重组可以在相对短的时间内完成。这样的重组战略不仅有利于减少整个行业的损失，更会有自上而下的放大效应，使整个产业迅速地走向规模化经营，特别是引入外资参与我国医药企业的产品研发、生产、制造、营销。如2008年3月上海医药与日本铃谦株式会社以外资并购方式成立上海铃谦沪中医药有限公司，中日双方各持有50%的股权；2008年1月广州医药有限公司和欧洲医药流通企业联合美华有限公司（以下简称联合美华）合资组建公司，联合美华将通过受让股权及增资方式取得广州医药50%的股权。

在产业并购时，除了考虑选择目标和对象的业绩（如企业的利润率）之外，还要考虑国内外产品的互补性、管理和经营上的互补性等因素。国内外产品的互补性，就是考虑本国和外国的两个企业是否有互补的相对优势，即对于同一个产品通过企业兼并，让生产效率相对较低的企业开发新产品或是强化其他领域，而让生产效率较高的企业生产该产品，增加产量，进一步促进出口品增加或进口替代品生产。而国内外管理和经营上的互补性就是考虑本国和外国两个企业管理和经营是否有互补的相对优势，即通过企业兼并，让研发能力强的企业与外部市场营销有优势的企业互补发展，既增加企业的竞争性优势又拓宽企业的国际市场销售额。2007年9月，湖北同仁堂药房有限公司从外部引入资金，与美国一家风险投资公司合作建立中国最大的医药物流网络。增强了同仁堂药房药品生产的同时，又强化了相应的药品销售环节，拓宽了同仁堂药房在国内外的销售渠道。

2. 医药产业国际品牌战略

医药产业国际品牌来源于医药企业的品牌，创造品牌可以提高医药企业的国际竞争力。在市场竞争中，医药产品的销售不仅包括用途、质量、包装、服务，品牌更是其不可分割的一部分。由于药品的价格弹性小，随着经济迅速发展，科学技术不断进步，世界市场竞争日益激烈，消费水平不断提高，价格因素在竞争中所起的作用会越来越小，药品消费的选择将更多地取决于品牌、销售服务及企业的信誉等非价格因素。因此，我们必须借鉴国外医药企业品牌战略经营思路，提高国药品质，树立国产名牌，在竞争激烈的世界市场上创造世界名牌，实现我国医药产业对外贸易的增长。

医药产业国际品牌战略措施如下：

（1）对医药企业积极推行GMP和GSP。积极推行GMP和GSP是树立医药品牌的前提条件。从短期来看，推行GMP和GSP将使生产经营成本、管理费用提高，对企业赢利不利；从长远来看，实施GMP和GSP却能保证药品质量，取得长远利益。只有通过GMP和GSP认证的医药企业才能更好地树立自己的医药品牌，才能在国际竞争中立足。

（2）加强医药企业广告宣传。加强医药企业广告宣传是展示医药品牌的必要途径。企业发展的初期，广告宣传对树立品牌、扩大销售的作用是相当大的。医药企业广告宣传就是要先站稳国内市场，再开拓国际市场。2003年，仁和药业集团（以下简称仁和）的销售收入不到3亿元；2004年，仁和开始投放广告,当年销售收入达到5亿元;2005年,仁和的广告投入进一步加大,销售收入超10亿元;2006年则达到了15.8亿元。在广告上借助名人效应,其闪亮滴眼露、可立克、优卡丹、妇炎洁等在市场上获得了丰厚的回报,其中“闪亮滴眼露”在2006年的销售额就达到了1.6亿元。医药企业在国内创立品牌,有一定的利润基础后,才有能力在世界市场树立品牌,才能促进医药产业对外贸易的发展。

(3) 创造医药企业良好的商誉。创造良好的商誉对创立品牌起着决定性的作用。企业遵守药品管理的法律、法规,关心患者,回报社会,重视环保,敬老助残,争取获得新闻媒体有利的报道,都将为企业增辉,为其医药品牌增添光彩。

(4) 通过医药企业兼并收购获取国际品牌。企业要在激烈的市场竞争中脱颖而出,就必须通过产业布局、营销机制、管理模式的调整,完成企业转型来提升企业对外部环境的适应力和竞争力,这可以通过非品牌企业对品牌企业的并购来实现。

3. 医药产业创新发展战略

创新是知识经济的核心,也是提高医药企业国际竞争力、促进医药对外贸易经济发展的重要动力。医药产业生存发展的关键是医药企业创新战略。其中,观念创新是先导,技术创新是核心。

(1) 观念创新是医药产业对外贸易发展的先导。医药产业是关系到人类生存和发展的重要产业之一,知识对于以高科技为特征的医药企业的生存发展起着至关重要的作用,它不仅是医药产业不可缺少的资源,也是医药企业发展的真正动力。同时,在市场经济条件下,知识本身又是商品,也具有价值,是医药企业的重要无形资产。因此,医药企业应树立强烈的创新意识,自觉地提高创新能力,在世界范围内参与创新活动。创新是提高医药企业竞争力、提高医药产业对外贸易能力的最根本、最有效的手段。

(2) 技术创新是医药产业对外贸易发展的核心。技术创新是通过拥有自主知识产权、独特的核心技术以及在此基础上实现新医药产品的价值过程,包括原始创新、集成创新和引进技术再创新。

1) 原始创新是产业对外贸易竞争性优势的主要来源。原始创新是指前所未有的重大科学发现、技术发明、原理性主导技术等医药产品创新成果。中国与发达国家在知识创新、知识生产、知识传播和知识应用等方面存在较大的差距,只有建立原始创新优势,如创新药物的基础性开发体系,优先实施科教兴药战略,拥有更多属于自己的原创知识产权,获取产业竞争性优势,才能更好地开展对外贸易。

信息框

卫生部公告,国内“重大新药创制”科技专项申报于2008年8月21日启动,申请截止日期为9月11日。整个专项国家预算投入66亿元,重大新药创制是2007年年底由国务院常务会议审议通过的。该项目主要针对肿瘤、心血管等10个严重危害民众健康的重大疾病,要求于2010年之前研制出30个创新药物,并要求对10个用量最多的药物品种进行改造。

该专项资金主要投入具有创新研发能力的制药企业研发项目和新药孵化基地。其中新药研发包括一系列治疗恶性肿瘤、心血管疾病等10类重大疾病的创新药物。目前包括亚宝药业等上市医药公司已经提出了申请,亚宝药业两个项目分别是蚓激酶注射液的新药临床研制以及丁桂儿脐贴的技改,如申请批准,将获得600万~800万的课题经费。不过,相对于公司未来三年计划2.2亿的研发投入来说,该课题经费所占比例并不大,今后的研发主要还是靠公司自筹资金。而“重大新药创制”科技专项的启动至少为国内的医药企业传递了一个信号,那就是国家已经开始重视新药的原研工作。

医药产业原始创新战略措施如:

第一,加强基础研究。建立和完善国家级专业筛选中心,形成全国筛选网络体系。建立符合国际标准的药物安全性评价中心和新药临床药理基地。

第二,建立中药现代化技术创新体系,在标准化上迅速取得重大突破,从而大幅度提高我国在世界植物药市场的份额,将我国的天然药物资源优势转化为巨大的市场优势。

第三,借助“选择国际市场为目标”和“借助政策的支持”两个途径发展中国医药的原始创新。“选择国际市场为目标”是指以国内市场为原创性技术研发目标,将创新产品的未来市场定位在国际市场中,并按照国际惯例来执行研发过程。“借助政策的支持”是指,集中一切可以利用的资源加大国家大力推动的创新领域的研发,如生物技术。

2) 集成创新是产业对外贸易比较优势的基础。集成创新是指通过各种现有技术的有效集成,形成有国际市场竞争力的医药产品,如有效集成已有的医药科技资源存量,形成覆盖医药应用基础研究、应用研究和开发研究科研群体,并通过汇集这些群体的成果,进行过程优化放大和工程化开发,不断将开发的技术和产品向产业转化。

2002~2005年,“华康药业”糖醇高新技术研发中心(以下简称华康药业)开始与江南大学进行为期3年的技术攻关。华康药业将母液送到江南大学,学校负责提纯后送回中心,中心进行结晶实验并做相关数据分析。从小规模实验到技术成熟并进行规模化生产,到2006年,1吨木糖醇母液可以提纯出300千克晶体木糖醇,每吨木糖醇母液的效益由1000元增加到7500元。2007年11月,华康药业以这项技术为基础的麦芽糖醇液色谱提纯技术被中国石油化学工业协会授予科技进步二等奖。这种与专业对口的研究所、高等院校的科技力量进行多种形式的联合创新方式,拓宽了科技开发渠道。

3)引进技术再创新是产业对外贸易比较优势和竞争性优势实现的补充。

引进技术再创新是指在引进国内外先进技术的基础上,学习、分析、借鉴,进行再创新,形成具有自主知识产权的新技术。引进消化吸收再创新是提高自主创新能力的重要途径。我们可以通过向发达国家直接引进先进技术,尤其是通过利用外商直接投资方式获得的国外先进技术,经过消化吸收实现自主创新。这种技术创新大大缩短了创新时间,降低了创新成本,可以让医药企业快速、直接地参与国际竞争,增加医药产业的对外贸易出口。

4. 医药产业对外竞争优势突破战略

要实现从制药大国向制药强国的转变,必须充分发挥我国制药业的比较优势、竞争性优势,寻找适当的切入点,积极参与国际竞争,提高医药产业对外贸易能力。一边通过竞争占有更大的国际市场,换取可观的利润;一边要把利润更多地投资到研究发展创制具有自主知识产权的新药上,让新药开创新的国际市场。

(1)突破医药产业比较优势,增加仿制药品出口。仿制药也称非专利药,指专利到期后,才允许仿制药制造商制造专利产品,使用专利方法,让公众获得廉价的药品。由于仿制药可以保障公众基本用药,可以减轻政府的财政负担,当前世界各国对发展非专利药工业普遍给予高度重视。各国政府采取鼓励政策,积极推广仿制药的使用。美国修改法令,加快了仿制药的审批速度,并提高了药品专利橙皮书门槛,减少那些阻止仿制药的程序;欧盟简化了仿制药申请手续、实行药房替代;澳大利亚于2006年也修改专利法促进仿制药研发。与此同时,世界仿制药生产企业采取不同战略,大力开发和上市仿制药产品。发展仿制药将是中国医药产业真正的生产和出口强项。

突破医药产业比较优势的措施如下:

一是要把仿制的重点放到新剂型、新工艺、新技术的开发上。我国仿制药生产目前还处在低水平仿制,利润平均只有5%~10%,与美国、印度等平均40%~60%的利润率不可相提并论。要增强我国非专利药市场的竞争力,必须在二次开发中创造出具有自主知识产权的合成工艺和给药技术。

二是选择仿制品种时尽量符合下列原则:①围绕外国公司专利进行创新,生产具有某种特点的非专利药产品;②对外国公司专利进行挑战,力争成为非专利药的第一申请人从而获得市场独占权;③对专利到期药物进行重新设计,开发商标名非专利药;④根据市场需求和自身特点,开发有利可图的市场短缺的非专利产品。

三是全面提高产品质量、技术、生产管理水平。熟悉化学原料药出口的标准及程序,并且提高经营管理水平,提高产品质量标准,以满足FAD及GMP要求,避免技术性贸易壁垒造成的损失。

(2)突破医药产业特色优势,让中药走向世界。中医药是中华民族文化的瑰宝,是目前世界上硕果仅存的最完善的传统医药体系,也是中国最具知识产权优势的产业。加入WTO后,面对西药研发的巨大资金技术压力,变中药的独特优势为竞争优势,让中药走向世界尤为迫切。

中医药理论是在大量的临床实践基础上形成的,目前尚难用现代手段说明中药作用的本质、作用机制、药性理论。目前,应以中医药理论为基础,吸收现代物理学、化学、信息科学的成果,建立中药有效成分的分离方法,加强中药毒理学理论和方法学的研究来解决中药配伍禁忌,为开发安全、稳定、高效的现代中药奠定理论基础。

同时,加强中药标准化建设,解决中药打入国际市场所必须面临的问题。西药有很清楚的分子结构,怎样与酶发生化学反应,然后又怎样作用于细胞,这些都是很直观的。而中药领域就很难有这样的资料,很多中医药的知识都是作为一种秘密存在的,比如秘方等。有些中药有很好的疗效,但它的作用机制是什么却说不清楚,就很难在西方按照药品注册,从而面临不能申请专利这个问题。

突破医药产业特色优势的措施如下:

1)要建立质量评价标准,确定中药化学成分、活性成分、有效成分等基础性指标标准,建立高效、微量、快速的组成药药效筛选系统。

2)规范栽培技术标准,制定严格措施防止化肥、农药污染和有毒物质含量超标。

3)为了保证中药材的“道地性”,要充分考虑地理环境、南北差异,建立稳定种植基地。

4) 全面制订、推行并实施中药材生产的 GAP 规范、中药饮片生产的 GMP 规范,并加强对中药炮制规范的研究,以确保中药材和中药饮片的质量。

5) 保护中药资源,防止药用物种灭绝。

在以上工作的基础上,利用欧美发达国家对植物药品消费比重上升的趋势,积极扩大我国作为中药发源地的影响,多层次增加中药产品尤其是中成药的出口,与日本、韩国、印度、泰国等亚洲国家争夺具有东方特色的国际中草药市场。

(3) 突破医药产业后发优势,增加医药高端进口替代品生产。医药产业的跨越式发展基因是生物医药产业的源头和生长点,基因是一种有限的资源,拥有一项基因专利意味着垄断一个产业。我国与欧美国家在生物医药产业方面有差距,但在基因研究技术上已经站在世界第一方阵。我国参与人类基因组计划实施,已达到世界一流水平,在干细胞研究和应用中同世界发达国家站在同一起跑线上。在研究开发治疗"非典"的科技攻关中,中国的科学家在世界上第一个推出了用于临床试验的生物药品。因此,生物制药是我国医药行业的新的增长点,也是我国医药行业将来参与国际竞争的主阵地。虽然目前该行业规模还比较小,但是已经出现良好的发展势头,具备后发优势。

突破医药产业后发优势的措施如下:

1) 在大力发展生物工程药物的同时,积极运用先进适用的生物工程技术对化学制药、中药和生化制药进行技术改造,推动产品升级,发挥后发优势,在某些方面和某种程度上实现跨越式发展。

2) 进一步控制生物制药企业尤其是国有企业的分散化和重复建设,通过有效的政策措施推动企业并购和资产重组,促进产业集中度和企业规模的提高,并引导新的生物工程药物品种向高效益的大企业集中。

本章小结

本章第一节阐述对外贸易发展战略的基本内容,包括对外贸易发展战略概念、对外贸易发展战略基本理论,对外贸易发展战略分类和各国对外贸易发展战略选择的影响及制约因素。第二节在既遵循又灵活地运用上述理论的基础上,提出必须首先明确我国医药产业对外贸易发展战略目标,才能实现我国医药产业对外贸易迅速增长。然后根据我国医药产业对外贸易现状,分析其偏离战略目标的原因,提出现阶段我国医药产业对外贸易发展的战略及其措施。

本章思考题

1. 对外贸易发展战略的分类有哪些?
2. 试述我国医药对外贸易发展的目标。
3. 我国医药对外贸易发展战略有哪些?

案例分析

中医药产业冲刺:面临前所未有的发展契机

"十七大"这场民生盛宴,使得中医药产业面临前所未有的发展契机。

1. 利好因素

随着全球天然药物的应用受到重视,美国等西方国家正在逐步接受复方药物,中成药的国际市场潜力可观,"21世纪医学已经转变为'预防疾病、预测疾病和个体化医学',以中医药为代表的传统医学在这方面更具优势。"

目前我国医疗卫生防治战略前移,以预防保健为主的新医疗模式,将带动健康教育、健康服务、健康保险、中药OTC、保健食品和药妆等健康产业高速发展。预计未来5~10年,中医药产业将有1000多亿元的市场增幅。

时下中药产业所面临的利好政策环境也是空前的,例如今年4月科技部、卫生部等16部委联合发布的《中医药创新发展规划纲要2006~2020年》指出,实现我国医药产业结构调整需要大力发展中药产业。国家将制定若干鼓励中医药发展的政策法规,建立国际社会认可的中医药临床治疗,中医教学、科研等标准体系框架,以争取中医药的合法地位,使中医药能够进入西方国家医院、药房和医疗保险系统。这个纲要显示了国家力挺中医药发展的决心。

目前医药创新面临较好的政策支持,国家对于中药产业的投入逐步加大,国家发展和改革委员会目前表示,中医药产业化在"十一五"期间投入将达到100亿元。

国家政策也在推动中药创新,首先是中药注册管理办法的修订,严格区分新药和按新药管理,以前按新药管理的改剂型、改途径和仿制药均不列入新药范畴,并提高技术要求,这种支持创新药物的注册管理模式给中药的研发和创新创造了更好的条件。其次是中药品种保护条例的修订,体现了保护经典和鼓励创新,并可以和《专利法》并行。随着知识产权保护的加强,中药药品注册中的专利链接成为关注的焦点。

2. 产业方向

中药自主创新的主体是中药企业,科研机构应回归基础研究,企业要与科研机构积极展开合作。作为国内仅有的3所药学院校之一的广东药学院目前与中山健康基地合作,直接将其中一个分校区设在中山健康基地。暨南大学天然药物研究所也与中山健康基地共同建立了一个联合实验室。

2007年中药产业的一个明显趋势是,很多中药企业加强了OTC。如河北以岭药业和江苏康缘药业,两家素以处方药为主的中药企业今年均强势推出了 OTC 品种。对此,江中药业股份有限公司总经理刘辉认为,中药 OTC 面临发展的绝佳机遇,中药企业在 OTC 上更具有优势,与化学合成药相比,中成药毒副作用较小,且中药在保健预防和慢性病保守治疗方面具有优势。

2008 年在国家继续推动中药国际化的背景下,中药企业加强了对国际市场的开拓。贵州同济堂作为“中药第一股”登陆纽约交易所是个标志性事件,运作资本市场不失为一条国际化路径;另外一条则是“专利许可”,2008 年 6 月中国军事医学科学院和英国公司关于新型抗痴呆中药 NJS 的专利许可协议同样令业内关注。根据 NJS 的合作协议,中国军事医学科学院拥有 NJS 的知识产权,英国植物制药公司则负责该药在国外的注册和市场开发。

NJS 由中国军事医学科学院研究员马百平带领的课题组研发,马百平认为,中国中药企业参与国际竞争,开发面向国际市场的天然药物,以治疗性药物进入国际市场是一个很好的方向。马百平的研发策略是,“按照西方国家的法规要求,采用‘活性追踪分离’和‘构效关系研究’相结合的方式,坚持‘安全、有效、质量可控’的原则,并展开前瞻性的随机双盲临床研究。”“要开发出能够进入国际主流市场又具有自主知识产权的中药创新品种,形成真正具有保护力度的系列专利,在具有优势的领域中形成突破。”马百平充满期待。

(资料来源:钟可芬. 中医药产业冲刺:面临前所未有的发展契机. 医药经济报,2007 年 12 月 26 日)

案例讨论题

我国中药对外贸易发展战略及其措施有哪些?

资源链接

1. http://news.pharmnet.com.cn
2. http://www.cofortune.com.cn/moftec_cn/
3. http://www.baibaofp.com/

参考文献

伯尔蒂尔·俄林(瑞典).1986.地区间贸易和国际贸易.北京:商务印书馆

曹卫红.2000.谈论企业的经营发展战略.生产力研究,(4)

陈红蕾.2001.国际贸易学.广州:暨南大学出版社

陈平平.2006.郑和下西洋与明代中医药学的走向世界和发展.南京晓庄学院学报,(2)

陈同仇,薛荣久.1997.国际贸易.北京:对外经济贸易大学出版社

陈宪,程大中.2004.国际服务贸易——原理、政策、产业.上海:立信会计出版社

陈宪,张鸿.2004.国际贸易——理论·政策·案例.上海:上海财经大学出版社

陈小野.2005.中药如何敲开非洲大门.医药世界,(4)

大卫·李嘉图(英).1962.政治经济学及赋税原理.北京:商务印书馆

杜建彬.2003.浅谈中药产业的国际化战略.北京机械工业学院学报,18(3)

冯国忠,唐慧鑫,马爱霞.2006.我国中药出口形势及对策分析.中国中医药信息杂志,(11)

冯正强.2004.当代国际贸易中非关税壁垒的新体系及其作用机理.中南大学学报(社科版),(4)

龚生雄,王建华.2000.从GATT到WTO.武汉:武汉测绘科技大学出版社

顾海.2006.医药产业经济学.北京:中国医药科技出版社

顾海,雷婷.2004.我国中药产业国际化战略探析.上海医药,25(9)

郭宝宏.2001.世界市场与资本主义.北京:中国经济出版社

郭克莎.2002.加入WTO对我国医药工业的影响及对策.中国工业经济,(3)

郭庆旺主译.2001.经济学.下卷.北京:经济科学出版社

郭政,王炜.2003.医药行业三大竞争趋势.现代管理科学,(9)

国家发改委产业经济与技术经济研究所课题组.2003.国内外医药产业发展及未来趋势.经济研究参考,(33)

国家发改委经济运行局.2007.中国医药行业运行分析及2007趋势预测.财经界,(5)

国家经贸委经济运行局医药处.2001.大力推进国药医药企业改革、加快医药经济战略性调整.中国中医药信息杂志,8(3)

国家中医药管理局.1999.中华本草.上海:上海科学技术出版社

国家中医药管理局.1998.欧洲联盟药品管理与中医药.北京:国际文化出版公司

海闻,彼得,林德特,王新奎.2003.国际贸易.上海:上海人民出版社

国家中医药管理局.1997.美国药品管理与中医药.北京:中国中医药出版社

郝玉柱.2005.国际贸易理论与实务.北京:中国社会科学出版社

侯丽萍,吴曜寰,梁嘉骅.2000.中国中药在国际市场的现状及发展对策研究.中国软科学,(4)

黄瑾.2001.国际贸易理论与实务.北京:北京理工大学出版社

黄东临.2002.2001年,美国处方药市场迅速增长又一年.国外医药——合成药、生化药、制剂分册,23(4)

黄晓玲.2003.中国对外贸易概论.北京:对外经济贸易大学出版社

贾金思.2004.国际贸易通论.北京:中国人民大学出版社

贾金斯,姚东旭,朗丽华.2005.国际贸易——理论、政策、实务.北京:对外经济贸易大学出版社

黎诣远.1992.宏观经济分析(下册).北京:清华大学出版社

李刚.2004.我国中药出口贸易现状与对策研究.中国中医药信息杂志,10(11)

李娜.2007.1996年~2005年全球上市新药研发趋势及分析.药学进展,(5)

李权.2000.国际贸易实务.北京:北京大学出版社

李歆.2001.试论中药企业跨国经营发展战略.上海医药,22(11)

李时珍.1981.本草纲目.北京:人民卫生出版社

李昔贵,田保华.2007.试论中医药知识产权保护.中国卫生产业,(1)

联合国贸发会议—世界贸易组织国际贸易中心.英联邦秘书处.2001.WTO企业指南.北京:企业管理出版社

梁玉南.1989.医药商业药品质量管理.北京:中国医药科技出版社

林康.2006.跨国公司国际化经营.北京:对外经济贸易大学出版社

林康.2004.国际贸易.北京:对外经济贸易大学出版社

凌沛学.2007.药事管理与法规.北京:中国轻工业出版社

刘存周.2003.产权多元化下的医药工业战略重组.医药世界,(3)

刘家顺,杨洁,孙玉娟.2006.产业经济学.北京:中国社会科学出版社

刘立平.2002国际贸易.合肥:中国科学技术大学出版社

刘升辉.2005.中药企业如何应对入世挑战.安徽农业科学,33(12)

刘亚琴.2006.医药商品学.北京:中国医药科技出版社

刘志彪等.2001.现代产业经济分析.南京:南京大学出版社

刘重力,胡昭玲.2005.21世纪的中国外贸发展战略.北京:中国财政经济出版社

鲁桐.2002."走出去":培育具有国际竞争力的中国跨国公司.求是杂志,(10)

〔美〕Dominick Salvatore.1998.国际经济学.朱宝宪,吴洪等译.北京:清华大学出版社

马爱霞,朱娅莉,陈巧等.2007.欧盟植物药及中药进口与我国出口现状分析.中国天然药物,(6)

马爱霞.1995.国际医药贸易.北京:军事医学科学出版社

马惠芳.2003.我国医药贸易的现状及入世后可采取的发展对策.上海医药,(3)

迈克尔·波特.2007.国家竞争优势.北京:中信出版社

迈克尔·波特.2003.竞争论.北京:中信出版社

迈克尔·波特.2002.国家竞争优势.李明轩,邱如美译.北京:华夏出版社

迈克尔·波特.1997.竞争战略.陈小悦译.北京:华夏出版社

茆雷磊,叶国标.2004.跨国药企在华投资出现三大动向.中国民营科技与经济,(5)

么厉,肖诗鹰,刘铜华.2003.国内外中药市场分析.北京:中国医药科技出版社

孟奇等.1993.国际医药贸易学.南京:南京大学出版社

明·宋濂.1977.元史·世祖纪,卷十三.北京:中华书局点校本

明·张燮.1987.《东西洋考》卷七《饷税考·饷条》钦定《四库全书》

594 册.上海:上海古籍出版社
潘律,魏纪林.2007.我国医药知识产权保护概况及对策研究.武汉:武汉理工大学出版社
裴平.2001.国际金融学.南京:南京大学出版社
齐凤山.2002.中国古代医药进出口趣谈.前进论坛,(11)
乔真真.2007.中国产业结构优化的战略选择——基于对外贸易视角.经济问题,(1)
邱家学,申国明.2002.国际著名医药公司基本数据分析.中国药业,(11)
盛洪昌.2003.国际贸易理论与实务.北京:中国时代经济出版社
史禄文,郑陈业,江滨,王一涛.2008.药品价格政策与医药产业发展.中国药事,(5)
史炜.2000.中国入世各产业开放时间表与对策.广州:羊城晚报出版社
宋晓亭,胡惠平,林洁.2006.传统医药知识利益未获保护的国际国内背景.法学,(3)
汤姆·布莱克特,里贝卡·罗宾斯.2003.品牌药品——品牌管理在制药行业中的作用.赵鲁勇,闵熙译.上海:复旦大学出版社
唐廷猷.2001.中国药业史.北京:中国医药科技出版社
陶然,周巨泰.1996.从比较优势到竞争优势-国际经济理论的新视角.国际贸易问题,(3)
王靖.2006.加入 WTO 后对我国商业秘密保护的思考.商场现代化,(1)
王北婴,赵万标.1999.对中药知识产权保护战略的认识与思考.中医药研究与信息,(8)
王建英.2005.美国药品申报与法规管理.北京:中国医药科技出版社
王玉梅.2007.中国医药产业成长障碍.上海:上海人民出版社
王玉梅.2002.中国医药产业发展趋势.上海:第二军医大学出版社
吴进红.2006.对外贸易与江苏产业结构升级.南京社会科学,(3)
小岛清(日).1987.对外贸易论.天津:南开大学出版社
邢亚伟.2006.医药产业政策研究.经济问题探索,(3)
熊季霞.2007.中药产业国际化面临的机遇、现实困难与对策探讨.中国卫生事业管理,(10)
徐爱军.1999.我国中药出口的发展战略.江苏统计,6(6)
徐爱军.1999.我国中药出口现状及制约因素分析.国际商务研究,(3)
徐爱军,孟庆才.2007.入世五年看入世对我国制药业的影响.现代管理科学,(10)
徐晓红.2003.全球化经济中中药企业市场环境分析.中草药,34(12)
薛荣久.2003.国际贸易.北京:对外经济贸易大学出版社
薛荣久.2003.世界贸易组织(WTO)教程.北京:对外经济贸易大学出版社
杨世民.2002.药事管理学.北京:中国医药科技出版社
姚杰.2006.医药行业政策走向:标本兼治.西部论从,(8)
姚曾荫.1987.国际贸易概论.北京:人民出版社
尹翔硕.2001.国际贸易教程.上海:复旦大学出版社
尹翔硕.2001.加入 WTO 后的中国对外贸易战略.上海:复旦大学出版社
于森,何艳.2003.国际贸易.北京:经济科学出版社
俞铁婴.2001.我国对外贸易实现跨越式发展的战略选择.现代财经-天津财经学院学报,(3)
原毅军.1999.跨国公司经营.大连:大连理工大学出版社
查德利.1999.国际贸易原理政策与实务.重庆:重庆大学出版社
臧旭恒等.2002.产业经济学.北京:经济科学出版社
曾忠禄.1997.国家竞争优势理论及其意义.当代财经,(5)
翟铁伟,顾海.2005.欧洲药典适用性证书(COS)的申请.中国药业,(2)
张二震,陈飞翔.1990.国际贸易教程.南京:南京大学出版社
张二震,马野青.2007.国际贸易学.南京:南京大学出版社
张广碧.1999.医药商品经营管理学.北京:中国医药科技出版社
张纪康.2000.论世界经济全球化中的产业国际化及其不平衡发展.世界经济与政治,(5)
张家成,王姝琛.2003.加入 WTO 后我国中药企业发展的思考.长春中医学院学报,19(10)
张京卫.2005.中药企业国际化经营障碍及对策研究.商场现代化,(10)
张维纯.2005.中医药国际化面临的问题和对策.中国药业,14(4)
张维迎.2003 年 12 月 29 日.经济崛起与政府转型.经济观察报
张伟,杨小雷,连桂馨.2000.树立药品质量全程管理意识,强化医院药剂监督管理——北京市医院药剂管理的理论与实践.首都医药,6(7)
张星烺.1977.中西交通史料汇编·第 2 册.北京:中华书局
赵建那.2003.国际贸易.北京:人民邮电出版社
郑适.2007.中国产业发展检测与分析报告.北京:中国经济出版社
中国中医医疗服务需求与利用研究课题组.2003.中国中医医疗服务需求与利用研究.哈尔滨:黑龙江科学技术出版社,7
周根宝.2000.新编国际贸易与国际金融.上海:上海人民出版社
朱钟.2002.WTO 知识培训教程.北京:经济科学出版社
祝国光.2000.中药如何进入欧共体市场.北京:中国医药科技出版社
左月华,陈欣,彭珂.2007.我国生物医药产业国际贸易的政策选择.国际贸易问题,(1)
亚当·斯密(英).1979.国民财富的性质和原因的研究.北京:商务印书馆

附录 1 《欧盟传统植物药(草药)注册程序指令》

欧洲议会和理事会 2004/24/EC 指令

2004 年 3 月 31 日

对欧共体人用药品 2001/83/EC 指令中关于传统草药产品部分的修订,欧盟欧洲议会和理事会遵照欧共体条约,特别是其中的第 95 条,遵照欧委会的提议,遵照经济和社会委员会的意见,依照条约第 251 条项下规定的程序,同时鉴于:

(1) 2001/83/EC 指令规定:欲获得药品市场准入的申请者,应提供详细技术资料和文件,它们应包括产品的理化,生物或微生物、药理、毒理和临床试验结果,以证明产品的质量、安全和有效性。

(2) 若申请者能利用发表的详细的科学文献,阐述药品的单一成分或多个成分具有确切的医疗用途,且确认其疗效以及具有可接受的安全水平,根据 2001/83/EC 指令的要求,可以不必提供临床前或临床研究结果。

(3) 大量的药品,尽管它们有很长的历史,如果不能满足具有肯定的医疗用途、确切的疗效和可接受的安全性的要求,也得不到上市许可。为了保持这些药品在市场上的流通,成员国已经颁布了不同的注册程序和管理办法。各成员国现有这些法规上的差别可能会阻碍共同体内这些药品的贸易,并导致这些产品生产者间的歧视和不规则竞争,这也可能会对公众健康保护产生影响,因为目前药品的质量、安全和有效性不总能得到必要的保证。

(4) 考虑到这些药品的特殊性质,特别是具有悠久的应用历史,对某些传统药品提供一个专门的、简化注册程序是必要的。然而,这种简化程序仅仅适合于在 2001/83/EC 指令中不能获得上市批准的药品,特别是那些由于缺少足够的科学文献来证实其疗效的确切性及其安全性达到可接受水平者。它同样不适合根据 2001/83/EC 指令可以获得市场准入或注册的顺势疗法药品。

(5) 具有悠久应用史的药品,可以免做临床试验,因为基于长期应用和实践而得出药品的有效性似乎是有理的。依据药品的传统应用信息,在特定情况下使用证明它们不是有害的,其临床前研究似乎是不必要的。然而,即便是悠久的传统应用史也不能排除对产品安全性的担心,因此主管当局有权要求提供所有必要的资料以评价其安全性。药品质量方面的要求与传统应用无关,因此有关药品必要的理化、生物学和微生物学的试验是不能缺少的。产品质量应符合欧洲药典专论或成员国的药典要求。

(6) 由于有悠久历史和长期应用的大量传统药品是以草药物质为基础的。所以,首先进行简化注册的范围仅限于传统草药产品看来是合适的。

(7) 简化注册只应接受在共同体内有长期临床应用的草药产品。那些共同体之外应用的产品,只有在共同体内已应用一段时间,才能考虑简化注册。如果在共同体内使用的时间有限,在使用共同体外的使用纪录时,应注意纪录的有效性和实用性。

(8) 为了进一步便于某些传统草药产品注册并加强协调,有可能建立一个共同体的草药物质目录,该目录中的草药物质要达到一定的标准,例如,具有足够长的药用历史,从而在正常使用下似乎是无害的。

(9) 考虑到草药产品的特性,应根据理事会 2309/93 号文件在欧盟药品审评中心(下文:简称药审中心)内部设立一个草药产品的专门委员会。该委员会应根据本指令承担草药产品的上市批准和注册方面的工作。其任务主要是建立适用于草药产品注册和授权的共同体草药专论。该委员会应由草药产品领域的专家组成。

(10) 保证新委员会和药审中心目前的人用药品委员会的完全一致是非常重要的。

(11) 为了促进成员国之间的一致性,成员国对于另一个成员国根据共同体草药专论或是对于已被列在将建立的目录中的物质、制剂或化合物而注册的草药应予认可。对于上述两种情况之外的,成员国对于另一个成员国注册决定应予考虑。

(12) 本指令允许符合食品法规的非药用植物产品依据共同体的食品法规进行管理。

(13) 欧盟委员会应给欧洲议会和理事会提交一个有关传统草药产品法规部分的申请报告,其中包括简化注册扩展到其他类药品可能性的评估报告。

(14) 因此,应适当修订 2001/83/CE 指令。

已经采纳该指令:

第 1 条

指令 2001/83/EC 修订如下:

1. 在第 1 条中加入:"29、传统草药产品",满足了第 16a(1)条规定条件的草药产品。

30. 草药药品:以一种或多种草药物质、一种或多种草药制剂以及一种或多种草药物质与一种或多种草药制剂复方作为活性组分的任何一种药用产品。

31. 草药物质:所有未经加工的植物全株、片段或切制的植物、植物部位、藻类、真菌和苔藓类,都可称为草药物质,它们通常是干燥状态,但有时也是新鲜的。不经特殊处理的某些分泌物也可作为草药物质。草药物质依使用的植物部位来定义,植物名依照双命名系统(属,种,变种和命名人)命名。

32. 草药制剂:由草药物质制备而得到,制备方法如萃取、蒸馏、压榨、分馏、纯化、浓缩和发酵。这些草药制剂包括粉碎或粉状的草药物质、酊剂、提取物、挥发油、压榨汁和经加工的分泌物等。

2. 下述章节插入第Ⅲ篇中。

章节 2a:适用于传统草药产品的具体条款。

第 16a 条

1. 完全满足如下标准的草药产品,适用简化注册程序(下称"传统应用注册")。

(a) 它们有适合于传统草药产品的独特适应证,这些传统草药产品的组成和用途,被设计为不需从业医师的诊断、处方或监督等干预下就能使用。

(b) 它们有与特定作用强度和剂量相符的特定服用方法。

(c) 它们是口服、外用和(或)吸入制剂。

(d) 已过第 16c(1)(c)条规定的传统应用期。

(e) 药品的传统应用资料是充分的,特别是产品被证明在指定的条件下使用是无害的,在长期使用和经验的基础上,其药理作用或药效似乎是有道理的。

2. 尽管 1(30)条中已作出规定,但是对于含有维生素或矿物质的草药产品,如果有证据证明其安全性,而且如果维生素或矿物质对于植物活性成分具有特别重要的辅助作用,可以根据第一段的要求进行注册。

3. 然而,如果主管当局判定某传统草药产品符合第 6 条上市许可标准或第 14 条注册标准,则不适用本章的条款。

第 16b 条

1. 申请者和注册持有者必须在共同体范围内。

2. 为了获得传统应用注册,申请者必须向有关成员国主管当局提交申请。

第 16c 条

1. 申请应附有下列资料:

(a) 相关详细资料和文件。

(i) 遵照第 8 条(3)(a)到(h),(j)和(k)。

(ii) 依照第 8 条(3) (i)第二段的药学试验结果。

(iii) 产品特性概要,不含第 11 条(4)中规定的详细数据。

(iv) 对于第 1 条(30)或第 16 条 a(2)中所论述的草药复方,应提供第 16 条 a(e)中对复方所要求的信息资料。如果该复方中单味药的活性成分尚不完全清楚,这些信息资料也需要与单味药的活性成分相关联。

(b) 申请者为将药品投放市场在另一成员国或成员国以外的第三国获得的市场准入批准或注册批准[证件],以及有关拒绝给予市场准入批准或注册批准决定的详细资料(无论是成员国还是成员国以外的第三国)和做出该决定的理由。

(c) 待批药品或同类相关药品功效的文献或专家证据。它们是指在申请日之前已有至少 30 年的药用历史,包括在共同体内至少 15 年的使用历史。成员国接到传统使用注册的申请后,在成员国的要求下,草药产品委员会应对于该产品或相关产品长期应用的证明是否充分提出意见。成员国应提交相关文件。

(d) 安全性数据的文献综述和专家报告,以及主管当局额外要求的用以评价药品安全性的必需材料。

附件一同样适用于(a)中规定的资料和文件。

2. 第 1 段(c)中所指的同类相关产品是指具有相同的活性成分(不考虑所使用的赋形剂)、相同或相似的治疗目的、相同作用强度和剂量以及相同或相似的给药途径。

3. 即使是没有经过特定许可而在市场流通的产品,也符合第 1 段(c)中提及的已有 30 年的药用历史的要求。在该应用期间即使产品中组分的数目或剂量已有减少,同样也符合要求。

4. 如果产品在共同体内应用不足 15 年,但满足其他申请简易注册的要求,接受传统应用注册申请的成员国,应将产品提交草药产品委员会,并提交相关文件。

委员会应评估第 16 条 a 所提及有关简化注册的其他条件是否符合。如果委员会认为可能,将针对该产品起草一个共同体草药专论[第 16 条 h(3)所提及的],成员国应在做出最终决定时,充分考虑该专论的意见。

第 16d 条

在不违反第 16 条 h(1)的情况下,第三部第 4 章可同样适用于根据第 16 条 a 给予的注册,如果:已根据 16 条 h(3)建立草药专论。

草药产品包含的草药物质、制剂或混合物在 16 条 f 的目录中。

对于第 16 条 a 中所提到的草药产品,成员国在评估传统使用注册的申请时,应根据这一节充分考虑其他成员国已给予的注册。

第 16e 条

1. 如果申请与第 16a,16b 或 16c 条不符,或是属于下述情况的任何一种,该传统应用注册将被拒绝。

(a) 定性和(或)定量组成与声明中不符者;

(b) 适应证不符合第 16 a 条规定条件者;

(c) 产品在正常条件下使用可能有害者;

(d) 传统应用资料不充分,特别是根据长期应用和经验来判断,其药理作用或疗效不确切者;

(e) 药品的质量没有获得令人满意的证明者。

2. 成员国主管当局必须通知申请人、欧委会和任何提出要求的主管当局它拒绝传统使用注册的任何决定及拒绝的原因。

第 16f 条

1. 应根据 121 条(2)中规定的程序建立一个在传统草药产品中使用的草药物质、制剂和混合物的目录。该目录应包含每个草药物质的适应证,指定的作用强度和剂量,给药途径和任何其他与草药物质的安全使用有关的必要信息。

2. 如果申请传统应用注册的草药物质、制剂或混合物如第 1 段中提及的在目录中,就可以不提供第 16c (1)(b)(c)和(d)条所指定的资料。第 16e (1)(c)和(d)条将不适用上述情况。

3. 如果某种草药物质、制剂或混合物从目录(第 1 段中提及的)中被删除,依照第 2 段注册的、含有该物质的草药药品将被取消资格,除非按照第 16c (1)条的要求,在三个月内 Z 提交相关的详细资料和文件。

第 16g 条

1. 以此类推,本指令的第 3（1)和(2),4(4),6(1),12,17(1),19,20,23,24,25,40 到 52,70 到 85,101 到 108,111(1)和(3),112,116 到 118,122,123,125,126 条第二小段,127 条,以及共同体委员会的 91/356/EEC 指令 11 适用于根据本章节所进行的传统应用注册。

2. 除了第 54 到 65 条的规定外,任何标签和用户包装说明书应包含一个功效的声明:

(a) 本产品是仅基于长期使用适用于某适应证的传统草药产品。

(b) 在药品的使用过程中,如若症状持续,或出现说明书中未提及的副作用,使用者应当咨询医生或称职的开业医生。

成员国应当规定:在标签和用户包装说明书中,也应声明该药品所涉及的使用历史。

3. 除了第 86 到 99 条的要求外,按本章节规定所注册的任何药品的广告应包含如下声明:“传统草药产品适用于某适应证仅基于长期使用”。

草药产品委员会据此成立。该委员会是药审中心的一部分并具有如下职能:

(a) 关于简易注册:

履行第 16 条 c(1)和(4)规定的职能;

履行第 16 条 d 规定的职能;

遵照第 16 条 f(1)起草草药物质、制剂和混合物的目录草案;

遵照本条第三段起草建立共同体传统草药产品专论。

(b) 关于传统草药产品的认可,遵照本条第三段起草建立共同体传统草药产品专论;

(c) 关于依据第三部第四章向药审中心提交的与第 16 条 a 规定的草药产品相关的产品,履行第 32 条的职责;

(d) 含有植物成分的其他药品依据第三部分第 4 章提交给药审中心时,草药产品委员会应适当地就其草药成分提出意见。

最后,草药产品委员会还应履行共同体法律赋予其的其他职责。

药审中心的执行主任应根据 2309/93 法规的第 55(2)条制定程序,确保(草药产品委员会)与人用药品委员会之间的适当合作。

4. 每个成员国应向草药产品委员会任命一名成员和一名替补成员,任期 3 年,可连任。

替补成员在成员缺席的情况下代表成员投票。成员和替补成员的选择应根据他们在草药产品评价方面的职责和经验,并代表国家主管当局。

草药产品委员会可以根据个人在所在领域的专长指派最多 5 名附加成员,任期 3 年,可连任,但不许替补。

在指派上述成员时,草药产品委员会应注意成员个人在所在领域的专长,指派成员可从成员国和药审中心提名的专家中选择。

草药产品委员会成员可以包括特定科学或技术领域的专家。

5. 草药产品委员会应建立欧共体关于第[10a][10(1)(a)(ii)]条申请的草药产品和传统草药产品专论。委员会应履行根据本章条款的规定和其他共同体的法律所授予它的职责。

在本段所指的欧共体草药专论建立后,成员国在评估申请时,应充分考虑专论的意见。在欧共体草药专论建立之前,其他合适的专论、出版物或数据可作为参考。

当共同体新草药专论建立后,注册持有者应考虑是否有必要对注册档案提出修改以符合这些专论。注册持有者应把任何修改意见,通报给有关成员国主管当局。

植物专论将被建立。

共同体 2309/93 号指令中关于人用药品委员会的一般条款将同样适用于草药产品。

在 2007 年 4 月 30 日之前,欧委会应向欧洲议会和理事会提交一个有关本章条款应用的报告,其中包括将传统使用注册扩展到其他类药品可能性的评估报告。

第 2 条

1. 成员国应采取必要的措施,在 2005 年 10 月 30 日前与本指令一致。他们应当立即就有关情况通知欧委会。

当成员国采取了上述措施,并正式公布时,应当将本指令作为一个参考资料或附有参考本指令的文献。参考的方式由成员国自己决定。

2. 对于本指令第 1 条所指的那些传统草药产品,如果在本指令生效之前已经上市销售,主管当局应当在本指令生效后 7 年内对这些产品按该指令的规定进行管理。

第 3 条

本指令自在《欧共体官方杂志》发表之日起生效。

本指令提交给成员国。

本指令于 2004 年 3 月 31 日在斯特拉斯堡完成。

附录 2　入世后中国医药产品关税减让表

根据中国加入 WTO 文件之一的其他产品减让表，进口税率发生调整的医药产品如下所示：

税号	产品名称	2001 年 12 月 11 日的关税税率/%	最终约束关税/%	实施最终约束关税的年份
29361000	未混合的维生素原，未混合的维生素及其衍生物	5.7	4	2002
29362100	维生素 A 及其衍生物	5.7	4	2002
29362200	维生素 B_1 及其衍生物	5.7	4	2002
29362300	维生素 B_2 及其衍生物	5.7	4	2002
29362400	D 或 DL-泛酸（维生素 B_3 或维生素 B_5）及其衍生物	5.7	4	2002
29362500	维生素 B_6 及其衍生物	5.7	4	2002
29362600	维生素 B_{12} 及其衍生物	5.7	4	2002
29362700	维生素 C 及其衍生物	5.7	4	2002
29362800	维生素 E 及其衍生物	5.7	4	2002
29362900	其他维生素及其衍生物	5.7	4	2002
29369000	其他，包括天然浓缩物	5.7	4	2002
29371010	垂体（前叶）或类似的激素	5.7	4	2002
29371090	其他肾上腺皮质激素及其衍生物	5.7	4	2002
29372100	可的松、氢化可的松、脱氢可的松及脱氢皮（质甾）醇	5.7	4	2002
29372210	地塞米松	8	4	2003
29372290	其他	5.7	4	2002
29372910	其他肾上腺皮质激素	5.7	4	2002
29372990	其他激素及其衍生物	5.7	4	2002
29379100	胰岛素及其盐	5.7	4	2002
29379200	雌（甾）激素及孕激素	5.7	4	2002
29379900	其他	8	4	2003
29391000	阿片碱及其衍生物以及它们的盐	5.7	4	2002
29392100	奎宁及其盐	5.7	4	2002
29392900	其他	5.7	4	2002
29393000	咖啡因及其盐	5.7	4	2002
29394100	麻黄碱及其盐	5.7	4	2002
29394200	伪麻黄碱及其盐	5.7	4	2002
29394900	其他	5.7	4	2002
29395000	茶碱和氨茶碱及其衍生物以及它们的盐	5.7	4	2002
29396100	麦角新碱及其盐	5.7	4	2002
29396200	麦角胺及其盐	5.7	4	2002
29396300	麦角酸及其盐	5.7	4	2002
29396900	其他	5.7	4	2002
29397000	烟碱及其盐	5.7	4	2002
29399010	番木鳖碱（士的宁）及其盐	5.7	4	2002
29399020	可卡因及其盐	5.7	4	2002
29399090	其他	5.7	4	2002
29411011	阿莫西林	10	6	2003
29411012	阿莫西林三水酸	10	6	2003
29411019	其他	10	6	2003
29411091	阿莫西林	5.7	4	2002

续表

税号	产品名称	2001年12月11日的关税税率/%	最终约束关税/%	实施最终约束关税的年份
29411092	阿莫西林三水酸	5.7	4	2002
29411093	6-氨基青霉烷酸(6APA)	5.7	4	2002
29411094	青霉素V	5.7	4	2002
29411095	磺苄青霉素	5.7	4	2002
29411096	邻氯青霉素	5.7	4	2002
29411099	其他	5.7	4	2002
29415000	红霉素及其衍生物以及它们的盐	8	4	2003
29419010	庆大霉素及其衍生物以及它们的盐	5.7	4	2002
29419020	卡那霉素及其衍生物以及它们的盐	5.7	4	2002
29419030	利福平及其衍生物以及它们的盐	5.7	4	2002
29419040	林可霉素、先锋霉素及其衍生物以及它们的盐	5.7	4	2002
29419051	7-氨基头孢烷酸、7-氨基脱乙酰氧基头孢烷酸	10	6	2003
29419052	头孢氨苄及其盐	10	6	2003
29419053	头孢唑啉及其盐	10	6	2003
29419054	头孢拉定及其盐	10	6	2003
29419055	头孢三嗪(头孢曲松)及其盐	10	6	2003
29419056	头孢哌酮及其盐	10	6	2003
29419057	头孢噻肟及其盐	10	6	2003
29419058	头孢克洛及其盐	10	6	2003
29419059	其他	10	6	2003
29419060	麦迪霉素及其衍生物以及它们的盐	10	6	2003
29419070	乙酰螺旋霉素及其衍生物以及它们的盐	5.7	4	2002
29419090	其他	10	6	2003
30011000	已干燥的腺体及其他器官,不论是否制成粉末	5	3	2002
30012000	腺体,其他器官及其分泌物的提取物	5	3	2002
30019010	肝素及其盐	5	3	2002
30019090	其他	5	3	2002
30021000	抗血清、其他血分及修饰免疫制品	5	3	2002
30032011	头孢噻肟	10	6	2003
30032012	头孢他啶	10	6	2003
30032013	头孢西丁	10	6	2003
30032014	头孢替唑	10	6	2003
30032015	头孢克洛	10	6	2003
30032016	头孢呋辛	10	6	2003
30032017	头孢三嗪(头孢曲松)	10	6	2003
30032018	头孢哌酮	10	6	2003
30032019	其他	10	6	2003
30032090	其他	10	6	2003
30033100	含有胰岛素	8.5	5	2003
30033900	其他	8	6	2002
30039010	含有磺胺	11.4	6	2004
30041011	氨苄青霉素制剂	10	6	2003
30041012	羟氨苄青霉素制剂	10	6	2003
30041013	青霉素V制剂	10	6	2003
30041019	其他	10	6	2003

续表

税号	产品名称	2001年12月11日的关税税率/%	最终约束关税/%	实施最终约束关税的年份
30041090	其他	10	6	2003
30042011	头孢噻肟制剂	10	6	2003
30042012	头孢他啶制剂	10	6	2003
30042013	头孢西丁制剂	10	6	2003
30042014	头孢替唑制剂	10	6	2003
30042015	头孢克洛制剂	10	6	2003
30042016	头孢呋辛制剂	10	6	2003
30042017	头孢三嗪(头孢曲松)制剂	10	6	2003
30042018	头孢哌酮制剂	10	6	2003
30042019	其他	10	6	2003
30042090	其他	10	6	2003
30043100	含有胰岛素	8.5	5	2003
30043200	含有肾上腺皮质激素	8.5	5	2003
30043900	其他	8.5	5	2003
30044010	含有奎宁或其盐	6.7	5	2002
30044090	其他	6.7	5	2002
30045000	含有维生素或税号2936所列产品的其他药品	8	6	2002
30049010	含有磺胺	8	6	2002
30049020	含有联苯双酯	5.7	4	2002
30049051	中药酒	5	3	2002
30049052	片仔癀	5	3	2002
30049053	白药	5	3	2002
30049054	清凉油	5	3	2002
30049059	其他	5	3	2002
30049090	其他	5.7	4	2002
30062000	血型试剂	4.7	3	2002
30063000	X线检查造影剂,用于病人的诊断试剂	5.7	4	2002

注:表格中医药产品最终约束关税实施时间为实施年份的1月1日起。

附录3　药品进口管理办法

第一章　总　　则

第一条　为规范药品进口备案、报关和口岸检验工作，保证进口药品的质量，根据《中华人民共和国药品管理法》、《中华人民共和国海关法》、《中华人民共和国药品管理法实施条例》（以下分别简称《药品管理法》、《海关法》、《药品管理法实施条例》）及相关法律法规的规定，制定本办法。

第二条　药品的进口备案、报关、口岸检验以及进口，适用本办法。

第三条　药品必须经由国务院批准的允许药品进口的口岸进口。

第四条　本办法所称进口备案，是指进口单位向允许药品进口的口岸所在地药品监督管理部门（以下称口岸药品监督管理局）申请办理《进口药品通关单》的过程。麻醉药品、精神药品进口备案，是指进口单位向口岸药品监督管理局申请办理《进口药品口岸检验通知书》的过程。

本办法所称口岸检验，是指国家食品药品监督管理局确定的药品检验机构（以下称口岸药品检验所）对抵达口岸的进口药品依法实施的检验工作。

第五条　进口药品必须取得国家食品药品监督管理局核发的《进口药品注册证》（或者《医药产品注册证》），或者《进口药品批件》后，方可办理进口备案和口岸检验手续。

进口麻醉药品、精神药品，还必须取得国家食品药品监督管理局核发的麻醉药品、精神药品《进口准许证》。

第六条　进口单位持《进口药品通关单》向海关申报，海关凭口岸药品监督管理局出具的《进口药品通关单》，办理进口药品的报关验放手续。

进口麻醉药品、精神药品，海关凭国家食品药品监督管理局核发的麻醉药品、精神药品《进口准许证》办理报关验放手续。

第七条　国家食品药品监督管理局会同海关总署制定、修订、公布进口药品目录。

第二章　进口备案

第八条　口岸药品监督管理局负责药品的进口备案工作。口岸药品监督管理局承担的进口备案工作受国家食品药品监督管理局的领导，其具体职责包括：

（一）受理进口备案申请，审查进口备案资料；

（二）办理进口备案或者不予进口备案的有关事项；

（三）联系海关办理与进口备案有关的事项；

（四）通知口岸药品检验所对进口药品实施口岸检验；

（五）对进口备案和口岸检验中发现的问题进行监督处理；

（六）国家食品药品监督管理局规定的其他事项。

第九条　报验单位应当是持有《药品经营许可证》的独立法人。药品生产企业进口本企业所需原料药和制剂中间体（包括境内分包装用制剂），应当持有《药品生产许可证》。

第十条　下列情形的进口药品，必须经口岸药品检验所检验符合标准规定后，方可办理进口备案手续。检验不符合标准规定的，口岸药品监督管理局不予进口备案：

（一）国家食品药品监督管理局规定的生物制品；

（二）首次在中国境内销售的药品；

（三）国务院规定的其他药品。

第十一条　进口单位签订购货合同时，货物到岸地应当从允许药品进口的口岸选择。其中本办法第十条规定情形的药品，必须经由国家特别批准的允许药品进口的口岸进口。

第十二条　进口备案，应当向货物到岸地口岸药品监督管理局提出申请，并由负责本口岸药品检验的口岸药品检验所进行检验。

第十三条　办理进口备案，报验单位应当填写《进口药品报验单》，持《进口药品注册证》（或者《医药产品注册证》）（正本或者副本）原件，进口麻醉药品、精神药品还应当持麻醉药品、精神药品《进口准许证》原件，向所在地口岸药品监督管理局报送所进口品种的有关资料一式两份：

（一）《进口药品注册证》（或者《医药产品注册证》）（正本或者副本）复印件；麻醉药品、精神药品的《进口准许证》复印件；

（二）报验单位的《药品经营许可证》和《企业法人营业执照》复印件；

（三）原产地证明复印件；

（四）购货合同复印件；

（五）装箱单、提运单和货运发票复印件；

（六）出厂检验报告书复印件；

（七）药品说明书及包装、标签的式样（原料药和制剂中间体除外）；

（八）国家食品药品监督管理局规定批签发的生物制品，需要提供生产检定记录摘要及生产国或者地区药品管理机构出具的批签发证明原件；

（九）本办法第十条规定情形以外的药品，应当提交最近一次《进口药品检验报告书》和《进口药品通关单》复印件。

药品生产企业自行进口本企业生产所需原料药和制剂中间体的进口备案，第（二）项资料应当提交其《药品生产许可证》和《企业法人营业执照》复印件。

经其他国家或者地区转口的进口药品，需要同时提交从原产地到各转口地的全部购货合同、装箱单、提运单和货运发票等。

上述各类复印件应当加盖进口单位公章。

第十四条 口岸药品监督管理局接到《进口药品报验单》及相关资料后，按照下列程序的要求予以审查：

（一）逐项核查所报资料是否完整、真实；

（二）查验《进口药品注册证》（或者《医药产品注册证》）（正本或者副本）原件，或者麻醉药品、精神药品的《进口准许证》原件真实性；

（三）审查无误后，将《进口药品注册证》（或者《医药产品注册证》）（正本或者副本）原件，或者麻醉药品、精神药品的《进口准许证》原件，交还报验单位，并于当日办结进口备案的相关手续。

第十五条 本办法第十条规定情形的药品，口岸药品监督管理局审查全部资料无误后，应当向负责检验的口岸药品检验所发出《进口药品口岸检验通知书》，附本办法第十三条规定的资料一份，同时向海关发出《进口药品抽样通知书》。有关口岸药品检验进入海关监管场所抽样的管理规定，由国家食品药品监督管理局与海关总署另行制定。

口岸药品检验所按照《进口药品口岸检验通知书》规定的抽样地点，抽取检验样品，进行质量检验，并将检验结果送交所在地口岸药品监督管理局。检验符合标准规定的，准予进口备案，由口岸药品监督管理局发出《进口药品通关单》；不符合标准规定的，不予进口备案，由口岸药品监督管理局发出《药品不予进口备案通知书》。

第十六条 本办法第十条规定情形以外的药品，口岸药品监督管理局审查全部资料无误后，准予进口备案，发出《进口药品通关单》。同时向负责检验的口岸药品检验所发出《进口药品口岸检验通知书》，附本办法第十三条规定的资料一份。

对麻醉药品、精神药品，口岸药品监督管理局审查全部资料无误后，应当只向负责检验的口岸药品检验所发出《进口药品口岸检验通知书》，附本办法第十三条规定的资料一份，无需办理《进口药品通关单》。

口岸药品检验所应当到《进口药品口岸检验通知书》规定的抽样地点抽取样品，进行质量检验，并将检验结果送交所在地口岸药品监督管理局。对检验不符合标准规定的药品，由口岸药品监督管理局依照《药品管理法》及有关规定处理。

第十七条 下列情形之一的进口药品，不予进口备案，由口岸药品监督管理局发出《药品不予进口备案通知书》；对麻醉药品、精神药品，口岸药品监督管理局不予发放《进口药品口岸检验通知书》：

（一）不能提供《进口药品注册证》（或者《医药产品注册证》）（正本或者副本）、《进口药品批件》或者麻醉药品、精神药品的《进口准许证》原件的；

（二）办理进口备案时，《进口药品注册证》（或者《医药产品注册证》），或者麻醉药品、精神药品的《进口准许证》已超过有效期的；

（三）办理进口备案时，药品的有效期限已不满12个月的（对于药品本身有效期不足12个月的，进口备案时，其有效期限应当不低于6个月）；

（四）原产地证明所标示的实际生产地与《进口药品注册证》（或者《医药产品注册证》）规定的产地不符的，或者区域性国际组织出具的原产地证明未标明《进口药品注册证》（或者《医药产品注册证》）规定产地的；

（五）进口单位未取得《药品经营许可证》（生产企业应当取得《药品生产许可证》）和《企业法人营业执照》的；

（六）到岸品种的包装、标签与国家食品药品监督管理局的规定不符的；

（七）药品制剂无中文说明书或者中文说明书与批准的说明书不一致的；

（八）未在国务院批准的允许药品进口的口岸组织进口的，或者货物到岸地不属于所在地口岸药品监督管理局管辖范围的；

（九）国家食品药品监督管理局规定批签发的生物制品未提供有效的生产国或者地区药品管理机构出具的生物制品批签发证明文件的；

（十）伪造、变造有关文件和票据的；

（十一）《进口药品注册证》（或者《医药产品注册证》）已被撤销的；

（十二）本办法第十条规定情形的药品，口岸药品检验所根据本办法第二十五条的规定不予抽样的；

（十三）本办法第十条规定情形的药品，口岸检验不符合标准规定的；

（十四）其他不符合我国药品管理有关规定的。

第十八条 对不予进口备案的进口药品，进口单位应当予以退运。无法退运的，由海关移交口岸药品监督管理局监督处理。

第十九条 进口临床急需药品、捐赠药品、新药研究和药品注册所需样品或者对照药品等，必须经国家食品药品监督管理局批准，并凭国家食品药品监督管理局核发的《进口药品批件》，按照本办法第十六条的规定，办理进口备案手续。

第三章 口岸检验

第二十条 口岸药品检验所由国家食品药品监督管理局根据进口药品口岸检验工作的需要确定。口岸药品检验所的职责包括：

（一）对到岸货物实施现场核验；

（二）核查出厂检验报告书和原产地证明原件；

（三）按照规定进行抽样；

（四）对进口药品实施口岸检验；

（五）对有异议的检验结果进行复验；

（六）国家食品药品监督管理局规定的其他事项。

第二十一条 中国药品生物制品检定所负责进口药品口岸检验工作的指导和协调。口岸检验所需标准品、对照品由中国药品生物制品检定所负责审核、标定。

第二十二条 口岸药品检验所应当按照《进口药品注册证》（或者《医药产品注册证》）载明的注册标准对进口药品进行检验。

第二十三条 口岸药品检验所接到《进口药品口岸检验通知书》后，应当在2日内与进口单位联系，到规定的存货地点按照《进口药品抽样规定》进行现场抽样。

进口单位应当在抽样前，提供出厂检验报告书和原产地证明原件。

对需进入海关监管区抽样的，口岸药品检验所应当同时与海关联系抽样事宜，并征得海关同意。抽样时，进口单位和海关的人员应当同时在场。

第二十四条 口岸药品检验所现场抽样时，应当注意核查进口品种的实际到货情况，做好抽样记录并填写《进口药品抽样记录单》。

本办法第十条规定情形以外的药品，抽样完成后，口岸药品检验所应当在进口单位持有的《进口药品通关单》原件上注明“已抽样”的字样，并加盖抽样单位的公章。

对麻醉药品、精神药品，抽样完成后，应当在《进口准许证》原件上注明“已抽样”的字样，并加盖抽样单位的公章。

第二十五条 对有下列情形之一的进口药品，口岸药品检验所不予抽样：

（一）未提供出厂检验报告书和原产地证明原件，或者所提供的原件与申报进口备案时的复印件不符的；

（二）装运唛头与单证不符的；

（三）进口药品批号或者数量与单证不符的；

（四）进口药品包装及标签与单证不符的；

（五）其他不符合国家药品监督管理法律、法规和规章规定的。

对不予抽样的药品，口岸药品检验所应当在2日内，将《进口药品抽样记录单》送交所在地口岸药品监督管理局。

第二十六条 口岸药品检验所应当及时对所抽取的样品进行检验，并在抽样后20日内，完成检验工作，出具《进口药品检验报告书》。特殊品种或者特殊情况不能按时完成检验时，可以适当延长检验期限，并通知进口单位和口岸药品监督管理局。

《进口药品检验报告书》应当明确标有“符合标准规定”或者“不符合标准规定”的检验结论。

国家食品药品监督管理局规定批签发的生物制品，口岸检验符合标准规定，审核符合要求的，应当同时发放生物制品批签发证明。

第二十七条 对检验符合标准规定的进口药品，口岸药品检验所应当将《进口药品检验报告书》送交所在地口岸药品监督管理局和进口单位。

对检验不符合标准规定的进口药品，口岸药品检验所应当将《进口药品检验报告书》及时发送口岸药品监督管理局和其他口岸药品检验所，同时报送国家食品药品监督管理局和中国药品生物制品检定所。

第二十八条 进口药品的检验样品应当保存至有效期满。不易贮存的留样，可根据实际情况掌握保存时间。索赔或者退货检品的留样应当保存至该案完结时。超过保存期的留样，由口岸药品检验所予以处理并记录备案。

第二十九条 进口单位对检验结果有异议的，可以自收到检验结果之日起7日内向原口岸药品检验所申请复验，也可以直接向中国药品生物制品检定所申请复验。生物制品的复验直接向中国药品生物制品检定所申请。

口岸药品检验所在受理复验申请后，应当及时通知口岸药品监督管理局，并自受理复验之日起10日内，作出复验结论，通知口岸药品监督管理局、其他口岸药品检验所，报国家食品药品监督管理局和中国药品生物制品检定所。

第四章 监督管理

第三十条 口岸药品检验所根据本办法第二十五条的规定不予抽样但已办结海关验放手续的药品，口岸药品监督管理局应当对已进口的全部药品采取查封、扣押的行政强制措施。

第三十一条 本办法第十条规定情形以外的药品，经口岸药品检验所检验不符合标准规定的，进口单位应当在收到《进口药品检验报告书》后2日内，将全部进口药品流通、使用的详细情况，报告所在地口岸药品监督管理局。

所在地口岸药品监督管理局收到《进口药品检验报告书》后，应当及时采取对全部药品予以查封、扣押的行政强制措施，并在7日内做出行政处理决定。对申请复验的，必须自检验报告书发出之日起15日内做出行政处理决定。有关情况应当及时报告国家食品药品监督管理局，同时通告各省、自治区、直辖市药品监督管理局和其他口岸药品监督管理局。

第三十二条 未在规定时间内提出复验或者经复验仍不符合标准规定的，口岸药品监督管理局应当按照《药品管理法》以及有关规定做出行政处理决定。有关情况应当及时报告国家食品药品监督管理局，同时通告各省、自治区、直辖市药品监督管理局和其他口岸药品监督管理局。

经复验符合标准规定的，口岸药品监督管理局应当解除查封、扣押的行政强制措施，并将处理情况报告国家食品药品监督管理局，同时通告各省、自治区、直辖市药品监督管理局和其他口岸药品监督管理局。

第三十三条 药品进口备案中发现的其他问题，由口岸药品监督管理局按照《药品管理法》以及有关规定予以处理。

第三十四条 国内药品生产企业、经营企业以及医疗机构采购进口药品时，供货单位应当同时提供以下资料：

（一）《进口药品注册证》（或者《医药产品注册证》）复印件、《进口药品批件》复印件；

（二）《进口药品检验报告书》复印件或者注明“已抽样”并加盖公章的《进口药品通关单》复印件；

国家食品药品监督管理局规定批签发的生物制品，需要同时提供口岸药品检验所核发的批签发证明复印件。

进口麻醉药品、精神药品，应当同时提供其《进口药品注册证》（或者《医药产品注册证》）复印件、《进口准许证》复印件和《进口药品检验报告书》复印件。

上述各类复印件均需加盖供货单位公章。

第三十五条 口岸药品监督管理局和口岸药品检验所应当建立严格的进口备案资料和口岸检验资料的管理制度，并对进口单位的呈报资料承担保密责任。

第三十六条 对于违反本办法进口备案和口岸检验有关规定的口岸药品监督管理局和口岸药品检验所，国家食品药品监督管理局将根据情节给予批评、通报批评，情节严重的停止其进口备案和口岸检验资格。

第三十七条 违反本办法涉及海关有关规定的，海关按照《海关法》、《中华人民共和国海关法行政处罚实施细则》的规定处理。

第五章　附　　则

第三十八条 本办法所称进口单位，包括经营单位、收货单位和报验单位。

经营单位，是指对外签订并执行进出口贸易合同的中国境内企业或单位。

收货单位，是指购货合同和货运发票中载明的收货人或者货主。

报验单位，是指该批进口药品的实际货主或者境内经销商，并具体负责办理进口备案和口岸检验手续。

收货单位和报验单位可以为同一单位。

第三十九条 从境外进入保税仓库、保税区、出口加工区的药品，免予办理进口备案和口岸检验等进口手续，海关按有关规定实施监管；从保税仓库、出口监管仓库、保税区、出口加工区出库或出区进入国内的药品，按本办法有关规定办理进口备案和口岸检验等手续。

经批准以加工贸易方式进口的原料药、药材，免予办理进口备案和口岸检验等进口手续，其原料药及制成品禁止转为内销。确因特殊情况无法出口的，移交地方药品监督管理部门按规定处理，海关予以核销。

进出境人员随身携带的个人自用的少量药品，应当以自用、合理数量为限，并接受海关监管。

第四十条 进口暂未列入进口药品目录的原料药，应当遵照本办法的规定，到口岸药品监督管理局办理进口备案手续。

第四十一条 药材进口备案和口岸检验的规定，由国家食品药品监督管理局另行制定。

第四十二条 进口麻醉药品、精神药品凭《进口药品注册证》(或者《医药产品注册证》)，按照国务院麻醉药品、精神药品管理的有关法规办理《进口准许证》。

第四十三条 本办法规定的麻醉药品、精神药品是指供临床使用的品种，科研、教学、兽用等麻醉药品、精神药品的进口，按照国务院麻醉药品、精神药品管理的有关法规执行。

第四十四条 本办法由国家食品药品监督管理局和海关总署负责解释。

第四十五条 本办法自 2004 年 1 月 1 日起实施。1999 年 5 月 1 日实施的《进口药品管理办法》同时废止。

附录4　进口药材管理办法(试行)

(国家食品药品监督管理局令第22号)

第一章　总　　则

第一条　为加强进口药材监督管理,保证进口药材质量,根据《中华人民共和国药品管理法》、《中华人民共和国药品管理法实施条例》(以下分别简称《药品管理法》、《实施条例》)及相关法律法规的规定,制定本办法。

第二条　进口药材申请与审批、登记备案、口岸检验及监督管理,适用本办法。

进口药材申请与审批,是指国家食品药品监督管理局根据申请人的申请,依照法定程序和要求,对境外生产拟在中国境内销售使用的药材进行技术审评和行政审查,并做出是否同意其进口的决定。

进口药材申请人,应当是中国境内取得《药品生产许可证》或者《药品经营许可证》的药品生产企业或者药品经营企业。

第三条　国家食品药品监督管理局负责药材进口的审批,并对登记备案、口岸检验等工作进行监督管理。

省、自治区、直辖市(食品)药品监督管理局依法对进口药材进行监督管理。

允许药品进口的口岸或者允许药材进口的边境口岸所在地(食品)药品监督管理局(以下简称口岸或者边境口岸(食品)药品监督管理局)负责进口药材的登记备案,组织口岸检验并进行监督管理。

中国药品生物制品检定所负责首次进口药材的样品检验、质量标准复核等工作。

国家食品药品监督管理局确定的药品检验机构负责进口药材的口岸检验工作。

第四条　药材必须从国务院批准的允许药品进口的口岸或者允许药材进口的边境口岸进口。允许药材进口的边境口岸,只能进口该口岸周边国家或者地区所产药材。

第二章　申请与审批

第一节　一 般 规 定

第五条　国家食品药品监督管理局应当在药材进口申请受理场所公示申报资料的项目和有关申请书示范文本。

第六条　申请人申请药材进口时应当按照规定如实提交规范完整的材料,反映真实情况,并对其申报资料实质内容的真实性负责。

第七条　申请人提交的申报资料存在可以当场更正的错误的,应当允许申请人当场更正。

第八条　申请人申报的资料不齐全、不符合法定形式的,国家食品药品监督管理局应当当场或者在5日内一次告知申请人需要补正的全部内容,逾期不告知的,自收到申报资料之日起即为受理。不予受理的,应当书面说明理由。

第九条　在审查过程中,国家食品药品监督管理局认为需要补充资料的,应当一次性提出。

申请人应当在收到补充资料通知书后4个月内提交符合要求的补充资料,其审查时限在原审查时限的基础上延长20日;未按规定时限提交补充资料的,予以退审。因不可抗力,无法在规定时限内提交补充资料的,必须向国家食品药品监督管理局提出书面申请,并说明理由。

国家食品药品监督管理局应当在20日内提出处理意见。

第十条　药材进口申请经依法审查,认为符合要求的,国家食品药品监督管理局应当在规定时限内做出批准决定,并在10日内向申请人送达进口药材批准证明文件;认为不符合要求的,应当在规定时限内书面告知申请人,说明理由,并告知申请人享有依法申请复审、行政复议或者提起行政诉讼的权利。

第十一条　国家食品药品监督管理局在对药材进口申请的审查过程中发现申请事项直接关系他人重大利益的,应当通知该利害关系人。申请人和利害关系人可以提交书面意见进行陈述和申辩,或者依法要求举行听证。

第十二条　国家食品药品监督管理局应当在其设置的政府网站上公告药材进口申请受理、审查的过程和已批准进口的药材的相关信息。

第二节　药材进口申请与审批

第十三条　药材进口申请包括首次进口药材申请和非首次进口药材申请。首次进口药材申请包括已有法定标准药材首次进口申请和无法定标准药材首次进口申请。

第十四条　申请药材进口,申请人应当按照规定填写《进口药材申请表》,并向国家食品药品监督管理局报送有关资料。

第十五条　国家食品药品监督管理局收到申报资料后,应当在5日内对申报资料的规范性、完整性进行形式审查,并发出受理或者不予受理通知书。

第十六条　首次进口药材申请受理后,申请人应当及时将检验样品和相关资料报送中国药品生物制品检定所。

第十七条　中国药品生物制品检定所在收到检验样品和相关资料后,对已有法定标准药材的首次进口申请,应当在30日内完成样品检验,对无法定标准药材的首次进口申请,应当在60日内完成质量标准复核和样品检验,并将检验报告和复核意见报送国家食品药品监督管理局。

第十八条　国家食品药品监督管理局收到中国药品生物制品检定所检验报告和复核意见后,应当在40日内完成技术审评和行政审查。对符合要求的,颁发《进口药材批件》;对不符合要求的,发给《审查意见通知件》,并说明理由。

第十九条 国家食品药品监督管理局受理非首次进口药材申请后,应当在30日内完成技术审评和行政审查。对符合要求的,颁发《进口药材批件》;对不符合要求的,发给《审查意见通知件》,并说明理由。

第二十条 国家食品药品监督管理局根据需要,可以对进口药材的生产现场进行考察。

第二十一条 《进口药材批件》分一次性有效批件和多次使用批件。一次性有效批件的有效期为1年,多次使用批件的有效期为2年。

《进口药材批件》编号格式为:国药材进字+4位年号+4位顺序号。

第二十二条 国家食品药品监督管理局对濒危物种药材或者首次进口药材的进口申请,颁发一次性有效批件。

第二十三条 变更《进口药材批件》中的申请人名称和到货口岸的,申请人应当向国家食品药品监督管理局提出补充申请,并报送有关资料。

补充申请的申请人应当是原《进口药材批件》的持有者。

第二十四条 国家食品药品监督管理局收到补充申请后,应当在5日内对申请资料的规范性、完整性进行形式审查,并发出受理或者不予受理通知书。

第二十五条 国家食品药品监督管理局应当在补充申请受理后20日内完成行政审查。对符合要求的,颁发《进口药材补充申请批件》;对不符合规定的,发给《审查意见通知件》,并说明理由。

第二十六条 《进口药材补充申请批件》的有效期限与原批件相同。

第二十七条 申请人对国家食品药品监督管理局做出的不予批准的决定有异议的,可以在收到不予批准通知之日起10日内向国家食品药品监督管理局提出书面复审申请并说明复审理由。

复审内容仅限于原申请事项及原申报资料。

第二十八条 国家食品药品监督管理局收到复审申请后,应当按照原申请事项的审查时限和要求进行复审,并做出复审决定。撤销不予批准决定的,向申请人颁发相应的《进口药材批件》或者《进口药材补充申请批件》;维持原决定的,国家食品药品监督管理局不受理再次的复审申请。

第二十九条 复审需要进行样品检验或者质量标准复核的,应当按照原样品检验或者质量标准复核的时限和要求进行。

第三章 登记备案

第三十条 申请人取得《进口药材批件》后,应当从《进口药材批件》注明的到货口岸组织药材进口。

组织药材进口,申请人应当向口岸或者边境口岸(食品)药品监督管理局登记备案,填写《进口药材报验单》,并报送有关资料。

第三十一条 口岸或者边境口岸(食品)药品监督管理局应当对登记备案资料的完整性、规范性和真实性进行审查,并当日做出审查决定。对符合要求的,发出《进口药品通关单》,收回一次性有效批件;同时向国家食品药品监督管理局确定的药品检验机构发出《进口药材口岸检验通知书》,并附登记备案资料一份。对不符合要求的,发给《进口药材不予登记备案通知书》,并说明理由。

第三十二条 对不予办理登记备案的进口药材,申请人应当予以退运。无法退运的,由口岸或者边境口岸(食品)药品监督管理局按照有关规定监督处理。

第四章 口岸检验和监督管理

第三十三条 国家食品药品监督管理局确定的药品检验机构收到《进口药材口岸检验通知书》后,应当在2日内按照《进口药材抽样规定》,到规定的存货地点进行现场抽样。现场抽样时,申请人应当提供药材原产地证明原件。

第三十四条 国家食品药品监督管理局确定的药品检验机构应当根据口岸或者边境口岸(食品)药品监督管理局提供的登记备案资料对药材原产地证明原件和药材实际到货情况进行核查。对符合要求的,予以抽样,填写《进口药材抽样记录单》,在《进口药品通关单》上注明"已抽样"字样,并加盖抽样单位的公章;对不符合要求的,不予抽样,并在2日内将《进口药材不予抽样通知书》报送所在地口岸或者边境口岸(食品)药品监督管理局。

口岸或者边境口岸(食品)药品监督管理局收到《进口药材不予抽样通知书》后,应当对已进口的全部药材采取查封、扣押的行政强制措施,并在7日内做出处理决定。

第三十五条 国家食品药品监督管理局确定的药品检验机构应当在抽样后20日内完成检验工作,出具《进口药材检验报告书》,报送所在地口岸或者边境口岸(食品)药品监督管理局,并通知申请人;无法按规定时限完成检验的,应当向口岸或者边境口岸(食品)药品监督管理局报告,并通知申请人。

第三十六条 对检验不符合标准规定的进口药材,口岸或者边境口岸(食品)药品监督管理局应当在收到检验报告书后立即采取查封、扣押的行政强制措施,并在7日内做出行政处理决定;对申请复验的,必须自复验结论发出之日起15日内做出行政处理决定。同时将有关情况报告所在地省、自治区、直辖市(食品)药品监督管理局。申请人应当在收到《检验报告书》后2日内向所在地口岸或者边境口岸(食品)药品监督管理局书面说明全部进口药材流通、使用的详细情况。

第三十七条 申请人对检验结果有异议的,可以按《药品管理法》第六十七条规定申请复验。药品检验机构受理复验申请后,应当及时报告口岸或者边境口岸(食品)药品监督管理局,并在复验申请受理后20日内做出复验结论,报告口岸或者边境口岸(食品)药品监督管理局,并通知申请人。

第三十八条 对经复验符合标准规定的进口药材,口岸或者边境口岸(食品)药品监督管理局应当在收到复验结论后,立即解除查封、扣押的行政强制措施,并报告所在地省、自治区、直辖市(食品)药品监督管理局。

第三十九条 对未在规定时间内申请复验或者经复验仍不符合标准规定的进口药材,口岸或者边境口岸(食品)药品监督管理局应当依法做出行政处理决定,采取相应措施,同时报告所在地省、自治区、直辖市(食品)药品监督管理局。

第四十条 首次进口药材在销售使用前,必须经国家食品药品监督管理局确定的药品检验机构抽样检验,检验合格后方可销售使用。

第四十一条 对检验不符合标准规定,但已流通到口岸或者边境口岸所在地省、自治区、直辖市(食品)药品监督管理局管辖区域外的进口药材,口岸或者边境口岸所在地省、自治区、直辖市(食品)药品监督管理局应当将有关情况及时通报药材流入区域的省、自治区、直辖市(食品)药品监督管理局。药材流入区域的省、自治区、直辖市(食品)药品监督管理局应当依法采取相应的措施。

第四十二条 进口药材的包装必须适合进口药材的质量要求,方便储存、运输及进口检验。在每件包装上,必须注明药材中文名称、批件编号、产地、唛头号、申请企业名称、出口商名称、到货口岸、质量及加工包装日期等。

第五章 法律责任

第四十三条 有《行政许可法》第六十九条规定情形之一的,国家食品药品监督管理局根据利害关系人的请求或者依据职权,可以撤销有关进口药材批准证明文件。

第四十四条 在进口药材审批、登记备案和口岸检验过程中,有下列情形之一的,依照《行政许可法》第七十二条、第七十三条、第七十四条和第七十五条规定处理:

(一) 对符合法定条件的药材进口申请不予受理的;

(二) 不在受理场所公示药材进口申报资料项目的;

(三) 在受理、审查过程中,未向申请人履行法定告知义务的;

(四) 申请人提交的申报资料不齐全、不符合法定形式,不一次告知申请人必须补正的全部内容的;

(五) 未依法说明不受理或者不批准理由的;

(六) 对不符合本办法规定的药材进口申请做出批准决定或者超越法定职权做出批准决定的;

(七) 对符合本办法规定的药材进口申请做出不予批准决定或者不在本办法规定期限内做出批准决定的;

(八) 擅自收费或者不按照法定项目和标准收费的;

(九) 索取或者收受他人财物或者谋取其他利益的。

第四十五条 申请人隐瞒有关情况或者提供虚假材料和样品申请药材进口的,国家食品药品监督管理局对该项申请不予受理或者不予批准,对申请人给予警告,一年内不受理该申请人提出的药材进口申请。

第四十六条 申请人提供虚假证明、文件资料、样品或者采取其他欺骗手段取得《进口药材批件》的,国家食品药品监督管理局应当撤销该《进口药材批件》,五年内不受理其药材进口申请,并处一万元以上三万元以下罚款。

申请人以贿赂等不正当手段取得《进口药材批件》的,国家食品药品监督管理局应当撤销该《进口药材批件》,三年内不受理其药材进口申请。

第四十七条 国家食品药品监督管理局确定的药品检验机构在承担口岸检验工作时,出具虚假检验报告或者违法收取检验费用的,依照《药品管理法》第八十七条、第九十六条规定处理。

第六章 附 则

第四十八条 本办法规定的工作期限均以工作日计算,不含法定节假日。

首次进口药材,是指从境外某产地首次进口的药材。

已有法定标准药材,是指已有国家药品标准或者省、自治区、直辖市药材标准的药材。

无法定标准药材,是指无国家药品标准或者省、自治区、直辖市药材标准,但在我国批准的中成药处方中含有的药材。

第四十九条 本办法自2006年2月1日起实施。

本办法实施前发布的有关进口药材的规定,与本办法不符的,自本办法实施之日起停止执行。

附录5 药用植物及制剂进出口绿色行业标准 WM2-2001

Green Trade Standards of Importing & Exporting Medicinal plants &Preparations

中华人民共和国对外贸易经济合作部2001年4月23日发布

1. 范围

本标准规定了药用植物及制剂的绿色品质标准,包括药用植物原料、饮片、提取物及其制剂等的质量标准和检验方法。

本标准适用于药用植物原料及制剂的进出口品质检验。

2. 术语

2.1. 绿色药用植物及制剂

指经检测符合特定标准的药用植物及其制剂。经专门机构认定,许可使用绿色标志。

2.2. 植物药

指用于医疗、保健目的的植物原料和植物提取物。

2.3. 植物药制剂

指经初步加工,以及提取纯化植物原料而成的制剂。

3. 引用标准

下列标准包含的条文,通过本标准中引用而构成本标准的条文。本标准出版时,所示版本均为有效。所有标准都会被修订,使用本标准的各方应探讨使用下列最新版本的可能性。

3.1. 中华人们共和国药典2000版一部:附录IX E重金属检测方法

3.2. GB/T 5009.12—1996　食品中铅的测定方法(原子吸收光谱法)

3.3. GB/T 5009.15—1996　食品中镉的测定方法(原子吸收光谱法)

3.4. GB/T 5009.17—1996　食品中总汞的测定方法(冷原子吸收光谱法)(测汞仪法)

3.5. GB/T 5009.13—1996　食品中铜的测定方法(原子吸收光谱法)

3.6. GB/T 5009.11—1996　食品中总砷的测定方法

3.7. SN 0339—95　出口茶叶中黄曲霉毒素 B_1 的检验方法

3.8. 中华人们共和国药典2000版一部:附录IXQ有机氯农药残留量测定法(附录60)

3.9. 中华人们共和国药典2000版一部:附录XIIIC微生物限度检查法

4. 限量指标

4.1. 重金属及砷盐

4.1.1. 重金属总量	≤20.0mg/kg
4.1.2. 铅(Pb)	≤5.0mg/kg
4.1.3. 镉(Cd)	≤0.3mg/kg
4.1.4. 汞(Hg)	≤0.2mg/kg
4.1.5. 铜(Cu)	≤20.0mg/kg
4.1.6. 砷(As)	≤2.0mg/kg

4.2. 黄曲霉素含量

4.2.1. 黄曲霉毒素B1(Aflatoxin)　≤5μg/kg(暂定)

4.3. 农药残留量

4.3.1. 六六六(BHC)	≤0.1mg/kg
4.3.2. DDT	≤0.1mg/kg
4.3.3. 五氯硝基苯(PCNB)	≤0.1mg/kg
4.3.4. 艾氏剂(Aldrin)	≤0.02mg/kg

4.4. 微生物限度:个/克,个/毫升

参照中华人民共和国药典(2000年版)规定执行。(注射剂除外)

4.5. 除以上标准外,其他质量应符合中华人民共和国药典(2000年)规定。

5. 检测方法

5.1. 指标检验

5.1.1. 重金属总量:中华人们共和国药典2000版一部:附录IX E重金属检测方法

5.1.2. 铅:GB/T 5009.12—1996　食品中铅的测定方法(原子吸收光谱法)

5.1.3. 镉:GB/T 5009.15—1996　食品中镉的测定方法(原子吸收光谱法)

5.1.4. 总汞:GB/T 5009.17—1996　食品中总汞的测定方法(冷原子吸收光谱法)(测汞仪法)

5.1.5. 铜:GB/T 5009.13—1996　食品中铜的测定方法(原子吸收光谱法)

5.1.6. 总砷:GB/T 5009.11—1996　食品中总砷的测定方法

5.1.7. 黄曲霉毒素B1(暂定):SN 0339—95　出口茶叶中黄曲霉毒素B1检验方法

5.1.8. 中华人们共和国药典2000版一部:附录IXQ有机氯农药残留量测定法(附录60)

5.1.9. 中华人们共和国药典2000版一部:附录XIIIC微生物限度检查法

5.2. 其他理化检验

5.2.1 按中华人民共和国药典(2000年版)规定执行。

6. 检测规则

6.1. 进出口产品需按本标准经指定检验机构检验合格后,方可申请使用药用植物及制剂进出口绿色标志。

6.2. 交收检验

6.2.1. 交收检验取样方法及取样量参照中华人民共和国药典(2000年版)有关规定执行。

6.2.2. 交收检验项目,除上述标准指标外,还要检验理化指标(如要求)。

6.3. 型式检验

6.3.1. 对企业常年进出口的品牌产品和地产植物药材经指定检验机构化验,在规定的时间内药品质量稳定又有规范的药品质量保证体系,型式检验每半(壹)年进行一次,有下列情况之一,应进行复检。

A. 更改原料产地;

B. 配方及工艺有较大变化时;

C. 产品长期停产或停止出口后,恢复生产或出口时;

6.3.2. 型式检验项目及取样同交收检验

6.4. 判定原则

检验结果全部符合本标准者,为绿色标准产品。否则,在该批次中抽取两份样品复验一次。若复验结果仍有一项不符合本标准规定,则判定该批产品为不符合绿色标准产品。

6.5. 检验仲裁

对检验结果发生争议,由中国进出口商品检验技术研究所或中国药品生物制品检定所进行检验仲裁。

7. 包装、标志、运输和储存

7.1. 包装容器应该用干燥、清洁、无异味以及不影响品质的材料制成。包装要牢固、密封、防潮,能保护品质。包装材料应易回收、易降解。

7.2. 标志

产品标签使用中国药用植物及制剂进出口绿色标志,具体执行应遵照中国医药保健品进出口商会有关规定。

7.3. 运输

运输工具必须清洁、干燥、无异味、无污染,运输中应防雨、防潮、防暴晒、防污染,严禁与可能污染其品质的货物混装运输。

7.4. 储存

产品应储存在清洁、干燥、阴凉、通风、无异味的专用仓库中。

附录6　药用植物及制剂绿色标志管理办法

第一章　总　　则

第一条　根据对外贸易经济合作部(以下简称外经贸部)《药用植物及制剂进出口绿色行业标准》(WM2—2001)(以下简称绿色标准)的规定,中国医药保健品进出口商会(以下简称医保商会)在国家工商总局注册药用植物及制剂绿色标志(以下简称绿色标志)。

第二条　为更好地贯彻落实绿色标准,推动绿色标志的使用,确保使用绿色标志的产品的质量,维护拥有符合绿色标准产品的企业权益,创造公平竞争的市场环境,提高企业符合绿色标准的产品的知名度,利于企业开拓国际国内市场,根据《中华人民共和国商标法》和外经贸部的有关规定,特制定本办法。

第三条　本办法适用企业符合绿色标准的产品在申请、使用及宣传绿色标志时的管理。

第二章　机构及职能

第四条　为保证绿色标志管理工作的规范性与科学性,医保商会分别成立药用植物及制剂绿色标准办公室(以下简称办公室)和绿色标准产品审查专家委员会(以下简称专家委员会)。办公室和专家委员会在医保商会的领导下开展工作。

第五条　办公室负责绿色标准宣传和绿色标志推广使用的日常具体工作。

第六条　专家委员会负责与使用绿色标志的产品质量相关的技术审查工作。专家委员会由医保商会、国家级检验机构、大学及研究院所专业技术人员组成。

第七条　医保商会可委托社会机构在授权范围内开展对绿色标准的宣传和绿色标志的推广工作。

第八条　医保商会可成立检测中心负责具体的检测工作,也可认可社会检测机构的检测结果。社会检测机构的资质须经专家委员会的审查认可。

第三章　绿色标志的申请

第九条　在中华人民共和国境内,具有合法资格的企业均可对其符合绿色标准的产品提出许可使用绿色标志的申请。

第十条　企业可以按产品的品种或批次提出申请,药用植物的生产基地也可按生产区域提出申请。

第十一条　企业初次申报产品使用绿色标志时,须提供以下材料并加盖公章:

(一)企业请求许可其达到绿色标准的产品使用绿色标志的申请(格式统一印制);

(二)企业营业执照副本(复印件);

(三)申请商品的商标、批准号(复印件);

(四)药品生产企业需提供药品生产许可证(复印件)、食品生产企业需提交卫生许可证(复印件);

(五)企业申请产品的品牌、主要成分组成、规格及包装;

(六)企业的生产管理规范及制定说明;

(七)产品主要原料的产地,生产、运输、储存条件,生产、检验人员情况介绍(见附表);

(八)由经专家委员会认可的具有检验资格的第三方出具的检测报告,检测报告的检测方法及结果应符合绿色标准的要求:

1. 申请批次使用绿色标志的品种,须提供该批次的检测报告;

2. 申请品种使用绿色标志的产品须提供该产品同一年度内不少于三个批次的检测报告;

3. 申请使用绿色标志的生产基地须提供不同地段产品的检测报告(具体实施办法另定)。

第十二条　由办公室对初次申请产品使用绿色标志的企业资格进行审查认可。

第十三条　由专家委员会对检测报告进行审查认可。

第四章　登记备案及批复

第十四条　办公室对通过资格审查企业的符合绿色标准的产品予以登记备案。

第十五条　对通过办公室和专家委员会审查认可的符合绿色标准的产品,医保商会许可其使用绿色标志。

第十六条　对企业提出产品使用绿色标志的申请,办公室于受理之后的10个工作日内,组织完成相关的审批手续,并通知企业是否同意其申请的产品使用绿色标志。对符合绿色标准的产品,在企业办理完其他的相关手续后,5个工作日内签发绿色标准产品品质证书(以下简称证书)。

第十七条　证书由医保商会统一编号,编号代码LSBZ-数字-年度(LSBZ-×××-××××)。

第十八条　证书中英文版各一份,由专家委员会主任签发,加盖医保商会公章。

第十九条　证书自签发之日起,有效期三年。

第二十条　证书遗失时,遗失企业需立即登报声明作废,并书面通知医保商会。补办证书时,需提出正式的书面申请,经审查同意,换发新的证书。

第五章　绿色标志使用

第二十一条　获得绿色标准品质证书的产品,在品质证书的有效期内,具有绿色标志的使用资格。

第二十二条　绿色标志经国家工商总局注册,商标号:

第二十三条　绿色标志图案为:

主色:绿色

文字:GREEN MEDICINAL PLANTS & PREPARATIONS

绿色药用植物及制剂

(第二十二条、第二十三条以工商局批准注册为准)

第二十四条 绿色标志由医保商会统一印制。

第二十五条 对具有严格的品质保证体系的出口产品,经医保商会审查同意后,可在包装上印制绿色标志。

第二十六条 绿色标志的使用与说明必须符合绿色标准。

第二十七条 使用绿色标志产品的标签、说明书和广告仅限于说明其产品符合绿色标准,不得夸大宣传或使用易引起误解的语言。

第二十八条 对于已获准使用绿色标志的产品如发生下列情况,不得再使用绿色标志。

(一) 产品更改原料产地,经型式检验判为不合格者;

(二) 产品配方及工艺有较大变化,经型式检验判为不合格者;

(三) 产品的绿色标志使用期满,未再提出申请者。

第二十九条 使用绿色标志的企业必须在申请中申明严格遵守本管理办法的规定,并交纳绿色标志许可使用费(许可使用费标准另行规定)。

第三十条 被许可使用绿色标志的产品,按批次申请的,只限该批次产品使用绿色标志;按品种或按基地申请的,自批准之日起可连续三年使用绿色标志,第四年需重新申请绿色标志使用资格。

第六章 监督与管理

第三十一条 对使用绿色标志的产品,办公室有权利和义务对产品生产销售的全过程实施监督,包括查看原料的收购收验、生产加工检验、包装出运、物流配送等过程和相关的原始记录。

第三十二条 在企业产品使用绿色标志期间内,办公室将随机抽查复检:

按批次使用绿色标志的产品,随机抽取市场或仓库中该批次的商品予以复检;

按品种使用绿色标志的产品,随机抽取该品种不同批次的产品予以复检;

按生产基地使用绿色标志的产品,对界定基地内的各种环境和生产条件及产品随机不定期复检。

第三十三条 申请使用绿色标志的企业有提供样品和配合检查的义务。

第三十四条 对定期、不定期复检不合格的产品,由第三方予以检测判定,仍不合格者暂停该产品绿色标志的使用资格,由医保商会通知相关企业,并接受相关企业的申诉。

第七章 罚　　则

第三十五条 凡下列情况之一者,除其产品停止使用绿色标志外,并将依据有关法律法规追究其经济或刑事责任。

(一) 未经登记、检验擅自使用绿色标志者;

(二) 采用夸大或欺骗性语言误导消费者;

(三) 擅自扩大使用范围,超品种、超批次使用绿色标志者;

(四) 超过许可使用期限未经重新申报仍然使用绿色标志者。

第八章 附　　则

第三十六条 本办法由医保商会制定,并报外经贸部备案。

第三十七条 本办法由医保商会负责解释。

第三十八条 本办法自2003年3月1日起实施。